किताबनामा

पुस्तक मूल्यांकन से सम्बन्धित आलेख, व्याख्यान,
वाचिक टिप्पणियों और साक्षात्कारों का संकलन

नामवर सिंह

सम्पादक
आशीष त्रिपाठी

राजकमल पेपरबैक्स

पहला पुस्तकालय संस्करण
राजकमल प्रकाशन प्राइवेट लिमिटेड द्वारा
2021 में प्रकाशित

राजकमल पेपरबैक्स में
पहला संस्करण : 2023
दूसरा संस्करण : 2025

राजकमल पेपरबैक्स : उत्कृष्ट साहित्य के जनसुलभ संस्करण

राजकमल प्रकाशन प्रा.लि.
1-बी, नेताजी सुभाष मार्ग, दरियागंज
नई दिल्ली-110 002
द्वारा प्रकाशित

शाखाएँ : अशोक राजपथ, साइंस कॉलेज के सामने, पटना-800 006
पहली मंजिल, दरबारी बिल्डिंग, महात्मा गांधी मार्ग, प्रयागराज-211 001
1, अनमोल सोराबजी सन्तुक लेन, धोबी तलाव, मरीन लाइंस, मुम्बई-400 002

वेबसाइट : www.rajkamalprakashan.com
ई-मेल : info@rajkamalprakashan.com

बी.के. ऑफसेट
नवीन शाहदरा, दिल्ली-110 032
द्वारा मुद्रित

मूल्य : ₹599

KITABNAMA
by Namwar Singh
Edited by Ashish Tripathi

ISBN : 978-81-19159-25-3

पुस्तक समीक्षा के प्रतिमान और नामवर सिंह की पुस्तक समीक्षाएँ

क्लासिकल विभाजन को मानें तो नामवर सिंह व्यावहारिक आलोचक हैं। मुख्यत: आधुनिक हिन्दी कविता के आलोचक। व्यावहारिक आलोचक के रूप में नामवर जी ने मुख्यत: दो दिशाओं में काम किया : पहला, अपने समय की बहसों में भाग लेते हुए किसी युग, रचनाकार, प्रसंग या कृति पर हो रहे वाद-विवाद में अपना पक्ष रखकर। दूसरा, परम्परा और समकालीन साहित्य का पाठ-केन्द्रित विवेचन करते हुए। यह ध्यान करना जरूरी है कि पाठ-केन्द्रित आलोचना को प्रगतिशील आलोचकों—रामविलास शर्मा, मुक्तिबोध और नामवर सिंह—ने सौन्दर्यवादी-काव्यशास्त्री जड़-खाँचे से बाहर निकाला और रसवादी अनुभूतिवादी मीमांसा को दरकिनार किया। इस प्रक्रिया में उन्होंने 'पाठ' के जीवन-जगत, समाज-राजनीति, दर्शन-परम्परा में फैले आधारों और व्याप्तियों की मुखर पड़ताल की। सामाजिकता और वर्गीयता—इसकी बुनियाद थी। भारतेन्दु, महावीर प्रसाद द्विवेदी, प्रेमचन्द, निराला और रामचन्द्र शुक्ल पर रामविलास शर्मा के काम को इसके महत्त्वपूर्ण उदाहरण की तरह देखा जा सकता है। मुक्तिबोध का 'कामायनी' सम्बन्धी विवेचन और नामवर सिंह का छायावाद-केन्द्रित विवेचन इसके अगले विस्तार थे। नामवर सिंह ने कनिष्ठ आलोचक के रूप में रामविलास शर्मा और मुक्तिबोध से गहन संवेदनात्मक और वैचारिक संवाद किया। इसके बावजूद कविता सम्बन्धी आलोचना में वे मुक्तिबोध के ज्यादा नजदीक रहे। 'कविता के नये प्रतिमान' तक वे मुक्तिबोध के समधर्मा आलोचक दिखाई देते हैं। इस अवधि में मुक्तिबोध उनकी आलोचना-चेतना का प्रमुख और जरूरी हिस्सा बने रहे। प्रगतिशील आन्दोलन के पुनर्गठन और कविता-परिदृश्य में नागार्जुन-केदार-त्रिलोचन की केन्द्रीयता के बाद इस चेतना के एक भिन्न प्रकार का विस्तार हुआ, जिसकी शीर्ष अभिव्यक्ति है : 'दूसरी परम्परा की खोज'। पाठ-केन्द्रित आलोचना का जो उदाहरण उन्होंने 'छायावाद' जैसी आलोचना पुस्तक में दिया था, वह इस

बात की ओर इशारा करता है कि कविता की गहरी समझ उन्हें थी। आगे चलकर 'कविता के नये प्रतिमान' में संकलित 'अँधेरे में' पर केन्द्रित उनके दो लेख यह बताने के लिए पर्याप्त हैं कि छायावाद के बाद उभरी नये प्रकार की वस्तु, संवेदना, भाव-बोध, शिल्प और संरचना से उनका गहरा तादात्म्य था, जोकि किसी आलोचक के लिए प्राय: जरूरी होता है। 'कहानी नई कहानी' के कहानी-केन्द्रित आलेख इसी तादात्म्य के अन्य उज्ज्वल उदाहरण हैं।

नामवर सिंह पाठ से गहरा, आत्मीय और संवादी तादात्म्य स्थापित कर सकने वाले आलोचक थे। अपने व्याख्यानों और साक्षात्कारों में वे उपन्यासों, कहानियों, कविताओं, निबन्धों, नाटकों और आलोचना-निबन्धों पर जिस तरह बात करते थे, उससे इसकी पुष्टि होती है। उदाहरण चुनने में पाठ के साथ उनके गहरे सम्बन्ध और उससे उपजे विवेक की प्रखरता को साफ देखा जा सकता है। प्रेमचन्द जन्मशती में प्रेमचन्द की कहानियों और उपन्यासों पर तथा निराला जन्मशती पर निराला की कविताओं पर उनके व्याख्यान इस बात के सबूत हैं कि 'पाठ' के साथ गहरा वैचारिक और संवेदनात्मक रिश्ता बनाने और उससे तटस्थ होकर उसका विवेचन और मूल्यांकन करने की उनकी मेधा कितनी प्रखर थी।

पाठ का आस्वाद करने की क्षमता आलोचक के संवेदनात्मक आधारों पर निर्भर करती है और उसका विवेचन कर पाने की शक्ति उसकी ज्ञानात्मक तैयारी पर। यदि वह अपनी तैयारी के दौरान अन्तरानुशासित होकर जीवन-जगत को देखने की दृष्टि विकसित कर पाया है, तभी वह रचना के पाठ के जीवन-जगत में फैले आधारों को देख पाएगा। यदि आलोचक विचारधारा में दीक्षित है, तो वह पाठ के वर्गीय आधारों और उसकी वर्गीय चेतना की पड़ताल कर पाएगा। प्रत्येक कृति अन्तत: एक विशिष्ट भाषा, उसकी साहित्यिक परम्परा और विधागत विरासत से संबद्ध होती है। एक परम्परा-सजग आलोचक ही इस बात की पहचान कर सकता है कि रचना परम्परा में कहाँ और किस वैचारिक-सौन्दर्यात्मक धारा में स्थित है। नामवर सिंह एक आलोचक के रूप में 'पाठ' से ऐसा गहरा और संवादी रिश्ता बना पाते थे, जहाँ उनके ये सारी खूबियाँ एक साथ देखी जा सकती हैं।

'पाठ' में गहरी रागभरी दिलचस्पी के बावजूद उन्होंने पुस्तक समीक्षाएँ लगभग नहीं लिखीं। यह भी ध्यान जाता है कि उस युग के प्राय: सभी बड़े आलोचकों के यहाँ उस अर्थ में पुस्तक समीक्षाओं का अभाव है, जिस अर्थ में 'पुस्तक समीक्षा' पिछले चार दशकों में एक लोकप्रिय विधा बनी हुई है। मुक्तिबोध, रामविलास शर्मा और अज्ञेय ने भी पुस्तक समीक्षाएँ कम ही लिखी हैं।

हमारे समय में पुस्तक समीक्षा को आलोचना का प्रवेश-द्वार कहा जा सकता है। नवयुवा आलोचक प्राय: इसी रास्ते से आलोचना के उपकरणों के प्रयोग की शक्ति अर्जित करते हैं। हिन्दी क्षेत्र में अखबारों, पत्रिकाओं और लघु पत्रिकाओं

नामवर सिंह

28 जुलाई, 1926 को बनारस, उत्तर प्रदेश के जीयनपुर नामक गाँव में जन्म। प्राथमिक शिक्षा बग़ल के गाँव आवाजापुर में। काशी हिन्दू विश्वविद्यालय से बी.ए. और एम.ए.। 1953 में उसी विश्वविद्यालय में व्याख्याता के रूप में अस्थायी पद पर नियुक्ति। 1959 में चकिया चन्दौली के लोकसभा चुनाव में भारतीय कम्युनिस्ट पार्टी के उम्मीदवार। चुनाव में असफलता के साथ विश्वविद्यालय से मुक्त। 1959-60 में सागर विश्वविद्यालय के हिन्दी विभाग में असिस्टेंट प्रोफ़ेसर। 1960 से 1965 तक बनारस में रहकर स्वतंत्र लेखन। 1965 में 'जनयुग' साप्ताहिक के सम्पादक के रूप में दिल्ली में। इस दौरान दो वर्षों तक राजकमल प्रकाशन के साहित्यिक सलाहकार। 1970 में जोधपुर विश्वविद्यालय के हिन्दी विभाग के अध्यक्ष-पद पर प्रोफ़ेसर के रूप में नियुक्त। 1971 में 'कविता के नए प्रतिमान' पर 'साहित्य अकादेमी पुरस्कार'। 1974 में जवाहरलाल नेहरू विश्वविद्यालय (दिल्ली) के भारतीय भाषा केन्द्र में हिन्दी के प्रोफ़ेसर के रूप में योगदान। 1987 में वहीं से सेवा-मुक्त। अगले पाँच वर्षों के लिए वहीं पुनर्नियुक्ति। 1993 से 1996 तक राजा राममोहन राय लाइब्रेरी फ़ाउंडेशन के अध्यक्ष। 'आलोचना' त्रैमासिक के प्रधान सम्पादक और महात्मा गांधी अन्तरराष्ट्रीय हिन्दी विश्वविद्यालय (वर्धा) के कुलाधिपति रहे।

निधन : 19 फरवरी, 2019

आशीष त्रिपाठी

आशीष त्रिपाठी का जन्म 21 सितम्बर, 1973 को मध्य प्रदेश के गाँव जमुनिहाई जिला सतना में हुआ।

प्रो. नामवर सिंह की बारह पुस्तकों–'ज़माने से दो दो हाथ', 'प्रेमचंद और भारतीय समाज', 'हिन्दी का गद्यपर्व', 'कविता की ज़मीन और ज़मीन की कविता', 'आलोचना और विचारधारा', 'साहित्य की पहचान', 'सम्मुख', 'साथ-साथ', 'आलोचना और संवाद', 'तुम्हारा नामवर', 'संग सत्संग' और 'पूर्वरंग' समेत चंद्रकांत देवताले के साक्षात्कार-संग्रह–'मेरे साक्षात्कार', काशीनाथ सिंह के दो कथा-चयनों–'खरोंच' व 'पायल पुरोहित तथा अन्य कहानियाँ', स्वयं प्रकाश के कथा-चयन–'प्रतिनिधि कहानियाँ' एवं 'आषाढ़ का एक दिन : पुनर्मूल्यांकन' का सम्पादन और नामवर सिंह के साथ रामचंद्र शुक्ल रचनावली के आठ खंडों का सम्पादन किया।

उन्हें 2010 में प्रकाशित पहले कविता-संग्रह 'एक रंग ठहरा हुआ' के लिए 'लक्ष्मण प्रसाद मंडलोई स्मृति सम्मान' और आलोचना के लिए 2016 के 'स्पंदन सम्मान' से सम्मानित किया गया है। इन दिनों काशी हिन्दू विश्वविद्यालय, वाराणसी के हिन्दी विभाग में प्रोफेसर हैं।

ई-मेल : ashishhindibhu@gmail.com

की विशाल संस्था ने जहाँ एक ओर साहित्य के जनतांत्रिक विस्तार में प्रभावशाली भूमिका निभाई है, वहीं दूसरी ओर पुस्तक समीक्षा के काम को गैर-पेशेवर बना दिया है। आज आलोचना पर लगाए जा रहे बहुत-से आरोप पुस्तक समीक्षा को आलोचना मान लेने के कारण लगाए जाते हैं। वस्तुत: आज पुस्तक समीक्षा अनेक बार व्यावसायिक हितों को ध्यान में रखकर लिखे जा रहे 'प्रमोशनल नोट' या 'विज्ञापन' जैसा रूप ले लेती है। सांगठनिक सहचर भाव, व्यक्तिगत मैत्री और निजी लाभ के लिए चापलूसी से लेकर कुंठा, प्रतिहिंसा के प्रदर्शन तक—हजारों कारणों से पुस्तक समीक्षा 'आलोचना' का दर्जा खोने के द्वार पर खड़ी है। ऐसे समय में पुराने समय में लिखी गई अनेक समीक्षाएँ स्मरण में आती हैं और इस विधा का उज्ज्वल रूप पेश करती हैं। मुक्तिबोध द्वारा त्रिलोचन के कविता संग्रह 'धरती' पर प्रकाशन के तत्काल बाद ही लिखी गई समीक्षा इनमें से एक है। वस्तुत: पाठ-केन्द्रित समीक्षा में आचार्य रामचन्द्र शुक्ल के बाद मुक्तिबोध ने ही नये प्रतिमान प्रस्तुत किये हैं। 'कामायनी : एक पुनर्विचार', 'धरती का कवि', 'शमशेर : मेरी दृष्टि में' आज भी इसके श्रेष्ठ उदाहरण हैं। मुक्तिबोध पाठ-केन्द्रित समीक्षा में मार्क्सवादी वैचारिकता और सौन्दर्यबोध को बहुत बारीकी से इस्तेमाल कर रहे थे—एक सजग वैचारिक और सिद्ध कलावंत की तरह। इस क्षेत्र में ये कृतियाँ आज भी अपने-आप में एक ट्रेनिंग स्कूल की तरह हैं। कहना होगा कि शमशेर बहादुर सिंह और नामवर सिंह मुक्तिबोध के हमकदम और सहधर्मा थे। शमशेर ने अपने निबन्धों में पाठ की गहरी समझ के अद्भुत आदर्श प्रस्तुत किये हैं। उ त्तरवर्ती आलोचकों में मलयज, केदारनाथ सिंह, कुँवर नारायण, विश्वनाथ त्रिपाठी, नित्यानन्द तिवारी, नंदकिशोर नवल, परमानन्द श्रीवास्तव, अशोक वाजपेयी, धनंजय वर्मा, दूधनाथ सिंह, कमला प्रसाद, सत्य प्रकाश मिश्र, विष्णु खरे, राजेश जोशी, अजय तिवारी, अरुण कमल, विजय कुमार, शम्भुनाथ, धर्मवीर, कँवल भारती, पंकज चतुर्वेदी, कृष्ण मोहन और वैभव सिंह आदि की पाठ-केन्द्रित व्यावहारिक समीक्षा में एक गहरी समझ, अन्तर्दृष्टि और नवाचार मिलता है।

पुस्तक समीक्षाओं पर विचार करते समय सबसे पहला सवाल मन में यह आता है कि पुस्तक समीक्षक ने आखिर पुस्तक को समीक्षा के लिए क्यों चुना? जब इस सवाल का जवाब समीक्षा के भीतर मौजूद हो तो आशय होगा कि पुस्तक की किसी विशिष्टता के कारण पुस्तक चुनी गई है, पर कई बार समीक्षा से इस सवाल का जवाब नहीं मिलता। तब हमें सवाल का जवाब खोजने के लिए साहित्य समाज की सत्ता-संरचना, समूहन, मैत्री-शत्रुता, लाभ-लोभ तथा ऐसे ही अन्यान्य कारणों पर विचार करना होता है। आज की पुस्तक समीक्षाओं में इन कारणों को पहचानना ज्यादा आसान है। इधर के दिनों में ये बातें सतह पर तैरती हुई देखी जा सकती हैं। हम यहाँ नामवर जी की कुछ ऐसी पुस्तक समीक्षाओं की चर्चा करेंगे

जिनसे इस विधा का उज्ज्वल चेहरा प्रकट होता है। नामवर जी ने इन पुस्तकों का चुनाव वैचारिक और सौन्दर्यशास्त्रीय कारणों से किया। हमने चर्चा के लिए जो समीक्षाएँ चुनी हैं, वे अलग-अलग विधाओं की पुस्तकों (एक कविता संग्रह, एक कहानी संग्रह, एक उपन्यास, एक आलोचना पुस्तक और एक पत्र-संवाद) पर केन्द्रित हैं और भिन्न-भिन्न समय में लिखी गई हैं। इन समीक्षाओं से नामवर जी की व्यावहारिक समीक्षा के कुछ पहलू स्पष्ट हो सकेंगे।

नामवर जी ने प्रारम्भिक दिनों में कुल तीन समीक्षाएँ लिखीं। ये समीक्षाएँ पुस्तक समीक्षा के उन दिनों के प्रचलित प्रारूप के अनुरूप हैं। परन्तु जिस समीक्षा में नामवर सिंह की वैचारिकता के अनेक पहलू साफ उभरकर आते हैं, वह समीक्षा है : 'एकालाप और संलाप'। इसे मुक्तिबोध की पुस्तक 'एक साहित्यिक की डायरी' पर एक स्वतंत्र निबन्ध की तरह लिखा गया है। नामवर जी इस पुस्तक के महत्त्व को लेकर आश्वस्त हैं, यह बात इन उद्धरणों से पूरी तरह स्पष्ट है :

- साहित्य की व्याख्या करनेवाली पुस्तकें तो बहुत हैं, किन्तु साहित्य की धारा को बदलनेवाली विचारोत्तेजक पुस्तकें एकाधिक दशक बाद आती हैं। और मुझे लगता है कि मुक्तिबोध की यह 'डायरी' एक ऐसी ही क्रान्तिकारी कृति है।
- 'एक साहित्यिक की डायरी' एक व्यापक अर्थ में रचना-प्रक्रिया का ग्राफ-चित्र भले ही हो, वस्तुत: वह उत्तरशती की जटिल जीवन-प्रक्रिया का जीवंत दस्तावेज है। फकत एक सौ सोलह पृष्ठों की छोटी-सी गद्यकृति किन्तु जितने गहरे अर्थों में वह इस दशक के 'प्रामाणिक' भारतीय मानव को प्रक्षेपित करती है, कुछ ही कृतियाँ कर सकी होंगी।
- जिनकी दिलचस्पी आज के परिवेश के बीच अपने को समझने में है, उनके लिए मुक्तिबोध की 'एक साहित्यिक की डायरी' निश्चय ही एक सार्थक वैचारिक मानचित्र का काम देगी, क्योंकि यह शुद्ध 'साहित्यिक' डायरी नहीं, बल्कि डायरी है एक 'साहित्यिक की'—सम्पूर्ण साहित्यिक की।

मार्क्सवादी आलोचक नामवर सिंह इस लेख के लिखे जाने तक, जैसाकि इस लेख से स्पष्ट है, मुक्तिबोध के प्रति वैचारिक रूप से आसक्त हो चुके हैं। यह आसक्ति उनकी पूरी तर्क-प्रणाली को निर्देशित करती है। इस आसक्ति का एक कारण है 'नई कविता' में वर्चस्व-प्राप्त अज्ञेय के समक्ष खड़ा मुक्तिबोध का कवि-व्यक्तित्व : 'मुक्तिबोध की 'डायरी' की सबसे बड़ी उपलब्धि एक कवि-व्यक्तित्व है जिसके साथ आगे चलकर अनेक प्रकार की किंवदंतियों के जुड़ जाने की सारी सम्भावनाएँ मौजूद हैं। अनिवार्यत: यह व्यक्तित्व स्वयं मुक्तिबोध का ही

हो, कोई आवश्यक नहीं; किन्तु है यह निश्चय ही इस आत्मसजग युग का सबसे आत्मसजग व्यक्तित्व—एक गहरे अर्थ में राजनीतिक, जिसके बिना आज के युग में कोई भी लेखक सार्थक साहित्यकार नहीं हो सकता।'

तात्कालिक वैचारिक संघर्ष में अज्ञेय के विचारों के प्रभाव को कम करने की दृष्टि से मुक्तिबोध के विचारों पर जोर देना एक प्रभावी वैचारिक राजनीति थी और इस कार्य को नामवर सिंह ने बखूबी किया।

'अज्ञेय के 'आत्मनेपद' से बहुत कुछ एक शब्द-साधक 'एस्थीट' अथवा सौन्दर्यजीवी का रूप सामने आता है जो एक दायरे में जीवन से पूरी तरह संसक्त होते हुए भी अपने रचना-जगत में सर्वथा नि:संग है : अमानुषिकता की हद को छूनेवाली कलात्मक नि:संगता। इसके विपरीत मुक्तिबोध की 'डायरी' में उभरने वाला कवि-व्यक्तित्व सामाजिक स्तर पर एक नितान्त सामान्य निम्न-मध्यवर्गीय पारिवारिक प्राणी है, जिसके लिए कविता अलग से किसी साधना की चीज नहीं, बल्कि जीने की जटिल क्रिया का ही एक सहज अंग है, जो समाज से लड़ते हुए भी उसकी सहकारिता को सम्बल के रूप में स्वीकार करता है। जितना कष्टप्रद इसका अस्तित्व-संघर्ष है, उतना ही कष्टप्रद सर्जन-संघर्ष, और जो अपनी निजी पीड़ा को व्यापक मानवीय पीड़ा से अर्थपूर्ण बनाता चलता है। कुल मिलाकर मानवीय—नितान्त मानवीय।

मुक्तिबोध ने 'डायरी' में जिस प्रकार समकालीन साहित्य में प्रचलित 'एस्थीट' के 'विशिष्ट' और 'अद्वितीय' व्यक्तित्व पर प्रहार किया है, उससे साफ मालूम हो जाता है कि वे एक स्थापित कवि-प्रतिभा के स्थान पर साहित्य में एक नये कवि-व्यक्तित्व की प्रतिष्ठा करने के लिए कितने व्याकुल हैं। अज्ञेय के समानान्तर मुक्तिबोध और 'आत्मनेपद' के समानान्तर 'एक साहित्यिक की डायरी' पर जोर देने का कारण स्पष्ट है : ' 'डायरी' निश्चित रूप से नये लेखकों को वर्ग-चेतन बनाती है।' नामवर सिंह बहुत स्पष्टता के साथ इस प्रक्रिया में निम्न-मध्यवर्गीय आधारों, उसके संस्कारों से उपजे संस्कारों और निम्न-मध्यवर्गीय हीनता-भाव को जोड़ते हैं : 'एक खास ढंग के कंडीशन साहित्यिक रिफ्लेक्स के कारण कविता गौण और सिकुड़ी हुई-सी साहित्यिक विधा बन चली थी, बल्कि अनजाने ही झूठ का विराट नकली साहित्य खड़ा होने लगा था। निष्प्राण सौन्दर्यवादी रचनाओं के स्थान पर 'डबरे में सूरज' का आदर्श मुक्तिबोध की महत्त्वपूर्ण देन है।' नामवर जी इसके प्रति आसक्त हैं, इसका अन्दाजा उनके इस पुछल्ला वाक्य से होता है : 'और निश्चय ही यह बोलता हुआ बिम्ब 'डायरी' का अनमोल चिन्तामणि है।'

इस 'डायरी' को नामवर सिंह ने मुक्तिबोध की कविताओं के साथ रखकर पढ़ने की कोशिश की है, इससे इस 'डायरी' के विचारों को अधिक स्पष्टता प्राप्त होती है। साथ ही मुक्तिबोध को समग्रता में समझा जा पाना सम्भव हो पाता है।

समीक्षक नामवर सिंह के समक्ष यह भी स्पष्ट है कि मुक्तिबोध के यहाँ फैंटेसी अक्सर भयावह रूपों में व्यक्त होती है :

- मुक्तिबोध की रचनाओं में इस प्रकार की भयावनी 'फैंटेसी' प्राय: मिलती है : कभी 'ब्रह्मराक्षस', तो कभी 'ओरांग उटांग' और कभी विचित्र वेश-विन्यासवाली सैन्य टुकड़ी का नैश आक्रमण। अँधेरे की एक हल्की-सी चादर पड़ते ही सारा दृश्य क्षण-भर में भयंकर दु:स्वप्न के रूप में बदल जाता है।
- उनकी अन्तिम पूर्ण कविता 'अँधेरे में' में इसी विशाल भयावनी फैंटेसी का रचनात्मक रूप है। यह 'विजन' मुक्तिबोध का नितान्त निजी है, जो उनके कृतित्व को एक अनूठा तेजोवलय प्रदान कर देता है।

नामवर जी इस पुस्तक के प्रति आसक्त हैं। आकर्षण का सबसे पहला कारण है, इसका विशिष्ट संवादीपन : 'कुछ लोग दुनिया से बहस करते हैं तो कुछ सिर्फ अपने से, किन्तु कुछ थोड़े-से लोग ऐसे होते हैं जो दुनिया से बहस करने की प्रक्रिया में अपने-आपसे भी बहस चालू रखते हैं। मुक्तिबोध ऐसे ही थोड़े-से लोगों में थे और उनकी 'एक साहित्यिक की डायरी' ऐसी ही जीवंत बहस का सर्जनात्मक दस्तावेज है जिसमें भाग लेने का लोभ सँवरण करना कठिन है। अपने-आपसे या किसी दूसरे से बात करते मुक्तिबोध पाठक को कुछ इस प्रकार उस वार्तालाप का साझीदार बना लेते हैं कि नि:संग रहना कठिन हो जाता है। यह अपनापा संक्रामक है : 'स्वयं से अस्वयं होना है।' प्लेटो के 'डायलॉग्स' को छोड़कर, मुझे याद नहीं कि मैंने इस तरह कहीं हिस्सा लेने की विवशता का सुखद अनुभव किया हो : लगातार प्रहार करते हुए भी आत्मीयता का वैसा ही सम्मोहन और वैसा ही दुर्निवार निमंत्रण विचार-प्रक्रिया में स्वत: भाग लेने का। दूसरे से प्रश्न करने के साथ-साथ अपने-आप पर भी उस प्रश्न का वैसा ही वार। और इस प्रकार विचार की गति के साथ अपने-आपको स्तर-स्तर खोलते जाना। न कहीं कोई छिपाव, न कोई दुराव। इस संवादी-भाव की विशिष्टताएँ हैं—आत्मसजगता और पारदर्शी ईमानदारी। यह पारदर्शी ईमानदारी ही है, जो मुक्तिबोध की 'एक साहित्यिक की डायरी' को अनूठा आकर्षण प्रदान करती है, जिसे लेखक ने 'सुकुमार ज्वालाग्रही जादुई शक्ति' कहा है।' यह ईमानदारी अकेले नहीं है। इस ईमानदारी के साथ-साथ आते हैं—मस्तिष्क की वस्तुनिष्ठता और तथ्यपरकता, जिसे अक्सर सच्चाई कहा जाता है।

संवादी भाव, आत्मसजगता, पारदर्शी ईमानदारी, वस्तुनिष्ठता और तथ्यपरकता के मेल से उस कवि-व्यक्तित्व की रचना होती है जो इस 'डायरी' से उभरता है। परन्तु इसका केन्द्रीय गुण है—संवादीपन : ''एक साहित्यिक की डायरी' में लगता है, जैसे मुक्तिबोध अपने किसी समानधर्मा से विचार-विनिमय कर रहे

हैं—एक सत्यान्वेषी की तरह हर सम्भव तथ्य को परखने के लिए रुकते हों और प्रत्येक मान्यता को प्रस्तुत करने के साथ ही उसे जाँचते हों।' परन्तु नामवर सिंह जी एक समीक्षक के रूप में स्पष्ट हैं कि इस 'डायरी' का महत्त्व वार्तालाप शैली में लिखे जाने मात्र से नहीं है बल्कि उस जीवन-प्रक्रिया के कारण है, जो इस 'डायरी' के पीछे मौजूद है : 'दरअसल, इसके पीछे एक पूरी जीवन-प्रक्रिया है। जो सदैव निरी आत्माभिव्यक्ति के लिए बेचैन रहते हैं, उनके लिए यह कदापि सम्भव नहीं है। जो व्यक्ति एक साधारण आदमी की तरह अपने आसपास के सामाजिक परिवेश में हिस्सा लेता है और हर परिचित-अपरिचित को सहचर की तरह स्वीकार करते हुए हमेशा उन्मुक्त विचार-विनिमय के लिए प्रस्तुत रहता है, उसी के लेखन में सम्प्रेषण और सम्भाषण का यह गुण आता है और साफ दिखाई पड़ता है कि 'एक साहित्यिक की डायरी' ऐसी ही सामाजिक जीवन-प्रक्रिया की उपज है। यह संवादी डायरी 'एक सहयोगी प्रयास' का आभास ही नहीं देती, बल्कि सहयोगी प्रयास का अहसास कराती है और ऐसे प्रयास के लिए सीधा आमंत्रण भी देती है।'

केदारनाथ सिंह के कविता संग्रह 'अभी, बिलकुल अभी' की समीक्षा लिखते हुए नामवर जी ने प्राय: 'नई कविता' के दौर में लोकप्रिय प्रतिमानों का ही सहारा लेते हुए कवि की विशिष्टता को रेखांकित किया है। यह निबन्ध कविता संग्रह पर होने के बावजूद कवि-केन्द्रित है। इसका आशय यह है कि इस निबन्ध में संग्रह की कविताओं के माध्यम से कवि के सम्पूर्ण व्यक्तित्व की खोज की गई है।

निबन्ध की शुरुआत में ही समीक्षक इस आरोप से टकराता है कि कवि की कविताओं में अस्पष्टता है। इस सवाल का निराकरण करते हुए समीक्षक एक दिलचस्प टिप्पणी करता है : 'अस्पष्टता का बोध जगाना अस्पष्टता नहीं है।' इसी क्रम में एक व्यंग्य करने के बाद वह एक सूत्र देता है : 'समझ में आने से पहले कविता श्रवण में आती है और नयन में भी।' व्याख्या करते हुए वह स्पष्ट करता है कि 'कविता के लिए श्रवण हो तो शब्दों का संगीत भी अर्थपूर्ण हो सकता है और नेत्र हों तो अस्पष्ट लगनेवाले चित्र की सूक्ष्म रेखाएँ भी आकार धारण कर सकती हैं।' स्पष्ट है कि समीक्षक यह मानता है कि कविता समझने के लिए सिर्फ लिखित शब्द, शब्दकोशीय अर्थ और इससे उपजे सीमित अर्थबोध से काम नहीं चलता, बल्कि पाठक, भावक या आस्वादक का इन्द्रियबोध भी जाग्रत और संस्कारित होना चाहिए। उसे भाषा में सुनने और देखने की आदत होनी चाहिए। केदार की कविताओं में अस्पष्टता इसलिए मालूम पड़ती है कि वे चित्रों और बिम्बों में सोचते और अभिव्यक्त करते हैं। इसीलिए नामवर जी व्यंग्य करते हुए अस्पष्टता का आरोप लगाने वाले भावकों को 'कविता के गद्यार्थी'

कहकर सम्बोधित करते हैं : 'कविता के गद्यार्थियों (विद्यार्थियों नहीं) से निवेदन है कि चित्रों के आनयन के लिए थोड़ा प्रयत्न करना पड़ता है।'

'आनयन' शब्द पर विशेष गौर करना जरूरी है। अस्पष्टता के आरोप को नामवर सिंह जी दूर तक खींचते हैं। व्याख्या और विवेचन के क्रम में आई निष्पत्ति इस दृष्टि से महत्त्वपूर्ण है : 'केदारनाथ सिंह के अस्पष्टताबोधक चित्रों में अनेक सूक्ष्म रेखाएँ हैं, जो बोध को विशेष अर्थ प्रदान करती हैं।'

नामवर जी संग्रह पढ़ते हुए अपनी पूर्वलिखित टिप्पणी में संशोधन करते हैं। 'स्थिर मति' और 'जड़मत' को सैद्धान्तिक आदर्श माननेवालों के लिए यह दुखद हो सकता है, परन्तु नामवर जी अपने मतों को निरन्तर विकसित करने के आग्रही रहे हैं। इसके लिए इधर के दशकों में नामवर जी की कठोर आलोचना होती रही है। परन्तु यह एक मानवीय और वैचारिक विकास का ही उदाहरण है।

केदार की कविताओं के सम्बन्ध में उनके निष्कर्ष महत्त्वपूर्ण हैं :

- आकस्मिक नहीं, जो केदार ने कई कविता को प्रकृति के इतने अछूते सौन्दर्य-चित्र दिये। उनकी कविता में 'पहले बौर की गंध' है, 'फलों पर चढ़ते सुनहरे रंग' हैं, 'चिड़ियों के धूपगंधी पंख' हैं, 'अभी-अभी धुले नये चावल का गंध भरा पानी' है, 'हल्दी के पानी-सी फैली जलहंसी' है, 'बनसुग्गों की पाँखें' हैं; और 'धूप का गुच्छा' जो उन्होंने फेंका है, उसे तो बहुतों ने अपना आभूषण ही बना लिया है। ये चित्र विकसित सौन्दर्यबोध के सूचक हैं और इनकी सामर्थ्य उसी कवि में हो सकती है जो 'खुली संवेदना से दिशाओं को सूँघकर पहचान' सकता हो। केदार के सौन्दर्य-चित्रों में एक ओर ताजगी और टटकापन है तो दूसरी ओर सूक्ष्म सौन्दर्यबोधसूचक पंख जैसे हल्के हाथों की कला है। शुरू में रंगों की शोखी जरूर ज्यादा थी और शायद रंग भी कई आते थे लेकिन धीरे-धीरे रंग हल्के होने लगे और रेखाओं में बारीकी आ गई। चित्र क्या है कि 'ओस भरे कँपते गुलाब की टहनी पर तितली के पंखों सी सटी हुई धूप'! केदार झकझोरते नहीं बल्कि 'जम को हल्के कँपाते हैं'। एक हल्का कम्प, एक हल्का स्पर्श—यही उनकी अभिरुचि है और शायद उनका 'मिजाज'!
- ऐसी शिल्प-सिद्धि नये कवियों में कम को ही प्राप्त हुई है। एक हद तक परम्परागत रूप-विधि का अनुशासन मानते हुए भी केदार ने नये रूप-प्रयोग का प्रयत्न किया है। गीत और मुक्त छन्द में समान सफलता केदार ही दिखला सकते हैं। लोक-बोली के शब्द भी उनके रचे-पचे आते हैं। 'दूरगंधी तिथि' और 'जलहंसी' जैसे नवनिर्मित शब्द भी अटपटे नहीं लगते।

- केदार उन दो-तीन कवियों में हैं जिन्होंने 'नई कविता' को चलने योग्य नये शब्द दिये हैं और जिन्हें सचमुच ही समकालीनों ने अपना लिया। और अपनी पीढ़ी को शब्द देना मामूली बात नहीं है।

केदारनाथ सिंह ने एक कवि के रूप में 'अभी, बिलकुल अभी' से आगे एक लम्बी यात्रा की है। उन्होंने कविता में नई ऊँचाइयाँ निर्मित की हैं। भाषा और कविता में उनकी रचनात्मकताएँ विशिष्ट हैं। परवर्ती यात्रा के बाद केदार जी पर नामवर जी की बातें भले ही शब्दशः लागू न होती हों, परन्तु इस निबन्ध में नामवर जी जिन बुनियादी विशिष्टताओं की ओर संकेत करते हैं, वे अन्त तक बनी रहती हैं।

''नई कहानी' की पहली कृति : 'परिन्दे' एक चर्चित और विवादित समीक्षा है। समीक्षा 1960 में लिखी गई। निर्मल वर्मा के परवर्ती साहित्य में कलात्मक आग्रहों की अधिकता के कारण अधिकांश प्रगतिशील-जनवादी लेखक और आलोचक निर्मल वर्मा को 'प्रगतिशीलता-विरोधी' और 'कलावादी' मानते थे। ऐसे में नामवर जी की इस समीक्षा से होनेवाला महिमामंडन उन्हें औचित्यहीन लगता था। इस कारण से अक्सर नामवर सिंह के 'निर्मल-प्रेम' को उनके रूपवादी रुझानों के उदाहरण के तौर पर देखा गया। बावजूद इसके नामवर जी अपने अन्तिम दिनों तक इस समीक्षा को उचित मानते रहे। इन विवादों के कारण यह पुस्तक समीक्षा लगातार चर्चा में बनी रही और नामवर-विरोधी अक्सर इसका इस्तेमाल उन पर आक्रमण करने के लिए करते रहे।

'कहानी नई कहानी' में संकलित यह समीक्षा दो भागों में लिखी गई। उस पुस्तक के 'आभार' के अनुसार पहला भाग इलाहाबाद आकाशवाणी से 'पुस्तक समीक्षा के रूप में प्रसारित हुआ', जबकि दूसरा भाग 'कृति' के अक्टूबर, 1960 के अंक में प्रकाशित हुआ। अलग-अलग समय में लिखे जाने और पुस्तक में संकलित करते समय सम्पादन न किये जाने के कारण कहीं-कहीं विचारों और वाक्यों में पुनरावृत्ति है।

नामवर जी को निर्मल वर्मा के इस कहानी संग्रह की कहानियाँ 'कहानी के परम्परा-सिद्ध ढाँचे में अनेक नई सम्भावनाओं का संकेत' देने के कारण 'नई कहानी' की पहली कृति लगी थीं। वे स्पष्ट हैं कि पुराने सामाजिक संघर्ष के स्थूल धरातल पर 'मार्कटाइप' कर रहे हिन्दी कथा साहित्य के बीच 'समकालीनों में निर्मल पहले कहानीकार हैं जिन्होंने इस दायरे को तोड़ा है।' उन्हें आभास है कि स्वतंत्रता के प्रश्न को मुख्य रूप से उठाने वाले 'निर्मल ने अपनी कहानियों को भी हिन्दी कहानी की परिपाटी से मुक्त करने का प्रयत्न किया है।' परिपाटी से

मुक्त करने का अर्थ परम्परा से बाहर चले जाना नहीं, बल्कि 'साहित्यिक यथार्थ से मुक्त' होना है, जिसका अधिक स्पष्ट रूप है 'विरासत में मिले 'फार्मूलों' से मुक्त होकर, सीधे जीवन का साक्षात्कार करना'। 'जिन्दगी की जटिलताओं में प्रवेश करके सच्चाई का पता' लगाने और 'वास्तविकता के प्रति नये दृष्टिकोण की ओर संकेत' करने के कारण इस संग्रह की कहानियाँ नामवर जी को 'नई कहानी की शुरुआत' लगती हैं।

समीक्षक नामवर सिंह, स्पष्ट है कि नये जीवन की जटिलताओं के परिपाटी-मुक्त कथांकन से मुग्ध हैं। समीक्षा के दूसरे भाग में वे निर्मल वर्मा की कहानियों की 'प्रभावोत्पादकता', 'भावुकता', 'निराशा' और 'एकरसता' आदि की पड़ताल करते हैं। विवेचन के क्रम में नामवर जी की स्थापनाएँ महत्त्वपूर्ण हैं। इस क्रम में वे निर्मल जी की कहानियों के 'कलात्मक रचाव' की प्रशंसा करते हैं : 'निर्मल की कहानियों में प्रभाव की गहराई इसलिए है कि उनके यहाँ चरित्र, वातावरण, कथानक आदि का कलात्मक रचाव है।' कलात्मक रचाव की एक ऊँचाई है : कहानी का संगीत की हद को छू लेना। नामवर जी स्पष्ट हैं कि 'निर्मल की कहानियाँ संगीत का-सा प्रभाव उत्पन्न करने में समर्थ हैं।' निर्मल वर्मा की कहानियों में संगीत की बहुविध उपस्थिति है। नामवर जी देख पाते हैं कि यह अलंकरण मात्र नहीं है बल्कि 'निर्मल ने संगीत का चित्रण, केवल वातावरण चित्रण के लिए ही नहीं किया है बल्कि संगीत के उस रागधर्म (Harmony) को भी व्यक्त किया है जिसके द्वारा विविध वस्तुएँ पिघलकर अपनी पृथक् सत्ता खोती हुई एक भावधारा में बदल जाती हैं।' × × × 'ऐसा प्रतीत होता है, संगीत-वर्ण निर्मल के लिए कहानी में केवल शोभा नहीं है बल्कि सम्पूर्ण रचना-प्रक्रिया ही संगीतधर्मी है।'

नामवर जी निर्मल वर्मा की कहानी-कला का सूक्ष्म विवेचन करते हैं। इस प्रक्रिया में वे प्राय: मुग्ध नजर आते हैं। यह मुग्धता तर्क आधारित है। उनके निबन्ध के ये दो हिस्से उनकी मुग्धता के पीछे मौजूद तर्कों को पूरेपन से उभारते हैं :

- इन कहानियों को पढ़ते समय एक नये गद्य से परिचय होता है—अपने प्रयोजन के लिए बनाया हुआ लेखक का अपना गद्य। सम्भवत: कहानी का गद्य इतना संवेदनशील तो पहले कभी न था। या तो भावोच्छ्वसित गद्य काव्य था या नितान्त कामकाजी। 'परिन्दे' को देखकर लगता है कि भाषा के क्षेत्र में जो काम इतने दिनों में प्रयोगशील 'नई कविता' भी न कर सकी, उसे अन्तत: कहानी के गद्य ने कर दिखाया।
- निर्मल ने स्थूल यथार्थ की सीमा पार करने की कोशिश की है। उन्होंने तात्कालिक वर्तमान का अतिक्रमण करना चाहा है। उन्होंने प्रचलित कहानी-कला के दायरे से भी बाहर निकलने की कोशिश की है, यहाँ

तक कि शब्द की अभेद्य दीवार को लाँघकर शब्द के पहले के 'मौन जगत' में प्रवेश करने का भी प्रयत्न किया है और वहाँ जाकर प्रत्यक्ष इन्द्रियबोध के द्वारा वस्तुओं के मूल रूप को पकड़ने का साहस दिखलाया है। इसीलिए, उनकी कहानी-कला में नवीनता है, भाषा में नवजातक की-सी सहजता और ताजगी है, वस्तुओं के चित्रों में पहले-पहल देखे जाने का अपरिचित टटकापन है। उनका गद्य 'शुद्ध गद्य' है—ठेठ वाचक शब्द, विशेषणहीन संज्ञाएँ, उपमारहित पद तथा स्वतंत्र वाक्य। अलग-अलग करके देखने पर हर शब्द मामूली है, हर वाक्य साधारण है, लेकिन पूरा प्रभाव जबर्दस्त है। गद्य की रुखाई से भी, स्थितियों के अनुरोध से, वे कवित्वपूर्ण प्रभाव उत्पन्न कर ले जाते हैं। कवित्व लाने के लिए दूसरे कथाकारों की तरह अलग से किसी देशी या विदेशी भाषा की कविता को उद्धृत करने की जरूरत महसूस नहीं होती। छोटे-से-छोटे ब्यौरे पर भी उनकी पकड़ है और बड़ा-से-बड़ा सवाल भी पकड़ की सीमा के अन्दर है।

एक समीक्षक का काम कठिनाई भरा होता है। उसे रचना में पूरी हार्दिकता से उतरना पड़ता है और फिर बाहर आकर प्राप्त परिणामों को तर्क-प्रक्रिया से सिद्ध करना पड़ता है। आस्वाद का काम भरी झील में डूबने जैसा होता है। परन्तु वास्तविक समीक्षा झील से बाहर आकर कठोरतापूर्वक उससे तटस्थ होने के बाद से ही शुरू होती है। रचना में डूबने, डूबकर उसके अन्त:जगत को पूरेपन से आत्मस्थ कर लेने के बाद समीक्षक का उससे तटस्थ होना अनिवार्य है। तटस्थ होकर ही वह समीक्षा का काम कर सकता है। परन्तु हम देख पाते हैं कि तटस्थता के बावजूद डूबने के दौरान प्राप्त प्रभाव कई बार बचा रह जाता है। महत्त्वपूर्ण और महान कृतियों के मामले में यह अक्सर होता है। नामवर जी की इन समीक्षाओं में भी आस्वाद में डूबने, तटस्थ होने और तटस्थता के बावजूद आस्वाद-प्रक्रिया के दौरान जन्मे प्रभावों के बचे रह जाने के सबूत जगह-जगह मौजूद हैं। आलोचक की तटस्थता भी अन्तत: एक आदर्श ही है, जिसे प्राप्त कर पाना शायद सम्भव नहीं। अनेक बार ऐसा करना शायद जरूरी भी नहीं रह जाता।

पुस्तक समीक्षाओं की इस श्रृंखला में 'रामकथा की उधेड़बुन' का विशिष्ट महत्त्व है। भगवान सिंह के उपन्यास 'अपने-अपने राम' की यह समीक्षा उद्धरण-बहुल है। उद्धरणों की एक श्रृंखला के माध्यम से नामवर जी ने उपन्यास में विशिष्ट ढंग से कही गई रामकथा की नवता को उद्घाटित किया है। उद्धरण समीक्षा-प्रविधि का प्रभावी अंग कैसे बन जाते हैं, यह इस आलेख से समझा जा सकता है। नामवर सिंह 'अपने-अपने राम' को 'रामकथा की मुक्ति' का अभिनव प्रयास मानते हैं। सवाल

उठता है कि क्या रामकथा किसी विचार-व्यवस्था में बँधी हुई है? नामवर जी सवाल का सीधा जवाब देने की बजाय अंबेडकर और रवीन्द्रनाथ ठाकुर के पास जाते हैं। अंबेडकर के निबन्ध 'रिडल ऑफ राम' और रवीन्द्रनाथ ठाकुर के निबन्ध 'भारतवर्षेर इतिहासधारा' के उद्धरणों के बाद नामवर जी अपना जवाब देते हैं : 'आज रामकथा का जो प्रचलित रूप है, वह एक विशेष विचार-पक्ष द्वारा 'अनुकूलित' है। रामकथा को अनुकूल बनाने के लिए कुछ नई कहानियों की 'सृष्टि' भी की गई है और उसमें से 'सामाजिक संघर्ष के चिह्न' यथासम्भव मिटा दिये हैं। इसी प्रकार पुराने विधि-बन्धनों के लिए रामकथा का 'उपयोग' भी किया गया है, और शास्त्रानुमोदित गृह-धर्म के रूप में उसका 'प्रचार' भी। गरज कि 'राजनीति रामकथा का अभिन्न अंग है—स्वयं, रामकथा के विन्यास में पैबस्त। जरूरत है तो सीवन को उधेड़ने की। उधेड़कर देखने की।'

रवीन्द्रनाथ के उद्धरणों को पढ़ते हुए यह स्पष्ट होने लगता है कि भगवान सिंह की मूल कथा-योजना रवीन्द्रनाथ के विचारों पर ही आधारित है। नामवर जी इसे साफ-साफ कहते हैं : 'भगवान सिंह की 'अपने-अपने राम' शीर्षक कथाकृति एक तरह से रवीन्द्रनाथ की उसी इतिहास-दृष्टि का सर्जनात्मक विस्तार है।'

इस उपन्यास में वसिष्ठ और विश्वामित्र दो भिन्न विचार-व्यवस्थाओं के प्रतिनिधि हैं। वसिष्ठ क्लासिकल वर्णवादी पितृसत्तावादी ब्राह्मणवाद के समर्थक-विचारक हैं तो विश्वामित्र उदार और जनमुखी। राम वसिष्ठ की तुलना में विश्वामित्र के ज्यादा निकट हैं। राम ब्राह्मणवादी विचार-व्यवस्था में मान्यता-प्राप्त धर्म, विधान, अनुष्ठान, यज्ञ, यहाँ तक कि देव-व्यवस्था से चिढ़ते हैं। नामवर जी उपन्यास में राम द्वारा विभिन्न अवसरों पर दिये गए वक्तव्यों के उद्धरणों की एक पूरी लड़ी लगाकर इस बात को क्रमशः स्पष्ट करते हैं :

- ब्रह्मतेज अनर्थ और दुष्प्रचार करने की, लोगों को भड़काने, बहकाने और आतंकित रखने की शक्ति का ही दूसरा नाम है, जो उस वर्णवाद में निहित है जिसका विकास ब्राह्मणों ने बहुत सूझ-बूझ से किया है, पर जिसके शिकार दूसरे वर्णों की ही भाँति ब्राह्मण स्वयं भी हैं।
- जो तर्क की जाँच न सह सके, उस शास्त्र के विधान से कम-से-कम राम को बचाए रहें, आचार्य! जड़ीभूत शास्त्र को मानने पर मैं भी शास्त्रजड़ हो जाऊँगा। मैं शास्त्र की अवज्ञा कैसे कर सकता हूँ? पर यह नये युग के अनुरूप हो, तभी तो मान्य हो सकता है। यदि ऐसा कोई शास्त्र नहीं है तो उसकी रचना कीजिए और जो प्राचीन है, उसे तर्क और वितर्क से परखिए। यदि शास्त्र-तर्क और विवेक-तर्क प्रतिकूल पड़ता हो तो तर्क को झुठलाने के स्थान पर शास्त्रीय विधान को बदलिए, आचार्य!

- अपने नये शास्त्र में अपराध करनेवाले ब्राह्मणों के लिए भी दंड की व्यवस्था कीजिएगा, आचार्य!
- जब आप रावण और वृत्र की बात कर रहे थे तब मैं सोच रहा था, सभी राक्षस ब्राह्मण ही क्यों होते हैं? क्या इसका एक कारण यह नहीं है कि जिन अपराधों के लिए समाज के अन्य लोगों को दंड मिलता है, उन्हीं के लिए ब्राह्मणों को दंड-मुक्ति मिली हुई है?
- किसी मनुष्य की हत्या करने के दो उपाय हैं—उसे देवता या पशु बना देना। दोनों का परिणाम एक ही है—उसे मनुष्य न रहने देना। न तो देवता मेरे आदर्श हैं, न ही मैं देवता बनकर जीना चाहता हूँ। देवताओं ने ऐसा कुछ भी नहीं किया है, जिस पर किसी मनुष्य को गर्व हो सके। वे केवल भोग करते हैं, अर्घ्य और पाद्य ग्रहण करते हैं। वे केवल मनुष्य-समाज के भार हैं। वे बैठे-बिठाए भोग और विलास करनेवाले, अर्घ्य-पाद्य की कामना करनेवाले पुरोहितों के आदर्श हैं, उन्हीं की सृष्टि और उन्हीं के हथियार।
- देवता और ईश्वर पैदा करते रहना कुछ लोगों का धन्धा हो गया है। जो जौ और बाजरा तक पैदा नहीं कर सकते और इनके लिए दूसरों के आगे हाथ फैलाते हैं, वे ईश्वर और देवता पैदा करते रहते हैं, और विचित्र यह कि देवताओं और ईश्वरों की इस फसल में से ही उनकी सूखी रोटी नहीं, दूध में सनी और घी में तली पूड़ी और हलवा निकलता रहता है...।
- दुर्भाग्य की बात यह है कि इनके ये देवता मरते भी नहीं। इसलिए इस देश में यदि मनुष्यों की संख्या एक करोड़ होगी तो देवताओं की संख्या तैंतीस करोड़ हो चुकी है। प्रत्येक आदमी के सिर पर एक पुरोहित और तैंतीस देवताओं का बोझ लदा हो तो कोई समाज कैसे चल सकता है?
- विचार करने की स्वतंत्रता क्या अपराध करने की भी स्वतंत्रता देती है, आचार्य?
- धर्म बहुत पवित्र वस्तु है, आचार्य! राजकार्य की भी अपनी गरिमा है। इन दोनों को एक में न मिलाएँ। इनके मिलाप से वैसा ही अनिष्ट घटता है, जैसे मधु और घी के मिश्रण से।
- विदेशी आक्रमणकारी देश की सम्पत्ति का एक अंश लूटकर ले जाता है, पर यज्ञ की आग में राजकोष, राजा की गरिमा, प्रजा का—निरीह और निःसहाय प्रजा का—सब कुछ होम कर दिया जाता है। और जो राजा पुरोहितों की प्रशस्ति की भूख के कारण बार-बार अश्वमेध करते रहे हैं, वे अपनी प्रजा को और अपने पड़ोसी देशों को बार-बार निर्ममता से लूटते रहे हैं।

इन उद्धरणों के आलोक में नामवर जी का यह निष्कर्ष अत्यधिक संगत लगता है : 'भगवान सिंह के राम एक विशेष प्रकार के मनुष्य हैं—नये मनुष्य! इस नये मनुष्य की विशिष्टता की पहचान के दो लक्षण मुख्य हैं : सीता और शम्बूक के साथ व्यवहार। एक स्त्री, दूसरा शूद्र। किसी मनुष्य की मनुष्यता की परख खास तौर से इन्हीं सन्दर्भों में होती है।'

समीक्षक नामवर सिंह उपन्यास के कथा-विन्यास को एक कलात्मक उपलब्धि मानते हैं। वसिष्ठ के चरित्र के माध्यम से भगवान सिंह ब्राह्मणवाद की समाज-विरोधी दीर्घकालिक सामाजिक राजनीति का खुलासा करते हैं। राम इस राजनीति को न सिर्फ समझते हैं, बल्कि इसके विरोधी हैं। उपन्यास में 'राम' की आधुनिकता और नवता का उद्घाटन वसिष्ठ को सामने रखकर किया गया है। इसीलिए इस चरित्र का कथात्मक औचित्य है। राम जानते हैं कि वसिष्ठ की शक्ति इस बात में है कि वे एक अतिपुरातन शक्तिशाली व्यवस्था के प्रतिनिधि हैं : 'वसिष्ठ एक विराट व्यवस्था के, एक विशाल प्रचार-तंत्र के सूत्रधार भी हैं। वह एक ऋषि हैं। जिस शिलीभूत विचारधारा के वह शीर्ष पुरुष हैं, वह जितनी भी रोधक और जड़ क्यों न हो, अपनी कालदीर्घता के कारण वह शिला की तरह ही दृढ़ भी हो चुकी है। वह जिस प्रचार-तंत्र के सूत्रधार हैं, उसकी व्यापकता अवध के राज्य से कई सौ गुनी है। उनकी संस्था अयोध्या के राज्य से अधिक पुरानी है और वसिष्ठ की बात मानें तो वह सृष्टि से भी पुरानी है। उनकी शक्ति की अनदेखी करना या उन्हें मिटाने का प्रयत्न करना समझदारी नहीं है।'

ब्राह्मणवाद की शक्ति इस बात में है कि वह अपने मुख्य विचारों और उनको प्रतिपादित करनेवाली व्यवस्था को बनाये रखता है। इसके लिए वह कथाओं का सहारा लेता है, जिन्हें हम आज मिथक कहते हैं। समय-समाज के साथ आनेवाली चुनौतियों से निपटने के लिए वह अपने मूल विचारों की युगानुकूल नई व्याख्याएँ करता है। व्याख्याओं को लोकप्रिय बनाने के लिए नई कथाओं की रचना करने के साथ ही पुरानी कहानियों में नई शाखाएँ जोड़ता है। वसिष्ठ इसी शक्ति का प्रभावशाली इस्तेमाल करते हैं ।

नामवर जी कहते हैं : 'वसिष्ठ को एकदम मिटा देना वैसे भी मुश्किल है। उनकी सबसे बड़ी शक्ति है विस्तृत प्रचार-तंत्र। राम इस प्रचार-तंत्र की शक्ति से अनभिज्ञ नहीं हैं।' भगवान सिंह के राम जानते हैं कि 'वसिष्ठ के पास इतना विशाल प्रचार-तंत्र है कि वह उसका उपयोग अपने दूषणकारी उपक्रमों के लिए करने से विरत नहीं हो सकते।' वसिष्ठ के समानान्तर खड़ी किसी भी शक्ति के लिए जरूरी हो जाता है कि वे इन विचारों को काटने के लिए इन कथाओं की अपनी व्याख्या प्रस्तुत करे। स्वाभाविक है कि इस वैचारिक संघर्ष की गहरी छायाएँ रामकथा पर भी पड़ी हैं। इसीलिए बकौल नामवर सिंह : 'न रामकथा एक है, न रामकथा की

व्याख्या ही। यह कथा इतने रूपों में इतनी बार कही गई है कि इजारेदारी का दावा अपने-आप झूठा साबित हो जाता है।'

रामकथा का एक सच ब्राह्मणवादी है तो दूसरा ब्राह्मणवाद-विरोधी। इसी परम्परा में भगवान सिंह 'अपने-अपने राम' में रामकथा की एक नई व्याख्या प्रस्तुत करते हैं। मार्क्सवादी नामवर सिंह की इस उपन्यास में दिलचस्पी का कारण जहाँ एक ओर इसका ब्राह्मणवाद-विरोध है तो दूसरी ओर नये आधुनिक राम की रचना। इसीलिए उन्हें 'रामकथा की मुक्ति का' यह 'अभिनव प्रयास' 'प्रीतिकर' लगा है। नामवर जी इस उपन्यास के प्रशंसक हैं, तभी तो यह इकलौता भारतीय उपन्यास है, जिसकी लिखित समीक्षा उन्होंने की है । इस बात के बावजूद कुछ किन्तु-परन्तु दबी जबान यहाँ भी हैं। मिथकों की ऐसी एकार्थी और बुनियादी व्याख्या से नामवर जी असहमत जान पड़ते हैं। तर्क, विचार और बुद्धिवाद की अतिशयता में 'आँसू और मुस्कान' की जगह कुछ कम ही निकल पाई है—यह अफसोस भी उनका प्रकट हो ही गया है।

'मित्र-संवाद और गद्य की विलुप्त कला'—इस निबन्ध को ठीक-ठीक पुस्तक समीक्षा नहीं कहा जा सकता। हालाँकि निबन्ध पुस्तक-केन्द्रित है। पुस्तक है : 'मित्र-संवाद'। हिन्दी के शीर्ष प्रगतिशील आलोचक रामविलास शर्मा और शीर्षस्थानीय प्रगतिशील कवि केदारनाथ अग्रवाल के मध्य हुए दीर्घ पत्र-संवाद की पुस्तक। इसका संपादन भी रामविलास जी ने ही किया है, अशोक त्रिपाठी के साथ।

नामवर जी के इस निबन्ध का शुरुआती हिस्सा उद्धरण-बहुल वृत्तान्त है। उत्तरवर्ती भाग में पत्र-संवाद को एक व्यापक सांस्कृतिक परिप्रेक्ष्य में देखने की कोशिश की गई है। शुरुआती हिस्से में रामविलास जी-केदार जी की मैत्री के आधारों और उसकी विशिष्टता को रेखांकित किया गया है। नामवर जी ने लक्षित किया : 'रामविलास-केदार की मैत्री का निमित्त निराला ही थे।' नामवर जी, इस वृत्तान्त में, शायद हिन्दी में पहली बार 'भारतेन्दु मंडल' की तर्ज पर 'निराला मंडल' की अवधारणा रखते हैं जिसमें रामविलास जी और केदार जी के अतिरिक्त अमृतलाल नागर, नरोत्तम नागर, शमशेर, नागार्जुन और त्रिलोचन आदि शामिल हैं। नामवर जी के लिए मित्र-संवाद 'हृदय-संवाद' है जिसके प्रति वे लगभग मुग्ध हैं।

हम यह भी देख पाते हैं कि रामविलास जी के जेहन में कहीं न कहीं मार्क्स-एंगेल्स की दोस्ती का आदर्श घर कर गया था। रामविलास जी ने लेनिन के हवाले से एक पत्र में लिखा कि मजदूर वर्ग ने मार्क्स और एंगेल्स की दोस्ती का जो नमूना रखा है, उसकी मिसाल दुनिया के इतिहास में नहीं है।

नामवर जी बात को आगे बढ़ाते हुए लिखते हैं : 'दुनिया की तो नहीं कह सकता, लेकिन रामविलास जी-केदार जी की दोस्ती की मिसाल हिन्दी के इतिहास में

नहीं है और कहना न होगा कि दोस्ती का यह नमूना भी भारत के किसानों-मजदूरों ने रखा है, लेकिन इसमें कुछ योग निराला-प्रेमचन्द की साहित्यिक परम्परा का भी है।' इस बात के बावजूद कि पत्र-संवाद दो मूर्धन्य कलावंत लेखकों-विचारकों के बीच है, पुस्तक-केन्द्रित यह निबन्ध पढ़ते हुए सहज ही प्रकट है कि नामवर जी जाने-अनजाने रामविलास जी के पत्रों की ओर एक सहृदय की तरह उन्मुख और मोहित हैं। इसका कारण शायद उनके इस वाक्य में दीख पड़ता है : 'कहना न होगा कि रामविलास जी प्राचीन सहृदयों की परम्परा में एक आधुनिक सहृदय थे, काव्यशास्त्री नहीं। पाश्चात्य आलोचना में भी वे शास्त्र से उदासीन थे।'

समीक्षा के लिए इस पुस्तक का चुनाव नामवर जी ने दो कारणों से किया। दोनों कारण इसके शीर्षक से उभर आते हैं। पहला है : मित्र-संवाद। इसका प्रतिफलन पत्रों में उतरी निजता और विशिष्टता में होता है। दो मित्र : एक कवि, दूसरा कवि-आलोचक। उनकी बातचीत में कविता और उसकी संरचना पर गम्भीर, गहरी और विलक्षण बातें होनी ही थीं और इससे ही ये पत्र मूल्यवान हो उठे हैं। नामवर जी स्पष्ट हैं : 'मित्र-संवाद' साहित्य की आलोचना के बहुमूल्य सूत्रों की खान है क्योंकि वह दो संवेदन-सजग कवि-आलोचकों की कार्यशाला का बेजोड़ रोजनामचा है : 'साठ वर्षों की साहित्य-साधना में प्राप्त अनुभवों का दस्तावेज।' कविता से जुड़े छोटे और बारीक पहलुओं पर लम्बे संवाद से ये पत्र 'अनुभवों से प्राप्त दस्तावेज' का दर्जा प्राप्त कर लेते हैं जो नये काव्यशास्त्र की प्रस्तावना बन जाते हैं। यह स्पष्ट करते हुए नामवर जी इसे एक ऊँचा दर्जा देते हैं। नामवर जी की भाषा इस अवसर पर एक विशेष उत्साह से भर गई है। जरा देखिए : ''मित्र-संवाद' के अन्तर्गत कविता में शब्द-प्रयोगों के औचित्य-अनौचित्य पर जिस एकाग्रता से विचार किया गया है, उसके सामने अंग्रेजी की 'नई आलोचना' फीकी पड़ जाती है और प्राचीन संस्कृत काव्यशास्त्र के 'काव्यप्रकाश' जैसे ग्रंथ और उन पर लिखी हुई टीकाएँ याद आ जाती हैं। यदि किसी समय संस्कृत के आचार्य कवि-यशः प्रार्थी प्रतिभाओं को 'काव्यप्रकाश' का दोष-सम्बन्धी 'सप्तम उल्लास' पढ़ने की सलाह देते थे तो आज के युवा कवियों को 'मित्र-संवाद' पढ़ने की सलाह देना कोई ज्यादती न होगी।'

भले ही दोनों संवादी कवि हैं परन्तु यह संवाद गद्य में सम्भव हुआ है। इससे समीक्षक नामवर सिंह जी का ध्यान इस संवाद के गद्य की ओर जाता है, और स्मृति में कौंधता है ग़ालिब के पत्रों का गद्य। जाने-अनजाने इन पत्रों की तुलना ग़ालिब से होने लगती है। तब इन पत्रों की खूबियाँ और अधिक साफ दिखाई पड़ती हैं : 'ग़ालिब के पत्रों के गद्य की तारीफ इसलिए खास तौर से की जाती है कि उसमें बातचीत का बेतकल्लुफ लहजा है और इस नाते वह किताबी और औपचारिक भाषा की जकड़बन्दी से बचा रह गया है। ये खूबियाँ 'मित्र-संवाद' के गद्य की भी हैं लेकिन इस विशेषता के साथ ही यहाँ बातचीत सचमुच दोतरफा है

और दोतरफा बातचीत होने के कारण यह और भी आत्मीयतापूर्ण तथा नाटकीय है। इसीलिए 'मित्र-संवाद' को ग़ालिब के पत्रों से बेहतर नहीं, तो बुनावट में अधिक सघन अवश्य मान सकते हैं।'

गद्य की कला पर विचार भले ही नामवर जी की पूर्व-निर्धारित योजना में न हो, पर ये प्रकरण नामवर जी को इस ओर धकेलते हैं। इस क्रम में नामवर जी ने गद्य की कला पर कुछ महत्त्वपूर्ण टिप्पणियाँ की हैं :

- हम जिसे गद्य कहते हैं अथवा गद्य के रूप में जानते हैं, वह बोलचाल का काफी सँवरा हुआ रूप है—अपने सर्वोत्तम रूप में वह भले ही बोलचाल के मुहावरे और लबो-लहजे पर खड़ा होने पर अपने व्याकरण और शब्द-सम्पदा में एक हद तक कटा-छँटा और गढ़ा हुआ होता है। काट-छाँट, सजाव-सँवार के ये सारे काम लिखने की प्रक्रिया में सम्पन्न हो जाते हैं। इसीलिए पत्र-लेखन में गद्य का सर्वोत्तम रूप प्रकट होता है—बशर्ते लिखनेवाले में खुलापन हो और जिसे लिखा जा रहा हो, उससे एकदम बेतकल्लुफी हो।
- गद्य लिखने का एक ढंग भर नहीं, बल्कि देखने, सोचने-समझने और रचने का भी ढंग है। इसी अर्थ में हेगल ने आधुनिक युग को गद्य का युग कहा था। इसलिए यथार्थ और व्यावसायिक बुद्धि से भी गद्य का घनिष्ठ सम्बन्ध है।

सहज ही इस ओर ध्यान जाता है कि उत्तरवर्ती नामवर जी अपने व्याख्यानों में बार-बार गद्य की कला पर विचार करते हैं। इसके कुछ विशेष कारण हैं। इन कारणों की ओर हमारा ध्यान जाता है, जब हम 'मित्र-संवाद' पर नामवर जी की यह टिप्पणी पढ़ते हैं : ' 'मित्र-संवाद' अन्ततः जीवन का गद्य है। ग़ालिब ने अगर अपने पत्रों के जरिये उर्दू गद्य की नींव डाली और उसे परवान चढ़ाया तो रामविलास शर्मा और केदारनाथ अग्रवाल के पत्रों ने हिन्दी में 'गद्य की विलुप्त कला' को बचा लिया।'

नामवर जी द्वारा प्रयुक्त पद 'गद्य की विलुप्त कला' हमें ठिठकने के लिए मजबूर करता है। यहीं से इस पुस्तक के चुनाव के पीछे मौजूद दूसरे कारण का खुलासा होता है। यह कारण ज्यादा वैचारिक और समसामयिक है।

निबन्ध का शीर्षक है : 'मित्र-संवाद और गद्य की विलुप्त कला'। निबन्ध का उत्तरार्द्ध 'गद्य की कला' और उसके 'विलोपन' पर केन्द्रित है। नामवर जी को लगता है कि गद्य की कला विलुप्त हो रही है। यह अवधारणा और शीर्षक का उत्तरवर्ती पद उन्होंने राल्फ फॉक्स की पुस्तक 'उपन्यास और लोकजीवन' के एक अध्याय के शीर्षक से लिया है। राल्फ फॉक्स के एक उद्धरण से नामवर जी बताते हैं कि गद्य को विरूपित करने में भद्र वर्ग की प्रमुख भूमिका है।

उद्धरण का उत्तरवर्ती हिस्सा अत्यन्त महत्त्वपूर्ण है : 'आज तक हमारी भाषा का विकास बी.बी.सी. के इसी रक्तशून्य, दोषरहित आदर्श की दिशा में हुआ है। यह विकास सत्य के प्रति उस भय से सीमित और कुंठित रहा है, जोकि हमारे वर्ग-समाज के बौद्धिक जीवन की अत्यन्त उल्लेखनीय विशेषता है। यदि हमें चीजों को उनके नाम से पुकारना फिर शुरू करना है, तो हमें काफी जमीन तय करनी होगी और साहित्य के पंडितों से अत्यन्त भोंडे युद्ध में उतरना पड़ेगा।'

नामवर सिंह जी स्पष्ट करते हैं कि राल्फ फॉक्स ने फासीवाद से जैसा संघर्ष किया, ऐसा ही संघर्ष आज हमारे सामने है : 'कुछ-कुछ वैसे ही भोंडे युद्ध का मंजर आज हमारे सामने भी है और लोकतंत्र के साथ ही गद्य भी खतरे में है। इस लड़ाई में रामविलास शर्मा और केदारनाथ अग्रवाल का यह 'मित्र-संवाद' एक कारगर हथियार बन सकता है क्योंकि यह स्वयं भी सुन्दर और सजीव गद्य है। ऐसा प्राणवान गद्य ही गद्य की रक्षा कर सकता है। इस दृष्टि से 'मित्र-संवाद' उस गद्य की विलुप्त कला का अप्रतिम दस्तावेज है।'

पुस्तक 'किताबनामा' पुस्तक-केन्द्रित निबन्धों, समीक्षाओं, वाचिक टिप्पणियों, व्याख्यानों और साक्षात्कारों के पुस्तक-केन्द्रित अंशों और ब्लर्ब टीपों का संचयन है। पुस्तक के पहले खंड में लिखित निबन्ध संकलित हैं। 60 वर्षों से अधिक फैले आलोचकीय जीवन में नामवर जी ने भले ही कुल नौ ही पुस्तक समीक्षाएँ या पुस्तक-केन्द्रित लेख लिखे हों, परन्तु वाचिक टिप्पणियों, व्याख्यानों और साक्षात्कारों में उन्होंने हजारों पुस्तकों पर समीक्षात्मक मत प्रकट किया है। पुस्तकों के लोकार्पणों, पुस्तक-केन्द्रित परिसंवादों और टेलीविजन जैसे माध्यमों के लिए वे लेखकों, संगठनों और आयोजक संस्थाओं के 'सर्वाधिक वांछित' आलोचक थे। इसमें उनकी लोकप्रियता दिखाई पड़ती है। परन्तु इसके लिए वे अक्सर विवादों में भी रहते आए थे। उनके आलोचक पर नकारात्मक टिप्पणियाँ करनेवाले लोग वस्तुतः ऐसे ही आयोजनों में दिये गए वक्तव्यों को आधार बनाते थे। परन्तु, इसमें भी कोई शक नहीं कि विवादों में घिरने के बावजूद न आयोजकों ने उन्हें बुलाना बन्द किया, न उन्होंने जाना। ऐसी टिप्पणियों में कुछ लगभग आशीर्वचन भले होते हों, परन्तु, ज्यादातर वक्तव्यों में समय और अवसर की विशिष्ट परिस्थितियों के बावजूद पुस्तक को समझने के जरूरी सूत्र मिलते हैं। इस पुस्तक के खंड-दो और तीन की टिप्पणियों को इस सिलसिले में देखा जा सकता है।

नामवर जी के बारे में यह मान्यता रही है कि वे इतना सुगठित और सुनियोजित वक्तव्य देते हैं कि उसे ज्यों-का-त्यों लिख देने से एक निबन्ध की तरह पढ़ा जा सकता है। यह बात एक हद तक ही ठीक है। उनके वक्तव्य में सुसम्बद्धता होती है। वह काफी हद तक सुगठित भी होता है। परन्तु विचार-निरूपण के क्रम में

तात्कालिक दबाव की मनःस्थिति और आवेग की मात्रा के अन्तर से भाषा टूटती-दरकती रहती है। खास तौर पर वाक्य-रचना में यह टूटन-दरकन स्पष्ट देखी जा सकती है। आधे-अधूरे वाक्य कई बार इस तरह विन्यस्त होते हैं कि उन्हें साफ कर पूरे वाक्यों में बदलना या जरूरी न होने पर छोड़ देना जरूरी हो जाता है। ऐसे अधूरे वाक्यों से निपटने के लिए एक स्पष्ट दृष्टि, सतर्कता और साहस की जरूरत पड़ती है। इसलिए बोले गए के प्रति निष्ठा रखते हुए भी उसमें जरूरी काट-छाँट अनिवार्य होती है। कहना न होगा कि प्रस्तुत पुस्तक के दूसरे और तीसरे खंड की वाचिक टिप्पणियों के संपादन में यह अधिकार प्रयोग में लाया गया है। यह प्रक्रिया बड़ी उबाऊ और धीरज की माँग करनेवाली रही है। इसके बावजूद प्राप्त सभी टिप्पणियों को समय अन्तरालों के बाद पुनः-पुनः संपादित किया गया है। अन्तिम प्रकाशन के पहले तक यह कार्य जारी रहा है।

पुस्तक में संकलित सभी टिप्पणियों को पुनः-पुनः संपादित करके ही पुस्तक में विन्यस्त किया गया है। असम्बद्धताओं को सम्भव सीमा तक दूर करने की कोशिश की गई है। आधे-अधूरे वाक्यों और एक वाक्य में गुँथे अनेक अधूरे उपवाक्यों से पैदा होनेवाली प्रवाह-बाधा को खत्म किया गया है। प्रसंग के अनुसार पैराग्राफ बनाये गए हैं। हमारी कोशिश भाषा को कसने और बातचीत को सुसम्बद्ध-सुसंगठित रूप में प्रस्तुत करने की रही है, कि पढ़ते समय एक प्रवाह में उसे पढ़ा जा सके। पुस्तक में प्रकाशित टिप्पणियों में नामवर सिंह जी का कोई लिखित अवदान नहीं है।

हम 2010 से नामवर जी की पुस्तकों के प्रकाशन में संलग्न हैं। अब तक बारह पुस्तकें प्रकाशित हुई हैं। आठ पुस्तकें प्रकाशन की प्रक्रिया में हैं। खोज का यह काम 2005 में प्रारम्भ हुआ। निरन्तर पत्र-पत्रिकाओं, पुस्तकों, पुस्तकालयों, इंटरनेट एवं खास तौर पर निजी संग्रहों को खँगालने पर यह सामग्री प्राप्त हुई—लगभग 2000 पृष्ठ। उसमें नामवर जी के आलेखों, व्याख्यानों और साक्षात्कारों के लिप्यंतरित पाठ, वाचिक टिप्पणियाँ, व्यक्तिगत साक्षात्कार एवं सामूहिक परिसंवाद शामिल हैं। इसके बावजूद अभी अनेक आलेख और व्याख्यानों और साक्षात्कारों के मुद्रित पाठ खोजे जाने बाकी हैं। नामवर जी ने जब स्वयं यह संग्रह देखा तो उन्हें आश्चर्य हुआ। अनेक आलेख, व्याख्यान और साक्षात्कार उनकी स्मृति में ही नहीं थे। इस सामग्री को पुस्तकों में बाँटने की प्रमुखतः दो योजनाएँ विकल्प के रूप में सामने थीं—विषयवार पुस्तकें और लिखित-वाचिक की अलग-अलग पुस्तकें। हमने बीच का रास्ता अपनाया। सामयिक विषयों पर एक स्वतंत्र पुस्तक 'जमाने से दो दो हाथ' के साथ प्रेमचन्द पर केन्द्रित पुस्तक 'प्रेमचन्द और भारतीय समाज' में—आलेख, भाषण एवं वाचिक टिप्पणियाँ एक साथ मौजूद हैं। इसके अतिरिक्त व्याख्यानों की दो पुस्तकें : 'आलोचना और विचारधारा'

तथा 'साहित्य की पहचान'; लिखित की पाँच पुस्तकें : 'कविता की जमीन और जमीन की कविता', 'हिन्दी का गद्य पर्व', 'पूर्वरंग', 'आलोचना और संवाद' तथा 'तुम्हारा नामवर' और साक्षात्कार-संवाद की तीन पुस्तकें : 'साथ साथ', 'सम्मुख' तथा 'संग सत्संग'। इसी क्रम में यह नई पुस्तक आपके सामने है। इन पुस्तकों से गुजरते हुए आप नामवर जी की प्रतिभा के विविध आयामों से संवाद कर सकेंगे।

सम्पूर्ण खोज-यात्रा में स्मृति-शेष प्रो. कमला प्रसाद जी के साथ ही हिन्दी के वरिष्ठ कथाकार प्रो. काशीनाथ सिंह का प्रोत्साहन मेरी शक्ति रहा है। अनेक आदरणीय वरिष्ठों एवं मित्रों ने इस कार्य में निरन्तर दिलचस्पी ली है और बहुविध सहयोग किया है।

इस सम्पूर्ण यात्रा के प्रारम्भिक पाँच-छह वर्षों में एक बात मैं निरन्तर महसूस करता रहा कि इसके संग्रहण एवं प्रकाशन के प्रति नामवर जी में गहरी असम्पृक्ति रही है। सम्भवत: यही कारण है कि इतनी ढेर सारी सामग्री अब तक पुस्तक-रूप में संकलित-प्रकाशित नहीं हो सकी है। अनेक व्याख्यान व साक्षात्कार तो उन्होंने प्रकाशित रूप में देखे भी न थे। आज के समय में, जबकि लोग आत्म-प्रदर्शन की प्रवृत्ति के शिकार हैं, नामवर जी में एक किसान का-सा संकोच है। अपने लिखे और बोले हुए के प्रति नामवर जी की यह असम्पृक्ति और उसके व्यवस्थित प्रस्तुतीकरण के प्रति उनका यह संकोच, मुझे अनेक तरह से अपरिग्रह के पुराने मूल्य का ही एक नया रूपान्तर लगता रहा है। उनके समकालीनों, हमउम्रों और उन्हें ज्यादा जानने का दावा करनेवाले लोगों के विचारों के समानान्तर मुझे नामवर जी में एक 'सूफियाना विराग' मिलता है।

एक बार मेरे पूछने पर उन्होंने स्पष्ट रूप से कहा था कि 'चाहे निबन्ध हों या पुस्तक, मुझे उसका प्रकाशन तभी जरूरी लगता रहा है, जबकि वह मौजूदा परिदृश्य में हस्तक्षेप करे, उसके ठहराव को तोड़े और वाद-विवाद-संवाद की प्रक्रिया को आगे बढ़ाए। मेरी ज्यादातर पुस्तकें अपने समय की बहसों में भागीदार होकर लिखी गई हैं। इसीलिए संग्रह के लिए संग्रह निकालना मेरी प्राथमिकता में नहीं रहा है।' इसी विचार के कारण पर्याप्त सामग्री के बावजूद उनके संग्रह सामने नहीं आ सके।

मैंने देखा था कि 'वाद विवाद संवाद' के साथ ही 'आलोचना' में उनकी एक अन्य पुस्तक का विज्ञापन छपा था : 'जब हिन्दी नई चाल में ढली'। वह पुस्तक नहीं आ सकी। शुरुआती दिनों में मैंने भी उनके आलोचनात्मक निबन्धों के पुस्तक-रूप में प्रकाशन की जब भी बात की, उन्होंने ज्यादा रुचि नहीं ली।

इसके बावजूद यदि इन पुस्तकों का प्रकाशन हो रहा है, तो इसका आशय यह नहीं है कि नामवर जी का विचार बाद में बदला था। वस्तुत: अनेक मित्रों के निरन्तर दबाव और आग्रह के कारण उन्होंने इनके प्रकाशन की अनुमति दी थी। संकोच के साथ। मैं इसके लिए उनका आभारी हूँ।

उम्मीद है कि इनके प्रकाशन से गत सत्तर वर्षों से अधिक में फैली उनकी यह रचनात्मकता अपने ज्यादा आयामों में उभर सकेगी। छह दशकों में प्रगतिशील आलोचना की प्रभावशाली एवं निर्णायक भूमिका का खुलासा भी उनसे हो सकेगा तथा नामवर जी की अपनी वैचारिक स्थिति अधिक स्पष्ट हो सकेगी।

इस पुस्तक के प्रकाशन के पहले ही नामवर जी हमें छोड़कर चले गए हैं। पुस्तक की पांडुलिपि देखकर वे खुश हुए थे। अगली किताबों के बारे में भी उन्होंने उत्साहपूर्ण प्रतिक्रिया दी थी। 1957-58 में उन्होंने हिन्दी कविता का एक प्रतिनिधि संचयन तैयार किया था। हमने उसकी पांडुलिपि उन्हें दिखाई तो वे बच्चों की तरह खुश हुए। बोले, इसे अप-टू-डेट करना चाहिए। हमने इस सम्बन्ध में बातें कीं। सकुचाते हुए जब मैंने उनसे उनकी रचनावली की अनुमति माँगी, तो न सिर्फ उन्होंने उसकी अनुमति दी बल्कि उसके खंडों की योजना पर भी पूछताछ की। पहली दस किताबों और 'रामचन्द्र शुक्ल रचनावली' के प्रकाशन के बाद उनमें अपनी पुस्तकों के प्रकाशन को लेकर एक उत्सुकता जगी थी। अस्वस्थता के बावजूद वे अगली पुस्तकों के बारे में लगातार पूछते, बात करते रहते थे। योजनाएँ बनने के बाद उनके क्रियान्वयन में होनेवाली देरी से वे नाराज और दुखी हो जाते थे। आज वे नहीं हैं। मेरे लिए यह निजी क्षति है जिसकी भरपाई सम्भव नहीं है। एक खालीपन, जो हमेशा एक शून्य की तरह जीवित रहेगा। अनिवार्यतः। उनके न रहने पर उनके साथ बनी योजनाएँ जल्दी से जल्दी पूरी करने के लिए हम प्रतिबद्ध हैं।

नामवर जी की अनुपस्थिति में नामवर जी की वैचारिकता का महत्त्व बढ़ेगा, ऐसा मेरा विश्वास है। उनकी वैचारिकता, बेहतर भविष्य के लिए उनकी प्रतिबद्धता, उनका आलोचना-संघर्ष—हमें निरन्तर विकसित करेगा। उनके विचारों का समग्र जल्द से जल्द प्रकाशित हो ताकि नामवर जी को सम्पूर्णता में देखा-पढ़ा-समझा जा सके, ऐसी हमारी कामना है। उम्मीद है कि वर्ष 2021-22 में हम उनका सम्पूर्ण शेष साहित्य आपके समक्ष रख सकेंगे। इस विश्वास के पीछे उनके सुपुत्र श्री विजय सिंह और राजकमल प्रकाशन के प्रबंधक श्री अशोक महेश्वरी का सम्बल है और विख्यात कथाकार काशीनाथ सिंह का संवेदनापूर्ण मार्गदर्शन। इन सबके रहते काम में कोई बाधा आने का प्रश्न ही नहीं उठता।

नामवर जी को सादर नमन के साथ यह पुस्तक उनकी स्मृति को समर्पित है।

—आशीष त्रिपाठी

क्रम

ब्लर्ब

सम्मति

खंड-2

साक्षात्कार एवं व्याख्यान

वाचिक टीप

खंड-3

वाचिक टिप्पणियाँ/साक्षात्कार

खंड-1

पुस्तक समीक्षाएँ
भूमिकाएँ
ब्लर्ब और
सम्मतियाँ

एकालाप और संलाप : एक साहित्यिक की डायरी

कुछ लोग दुनिया से बहस करते हैं तो कुछ सिर्फ अपने से, किन्तु कुछ थोड़े-से लोग ऐसे होते हैं जो दुनिया से बहस करने की प्रक्रिया में अपने-आप से भी बहस चालू रखते हैं। मुक्तिबोध ऐसे ही थोड़े-से लोगों में थे और उनकी 'एक साहित्यिक की डायरी' ऐसी ही जीवंत बहस का सर्जनात्मक दस्तावेज है जिसमें भाग लेने का लोभ सँवरण करना कठिन है। अपने-आप से या किसी दूसरे से बात करते हुए मुक्तिबोध पाठक को कुछ इस प्रकार उस वार्तालाप का साझीदार बना लेते हैं कि नि:संग रहना कठिन हो जाता है। यह अपनापा संक्रामक है : 'स्वयं से अस्वयं होना है।' प्लेटो के 'डायलॉग्स' को छोड़कर, मुझे याद नहीं कि मैंने इस तरह कहीं हिस्सा लेने की विवशता का सुखद अनुभव किया हो : लगातार प्रहार करते हुए भी आत्मीयता का वैसा ही सम्मोहन और वैसा ही दुर्निवार निमंत्रण विचार-प्रक्रिया में स्वत: भाग लेने का। दूसरे से प्रश्न करने के साथ-साथ अपने-आप पर भी उस प्रश्न का वैसा ही वार। और इस प्रकार विचार की गति के साथ अपने-आपको स्तर-स्तर खोलते जाना। न कहीं कोई छिपाव, न कोई दुराव। सतत आत्म-सजगता के बीच आत्म-विडम्बना का निरन्तर निर्मम बोध। यह पारदर्शी ईमानदारी ही है जो मुक्तिबोध की 'एक साहित्यिक की डायरी' को अनूठा आकर्षण प्रदान करती है, जिसे लेखक ने 'सुकुमार ज्वालाग्राही जादुई शक्ति' कहा है। मस्तिष्क की हर हरकत हम साफ देखते हैं, जैसे शीशे के अन्दर पारे की लकीर हो! ईमानदारी इस हद तक कि युक्तियों में स्वयं पकड़ लिये जाने को भी सहर्ष प्रस्तुत और फिर निरस्त्र कर देनेवाला खुलापन। ऐसा खुलापन जिसमें खोने के लिए कुछ भी न हो, सिवा किसी कमी के और पाने के लिए सब कुछ हो, जैसे आत्म-प्रत्यय।

और फिर ईमानदारी ही जैसे काफी न हो, इसलिए उसके साथ-साथ मस्तिष्क की वस्तुनिष्ठता और तथ्यपरकता, जिसे अक्सर सचाई कहा जाता है। साथ ही

एक प्रकार की प्रतिश्रुति-धर्मी 'गम्भीरता' भी, जो साहित्य में दिलचस्पी-भर लेने से कहीं गहरी हो। जैसाकि एक स्थान पर मुक्तिबोध अपने सहचर के बारे में कहते हैं : 'दरअसल, उसके लिए न वे विचार थे, न अनुभूति। वे उसके मानसिक भूगोल के पहाड़, चट्टान, खाइयाँ, जमीन, नदियाँ, झरने, जंगल और रेगिस्तान थे। मुझे यह भान होता रहता है कि वह व्यक्ति अपने को प्रकट करते समय, स्वयं की सभी इन्द्रिय शक्तियों से काम लेते हुए एक आन्तरिक यात्रा कर रहा है, वह अपने विचारों या भावों को केवल प्रकट ही नहीं करता था, वह उन्हें स्पर्श करता था, सूँघता था, उनका आकार-प्रकार, रंग-रूप और गति बना सकता था, मानो उसके सामने वे प्रकट, साक्षात् और जीवंत हों! उसका दिमाग लोहे का एक शिकंजा था या सुनार की एक छोटी-सी चिमटी, जो बारीक-बारीक और बड़ी-से-बड़ी बात को सूक्ष्म रूप से और मजबूती से पकड़कर सामने रख देती है।'

कहने की आवश्यकता नहीं कि यह मानसिक क्षमता स्वयं मुक्तिबोध का आत्म-प्रक्षेपण है और 'एक साहित्यिक की डायरी' इसका जीवंत उदाहरण है। यही अथवा इस प्रकार की बातें कुछ दूसरे लेखकों ने भी कही हैं, लेकिन इस अन्दाज में, जैसे एक शिक्षक अपने शिष्यों को अथवा सारे संसार को विद्यार्थी समझकर कहता है। किन्तु 'एक साहित्यिक की डायरी' में लगता है, जैसे मुक्तिबोध अपने किसी समानधर्मा से विचार-विनिमय कर रहे हैं—एक सत्यान्वेषी की तरह हर सम्भव तथ्य को परखने के लिए रुकते हुए और प्रत्येक मान्यता को प्रस्तुत करने के साथ ही उसे जाँचते हुए। यह स्वर ही और है; और मुक्तिबोध के गद्य में उस विशिष्ट स्वर को स्पष्ट सुना जा सकता है। 'एक साहित्यिक की डायरी' के मुख्य आकर्षणों में से एक यह 'स्वर' भी है। बहुत कम लेखकों का गद्य ऐसा सस्वर या स्वर-संवलित होता है।

वार्तालाप शैली में लिखे जाने मात्र से ही 'एक साहित्यिक की डायरी' में यह विशेषता नहीं आ गई है। लिखने को तो कई लोगों ने वार्तालाप शैली में आलोचनाएँ लिखी हैं, लेकिन एक नजर में ही साफ हो जाता है कि वे मूलत: निबन्ध हैं। दरअसल, इसके पीछे एक पूरी जीवन-प्रक्रिया है। जो सदैव निरी आत्माभिव्यक्ति के लिए बेचैन रहते हैं, उनके लिए यह कदापि सम्भव नहीं है। जो व्यक्ति एक साधारण आदमी की तरह अपने आसपास के सामाजिक परिवेश में हिस्सा लेता है और हर परिचित-अपरिचित को सहचर की तरह स्वीकार करते हुए हमेशा उन्मुक्त विचार-विनिमय के लिए प्रस्तुत रहता है, उसी के लेखन में भी सम्प्रेषण और सम्भाषण का यह गुण आता है। और साफ दिखाई पड़ता है कि 'एक साहित्यिक की डायरी' ऐसी ही सामाजिक जीवन-प्रक्रिया की उपज है। यह संवादी डायरी एक 'सहयोगी प्रयास' का आभास ही नहीं देती, बल्कि सहयोगी प्रयास का अहसास कराती है और ऐसे प्रयास के लिए सीधा आमंत्रण भी देती है।

यह आकस्मिक नहीं है कि मुक्तिबोध की कविताओं में भी प्राय: यही नाटकीय विन्यास है। डायरी में यदि केशव, वीरकर या कोई और मित्र है तो कविताओं में भी कहीं 'आत्मा का मित्र' है, तो कहीं 'सहचर मित्र' और कहीं एक 'ब्रह्मराक्षस', तो कहीं मन के अन्दर छिपा बैठा 'ओरांग उटांग'!

नवलेखन के अन्तर्गत इस प्रकार की नाटकीयता मुक्तिबोध की अपनी विशेषता है—वह विशेषता, जिसे टी.एस. इलियट ने 'कविता के तीन स्वरों' में से 'तीसरा स्वर' कहा है—तीसरा और सम्भवत: सबसे समर्थ!

एक तरह से मुक्तिबोध का सम्पूर्ण कृतित्व एक विशाल नाटक के समान प्रतीत होता है, जिसके बीच यदि कविताएँ गीतात्मक सन्दर्भों को व्यक्त करती हैं तो 'डायरी' गद्यात्मक संवादों की पूर्ति करती है। इस प्रकार 'एक साहित्यिक की डायरी' अपने-आपमें पूर्ण एक रचनात्मक गद्यकृति है। इसे कवि की कविताओं को समझने का साधन मात्र मानना, इसके साथ अन्याय होगा। यों भी किसी रचनाकार की रचना-प्रक्रिया प्राय: अविच्छिन्न और शृंखलाबद्ध होती है, किन्तु मुक्तिबोध-जैसे रचनाकार के यहाँ तो यह और भी अपरिहार्य है। क्योंकि उनके रचनात्मक मस्तिष्क में समग्र वास्तविकता एक साथ ही शतश: जटिलतम सम्बन्ध-सूत्रों से जुड़ी रहती है—यहाँ तक कि किसी एक सम्बन्ध-सूत्र को काटकर सफाई ले आने का प्रयास उन्हें सर्जनात्मक ईमानदारी से स्खलन प्रतीत होता है। इस दृष्टि से 'एक साहित्यिक की डायरी' को मुक्तिबोध के सम्पूर्ण काव्य-कृतित्व के अन्तर्गत माना जा सकता है। जो मुक्तिबोध की कविताओं को भी गद्य ही समझते हैं, उन्हें शायद इस कथन से एतराज न हो, बल्कि उन्हें तो इस बात से सन्तोष-लाभ ही करना चाहिए।

'डायरी' में एक स्थान पर मुक्तिबोध ने लिखा है : 'तो फिर ऐसी स्थिति में यह असम्भव नहीं है कि कविता को अनेक क्रमबद्ध गद्य-चित्रों में प्रस्तुत किया जाए; अथवा अनेक क्रमबद्ध गद्य-चित्र कुछ इस तरह आलोकित और दीप्तमान हो उठें कि छंद बन जाएँ, गतिमान हो जाएँ और एक विशेष दिशा की ओर प्रवाहित हो सकें।' यहाँ जिस गतिमयता पर मुक्तिबोध ने जोर दिया है, वह वस्तुत: नाटकीयता का ही दूसरा पहलू है और कहने की आवश्यकता नहीं कि एक अनूठी नाटकीय गतिमयता 'डायरी' को रचनात्मक कृति की भंगिमा प्रदान कर देती है।

यद्यपि प्रस्तुत रूप में प्रकाशित करते समय 'डायरी' के खंडों में यादृच्छिक ढंग से क्रम-विपर्यय कर दिया गया है और कुछ अंश छूट भी गए हैं तथापि इस विपर्यस्त और खंडित रूप में भी 'डायरी' को ध्यान से देखें तो इसका विन्यास भी मुक्तिबोध की कविताओं की संघटना-जैसा ही पाएँगे। हर 'डायरी' कविता की ही भाँति एक 'फैंटेसी' के रूप में परिकल्पित की गई है जिसमें भाव और विचार मूर्त स्थितियों-वस्तुओं-व्यक्तियों आदि के समूचे जीवंत सन्दर्भ के साथ

उभरते चले जाते हैं। वही परिप्रेक्ष्य और वही संरचना। दोनों विधाओं के पीछे एक ही प्रकार की रूप-कल्पी सर्जना काम करती दिखाई पड़ती है। कहीं-कहीं तो पात्रों, परिस्थितियों और मन:स्थितियों का चित्रण करते-करते 'डायरी' के अन्तर्गत कवि मुक्तिबोध गद्य में ही 'फैंटेसी' की सृष्टि कर जाते हैं। मित्र केशव के आने का समाचार मिलते ही लगता है कि 'किसी तालाब से भाप निकलती हो, भाप की ऊँची उठती हिलकोरती लहरें एक मनुष्याकार धारण कर, ऊँची-ऊँची होती हुई पास-पास आती जा रही हों' और सारा दृश्य भयावह हो उठता है। इसी प्रकार कभी मन के अन्दर झाँकने पर उन्हें लगता है कि 'मन एक रहस्यमय लोक है। उसमें अँधेरा है। अँधेरे में सीढ़ियाँ हैं। सीढ़ियाँ गीली हैं। सबसे निचली सीढ़ी पानी में डूबी हुई है। वहाँ अथाह काला जल है। उस अथाह काले जल से स्वयं को ही डर लगता है। उस अथाह काले जल में कोई बैठा है। वह शायद मैं ही हूँ।'

मुक्तिबोध की रचनाओं में इस प्रकार की भयावनी 'फैंटेसी' प्राय: मिलती है : कभी 'ब्रह्मराक्षस' तो कभी 'ओरांग उटांग' और कभी विचित्र वेश-विन्यासवाली सैन्य टुकड़ी का नैश आक्रमण। अँधेरे की एक हल्की-सी चादर पड़ते ही सारा दृश्य क्षण-भर में भयंकर दु:स्वप्न के रूप में बदल जाता है। रोज की देखी-सुनी, जानी-पहचानी चीजें भी मुक्तिबोध के हाथों इन्द्रजाल में बदल जाती हैं। मुक्तिबोध के अनुसार ये छायाकृतियाँ 'अर्थ-स्वप्न' हैं। मुक्तिबोध की इस कीमियागरी (एलकेमी) की ओर अभी लोगों का बहुत कम ध्यान गया है। जैसाकि उन्होंने स्वयं लिखा है : 'कुछ पागल लोग, कीमियागर (एलकेमिस्ट), लोहे को सोना बनाने की फिक्र में लगातार काम करते हुए नष्ट हो गए। कुछ दूसरे ढंग से पागल, जमीन में गड़े खजाने को खोजने और कभी भी न पा सकने में इतने मशगूल रहे कि उनकी फैमिली ने, समाज ने, जमाने ने उन्हें बेवकूफ करार दिया। कई तरह के पागल हुआ करते हैं, और मुझे अब समझ में आने लगा है कि हो न हो, मैं भी उसी श्रेणी में गिने जाने योग्य हूँ।'

उनकी अन्तिम पूर्ण कविता 'अँधेरे में' इसी विशाल भयावनी फैंटेसी का रचनात्मक रूप है। यह 'विजन' मुक्तिबोध का नितान्त निजी है जो उनके कृतित्व को एक अनूठा तेजोवलय प्रदान कर देता है। चूँकि यह प्रवृत्ति हिन्दी के समकालीन लेखन के बीच एकदम अलग है, इसलिए काव्य-चर्चा के बीच प्राय: उपेक्षित रह गई; किन्तु 'काफ्का' के पाठक मुक्तिबोध में निश्चय ही आधुनिक भावबोध के इस महत्त्वपूर्ण 'अर्थ-स्वप्न' का अनुभव किये बिना न रहेंगे। यहाँ तक कि 'डायरी' भी इस जादुई असर से बच नहीं सकी है, अवश्य यहाँ उसका रूप कुछ और है—किसी को भी दहला देनेवाला निर्मम आत्मसंघर्ष तथा आत्म-साक्षात्कार! इस तेज रोशनी के सामने कुछ भी छिपा सकना असम्भव प्रतीत होने लगता है, क्योंकि

यहाँ 'आत्म-शान्ति को भंग करके ही कोई लेखक बना रह सकता है—लेखक यानी सच्चा लेखक।'

मुक्तिबोध का आत्म-विश्लेषण नशे की हद तक पहुँचा हुआ है और दूसरों पर भी सम्भवत: नशीली धुन्ध का-सा असर डालता है।

इस प्रकार 'डायरी' की सबसे बड़ी उपलब्धि एक विलक्षण व्यक्तित्व है जो अन्तत: पूरी 'डायरी' से उभरकर सामने आता है। जिस तरह प्लेटो के 'डायलॉग्स' की सबसे बड़ी उपलब्धि 'सुकरात' जैसा व्यक्तित्व है, उसी तरह एक दूसरे स्तर पर मुक्तिबोध की 'डायरी' की सबसे बड़ी उपलब्धि एक कवि-व्यक्तित्व है जिसके साथ आगे चलकर अनेक प्रकार की किंवदन्तियों के जुड़ जाने की सारी सम्भावनाएँ मौजूद हैं। अनिवार्यत: यह व्यक्तित्व स्वयं मुक्तिबोध का ही हो, कोई आवश्यक नहीं; किन्तु है यह निश्चय ही इस आत्मसजग युग का सबसे आत्मसजग व्यक्तित्व! एक गहरे अर्थ में राजनीतिक, जिसके बिना आज के युग में कोई भी लेखक सार्थक साहित्यकार नहीं हो सकता।

इस व्यक्तित्व की सबसे बड़ी सार्थकता यह है कि इसके माध्यम से मुक्तिबोध ने आज के साहित्य में एक शलाका-पुरुष की स्थापना की है—ऐसा शलाका-पुरुष, जो आज की स्थिति के योग्य कवि की भूमिका अदा कर सके। 'डायरी' बड़ी स्पष्टता के साथ उस काव्य-पुरुष की परिकल्पना को मूर्तिमान करती है जो सम्भवत: मुक्तिबोध के खयाल से आज की स्थिति की चुनौती को स्वीकार करने में समर्थ हो। इस कवि-व्यक्तित्व के सही रूप को समझने के लिए, इसी समय की एक दूसरी महत्त्वपूर्ण कृति 'आत्मनेपद' (अज्ञेय) में उभरने वाले कवि-व्यक्तित्व को बगल में रख लेना अप्रासंगिक न होगा। अज्ञेय के 'आत्मनेपद' से बहुत कुछ एक शब्द-साधक 'एस्थीट' अथवा सौन्दर्यजीवी का रूप सामने आता है जो एक दायरे में जीवन में पूरी तरह संसक्त होते हुए भी अपने रचना-जगत में सर्वथा नि:संग है : अमानुषिकता की हद को छूनेवाली कलात्मक नि:संगता। इसके विपरीत मुक्तिबोध की 'डायरी' से उभरनेवाला कवि-व्यक्तित्व सामाजिक स्तर पर एक नितान्त सामान्य निम्न मध्यवर्गीय पारिवारिक प्राणी है, जिसके लिए कविता अलग से किसी साधना की चीज नहीं, बल्कि जीने की जटिल क्रिया का ही एक सहज अंग है, जो समाज से लड़ते हुए भी उसकी सहकारिता को सम्बल के रूप में स्वीकार करता है। जितना कष्टप्रद इसका अस्तित्व-संघर्ष है, उतना ही कष्टप्रद सर्जन-संघर्ष, और जो अपनी निजी पीड़ा को व्यापक मानवीय पीड़ा में अर्थपूर्ण बनाता चलता है। कुल मिलाकर मानवीय—नितान्त मानवीय। मुक्तिबोध ने 'डायरी' में जिस प्रकार समकालीन साहित्य में प्रचलित 'एस्थीट' के 'विशिष्ट' और 'अद्वितीय' व्यक्तित्व पर प्रहार किया है, उससे साफ

मालूम हो जाता है कि वे एक स्थापित कवि-प्रतिभा के स्थान पर साहित्य में एक नये कवि-व्यक्तित्व की प्रतिष्ठा करने के लिए कितने व्याकुल हैं। शायद यही वजह है जिससे मुक्तिबोध सहसा नई पीढ़ी के लेखकों के आत्मीय बन्धु हो उठे हैं। यह आकस्मिक नहीं है कि जिस समय अज्ञेय ने 'नये कवि के प्रति' जैसी कविता लिखी, प्राय: उसी के आसपास मुक्तिबोध ने नई पीढ़ी को सम्बोधित करते हुए 'ओ काव्यात्मन फणिधर' जैसी कविता लिखने की आवश्यकता समझी।

'डायरी' में कविता पर विचार करने से अधिक कवि-व्यक्तित्व के स्वरूप पर विचार किया गया है—इसी से स्पष्ट है कि मुक्तिबोध आज की स्थिति में कविता की परिभाषा करने से अधिक आवश्यक समझते हैं कवि-व्यक्तित्व का निर्माण। दरअसल जहाँ वे काव्य-क्रिया का विश्लेषण करते हैं, उसकी पृष्ठभूमि में भी उनकी अपनी कवि-सम्बन्धी परिकल्पना ही कार्यरत दिखाई पड़ती है। यह महत्त्वपूर्ण है कि मुक्तिबोध ने कवि-सम्बन्धी परिकल्पना के द्वारा ही काव्य-सम्बन्धी परिकल्पना को भी परिभाषित किया है। यह आकस्मिक नहीं है कि 'डायरी' के संलाप में भाग लेनेवाला चाहे वह वीरकर हो या कोई और, है वह प्राय: निम्न मध्यवर्ग का कोई कवि-यश:प्रार्थी नवयुवक ही। प्रसंगवश यहाँ यह भी उल्लेखनीय है कि 'एक साहित्यिक की डायरी' मूलत: हरिशंकर परसाई की 'वसुधा' जैसी निम्न मध्यवर्गीय लघु पत्रिका में शुरू हुई थी और 'वसुधा' के बन्द होने पर फिर काफी दिनों बाद ऐसी ही पत्रिका 'नवलेखन' में निकली और एकाध शायद 'कृति' में भी।

मुक्तिबोध की 'आँखों के सामने कई ऐसे साहित्यिकों के दृश्य खिले जो स्वयं बहुत गरीब घराने में पैदा हुए थे, किन्तु अब वे अपनी जन्म-धात्री धरती से पराये होकर न उपरली श्रेणी की उपलब्धियों के वास्तविक निष्कर्षों में रम सके, न अपने बन्धु-बांधवों की पीड़ा-भरी विवेक-दृष्टि ही अपना सके।' इसलिए उन्होंने नये लेखकों को उनकी अपनी वास्तविक स्थिति के प्रति सचेत करना आवश्यक समझा। 'डायरी' निश्चित रूप से नये लेखकों को वर्ग-चेतन बनाती है—कभी-कभी तो बड़े ही धक्केमार ढंग से। उन्होंने चुनौती के-से स्वर में कहा है कि 'हम नहीं कह सकते कि हमारे द्वारा निर्मित साहित्य, समाज तो जाने दीजिए, हमारे व्यक्तित्व का भी सच्चा प्रतिनिधित्व करता है या नहीं। यदि केवल साहित्य से, कोई हमारे व्यक्तित्व का अनुमान करने बैठे तो वह धोखा खा जाएगा। हमने संस्कारवश या प्रवृत्तिवश, एक खास ढंग का 'कंडीशंड साहित्यिक रिफ्लेक्स', साहित्यिक भाव तथा उसकी अभिव्यक्ति की यांत्रिक उत्तेजना बना रखी है। यह कहाँ तक उचित है?' जिन लोगों का दावा है कि 'नई कविता' ने 'नये मानव' की प्रतिष्ठा की है और जिनका खयाल है कि नये कवि एक अरसे से 'व्यक्तित्व की खोज' में संलग्न

हैं, उन्हें इस चुनौती के सामने आकर ईमानदारी से बतलाना चाहिए कि वह 'मानव' कहाँ है तथा उस व्यक्तित्व का रूप क्या है?

इसी सिलसिले में मुक्तिबोध के इस पर्यवेक्षण से भी इनकार करना मुश्किल होगा कि 'हमारे बहुत-से कवि और कथाकार, मारे डर के, उस वास्तव को नहीं लिखते हैं जिसे ये भोग रहे हैं, क्योंकि ये उस वास्तव से उड़ जाना और उड़ते रहना चाहते हैं। अनुभूत वास्तव का आज जितना अनादर है उतना पहले कभी नहीं था।'

इस प्रकार निम्न मध्यवर्गीय हीनता-भाव को निर्ममता के साथ उद्घाटित करके मुक्तिबोध ने साहित्य को सचाई की प्राण-शक्ति और वास्तविकता का दृढ़ आधार प्रदान किया। इस प्रवृत्ति के चलते, यही नहीं कि कविता गौण और सिकुड़ी हुई-सी साहित्यिक विधा बन चली थी, बल्कि अनजाने ही झूठ का विराट नकली साहित्य खड़ा होने लगा था। निष्प्राण सौन्दर्यवादी रचनाओं के स्थान पर 'डबरे में सूरज' का आदर्श मुक्तिबोध की महत्त्वपूर्ण देन है और निश्चय ही यह बोलता हुआ बिम्ब 'डायरी' का अनमोल चिन्तामणि है।

मुक्तिबोध ने एक सही बात सही वक्त पर कही। और जैसाकि राल्फ फाक्स ने एक जगह कहा है : 'अच्छा गद्य लिखने की कला चीजों को उनके सही नाम से पुकारने की विलुप्त कला है, एक शक्ति है जिसने कठघरे में खड़े दिमित्रोव की वाणी को इतना बलशाली बना दिया था।'...वह दिमित्रोव जिसने फासिस्ट जज के मुँह पर कहा था कि 'मैं मानता हूँ कि मेरा स्वर कड़ा है और पैना है। मेरे जीवन का संघर्ष भी कड़ा और पैना रहा है। मेरा स्वर निर्द्वन्द्व और उन्मुक्त है। मैं चीजों को उनके सही नाम से पुकारता हूँ।' 'एक साहित्यिक की डायरी' के गद्य में चीजों को सही नाम से पुकारने का नैतिक साहस है, इसलिए उसमें एक तेज है—ऐसा तेज, जो समकालीन लेखन में लगभग दुर्लभ है।

इसी साहस के बल पर मुक्तिबोध ने आगे बढ़कर 'आधुनिक भावबोध' के नाम से प्रचलित कुछ विशेष प्रकार के भाव-समुदाय, कुछ विशेष प्रकार की सौन्दर्य-परिकल्पनाओं, एक खास काट और एक खास किस्म की अभिरुचि को ही सर्वस्व मानकर चलनेवाले साहित्य की सीमाएँ स्पष्ट कीं और साथ ही उसका वर्ग-आधार भी खोल दिया। इस दृष्टि से 'एक साहित्यिक की डायरी' हिन्दी में 'आधुनिक भावबोध' के अधूरे मानचित्र को पूरा करने की दिशा में महत्त्वपूर्ण प्रयास है। जिस समय केवल 'भावबोध' का ही मंत्र-जाप चल रहा है, मुक्तिबोध का यह संशोधन ध्यान देने योग्य है कि 'क्या आधुनिक भावबोध ही काफी है? सामन्ती विचारधारा का स्थान लेने के लिए क्या हम उस भावबोध को मूल्य-बोध तक बढ़ाकर उसे एक दर्शन का रूप नहीं दे सकते—ऐसा दर्शन, जो नई सामाजिक परम्परा बनकर व्यक्ति और समाज के जीवन के सभी पक्षों को अनुशासित कर

सके?...यदि ऐसा न हुआ तो 'नया' बिलकुल प्रवृत्तिमूलक होगा और लोग नई परम्परा के अभाव में अनेक अन्त:प्रवृत्तियों के दास हो जाएँगे; यही नहीं, बल्कि खंडनकर्ता खंडित हो जाएगा। मूर्ति-भंजकों की स्वमूर्ति का सिर काट लिया जाएगा और उसकी छाती फोड़ दी जाएगी।'

इस प्रसंग में मुक्तिबोध का खयाल है कि अभी तक नये और पुराने के संघर्ष में प्राय: अवसरवादी रुख अपनाया गया है। यहाँ तक कि जीवन से साहित्य को अलग करके एकदेशीय ढंग से नये मूल्यों की प्रतिष्ठा के असफल प्रयत्न हुए हैं। 'वस्तुत: इन्हें विकसित करने के लिए केवल साहस ही नहीं, स्पष्ट दृष्टि, स्पष्ट लक्ष्य और स्पष्ट विचारधारा के लिए कोशिश आवश्यक है।' क्योंकि 'आत्म-साक्षात्कार बहुत आसान है, स्वयं चरित्र-साक्षात्कार अत्यन्त कठिन है।'

चूँकि कुछ लोगों ने मुक्तिबोध के आत्मसंघर्ष को इस प्रकार उछाला है कि उनकी अपनी आस्था पर परदा पड़ जाए, इसलिए उल्लेखनीय है कि उनके अनुसार 'उत्तर के सिंहासन पर शंका को बैठाने का मतलब है : अपनी समस्या में प्रश्न ही का आदर्शीकरण करना, समस्या में फँसे रहने का उदात्तीकरण', और यह अनुचित है। उन्होंने स्पष्ट लिखा है कि 'मैं अपनी अनास्था से शुरू होकर आस्था में आ जाता हूँ जबकि वे आस्था से शुरू होकर अनजाने ही या जानते में भी मात्र शुद्ध अनास्था में विलीन होने लगते हैं।' क्या यह सच नहीं है कि 'आज़कल रंगमंच पर अनास्था नाटक करती है और आस्था नेपथ्य में बैठकर सूत्र-संचालन करती है?'

इसी तरह कुछ लोगों को भ्रम है अथवा वे जानबूझकर यह भ्रम फैलाना चाहते हैं कि 'एक साहित्यिक की डायरी' वस्तुत: रचना-प्रक्रिया की पाठ्य-पुस्तक है। निस्सन्देह इधर कुछ दिनों में हिन्दी में रचना-प्रक्रिया का बड़ा शोर है और हर रचनाकार नामधारी व्यक्ति अपनी रचना-प्रक्रिया समझाने में हलकान हो रहा है—भय है, कहीं सारा लेखन रचना-प्रक्रिया ही न प्रतीत होने लगे। परन्तु तथ्य यह है कि अज्ञेय, मुक्तिबोध, रघुवीर सहाय-जैसे कुछ थोड़े-से ही रचनाकार हैं जो सचमुच रचना-प्रक्रिया की वास्तविक अर्थवत्ता से परिचित हैं, क्योंकि इन्हें ही रचना-प्रक्रिया में निहित जोखम का अनुभव भी है। इसलिए यहाँ यह संकेत कर देना आवश्यक है कि 'एक साहित्यिक की डायरी' एक व्यापक अर्थ में रचना-प्रक्रिया का ग्राफ-चित्र भले ही हो, वस्तुत: वह उत्तरशती की जटिल जीवन-प्रक्रिया का जीवंत दस्तावेज है। फकत एक सौ सोलह पृष्ठों की छोटी-सी गद्यकृति किन्तु जितने गहरे अर्थों में वह इस दशक के 'प्रामाणिक' भारतीय मानव को प्रक्षेपित करती है, कुछ ही कृतियाँ कर सकी होंगी। और इधर जिस तरह कविता, कहानी, उपन्यास, नाटक, निबन्ध आदि विधाएँ अपने रूपगत रूढ़ ढाँचे का विवश निर्वाह करने की क्रिया में व्यापक जीवन से हटती जा रही हैं, ऐसी ही गद्यकृतियाँ उत्पन्न

होंगी जिन्हें किसी पूर्वप्रचलित विधा के अन्तर्गत रखना मुश्किल होगा। वैसे विधा की चिन्ता साहित्यशास्त्री करें और उन्हें रोक भी कौन सकता है, लेकिन जिनकी दिलचस्पी आज के परिवेश के बीच अपने को समझने में है, उनके लिए मुक्तिबोध की 'एक साहित्यिक की डायरी' निश्चय ही एक सार्थक वैचारिक मानचित्र का काम देगी, क्योंकि यह शुद्ध 'साहित्यिक' डायरी नहीं, बल्कि डायरी है एक 'साहित्यिक की'—सम्पूर्ण साहित्यिक की।

मुक्तिबोध ने कुछ यों ही नहीं कहा है कि 'जो व्यक्ति साहित्यिक दुनिया से जितना दूर रहेगा, उसमें अच्छा साहित्यिक बनने की सम्भावना उतनी ही ज्यादा बढ़ जाएगी। साहित्य के लिए साहित्य से निर्वासन आवश्यक है।' स्पष्ट ही साहित्यिक दुनिया से दूर रहने का अर्थ दुनिया के निकट रहना है और ऐसी बात वही आदमी कह सकता है जो कि सचमुच साहित्य के दमघोंटू, तंग और दूषित दायरे से स्वयं बाहर रहता आया हो और जो कि, हम सभी जानते हैं, मुक्तिबोध स्वयं थे। साहित्य से निर्वासन लेकिन साहित्य के लिए—साहित्य को जीवंत रखने के लिए, उसे जीवन के ताजा अनुभवों से निरन्तर समृद्ध करने के लिए और दूर से एक व्यापक तथा सही परिदृश्य में समकालीन साहित्य को देख पाने के लिए। इसी परिदृश्य-बोध के कारण मुक्तिबोध आज की साहित्यिक स्थिति के बारे में ऐसी बहुत-सी बेलाग बातें कह सके जिन्हें भीतर-ही-भीतर अनुभव तो हममें शायद हर-एक करता है, किन्तु कहने में पहल कर सके तो मुक्तिबोध ही। इस दृष्टि से एक 'बाहरी' आदमी के रूप में, आज की कहानी के सम्बन्ध में उनके विचार बेहद ताजा हैं।

आज के इतिहास के अभूतपूर्व दबाव का अहसास उनमें इतना गहरा था कि उन्हें अन्तत: साहित्य की सीमा का भी बोध हो गया था। इसीलिए स्वयं एक साहित्यकार होते हुए भी मुक्तिबोध यह कहने का साहस कर सके कि 'साहित्य पर आवश्यकता से अधिक भरोसा करना मूर्खता है।' क्योंकि 'साहित्य मनुष्य के आंशिक साक्षात्कारों की बिम्ब-मालिका भर तैयार करता है।' इस कथन से, सम्भव है, हमारे साहित्यिक अहं को कुछ चोट लगे, किन्तु वस्तुस्थिति से इनकार करना कठिन है; और यह भी एक विडम्बना ही है कि साहित्य के अवमूल्यन का आभास देते हुए भी लगे हाथों मुक्तिबोध साहित्य की एक वैज्ञानिक परिभाषा भी दे गए। 'डायरी' में यत्र-तत्र इसी प्रकार के अनेक विचार-स्फुलिंग बिखरे हुए हैं—कुछ केवल प्रश्न के रूप में, तो कुछ 'साधारण प्रतिज्ञा' के रूप में ही, जिन पर अलग से विस्तृत चर्चा चलाकर हम अपनी साहित्य-समीक्षा को समृद्ध कर सकते हैं; किन्तु एक बात बराबर याद रखनी होगी कि प्रत्येक विचार-विनिमय, आत्म-साक्षात्कार के साथ ही, आत्म-चरित्र का भी साक्षात्कार होगा और वह भी अन्तत: मानव-साक्षात्कार की परिणति के साथ।

साहित्य की व्याख्या करनेवाली पुस्तकें तो बहुत हैं, किन्तु साहित्य की धारा को बदलनेवाली विचारोत्तेजक पुस्तकें एकाधिक दशक बाद आती हैं और मुझे लगता है कि मुक्तिबोध की यह 'डायरी' एक ऐसी ही क्रान्तिकारी कृति है—विशेषत: नवलेखन के लिए।

[मुक्तिबोध की पुस्तक 'एक साहित्यिक की डायरी' की समीक्षा
'वाद विवाद संवाद' में संकलित, 1964]

नये नाम के अनवरत अन्वेषण में : अभी, बिलकुल अभी

केदारनाथ सिंह की कविताओं का संकलन 'अभी, बिलकुल अभी' यहाँ खत्म होता है जहाँ से 'न रास्ता कहीं मुड़ता है, न सड़कें कहीं जाती हैं।' और आलोचना वहीं से शुरू होती है, जहाँ कविता खत्म होती है।

कविता सड़क नहीं है। हो भी तो फिलहाल मुझे कहीं जाने की जल्दी नहीं है। चौराहे पर तैनात भी नहीं हूँ कि रास्ता बताने की चिन्ता हो। लेकिन 'अभी, बिलकुल अभी' की कविताएँ हैं कि रह-रहकर उस चौराहे पर ले जाती हैं जो 'मन की सारी राहें विवश छीन लेता है।' आगे 'प्रश्न-भरी मुद्रा का कुहासा' दिखाई पड़ता है जिसमें बहुत-से अधूरे पथ हैं; लक्ष्यहीन मोड़ हैं; आकाश में उड़ती हुई 'दिशाहीन चिड़ियाँ' हैं। इस पूर्व-परिचित चौराहे का इतिहास यह है कि यहीं से 'दिग्विजय का अश्व' भी गया है किसी अनजान पथ की ओर और 'झुटपुटे में' फिर कहीं बिला गया। फिर भी केदार के साथ यहाँ हम उस 'अनागत' की प्रतीक्षा करते हैं : 'जो न आता है, न जाता है।' लेकिन यहाँ तक भी जो हम आ गए तो कौन ले आया? प्रश्न, संशय, दुविधा, अनिश्चय, अस्पष्टता आदि का मिला-जुला बोध जगाना भी कुछ होता है या नहीं? केदार की कविताएँ यदि यह युग-बोध जगाती हैं तो यह भी एक उपलब्धि है। सार्थकता का एक सोपान यह भी है।

'लक्ष्यहीन मोड़', 'अनदेखी छापहीन राहें', 'अजन्मे पुल' वगैरह देखकर प्राय: कविताओं को अस्पष्ट कह दिया जाता है। शायद केदार की कविताएँ भी कहीं-कहीं अस्पष्ट कही गई हैं। स्वयं कहने वालों के मन में अस्पष्टता का अर्थ कितना स्पष्ट है, मुझे नहीं मालूम; किन्तु इतना तो स्पष्ट किया ही जा सकता है कि अस्पष्टता का बोध जगाना अस्पष्टता नहीं है। इसके बाद भी यदि अर्थ अस्पष्ट रह जाता है तो कविता के गद्यार्थियों (विद्यार्थियों से नहीं) से निवेदन है कि चित्रों के आनयन के लिए थोड़ा प्रयत्न करना पड़ता है—समझ में आने से पहले कविता श्रवण में आती है और नयन में भी!

कविता के लिए श्रवण हो तो शब्दों का संगीत भी अर्थपूर्ण हो सकता है और नेत्र हों तो अस्पष्ट लगनेवाले चित्र की सूक्ष्म रेखाएँ भी आकार धारण कर सकती हैं।

केदार के अस्पष्टता-बोधक चित्रों में ऐसी अनेक सूक्ष्म रेखाएँ हैं जो बोध को विशेष अर्थ प्रदान करती हैं। उनके लक्ष्यहीन मोड़ों पर खींचे हुए रोली के हल्के इशारे हैं। 'दिशाहीन चिड़िया' के पर में 'आकांक्षा के जीवित रेशे' हैं। अनागत है तो 'हाथ उसके हाथ में आकर बिछल जाते' हैं। पुल अजन्मे हैं लेकिन हवाओं में तैरते हैं। अर्थ यदि भविष्य है तो केदार के लिए वह कोई काल्पनिक स्वप्न नहीं बल्कि वर्तमान के बीच उद्भासित होनेवाली रेखा है। इस अनिश्चय में भी उन्हें इतना निश्चय तो है ही कि वह आसपास यहीं-कहीं है—यहाँ तक कि 'हर नवागन्तुक उसी की तरह लगता है।'

इस प्रकार केदार का युग-बोध अनिश्चयवादियों से भिन्न है। अनिश्चयवादी संकट का नारा लगाते हैं, संक्रान्ति की घोषणा करते हैं, मूल्यों के अनिश्चय का प्रचार करते हैं। उनकी अस्पष्टता दूसरे प्रकार की है। वे अपनी दिमागी उलझन को सारे जमाने के नाम से चालू करना चाहते हैं। उन कविताओं में अस्पष्टता का पर्याय उलझन है : दिमागी उलझन, जो शिल्प की सपाटता के बावजूद उलझन ही बनी रहती है। यह उलझन, जो 'दर्द' पैदा करती है : पाठक में सिर-दर्द और कवि में दिल का दर्द। क्रमश: यह दर्द शब्दों की हद के पार चला जाता है और रहस्यवाद बन जाता है। यह मौन की अस्पष्टता है और, पाठक तो दरकिनार, स्वयं कवि के लिए भी अबूझ है।

इस मौन से केदार का मौन भिन्न है। वह सूर्योदय है जो किसी के लिए खाली गुलदस्ता है, तो किसी के लिए आघातहीन ताजा समाचार, लेकिन निस्सन्देह वह एक 'हल्का-सा उत्तर है।' यह हल्का-सा उत्तर इतना हल्का है कि 'चुप' का भ्रम हो जाता है, लेकिन यह रहस्यवाद नहीं है। यह मौन अर्थपूर्ण होते हुए भी इतना सहज है कि बच्चे सुनते हैं, क्योंकि बच्चे इस जमाने के नये इनसान हैं और इसलिए सचाई को सहज ही समझते हैं। बच्चों को इस मौन में भी शब्द सुनाई पड़ते हैं। इस प्रकार इस मौन में भी 'हर शब्द किसी नये ग्रहलोक में जन्मान्तर' है। कहाँ दर्द का रहस्यवादी मौन और कहाँ सूर्योदय के जन्मान्तर के शब्द!

अस्पष्ट यह हो सकता है लेकिन जमाना ही कुछ ऐसा है कि दोटूक साफ बात ही पहेली बन जाती है। सीधी बात का सामना करने के लिए नैतिक साहस की जरूरत होती है। सचाई कभी इस तरह सामने आती है कि एकबारगी सिर चकरा जाता है। बादलों से सहसा निकलकर सूरज आँखों में चौंधिया देता है। कविता में एक अस्पष्टता वह भी होती है जिसे बच्चे भी समझ लेते हैं और गहन विद्वान चकरा जाते हैं, जैसेकि अंग्रेजी के कवि ब्लेक तथा हिन्दी के कवि कबीर की कुछ कविताएँ!

केदार की कविताएँ इतनी सहज नहीं हैं, क्योंकि वे नये कवि हैं किन्तु नई कविता के अध-पथ पर कुछ दूर तक चलनेवाले देख सकते हैं कि वे अपनी

अस्पष्टता में भी सबसे अलग हैं; वैसे इस विषय पर अभी और विचार करने की आवश्यकता है।

नये भावबोध के नाम पर एक अरसे से खास तरह की 'दर्द की अनुभूति' का हवाला दिया जा रहा है, लेकिन नई पीढ़ी की कविताओं के आलोक में दर्द की वह अनुभूति भी पुरानी हो गई—यही नहीं, बल्कि उनका 'परायापन' भी क्रमश: स्पष्ट होता जा रहा है। नवीनता का निरूपण भविष्य के सन्दर्भ में ही हो सकता है। नई पीढ़ी के कवियों ने भविष्य के सन्दर्भ में वर्तमान का जो चित्र उपस्थित किया है, वह नवीन भावबोध की नई परिभाषा है। हिन्दी कविता में यह पीढ़ी केदारनाथ सिंह के साथ है और इसमें केदार का योग सर्वाधिक है।

अपनी पीड़ा को अभिव्यक्त करना आसान है; अपने परिवेश में अपनी पीड़ा को व्यक्त करना कठिन है; और भविष्य के सन्दर्भ में अपने परिवेश के साथ अपनी पीड़ा का चित्रण करना उससे भी कठिन है। दायरे के विस्तार के साथ कवि-कर्म की जटिलता भी बढ़ती जाती है। इस आत्मसंघर्ष में नये-नये अनुभव होते हैं; दायरे बनते हैं, टूटते हैं और फिर नये बनाने पड़ते हैं। समझौते भी किये जाते हैं और तोड़े जाते हैं। ये सब नवीन भावबोध के ही विविध पहलू हैं। कविता की सीमा में केदारनाथ सिंह ने इस अनुभव के कई चित्र उपस्थित किये हैं।

एकाकी कवि कभी अपने 'कमरे के दानव' से लड़ता है तो कभी झरोखे-रोशनदान और द्वार खोलकर 'अन्धड़ की प्रतीक्षा' करता है; कहीं 'जीने की दैनिक शर्तों पर हस्ताक्षर' करता है तो कभी क्रमश: सभी ओर से लौटकर 'अन्तरतम के किसी कोण पर झुका हुआ' समुद्री दस्तक सुनता है। ये तमाम चित्र उस मन:स्थिति के सूचक हैं जो अपने दायरे को तोड़कर व्यापक वास्तविकता का सामना करने की आकुलता जगाती है। यह सही है कि चित्रों का सौन्दर्य आँखों को आगे बढ़ने से रोक देता है और लोग मानने लगते हैं कि कवि में तीव्र अनुभूति की कमी है। लेकिन इन चित्रों की तह में वह धड़कती हुई धमनी है, शिराएँ-उपशिराएँ हैं जिनमें एक 'नीला पत्थर' छटपटा रहा है। इस दर्द के बाद भी कवि गाता है तो यह दर्द पर विजय है। पीड़ा की 'अभिव्यक्ति' पीड़ा पर विजय है। लेकिन कविता पीड़ा को 'व्यक्त' करने में है, 'अभिव्यक्ति' करने में नहीं। परिपक्वता और भावुकता में यही अन्तर है। भावुक कवि पीड़ा को अभिव्यक्त करते हैं। प्रौढ़ कवि चित्रों में उसे व्यक्त करते हैं जो पाठक को अनुभूति-विकल कर देते हैं।

केदार की कविताओं को मासिक 'कवि' में प्रस्तुत करते हुए मैंने लिखा था कि केदार मद्धिम संवेगों के कवि हैं; लेकिन यह मेरा भ्रम था। वस्तुत: जैसाकि वैलरी ने एक प्रसंग में कहा है : 'कवि का कार्य काव्यात्मक स्थितियों को स्वयं अनुभव करना नहीं बल्कि दूसरों में उन्हें उत्पन्न करना है।' केदार में अनुभूति की जो कमी दिखाई पड़ती है, वह इसलिए कि वे अपने विषय में यही आभास देते

हैं और यह आभास उत्पन्न करना उनके काव्य-संयम का सूचक है। स्वयं को अनुभूतिहीन दिखलाते हुए भी वे अभिप्रेत अनुभूति का प्रभाव उत्पन्न कर ले जाते हैं। इस प्रभाव का साधन है चुना हुआ यथातथ्य बिम्ब या चित्र। केदार भाव को अभिव्यक्त नहीं करते, बल्कि चित्र में व्यक्त करते हैं, जो आचार्य शुक्ल के शब्दों में 'विभावन व्यापार' है तथा इलियट की प्रसिद्ध संज्ञा 'ऑब्जेक्टिव कोरिलेटिव'।

केदार को यदि अपनी बेचैनी प्रकट करनी है तो वह यह नहीं कहेंगे कि मैं बेचैन हूँ। वे एक बेचैन गति-चित्र प्रस्तुत करेंगे। जैसे :

मुट्ठी में प्रश्न लिये
दौड़ रहा हूँ वन-वन
पर्वत-पर्वत
लाचार!

घबराहट, बेचैनी और आकुलता के चित्रों की संख्या केदार में सबसे अधिक है, जो उनकी मानसिक स्थिति को व्यक्त करने के साथ ही सम्भवत: इस युग की सामान्य 'बेचैनी' को भी चित्रित करती है। यह बेचैनी उनकी काव्य-लय के माध्यम से व्यक्त होती है जिससे लय को एक विशिष्ट गति प्राप्त हो गई है और जो कहीं भी पहचानी जा सकती है।

इस बेचैनी की विशेषता यह है कि यह रचनात्मक है। पर्वत-पर्वत, वन-वन दौड़ने वाले शिशु की बेचैनी यह है कि 'मैं अपना नन्हा गुलाब कहाँ रोप दूँ।' यहाँ भी केदार की बेचैनी दर्दवादियों की निरर्थक बेचैनी से उत्पन्न है।

रचनात्मक आकांक्षा की विशेषता यह है कि दर्द के आत्मघाती प्रभाव से कवि को बचाती है। इससे कवि का सौन्दर्यबोध कुंठित नहीं होने पाता और जीवन तथा प्रकृति की रूप-तरंगों तक उसकी दृष्टि का अबाध प्रसार सम्भव होता है। आकस्मिक नहीं जो केदार ने नई कविता को प्रकृति के इतने अछूते सौन्दर्य-चित्र दिये। उनकी कविता में 'पहले बौर की गन्ध' है, 'फलों पर चढ़ते सुनहरे रंग' हैं, 'चिड़ियों के धूपगन्धी पंख' हैं, 'अभी-अभी धुले नये चावल का गन्ध भरा पानी' है, 'हल्दी के पानी-सी फैली जलहंसी' है, 'बनसुग्गों की पाँखें' हैं; और 'धूप का गुच्छा' जो उन्होंने फेंका है, उसे तो बहुतों ने अपना आभूषण ही बना लिया है।

ये चित्र विकसित सौन्दर्यबोध के सूचक हैं और इनकी सामर्थ्य उसी कवि में हो सकती है जो 'खुली संवेदना से दिशाओं को सूँघकर पहचान' सकता हो।

केदार के सौन्दर्य-चित्रों में एक ओर ताजगी और टटकापन है तो दूसरी ओर सूक्ष्म सौन्दर्यबोध-सूचक पंख जैसे हल्के हाथों की कला है। शुरू में रंगों की शोखी जरूर ज्यादा थी और शायद रंग भी कई आते थे लेकिन धीरे-धीरे रंग हल्के होने लगे और रेखाओं में बारीकी आ गई। चित्र क्या है कि 'ओस भरे कँपते गुलाब

की टहनी पर तितली के पंखों-सी सटी हुई धूप'! केदार झकझोरते नहीं बल्कि 'जम को हल्के कँपाते हैं'। एक हल्का कम्प, एक हल्का स्पर्श—यही उनकी अभिरुचि है और शायद यही उनका 'मिजाज'!

केदार की यह सुरुचि शब्दों के चयन और काव्य-संगीत में भी प्रकट हुई है। सुघड़ शब्द-योजना और लोचयुत लय-योजना द्वारा निर्मित लय तथा लय द्वारा निर्धारित शब्द-योजना—उनकी विशिष्टता है। ऐसी शिल्प-सिद्धि नये कवियों में कम को ही प्राप्त हुई है। एक हद तक परम्परागत रूप-विधि का अनुशासन मानते हुए भी केदार ने नये रूप-प्रयोग का प्रयत्न किया है। गीत और मुक्त छंद में समान सफलता केदार ही दिखला सकते हैं। लोक-बोली के शब्द भी उनके रचे-पचे आते हैं। 'दूरगन्धी तिथि' और 'जल-हँसी' जैसे नवनिर्मित शब्द भी अटपटे नहीं लगते। अर्थ, सन्दर्भ, अस्तित्व, सम्भावना, ध्रुवान्त जैसे गद्यक्षेत्रीय शब्दों को भी अनुभूतियों के सन्दर्भ में रखकर केदार ने काव्यात्मक रूप दिया है। जैसे :

इस छोटे जीवन के
अनगिनतों
अनाघ्रात अर्थों तक
जाना है।

अथवा

सन्दर्भ से छूटे हुए
ये साथ मेरे तैरते से
घर, मुहल्ले, गाँव।

केदार उन दो-तीन कवियों में हैं जिन्होंने नई कविता को चलने योग्य नये शब्द दिये हैं और जिन्हें सचमुच ही समकालीनों ने अपना लिया! और अपनी पीढ़ी को शब्द देना मामूली बात नहीं है।

'अभी, बिलकुल अभी' की कुछ कविताओं से पता चलता है कि केदार किसी नये मोड़ की ओर उन्मुख हैं। परन्तु 'अभी, बिलकुल अभी' में इस परिवर्तन की रचना-प्रक्रिया-सम्बन्धी मानसिक स्थिति ही व्यक्त हुई है। 'रचना की आधी रात', 'आत्मचित्र' आदि रचनाएँ सूचित करती हैं कि कवि 'आत्म-सजग' हो गया है और अपने भीतर रूप-ग्रहण करनेवाली रचना की एक-एक बारीकी का निरीक्षण कर रहा है। चाहें तो कह लें कि यह भी अनुभूति का एक आयाम है—बल्कि नया आयाम। परन्तु आत्म-सजगता के खतरे भी हैं; यदि आत्म-सजग कवि देर तक अन्तर्मुखी रह गया तो कविता नया मोड़ लेने की जगह अन्दर ही एक दायरे का चक्कर लगाती रह सकती है। 'अर्थ-परिवर्तन की अबूझ प्रक्रिया' में जाकर कवि स्वयं अपने लिए तथा पाठकों के लिए भी अबूझ बन सकता है! लेकिन मुझे पूरी आशा है कि केदार

की 'आत्म-सजगता' जल्द ही यह दायरा भी तोड़ देगी। क्योंकि उन्होंने 'अपनी छोटी बच्ची के लिए' ही नहीं बल्कि व्यंजना से नई कविता तथा नई वास्तविकता के लिए भी। 'इससे भी सीधे, और इससे भी प्यारे, और इससे भी अर्थ-भरे किसी नये नाम के अनवरत अन्वेषण में' सारी आयु चुक जाने की प्रतिज्ञा की है!

[केदारनाथ सिंह के संग्रह 'अभी, बिलकुल अभी' की समीक्षा; 'विवेक के रंग', संपादक : देवीशंकर अवस्थी, वाणी प्रकाशन, 1964 में संकलित]

‘नई कहानी’ की पहली कृति : परिन्दे

फकत सात कहानियों का संग्रह ‘परिन्दे’ निर्मल वर्मा की ही पहली कृति नहीं है बल्कि जिसे हम ‘नई कहानी’ कहना चाहते हैं, उसकी भी पहली कृति है। पढ़ने पर सहसा विश्वास नहीं होता कि ये कहानियाँ उसी भाषा की हैं जिसमें अभी तक शहर, गाँव, कस्बा और तिकोने प्रेम को ही लेकर कहानीकार जूझ रहे हैं। ‘परिन्दे’ से यह शिकायत दूर हो जाती है कि हिन्दी कथा-साहित्य अभी पुराने सामाजिक संघर्ष के स्थूल धरातल पर ही ‘मार्कटाइम’ कर रहा है। समकालीनों में निर्मल पहले कहानीकार हैं जिन्होंने इस दायरे को तोड़ा है—बल्कि छोड़ा है; और आज के मनुष्य की गहन आन्तरिक समस्या को उठाया है।

व्यक्ति-चरित्र वही है, जीवन-स्थितियाँ भी रोज की जानी-पहचानी ही हैं, लेकिन निर्मल के हाथों वही स्थितियाँ इतिहास की विराट नियति बनकर खड़ी हो जाती हैं और उनके सम्मुख खड़ा व्यक्ति सहसा अपने को असाधारण रूप से अकेला पाता है और उसकी जबान से निकला हुआ मामूली-सा वाक्य एक युगव्यापी प्रश्न बन जाता है।

पहाड़ के पीछे से आते हुए पक्षियों के झुंड को देखकर ‘परिन्दे’ की लतिका चलते-चलते सोचती है : ‘क्या वे सब प्रतीक्षा कर रहे हैं? लेकिन कहाँ के लिए? हम कहाँ जाएँगे?’ प्रश्न मामूली है लेकिन कहानी के माहौल में वह सिर्फ पक्षियों या लतिका का व्यक्तिगत प्रश्न नहीं रह जाता। जैसे इस प्रश्न से लतिका, डॉक्टर मुखर्जी, मि. ह्यूबर्ट, सबका सम्बन्ध है—इन सबका और इनके अलावा भी और सबका। देखते-देखते प्रेम की एक कहानी मानव-नियति की व्यापक कहानी बन जाती है और एक छोटा-सा वाक्य पूरी कहानी को दूरगामी अर्थवृत्तों से वलयित कर देता है। ‘हम कहाँ जाएँगे?’—यह वाक्य सारी कहानी पर अर्थ-गम्भीर विषाद की तरह छाया रहता है। प्रसंगात् चेखव की कहानियों में बार-बार गूँजनेवाला वह प्रश्न याद आ जाता है—‘हम क्या करें?’ वह प्रश्न, जिसकी गूँज उन्नीसवीं सदी के सारे रूसी कथा-साहित्य और सामाजिक चिन्तन में बार-बार सुनाई पड़ती है। जैसे सारा जमाना एक साथ पूछ रहा हो कि ‘क्या करें?’

इसी प्रकार 'सितम्बर की एक शाम' का बेकार नवयुवक घास पर लेटे हुए जब सोचता है कि 'सारी दुनिया उसकी प्रतीक्षा कर रही है कि वह 'उसे अर्थ दे' तो उससे साधारण बेकारी से कहीं बड़ा अर्थ ध्वनित होता है। उसने आँखें उठाईं—सारी दुनिया उसके सामने पड़ी थी और उसकी उम्र सत्ताईस वर्ष की थी।' यह एक वाक्य बहुत कुछ कह देता है; एक वाक्य में आज का सारा अन्तर्विरोध झलक उठता है : सम्भावना और व्यर्थता का अन्तर्विरोध! बेकारी पर लिखी हुई दर्जनों कहानियाँ एक ओर और 'सितम्बर की एक शाम' एक ओर! 'माया का मर्म' की बेरोजगारी भी इसी प्रकार जिन्दगी की व्यापक निरर्थकता को व्यंजित करती है जिसे आल्बेयर कामू 'एब्सर्ड' कहता है।

स्वतंत्रता या मुक्ति का प्रश्न, जो समकालीन विश्व-साहित्य का मुख्य प्रश्न बन चला है, निर्मल की कहानियों में प्राय: अलग-अलग कोण से उठाया गया है। एक तरफ से देखा जाए तो 'परिन्दे' की लतिका की समस्या स्वतंत्रता या मुक्ति की समस्या है : अतीत से मुक्ति, स्मृति से मुक्ति, उस चीज से मुक्ति, 'जो हमें चलाए चलती है और अपने रेले में हमें घसीट ले जाती है।' इन कहानियों के प्राय: सभी व्यक्ति-चरित्र अपने अतीत की स्मृति से मुक्त होने के लिए प्रयत्नशील हैं। सारी कहानियाँ इस मुक्ति की पीड़ा की मार्मिक अभिव्यंजना हैं। सर्वत्र कोशिश यही है कि इतिहास से अपने को मुक्त करके एक साक्षी या 'विटनेस' के रूप में उसे देखा जाए। मुक्ति का यह क्षण, जिसमें मनुष्य स्वयं अपना साक्षी हो जाता है, निर्मल की अनेक कहानियों का आलोक केन्द्र है। और उस क्षण के आलोक में ही व्यक्ति देखता है कि 'वह मुक्त है और सारी दुनिया उसकी प्रतीक्षा कर रही है।' इस प्रकार ये कहानियाँ जीवन की विभिन्न स्थितियों के सन्दर्भ में आज के सबसे बड़े मानव-मूल्य—मानव-मुक्ति—को परिभाषित करती हैं।

यह आकस्मिक नहीं है कि कहानी के माध्यम से मानव-मुक्ति का प्रश्न उठाने के साथ ही निर्मल ने अपनी कहानियों को भी हिन्दी कहानी की परिपाटी से मुक्त करने का प्रयत्न किया है। सच्ची रचना वहीं शुरू होती है जब लेखक अपनी स्मृति को जीवन-सम्बन्धी प्रचलित 'साहित्यिक' यथार्थ से मुक्त कर लेता है। जैसाकि एक निबन्ध में निर्मल ने स्वयं कहा है : 'ऐसे ही शून्य से कला का जन्म होता है।' विरासत में मिले 'फार्मूलों' से मुक्त होकर जब कोई लेखक सीधे जीवन का साक्षात्कार करता है और जिन्दगी की जटिलताओं में प्रवेश करके सच्चाई का पता लगाता, तभी नवीन कलाकृति का सृजन सम्भव होता है। 'तीसरा गवाह' कहानी जैसे इसी सृजन-सिद्धान्त को उदाहृत करने के लिए कही गई है।

प्रेम और विवाह के सम्बन्ध में एक वकील साहब अपनी 'घिसी-पिटी' धारणाएँ प्रकट करते हैं तो रोहतगी साहब बहुत ही धीमे स्वर में कहते हैं कि 'हम केवल अनुमान ही लगा सकते हैं, वकील साहब! सच्ची बात उस लड़की के अलावा

कोई नहीं जान सकेगा और मुझे सन्देह है कि क्या वह खुद भी सही कारण जान पाएगी?' इस कथन के पीछे जीवन की जटिलता की ओर कितना संजीदा संकेत है, इसका ठीक-ठीक अहसास उस समय होता है जब हम बड़े-बड़े लोगों को हर मसले पर दनादन राय देते हुए देखते हैं। 'तीसरा गवाह' कहानी इस बात को जैसे साबित करने के लिए लिखी गई है कि स्वयं अपने ही जीवन में घटी हुई घटना भी कितनी जटिल होती है कि कभी-कभी स्वयं हमारे लिए ही उसे ठीक-ठीक समझना मुश्किल हो जाता है। इस प्रकार यह कहानी वास्तविकता के प्रति एक नये दृष्टिकोण की ओर संकेत करती है जिसे चाहें तो 'नई कहानी' की शुरुआत भी कह सकते हैं। हर घटना अनेक व्याख्याओं के लिए खुली हुई है और समस्त व्याख्याओं के बावजूद वह घटना समाप्त नहीं हो जाती—यह भावबोध हिन्दी कहानी में एक नये मोड़ की सूचना देता है।

अभी तक जो कहानी सिर्फ कथा कहती थी या कोई चरित्र पेश करती थी अथवा एक विचार का झटका देती थी, वही निर्मल के हाथों जीवन के प्रति एक नया भावबोध जगाती है। साथ ही ऐसे दुर्लभ अनुभूति-चित्र प्रदान करती है जिन्हें हम कम-से-कम हिन्दी में कहानी के माध्यम से प्राप्त करने के अभ्यस्त नहीं थे।

जाहिर है कि एक नये गद्य के बिना कहानी के क्षेत्र में इस प्रकार के नवीन प्रयत्न असम्भव थे। इन कहानियों को पढ़ते समय एक नये गद्य से परिचय होता है—अपने प्रयोजन के लिए बनाया हुआ लेखक का अपना गद्य! सम्भवतः कहानी का गद्य इतना संवेदनशील तो पहले कभी न था। या तो भावोच्छ्वसित गद्य काव्य था या नितान्त कामकाजी! 'परिन्दे' को देखकर लगता है कि भाषा के क्षेत्र में जो काम इतने दिनों में प्रयोगशील 'नई कविता' भी न कर सकी, उसे अन्ततः कहानी के गद्य ने कर दिखाया। छोटे-छोटे संवादों में उभरी हुई 'पिक्चर पोस्टकार्ड' कहानी सम्भवतः इस गद्य के निखरे हुए आधुनिकतम रूप को प्रकट करती है।

कुल मिलाकर इस संग्रह की कहानियाँ कहानी के एक परम्परासिद्ध ढाँचे में अनेक नई सम्भावनाओं का संकेत देती हैं। अभी तो यह एक शुरुआत है, लेकिन एक सम्भावनापूर्ण शुरुआत।

[2]

कहानी संग्रह 'परिन्दे' का प्रकाशन अब हुआ है, लेकिन निर्मल वर्मा की कहानियों की चर्चा एक अरसे से हो रही है। प्रायः सभी मानते हैं कि उनकी कहानियाँ गहरा प्रभाव डालती हैं। लेकिन ऐसा प्रभाव उत्पन्न करनेवाली कला का विश्लेषण अभी तक नहीं हुआ है; भावुकता, निराशा, एकरसता वगैरह की शिकायत अलबत्ता की गई है। बेहतर है, शुरुआत इस प्रभाव के विश्लेषण से ही हो।

यह सही है कि निर्मल की कहानियाँ गहरा प्रभाव छोड़ जाती हैं, यहाँ तक कि तमाम कहानियाँ लगभग एक-सा प्रभाव छोड़ती हैं और यह भी सही है कि इस प्रभाव के आगे न चरित्र याद रहते हैं और न घटनाएँ। लेकिन सवाल यह है कि क्या इनका याद रहना जरूरी है? पाठक के लिए जरूरी क्या है : प्रभाव या चरित्र आदि? जिन कहानियों के चरित्र आदि याद रह जाते हैं, क्या वे भी ऐसा ही प्रभाव डालती हैं? क्या यह सही नहीं है कि जिन कहानियों में विविधता के नाम पर ढूँढ़-ढूँढ़कर अजीबो-गरीब चरित्र लाये जा रहे हैं और अछूते जीवन-खंड पेश किये जा रहे हैं, वे प्रभाव के नाम पर या तो शून्य हैं या फिर केवल विस्मय जगाकर ही रह जाती हैं? जाहिर है कि ये कहानीकार कहानी के प्रभाव की जगह सिर्फ अपना प्रभाव पैदा करना चाहते हैं।

चरित्र वही याद आते हैं जहाँ भाव कमजोर होता है और शिल्प प्रबल; दूसरे शब्दों में, जहाँ कहानी के ढाँचे में दरार रहती है। और साफ है कि ऐसी दरारोंवाली कहानी अभीष्ट प्रभाव उत्पन्न नहीं कर सकती। अचंभा तो इस बात का है कि जीवन-विविधता की इस दौड़-धूप में कहानीकारों के हाथ से यह परम्परागत बुनियादी सिद्धान्त भी छूटता जा रहा है कि कहानी का लक्ष्य 'प्रभावान्विति' है, चरित्र, कथानक आदि तो उसके साधन हैं।

निर्मल की कहानियों में प्रभाव की गहराई इसीलिए है कि उनके यहाँ चरित्र, वातावरण, कथानक आदि का कलात्मक रचाव है। कलात्मक रचाव स्वयं रूप के विविध तत्त्वों के अन्तर्गत, फिर वस्तु और रूप के बीच तथा स्वयं वस्तु के अन्तर्गत। पात्र अलग इसलिए याद नहीं आते कि वे परिस्थितियों के अंग हैं। निर्मल के मानव-चरित्र प्राकृतिक वातावरण में किसी पौधे, फूल या बादल की तरह अंकित होते हैं गोया वे प्रकृति के ही अंग हैं! 'परिन्दे' कहानी की छोटी-छोटी स्कूली लड़कियों तथा मीडोज, झरने, झाड़ियों, फूलों, चिड़ियों में कोई अन्तर नहीं है। नीचे वे शोर करती हुई खेल रही हैं और दूर लतिका तक जो प्रभाव पहुँचता है, उसमें झरने, चिड़ियों और लड़कियों के स्वर घुल-मिल गए हैं। निसर्ग एक है जिसमें सारे भेद सहज ही मिट जाते हैं। एक हृदय है जो तमाम चीजों को रागात्मक सम्बन्ध में जोड़ देता है। कलाकार का एक स्पर्श है जो सारे अनमेल तत्त्वों को एक 'रूप' में रच देता है। 'अँधेरे में' कहानी के कलाकार वीरेन की तरह 'आँखें हैं जिन्हें देखकर लगता है कि जिस वस्तु पर टिक जाएँगी, वह अपने-आप सँवर-निखर जाएगी।'

इतने अधिक तत्त्वों को लेकर एक प्रभाव की सृष्टि करना आसान नहीं है। हर तत्त्व आकर्षक है, हर आकर्षक में भटकाव है और एक भी भटकाव प्रभाव को क्षीण कर सकता है। शायद संगीत ही एक ऐसी कला है जो प्रभावान्विति की दृष्टि से कला की पराकाष्ठा है। और इसीलिए हर कलाकार की यह सबसे बड़ी आकांक्षा रही है कि उसकी कलाकृति संगीत की हद को छू ले। इस लक्ष्य की प्राप्ति

के लिए चित्रकारों ने यदि चित्रकला को अधिक से अधिक ज्यामितिक रूपाकारों में बदलने की कोशिश की तो मलार्मे जैसे प्रतीकवादी कवियों ने भाषा की सीमा में रहते हुए भी कविता को संगीत बनाने का प्रयत्न किया। बहुत सम्भव है कि कहानी में 'प्रभावान्विति' को सबसे अधिक महत्त्व देनेवाले एडगर एलेन पो के ध्यान में भी कहानी को प्रभाव की दृष्टि से संगीत की हद तक पहुँचा देने की ही आकांक्षा रही हो क्योंकि उसका भी कलात्मक आदर्श संगीत ही था। अपने प्रेमचन्द ने भी कहानी की उपमा ध्रुपद की तान से दी है।

बहरहाल, कहानी, प्रभाव-सृष्टि की दृष्टि से, संगीत की हद छू सकती है या नहीं, मुझे नहीं मालूम; लेकिन इतना मालूम है कि निर्मल की कहानियाँ संगीत का-सा प्रभाव उत्पन्न करने में समर्थ हैं। आकस्मिक नहीं है कि उनकी अधिकांश कहानियों में संगीत का प्रकरण आता है। 'डायरी का खेल' कहानी में चैपल के बरामदे में एक स्त्री खड़ी थी संगमरमर-सी सफेद, स्तब्ध, निश्चल—जिस पर फीकी, पीली-सी चाँदनी गिर रही थी। पीछे बहुत धीमे सिसकता-सा पियानो का संगीत-स्वर बहता-सा आ रहा था। 'पिक्चर पोस्टकार्ड' कहानी में परेश धीरे-धीरे जूक-बॉक्स के पास आया और कुछ देर तक उसके सामने खड़ा रहा। फिर उसने चवन्नी डालकर धीरे से बटन दबाया। रिकॉर्ड धीरे-धीरे ऊपर उठने लगा। जूक-बॉक्स के भीतर सितारे-सी लाल बत्ती जल उठी। 'परिन्दे' कहानी में तो स्वयं एक चरित्र ही पियानो-वादक है मि. ह्यूबर्ट।

'उसी क्षण पियानो पर शोपां का नाक्टर्न ह्यूबर्ट की उँगलियों से फिसलता हुआ धीरे-धीरे छत के अँधेरे में घुलने लगा—मानो जल पर कोमल स्वप्निल उर्मियाँ भँवरों का झिलमिलाता जाल बुनती हुई दूर-दूर किनारों तक फैलती जा रही हों! लतिका को लगा कि जैसे कहीं बहुत दूर बर्फ की चोटियों से परिन्दों के झुंड नीचे अनजान देशों की ओर उड़े जा रहे हैं!

निर्मल ने संगीत का चित्रण, केवल वातावरण-चित्रण के लिए ही नहीं किया है बल्कि संगीत के उस रागधर्म (Harmony) को भी व्यक्त किया है जिसके द्वारा विविध वस्तुएँ पिघलकर अपनी पृथक् सत्ता खोती हुई एक भावधारा में बदल जाती हैं। 'परिन्दे' की नायिका लतिका को चैपल में संगीत सुनकर 'ऐसा लगा कि जैसे मोमबत्तियों के धूमिल आलोक में कुछ भी ठोस, वास्तविक न रहा हो—चैपल की छत, दीवारें, डेस्क पर रखा हुआ डॉक्टर का सुघड़-सुडौल हाथ—और पियानो के सुर अतीत की धुन्ध को भेदते हुए स्वयं उस धुन्ध का भाग बनते जा रहे हों!'

रागधर्म के अतिरिक्त निर्मल के यहाँ संगीत अनुभवों को अर्थ प्रदान करता है। ह्यूबर्ट को लगा : 'पियानो का हर नोट चिरन्तन खामोशी की अँधेरी खोह से निकलकर बाहर फैली नीली धुन्ध को काटता, तराशता हुआ एक भूला-सा अर्थ खींच लाता है।'

ऐसा प्रतीत होता है कि संगीत-वर्ण निर्मल के लिए कहानी में केवल शोभा नहीं है बल्कि सम्पूर्ण रचना-प्रक्रिया ही संगीतधर्मी है। फरवरी-मार्च, '58 की 'कृति' में 'सौन्दर्य की छायाएँ' शीर्षक निबन्ध में 'उनका मौन पियानो के भीतर का मौन है। हर चरित्र एक छोटा-सा 'नोट' है, एक मौन बिन्दु से दूसरे बिन्दु तक उड़ता हुआ—प्रतीक्षारत। वे प्रतीक्षा करते हैं अँगुली के स्पर्श की, हल्के-से दबाव की। और इस दबाव के अनेक स्तर हैं।'

'मौन की चिरन्तन स्थिति' से अमूर्त लय को बाहर निकालने के लिए 'अँगुली का दबाव', निर्मल के अनुसार, 'कहानीकार की रचना-प्रक्रिया का पहला कर्तव्य है।' कहना न होगा कि इस दबाव के द्वारा उन्होंने कहानी के रूप में एक 'पाग' की 'रचना' की है जिसमें कहानी के सभी तत्त्व एकरस होकर एक अन्वित प्रभाव की सृष्टि करते हैं। सम्भवत: यह वही विशेषता है जिसे इर्विंग होवे 'स्टोरी टोन' कहते हैं; दर्जनों कहानियाँ लिखने के बाद भी आज के बहुत-से कहानीकार जिस 'टोन' को प्राप्त नहीं कर सके हैं, निर्मल ने उसे उपलब्ध करके अपने व्यक्तित्व की विशिष्टता प्रतिष्ठित कर दी है।

अब सवाल है कि यह प्रभाव क्या है? कैसा है? इसका रूप क्या है? इससे क्या भाव उत्पन्न होता है?

जैसाकि कुछ लोगों का कहना है, उनके मन में भावुकता उत्पन्न होती है। भावुक व्यक्ति किसी भी प्रभाव से भावुक हो सकते हैं। लेकिन इसका निर्णय कैसे हो कि भावुकता निर्मल की कहानियों में है या इन पाठकों में? प्रभाव चाहे जिसका हो लेकिन स्वयं कहानी नहीं हो सकता। यदि यह सच है तो यह भी उतना ही सच है कि अपने प्रभाव के अलावा कहानी को ग्रहण करने का दूसरा कोई साधन भी नहीं है। निर्णय स्वयं कहानी के हाथ है क्योंकि वह केवल प्रभावित ही नहीं करती, बल्कि विशेष रूप में प्रभावित करना चाहती है और उस विशेष संकेत को जो पाठक पकड़ लेता है, वह कहानी की आत्मा के सबसे निकट होता है, बल्कि रूपगत अन्त:सूत्रों को आपस में तुरन्त जोड़ भी लेता है और इस तरह उसके सामने कहानी के अधिक-से-अधिक करीब की प्रतिमा होती है।

निर्मल की अधिकांश कहानियाँ अतीत की स्मृति हैं। कहानी कहनेवाला बरसों बाद उन स्मृतियों को जैसे दुहराता है। 'डायरी का खेल' कहानी के अन्त में वाचक (नैरेटर) कहता है : 'आज उस बात को बीते अनेक साल गुजर चुके हैं।' 'तीसरा गवाह' कहानी के वाचक मिस्टर रोहतगी भी बरसों बाद अपनी जवानी के दिनों की कहानी सुना रहे हैं। 'परिन्दे' की लतिका की दुखांत गाथा भी बरसों पुरानी है। स्मृति में भावुकता सम्भव है किन्तु समय का अन्तराल तात्कालिकता के आवेग को काफी कम कर देता है। ऐसा प्रतीत होता है कि तात्कालिक आवेग की भावुकता को कम करने के लिए ही निर्मल समय का इतना अन्तराल दे देते हैं।

‘डायरी का खेल’ कहानी में वाचक कहता है : ‘किन्तु बिट्टो की स्मृति सेंटीमेंटल नहीं बनाती, वह अतीत का भाग है, जो कि याद करके भुलाया जा सके। इसमें कुछ ऐसा होता है, जो न होकर भी संग-संग चलता है, जिसे याद नहीं किया जाता क्योंकि उसे वह कभी नहीं भूलता। —अतीत समय के संग जुड़ा है, इसलिए चेतना नहीं देता, केवल कुछ क्षणों के लिए सेंटीमेंटल बनाता है। जो चेतना देता है, वह कालातीत है।’

इसके अतिरिक्त जो कहानियाँ अतीत की स्मृति नहीं हैं, उनमें कथा कहनेवाला पात्र सम्पूर्ण घटना से बहुत कुछ असम्पृक्त है, सबका साक्षी है। ‘अँधेरे में’ कहानी कहनेवाला एक छोटा-सा बच्चा है जो अपनी माँ के प्रेम की दुःखद कहानी का अबोध दर्शक है।

‘माया का मर्म’, ‘सितम्बर की एक शाम’ ऐसी कहानियाँ हैं जिनमें घटना एकदम तत्काल की है और वाचक भी स्वयं भोक्ता है, किन्तु इन कहानियों के नायक वर्तमान से सहसा अपने को मुक्त करके स्मृतिहीन व्यक्ति बन जाते हैं। ‘माया का मर्म’ के नायक के शब्द हैं : ‘मैंने पहली बार बेरोजगारी के इस लम्बे और उदास अर्से पर से दरिद्रता की, राख को बिना दर्द के कुरेद दिया। जो अभाव की रिक्तता से अब तक चुभती थी, वह अब भी है, किन्तु जैसे वह अपनी न रहकर परायी बन गई है जिसे मैं बाहर से तटस्थ भाव से देख सकता हूँ—जिसने अब ‘छुट्टी’ का सहज भाव अपना लिया है।’

वह खुली हुई प्रकृति के बीच आता है और फिर प्रकृति-सी प्रसन्न एक छोटी-सी बच्ची का साथ हो जाता है और नये वातावरण में उसे महसूस होता है : ‘मेरी उम्र कहीं बहुत पीछे छूट गई—जैसे उसका कभी मुझसे वास्ता न रहा हो!’

‘सितम्बर की एक शाम’ का बेरोजगार नायक भी घर से बाहर निकलते ही महसूस करता है कि ‘उसके पाँव पीछे कोई निशान नहीं छोड़ गए हैं—जैसे वह अभी जन्मा है! उसकी जिन्दगी की गाँठ अतीत के किसी प्रेत से नहीं जुड़ी है, इसलिए वह मुक्त है और घास पर लेटा है।’

‘परिन्दे’ की नायिका लतिका बेशक भावुक मालूम होती है लेकिन उसकी भावुकता को कम करने के लिए साथ-साथ दूसरा पात्र डॉक्टर मुकर्जी आता है जो कहानी समाप्त होते-होते सारी भावुकता को मिटाकर दूसरा ही प्रभाव उत्पन्न कर देता है। डॉक्टर स्वयं दुखी है किन्तु अपने दुःख के प्रति अनासक्त-सा है। जिन्दगी के तजुर्बे ने उसे प्रौढ़मना बना दिया है। लतिका के बचकानेपन को वह कभी ठहाके में उड़ा देता है तो कभी ऐसे अनुभवपूर्ण वाक्यों द्वारा, जो परोपदेश की रूक्षता उत्पन्न करने की जगह स्वगत-संलाप की गम्भीरता पैदा करते हैं। ‘मरनेवाले के संग खुद थोड़े ही मरा जाता है’ अथवा ‘किसी चीज को न जानना यदि गलत है, तो जान-बूझकर न भूल पाना, हमेशा जोंक की तरह उससे चिपटे रहना—यह भी

गलत है।' और इस बीच अपने-आप धीरे-धीरे स्वयं लतिका में भी परिवर्तन होता है : 'अब वैसा दर्द नहीं होता, सिर्फ उसकी याद करती हूँ, जो पहले कभी होता था।'

व्यथा की गहनता में निर्मल के पात्र प्राय: खामोश रहते हैं। उनकी खामोशी व्यक्तित्व का अभिन्न अंग है। उनका मौन पियानो के अन्दर का मौन है जिसकी एक-आध 'की' पर कभी-कभी लेखक की उँगली का हल्का-सा दबाव पड़ता है। 'पिक्चर पोस्टकार्ड' का परेश खामोश रहता है, 'तीसरा गवाह' के मिस्टर रोहतगी भी भीड़ के बीच काफी खामोश थे, यहाँ तक कि 'अँधेरे में' का छोटा-सा लड़का भी इस रोग से ग्रस्त है, क्योंकि उसकी हमउम्र-सी एक बच्ची के अलावा, जो कभी-ही-कभी आती है, उससे कोई बात करनेवाला भी नहीं है।

इस अनासक्ति और ऐसी तटस्थता के निर्मल जब किसी करुण प्रसंग का चित्रण करते हैं तो भावावेग-रहित। 'डायरी का खेल' की बिट्टो चुपचाप रो रही थी किन्तु 'उसका स्वर इतना सहज, इतना शान्त था कि कितनी ही देर तक मैं जान भी न सका कि बिट्टो रो रही है, अपने ही में धीमे-धीमे...आँसू जो बिलकुल ठंडे, वंचनारहित होते हैं, जिनको बहाने से रोना नहीं होता, दु:ख से छुटकारा नहीं मिलता, जो हृदय को एक मर्मान्तक, घनीभूत पीड़ा में निचोड़ते हुए चुपचाप बूँद-बूँद गिरते हैं...'

इस प्रकार निर्मल की यह 'आत्मीयता' है 'जो मानो हमें भिगोकर खुद सूखी रह जाती है।' उन्होंने जो बात बिट्टो के लिए कही है, वह उनके लिए भी लागू करते कही जा सकती है : 'आइने की तरह उनके चेहरे पर वह सब कोई देख लेते, जो देखना चाहते हैं किन्तु उन्हें कोई नहीं देख पाता।'

इस सन्दर्भ में 1916 ई. में प्रमथ चौधरी को शरत्चन्द्र द्वारा लिखे गए एक पत्र का यह अंश उद्धृत करने योग्य है :

'कोई-कोई अत्यन्त गम्भीर स्वभाव के लोग जैसे अपने दु:ख को भी कहने के समय एक ऐसे ताच्छिल्य का पुट देते हैं कि अचानक लगता है कि वह किसी और के दु:ख की कहानी कह रहे हैं। मानो इससे उनका कोई सम्बन्ध ही नहीं है! आप भी ठीक उसी तरह कहते हैं। घुमा-फिराकर कातरोक्ति कहीं भी नहीं है—पर जीवन की न जाने कितनी बड़ी ट्रेजेडी पाठकों के दिल पर चोट करती है। आपकी रचना की यह सहज शान्त मँजी हुई लिखने की भंगिमा ही मुझे सबसे अधिक मुग्ध करती है।'

भावुकता का निर्णय पाठकों के अपने-अपने मानसिक प्रभावों से नहीं होता। विचारणीय यह है कि स्वयं कृति में भावुकता है या नहीं, लेखक में कलागत संयम कितना है! भावात्मक संयम और कलात्मक संगति, दोनों पर्याय हैं और जहाँ प्रभाव की गहराई है, वहाँ इनका होना निश्चित है।

यह कला-संयम है जिसके द्वारा जीवन की दु:खान्त स्थिति को भी निर्मल जिजीविषा और आशा से अनुप्राणित कर देते हैं। बिट्टो तपेदिक की मरीज है। उसे मृत्यु का भय बराबर बना रहता है। उसका मृत्यु-भय इस हद तक पहुँच गया है

कि भय से अधिक जिजीविषा प्रकट होती है। ट्रेन में उसे नींद नहीं आती क्योंकि डर है कि सोते में कहीं ट्रेन उलट न जाए और 'मरने से पहले सोते रहना कैसा अजीब है?' गोया मृत्यु को आना ही है तो आँख खोलकर उसका सामना किया जाए। उसकी साध दुलहन बनने की है लेकिन वह जानती है कि इस बीमारी के रहते वह कभी पूरी न होगी। एक दिन वह आह्लाद के-से स्वर में बब्बू से कहती है : 'मरने से पहले बहुत जी भरकर जीना चाहिए, बब्बू! जैसे हम पहली बार जी रहे हों, जैसे हमसे पहले कोई न जिया हो!'

जीवन की यह लालसा एक ओर मृत्यु की भयंकरता को उग्र करती है तो दूसरी ओर अज्ञेय जीवनशक्ति का भी आभास दिलाती है। इसी प्रकार घोर से घोर निराशा की स्थिति में भी निर्मल स्थिति का अतिक्रमण करने का प्रयत्न करते हैं। 'माया का मर्म' का नायक बेरोजगार है। बेकारी ने उसके अस्तित्व को इतनी गहराई तक प्रभावित किया है कि उसके लिए 'मेरा सोचना मेरे जैसा ही बेकार है।' उसी नवयुवक की जीवन-दृष्टि को एक छोटी-सी घटना बदल देती है। वर्षा की शाम। कागज की नाव लिये एक छोटी-सी बच्ची मिलती है। साथ हो जाता है। बातें चल निकलती हैं। गँदले पानी का नाला है। बच्ची उसी में अपनी नाव डाल देती है और इस आशा से देखती है कि जैसे यह उसी लोक को जा रही है जिसका वर्णन उसने जीजी से कहानी में सुना था। घटना बीत गई। बेकार वह इसके बाद भी रहा। लेकिन 'एम्प्लायमेंट दफ्तर' जाने की आदत छूट गई। उस जिन्दगी में भी उसे बच्ची का सपना एक अर्थ देता रहा।

'पिक्चर पोस्टकार्ड' के परेश, निकी, सीडी—तीन नवयुवक विश्वविद्यालय की शिक्षा समाप्त करके शहर दिल्ली में वक्त गुजार रहे हैं। काम है : अखबारनवीसी, आई.ए.एस. की तैयारी वगैरह। विद्यार्थी जीवन की आदत के अनुसार विश्वविद्यालय का चक्कर भी लगा आते हैं और खाली जिन्दगी को साथ-पढ़ी छात्राओं की बातचीत से भरने की कोशिश करते हैं। निरुद्देश्यता अपने आलसी रूप में मौजूद है। थककर रेस्त्राँ में बैठे हैं। बातचीत अचानक यह मोड़ ले लेती है :

'क्या तुम कभी कम्युनिस्ट रहे थे?'

'तुमसे किसने कहा?'

'सीडी ने कहा था। लेकिन मैंने विश्वास नहीं किया। क्या यह सच है?'

'सीडी ने क्या कहा था?'

'कुछ नहीं, मुझे सिर्फ उत्सुकता हुई थी। जानते हो, मेरा अभी तक किसी कम्युनिस्ट से वास्ता नहीं पड़ा। दूर से देखा है, लेकिन इतने पास से कभी नहीं जितने तुम हो। परेश, क्या तुम सचमुच कम्युनिस्ट रह चुके हो?'

'निकी, अगर तुम्हारी बीती हुई उम्र के पिछले पाँच साल तुम्हें कोई लौटा दे तो तुम क्या करोगे?'

'मैं आर्मी में चला जाता।...परेश, मुझे एक बात का हमेशा दुःख रहेगा, पिछली लड़ाई में मैं बहुत छोटा था, वर्ना मैं जरूर जाता।'

बातचीत के इस आकस्मिक टुकड़े पर कहानी में कोई टिप्पणी नहीं है। बात बोलेगी, हम नहीं।

निर्मल के चरित्र कहीं-कहीं जीवन की व्यर्थता में भी अर्थ खोजने की कोशिश करते दिखाई पड़ते हैं और निरुद्देश्य में भी एक उद्देश्य, एक आस्था की तलाश है। और इन तमाम अन्तर्विरोधों को अपने अन्दर लिये वे एक भविष्य की प्रतीक्षा कर रहे हैं क्योंकि भविष्य उनकी प्रतीक्षा कर रहा है।

'सितम्बर की एक शाम।'

'सारी दुनिया उसकी प्रतीक्षा कर रही है कि वह उसे अर्थ दे। उसकी बाट जोह रही है—साँस रोके।'

'उसने आँखें उठाईं—सारी दुनिया सामने पड़ी थी, और उसकी उम्र सत्ताईस वर्ष की थी।'

निर्मल की यह 'प्रतीक्षा' इतनी विशद है कि प्रेम की कहानी में भी प्रेम-भावना का अतिक्रमण कर जाती है और अपने विस्तार में सम्पूर्ण मानव-नियति का प्रश्न बन जाती है। निर्मल की पैनी दृष्टि भली भाँति देखती है कि एक प्रश्न है जिसका सामना आज का युवक भी कर रहा है और युवती भी। इसकी काली छाया एक ओर बेरोजगारी की शक्ल में दिखाई पड़ती है तो दूसरी ओर प्रेम के निजी क्षेत्र को भी ग्रस रही है। जीवन का यही व्यापक परिवेश-बोध है जिसके कारण निर्मल की प्रेम-कहानियाँ नितान्त प्रेम-कहानी न होकर जीवन की अन्य समस्याओं से जुड़ जाती हैं। 'एक पहेली-सी रहस्यमयता है जो क्षणिक होते हुए भी एक असीमता घेरे है।'

'परिन्दे' की नायिका लतिका राह चलते-चलते अचानक सिर के ऊपर पक्षियों का बेड़ा उड़ते देखती है और अपने-आप सोचने लगती है :

'हर साल सर्दी की छुट्टियों से पहले ये परिन्दे मैदानों की ओर उड़ते हैं। कुछ दिनों के लिए बीच के इस पहाड़ी स्टेशन पर बसेरा करते हैं। प्रतीक्षा करते हैं बर्फ के दिनों की, जब वे नीचे अजनबी, अनजान देश में उड़ जाएँगे...'

क्या वे सब भी प्रतीक्षा कर रहे हैं? वह डॉक्टर मुखर्जी, मि. ह्यूबर्ट—लेकिन कहाँ के लिए? हम कहाँ जाएँगे?

'हम कहाँ जाएँगे?' यह सिर्फ एक व्यक्ति का प्रश्न नहीं है। इनका, उनका—सबका प्रश्न है और मानव-नियति का यह विराट प्रश्न सारी कहानी पर छा जाता है।

प्रश्न की यह गूँज कुछ-कुछ वैसी ही है, जैसी चेखव की प्राय: तमाम कहानियों में कहीं-न-कहीं गूँजती रहती है—'हम क्या करें?' गोया सारा जमाना एक साथ पूछ रहा है—'क्या करें? कहाँ जाएँ?'

निर्मल इस प्रश्न के ठीक बाद धीमे स्वर में केवल इतना कहते हैं : 'किन्तु उसका कोई उत्तर नहीं मिला।'

निर्मल की यह खामोशी खास अपनी है। जिन्दगी अक्सर सामने ऐसे सवाल रखती है कि समझदार कुछ देर के लिए खामोश हो जाते हैं, जबकि ज्यादातर लोग ऐसे भी होते हैं जो खामोश नहीं रह सकते। उन्हें जवाब की जल्दी रहती है, सवाल चाहे जो हों।

कहानी इसके बाद भी चलती है। जिन्दगी इसके बाद भी है। एक जवाब मिल जाता है और नया सवाल खड़ा हो जाता है। प्रतीक्षा फिर भी है लेकिन नये उत्तर की।

इस विश्लेषण से स्पष्ट हो जाता है कि निर्मल की कहानियों के प्रभाव के पीछे जीवन की गहरी समझ और कला का कठोर अनुशासन है। बारीकियाँ दिखाई नहीं पड़ती हैं तो प्रभाव की तीव्रता के कारण अथवा कला के सघन रचाव के कारण। एक बार दिशा-संकेत मिल जाने पर निरर्थक प्रतीत होनेवाली छोटी-छोटी बातें भी सार्थक हो उठती हैं—चाहे कहानी हो, चाहे जीवन। कठिनाई यह है कि यह दिशा-संकेत निर्मल की कहानी से बड़ी सहजता से आता है और प्रायः ऐसी अप्रत्याशित जगह, जहाँ देखने के हम अभ्यस्त नहीं हैं। क्या जीवन में भी सत्य इसी प्रकार अप्रत्याशित रूप से यहीं कहीं साधारण-से स्थल में निहित नहीं होता? कहा तो है निर्मल ने बिट्टो के लिए, लेकिन क्या यह कथन उनकी कहानी के लिए भी सच नहीं है?

'आज सोचता हूँ, जाने से पहले बिट्टो कुछ ऐसा कहती, जिससे कोई विचित्र चमत्कार उद्घाटित हो पाता—लेकिन ऐसा कुछ नहीं हुआ। वह जिस तरह अचानक कमरे में घुस आई थी, वैसे ही सहज भाव से चली गई। उस समय मुझे ऐसा आभास हुआ था कि वह जाते-जाते दरवाजे पर क्षण भर ठिठकी थी, मानो कोई बात करने जा रही हो, जैसे कुछ शेष रह गया है—लेकिन शायद मेरा भ्रम था।'

जरूर भ्रम हो सकता है, यदि कहानी के अन्तिम कथन के लिए ही कान लगे रहें। जिस तरह बिट्टो अपनी बात साहचर्य के ही क्षणों में अनायास कह चुकी थी, निर्मल की कहानी भी अभिप्रेत को अन्त से पहले ही कह जाती है। जीवन का सत्य यदि मृत्यु के समय ही मिलता हो तो ऐसे सत्यान्वेषियों को आँख मूँदकर केवल मृत्यु की प्रतीक्षा करनी चाहिए या जल्दी हो तो एक छलाँग में आयु की सारी दूरी पार कर मृत्यु के तुरन्त समीप पहुँच जाना चाहिए।

ऐसे सत्यान्वेषण का एक दूसरा पहलू है सतह के चाकचिक्य को ही इदमित्थम् मान लेना। ऐसे भी पाठक हैं जिन्हें निर्मल की कहानियों के दृश्य-चित्र अच्छे लगते हैं, सूक्ष्म ऐन्द्रिय-बोध जगानेवाली छवियाँ पसन्द हैं तथा अनुभूतिपूर्ण क्षणों का आलेख सुहाता है। शायद ऐसे ही लोगों के लिए 'डायरी का खेल' में निर्मल कहते हैं : 'किन्तु बिट्टो का सत्य इन बातों, घटनाओं, स्मृतियों का जोड़ मात्र है—क्या उससे परे कुछ नहीं—कुछ भी नहीं?'

कहानी का अभिप्रेत इन चित्रों को प्रस्तुत करते हुए भी उनका अतिक्रमण करता है। क्या पाठक से भी ऐसे अतिक्रमण की माँग नहीं की जा सकती?

निर्मल ने अपनी रचना के द्वारा प्रमाणित कर दिया है कि जो सबका अतिक्रमण करने की क्षमता रखता है, वही सबको सजीव चित्रों में उरेहने की सिद्धि भी प्राप्त करता है। निर्मल ने स्थूल यथार्थ की सीमा पार करने की कोशिश की है। उन्होंने तात्कालिक वर्तमान का अतिक्रमण करना चाहा है। उन्होंने प्रचलित कहानी-कला के दायरे से भी बाहर निकलने की कोशिश की है, यहाँ तक कि शब्द की अभेद्य दीवार को लाँघकर शब्द के पहले के 'मौन जगत्' में प्रवेश करने का भी प्रयत्न किया है और वहाँ जाकर प्रत्यक्ष इन्द्रियबोध के द्वारा वस्तुओं के मूल रूप को पकड़ने का साहस दिखलाया है। इसीलिए उनकी कहानी-कला में नवीनता है। भाषा में नवजातक की-सी सहजता और ताजगी है। वस्तुओं के चित्रों में पहले-पहल देखे जाने का अपरिचित टटकापन है। उनका गद्य 'शुद्ध गद्य' है—ठेठ वाचक शब्द, विशेषणहीन संज्ञाएँ, उपमा रहित पद तथा स्वतंत्र वाक्य। अलग-अलग करके देखने पर हर शब्द मामूली है, हर वाक्य साधारण है, लेकिन पूरा प्रभाव जबर्दस्त है। गद्य की रुखाई से भी, वे स्थितियों के अनुरोध से, कवित्वपूर्ण प्रभाव उत्पन्न कर ले जाते हैं। कवित्व लाने के लिए दूसरे कथाकारों की तरह अलग से किसी देशी या विदेशी भाषा की कविता को उद्धृत करने की जरूरत महसूस नहीं होती। छोटे-से-छोटे ब्यौरे पर भी उनकी पकड़ है और बड़ा-से-बड़ा सवाल भी पकड़ की सीमा के अन्दर है।

कहानियाँ फकत सात हैं, संग्रह अभी पहला है। जिसे हम 'नई कहानी' कहना चाहते हैं, सम्भवतः उसका भी पहला संग्रह यही है।

फिर भी अन्त में एक बात कहने के लिए रह जाती है और बेहतर है कि उसे निर्मल के ही शब्दों में कहा जाए। आत्म-स्वीकृति 'तीसरा गवाह' के मि. रोहतगी की है :

'जब कभी सोचता हूँ, हर बार कोई नया नुक्ता उभर आता है, जिसकी तरफ पहले ध्यान नहीं गया था या किसी बात का नया पहलू नजर आने लगता है जिसे पहले न देख सका था।'

रामकथा की उधेड़बुन : अपने-अपने राम

'अपने-अपने राम' में यह आशय निहित है कि राम पर किसी की इजारेदारी नहीं है। न रामकथा एक है, न रामकथा की व्याख्या ही। यह कथा इतने रूपों में इतनी बार कही गई है कि इजारेदारी का दावा अपने-आप झूठा साबित हो जाता है। 'रामकथा कै मिति जग नाहीं', 'रामायन सत कोटि अपारा', 'कलप भेद हरिचरित सुहाए'—यह सब तो तुलसीदास ही कह गए हैं। रूपान्तर का हाल यह है कि इतने लोकप्रिय 'रामचरितमानस' में ही 'सीता वनवास' और 'शम्बूक वध' की कथाएँ शामिल नहीं हैं। आखिर तुलसीदास ने कुछ सोचकर ही इन कथाओं को अपने मर्यादा पुरुषोत्तम राम के चरित से निकाला होगा। किन्तु क्या वे लोकमानस से इन कथाओं को एकदम निकाल सकने में समर्थ हुए? इन कथाओं के द्वारा राजा राम को मर्यादा का रक्षक साबित किया गया और 'मानस' मौन एक ओर पड़ा रहा। एक मानक रामकथा का आग्रह क्रमश: इतना प्रबल हो रहा है कि वाल्मीकि की रामकथा का पुनर्कथन भी कभी-कभी असह्य हो जाता है। आखिर डॉ. अम्बेडकर के 'रिडल ऑफ राम' शीर्षक जिस निबन्ध पर इतना बड़ा हंगामा हुआ, उसमें वाल्मीकि रामायण की कथा ही तो कही गई थी! यह अवश्य है कि दस पृष्ठों का यह कथा-सार 'दि रिडल्स ऑफ हिन्दुइज्म' शीर्षक एक बड़े निबन्ध का अंग था और उसमें 'ब्राह्मणवाद' पर चोट की गई थी।

लेकिन रामकथा को लेकर 'ब्राह्मणवाद' की आलोचना तो लगभग रामकथा के उदयकाल से ही जुड़ी हुई है। जैन कवि विमलसूरि ने अपनी प्राकृत रामायण 'पउमचरिउ' (तीसरी शताब्दी ईस्वी) में स्पष्ट शब्दों में वाल्मीकि रामायण का विरोध किया था क्योंकि उसमें ब्राह्मणों ने मिथ्या बातों का प्रचार किया है। इसी परम्परा में आगे चलकर दूसरे जैन कवि पुष्पदन्त (दसवीं शताब्दी ईस्वी) ने भी अपनी अपभ्रंश रामकथा में ब्राह्मणवादी रामकथा की वैसी ही तीखी आलोचना की और उससे भिन्न कथा की रचना की।

बीसवीं शताब्दी में रामकथा के ब्राह्मणवादी रूप की बुनियादी समीक्षा का सम्भवत: सबसे महत्त्वपूर्ण दस्तावेज है रवीन्द्रनाथ ठाकुर का प्रसिद्ध निबन्ध

'भारतवर्षेर इतिहासधारा' (1912)। रवीन्द्रनाथ की दृष्टि में प्राचीन भारतीय इतिहास का केन्द्रबिन्दु है ब्राह्मण-क्षत्रिय संघर्ष और 'वसिष्ठ-विश्वामित्र' की कहानी में इस क्रान्ति का इतिहास निबद्ध है : 'वसिष्ठ का सनातन धर्म रामचन्द्र का कुलधर्म था। फिर भी रामचन्द्र ने अल्प अवस्था में ही वसिष्ठ के विरुद्ध विश्वामित्र का अनुसरण किया। वास्तव में वसिष्ठ के बदले स्वयं राम के गुरु बनकर विश्वामित्र ने रामचन्द्र को उनके पैतृक अधिकार से वंचित किया था...अकस्मात् रामचन्द्र निर्वासित हुए, इसमें भी उस समय की दो प्रबल शक्तियों का विरोध सूचित होता है।'

किन्तु इस संघर्ष का सबसे दिलचस्प पहलू, रवीन्द्रनाथ की दृष्टि में, यह है कि आगे चलकर वसिष्ठ के वंशजों ने रामकथा को ही पूरी तरह हथिया लिया और आवश्यक संशोधन-परिवर्द्धन के द्वारा उसे अपने विचार-पक्ष के अनुकूल बनाने का प्रयास किया। कवि ने लिखा है : 'क्षत्रिय रामचन्द्र ने एक दिन गुहक चांडाल को अपने मित्र के रूप में स्वीकार किया था, यह जनश्रुति आज तक उनकी आश्चर्यजनक उदारता का परिचय देती आ रही है। परवर्ती युग के समाज ने 'उत्तरकांड' में उनके इस चरित्र-माहात्म्य से ध्यान हटाना चाहा। शूद्र तपस्वी को रामचन्द्र ने वध-दंड दिया, इस अपवाद पर ही बल देकर परवर्ती समाज-रक्षकों ने रामचरित्र को अपने विचार-पक्ष के अनुकूल बनाना चाहा। जिस सीता की राम ने सुख-दु:ख में रक्षा की थी, जिसे प्राण की बाजी लगाकर शत्रु के हाथों से छुड़ाया था, उस सीता का केवल सामाजिक कर्तव्य के अनुरोध से, निर्दोष होने पर भी उन्हें परित्याग करना पड़ा—उत्तरकांड में इस कहानी की सृष्टि की गई। इससे स्पष्ट देखा जा सकता है कि आर्य जाति के वीर-श्रेष्ठ, आदर्श चरित्र, पूज्य रामचन्द्र की जीवनी को सामाजिक आचार के अनुकूल बनाने का प्रयत्न किसी दिन किया गया था। रामचरित्र में सामाजिक संघर्ष का जो इतिहास था, उसके चिह्न यथासम्भव मिटाकर उसे परवर्ती काल में नये युग के सामाजिक आदर्श के अनुगत बनाया गया। उसी समय रामचरित्र को गृहधर्म और समाजधर्म का आश्रय मानकर उस रूप में उसका प्रचार करने का प्रयत्न किया गया। क्रमश: यही बात सामने आई कि वे शास्त्रानुमोदित गार्हस्थ्य के आश्रय और लोकानुमोदित आचार के रक्षक थे। आश्चर्य की बात तो यह है कि एक दिन जिस रामचन्द्र ने धर्मनीति और कृषिविद्या को नये पथ पर बढ़ाया था, परवर्ती काल में उन्हीं के चरित्र का पुराने विधि-बन्धनों के पक्ष में उपयोग किया गया।'

इस उद्धरण से स्पष्ट है कि आज रामकथा का जो प्रचलित रूप है, वह एक विशेष विचार-पक्ष द्वारा 'अनुकूलित' है। रामकथा को अनुकूल बनाने के लिए कुछ नई कहानियों की 'सृष्टि' भी की गई है और उसमें से 'सामाजिक संघर्ष के चिह्न' यथासम्भव मिटा दिये गए हैं। इसी प्रकार पुराने विधि-बन्धनों के लिए रामकथा का 'उपयोग' भी किया गया है और शास्त्रानुमोदित गृह-धर्म के रूप में उसका 'प्रचार'

भी। गरज कि राजनीति रामकथा का अभिन्न अंग है—स्वयं रामकथा के विन्यास में पैवस्त, जरूरत है तो सीवन को उधेड़ने की। उधेड़कर देखने की।

भगवान सिंह की 'अपने-अपने राम' शीर्षक कथाकृति एक तरह से रवीन्द्रनाथ की उसी इतिहास-दृष्टि का सर्जनात्मक विस्तार है। यदि 'रामकथा' वसिष्ठ-विश्वामित्र संघर्ष का एक अंग है तो भगवान सिंह की 'रामकथा' के सबसे बड़े खलनायक वसिष्ठ हैं। राम के निर्वासन से लेकर सीता वनवास तक सभी दुखद प्रसंगों के मूल में वसिष्ठ ही हैं। यहाँ तक कि सीता-हरण के लिए रावण को उकसाने और विराध के द्वारा वन में सीता और लक्ष्मण सहित राम के वध करवाने का षड्यंत्र भी वही रचते हैं। 'अपने-अपने राम' वस्तुत: एक विशाल षड्यंत्र कथा है जिसका ताना-बाना लेखक ने बड़ी बारीकी से बुना है। इसीलिए अतिपरिचित कथा में भी आदि से अन्त तक कुतूहल बना रहता है और बहुत कुछ 'डिटेक्टिव' का-सा मजा आता है। वसिष्ठ के जासूस हर जगह हैं।

सामान्य रामकथा में वसिष्ठ का नामोल्लेख भर मिलता है। इसके विपरीत भगवान सिंह की 'रामकथा' में वसिष्ठ आदि से अन्त तक छाए रहते हैं। शायद ही कोई अध्याय हो जिसमें किसी-न-किसी रूप में वसिष्ठ की चर्चा न हो। ऐसा प्रतीत होता है कि विश्वामित्र के समान ही भगवान सिंह भी वसिष्ठ से अनुक्षण ग्रस्त हैं। वसिष्ठ की चरित-चर्चा का इतना विस्तार इसलिए है कि राम की दृष्टि में वसिष्ठ केवल एक व्यक्ति नहीं हैं और न षड्यंत्रकारियों के किसी गिरोह के सरदार भर, बल्कि 'वसिष्ठ एक विराट व्यवस्था के, एक विशाल प्रचार-तंत्र के सूत्रधार भी हैं। वह एक ऋषि हैं। जिस शिलीभूत विचारधारा के वह शीर्ष पुरुष हैं, वह जितनी भी रोधक और जड़ क्यों न हो, अपनी कालदीर्घता के कारण वह शिला की तरह ही दृढ़ भी हो चुकी है। वह जिस प्रचार-तंत्र के सूत्रधार हैं, उसकी व्यापकता अवध के राज्य से कई सौ गुनी है। उनकी संस्था अयोध्या के राज्य से अधिक पुरानी है और वसिष्ठ की बात मानें तो वह सृष्टि से भी पुरानी है। उनकी शक्ति की अनदेखी करना या उन्हें मिटाने का प्रयत्न करना समझदारी नहीं है।'

वसिष्ठ को एकदम मिटा देना वैसे भी मुश्किल है। उनकी सबसे बड़ी शक्ति है विस्तृत प्रचार-तंत्र। राम इस प्रचार-तंत्र की शक्ति से अनभिज्ञ नहीं हैं। वे स्वीकार करते हैं कि 'वसिष्ठ के पास इतना विशाल प्रचार-तंत्र है कि वह उसका उपयोग, अपने दूषणकारी उपक्रमों के लिए, करने से विरत नहीं हो सकते।' वसिष्ठ अनर्थ करने की अपनी शक्ति को जानकर ही कहते हैं कि क्षात्र-शक्ति तो बेकार है, असली शक्ति ब्रह्मतेज में है : 'धिग्बलं क्षत्रियबलं ब्रह्मतेजो बलं बलम्।' 'ब्रह्मतेज अनर्थ और दुष्प्रचार करने की, लोगों को भड़काने, बहकाने और आतंकित रखने की शक्ति का ही दूसरा नाम है, जो उस वर्णवाद में निहित है जिसका विकास ब्राह्मणों ने बहुत सूझ-बूझ से किया है, पर जिसके शिकार दूसरे वर्णों की ही भाँति ब्राह्मण स्वयं भी हैं।'

इसकी काट है : 'समानान्तर प्रचार-तंत्र का विकास—ऐसा प्रचार-तंत्र, जिसकी पहुँच सभी वर्णों और सभी जनों, यहाँ तक कि स्त्रियों और शूद्रों तक भी हो सके।' राम की समझ से 'वह प्रचार-तंत्र पहले से विद्यमान है। वह है कुशीलवों और गाथाकारों की परम्परा। नाटकों, गायनों और स्वाँगों की परम्परा। कथावाचकों और कथाकारों की परम्परा। नर्तकों, विटों और भाँडों और भाटों की परम्परा। आवश्यकता है तो उसे केवल उचित प्रोत्साहन देने और अधिक विकसित करने की।'

किन्तु क्या राम अपने इन विचारों को अमल में ला सके? 'अपने-अपने राम' में यह समानान्तर प्रचार-तंत्र एक खयाल भर बनकर रह गया है। है तो सिर्फ वाल्मीकि के कुशीलव। समानान्तर प्रचार-तंत्र के मंगलाचरण मात्र। यह इस रामकथा की कोई कमी हो या न हो, राम के जीवन की 'ट्रेजिडी' जरूर है। वसिष्ठ की इस ताकत के सामने राम की जीवन-कहानी लामुहाला 'ट्रेजिडी' की ओर जाती है। वाल्मीकि की रामकथा 'ट्रेजिडी' है भी। अन्तत: राम जल-समाधि लेने के लिए विवश होते हैं। भगवान सिंह ने ऐसा क्यों नहीं किया, नहीं मालूम। इसका कुछ औचित्य उनके पास जरूर होगा। लेकिन स्वयं 'अपने-अपने राम' के कथा-विन्यास में यह असंगति स्पष्ट दिखती है। यह असंगति वसिष्ठ की ताकत के अतिरिक्त चित्रण से पैदा हुई है।

वैसे, कलात्मक दृष्टि से वसिष्ठ के चरित-विस्तार का एक औचित्य है। इतनी बड़ी चुनौती के बिना राम के उदात्त चरित्र का निर्माण सम्भव न हो पाता। रावण के विरुद्ध राम अधिक-से-अधिक एक युद्धवीर के रूप में सामने आते हैं, जबकि शास्त्रज्ञ, धर्मज्ञ, और नीति-निपुण वसिष्ठ से टकराकर राम का बुद्धि-वैभव प्रकाशित होता है और साथ ही शिलीभूत मूल्यों के विकल्प के रूप में नये जीवंत मानव-मूल्यों की विवक्षा पर अवसर मिलता है। इस दृष्टि से 'अपने-अपने राम' के अन्तर्गत वसिष्ठ-राम-संवाद के क्षण सबसे अधिक विचारोत्तेजक हैं। उदाहरण के लिए पहले ही अध्याय के कुछ संकलित अंश :

'महाराज तो तर्क और विमर्श पर आ गए। शास्त्र और धर्म तो मानने-न-मानने के क्षेत्र हैं। यहाँ तर्क से काम नहीं चलता।'

'जो तर्क की आँच न सह सके, उस शास्त्र के विधान से कम-से-कम राम को बचाए रहें, आचार्य! जड़ीभूत शास्त्र को मानने पर मैं भी शास्त्रजड़ हो जाऊँगा। मैं शास्त्र की अवज्ञा कैसे कर सकता हूँ? पर यह नये युग के अनुरूप हो, तभी तो मान्य हो सकता है। यदि ऐसा कोई शास्त्र नहीं है तो उसकी रचना कीजिए और जो प्राचीन है, उसे तर्क और वितर्क से परखिए। यदि शास्त्र तर्क और विवेक तर्क प्रतिकूल पड़ता हो तो तर्क को झुठलाने के स्थान पर शास्त्रीय विधान को बदलिए, आचार्य।'

'महाराज का अनुग्रह बना रहा तो नया शास्त्र भी लिखूँगा।'

'अपने नये शास्त्र में अपराध करनेवाले ब्राह्मणों के लिए भी दंड की व्यवस्था कीजिएगा, आचार्य।'

'मैं महाराज का आशय समझ नहीं पाया?'

'आशय कुछ विशेष नहीं है। जब आप रावण और वृत्र की बात कर रहे थे, तब मैं सोच रहा था, सभी राक्षस ब्राह्मण ही क्यों होते हैं? क्या इसका एक कारण यह नहीं है कि जिन अपराधों के लिए समाज के अन्य लोगों को दंड मिलता है, उन्हीं के लिए ब्राह्मणों को दंड-मुक्ति मिली हुई है?'

'ब्राह्मणों के लिए दंड-मुक्ति की व्यवस्था तो इसीलिए की गई है, महाराज, कि वे ही समाज के चिन्तक और मार्गदर्शक हैं।'

'विचार करने की स्वतंत्रता क्या अपराध करने की भी स्वतंत्रता देती है, आचार्य?'

क्या इस संवाद से एक नये राम से परिचय नहीं होता? तुलसीदास के ही राम से तुलना कर लें तो अन्तर स्पष्ट हो जाएगा। भगवान सिंह के राम विचारों में कितने आधुनिक हैं, इसका पता एक अन्य प्रसंग के संवाद से चल सकता है, जिसका एक टुकड़ा इस प्रकार है :

'धर्म बहुत पवित्र वस्तु है, आचार्य। राजकार्य की भी अपनी गरिमा है। इन दोनों को एक में न मिलाएँ। इनके मिलाप से वैसा ही अनिष्ट घटता है, जैसे मधु और घी के मिश्रण से।'

'धर्म को राजनीति से अलग कर देंगे तो राजा को राजधर्म का बोध कैसे होगा?'

'जैसे घर्षण से काठ में सोई आग प्रकट हो जाती है और आग के गुण-धर्म स्वयं प्रकट हो जाते हैं और इन पर किसी उपदेश की आवश्यकता नहीं रहती, उसी प्रकार प्रजा के हित में अप्रमाद और सक्रिय रहनेवाले राजा के राज्य में होनेवाले प्रत्येक कार्य और व्यापार में राजधर्म प्रकाशित होता रहता है। इसके लिए शास्त्रज्ञान से अधिक लोकनिष्ठा की आवश्यकता होती है, आचार्य।'

राजा और राजपुरोहित की इस शास्त्र-चर्चा का ठोस सन्दर्भ है अकाल। अकाल से त्राण के लिए राजपुरोहित यज्ञ का आयोजन करना चाहते हैं और राजा तालाब आदि खुदवाना चाहते हैं। यज्ञ होगा तो ब्राह्मणों को दान-दक्षिणा मिलेगी, तालाब खुदेंगे तो सामान्य जन को भी लाभ होगा। मतभेद के मूल में स्वार्थ और परमार्थ हैं; लेकिन इसी को एक धर्म का नाम देता है और दूसरा राजनीति का। कायस्थ सुमंत्र की इसी पर सटीक टिप्पणी है : 'जो शेष जगत के लिए अकाल होता है, वही ब्राह्मणों और बनियों के लिए सुकाल होता है, महाराज। दुर्दिन में सुदिन।'

इसलिए भगवान सिंह के राम यदि घोर यज्ञ-विरोधी हैं तो आश्चर्य नहीं होता; क्योंकि यज्ञ वस्तुत: लूट है। स्वयं राम के शब्दों में : 'विदेशी आक्रमणकारी देश की सम्पत्ति का एक अंश लूटकर ले जाता है, पर यज्ञ की आग में राजकोष, राजा की गरिमा, प्रजा का—निरीह और नि:सहाय प्रजा का—सब कुछ होम कर दिया जाता है। और जो राजा पुरोहितों की प्रशस्ति की भूख के कारण बार-बार अश्वमेध करते रहे हैं, वे अपनी प्रजा को और अपने पड़ोसी देशों को बार-बार निर्ममता से लूटते रहे हैं।'

भगवान सिंह के राम को पुरोहितों की इस प्रशस्ति से इतनी चिढ़ है कि कोई उन्हें आदर से 'देवता' कह बैठता है तो मार्मिक पीड़ा से भर उठते हैं। एक बार लक्ष्मण भी श्रद्धाविह्वल होकर उन्हें 'देवता' कह बैठे और राम ने तत्काल प्रतिवाद करते हुए कहा : 'किसी मनुष्य की हत्या करने के दो उपाय हैं—उसे देवता या पशु बना देना। दोनों का परिणाम एक ही है—उसे मनुष्य न रहने देना। न तो देवता मेरे आदर्श हैं, न ही मैं देवता बनकर जीना चाहता हूँ। देवताओं ने ऐसा कुछ भी नहीं किया है जिस पर किसी मनुष्य को गर्व हो सके। वे केवल भोग करते हैं, अर्घ्य और पाद्य ग्रहण करते हैं। वे केवल मनुष्य समाज के भार हैं। वे बैठे-बिठाए भोग और विलास करनेवाले, अर्घ्य-पाद्य की कामना करनेवाले पुरोहितों के आदर्श हैं, उन्हीं की सृष्टि और उन्हीं के हथियार।'

इस राम को इस बात पर क्षोभ है कि 'देवता और ईश्वर पैदा करते रहना कुछ लोगों का धन्धा हो गया है। जो जौ और बाजरा तक पैदा नहीं कर सकते और इनके लिए दूसरों के आगे हाथ फैलाते हैं, वे ईश्वर और देवता पैदा करते रहते हैं और विचित्र यह कि देवताओं और ईश्वरों की इस फसल में से ही उनकी सूखी रोटी नहीं, दूध में सनी और घी में तली पूड़ी और हलवा निकलता रहता है...।

दुर्भाग्य की बात यह है कि इनके ये देवता मरते भी नहीं। इसलिए इस देश में यदि मनुष्यों की संख्या एक करोड़ होगी तो देवताओं की संख्या तैंतीस करोड़ हो चुकी है। प्रत्येक आदमी के सिर पर एक पुरोहित और तैंतीस देवताओं का बोझ लदा हो तो कोई समाज तनकर कैसे चल सकता है?'

सच तो यह है कि 'मनुष्य केवल एक ही रूप में व्यवहार कर सकता है : मनुष्य के रूप में। यह उसका चुनाव नहीं, उसकी विवशता है।' इसलिए राम का यह दृढ़संकल्प है : 'मैं मनुष्य की रक्षा के लिए मनुष्य के रूप में लड़ते हुए हार जाना चाहूँगा, परन्तु पशु बनकर जीतना नहीं।' 'मनुष्य' से राम का आशय क्या है, इसे समझने के लिए इतना ही संकेत पर्याप्त है कि अपने देवत्व का दम्भ भरनेवाले वसिष्ठ को वे व्यंग्य से 'मनुष्येतर' कहते हैं।

मनुष्य, निश्चय ही, वाल्मीकि के राम भी थे और मनुष्य के रूप में राम का चरितगान आधुनिक युग में भी कुछ कवियों ने किया है, फिर भी स्वीकार करना होगा कि भगवान सिंह के राम एक विशेष प्रकार के मनुष्य हैं—नये मनुष्य! इस नये मनुष्य की विशिष्टता की पहचान के दो क्षण मुख्य हैं : सीता और शम्बूक के साथ व्यवहार। एक स्त्री, दूसरा शूद्र। किसी मनुष्य की मनुष्यता की परख खास तौर से इन्हीं सन्दर्भों में होती है।

पहले सीता। भगवान सिंह के अनुसार, राम ने कभी सीता की अग्नि-परीक्षा ली ही नहीं। भरी सभा में राम ने सिर्फ इतना ही कहा था कि सीता अग्निशुद्ध हैं। 'अग्निशुद्ध' का अक्षरश: अर्थ है : अग्नि के समान शुद्ध; क्योंकि अग्नि को कोई

दोष नहीं लगता। तात्पर्य यह कि सीता का सतीत्व आग की तरह है। यह तो सूतों और मागधों की प्रतिभा का चमत्कार है कि सीता के चरित्र को उज्ज्वल सिद्ध करने के अतिरिक्त उत्साह में 'अग्निशुद्ध' 'अग्नि-परीक्षा' में बदल गया।

सच तो यह है कि आततायी रावण की कारा में रहने के बाद भी राम ने सीता के अतीत के बारे में कोई जिज्ञासा न की थी। हारकर सीता को स्वयं कहना पड़ा था : 'मुझसे कुछ पूछेंगे नहीं? कोई आरोप? कोई अभियोग?' राम सीता की आँखों में इतने स्नेह और विश्वास से देखते रहे थे मानो अपने हृदय को द्रवित कर सीता की दृष्टि के माध्यम से उनके हृदय में उतार देना चाह रहे हों। सीता विस्मय से जड़ीभूत उस दृष्टि को निहारती रह गई थीं और राम ने एक हल्की-सी मुस्कान के साथ कहा था : 'नहीं।' और सीता बिलख पड़ी थीं : 'आपके इसी विश्वास ने अभेद्य कवच के रूप में बराबर मेरी रक्षा की प्रभु। इस अचल विश्वास ने ही।'

फिर सीता को वनवास क्यों? गुरुवर विश्वामित्र के परामर्श पर। इस परामर्श में वजन इसलिए कि सीता विश्वामित्र की आत्मजा-सदृश हैं। उस परित्यक्ता बालिका को दैवी प्रसाद के रूप में ग्रहण करने का परामर्श जनक को विश्वामित्र ने ही दिया था। फिर लोगों ने जिसे वनवास समझा, वह वास्तव में 'कुछ समय के लिए अज्ञातवास' था, 'केवल कुछ समय के लिए' ताकि वसिष्ठ-प्रेरित प्रवाद का शमन हो जाए। 'अपने-अपने राम' की सीता इस मर्म को जानती हैं कि 'राम ने उन्हें निर्वासित नहीं किया, उन्हें अपने हृदय में छिपा लिया है।' ध्यान देने की बात है कि 'अपने-अपने राम' में अन्ततः सीता के पास स्वयं राम को आना पड़ा : महाराज बनकर नहीं, एक याचक बनकर।

इसमें अनहोनी कुछ नहीं। तिरस्कृता अहल्या के निकट पहुँचकर तो राम उसके चरणों में लेट गए थे। एक याचक बनकर गौतम के पास गए थे और यही याचना की थी कि 'आप स्वयं चलकर उस देवी से क्षमा-याचना करके अपने अपराध का मार्जन करें।' अहल्या से भी राम ने यही कहा था कि 'तुम्हें कहीं नहीं जाना होगा अहल्या। तुम्हें लेने के लिए तुम्हारे पति को ही आना होगा। क्षमा-याचना सहित।'

ये हैं भगवान सिंह के राम। स्त्री के लिए पुरुष-मात्र नहीं, बल्कि मनुष्य।

और अब शूद्र तपस्वी शम्बूक।

'अपने-अपने राम' की कथा में राम द्वारा शम्बूक का वध वसिष्ठ-पुत्र शक्ति की उर्वर कल्पना का कोरा चमत्कार है। शक्ति ने कैकेयी के सम्मुख स्वयं ही यह स्वीकार किया था : 'मैंने उनकी (पिताजी की) सम्मान-रक्षा के लिए यह कहानी गढ़ ली थी कि महाराज ने यह सुनकर कि कल्मलीक के पुत्र की प्राण-रक्षा शम्बूक के वध से ही सम्भव है, तत्काल सभा त्याग किया और दिव्य रथ से अगस्त्य के आश्रम पहुँचकर उसका वध किया और इसके साथ ही उस मृतक बालक के शरीर

में प्राण संचार आरम्भ हो गया। इसे सुनकर समवेत ऋषि महाराज की जय-जयकार करने लगे थे।'

वस्तुत: ब्राह्मण-पुत्र राजवैद्य के उपचार से जीवित हुआ था। उसे सर्प ने काटा था। संयोग से सर्प अधिक विषैला न था। वसिष्ठ ने तो यहाँ तक उड़ा दिया था कि स्वयं वेद ही सर्प बनकर डसने आया था क्योंकि उसे शूद्र द्वारा दूषित हो जाने पर अपने अपमान का बदला लेना था। शम्बूक पर वसिष्ठ के रोष का कारण यह नहीं था कि वह स्वर्ग जाने के लिए तपस्या कर रहा था, बल्कि उसने ऋषियों की सभा में वसिष्ठ को, वसिष्ठ के पुत्र को तथा उनके समर्थकों को शास्त्रार्थ में पराजित किया था। उसने अपने ज्ञान से यह प्रमाणित कर दिया था कि प्रतिभा का न तो कुल से सम्बन्ध है, न रक्त से। वह अगस्त्य का सबसे सुयोग्य शिष्य था। वर्णवाद का कट्टर शत्रु। शम्बूक-वध का प्रवाद वसिष्ठ के षड्यंत्र का अन्तिम अस्त्र था ब्रह्मास्त्र! इस ब्रह्मास्त्र के द्वारा वे एकबारगी राम के साथ ही अगस्त्य, विश्वामित्र आदि सभी वर्ण-विरोधी ऋषियों को ठिकाने लगा देना चाहते थे।

वसिष्ठ की यह पक्की धारणा थी कि राम को जानने के लिए केवल राम को जानना पर्याप्त नहीं है, विश्वामित्र को भी जानना उचित है। सबसे ज्यादा डर था उन्हें 'राम के भीतर बैठे विश्वामित्र से।' विश्वामित्र से वे इतने कुपित थे कि विश्वामित्र को अपमानित करने के लिए वे उन्हें क्षत्रिय कहते थे। इधर विश्वामित्र का भी कहना था कि 'यदि चिन्तन में साहस से काम लेना, पुरानी मान्यताओं को परखना क्षत्रिय हो जाना है, तो मैं इसे गौरव की बात मानता हूँ। मेरे लिए जाति का कोई अर्थ नहीं है।'

राजपुरोहित होते हुए भी वसिष्ठ की सबसे बड़ी पीड़ा यह है कि 'विश्वामित्र ने मुझे अन्तत: पराजित कर ही दिया और वह राम के माध्यम से अपने एक-एक अपमान का बदला तिल-तिल कर वसूलने जा रहे हैं।'

फिर भी एक बात ऐसी है जिसमें 'अपने-अपने राम' के वसिष्ठ बेजोड़ हैं और वह है कथा रच डालने की शक्ति। आज की भाषा में मिथक गढ़ने की क्षमता। 'एक साथ जाने कितने अर्थ भर देते हैं मुनिवर अपनी कथाओं में। इस प्रकार उनके पास हर स्थिति के लिए कोई-न-कोई समाधान निकल ही आता है।' इसीलिए भगवान सिंह कहते हैं कि 'वसिष्ठ सचमुच कवि हैं। कवि ही नहीं, आशु कवि हैं वसिष्ठ। अपनी कथाओं में वह यदि कुछ छिद्र बने रहने देते हैं तो यह तो हर कहानी में होता है। लोक इतना छिद्रान्वेषी नहीं होता, और जो लोग होते हैं, उन्हें वसिष्ठ ब्रह्मराक्षस कहते हैं। पर ये तो संख्या में दो-चार ही होते हैं जिनके मानने-न-मानने से कुछ नहीं बिगड़ता। करते रहें छिद्रान्वेषण—छिद्रं हि मृगयंतेस्म विद्वांसो ब्रह्मराक्षसा:। हाँ, रचनाकार को इन दुष्ट आलोचकों का ध्यान अवश्य रखना चाहिए कि उसकी कृति में कोई चूक न रहने पाए अन्यथा ये दुष्ट उसके सारे किये-कराए पर पानी फेर देते हैं।'

कहने की आवश्यकता नहीं कि सावधानी के बावजूद वसिष्ठ की गढ़ी हुई कथाओं में कहीं-कहीं छिद्र रह गया है और इन छिद्रों के सहारे भगवान सिंह ने उनके किये-कराए पर पानी फेर दिया है। फिर भी इस चेतावनी के बाद है किसी की हिम्मत, जो भगवान सिंह के किये-कराए पर पानी फेरने की कोशिश करे?

वस्तुत: 'अपने-अपने राम' एक नई रामकथा से अधिक रामकथा की 'उधेड़बुन' है। देरिदा के पाठक शायद इसे 'डिकंस्ट्रक्शन' कहना चाहें। कथा का ऐसा पुन:कथन जिससे रहस्योद्घाटन आप-से-आप हो जाए। बात बोलेगी, हम नहीं। भेद खोलेगी, बात ही। कुछ ऐसी बात। यहाँ भगवान सिंह ने प्राय: निरुक्त की पद्धति अपनाई है। कुछ निरुक्त पूर्व-परिचित हैं तो कुछ नितान्त मौलिक; जैसे वाल्मीकि का निरुक्त। शायद ही कोई पुरागाथा या 'मिथक' हो जिसका तर्कसंगत अर्थ 'अपने-अपने राम' में न मिले। रावण की कथा तो सौदागरी पूँजीवाद के उदय का आभास देती है! समूची पुराकथा का ताना-बाना बुद्धिसंगत युक्तियों के ऐसे करघे पर बुना गया है कि कहीं कोई छिद्र न रह जाए। किन्तु क्या अतिशय नीरन्ध्रता ही किसी युक्तिजाल को सहसा संदिग्ध नहीं बना देती? वसिष्ठ की षड्यंत्र-रचना की शृंखला में सन्देह के लिए सम्भवत: सबसे अधिक अवकाश है। किन्तु ऐसा भी क्या बुद्धिवाद कि अतर्क्य के लिए कहीं जगह ही न हो! क्या मिथक इतने इकहरे और एकार्थी होते हैं?

इसके बावजूद 'अपने-अपने राम' का कथा-विन्यास एक कलात्मक उपलब्धि है। आरम्भ सीता वनवास से होता है और अन्त वाल्मीकि आश्रम में राम-सीता के पुनर्मिलन से किन्तु पूर्वापर क्रम से बीच के अध्यायों में सारी रामकथा समेट ली गई है। विभिन्न कथा-प्रसंगों के विपर्यास से चिर-परिचित कथा में भी एक सुखद पठनीयता आ गई है। प्रत्येक कथा-प्रसंग किसी-न-किसी चरित्र के मुँह से ही कहलाया गया है। कोई प्रसंग विश्वामित्र सुनाते हैं तो कोई वसिष्ठ, किसी का वर्णन कैकेयी करती हैं तो किसी का सीता। वाल्मीकि को अधिकांश कथा मंगला से मालूम होती है जिसकी जानकारी का एकमात्र स्रोत हैं सीता स्वयं। गरज कि इस कथा के लगभग सभी सहभागी चरित्र कथावाचक की भूमिका भी निभाते हैं। इस प्रक्रिया में एकरसता तो टूटती ही है, कथा-विन्यास को अनेक आयाम सहज ही मिल जाते हैं।

कुछ प्रसंग ऐसे भी हैं जहाँ कथाकार कवि बन गया है। ऐसा ही एक प्रसंग है 'रामायण' की सृजन-पीड़ा का। मंगला ने सीता की व्यथा वाल्मीकि को सुनाई तो वह कुछ समय मूक बने रहे। फिर उठ खड़े हुए। जंगल की ओर चले गए। घंटों जाने कहाँ-कहाँ भटकते रहे। लौटे तो आँखें चढ़ी हुई थीं और नासा फड़क रही थी। वह सन्निपात की-सी स्थिति में थे। बार-बार एक ही वाक्य दुहरा रहे थे : 'तुझे कभी शान्ति नहीं मिलेगी, कभी नहीं।' अस्थिर चरणों से टहलते रहे और फिर कुटिया में जाकर अपनी चौकी पर लेट गए। अब वाल्मीकि की कुटिया से आनेवाली बुदबुदाहट भी बन्द हो गई थी। एकदम सन्नाटा और तभी एक करुण चीत्कार की

तरह, बिलखकर रोने की तरह वाल्मीकि के भरे कंठ से गाने की ध्वनि फूटी थी : कुटिया के तिनके-तिनके को कँपाती हुई, उसके एक-एक रन्ध्र से घुमड़कर बाहर आती हुई, जैसे सुलगता हुआ धुआँ जाड़े की ओस भीगी झोंपड़ी से बाहर निकलता है!

यह है 'अपने-अपने राम' में 'मा निषाद... ' के सृजन की पृष्ठभूमि और सम्भवत: स्वयं उसके रचनाकार की भी अपनी सृजन-प्रक्रिया की अनुभूति!

अन्तिम अध्याय में लव-कुश के मुख से वही कविता सुनकर राम पूछते हैं :

'यह कविता जिसे तुम गाते हो, किसने रची?'

'गुरुदेव ने। वही तो अकेले कवि हैं इस संसार में। वह रचते नहीं हैं, गाते हैं। बस, गाते चले जाते हैं। और गाते हुए रोने लगते हैं। हमने पूछा, आप रोते क्यों रहते हैं गुरुदेव, तो बोले, दोनों एक ही सत्य के रूप हैं। दोनों ही नहीं, तीनों। जब वह कंठ से फूटता है तो लोग उसे कविता कहते हैं, आँखों से झरता है तो आँसू और जब एकतारे के तारों से फूटता है, तो संगीत!'

राम की आँखें भर आईं और तभी कुश प्रश्न कर बैठा : 'क्या आप भी कविता करने जा रहे हैं, महाराज?'

राम के आँसू थमे नहीं पर इसके साथ ही वह मुस्कराने भी लगे : 'तुम्हारे गुरुदेव ने तुम्हें एक बात नहीं बताई। जब वही सत्य होंठों से फूटता है तो इसे मुस्कान भी कहते हैं : सृष्टि की सबसे उत्कृष्ट कविता।'

इसके बाद राम ने बढ़कर लव-कुश को अपने वक्ष से सटा लिया। इस पर टिप्पणी है : 'आत्मीय जनों के बालों से उठती पसीने की गंध से अधिक सम्मोहक गंध सृष्टि ने अभी तक पैदा क्यों नहीं की?'

यह उक्ति किसी कवि की ही हो सकती है। भगवान सिंह कवि हैं और इसलिए वाल्मीकि की रामकथा को फिर से कहने के अधिकारी कथाकार भी।

काश, 'अपने-अपने राम' में ये आँसू और मुस्कान कुछ और होते!

फिर भी, रामकथा की मुक्ति के यह अभिनव प्रयास भी कम प्रीतिकर नहीं।

[भगवान सिंह के उपन्यास 'अपने-अपने राम' की समीक्षा;
'हंस' : अगस्त, 1992 में प्रकाशित]

सुमित्रानंदन पंत तथा आधुनिक हिन्दी कविता

सोवियत संघ से आनेवाली हर पुस्तक की तरह चेलिशेव की पुस्तक 'सुमित्रानंदन पंत तथा आधुनिक हिन्दी कविता में परम्परा और नवीनता' का भी सबसे पहले राजनीतिक महत्त्व है। इस राजनीतिक कुतूहल को शान्त किये बिना पुस्तक के साहित्यिक महत्त्व की ओर ध्यान आकृष्ट करना सम्भव नहीं है; इसलिए आरम्भ में ही यह स्पष्ट कर देना आवश्यक है कि चेलिशेव की इस पुस्तक में ऐसा सनसनीखेज कुछ भी नहीं है—खास तौर से ऐसी कोई चीज तो निश्चय ही नहीं है जिसे हिन्दी के मार्क्सवादी आलोचकों के खिलाफ इस्तेमाल किया जा सके। उदाहरण के लिए पंत जी की परवर्ती काव्य-साधना के विषय में, जिसकी परिणति 'लोकायतन' में हुई है। चेलिशेव की भी यही मान्यता है कि 'जिस मात्रा में पंत जी आदर्शवादी दर्शन के घने वन की गहराइयों में पैठते जाते हैं, उतनी ही मात्रा में उनकी कविता का कलात्मक स्तर गिरता जाता है; उसकी भावात्मक परिपुष्टि, भाषा का सौन्दर्य, उज्ज्वलता एवं अभिव्यक्तिशीलता घटती जाती है; प्रतिमांकन धुँधला-सा होता जाता है।' (पृ. 220) इसी प्रकार 'पल्लव' और 'गुंजन' में चेलिशेव भी 'प्रगतिशील स्वच्छंदतावादी प्रवृत्तियों की प्रधानता मानते हैं' (पृ. 103) और 'ग्राम्या' को 'आलोचनात्मक यथार्थवाद की ड्योढ़ी पर।' (पृ. 145) यह मूल्यांकन सामान्यत: हिन्दी के मार्क्सवादी आलोचकों के मत से ही मिलता-जुलता है।

किन्तु इसका अर्थ यह नहीं कि चेलिशेव की पुस्तक हिन्दी आलोचना का रूसी अनुवाद मात्र है। यह सही है कि पुस्तक में हिन्दी आलोचकों के मत कदम-कदम पर उद्धृत किये गए हैं—मार्क्सवादी आलोचकों से ज्यादा गैर-मार्क्सवादी आलोचकों के, जिनमें से कुछ के नाम तो औसत हिन्दी पाठक के लिए भी नये हैं; और कम-से-कम दो की छूट तो खटकती भी है : रामचन्द्र शुक्ल और रामविलास शर्मा; फिर भी यह स्वीकार करना पड़ेगा कि अपने विवेचन में चेलिशेव उद्धृत आलोचकों के मत पर निर्भर नहीं हैं। पंत जी के काव्य के सम्बन्ध में उनकी व्युत्प्रेक्षाएँ अपनी हैं और निष्कर्ष तक पहुँचने की पद्धति भी।

चेलिशेव की आलोचनात्मक क्षमता की विशेषता पंत जी की काव्य-साधना के ऐतिहासिक विश्लेषण में सबसे ज्यादा प्रकट हुई है। पंत जी की कविता में विकास के तीन सोपानों की चर्चा तो प्राय: की जाती है किन्तु काव्य के स्तर पर विकास-पथ के ब्यौरे देने का कार्य चेलिशेव ने किया है। इस दृष्टि से पंत जी की कविता में 'प्रगीत-नायक' की अवधारणा का विकास सबसे उल्लेखनीय है। 'पंत जी का आरम्भकालीन प्रगीत-नायक विस्फारित नेत्रों से संसार को ताकता है, उसकी महानता से आश्चर्यचकित हो उठता है, आनन्दित हो जाता है, दुख तथा आशा-निराशा का अनुभव करता है, पर निषेध का शब्द उसके मुँह से कभी नहीं निकलता और न वह दुष्टता के विरुद्ध संघर्ष ही छेड़ता है।' (पृ. 45) 'गुंजन' तक पहुँचते-पहुँचते वह 'प्रगीत-नायक अपनी अनेक भ्रान्तियों और वैयक्तिक मनोविन्यासों से मुक्त हो जाता है, अपने निजी सुख एवं कल्याण को वह अब समस्त जनता के सुख से भिन्न नहीं मानता।' (पृ. 66) चौथे दशक के मध्यकाल अर्थात् 'युगान्त' तक आते-आते पंत जी के प्रगीत-नायक का यह विशेष स्वभाव प्रकट होता है : 'काव्यगत 'मैं' और बाह्य माध्यम अर्थात् तीव्र और निर्मम वास्तविक के बीच हृदयभेदी एवं अजेय संघर्ष का अभाव।...वह कल्पनामय स्वप्नसृष्टि से मुँह मोड़ते हुए जनता के समीप आकर उनकी सहृदयतापूर्वक सहायता करना तो चाहता है पर जानता नहीं कि यह कैसे किया जाए।' (पृ. 107) इसके बाद ''ग्राम्या' संग्रह में पंत जी का काव्यनायक मानवतावादी मनुष्य का प्रतीक है। वह गहरे सामाजिक अन्याय को सह लेता है, पूर्ण जीवन के स्वप्न देखता है। श्रमजीवी कृषक वर्ग की दयनीय दशा के प्रति गहरी सहानुभूति रखते हुए, शोषण, अन्धकार एवं अज्ञान से मुक्त समाज के अपने प्रिय आदर्शों को साकार रूप न मिलने से बहुत व्यथित होते हुए भी पंत जी का काव्य-नायक एक निष्क्रिय स्वप्नदर्शी ही रह जाता है।' (पृ. 162) इसी प्रकार कवि की साधना के अन्य सोपानों में भी 'प्रगीत-नायक' की परिकल्पना को प्रस्तुत करते हुए चेलिशेव ने ठोस रूप में विकास की रेखाएँ निरूपित की हैं।

प्रगीत-नायक के अतिरिक्त बिम्ब-विधान का विकास-निदर्शन भी चेलिशेव के विवेचन की मुख्य विशेषताओं में से एक है। उषा और प्रभात के बिम्ब पंत जी की कविता में आदि से अन्त तक बराबर प्रयुक्त हुए हैं, किन्तु चेलिशेव की सूक्ष्म आलोचना-दृष्टि ने यह लक्षित किया कि उषा और प्रभात के बिम्बों में क्रमश: अर्थ-परिवर्तन होता गया है। इस दृष्टि से 'वीणा' के प्रभात सम्बन्धी बिम्ब से 'गुंजन' का प्रभात बिम्ब भिन्न है और 'गुंजन' से 'युगांत' का तथा 'युगांत' से 'स्वर्ण-किरण' के प्रभात-बिम्ब विशिष्ट हैं। इस प्रकार चेलिशेव ने पंत जी के बिम्ब-विधान का जो ऐतिहासिक विश्लेषण प्रस्तुत किया है, वह इस क्षेत्र में उनकी विशिष्ट देन है।

इसी प्रकार चेलिशेव ने पंत जी के सौन्दर्यबोध, सर्जनात्मक प्रणाली, काव्य-भाषा तथा छंद-योजना का भी क्रमिक विकास दिखलाया है। मार्क्सवादी आलोचना

से जिन्हें यह शिकायत है कि उसमें काव्य के कला-पक्ष के विवेचन की उपेक्षा की जाती है, उन्हें यह देखकर सन्तोष होगा कि चेलिशेव की इस पुस्तक में एक-तिहाई से अधिक अंश काव्य-शैली के विवेचन से सम्बद्ध है। उलटे चेलिशेव को यह शिकायत है कि 'यद्यपि पंत जी के विषय में अब तक बहुत लिखा गया है, तथापि उनकी कला-प्रणाली के विकास की समस्या लगभग अछूती ही रही है। यदि कभी-कभार पंत जी की कला-प्रणाली की चर्चा छिड़ती भी है तो नियमत: उसमें उनकी कविता का स्वच्छंदतावादी स्वरूप ही दर्शाया जाता है।' (पृ. 223) सम्भवत: इसी अभाव की पूर्ति के लिए चेलिशेव ने पंत जी की काव्य-साधना के प्रत्येक सोपान की कला-प्रणाली का विवेचन विस्तार से स्वतंत्र अध्यायों में किया है जिससे उनकी सूक्ष्म कलाग्राही दृष्टि का परिचय प्राप्त होता है। एक ऐसे अध्येता के लिए यह उपलब्धि साधारण नहीं है जिसकी मातृभाषा हिन्दी नहीं है।

चेलिशेव के विश्लेषण की विशेषता सबसे अधिक पंत जी के जीवन-दर्शन के प्रसंग में व्यक्त हुई है। पंत जी का जीवन-दर्शन हिन्दी आलोचकों के बीच सबसे ज्यादा विवादास्पद रहा है और उसके विषय में प्राय: एकांगिता प्रदर्शित की गई है। किन्तु चेलिशेव ने द्वन्द्वात्मक दृष्टि का सफल उपयोग करते हुए उस जीवन-दर्शन में निहित असंगतियों को ही लक्षित नहीं किया बल्कि उसे समग्रता में भी देखा है। इस द्वन्द्वात्मक दृष्टि के उपयोग का एक उदाहरण है 'ग्राम्या' का विश्लेषण, जिसे प्राय: अन्तर्विरोधों से मुक्त प्रगतिशील और यथार्थवादी माना जाता है। इस प्रसंग में चेलिशेव ने एक ओर शिवदान सिंह और दूसरी ओर विक्टर बालिन की मान्यताओं का खंडन करते हुए लिखा है कि ''ग्राम्या' संग्रह के विश्लेषण से स्पष्ट होता है कि पंत जी की समस्त काव्य-साधना की तरह ही इसमें भी उनकी वैचारिक भूमिका एवं सृजन-प्रणाली की असंगति एवं अनिश्चितता दिखाई पड़ती है। यह सही है कि अपनी अन्य रचनाओं की तुलना में पंत जी इस संग्रह में जनजीवन के अत्यधिक निकट पहुँचे हैं, पर इसका अर्थ यह नहीं कि वह यथार्थवादी बन गए।' (पृ. 182) इस कथन को और अधिक स्पष्ट करते हुए उन्होंने आगे लिखा है : 'उक्त संग्रह की अधिकांश कविताओं में कवि एक स्वच्छंदतावादी कलाकार के रूप में ही हमारे सामने आता है।...कवि की भाववादी विचारधारा, गांधीवाद के भाववादी-मानवतावादी आदर्शों का अनुयायित्व और प्रत्यक्ष भारतीय वास्तविकता के स्थान में अखिल मानवतावादी नैतिक रूपांकन के प्रयत्न उक्त (यथार्थवादी) प्रवृत्तियों के विकास में बाधक बने रहे। वास्तविकता के प्रति असन्तोष के कारण पहले ही की तरह रूपांकन की ऐतिहासिक वास्तविकता को क्षति पहुँची और कवि अपने भाववादी-मानवतावादी आदर्शों तथा मानवता के उज्ज्वल भविष्य के सम्बन्ध में काल्पनिक स्वप्नों के आधार पर वास्तविकता का पुनर्निर्माण करने के लिए प्रयत्नशील रहा।... पर अब कवि के स्वच्छंदतावाद का स्वरूप उसकी प्रारम्भिक साधना के कालखंड

की तुलना में बहुत-कुछ परिवर्तित हुआ है, उसमें अधिक सक्रिय रेखाएँ दृष्टिगोचर होती हैं।' (पृ. 183) 'ग्राम्या' के विषय में चेलिशेव का यह मूल्यांकन यही नहीं कि युक्तिसंगत है बल्कि मेरी जानकारी में इतना सन्तुलित मूल्यांकन अन्यत्र दुर्लभ है।

द्वन्द्वात्मक दृष्टि का दूसरा उदाहरण है : 'पंचम दशक से सप्तम दशक की दार्शनिक कविता' के प्रसंग में चेलिशेव का विश्लेषण। पंत जी के इस परवर्ती विकास को कुछ लोग नितान्त रहस्यवादी मानते हैं। चेलिशेव ने इस मत का खंडन करते हुए स्पष्ट लिखा है कि इस काल में भी पंत जी मार्क्सवाद से विमुख नहीं हुए। (पृ. 226) चेलिशेव की दृष्टि में 'प्रगतिशील एवं प्रतिक्रियावादी दृष्टिकोणों के सन्देहपूर्ण संश्लेषण में ही पंत जी की विचारधारा एवं काव्यसाधना की वैचारिक निर्बलता के मूल निहित हैं। यहीं से उनके वैचारिक-सौन्दर्यात्मक आदर्शों का सूत्रपात होता है जो वास्तविकता से कहीं दूर हैं और कहीं-कहीं उसका मिथ्या अर्थ लेते हैं। इन सभी कारणों से पंत जी की युद्धोत्तरकालीन काव्य-साधना में निष्क्रिय एवं प्रतिक्रयावादी स्वच्छंदतावाद की धारा का उदय हुआ, जिससे वास्तविकता के यथार्थ चित्रण में और मानव को उसके भगवत् जीवन की समस्त जटिलता के बीच समझ लेने में बाधा आई। वैचारिक भूमिका की भ्रमपूर्णता कवि के लिए मनुष्य के आन्तरिक विश्व की थाह लेने, उसके स्वभाव का उद्घाटन करने, सामाजिक माध्यम के साथ उसका सम्बन्ध दिखाने और सुन्दरतर जीवन के लिए संघर्ष की दिशा में उसका मार्गदर्शन करने में बाधा बन गई।' (पृ. 194) चेलिशेव ने पंत जी के मानववाद और आशावाद को उनके चिन्तन की शक्ति मानते हुए भी इस मानवतावाद की सीमा की ओर स्पष्ट संकेत करते हुए लिखा है कि 'मनुष्य के अधिकार की घोषणा एवं मानव-व्यक्तित्व के अपने मूल्य का समर्थन करते हुए तथा भावी 'स्वर्णयुग' के पूर्ण मानव, 'सांस्कृतिक चेतना' के विकास इत्यादि के स्वप्न देखते हुए पंत जी तत्त्वत: मनुष्य को सामाजिक जीवन से पृथक् कर देते हैं और उसकी चेतना को कोई एक ऐसी पृथक् वस्तु मानते हैं जो बाह्य प्रभावों के परे और किसी विशिष्ट ऊर्ध्व नियम के अनुसार विकसित होती है। पंत जी की युद्धोत्तरकालीन रचनाओं में मानव जैसे देश और काल-बाह्य स्वरूप में उपस्थित होता है, जो वर्ग-विषयक एवं राष्ट्रीय स्वत्व से वंचित है।' (पृ. 195)

पंत जी की पाँच दशकों की लम्बी अवधि के बीच फैली हुई काव्य-साधना में बदलते हुए जीवन-दर्शन का समग्रत: मूल्यांकन करते हुए चेलिशेव ने अन्त में यह निष्कर्ष निकाला है कि वे विचारों में वस्तुत: सारसंग्रही अथवा सर्वोत्तमग्राही (एक्लेक्टिक) हैं। पंत जी में सर्वोत्तमग्राहिता की प्रवृत्ति 'युगवाणी' में भी थी (पृ. 143) और 'स्वर्णकिरण' से लेकर 'लोकायतन' तक के काल में भी। (पृ. 191, 226) उन्होंने वस्तुवादी और भाववादी जीवन-दृष्टियों के सामंजस्य का असम्भव प्रयास निरन्तर किया (पृ. 194); किन्तु चेलिशेव का विश्लेषण यहीं

समाप्त नहीं होता। उन्होंने इससे भी आगे जाकर इस अन्तर्विरोधपूर्ण जीवन-दृष्टि के ऐतिहासिक-सामाजिक कारणों की ओर भी संकेत किया है। उनके अनुसार : कवि के 'वैचारिक-सौन्दर्यात्मक आदर्शों में प्राप्त होनेवाली सर्वोत्तमग्राहिता, असंगति और विरोधाभास प्राय: वही हैं जो भारतीय बुर्जुआ बुद्धिजीवियों की विचारधारा द्वारा पूर्णतया अपनाए हुए थे; इनमें भारतीय समाज में उक्त वर्ग की दोमुँही भूमिका प्रतिबिम्बित होती थी जो गठन की ऐतिहासिक परिस्थितियों के कारण सम्भव हुई थी। स्वामी विवेकानन्द, गांधी जी और श्री अरविन्द का अनुगमन करते हुए पंत जी ने पाँचवें-छठे दशकों की अपनी कविता में भारतीय सभ्यता के असाधारणत्व और विशिष्ट आध्यात्मिक स्वरूप पर बल देने का प्रयत्न किया—यह सभ्यता मानो बुर्जुआ समाज के वर्ग-कलहों सहित सभी असंगतियों की औषधि थी।' (पृ. 191) यदि 'युगवाणी'-'ग्राम्या' काल में यह असंगति काव्य के लिए विशेष अहितकर नहीं हुई तो इसलिए कि उस समय देश के स्वाधीनता-संघर्ष में वामपक्षी शक्तियों का उभार था और कवि उनके साथ एक हद तक अपना लगाव महसूस करता था। इसके विपरीत पाँचवें-छठे दशक में यदि यह असंगति काव्य के लिए घातक सिद्ध हुई तो उसका कारण यह है कि उसमें प्रतिक्रियावादी विचारों का अनुपात अधिक हो गया जिसके मूल चेलिशेव के अनुसार, तत्कालीन भारतीय जीवन में विद्यमान थे। यहाँ चेलिशेव ने उन आलोचकों का खंडन किया है जो कवि में इन प्रवृत्तियों के उदय को किसी दार्शनिक दृष्टिकोण के प्रभाव या उसके चरित्र की वैयक्तिक विशेषताओं या फिर स्वास्थ्य के बिगाड़ पर आधारित मानते हैं। (पृ. 185) कहने की आवश्यकता नहीं कि चेलिशेव ने पंत जी की वैचारिक असंगतियों के वस्तुगत सामाजिक कारणों का निर्देश करके हिन्दी आलोचना को समृद्ध किया है; और इससे पंत जी के साथ ही अन्य कवियों को भी समझने में मदद मिलती है। उल्लेखनीय है कि इस काल में पंत जी के सहकर्मी किन्तु उनसे अधिक विद्रोही और सामाजिक चेतना-सम्पन्न निराला में भी अध्यात्मवादी प्रवृत्तियाँ प्रबल हो उठी थीं।

इसके बावजूद चेलिशेव ने पंत जी को इस बात का श्रेय दिया है कि वे पाँचवें-छठे दशक की क्षयग्रस्त प्रवृत्तियों से मुक्त रहे और पश्चिम की उस बुर्जुआ प्रतिक्रियावादी विचारधारा का प्रभाव उन पर नहीं पड़ा, जिससे ग्रस्त प्रयोगवादी लेखक मानवता-विरोधी भूमिका निभा रहे थे। (पृ. 187) चेलिशेव के अनुसार, 'मानव में, सद्-सद् विवेक-बुद्धि की उज्ज्वल शक्तियों की विजय में, अपनी मातृभूमि तथा समस्त मानवता की स्वाधीनता में आशावादी विश्वास ने हमारे मानवतावादी कवि के लिए अपने साहित्य में पतनशील प्रवृत्तियों के प्रवेश के विरुद्ध विश्वासार्ह सुरक्षा-साधन का काम किया।' (पृ. 189) यह सही है कि पंत जी इस काल में भी हमेशा की तरह प्रचंड आशावादी बने रहे। सवाल यह है कि इस आशावाद से पंत जी की कविता का क्या हित हुआ? चेलिशेव यह स्वीकार करते हैं कि

इस आशावाद के बावजूद पंत जी की कविता का पतन हुआ; फिर साहित्य की पतनशील प्रवृत्तियों से बचने का क्या लाभ? सभी जानते हैं कि परवर्ती निराला में पंत से आशावाद कम था—बल्कि निराशा का स्वर ही प्रधान था; फिर भी निराला पंत से श्रेष्ठ कविताएँ दे गए, क्यों? स्पष्ट है कि कविता में उत्कर्ष या ह्रास का सम्बन्ध आशा या निराशा से अनिवार्य नहीं है; आशा और निराशा अपने-आपमें काव्य के उपकारक नहीं हैं। महत्त्वपूर्ण है, आशा और निराशा में निहित सामाजिक वस्तु। किन्तु लगता है कि चेलिशेव इस प्रश्न की जटिलता में न जाकर केवल एक अतिसरलीकृत निष्कर्ष से सन्तुष्ट हो गए।

वैसे, चेलिशेव ने 'ज्योत्स्ना' नाटिका की कला-प्रणाली का जो सूक्ष्म विश्लेषण किया है, उससे स्पष्ट है कि वे आशावादी जीवन-दृष्टि को काव्य के उत्कर्ष का अनिवार्य तत्त्व नहीं मानते। 'ज्योत्स्ना' नाटिका अपने लोकमंगलवादी स्वर और आशावादी जीवनदृष्टि के बावजूद एक असफल कृति है क्योंकि उसमें 'कोई चरित्र-दर्शन नहीं है। इसके समस्त पात्र बस लेखक की कुछ निश्चित कल्पनाओं के थक्के हैं। इसीलिए नाटक का संघर्ष और उसके कथानक का विकास चरित्रों के टकराव एवं विकास के फलस्वरूप नहीं उत्पन्न हुए हैं।' (पृ. 75) वस्तुत: जैसाकि चेलिशेव ने एक अन्य प्रसंग में कहा है : ' 'प्रकृति के अक्षय सामंजस्य के कवि' पंत जी के सृजनात्मक व्यक्तित्व के लिए कोई भी तीव्र विरोधाभास या टकराव अपरिचित ही है।' इसलिए 'पंत जी के काव्य-नायक के स्वभाव में सच्ची नाटकीयता का अभाव ही है।' (पृ. 107) स्पष्ट है कि काव्य के लिए सीधी-सरल आशा या निराशा से भी अधिक महत्त्वपूर्ण है : आशा और निराशा का टकराव। पंत जी इस टकराव से अपने-आपको साफ बचाकर आशा के कल्पना-लोक में जा छिपते हैं और उनके आशावाद की यह काल्पनिकता ही उनकी सबसे बड़ी कमजोरी है। ऐसा नहीं है कि पंत जी की इस कमजोरी से चेलिशेव अपरिचित हैं। उन्होंने स्वयं स्वीकार किया है कि इस काल्पनिकता के कारण 'दिग्विजय' शीर्षक संगीत-रूपक प्रभावशाली नहीं बन पड़ा, जो वस्तुत: चेलिशेव के परमप्रिय विषय 'प्रथम सोवियत अन्तरिक्ष यात्री यूरी गगारिन की अन्तरिक्ष उड़ान' के गौरवार्थ लिखा गया था। इस कृति की असफलता का कारण बतलाते हुए चेलिशेव ने लिखा है कि 'उसमें वास्तविकता का कोई गुमान भी नहीं दिखाई देता। रूपक के प्रसंग का अंकन ठोस ऐतिहासिक घटनास्थिति से कटा हुआ-सा है, अन्तरिक्ष-विजय की समस्या उसमें भाववादी, साधारणीकृत और नैतिक धरातल पर उठाई गई है।' (पृ. 210) आशावादी पंत जी इसी वायवीपन के साथ कविता में भारतीय जनता अथवा विश्व-मानव की मंगल कामना करते हैं और काव्य का अमंगल होता है। इसलिए इस वायवी आशावाद और मानववाद से भारत-सोवियत मैत्री के आयोजनों को भले ही बल मिले, न तो काव्य को कोई शक्ति मिलती है और न इतिहास को ही! कायदे से चेलिशेव की

तर्क-पद्धति इसी निष्कर्ष की ओर ले जाती है, किन्तु खेद है कि वे किन्हीं कारणों से इस निष्कर्ष से बचने का प्रयास करते दिखते हैं।

जीवन के प्रति आशावादी दृष्टिकोण को चेलिशेव इतना मूल्यवान मानते हैं कि उन्हें यह दृष्टिकोण अनिवार्यत: श्रेष्ठ काव्य का आधार प्रतीत होता है। उनका कुछ ऐसा खयाल है कि क्रान्तिकारी दर्शन अपनाने मात्र से श्रेष्ठ कविताओं की रचना सम्भव हो जाती है। 'युगवाणी' में पंत जी की 'श्रमिक' शीर्षक कविता देखकर वे यह निष्कर्ष निकालते हैं कि 'जीवन के पुनर्निर्माण में मजदूर वर्ग की क्रान्तिकारी और प्रधान भूमिका को पहले-पहले स्पष्ट और निश्चित रूप से घोषित करनेवाले पंत जी इस बात में रवीन्द्रनाथ ठाकुर और प्रेमचंद से काफी आगे बढ़ गए।' (पृ. 131) इसी प्रकार 'युगवाणी' में 'प्रकाश' आदि कविताओं को देखकर वे यह कहते हैं कि 'प्रभात के प्रतीक में क्रान्तिकारी आशय भरते हुए पंत जी रवीन्द्रनाथ से आगे बढ़ गए हैं।' (पृ. 137) सम्भवत: इसी वजह से उनकी दृष्टि में 'क्रान्ति' और 'मार्क्स के प्रति' शीर्षक कविताएँ 'सर्वोच्च शिखर जैसी प्रतीत होती हैं।' (पृ. 142) स्पष्टत: चेलिशेव की दृष्टि में स्वस्थ सामाजिक दृष्टि और 'श्रमिक', 'मार्क्स' आदि कुछ निश्चित विषय ऐसे हैं जिन पर लिखी हुई कविता अनिवार्यत: अच्छी होती है। कहने की आवश्यकता नहीं कि कविता के मूल्यांकन के लिए यह दृष्टि निहायत सपाट है। जीवन-दर्शन तथा सृजनात्मक प्रणाली के सम्बन्धों के अतिसरलीकरण से ही ऐसी दृष्टि का प्रादुर्भाव होता है। अनेक स्थलों पर भौतिकवादी द्वन्द्व-न्याय का अत्यन्त सफल प्रयोग करनेवाले चेलिशेव ऐसे अवसर पर यह भूल जाते हैं कि वास्तविकता के आधार से विच्छिन्न आशावाद—चाहे वह क्रान्तिकारी आशय से ही पूर्ण क्यों न हो, कविता को 'सामान्यताओं के सागर' में डुबो देता है और कविता अपनी जीवंतता खो बैठती है। इसीलिए अच्छे-से-अच्छे विषय पर भी कभी-कभी बेहद खराब कविताएँ देखने में आती हैं। सम्भवत: इसी वजह से कुछ आलोचक 'यूटोपिया' को साहित्य के लिए अनुपयुक्त मानते हैं।

फिर भी इन सीमाओं के बावजूद चेलिशेव ने पंत जी की कुछ कविताओं के कलात्मक गुणों का अत्यन्त सूक्ष्म विश्लेषण किया है जो हिन्दी काव्य की व्यावहारिक समीक्षा के क्षेत्र की मूल्यवान निधि है। इस दृष्टि से 'युगवाणी' की 'दो लड़के', 'दो मित्र' तथा 'ग्राम्या' की 'गाँव के लड़के', 'ग्रामीण युवती' आदि कविताओं का विश्लेषण अत्यन्त मार्मिक है। इसी प्रकार 'पल्लव' की 'परिवर्तन' शीर्षक लम्बी कविता का विश्लेषण भी अत्यधिक मौलिक है। वैसे, 'परिवर्तन' की इस व्याख्या से पूरा-का-पूरा सहमत होना मुश्किल है। चेलिशेव का यह कहना सही है कि 'इस रचना के प्रतीक गहरी सामाजिक-ऐतिहासिक विषयवस्तु से अनुप्राणित हैं', किन्तु उसे 1919-23 के साम्राज्यवादी दमन और उसके प्रतिरोध का प्रतिबिम्ब कहना आलोचक का मानसिक आरोप है। 'कहाँ आज वह पूर्ण पुरातन वह सुवर्ण का

काल' जैसे अतीतोन्मुख दोहद के भाव से आरम्भ होनेवाली कविता जिस सामाजिक 'परिवर्तन' की व्यंजना करती है, उसका सम्बन्ध पुरानी सामन्ती व्यवस्था के विनाश से अधिक है, साम्राज्यवादी दमन से कम। यही नहीं बल्कि 'परिवर्तन' के 'प्रलय' और 'मृत्यु' के प्रतीकों में प्रथम महायुद्ध की छाया देखना तो और भी हठाकृष्ट है। चेलिशेव ने इस कविता में जीवन-मृत्यु और सृष्टि-प्रलय के द्वन्द्वात्मक विन्यास को सही लक्षित किया है, किन्तु इसके बाद इस पर विचार करना आवश्यक है कि कविता की संरचना में इस द्वन्द्व का विकास नहीं होता बल्कि चक्राकार आवृत्तियाँ होकर ही रह जाती हैं, जिसके कारण यह कविता कुछ फुटकल गीतों की श्रृंखला बनकर रह गई है। कारण, पंत जी की 'परिवर्तन' की धारणा ही चक्राकार एवं आध्यात्मिक है। उसमें किसी प्रकार के वास्तविक परिवर्तन और विकास के लिए कोई स्थान नहीं है। इसलिए जीवन-प्रेम और आशावादी स्वर के बावजूद यह कविता अन्तत: एक भँवर में छोड़कर रह जाती है।

किन्तु यह पुस्तक केवल सुमित्रानंदन पंत के मूल्यांकन तक ही सीमित नहीं है। चेलिशेव ने पंत जी की कृतियों का विस्तृत विश्लेषण इसलिए किया है कि 'पंत जी की कृतियों और उनके जीवन-दर्शन के विश्लेषण से समस्त आधुनिक भारतीय साहित्य के विकास के महत्त्वपूर्ण नियमों को ढूँढ़ निकालना सुकर हो जाता है।' (पृ. 18) इस प्रकार इस पुस्तक में चेलिशेव का मुख्य प्रयोजन है : पंत जी के माध्यम से आधुनिक भारतीय साहित्य के महत्त्वपूर्ण नियमों की खोज। इस दृष्टि से पुस्तक की 'भूमिका' संक्षिप्त होते हुए भी अत्यन्त महत्त्वपूर्ण है।

आधुनिक भारतीय साहित्य के विकास के जिस प्रमुख नियम का चेलिशेव ने उल्लेख किया है, वह है स्वच्छंदतावाद के साथ-साथ यथार्थवाद का उदय। यह नियम चेलिशेव की अपनी खोज नहीं है बल्कि इसे प्राच्य साहित्य के सोवियत विशेषज्ञ प्रोफेसर नि.इ. कोनरड पहले ही निरूपित कर चुके हैं और चेलिशेव इस नियम के लिए प्रोफेसर कोनरड के आभारी हैं। 'यथार्थवाद की समस्याएँ तथा पूर्वी देशों के साहित्य' (1957) शीर्षक निबन्ध में कोनरड ने यह स्थापित किया है कि 'जहाँ पाश्चात्य देशों के साहित्य में यथार्थवाद का उदय स्वच्छंदतावाद के बाद क्रमिक रूप में हुआ, पूर्वी देशों के साहित्य ने स्वच्छंदतावाद के पथ पर चरण रखा ही था कि उस पथ को ठीक से अपना लेने के पहले ही त्वरा से आगे को अर्थात् यथार्थवाद की ओर लपक पड़ा; इस कारण यथार्थवाद में गिनी जानेवाली बहुत-सी रचनाओं में स्वच्छंदतावाद के तत्त्व विद्यमान रहे।' कोनरड के अनुसार, यह ऐसी विशेषता है जिसकी आवृत्ति न्यूनाधिक मात्रा में सभी पूर्वी साहित्यों में होती रही। भारतीय साहित्य पर इस नियम को लागू करते हुए चेलिशेव ने यह लिखा कि 'भारतीय साहित्य में स्वच्छंदतावादी प्रवृत्तियों के साथ-साथ यथार्थवाद का उदय हुआ।' (पृ. 10) हिन्दी साहित्य में पंत, निराला, प्रसाद के साथ प्रेमचंद का उदय

इस नियम की सत्यता का ठोस प्रमाण है। हिन्दी आलोचक इस तथ्य से सर्वथा अपरिचित रहे हों, ऐसा तो नहीं है, किन्तु इतने स्पष्ट रूप से उन्होंने इस नियम को निरूपित नहीं किया था; इसलिए इस विशेषता की ओर ध्यान दिलाने का श्रेय निश्चय ही चेलिशेव को देना होगा।

पर सवाल इस नियम के सत्यापन का है। यथार्थवाद का जो भी अर्थ लिया जाए, यह कहना गलत है कि स्वच्छंदतावाद के साथ यथार्थवाद का उदय केवल पूर्वी देशों के साहित्य की विशेषता है। अंग्रेजी के रोमांटिक कवियों या फिर रूसी साहित्य के रोमांटिक कवि और कथाकार पुश्किन में यथार्थवाद के सन्निवेश को इनकार नहीं किया जा सकता। दूसरी ओर जहाँ तक हिन्दी कविता के इतिहास का सम्बन्ध है, एक तरह का यथार्थवाद तो स्वच्छंदतावाद से पहले ही विद्यमान था, जिसे रामचन्द्र शुक्ल ने द्विवेदी-युगीन 'इतिवृत्तात्मकता' की संज्ञा दी थी। आखिर बीसवीं सदी के शुरू में 'कृषक', 'विधवा' और 'अमलतास' जैसे विषयों पर लिखी हुई वर्णनात्मक कविताएँ यथार्थवादी नहीं तो क्या थीं? क्या वे कविताएँ आरम्भिक प्रगतिशील युग की यथार्थवादी कविताओं की याद नहीं दिलातीं? इसलिए तात्पर्य यदि हिन्दी के स्वच्छंदतावादी काव्य में यथार्थवाद के समावेश से है तो सचाई यह है कि छायावादी कवियों ने प्रयास करके उस स्थूल यथार्थवाद का तिरस्कार किया था। निराला की 'भिक्षुक' जैसी आरम्भिक कविताएँ वस्तुत: पूर्ववर्ती सुधार-युग के करुणोत्पादक यथार्थवाद का ही अवशेष मालूम होती हैं जिन्हें अतिरिक्त गौरव देना गलत है। और यदि छायावाद में यथार्थवाद के समावेश का अर्थ कविता को यथार्थ के निकट ले जाने से है तो फिर छायावाद की ऐसी संकुचित परिभाषा करनी पड़ेगी जिसका जीवन के यथार्थ से कोई सम्बन्ध न हो। किन्तु जैसाकि चेलिशेव ने स्वयं स्वीकार किया है : 'वास्तविकता के कलात्मक अर्थोद्घाटन की स्वच्छंदतावादी प्रणाली आधुनिक हिन्दी कविता के विकास में एक महत्त्वपूर्ण नियम-सी रही है।' (पृ. 2) ऐसी स्थिति में जबकि स्वच्छंदतावाद 'वास्तविकता के कलात्मक अर्थोद्घाटन की प्रणाली' है, उसमें अलग से यथार्थवाद के समावेश की आवश्यकता नहीं रह जाती। इसलिए कोनरड द्वारा स्थापित और चेलिशेव द्वारा समर्थित नियम का केवल यह अंश हिन्दी के लिए सत्य ठहरता है कि यहाँ यथार्थवाद में भी स्वच्छंदतावाद के तत्त्व विद्यमान थे, जैसेकि प्रगतिशील काव्य में दृष्टिगोचर होता है, यहाँ तक कि प्रेमचंद के 'आदर्शोन्मुख यथार्थ' वाले 'सेवासदन', 'प्रेमाश्रम', 'रंगभूमि' जैसे आरम्भिक उपन्यासों में भी स्वच्छंदतावाद-मिश्रित यथार्थवाद की ही झलक मिलती है। उल्लेखनीय है कि पंत जी की काव्य-साधना के विवेचन के दौरान चेलिशेव ने भी कहीं 'यथार्थवाद मिश्रित स्वच्छंदतावाद' या 'स्वच्छंदतावाद मिश्रित यथार्थवाद' जैसी अवधारणा का सहारा नहीं लिया है। इसके विपरीत उन्होंने 'प्रगतिशील स्वच्छंदतावाद', 'क्रान्तिकारी स्वच्छंदतावाद' तथा 'सक्रिय स्वच्छंदतावाद' जैसे

शब्दों का प्रयोग किया है जो स्पष्टत: स्वच्छंदतावाद के अधिक यथार्थोन्मुख छोर के सूचक हैं।

किन्तु इसके बावजूद चेलिशेव की उक्त स्थापना हिन्दी स्वच्छंदतावाद के निजी वैशिष्ट्य को समझने में काफी दूर तक सहायक है। इस सन्दर्भ में चेलिशेव की एक अन्य धारणा पर्याप्त प्रासंगिक है। उनका कहना है कि 'हिन्दी कविता में छायावाद के कुछ अनुसन्धानकर्ता-आलोचक छायावाद पर यूरोपीय स्वच्छंदतावाद के प्रभाव का अतिमूल्यांकन करते दिखाई देते हैं।...यह स्वीकार करना चाहिए कि आधुनिक भारतीय साहित्य के विकास-पथ पर पश्चिमी साहित्य का स्पष्ट प्रभाव पड़ा है, पर यह प्रभाव उतना निर्णयकारी नहीं रहा है।' इस प्रकार चेलिशेव ने हिन्दी छायावाद के राष्ट्रीय वैशिष्ट्य की ओर संकेत किया है। सवाल यह है कि हिन्दी छायावाद का वह राष्ट्रीय वैशिष्ट्य क्या है? क्या इस वैशिष्ट्य का सम्बन्ध केवल भारत की धार्मिक-सांस्कृतिक परम्पराओं तक ही सीमित है? चेलिशेव इस विषय में काफी स्पष्ट हैं। उन्होंने हिन्दी छायावाद को नवीन सांस्कृतिक जागरण तथा राष्ट्रीय स्वाधीनता आन्दोलन का प्रतिबिम्ब माना है। इसका अर्थ यह है कि हिन्दी के छायावाद की विशिष्टता भारत के स्वाधीनता आन्दोलन की राष्ट्रीय प्रवृत्तियों से सम्बद्ध है। चेलिशेव ने जहाँ इतने आलोचकों के मत उद्धृत किये हैं, वहाँ वे इस सन्दर्भ में स्पष्टता के लिए रामविलास शर्मा का यह कथन उद्धृत कर सकते थे : 'अंग्रेजी के रोमांटिक साहित्य और हिन्दी के छायावादी साहित्य में महत्त्वपूर्ण भेद है। हिन्दी का छायावादी साहित्य सामन्त-विरोधी औद्योगिक क्रान्ति के बाद का साहित्य नहीं है। वह साम्राज्यवाद के विरुद्ध भारतीय जनता के संघर्षकाल का साहित्य है। उसमें सबसे सशक्त स्वर देश की स्वाधीनता और जनतंत्र प्राप्त करने की आकांक्षा का स्वर है।...अंग्रेजी रोमांटिक साहित्य का एक सीमान्त समाजवादी विचारधारा को छूता है तो दूसरा आदर्शवाद की घटनाओं में डूबा हुआ है। हिन्दी के छायावादी साहित्य का एक सीमान्त साम्राज्य-विरोधी, सामन्त-विरोधी विचारधारा को छूता है तो दूसरी ओर सामंतवाद का समर्थन करनेवाली अनेक आदर्शवादी धाराओं में डूबा हुआ है।' ('लोकजीवन और साहित्य', पृ. 82-83)

वस्तुत: राष्ट्रीयता के साथ स्वच्छंदतावाद के उदय का सम्बन्ध घनिष्ठ है। यदि भारतीय साहित्य में स्वच्छंदतावाद का उदय भारत की राष्ट्रीय स्वाधीनता के संघर्ष से सम्बद्ध है और इस प्रकार भारतीय स्वच्छंदतावाद के अपने विशिष्ट चरित्र का निर्माण हुआ, तो इसके साथ भारत की प्रत्येक भाषा के साहित्य में भी स्वच्छंदतावाद की अपनी जातीय विशिष्टता है। इस दृष्टि से हिन्दी का छायावाद बंगला के स्वच्छंदतावादी काव्य से एक हद तक समानता रखते हुए भी बहुत-सी बातों में भिन्न है। यही बात मराठी, गुजराती, मलयालम, उर्दू अथवा किसी अन्य भाषा के स्वच्छंदतावाद के बारे में भी कही जा सकती है। चेलिशेव के विवेचन की

यह सीमा है कि जहाँ उन्होंने भारतीय स्वच्छंदतावाद के राष्ट्रीय वैशिष्ट्य की बात उठाई, वहाँ उन्होंने इस वृहत्तर परिवृत्त में हिन्दी छायावाद की अपनी विशिष्टताओं का सवाल नहीं उठाया, उलटे उन्होंने जगह-जगह रवीन्द्रनाथ के प्रभाव को अतिरिक्त महत्त्व दिया। जहाँ इतना सामान्य प्रश्न भी न उठाया गया हो, वहाँ हिन्दी छायावाद सम्बन्धी अन्य गहरे प्रश्नों की अपेक्षा ही क्यों?

वस्तुत: हिन्दी के छायावादी काव्य की राष्ट्रीय विशेषता की चर्चा करते समय सम्पूर्ण विश्व-साहित्य के स्वच्छंदतावादी आन्दोलनों के राष्ट्रीय वैशिष्ट्य का उल्लेख करना आवश्यक है। स्वयं यूरोप के ही प्राय: हर देश का रोमांटिक काव्यान्दोलन एक हद तक दूसरे देश से प्रभाव ग्रहण करते हुए अपने राष्ट्रीय गौरव का उन्नायक रहा है। इंग्लैंड के रोमांटिक आन्दोलन ने फ्रांस की राज्य-क्रान्ति से प्रेरणा ली, किन्तु उसने अपने देश की लोककथाओं, लोकगीतों, मिथकों आदि को आधार बनाकर साहित्य को राष्ट्रीय रंगत दी। इसी प्रकार रूस, पोलैंड, हंगरी, जर्मनी और इटली का भी रोमांटिसिज्म प्रथमत: अपने राष्ट्र की सांस्कृतिक गरिमा की चिन्ता से सम्बद्ध था। प्रत्येक देश के रोमांटिसिज्म ने सामान्य जनजीवन का आधार लेकर उस अभिजात वर्ग के विरुद्ध विद्रोह किया जो अपनी रुचियों में विदेशी—सामान्यत: फ्रांसीसी संस्कृति का गुलाम था। और अपने इस प्रयास में रोमांटिक कवियों को दूसरे देश के साहित्य से प्रेरणा लेने में कोई विरोधाभास न दिखा। इस प्रकार यदि हिन्दी के छायावादी कवियों ने अंग्रेजी साम्राज्य से लड़ते हुए भी अंग्रेजी रोमांटिक काव्य से प्रेरणा ली तो इसमें न तो कोई विरोधाभास था और न राष्ट्रीय वैशिष्ट्य का निषेध ही।

फिर भी चेलिशेव का यह कहना सही है कि आधुनिक भारतीय साहित्य के विकास में पश्चिमी साहित्य का प्रभाव निर्णयकारी नहीं रहा है। उन्होंने इस प्रभाव का अतिमूल्यांकन करनेवाले हिन्दी आलोचकों का खंडन उचित ही किया है, किन्तु वे इस ब्यौरे में नहीं गए कि वे आलोचक दरअसल थे कौन? यह प्रश्न अनावश्यक नहीं है। इससे आधुनिक कविता के विकास के अन्य अनेक प्रश्न उलझे हुए हैं।

वस्तुत: जिन आलोचकों ने हिन्दी छायावाद पर पाश्चात्य प्रभाव को बहुत बढ़ा-चढ़ाकर दिखाया था, वे छायावाद के विरोधी और प्राचीन काव्य के समर्थक थे। पाश्चात्य प्रभाव का हौवा खड़ा किया गया था अन्ध राष्ट्रवादी आग्रह के साथ। उल्लेखनीय है कि वे छायावाद को अभारतीय ही नहीं बल्कि असामाजिक, पलायनवादी और अस्वस्थ मनोवृत्ति की उपज कहते थे। प्रतिक्रिया की ये शक्तियाँ छायावाद युग में ही समाप्त नहीं हो गईं : उन शक्तियों के आक्रामक प्रयास छायावाद के बाद प्रगति, प्रयोग, नई कविता तथा आज के दौर में भी देखे जा सकते हैं। इन नई काव्य-प्रवृत्तियों पर उनके आरोप भी वही पुराने हैं : पाश्चात्य प्रभाव का हौवा। चेलिशेव की इस पुस्तक के सन्दर्भ में हिन्दी साहित्य की इस स्थिति का उल्लेख इसलिए आवश्यक है कि स्वयं वे भी आगे चलकर पाश्चात्य प्रभाव के उसी

अतिमूल्यांकन के शिकार हो गए हैं। पाँचवें से सातवें दशक की जिस कविता को उन्होंने पश्चिम के पतनशील बुर्जुआ साहित्य का प्रभाव कहा है, वह भी छायावाद के समान ही अपना राष्ट्रीय वैशिष्ट्य रखती है। पंत जी की दृष्टि से देखने पर निश्चय ही उस पर पतनशील पाश्चात्य साहित्य का गहरा प्रभाव दिखाई पड़ेगा, लेकिन चेलिशेव के लिए कोई विवशता तो नहीं कि वे और बहुत-सी बातों में पंत जी की जीवन-दृष्टि को असंगतिपूर्ण मानते हुए भी इस मामले में उन्हीं की दृष्टि अपनाएँ। सचाई तो यह है कि पाँचवें दशक और उसके बाद की हिन्दी कविता का विकास पंत जी के माध्यम से नहीं समझा जा सकता है। आखिर जो पंत, बकौल चेलिशेव, अपनी काल्पनिक जीवन-दृष्टि के कारण इस काल की जीवंत वास्तविकता से कटे रहे, वे इस काल की कविता के ही प्रतिनिधि कैसे हो सकते हैं? आश्चर्य है कि चेलिशेव की द्वन्द्वात्मक दृष्टि इस स्पष्ट असंगति को न देख सकी। एक वस्तुवादी आलोचक के नाते उन्हें यह प्रश्न करना चाहिए था कि क्या मुक्तिबोध जैसे कवि पतनशील पाश्चात्य साहित्य के प्रभाव की उपज हैं? लगता है, चेलिशेव के सामने यह प्रश्न ही नहीं उठा, इसलिए उनसे पाँचवें दशक के बाद के साहित्य के विकास के सही नियमों की अपेक्षा नहीं की जा सकती। उन्हें न तो इस काल के भारतीय जीवन की वास्तविकता का सही ऐतिहासिक बोध है और न उस वास्तविकता को प्रतिबिम्बित तथा परिवर्तित करनेवाले काव्य से ही परिचय है। इसीलिए वे इस काल के भारतीय साहित्य में यथार्थवाद की सीमाबद्धता और निर्बलता पर खेद प्रकट करते हुए कहते हैं कि आधुनिक भारतीय कवि 'अभी भी भारत के ऐतिहासिक विकास के खाके को विस्तृत एवं पूर्ण रूप में उद्घाटित एवं स्पष्ट नहीं कर पाए!' (पृ. 18) सम्भवत: निराशा का यह स्वर सुमित्रानंदन पंत पर ही सारा ध्यान केन्द्रित करने का परिणाम है।

हिन्दी की समकालीन कविता में निस्सन्देह अनेक असंगतियाँ हैं। वास्तविकता के कलात्मक उद्घाटन में यह कविता सर्वथा निर्दोष नहीं है और कुछ कवियों के वैचारिक-सौन्दर्यात्मक दृष्टिकोण निश्चित रूप से प्रतिक्रियावादी हैं। किन्तु इन सबको पश्चिम के पतनशील बुर्जुआ साहित्य का प्रभाव कहना अतिसरलीकरण है। कविता के इन मनोगत भ्रमों को सही-सही आँकने के लिए वर्तमान भारत की ऐतिहासिक परिस्थितियों का वस्तुगत विश्लेषण अपेक्षित है। चेलिशेव ने इस ब्यौरे में जाने के बजाय सरलता और सुविधा का मार्ग अपनाया और समकालीन कविता को कवियों की विचारधारा में नि:शेष करके दूसरे अतिसरलीकरण की भूल की।

किन्तु इस असहमति के बावजूद चेलिशेव की पुस्तक महत्त्वपूर्ण है। सुमित्रानंदन पंत पर इतनी मुकम्मल और सन्तुलित पुस्तक दूसरी नहीं है। भारत के स्वाधीनता-आन्दोलन की पृष्ठभूमि में आधुनिक हिन्दी कविता का ऐसा ऐतिहासिक विश्लेषण कम हुआ है। मार्क्सवादी आलोचना असंदिग्ध रूप से इस पुस्तक से समृद्ध हुई है।

इस तथ्य का उल्लेख अप्रासंगिक न होगा कि यह पुस्तक संयोग से लेनिन जन्मशती के वर्ष में प्रकाशित हुई है और आधुनिक भारतीय साहित्य के विषय में अपनी गहरी दिलचस्पी तथा पैनी समझ का प्रमाण देकर चेलिशेव ने एक स्तर पर महान् लेनिन के क्रान्तिकारी उद्‌देश्य में ही योग दिया है। लेनिन जन्मशती के अवसर पर एक सोवियत अध्येता का हिन्दी के लिए इससे उपयुक्त उपहार और क्या हो सकता है?

[चेलिशेव की पुस्तक 'सुमित्रानंदन पंत तथा आधुनिक हिन्दी कविता में परम्परा और नवीनता' की समीक्षा; 'आलोचना' : अप्रैल-जून, 1990 में 'लेनिन जन्मशती का एक आलोचनात्मक उपहार' शीर्षक से प्रकाशित]

मित्र-संवाद और गद्य की विलुप्त कला

'मित्र-संवाद' तो उसी दिन टूट गया जब डॉ. रामविलास शर्मा हमेशा-हमेशा के लिए खामोश हो गए। लेकिन संवाद बन्द हुआ कोई महीने भर बाद, जब केदारनाथ अग्रवाल ने अपने मित्र का अनुसरण किया। मगर इस अहसास के साथ कि 'अगर और जीते रहते, यही इन्तजार होता!'

अन्तिम दशक के शेष संवाद का इन्तजार अब भी है लेकिन सौभाग्य से अप्रैल, 1991 तक के पत्र-व्यवहार का संकलन 'मित्र-संवाद' के रूप में सुलभ है और इसके लिए हम विशेष रूप से डॉ. रामविलास शर्मा के ऋणी हैं, साथ ही हाथ बँटाने के लिए डॉ. अशोक त्रिपाठी के प्रति भी कृतज्ञ हैं।

'संवाद' में पहल निश्चय ही केदार जी की रही है, किन्तु पत्रों को प्रस्तुत करने का श्रेय तो रामविलास जी को ही है। इन पत्रों के वास्तविक महत्त्व का बोध भी उन्हें ही था। आरम्भिक दिनों में ही केदार जी को उन्होंने लिखा था : 'तुम्हारा पत्र बहुत सुन्दर था। गद्य काव्य। गद्य पर सुन्दर आधिपत्य। बाद में ये पत्र प्रकाशित होने चाहिए।' (31.8.1938) अन्ततः 1991 में उन्होंने इसे कर दिखाया। केदार जी ने तो इसकी कल्पना भी न की थी, जैसाकि 5.5.1990 के पत्र में उन्होंने लिखा है। 'मित्र-संवाद' वस्तुतः केदार जी के अस्सी वर्ष पार करने पर रामविलास जी का यह स्नेहोपहार था और यह शब्दों का हार भी कैसा! इसे देखकर निराला के सिवा और कौन याद आ सकता है :

लखो, दिया है पहना
किसने यह हार बना
भारति-उर में अपना
देख दृग थके।

संयोग से यह बंद भी उसी कविता का है जिसका शीर्षक है : 'मित्र के प्रति', बावजूद इसके कि कविता का मित्र और है।

वैसे, रामविलास-केदार की मैत्री के निमित्त निराला ही थे। केदार अपने दो सहपाठियों के साथ साइकिल से लखनऊ चले। नुमाइश देखने। 'जाएँ कहाँ, कोई ठौर-ठिकाना तो था नहीं! सीधे निराला जी के घर पहुँचे।' वहीं कुछ देर बाद रामविलास जी से मुलाकात हुई। रात को निराला जी के साथ सभी लोग नुमाइश देखने गए। नुमाइश में लाउडस्पीकर से 'पढ़ीस' जी का गीत आ रहा था : 'पपीहा बोल जा रे'। पूरी कहानी केदार जी की जबानी सुनना चाहें तो 'आलोचना' का वह अंक देखें जो रामविलास जी के सत्तरवें जन्मदिन पर प्रकाशित हुआ था : मेरे 'प्रिय डॉक्टर' शीर्षक लेख में। ('आलोचना' : 61-62, जनवरी-जून, 1982)।

स्वयं केदार जी के शब्दों में : 'इस बात की चर्चा मैंने यहाँ इसलिए की कि इस घटना के माध्यम से जाना जाए कि 'प्रिय डॉक्टर' निराला से क्यों जुड़े रहे और मैं क्यों अपने 'प्रिय डॉक्टर' से जुड़ा रहा।'

यह आकस्मिक नहीं कि 'मित्र-संवाद' के पहले ही पत्र में निराला जी प्रकट होते हैं : 'यथावकाश निराला जी को लेकर पं. शुकदेव बिहारी जी मिश्र के यहाँ कल सायंकाल गया था। निराला जी के लिखाए लेख पर उन्होंने हस्ताक्षर कर दिये हैं।' पत्र पर अंकित तारीख 29.7.1935 और लेखक की जगह रामविलास शर्मा।

इस प्रकार केन्द्र में निराला, बगल में एक ओर रामविलास शर्मा और दूसरी ओर केदारनाथ अग्रवाल। लेकिन इस केन्द्र के इर्द-गिर्द और भी कई लेखक हैं; जैसे : अमृतलाल नागर, नरोत्तम नागर, शमशेर, नागार्जुन, त्रिलोचन आदि। वस्तुतः भारतेन्दु-मंडल और द्विवेदी-मंडल की तरह बीसवीं शताब्दी के तीस के दशक में एक और मंडल निर्मित हुआ जिसे 'निराला-मंडल' कह सकते हैं। यह और बात है कि इतिहास में इस मंडल के प्रभामंडल की चर्चा नहीं है, जबकि आचार्य रामचन्द्र शुक्ल के 'इतिहास' में पहले दोनों मंडल अपनी पूरी गरिमा के साथ प्रतिष्ठित हैं।

'मित्र-संवाद' से निश्चय ही एक हद तक इस अभाव की पूर्ति होती है। कहने के लिए तो संवाद सिर्फ दो के ही बीच चलता है किन्तु बातचीत के बीच निराला का एक जिक्र अक्सर आता है और प्रसंगवश अमृतलाल नागर, नरोत्तम नागर, शमशेर, नागार्जुन और त्रिलोचन भी आते रहते हैं। सिर्फ नाम से नहीं, बल्कि ये सभी लोग इस अन्दाज से आते हैं, जैसे रंगमंच पर एक-एक करके नाटक के चरित्र आते हैं; जीते-जागते, अपनी अलग-अलग अदा के साथ। इस दृष्टि से 'मित्र-संवाद' का 'निराला-मंडल' एक जीता-जागता खुला 'रंग-मंडल' भी है। रामविलास जी भी मानते हैं कि 'दूसरों के पत्र पढ़ना एक तरह से नाटक पढ़ने की तरह है।... पत्र-संग्रह ऐसा नाटक है जो योजना बनाकर किसी कलाकार द्वारा नहीं रचा गया। शायद इसीलिए वह अनेक नाटकों से अधिक महत्त्वपूर्ण, अधिक आकर्षक भी है।' ('निराला की साहित्य-साधना', खंड-3, भूमिका, पृ. 1-2)

वैसे, यह बात कही गई है निराला के पत्रों के प्रसंग में लेकिन पत्र-व्यवहार से निर्मित नाटक की बेहतर मिसाल तो 'मित्र-संवाद' ही है, क्योंकि वह 'हृदय-संवाद' है और जैसाकि 'नाट्यशास्त्र' में कहा गया है :

योऽर्थो हृदयसंवादी तस्य भावो रसोद्भवः।
शरीरं व्याप्यते तेन शुष्कं काष्ठमिवाग्निना॥

ऐसा 'हृदय-संवादी' अर्थ, जिसके भाव से रस का उद्भव होता है, उसकी निष्पत्ति भी, संयोग से, निराला में ही होती है—निराला की मृत्यु के प्रसंग में। विवरण 'निराला की साहित्य-साधना' के पहले भाग में भी है और मर्मस्पर्शी भी। लेकिन पराकाष्ठा पर पहुँचता है 'मित्र-संवाद' में—विशेषत: दो पत्रों में, और ये दोनों पत्र रामविलास जी के हैं :

'हाँ, प्यारे, निराला जी अब नहीं रहे। न रोता हूँ, न हँसी आती है। कोलरिज के शब्दों में : A grief without pang, void, dark and drear का अनुभव करता हूँ। बीच-बीच में लम्बी साँस लेता हूँ। बस।

'इस बात का अफसोस नहीं है कि उन्हें इन दिनों देख न पाया। उन्हें जितना पहले देखा था, वही दिल कचोटने के लिए काफी है। जिस निराला ने मेरी आँखों के सामने 'गीतिका' के गीत, 'राम की शक्ति-पूजा', 'तुलसीदास', 'कुल्लीभाट', 'बिल्लेसुर बकरिहा' की रचना की थी, वह जीते-जी ही मिट गया था। अन्तिम बार जब मैंने देखा था, तब कुछ घंटों के लिए मानो वह निराला लौट आया था।...उस दिन वह जो 'गीतिका' और 'तुलसीदास' का निराला लौट आया था, उसी को, अन्तिम स्मृति की तरह, मैं सुरक्षित रखूँगा।

'मुक्ति मिली, विलम्ब से। पूर्ण नरकवास उन्हें यहाँ मिल गया। लेकिन वीर आखिर तक लड़ा। पूर्ण विजयी होकर गया—रोग पर विजयी होकर नहीं, विरोध पर विजयी होकर, सबको अपना बनाकर।' (20.1.1961)

दूसरा पत्र लगभग एक वर्ष बाद का है : 'निराला के पत्र पढ़ते हुए'। 'निराला जी के जितने पत्र थे, सबको एक सिरे से पढ़ गया हूँ। बड़ा विचित्र अनुभव होता है। दोस्तों के साथ अपने को भी देखता हूँ मानो वर्षों की परत उघड़ती जाती है और मैं अपने से, तुमसे, निराला जी से फिर मिलता हूँ। मन पर उदासी नहीं छाती, न तो यह भाव जागता है कि फिर नौजवान हो जाएँ (जवान तो अब भी हैं) और न यह भाव पैदा होता है कि हाय, वे दिन बीत गए, फिर कभी न लौटेंगे!

'इसके विपरीत पुराने संघर्षों की झलक देखकर सन्तोष होता है कि वृथा नहीं जिए, भरसक भाषा और साहित्य के लिए काम किया।' (17.1.1962)

पत्र के इन शब्दों को पढ़ते हुए निराला के साथ-साथ पत्र-लेखक की छवि भी सामने आती है और मन उदात्त की भूमि पर होता है।

यह कोरी निराला-भक्ति नहीं है और न ही आम व्यक्ति-पूजा। इस 'ट्रेजेडी' के हीरो निश्चय ही निराला हैं, लेकिन निराला का अर्थ है : 'हिन्दी के हित का अभिमान वह!' इसीलिए 'निराला-मंडल' सामान्य मित्र-मंडल नहीं, बल्कि एक लक्ष्योन्मुख साहित्यिक सैन्य दल है जहाँ सारे नाते कवि-लेखक के सर्जन-संघर्ष से निर्धारित-निर्मित होते हैं : 'नाते सबै राम के मनियत सुहृद सुसेव्य जहाँ लौं'।

मित्र की आवश्यकता का अनुभव संघर्ष में ही होता है। उन्हें भी, जो अकेले ही चलने के अहंकार से ग्रस्त होते हैं। जैसाकि रामविलास जी ने 'मित्र-संवाद' के आरम्भ के ही एक पत्र में लिखा है : 'सच जानो, एक मनचाहे मित्र की न जाने मुझे कब से कितनी आकांक्षा है, और उसके लिए यथाशक्ति चेष्टा की है। परन्तु अभी तक वह साध जैसी की तैसी बनी है। तुम यदि उसे पूरी कर सके तो इससे अधिक सौभाग्य और क्या होगा?' (3.9.1938)

'न जाने कैसे तुम भी जीवन में समा गए हो!' ऐसा उद्‌गार केदार जी पहले ही एक पत्र में व्यक्त कर चुके थे। यह जानकारी भी स्वयं रामविलास जी के उसी पत्र से मिलती है।

सौभाग्य दोनों का ही है कि उन्हें मनचाहे मित्र जल्द ही मिल गए—पच्चीस वर्ष की उम्र में ही। और जैसाकि कहते हैं : 'उम्र भर एक मुलाकात चली जाती है', यह मैत्री भी साठ वर्षों से ऊपर, जीवनपर्यन्त बनी रही, बल्कि प्रगाढ़ से प्रगाढ़तर होती गई। रामविलास जी ने एक पत्र में यह स्वीकार किया है : 'मुझे इस बात की बड़ी प्रसन्नता है कि साहित्यिक जीवन के आरम्भ से ही तुमसे और अमृतलाल नागर से मेरी दोस्ती बराबर बनी हुई है और सन्देह, कटुता या ईर्ष्या-द्वेष की हल्की छाया भी इस मैत्री पर इस लम्बी अवधि में एक बार भी नहीं पड़ी।' (17.1.1962)

यही बात केदार जी ने जीवन के अन्तिम वर्षों में कृतज्ञता के साथ स्वीकार की है : 'तुम्हें मेरा ध्यान सदैव बना रहता है। डियर, यही तो मेरे जीवन की सबसे बड़ी उपलब्धि है कि मैं तुम्हें पा सका और आदमी बन सका। न भ्रष्ट हो सका—न गर्त में गिर सका।' (1.12.1990)

यही वह मैत्री है जिसमें मित्र का बिछोह एक महीना भी बर्दाश्त न हुआ जबकि अत्यन्तगता प्रिया प्रियंवद का बिछोह पन्द्रह वर्ष झेल गए!

रामविलास जी के जेहन में कहीं-न-कहीं मार्क्स-एंगेल्स की दोस्ती का आदर्श घर कर गया था। तभी तो एक रात एंगेल्स के नाम मार्क्स का एक खत पढ़ते-पढ़ते सोने से पहले केदार जी को उन्होंने लिखा : 'मुझे लेनिन की बात याद आई कि मजदूर वर्ग ने मार्क्स और एंगेल्स की दोस्ती का जो नमूना रखा है, उसकी मिसाल दुनिया के इतिहास में नहीं है।' (17.1.1955)

दुनिया की तो नहीं कह सकता, लेकिन रामविलास जी-केदार की दोस्ती की मिसाल हिन्दी के इतिहास में नहीं है और कहना न होगा कि दोस्ती का यह नमूना

भी भारत के किसानों-मजदूरों ने रखा है लेकिन इसमें कुछ योग निराला-प्रेमचंद की साहित्यिक परम्परा का भी है।

इस मैत्री की विशेषता यह है कि यह समालोचक और कवि के बीच विकसित हुई। वैसे तो कविताएँ रामविलास जी ने भी लिखी हैं—यहाँ तक कि कविता लिखने के संकल्प बार-बार दुहराए गए हैं और न लिख पाने का मलाल भी है, किन्तु हैं वे मुख्यत: समालोचक और उनकी सामान्य छवि एक समालोचक की ही है।

समालोचना का काम ही ऐसा है कि समालोचक मित्रविहीन होने के लिए अभिशप्त है। समालोचक के शत्रु ही अधिक होते हैं, मित्र कम। इन शत्रुओं में भी आलोचकों से ज्यादा कवि-कथाकार होते हैं। रामविलास जी इसके अपवाद नहीं हैं। सच तो यह है कि आरम्भ के बीस-पच्चीस वर्षों में अधिकतर कवि-लेखक उन्हें अपना शत्रु समझते थे, बाहरी खेमे के ही नहीं, प्रगतिशील खेमे के अन्दर वाले भी। बाहरी खेमे के एक कवि ने रामविलास जी को ही सम्बोधित करते हुए कहा : 'हे युग के अनुवादक! तुमने मार दिये सब लेखक।' प्रगतिशील खेमे के और साथ ही रामविलास जी के घनिष्ठ मित्र त्रिलोचन ने 'अपने' शर्मा के नाम पर एक सानेट ही अर्पित कर दिया। उस सानेट की कुछ पंक्तियाँ इस प्रकार हैं :

...शर्मा ने स्वयं अकेले
बड़े-बड़े दिग्गज ही नहीं, हिमालय ठेले,
उद्यम करके कोलतार ले-लेकर पोता,
बड़े-बड़े कवियों की मुख-छवि लुप्त हो गई
गली-गली में उनके स्वर की गूँज खो गई।

ऐसी स्थिति में कवि केदार और समालोचक रामविलास की मैत्री एक आश्चर्य ही है। सबसे बड़ा आश्चर्य तो यह है कि पत्रों में रामविलास जी ने प्रशंसा से अधिक केदार जी की कविताओं की निर्मम आलोचना की है—यहाँ तक कि कुछ कविताओं की धज्जियाँ उड़ा दी हैं। कहीं-कहीं केदार जी ने अपने बचाव में बहस भी की है लेकिन अन्तत: अपनी भूलें स्वीकार कर ली हैं। 'मित्र-संवाद' में कविताओं में दोष-दर्शन के बारीक विवरण इतने अधिक हैं कि उनके नमूने पेश करना सम्भव नहीं है। फिर भी कुछ उद्धरण आवश्यक हैं—विशेष रूप से यह जानने के लिए कि रामविलास जी किसी कविता को कितनी बारीकी से पढ़ते थे।

सबसे लम्बी बहस चली है केदार जी की 'ताजमहल' शीर्षक कविता पर। कविता के पहले प्रारूप पर रामविलास जी की टिप्पणी देखिए 15.12.1956 के पत्र में : 'तुम्हारी कविता सुन्दर है लेकिन बराबर नहीं उतरी। पहली पंक्ति गद्य है।... तीसरी पंक्ति व्याख्यात्मक है।...चौथा बंद बिलकुल अस्पष्ट है...' इत्यादि। जवाब में केदार जी लिखते हैं : 'तबीयत खुश हो गई कि तुमने मेरी 'ताजमहल' कविता

को इतने गौर से पढ़ा। तुम्हारे पत्र में जान और जादू, दोनों हैं। मैं तुम्हारी आलोचना से प्रभावित अवश्य हुआ हूँ लेकिन सहमत नहीं हूँ।' और इसके बाद ढाई पृष्ठों की लम्बी सफाई। (20.12.1956)

जवाब में रामविलास जी ने फिर लिखा : 'तुम्हारे तर्क में कोई कमजोरी नहीं है, कमजोरी है मूर्तिविधान में। कविता की भाषा इन्द्रियों की भाषा है। संगीत और मूर्तिविधान द्वारा कवि वह सब कह देता है जो तर्क द्वारा दार्शनिक कह नहीं सकता। मेरी आपत्ति यह है कि तुम्हारी कविता में किसी 'इमेज' पर ध्यान ठहरता नहीं, इसलिए कविता 'सजेस्टिव' न होकर अभिधात्मक कथन बन गई है।' (25.12.1956)

मजेदार बात यह कि इस पत्र में सम्बोधन है : 'प्रिय वकील साहब'। इसके बाद वकील ने आलोचक की बात मान ली और लिखा : 'अब तुम्हारी आलोचना से पूर्णतया सहमत हूँ। मालूम हो गया कि तुम काव्य के सिद्ध पारखी हो। तुम्हारी इस कसौटी पर कसकर मेरी 'ताजमहल' कविता अब अच्छी हो गई है।' (दिसम्बर का अन्तिम सप्ताह, 1956)

और इस पत्र के साथ कवि ने अपने आलोचक के पास 'ताजमहल' कविता का नया प्रारूप भेजा। लेकिन आलोचक ने अपने 9.1.1957 के पत्र में फिर कुछ आपत्तियाँ कीं : 'छाती और थाती के भदेसपन के साथ 'निलय' नहीं जमा प्यारे। ...'अमल धवल' का टुकड़ा मुझे कुछ छायावादियों का संस्कृत-गर्भितपन लिये लगता है। तीसरे बूँद के आँसूवाद से मैं प्रभावित नहीं हूँ। मुझे न 'ताज' में करुणा दिखाई देती है, न उसे देखते हुए आँखों में कभी आँसू आए। लेकिन यह तो अपनी संवेदनाओं का अन्तर है। तुम्हारा बंद सुन्दर है। 'प्रकटित' और 'प्रकटाया' प्रयोग मुझे खटकते हैं, 'अति सस्मित' में 'अति' अनावश्यक लगता है। 'सपने की छाया-कवि' में डबल लक्षणा अनावश्यक लगती है।'

'मित्र-संवाद' के अन्तर्गत कविता में शब्द-प्रयोगों के औचित्य-अनौचित्य पर जिस एकाग्रता से विचार किया गया है और उसके सामने अंग्रेजी की 'नई आलोचना' फीकी पड़ जाती है और प्राचीन संस्कृत काव्यशास्त्र के 'काव्यप्रकाश' जैसे ग्रंथ और उन पर लिखी हुई टीकाएँ याद आ जाती हैं। यदि किसी समय संस्कृत के आचार्य कवि-यश:प्रार्थी प्रतिभाओं को 'काव्यप्रकाश' का दोष-सम्बन्धी 'सप्तम उल्लास' पढ़ने की सलाह देते थे तो आज के युवा कवियों को 'मित्र-संवाद' पढ़ने की सलाह देना कोई ज्यादती न होगी। सर्वसुलभ बनाने के लिए 'मित्र-संवाद' के ऐसे कुछ पत्रों का चयन अलग से भी तैयार किया जा सकता है।

इस दोष-दर्शन का अर्थ यह नहीं है कि रामविलास जी छिद्रान्वेषी थे। राजशेखर ने 'अरोचकी' और 'सतृणाभ्यवहारी' नाम से आलोचकों की जो दो कोटियाँ बताई हैं, उनमें से भी कोई रामविलास जी पर चस्पां नहीं होती। वे ऐसे अरोचकी न थे कि

उन्हें कोई भी कविता न रुचे। इसके विपरीत इतने अविवेकी भी न थे कि घास-भूसा, खर-पतवार जो मिले, सब कुछ मुँह में डाल लें। इसलिए उन्हें 'सतृणाभ्यवहारी' कहना भी गलत होगा।

केदार जी की वे इतनी तीखी आलोचना इसलिए करते थे कि केदार जी के पहले और सबसे बड़े प्रशंसक वही थे और इसीलिए उनका ध्यान बराबर इस बात पर था कि उनका प्रिय कवि न अपने काव्य-स्वभाव से विचलित हो और न ही अपनी सर्जना के ऊँचे आसन से स्खलित हो।

इस दृष्टि से रामविलास जी का 30.9.1958 का पत्र काफी महत्त्वपूर्ण है। लिखा है : 'तुम्हारी कविताएँ छोटी बहुत होती हैं, जिनमें कविता के बीज होते हैं, विकसित कविता नहीं। तुम्हारी कविताओं का क्षेत्र सीमित हो गया है। पारसाल सरसों देखी थी तो कुछ अच्छी कविताएँ लिखी थीं। अब तुम्हें धरती सेब और आसमान चोंच दिखाई देता है। नई और गहरी भावानुभूति के अभाव में आदमी इस तरह के Conceits से काम चलाता है। तुम्हारी कविताओं के form का अनगढ़पन भी तुम्हें प्रयोगवादियों के निकट—खामखा—घसीट ले जाता है।'

कविता पर दोनों मित्रों के बीच सम्भवत: सबसे दिलचस्प और विचारोत्तेजक बहस 1943 में हुई। मुद्दा था तुकान्त कविता या फ्रीवर्स। इस विषय पर आज भी कहीं-कहीं चर्चा चल रही है इसलिए 'मित्र-संवाद' की वह दशकों पुरानी बहस काम की है। बात तब की है जब 'युग की गंगा' छपकर नहीं आई थी, लेकिन उसकी कुछ कविताएँ पत्रिकाओं में प्रकाशित हो चुकी थीं। 'तारसप्तक' भी सम्भवत: तब तक छपकर नहीं आया था। पहले रामविलास शर्मा बम्बई से : 'तुम्हारी अधिकांश कविताओं में जल्दबाजी के चिह्न विद्यमान रहते हैं। शब्द और गति को सँवारने की ओर ध्यान कम रहता है। तुम्हारी कविताओं की विशेषता उनका संकेत है—'शेष आयु का धुआँ उड़ाता' आदि में जैसे। परन्तु कुछ कविताओं में इस संकेत का अभाव या उथला संकेत रहता है। जैसे 'नारी, तुम गन्दी हो' में। दूसरी बात यह है कि नारी को गन्दी बनाने से बचो।...तुमने एक कटुई का गीत लिखा था परन्तु वह गीत किसानों को 'दिया' गया है, उन्हीं के कंठ से नहीं फूट निकला।

'मैंने तुम्हें कुछ छंदोबद्ध कविताएँ लिखने की सलाह दी थी। मुक्त छंद लिखने में तुम्हें आसानी होती है, और उसका अपना आनन्द भी है लेकिन बहुधा मुक्त छंद की पंक्तियाँ उस तरह जनता के कंठ में नहीं उतरतीं जिस तरह छंदोबद्ध कविताएँ। मैं चाहता हूँ कि तुम्हारी कविता ऐसी भी हो जो साधारण जनता को यों ही याद हो जाए। लोकगीतों के ढंग की कविता छंद में होगी ही। तुम मुक्त छंद में लिखो परन्तु इसका भी ध्यान रखो।' अन्त में पु. यानी 'पुनश्च' के अन्तर्गत : 'इस पत्र में कहीं उपदेश या गुरुडम की गंध आए तो मुझे अपना ही समझकर क्षमा करना—वि.।' पत्र काफी लम्बा है और उस पर मई, 1943 की तारीख पड़ी है।

केदारनाथ अग्रवाल ने इसका जवाब 5.12.1943 को इन शब्दों में दिया : 'रही बात 'फ्रीवर्स' की—यह मुझे मेरी जान ही मालूम होती है। जो चाहता हूँ, वही उन शब्दों में कह लेता हूँ—ऐसा नहीं होता कि लिखने कुछ बैठूँ और तुकान्त के दाँव-पेंच में पड़कर कुछ दूसरा ही लिख डालूँ। मेरा ऐसा अनुभव है कि तुकान्त में यही होता है। उसमें मेरी हत्या होती है। 'फ्रीवर्स' में मैं पनपता हूँ। मुझे तुम्हारी सलाह तुकान्त में लिखने की पसन्द है, पर ग्राह्य नहीं है।...मुझे 'फ्रीवर्स' का माध्यम जानदार और जोरदार मिला है। यहाँ प्रवाह है, रोज की बोली का सजीव रूप है। शर्मा, मेरी राय मानो, तो तुम मुझे तुकान्त लिखने की यह सलाह न दो। मैं तुम्हारा केदार हूँ। वैसे तो मैं मानूँगा ही, पर तनिक और सोच लो।...साँस का जोर पंक्तियों में आवे, मेरी यह साधना है।'

जवाब दिया रामविलास जी ने—'फ्रीवर्स मेरी जान!' सम्बोधन के साथ : 'तो फ्रीवर्स मेरी जान! तुम फ्रीवर्स लिखो। पिसनहारियों की तरह स्वर को घटा-बढ़ाकर लिखो। और जिन्ना के गाने मत लिखो।...म्याँ, जिन्ना का गाना भी तुकान्त है। लेकिन मैं उसके लिए धेला भी देने को तैयार नहीं हूँ।

'तुकान्त लिखने की सलाह का यह मतलब नहीं है कि अतुकान्त लिखना छोड़ दो। तुकान्त लिखने को क्यों कहा? इसलिए नहीं कि साहित्यिकों की आलोचना से, 'प्रगतिवाद' से, प्रभावित हो गया हूँ, वरन् इसलिए कि तुम्हारी रचनाओं का 'भदेसपन' भदेसी भाइयों की समझ में तब ज्यादा आ सकता है जब उनके लिए सुगम छंदों की राह से उन तक पहुँचो।...तुम्हारी बातें किसान हृदय की होती हैं। बोली में वही सरलता होती है। फिर किसान के लिए छंद की रुकावट क्यों हो? उसके लिए ऐसा लिखो कि हल जोतते, करवी काटते वह गुनगुना सके। तुम्हारा गीत उसके जीवन को ही व्यक्त न करे, उसे नया जीवन भी दे। मुक्त छंद में भदेसपन पूरा नहीं होता।'

और पत्र का अन्त इन शब्दों से : 'लेकिन जोर नहीं, जब्र नहीं, कतई नहीं। सिर्फ प्यार। तुम जो कुछ भी लिखो, सिर-माथे पर।' (8.12.1943)

यह है जनता के कवि और समालोचक का हृदय-संवाद। भवभूति जीवन भर एक समानधर्मा के लिए तड़पते रहे और अन्तत: कह भी गए : 'उत्पत्स्यते मम तु कोऽपि समानधर्मा!' केदार भाग्यशाली हैं कि उन्हें पहले ही एक समानधर्मा समालोचक मिल गया। ऐसे ही समालोचक को राजशेखर ने 'भावक' कहा था और आनन्दवर्धन तथा अभिनवगुप्त की परम्परा में उसे 'सहृदय' कहा जाता था।

रामविलास शर्मा और केदारनाथ अग्रवाल के 'मित्र-संवाद' ने सिद्ध कर दिखाया कि कवि और समालोचक के बीच का विरोध आत्यन्तिक नहीं है क्योंकि वे दोनों मूलत: सरस्वती के ही तत्त्व हैं। अभिनवगुप्त ने आनन्दवर्धन के 'ध्वन्यालोक' पर 'लोचन' नाम की प्रसिद्ध टीका के मंगल श्लोक में भी सत्य की ओर संकेत किया है :

सरस्वत्यास्तत्वं कविसहृदयाख्यं विजयते।

जरूरी नहीं कि कवि और सहृदय हर बात में एकमत हों। उनके मत भिन्न भी हो सकते हैं। लेकिन अन्ततः तुलसीदास के शब्दों में : 'कहियत भिन्न, न भिन्न।' सम्भवतः इसीलिए सच्चे मित्र अपने-आपको अभिन्न कहते हैं। 'मित्र-संवाद' के दोनों मित्र भी इसी अर्थ में अभिन्न हैं; क्योंकि वहाँ समालोचक के अन्दर भी एक कवि है और कवि के अन्दर भी एक समालोचक।

इस विलक्षण सम्बन्ध की सबसे जीवंत अभिव्यक्ति 'मित्र-संवाद' के अन्तर्गत उर्वशी-विवाद में होती है। उर्वशी की प्रशंसा में रामविलास जी का एक लेख दो किस्तों में प्रकाशित हुआ। केदार जी उससे प्रभावित न हुए। लिखा : 'कला के नाम पर मैथिलीशरण शैली का निर्वाह है।' (16.3.1962) जवाब में रामविलास जी ने लिखा : 'अरे लाला, कहाँ मैथिलीशरण और कहाँ दिनकर! तुमने तो सरे बाजार डाँड़ी मार दी! टकसाली माल नहीं है? 'पल्लव', 'कामायनी' और 'राम की शक्ति-पूजा' के बाद किसने टकसाली माल दिया है? चारों तरफ नई कविता के झाड़-झंखाड़ देखो, फिर 'उर्वशी' के कवि की पीठ ठोंको। कम-से-कम उसकी मेहनत तो सराहो।' (24.3.1962)

इस पर लाला के तेवर देखिए : 'श्रीपत्री जोग लिखी बाँदा से लाला केदारनाथ की जै गोपाल पहलवान श्री रामविलास आगरावाले को पहुँचे। चिट्ठी आपकी आई। ...हम ठहरे लाला। सो हमने उसका हृदय से सुआगत किया। डर गए, कहीं दिनकर का हिमायती पहलवान न इसके अन्दर से पेट फाड़कर निकल आए। यही हमारी कमजोरी थी, वरना हम तो ऐसे-वैसे को गिनते कब हैं! हमारे बटखरे छोटे हों तो भी बड़ा काम करते हैं। बड़े-बड़े पहलवानों को राशन कम तौलते हैं।' इस मजाकिया अन्दाज के बाद साहित्य-चर्चा : ' 'पल्लव' तो पल्लव ही था। झर गया। 'कामायनी' कोर्स में लग गई है मानो सारा भारत उसे पढ़ चुका। 'राम की शक्ति-पूजा' अकेली है। वही जनता के साथ जीवन में जीती है। हम उसका लोहा मानते हैं। उसके साथ कहाँ 'उर्वशी' ठहरेगी। वह तो खयाल की रंगीनियों की छलना है जो स्वस्थ सौन्दर्य के साथ घर-बाहर हाट-बाट में ठहर ही नहीं सकती।' अन्त में 'उर्वशी' की चीरफाड़ : उर्वशी नहीं, कोई उरवशा बोल रहा है। पुरुरवा नहीं, टहलुवा बोल रहा है।...कहीं तो ऐसा भी प्रयोग है कि तन्द्रा 'फट' गई। जल 'फोड़' कर द्वीप निकल आए।...निर्भेद्य गगन में चन्द्रमा मन्द-मन्द चलता है। जब बादल होता है तभी वह चलता है और तभी चन्द्रमा चलता प्रतीत होता है। अन्यथा नहीं। यह अक्ल का दोष है।...पृष्ठ 89 पर टहनी चीर दी गई है। आपने टाँगें चीरना—लट्ठा चीरना सुना होगा। यह नया प्रयोग है।' (26.3.1962)

इस छिद्रान्वेषण का जवाब कोई दमदार काव्यांश ही हो सकता है और सहृदय समालोचक उसी अस्त्र का इस्तेमाल करते हुए पहले 'उर्वशी' से पाँच पंक्तियाँ उद्धृत करते हैं और अपने कवि मित्र से कहते हैं :

'भगवान कसम, तुम ये पंक्तियाँ लिखते तो तुम्हारे मुख-चुम्बन के लिए हलवा छोड़कर तुरन्त बाँदा चल पड़ता।' (14.4.1962)

इसके बावजूद कवि कायल नहीं होता और दो-टूक फैसला देता है : 'यह काव्य केवल बकवास है। शुरू से आखिर तक। अच्छी दिलचस्प गुफ़्तगू है। दोनों एक-दूसरे को जानना चाहते हैं और अपने को जानना चाहते हैं। पर न जानने में ही मजा लेते रहते हैं।...उर्वशी और पुरुरवा तो रटे-रटाए सूत्रों में बात करते हैं। मैंने ऐसी बहुत बातें पढ़ी हैं।' (16.4.1962)

इस प्रकार पूरे महीने भर चलने वाला 'उर्वशी-संवाद' अन्त तक अनिर्णीत ही रहता है और दोनों मित्र असहमत बने रहने पर सहमत दिखाई पड़ते हैं।

किन्तु इस पूरे प्रसंग से समालोचक की उस असली ताकत की एक झलक मिलती है जिसके कारण वह किसी भी विवाद से अजेय होकर निकलता है और वह है प्रसंग के अनुरूप सटीक काव्यांश का चयन! कभी-कभी वे अति परिचित काव्य कृति से ऐसी सुन्दर पंक्तियाँ ढूँढ़कर सामने रख देते हैं कि हम चमत्कृत रह जाते हैं और उन्हें पहले-पहल देखने का आनन्द अनुभव करते हैं। 'मित्र-संवाद' में सूर के ऐसे दो पद उन्होंने दिये हैं जिन पर अपनी तो दृष्टि पहले न गई थी। यही नहीं बल्कि रामविलास जी ने उन पदों का सौन्दर्य भी उद्घाटित किया है, जो अपूर्व है।

पहला पद है कृष्ण-जन्म का। 22.8.1956 के पत्र में—छोटी-छोटी टिप्पणियों के साथ क्रमश: चरण-चरण :

'15 अगस्त को जब कृष्णजी तशरीफ लाए तब :

आजु तो बधाई बाजै मन्दिर महर के।

किस-किस को प्रसन्नता हुई?

फूले फिरै गोपी ग्वाल ठहर-ठहर के।

गोपी ग्वालों को तो प्रसन्न होना ही था; किन्तु :

फूली फिरैं धेनु धाम, फूली गोपी अंग-अंग,
फूले-फले तरुवर आनन्द लहर के।

देखा, आनन्द की लहर में गायों, गोपियों और तरुवरों को—जड़ और जंगम, चर और अचर—दोनों को सूर ने कैसे लपेटा है? और जरा इस पंक्ति का मुलाहजा हो :

उमँगे जमुनजल, प्रफुलित कुंजपुंज,
गरजत कारे-भारे जूथ जलधर के।

सौ बार माथा टेको इस पंक्ति के सामने। यहीं तो ब्रजवासी तुलसी से आगे बढ़ गया है। अमृतलाल नागर की शब्दावली में यहाँ वड्र्सवर्थ भी फौक्स है। और नतीजा :

नृत्यन मदन फूले-फूले रति अंग-अंग
मन के मनोज फूले हलधर वर के।

कवि ने ज्ञात या अज्ञात में प्रकृति के मर्म में उस अन्ध इच्छाशक्ति का स्पन्दन सुना जो आगे चलकर मनुष्य की चेतना के रूप में विकसित हुई।'

दिलचस्प बात यह है कि सूर के सौन्दर्यबोध के साथ-साथ समालोचक सूर के माध्यम से वैज्ञानिक भौतिकवाद का पाठ भी पढ़ा रहा है।

प्रसंगवश यह पहला अवसर है और वह भी अति दुर्लभ, जब अवधी के अभिमानी रामविलास जी ब्रजवासी सूर को तुलसी से आगे मानने को विवश दिखते हैं।

एक बार सूर के इस पद पर दृष्टि पड़ जाने के बाद तो दोनों मित्र 'गरजत कारे-कारे जूथ जलधर' के साथ महीनों झूमते रहते हैं और उसके सामने माथा टेकते नजर आते हैं।

इसी बीच केदार जी के 'प्रिय डॉक्टर' की नजर सूर के एक और शब्द-चित्र पर पड़ जाती है और वह है : 'रास नृत्य'। 16.5.1957 के पत्र में वह सव्याख्या प्रस्तुत है :

'पहले सूर का दिव्य दर्शन देखो। रास का चित्र है। कल्पना के रंगों में सूर की संवेदनाओं ने ढलकर ज्योति के पत्र पर कैसा अमर चित्र आँका है—वर्ण-वर्ण, रेखा-रेखा सजीव है। सारा चित्र इतना सर्वांग-सम्पूर्ण, मानो द्रष्टा के सामने मंच के प्रज्वलित अक्षर स्वत: अवतरित हुए हों :

अरुझी कुंडल लट, बेसरि सौं पीत पट, बनमाल
बीच आनि उरझे हैं दोउ जन।
प्राननि सौं प्रान, नैन नैननि अँटकि रहे, चटकीली
छवि देखि लपटात स्याम धन।
होड़ा-होड़ी नृत्य करैं, रीझि रीझि अंक भरैं,
ता-ता-थेई-थेई उछटत है हरखि मन।
सूरदास प्रभु प्यारी, मंडली जुबति भारी, नारि कौ
आँचल लै-लै पोंछत है स्रमकन।

उल्लास का ऐसा चित्र और कहीं देखा है? कृष्ण के कुंडलों में राधिका की लट, राधा के बेसर में कृष्ण का पीत पट उलझा है। नृत्य घनीभूत है न। बनमाल में दोनों ही उलझ गए हैं। होड़ करके नाचते हैं। सामन्ती निषेधों की बेड़ियाँ पैरों में नहीं हैं, इसलिए प्राक् सामन्ती समाज की स्वच्छंदता के ताल पर नाच रहे हैं। प्राणों से प्राण, नैनों से नैनों का मिलन—रवीन्द्रनाथ-निराला की प्रेम-सम्बन्धी तल्लीनता

सूर ने पहले ही देख ली है। रीझ-रीझकर अंक भरना, ता-ता थेई-थेई उछटत पर जब मृदंग पर थाप पड़े, तब नाद की नसेनी पर मन सुन्न महल पर पहुँच जाए। मंडली जुवति है; अनेक नाचने वाली हैं। सामूहिक उल्लास है। फिर समग्र क्रिया की पूर्ति के फलस्वरूप आँचल से स्रमकन पोंछना—रस निष्पत्ति की पराकाष्ठा है।'

और कविता की व्याख्या की भी पराकाष्ठा है यह। 8.2.1983 के पत्र में रामविलास जी लिखते हैं : 'एक प्रश्न—कविता की व्याख्या कैसे की जाए? विशेष कविताओं की व्याख्या किये बिना कविता की व्याख्या हाथ न लगेगी। यदि कोई आलोचक किसी कवि का सही अध्ययन करता है तो वह कविता मात्र के अध्ययन—और उसकी रचना—का मार्ग प्रशस्त करता है।'

यह दृष्टि रामविलास जी को मार्क्स से मिली थी। उसी पत्र में आगे उन्होंने यह भी लिखा है : 'मार्क्स ने इतिहास मात्र के विवेचन के लिए भौतिकवाद पर कौन-सी पुस्तक लिखी है? तुम्हें इस जानकारी से मजा आना चाहिए कि रूस में कुछ लोग मार्क्स के ग्रंथों में ऐतिहासिक भौतिकवाद ढूँढ़ते थे और उसे न पाकर बहुत क्षुब्ध होते थे।' इसी तरह हिन्दी में भी कुछ लोग रामविलास जी के ग्रंथों में मार्क्सवादी काव्य सिद्धान्त को ढूँढ़कर क्षुब्ध होते होंगे।

कहना न होगा कि रामविलास जी प्राचीन सहृदयों की परम्परा में एक आधुनिक सहृदय थे, काव्यशास्त्री नहीं। पाश्चात्य आलोचना में भी वे शास्त्र से उदासीन थे। 6.4.1978 के पत्र में उन्होंने स्पष्ट लिखा है कि 'पाश्चात्य आलोचना में जहाँ शास्त्र है, वहाँ दरिद्र है। जहाँ वह कवियों के अनुभव प्रस्तुत करती है, वहाँ वह मनन के योग्य है, विशेषत: कवियों के।'

इस दृष्टि से देखें तो 'मित्र-संवाद' साहित्य की आलोचना के बहूमूल्य सूत्रों की खान है क्योंकि वह दो संवेदन-सजग कवि-आलोचकों की कार्यशाला का बेजोड़ रोजनामचा है : साठ वर्षों की साहित्य-साधना में प्राप्त अनुभवों का दस्तावेज।

'मित्र-संवाद' अन्तत: जीवन का गद्य है। ग़ालिब ने अगर अपने पत्रों के जरिये उर्दू गद्य की नींव डाली और उसे परवान चढ़ाया तो रामविलास शर्मा और केदारनाथ अग्रवाल के पत्रों ने हिन्दी में 'गद्य की विलुप्त कला' को बचा लिया।

संचार क्रान्ति के इस युग में पत्र-लेखन वैसे भी विलुप्त हो चला है और हाथ से पत्र लिखने की प्रथा तो और भी पहले से उठ चली है। ऐसे जमाने में 'मित्र-संवाद' के अन्दर यह पढ़ना अपने-आपमें एक रोमांचकारी अनुभव है :

'प्रिय केदार, देखो कितने बढ़िया पेपर पर तुम्हें पत्र लिख रहा हूँ! गुलाब के फूल के नीचे उसकी लाजभरी गुलाबी में मैंने तुम्हारा नाम लिखा है। पर तुम कहोगे, कितने दिनों बाद! वास्तव में प्राय: एक महीने बाद। कारण यही, कभी उचित अवकाश न था, कभी टिकट को पैसे न थे। अब भी निब टेढ़ा है। पर अधिक विलम्ब उचित न था। पारकर फाउंटेन पेन से मोती-से अक्षर चुनने के बजाय इस

पेपर पर मेरा रेडिंक निब और नीले रंग का यह गोदना ही सही। वास्तव में सफेद लिफाफे रहे नहीं, इसलिए प्रिया को पत्र लिखने को दिये मित्र के तोहफे का प्रयोग तुम्हारे लिए।' (12.2.1936)

ग़ालिब के पत्रों के गद्य की तारीफ इसलिए खास तौर से की जाती है कि उसमें बातचीत का बेतकल्लुफ लहजा है और इस नाते वह किताबी और औपचारिक भाषा की जकड़बन्दी से बचा रह गया है। ये खूबियाँ 'मित्र-संवाद' के गद्य की भी हैं लेकिन इस विशेषता के साथ कि यहाँ बातचीत सचमुच दोतरफा है और दोतरफा बातचीत होने के कारण यह और भी आत्मीयतापूर्ण तथा नाटकीय है। इसीलिए 'मित्र-संवाद' को ग़ालिब के पत्रों से बेहतर नहीं तो बुनावट में अधिक सघन अवश्य मान सकते हैं। यहाँ एक विशेषता यह भी है कि संवाद के दोनों ही भागीदार हमउम्र और गँवई पृष्ठभूमि के मिडिलची ही नहीं, भदेस भी हैं। इसलिए इन पत्रों में इस तरह के प्रयोग काफी मिलेंगे : 'मेरे हाथों में पसीना चुचुआ रहा है' (पृ.37), 'गरमी अभी घनघना रही है' (98), 'यह दकदकाती रहेगी, मैली न पड़ेगी' (185), 'गुलाब अलबत्ता गहगहा रहा है' (361), 'बड़े कलमकोंचू हो' (369), 'आगरा पके आम की तरह गलक रहा है, हम भी गलकेंगे' (417), 'गर्मी धमधमाकर आ गई' (434), इत्यादि। यह भदेसपन इस संवाद की जान है, अपनी पहचान। इसके बिना हिन्दी कहाँ : न कबीर की, न तुलसी की, न भारतेन्दु की और न निराला की!

'भूमिका' में रामविलास जी ने स्वीकार किया है कि 'लिखने और बोलने में थोड़ा फर्क जरूर होता है पर अपना अन्दाजा यह है कि हम दोनों के लिखने और बोलने में यह फर्क कम-से-कम है।' सम्भवत: इसी कारण इन पत्रों के गद्य में सहजता के साथ ही सप्राणता भी है। और यह भी ठीक है।

लेकिन बहुत-से लोगों को यह भ्रम है कि जैसा बोलो, वैसा ही लिखो तो गद्य अच्छा होगा। वे इस मुगालते में रहते हैं कि वे गद्य बोलते हैं। अपना अनायास वार्तालाप वे टेप करके सुनें तो यह वहम दूर हो जाएगा। सच तो यह है कि जिसे हम गद्य कहते हैं अथवा गद्य के रूप में जानते हैं, वह बोलचाल का काफी सँवरा हुआ रूप है। अपने सर्वोत्तम रूप में वह भले ही बोलचाल के मुहावरे और लबो-लहजे पर खड़ा होने पर अपने व्याकरण और शब्द-सम्पदा में एक हद तक कटा-छँटा और गढ़ा हुआ होता है। काट-छाँट, सजाव-सँवार के ये सारे काम लिखने की प्रक्रिया में सम्पन्न हो जाते हैं। इसीलिए पत्र लेखन में गद्य का सर्वोत्तम रूप प्रकट होता है—बशर्ते लिखनेवाले में खुलापन हो और जिसे लिखा जा रहा हो, उससे एकदम बेतकल्लुफी हो। 'मित्र-संवाद' में बहुत दूर तक ये सभी शर्तें पूरी होती हैं। इसलिए वह निश्चित रूप से गद्य की एक मिसाल है। सम्भवत: आत्मप्रशंसा के आरोप से बचने के लिए रामविलास जी ने सिर्फ केदार जी के गद्य की प्रशंसा की

है किन्तु केदार जी के गद्य की अनेक विशेषताएँ स्वयं रामविलास जी के गद्य में भी मिल जाती हैं। इसके अतिरिक्त रामविलास जी के गद्य में भावोच्छ्वास की कमी और आत्म-सजगता की अधिकता के कारण कुछ अन्य विशेषताएँ भी जुड़ जाती हैं। इसीलिए केदार जी ने रामविलास जी के गद्य के बारे में यह लिखा है कि 'इतना सधा, सन्तुलित, तार्किक, परिपुष्ट और दृढ़ होता है तुम्हारा गद्य कि दूसरे लिख ही नहीं सकते।' (8.4.1988) यह राय है उस कवि की जिसका गद्य रामविलास जी के शब्दों में : 'ऐसा गद्य है जो अपने गद्य की जमीन नहीं छोड़ता, फिर भी कविता बन जाता है और कहीं-कहीं तो कविता से आगे बढ़ जाता है।' (भूमिका, पृ. 12) इसी पर कहते हैं कि 'मेरे नुत्क ने बोसे मेरी जुबाँ के लिए!' जुबान से ऐसे लफ्ज निकलें तो अपनी ही वाणी उसे क्यों न चूम ले! 'मित्र-संवाद' में इन्हें ढूँढ़ने के लिए अधिक परिश्रम न करना पड़ेगा। गरज कि रामविलास जी और केदार जी के पत्रों के गद्य के रंग 'मित्र-संवाद' के संगम में भी अलग-अलग पहचाने जा सकते हैं। 'मित्र-संवाद' के गद्य का यह अतिरिक्त सौन्दर्य है।

गद्य लिखने का एक ढंग भर नहीं, बल्कि देखने, सोचने-समझने और रचने का भी ढंग है। इसी अर्थ में हेगल ने आधुनिक युग को गद्य का युग कहा था। इसलिए यथार्थ और व्यावसायिक बुद्धि से भी गद्य का घनिष्ठ सम्बन्ध है। आकस्मिक नहीं है कि रामविलास जी बार-बार केदार जी को गद्य लिखने के लिए प्रेरित करते हैं, उसके साथ ही यथार्थ चित्रण और सोच-विचार के लिए आग्रह करते हैं।

आज यदि गद्य की कला विलुप्त हो रही है तो वह केवल भाषावैज्ञानिक और शैलीवैज्ञानिक मामला नहीं है। इस प्रसंग में राल्फ फॉक्स की प्रसिद्ध पुस्तक 'उपन्यास और लोकजीवन' का वह अध्याय याद आता है जिसका शीर्षक है : 'गद्य की विलुप्त कला'। 'मित्र-संवाद' के सन्दर्भ में उस पुस्तक की याद इसलिए भी अर्थपूर्ण है कि हिन्दी में उसका अनुवाद मित्रद्वय के मित्र नरोत्तम नागर ने किया था और उसकी भूमिका रामविलास शर्मा ने लिखी थी। 'गद्य की विलुप्त कला' शीर्षक अध्याय के अन्तिम भाग के ये शब्द हमारे आज के सन्दर्भ में भी अर्थगर्भ हैं :

'पोर्टलैंड प्लेस के भद्र पुरुषों की क्षीण वाणी में न भावों का पता चलता है, न अनुराग, विचार या संवेदनशीलता का। जीवन की परिचित तथा प्रिय चीजों का कोई भी प्रतिबिम्ब उसमें नहीं दिखाई देता, केवल उन हौवों और भुतनों की क्षीण छायाएँ नजर आती हैं जिन्हें हमारे आधुनिक शासकों ने उक्त चीजों के बदले अपने दिमागों में खड़ा कर लिया है। शायद यह तुलना अनुचित है। अब और क्या कहें; हालाँकि यह दुखद सत्य है कि विलियम काबेट से लेकर आज तक हमारी भाषा का विकास बी.बी.सी. के इसी रक्तशून्य, दोषरहित आदर्श की दिशा में हुआ है। यह विकास सत्य के प्रति उस भय से सीमित और कुंठित रहा है, जो कि हमारे वर्ग-समाज के बौद्धिक जीवन की अत्यन्त उल्लेखनीय विशेषता है। यदि हमें चीजों

को उनके नाम से पुकारना फिर शुरू करना है तो काफी जमीन तय करनी होगी और साहित्य के पंडितों से अत्यन्त भोंडे युद्ध में उतरना पड़ेगा।'

राल्फ फॉक्स यह लिखने के बाद उस भोंडे युद्ध में सचमुच उतरे और शहीद हुए। वह युद्ध तीस के दशक के फासीवाद ने शुरू किया था, जिसका एक मोर्चा स्पेन भी था। राल्फ फॉक्स अन्तर्राष्ट्रीय ब्रिगेड के साथ लोकतंत्र की हिफाजत के लिए लड़े। लेकिन लोकतंत्र के साथ-साथ वे गद्य को बचाने के लिए भी लड़ रहे थे। यह वर्ष संयोग से राल्फ फॉक्स की जन्मशती का भी वर्ष है। उन्हें वर्ड्सवर्थ के समकालीन विलियम काबेट का गद्य बहुत पसन्द था। 'उपन्यास और लोकजीवन' पुस्तक में उन्होंने काबेट के ठेठ गद्य का एक नमूना भी पेश किया है। काबेट के देहाती जीवन के शब्द-चित्रों को पढ़ते हुए केदार जी के वे देहाती गद्य-चित्र याद आते हैं, जो 'मित्र-संवाद' में फूल-पत्तियों की तरह यहाँ से वहाँ तक लहलहाते दिखते हैं।

कुछ-कुछ वैसे ही 'भोंडे युद्ध' का मंजर आज हमारे सामने भी है और लोकतंत्र के साथ ही गद्य भी खतरे में है। इस लड़ाई में रामविलास शर्मा और केदारनाथ अग्रवाल का यह 'मित्र-संवाद' एक कारगर हथियार बन सकता है क्योंकि यह स्वयं भी सुन्दर और सजीव गद्य है। ऐसा प्राणवान गद्य ही गद्य की रक्षा कर सकता है। इस दृष्टि से 'मित्र-संवाद' उस 'गद्य की विलुप्त कला' का अप्रतिम दस्तावेज है।

अन्ततः 'मित्र-संवाद' रामविलास शर्मा और केदारनाथ अग्रवाल का संयुक्त वसीयतनामा है। इस वसीयतनामे में कुछ ख्वाहिशें भी हैं—खास तौर से वे, जो जीवन में पूरी न हो सकीं। वसीयत लिखनेवाले स्वभाव से लेखक थे इसलिए उन ख्वाहिशों में से ज्यादातर रिश्ता लेखन से ही है। जैसाकि मार्च, 1974 के एक पत्र में रामविलास जी ने लिखा है : 'दुनिया बदलने के लिए कलम काफी नहीं है। क्या करें? बुढ़ापा आया नहीं तो आ रहा है। लिखने के अलावा और कुछ करने के काबिल रहे नहीं। खैर, दुनिया बदलनेवाले और भी हैं और अबेर-सबेर जागेंगे, जोर लगाएँगे।' इस बात को लिखे छब्बीस साल से ऊपर हो गए, तब से दुनिया बदलनेवालों में से बहुत-से स्वयं बदल गए; जो बचे रह गए हैं, वे बचे रह जाएँ, आज की एक बड़ी चिन्ता तो यही है। लेकिन यदि कोई स्वयं ही बचना न चाहे तो आप क्या कर सकते हैं?

जहाँ तक लिखने का सवाल है, रामविलास जी तुलसीदास पर एक किताब लिखना चाहते थे। 18.8.1943 के पत्र में उन्होंने लिखा था कि 'इस साल तुलसीदास पर एक किताब लिखने की सोच रहा हूँ।' तब से उन्होंने समय-समय पर तुलसीदास पर कई लेख लिखे, लेकिन और बहुत सारी पुस्तकों के लिए तो समय निकल आया, नहीं निकला समय तो तुलसीदास के लिए। मालूम होता है, इस पुस्तक को वे अपनी अन्तिम पुस्तक बनाना चाहते थे और अन्तिम पुस्तक के गौरव के अनुरूप एक विशेष प्रकार के अवकाश और ध्यान-योग की आवश्यकता थी। वह

काम उन्होंने शुरू भी कर दिया, किन्तु विडम्बना देखिए कि उस चिर-अभिलषित पुस्तक का सौन्दर्यबोध वाला पहला खंड तो किसी तरह हो गया, न हो सका तो वही तुलसीदास वाला खंड! खैर, जैसी पुस्तक वह चाहते थे, वैसी तो वही लिख सकते थे। लेकिन उनकी वसीयत का एक अंश वह भी है। ख्वाहिश पूरी हो, न हो, उसे जिन्दा रखना भी उस वसीयत के प्रति सम्मान प्रकट करने का एक ढंग है। तथास्तु।

[रामविलास शर्मा और केदारनाथ अग्रवाल के पत्रों की पुस्तक 'मित्र-संवाद' की समीक्षा; 'आलोचना' : जुलाई-सितम्बर, 2000 में प्रकाशित]

गाहा-सत्तसई की महिलाएँ

'महिलाएँ' 'गाहा-सत्तसई' की नवीन प्रस्तुति है। प्रोफेसर गोविन्दचन्द्र पांडेय द्वारा हिन्दी दोहों में काव्यात्मक पुनस्सर्जना। हिन्दी में अभी तक इस तरह का काव्यात्मक प्रयास एक ही उल्लेखनीय है—डॉ. हरिराम आचार्य का, जो 1989 में जयपुर की प्राकृत भारती अकादमी से प्रकाशित हुआ था। डॉ. आचार्य ने पुनस्सर्जना के लिए अपनी रुचि के अनुसार आज के प्रचलित गेय छंदों को चुना।

'गाहा-सत्तसई' की गाहा को दोहा में ढालना चुनौती भरा काम है। पांडेय जी ने 'भूमिका' में स्वयं स्वीकार किया है कि अनुवाद कहीं-कहीं क्लिष्ट हो गया है। एक कारण तो यही है कि 'गाथा का आकार दोहे से बड़ा होता है।' दूसरा यह कि 'प्राकृत में संस्कृत की तरह समस्त पदों की लड़ियों का प्रयोग होता है। फलत: प्राकृत गाथा में जितनी बात कही जा सकती है, उतनी को दोहे में कह पाना दुष्कर कार्य है, विशेष कर जब खड़ी बोली की व्याकरण की रक्षा करनी हो। फलत: दोहे का काव्यावकाश गाथा से पर्याप्त सीमित हो जाता है।' इन कठिनाइयों को पहले से जानते हुए भी पांडेय जी ने 'समश्लोकी अनुवाद का साहस किया' तो वह कितना सन्तोषप्रद होगा, इसका अनुमान सहज ही लगाया जा सकता है।

यह सही है कि दोहा उसी तरह हिन्दी की अपनी पहचान है, जैसे अनुष्टुप संस्कृत की और गाहा प्राकृत की, किन्तु दोहा के लिए पुरानी साहित्यिक अवधी या ब्रज की लचीली भाषायी प्रकृति जितनी अनुकूल थी, आधुनिक खड़ी बोली का खड़ा ढाँचा उतना ही सख्त साबित हुआ। यह समस्या आरम्भ में प्रसाद-निराला-पंत जैसे समर्थ छायावादी कवियों के सामने भी थी। इसीलिए उन्होंने कबीर-तुलसी-बिहारी के दोहों से होड़ लेने की कोशिश नहीं की और खड़ी बोली की प्रकृति के अनुरूप नये छंद अपनाए।

सम्भवत: इसीलिए डॉ. हरिराम आचार्य के अनुवाद अपेक्षाकृत अधिक सहज, सुपाठ्य और सफल बन पड़े हैं। उदाहरण के लिए प्रथम शतक की 18वीं गाथा और उसके दोनों अनुवाद देखें :

गाहा : दुग्गअकुडुम्ब अट्ठी कहँ णु मए धोइएण सोढव्वा।
दसिओसरन्तसलिलेण उअह रुण्णं व पडएण॥

पांडेय : दुरवस्थित घर की सहूँ खींचतान किस भाँति।
वस्त्र-प्रान्त से यों धुले चूती आँसू-पाँति॥

आचार्य : इस कुटुम्ब की दीन दुर्दशा
कब तक रहूँ स्वयं मैं ओढ़।
झरते जल मिस रही ओढ़नी
अपने मन की व्यथा निचोड़॥

अब संस्कृत-छाया भी सामने रख लें, क्योंकि दोनों अनुवादकों के भी वह सामने थी :

दुर्गत कुटुम्बाकृष्टि: कथं नु मया धौतेन सोढव्या।
दशापसरत्सलिलेन पश्यत रुदितमिव पटकेन॥

जहाँ पांडेय जी का दोहा मूल प्राकृत के शब्दश: निकट रहने का प्रयास करता है, आचार्य जी प्राय: उससे दूर चले जाते हैं; जैसे पांडे जी प्राकृत 'अट्ठी' को नहीं छोड़ते, वे संस्कृत 'आकृष्टि' के आधार पर खींचतान कर लेते हैं, जबकि आचार्य उससे साफ बच निकलते हैं। किन्तु दूसरी पंक्ति में पांडेय जी 'वस्त्र-प्रान्त' में उलझ जाते हैं और आचार्य जी ओढ़नी की शरण लेकर भाव की रक्षा करने में सफल हो जाते हैं। इन अनुवादों की तुलना करते समय विशेष रूप से देखने की बात यह है कि हिन्दी क्रियाओं की भूमिका किसके यहाँ कितनी है। कहना न होगा कि पांडेय जी क्रिया के प्रयोग से भरसक बचते हैं, जबकि हरिराम आचार्य की सबसे बड़ी ताकत तद्भव क्रियाओं के प्रयोग हैं। छायावादी पंत जी की क्रियाओं से घबराते थे।

अनुवाद-पद्धति की बारीक और ब्यौरेवार चर्चा को यहीं छोड़ दें तो पांडेय जी ने इस अनूदित 'गाहा-सत्तसई' की मूल प्रकृति के पुनरुद्धार में नियामक भूमिका अदा की है। इस पुनरुद्धार में उनका प्रभावशाली शस्त्र है : ऐतिहासिक दृष्टि। उदाहरण के लिए प्रथम शतक की चौथी 'गाहा' को लें :

ऊअ णिच्चलणिप्पन्दा मिसिणीपत्तमि रेहइ बलाआ।
णिम्मलमरगअभाअणपरिट्ठिआ सेखसुत्ति वि॥

पांडेय जी का अनुवाद :

बगुली नलिनी-पत्र पर निश्चल स्पन्दविहीन।
निर्मल मरकत-पात्र पर शंख-शुक्ति-सी लीन॥

अनुवाद की अपर्याप्तता के बारे में कहने के लिए बहुत-सी बातें हैं, परन्तु इस पर पांडेय जी की टिप्पणी कहीं अधिक महत्त्वपूर्ण हैं। लिखते हैं :

'टीकाकारों ने यहाँ निश्चलता से निर्जनता, निर्जनता से संकेत-स्थान, उससे प्रणय-लीला में न आने का उलाहना अथवा प्रणय-क्रीड़ा में ध्यान बँटाने के लिए कहे वचन आदि अर्थ व्यंग्य माने हैं, पर यह सब मानने पर यह गाथा गुणीभूत-व्यंग्य का ही उदाहरण बन जाती है। वस्तुत: इसमें निश्चलता से एक तल्लीनता का भाव व्यंग्य है, जो दृश्य में एक सहज संकेत मिलता है, जिसका अर्थ द्रष्टा अपने संस्कारों के अनुसार समझता है। एकान्त निश्चल सौन्दर्य श्रृंगार का भी उद्दीपन हो सकता है, शान्त का भी। गाथाओं के संग्रहकार और टीकाकारों ने उन्हें अवश्य श्रृंगारपरक ही लिया है, पर प्राचीनतम टीकाकार भी गाथाओं से कम-से-कम एक सहस्राब्दी बाद के हैं, और गाथाएँ संग्रहकार की समकालीन ही नहीं हैं। फिर प्रश्न अविदित प्रयोक्ता के विवक्षित अभिप्राय का नहीं है, बल्कि पाठ के स्वायत्त पर अनेकधा सम्भाव्य अर्थ का है। प्रस्तुत पद्य जैन काव्य से तुलनीय है। संकेत-वचन के स्थान पर यहाँ ध्यानप्रवण स्वभावोक्ति मानने में कुछ भी शब्दगत प्रतिबन्धक नहीं दीखता।'

यही बात प्रकारान्तर से उन्होंने 'भूमिका' के अन्तर्गत एक सामान्य सिद्धान्त के रूप में इस प्रकार प्रस्तुत की है : 'जो व्याख्याकारों की परम्परा है, वह मध्यकालीन है और उसे सर्वत्र प्रामाणिक नहीं माना जा सकता। सामान्यतया गाथाओं की व्याख्याएँ कतिपय नीतिविषयक गाथाओं को छोड़कर शेष की व्याख्या टीकाकारों ने नीतिबद्ध श्रृंगार के रूढ़ सन्दर्भों के अनुसार ध्वनि में मानी है। अधिकांश गाथाओं में श्रृंगार की ध्वनि है, यह निर्विवाद है। किन्तु उन सबमें श्रृंगार उसी प्रकार से रीतिबद्ध है और इन्हीं सन्दर्भों में रूढ़ है, जिनकी टीकाकार कल्पना करते हैं।

यह विचारणीय है। काव्य के सन्दर्भ का प्रश्न उतना ही जटिल है, जितना कि उसकी ध्वनि के आयामों का। काव्य के पाठ में ही एक अन्त:सन्दर्भ प्रतिबिम्बित होता है, जिसे उसका मुख्य सन्दर्भ मानना चाहिए। यह अन्त:सन्दर्भ पूरी तरह से काव्य में निरूपित नहीं होता किन्तु प्राय: स्फुट रूप में ही प्रतीत होता है। प्रबन्ध-काव्यों में और नाटकों में अवश्य ही प्रत्येक उक्ति का श्रोता, वक्ता और परिस्थिति बता दिये जाते हैं, किन्तु मुक्तक में इतना अवकाश नहीं रहता। प्रश्न यह उठता है कि जिस सन्दर्भ को मुक्तक में स्पष्ट रूप से नहीं कहा गया है, क्या उसकी विशेष रूप से कल्पना उसके अर्थ तक पहुँचने के लिए आवश्यक है?' (बल अपना)

यह प्रश्न निश्चय ही गम्भीर है, किन्तु 'गाहा-सत्तसई' की अनेक गाथाओं के बाद में पांडेय जी का मत स्पष्ट है कि जबरदस्ती व्यंग्यार्थ का आरोप न कर उन्हें स्वभावोक्ति के रूप में ही ग्रहण करना उचित है। वर्षों पहले मैंने इसी 'णिच्चलणिप्पन्दा...' वाली गाथा की मम्मट की ध्वनिपरक श्रृंगारी व्याख्या के विरुद्ध उसे स्वभावोक्ति के रूप में स्वीकार करने की बात की भी तो अनेक काव्यशास्त्री

भड़क गए थे। आज पांडेय जी की ओर से इस सोच का समर्थन पाकर आश्वस्ति का अनुभव हो रहा है।

स्वयं बाणभट्ट ने 'हर्षचरित' में सातवाहन हाल के इस 'गाहाकोश' की प्रशंसा विशेष रूप से विशुद्ध 'जाति' यानी स्वभावोक्ति के लिए की थी। बाणभट्ट के शब्द इस प्रकार हैं :

अविनाशिनमग्राम्यमकरोत् सातवाहन:।
विशुद्धजातिभि: कोशं रत्नैरिव सुभाषितै:॥

इसी प्रकार सातवाहन का यह 'गाहा-संग्रह' राजशेखर की दृष्टि में भी अपनी 'चित्र-परम्परा' के लिए दर्शनीय था, जिसका आशय सम्भवत: यह है कि अनेक गाथाओं में ग्राम-जीवन के सजीव चित्रों की लड़ियाँ हैं। इस सचाई की पुष्टि के लिए फिलहाल कुछ ऐसी ही गाथाएँ निम्न हैं :

(1) *बाढ़ पड़े तरु-नीड़ में शावक देख अनाथ।*
निर्भय रक्षा के लिए कौवी बहती साथ॥
(2) *फूलों से डालें झुकीं सुन लो विनती मूक।*
गोदा-तट धन कुंज में धीरे चुओ मधूक॥
(3) *महुए के वह देखकर विरले अन्तिम फूल।*
अश्रुमुखी चुनती यथा बन्धु-चिता से फूल॥

ये तीनों छंद द्वितीय शतक के आरम्भ के हैं और संयोग से ही एक ही पृष्ठ के। पहला चित्र बाढ़ का है। पेड़ के घोंसले में कौवी का बच्चा अनाथ-सा बहा जा रहा है। उसकी रक्षा के लिए साथ-साथ कौवी भी निर्भय बह रही है। यहाँ एक साथ भय, करुणा और वात्सल्य की व्यंजना है। व्यंजना के साथ एक स्वाभाविक दृश्य को सजीव रूप में प्रस्तुत किया गया है, फिर भी टीकाकारों ने इसे अभिसार के पुराने संकेत-स्थानों के नष्ट होने की सूचना माना है। पांडेय जी ने उचित ही इसे 'मानसिक विकृति का परिचायक' कहा है।

शेष दोनों छंदों का सम्बन्ध महुआ के फूलों के चूने से है। पहले फूल का सन्दर्भ यह है कि गोदावरी नदी के किनारे कोई स्त्री महुए के फूल चुनती है। उसकी प्रार्थना है कि धीरे चुओ, ताकि वह उन्हें बीच ही में पकड़कर रख ले ताजा-ताजा। यहाँ भी टीकाकारों ने संकेत स्थान की सूचना मानी है।

तीसरे छंद में महुआ के फूल चुनने वाली की करुणा चरम सीमा पर है। टपकने वाले फूल ऋतु के अन्तिम फूल हैं। चुनने वाली के लिए, मानो वे अपने बन्धु की चिता के फूल हैं। मूल प्राकृत गाथा में असई (असती) शब्द है, जिसके सहारे यहाँ भी टीकाकारों को अभिसार के संकेत-स्थान का सुराग मिल गया।

समझ में नहीं आता कि ये व्यंजनाखोजी टीकाकार काव्यमर्मज्ञ हैं या लुकते-छिपते प्रेमी-प्रेमिकाओं का पीछा करनेवाले जासूस!

इस आकस्मिक यादृच्छिक चयन के ये सभी चित्र स्त्रियों के हैं। 'गाहा-सत्तसई' में प्रधानता महिलाओं की ही है। 'भूमिका' में पांडेय जी ने भी इसे रेखांकित किया है। ऐसी भी गाथाएँ हैं, जिनमें सीधे-सीधे 'महिला' शब्द का प्रयोग भी हुआ है। उदाहरण के लिए गाहा संख्या 2/82, 4/97, 5/77, 6/12, 6/13 और 6/86। ध्यान से खोजने पर 'गाहा-सत्तसई' में 'महिला' शब्द के प्रयोग और भी मिल सकते हैं। ये सभी महिलाएँ एक-सी नहीं हैं। न एक स्वभाव की, न समाज के एक वर्ग की, न एक समुदाय अथवा पेशे की। उम्र की दृष्टि से भी इनमें विविधता है।

वैसे भी स्त्री के बिना कविता की कल्पना नहीं की जा सकती, फिर भी लोकधर्मी कविता के केन्द्र में स्त्री का होना सामान्य है—विशेषत: स्त्री का दु:ख। 'गाहा-सत्तसई' में स्त्री-सम्बन्धी गाथाओं की अधिकता इसीलिए कोई चौंकाने वाली बात नहीं। इस दृष्टि से 'गाहा-सत्तसई' को 'महिलाएँ' शीर्षक से प्रस्तुत किये जाने पर किसी को आपत्ति नहीं होनी चाहिए। वैसे भी, इस समय सारे विश्व के साथ भारत में भी 'स्त्री-विमर्श' का दौर-दौरा है। इसलिए पांडेय जी इससे अछूते क्यों रहें? पुस्तक का समर्पण भी पांडे जी ने इन शब्दों के साथ किया है :

या स्थिता सकला स्त्रीषु तां नमामि शिवां पराम्।

[गोविन्दचन्द्र पांडेय की पुस्तक 'महिलाएँ' की समीक्षा;
'माध्यम' : अप्रैल-जून, 2004 में प्रकाशित]

उत्तरी भारत की संत-परम्परा

लगभग पौने आठ सौ पृष्ठों की इस पुस्तक में चतुर्वेदी जी ने आठ सौ वर्षों—12वीं से 20वीं शताब्दी—के संतों और सम्प्रदायों का खाता उपस्थित करके मध्ययुगीन हिन्दी साहित्य के अध्येताओं के लिए बड़ा उपकार किया है, साथ ही उनका भार भी हल्का कर दिया है। हिन्दी क्या, अंग्रेजी में भी अब तक अकेली कोई ऐसी पुस्तक न थी जिसमें एकत्र ही नाथों-निरंजनियों, कबीर पंथ, नानक पंथ, दादू पंथ, बावरी पंथ, सतनामी, दरियादासी, चरणदासी, रामसनेही आदि सम्प्रदायों का परिचय प्राप्त होता। अलग-अलग इन मत-मतान्तरों पर पुस्तकें निकल चुकी हैं, परन्तु उनसे सामग्री जुटाकर एक जगह सजाना पर्याप्त श्रमसाध्य है और चतुर्वेदी जी जैसे वयोवृद्ध विद्वान ने यही कार्य किया है। उन्होंने तटस्थ भाव से सम्पूर्ण सामग्री जुटा दी है; न तो उसकी समीक्षा की ओर ध्यान दिया है और न विश्लेषण में हाथ लगाया है। इससे और कोई कमी भले ही आ गई हो परन्तु इस पूर्वग्रहहीनता के कारण किसी संत, पंथ या सम्प्रदाय के सिद्धान्त विकृत होने से बच गए हैं। सम्भव है, चतुर्वेदी जी इस सामग्री के समीक्षात्मक अध्ययन का कार्य भविष्य में उपस्थित करें क्योंकि उनकी योजना के अनुसार यह ग्रंथ तो एक बहुत बड़े ग्रंथ का प्रथम खंड मात्र है। इसके अगले दो भागों में वह 'संत साहित्य' और 'संत मत' पर विचार करनेवाले हैं।

जहाँ तक 'संत-परम्परा' में सम्मिलित किये जानेवाले संतों के चुनाव का प्रश्न है, उन्होंने प्रधानत: 'कबीर' से प्रत्यक्ष या अप्रत्यक्ष ढंग से प्रभावित होनेवाले लोगों को ही लिया है। इसके अतिरिक्त कुछ ऐसे लोगों को भी स्थान देना पड़ गया है जो इतर सम्प्रदायों से सम्बद्ध थे; परन्तु इस प्रकार के केवल उन्हीं संतों को लिया गया है, जो 'संत-परम्परा में गिने जाते आए हैं।' कौन संत है और कौन असंत, यह विचारणीय प्रश्न है। इधर हिन्दी-समीक्षा में निरगुनिए साधकों को संत तथा सगुणोपासकों को भक्त कहने की रूढ़ि बन रही है। इस दृष्टि से सूर, तुलसी, मीरा आदि को संत-परम्परा से अलग कर दिया जाता है। परन्तु अधिक गहराई में उतरने पर इस प्रकार का विभाजन निराधार और मिथ्या प्रतीत होता है। सूर, तुलसी, मीरा

के समय संत और भक्त का यह अन्तर न था। व्यापक सांस्कृतिक दृष्टि से देखने पर सभी संत-परम्परा के अन्तर्गत आएँगे। इस दृष्टि से सामग्री-चयन करने पर चतुर्वेदी जी की यह पुस्तक और भी समृद्ध तथा पूर्ण हो जाती।

चतुर्वेदी जी ने अपने विषय को मध्ययुग तक ही सीमित रखा होता तो वह अधिक वैज्ञानिक होता। आधुनिक युग में आते ही उनके चुनाव का आधार टूटता दिखाई पड़ता है। यदि महात्मा गांधी को संतों में शुमार करना ठीक है तो रामकृष्ण परमहंस, स्वामी विवेकानन्द, राजा राममोहन राय, केशवचन्द्र सेन, स्वामी दयानन्द तथा रवीन्द्रनाथ ठाकुर को क्यों छोड़ दिया जाए? रविबाबू गांधी जी की अपेक्षा कहीं अधिक कबीर से प्रभावित थे। गांधी जी तो तुलसी और नरसी मेहता जैसे सगुण भक्तों से अधिक प्रेरणा लेते थे। गांधी जी को संत-परम्परा में ग्रहण करने के लिए चतुर्वेदी जी ने वक्तव्य दिया है : 'किन्तु जिस परिस्थिति ने इस परम्परा को सर्वप्रथम जन्म दिया था, उसके प्राय: उसी रूप में वर्तमान रहने के कारण अन्त में महात्मा गांधी के नेतृत्व में एक नई लहर एक बार फिर जाग्रत हो उठती है।'

ऐतिहासिक दृष्टि का धुँधलापन ही इस प्रकार की बातें कहला सकता है। 19वीं शताब्दी का सांस्कृतिक पुनर्जागरण 15वीं शताब्दी के भक्ति-आन्दोलन से तत्त्वत: भिन्न था। एक के मूल में सामन्ती व्यवस्था की मध्यवर्गीय चेतना थी और दूसरे की उन्नायक शक्ति पूँजीवादी युग का उभरता हुआ मध्यवर्ग था। शाश्वतवादी पंडित समाज के इस परिवर्तनशील रूप को नहीं भाँप पाते। इसी ऐतिहासिक चेतना के अभाव में चतुर्वेदी जी ने संत-परम्परा का विकास दिखलाने में भी भ्रान्ति उत्पन्न कर दी है। उन्होंने दिखलाया है कि कबीर साहब ने जिस परम्परा का प्रवर्तन किया, वह क्रमश: विकसित होती गई। गुरु नानक के समय में पंथ-निर्माण का सूत्रपात हुआ और यह प्रवृत्ति समन्वय के आधार पर क्रमश: विकास करती गई; वर्तमान युग में आकर अवसर के अनुरूप उसने औद्योगिक कार्यों में भी हाथ लगाया। चतुर्वेदी जी ने इसे संत-परम्परा का स्वाभाविक विकास माना है। पर मध्ययुगीन ह्रास (डिकेडेंस) का प्रभाव संत-परम्परा पर भी पड़ा, यह दिखाने का प्रयत्न उन्होंने नहीं किया। वस्तुत: ऐतिहासिक दृष्टि से ईसा की 16वीं शताब्दी तक ही संतों का उत्थान-युग था। इसके बाद वह तत्कालीन सामाजिक ह्रास के कारण कुछ स्वार्थी महंतों और सम्प्रदाय-निर्माताओं के चक्कर में पड़ गई। परवर्ती परम्परा सांस्कृतिक विकास का मुख्य अंग न थी। संत-परम्परा का इतिहास मठों के आधार पर नहीं बल्कि समाज की अपेक्षा में उसकी मूल चेतना पर लिखा जाना चाहिए। सम्प्रदायों और मठों का इतिहास लिखने के लिए कोई रोक नहीं परन्तु उसमें यह उल्लेख अवश्य कर देना चाहिए कि यह ह्रास-युग की गौण धारा है और उसने परवर्ती साहित्य तथा सांस्कृतिक जीवन को बहुत कम प्रभावित किया है, साथ ही सामाजिक विकास में बाधक रही है।

इसके सिवा 'संत-परम्परा' के मूल में सामाजिक चेतना को प्रधान न मानकर, एक व्यक्ति 'कबीर' को इतनी प्रधानता देना भी चिन्त्य प्रतीत होता है।

पुस्तक की उपयोगिता 'सहायक साहित्य-सूची' तथा 'शब्दानुक्रमणी' से और भी बढ़ गई है।

[परशुराम चतुर्वेदी की पुस्तक 'उत्तरी भारत की संत परम्परा' की समीक्षा; 'आलोचना' : अंक-एक, अक्टूबर, 1951 में प्रकाशित]

दूसरा सप्तक

'दूसरा सप्तक' सात कवियों का एक कविता संग्रह है जिसमें सम्पादक की भूमिका के अतिरिक्त कवियों का आत्म-परिचय तथा कविता-सम्बन्धी वक्तव्य भी है। समूचा संग्रह एक विचारधारा अथवा काव्य-धारा का नमूना माना जाए, इसका संकेत न तो संकलित कवियों में से किसी के वक्तव्य में मिलता है और न सम्पादक की भूमिका में। परन्तु 'दूसरा सप्तक' नाम तथा 'तारसप्तक' के सम्पादक अज्ञेय जी द्वारा इसका भी सम्पादन भ्रम पैदा कर सकता है—विशेषत: उनको, जो कविताओं के अनुशीलन की अपेक्षा योजना के पूर्वग्रह से ही निष्कर्ष निकालने के आदी हैं। यह इसलिए कहना पड़ता है कि 'तारसप्तक' में संकलित कवियों के साथ भी यही व्यवहार हुआ। प्राय: अज्ञेय जी के काव्य-सम्बन्धी विचार शेष अन्य कवियों के ऊपर भी आरोपित हुए। 'तारसप्तक', 'दूसरा सप्तक' नाम से एक 'सप्तक माला' अथवा 'सप्तक परम्परा' का आभास मिलता है और ऐसा प्रतीत होता है कि 'दूसरा सप्तक' के कवि 'तारसप्तक' की विचारधारा तथा योजना की पुष्टि में प्रयुक्त हुए हैं। अस्तु, हमारे सामने विचारणीय प्रश्न दो हैं :

1. संकलित कवियों की कविताओं तथा वक्तव्यों का तुलनात्मक रूप से अध्ययन।
2. सम्पादक की भूमिका तथा संकलन के उद्देश्य के साथ संकलित कवियों की तुलना।

भवानीप्रसाद मिश्र (1913 ई.—1958 ई.) क्रम की दृष्टि से सबसे पहले आते हैं। अपने द्वारा अपनी कविताओं के बारे में बहुत कम कहते हुए भी उन्होंने कविताओं की सहज भावभूमि पर अनायास-सी प्रतीत होती व्यंजना के द्वारा अपना व्यक्तित्व मूर्तिमान कर दिया है। यह व्यक्तित्व है—मस्ती। वे 'बहुत मामूली रोजमर्रा के सुख-दुख', 'यथासम्भव बोलचाल के करीब की भाषा' में कहना चाहते हैं और इसके बाद भी 'बड़ा दिखने' का आदर्श सामने रखते हैं। न तो लम्बा-चौड़ा दर्शन का वाद बघारने का दम्भ है और न 'उसका सोच जिसे टेक्निक कहते हैं।' 'टेक्निक में

सहज लक्ष्य ही मेरे बन जाएँ, ऐसी कोशिश है।' बड़ी से बड़ी बात सहज ढंग से कह जाना भवानीप्रसाद जी का काम है। कविताओं में 'केला के पात-पात में पात' की-सी अन्विति ऐसी है कि बीच से एक या दो पंक्ति उद्धृत कर चमत्कार नहीं दिखाया जा सकता, जैसे वह 'कमल के फूल' हो या 'गीतफरोश'।

सीधी-सादी रेखाओं में प्रकृति का यथार्थ चित्रण और वह भी किसी रूमानी प्रकृति का नहीं बल्कि 'सतपुड़ा के घने जंगलों' का, यही उनका स्वभाव है। 'मंगल वर्षा' गँवई हृदय की सहज आकांक्षा से लिपटा हुआ लोकगीत का खड़ी हिन्दी में रूपान्तर-सा है। जहाँ :

अन्ध प्राण ही बही, उड़े पंछी अनमोले री
फिसली सी पगडंडी, खिसली आँख लजीली री
इन्द्रधनुष रंग रँगी, आज मैं सहज रँगीली री
ऊँचे-ऊँचे पैंग हिंडोला सरग-नसेनी री!
और सखी सुन मोर! विजन वन दीखे घर-सा री।

'विजन वन का घर-सा दीखना' गँवई सहृदयता की झलक है। गीत के ढाँचे में नाटकीय ढंग से कहानी कह जाना भवानीप्रसाद जी का ही कौशल है। 'सन्नाटा' स्वयं बोलता है :

लो पहले अपना नाम बता दूँ तुमको
फिर चुपके चुपके धाम बता दूँ तुमको
फिर चौंक नहीं पड़ना यदि धीमे-धीमे
मैं अपना कोई काम बता दूँ तुमको।

बेचारे सन्नाटे पर 'जनश्रुतियों का पहरा है' और वह समझ नहीं पाता कि लोग उससे डरते क्यों हैं, क्योंकि :

बस एक बात है, वह केवल है ऐसी
कुछ लोग यहाँ थे, अब वे यहाँ नहीं हैं।

भवानीप्रसाद जी सूक्तियाँ भी कहते हैं तो ईमानदारी से सरस हो उठती हैं :

तापित को स्निग्ध करे
प्यासे को चैन दे,
सूखे हुए अधरों को
फिर से जो बैन दे
ऐसा सभी पानी है!

'सभी' शब्द में सारी मार्मिकता सजीव हो उठी है। रूढ़ि और बन्धन-मुक्त होने में टूटने का सुख है ही, 'इस दिशा से उस दिशा तक छूटने का सुख' तो गजब का है!

और ऐसी ही बहती भाषा में 'गीतफरोश' का तीखा व्यंग्य प्रस्फुटित होता है। लहजे में पलों की स्वाभाविकता के साथ वणिक सभ्यता पर कठोर प्रहार किया गया है जो 'आत्म-व्यंग्य' के माध्यम से मार्मिक हो उठा है। 'जी' 'जी' की झड़ी के बीच कवि कहता है :

जी हाँ हुजूर, मैं गीत बेचता हूँ!
इनमें से भाए नहीं, नये लिख दूँ?
जो नये चाहिए नहीं, गए लिख दूँ?
इन दिनों कि दुहरा है कवि-धन्धा
हैं दोनों चीजें व्यस्त—कलम, कन्धा।
कुछ घंटे लिखने के, कुछ फेरी के...

गांधीवादी आदर्शवाद ने उन्हें भाव-भाषा में सादगी के साथ युग-सत्य के यथार्थ अंकन की दृष्टि भी दी है। ऐसी मस्ती को इसीलिए व्याकरण के नियमों की भी परवाह कम है।

शकुन्त माथुर (1922 ई.—2004 ई.) यदि इस संग्रह में न आतीं तो हिन्दी साहित्य में कवि की पत्नी (श्री गिरिजाकुमार माथुर की) के रूप में ही परिचित रहतीं।

सम्पादक की यह नई खोज संग्रह में वैयक्तिक वैशिष्ट्य का योग न देते हुए भी कवि यश:प्रार्थिनी एक मध्यवर्गीय विवाहिता नारी की तमाम आकांक्षाओं और मजबूरियों को साकार कर देती है। उन्हीं के शब्दों में, पति की कविताओं के सामने उनकी कविता शर्मिन्दा हो जाती है। और शर्म की यह कुंठा उनकी सभी कविताओं में व्याप्त है। कहीं-कहीं तो 'केसर रंग रँगें' की छाप भी आ गई है। पति की तरह उनमें भी ड्राइंगरूम की रंगीनी, प्रणय के रास-रंग के साथ जीवन की दूभरता की झाँईं मिलती है। युग-सत्य को दूर से देखने की दृष्टि, साहस तथा आकांक्षा है। पति की 'छाँहों' से मुक्त होने पर यह अधिक विकसित हो सकेगी। नारी-सुलभ अबोध माधुर्य से इनकी कविताएँ कहीं-कहीं सिक्त हो उठी हैं :

आज मुझे लगता संसार खुशी में डूबा
क्यों?
जानबूझकर नहीं जानती।

अथवा
कठोर सत्य : *भारी है जीवन*

झूठे बोझों से
जो नहीं छूते हैं
जरा भी जीवन।

हरिनारायण व्यास (1923 ई.—2013 ई.) 'एकान्त पसन्द' और 'देहाती व्यक्तित्व' के कारण सामाजिक जीवन से घबराने वाले होकर भी कविताओं में ग्रंथिरहित और कुंठाहीन दिखते हैं। वक्तव्य प्राय: स्वतंत्र निबन्ध-सा लगता है जिसमें व्यक्तिवाद तथा व्यक्ति-समाज-सम्बन्ध की लम्बी चर्चा के बीच लगे हाथों छायावाद, शेखर तथा 'तारसप्तक' पर भी राय दी गई है। चिन्तन अध्ययन-पगा तथा सुलझा प्रतीत होता है। 'तारसप्तक' के सैद्धान्तिक वक्तव्यों में से कुछ से होड़ लेता है। बात बेलौस सफाई से कही गई है।

'तारसप्तक' से अपनी भिन्नता बतलाते हुए वे कहते हैं : 'सामाजिक स्थिति और उसके बुद्धिवाद् ने उसको अन्त:संघर्ष दिया तो मुझे उस बुद्धिवादिता से बाह्य संघर्ष के लिए प्रेरणा मिली। साथ ही प्रगतिशील शक्तियों से सामंजस्य के लिए भी उन्मुख हुआ।' उनका 'सामाजिक व्यक्तित्व', जो अनुभूतियों की नई मूर्तियाँ पैदा करता है। वे देखते हैं कि :

रुग्ण जन-जन
हर चरण पर भीति से बिजली सरीखा काँपता
तोड़ने आतुर हुआ यह क्षुद्र बन्धन
आज कर पीले नयन में ज्योति का धुँधला सपन।
जल रहीं प्राचीनताएँ बाँध छाती पर मरण का एक क्षण।

निश्चय ही जनता की आँखों में जो ज्योति का सपना है, वह कुछ धुँधला है, अन्यथा वह इस कदर काँपता नहीं। परन्तु शीघ्र ही जनविजय के विश्वासी कवि को 'मुक्ति का आभास' मिलता है :

और भिनसारा पुलक कर बाँटता है प्यास!
और टूटे कर बढ़ाकर झेलते खँडहर अजानी आस

हरिनारायण व्यास ने नेहरू जी पर एक कविता संग्रह में दी है जिसमें जोरदार पंक्ति एक ही है :

आज तेरा देश तेरे हाथ की तलवार है
तू उसे जग शान्ति हित कर में उठा।

'शरणार्थियों' पर बहुतों ने कविताएँ लिखी हैं, साँपों के प्रतीक से अज्ञेय जी ने भी गुँजलकें बनाई हैं, परन्तु हरिनारायण व्यास की कविता जैसी शक्ति कम स्थानों में देखने में आई।

उनके शरणार्थी की 'आँख के परदे लदे हैं रुंड-मुंडों के भयानक चित्र से', फिर भी तम्बुओं में पड़े हुए वे 'गिन रहे हैं कल्पना के फूल की पंखुरी।' उनके चारों तरफ 'गिर रही हमदर्दियों की फुलझड़ी!' लेकिन वे माँगते हैं :

ओ दया के दूत, हमको दो फकत दो-चार गैंती और कुदाली

क्योंकि :

हम हमेशा बंदियों के वस्त्र सी यह शरण की
'याचना सज्जा' पहन
जीते नहीं रह पाएँगे।

शरणार्थी को स्वाभिमान तथा पौरुष का दृप्त स्वर हरि नारायण व्यास ही प्रदान कर सकते हैं।

जहाँ 'तारसप्तक' के कवि के लिए 'निसर्ग' एक आत्म-भर्त्सना का स्थान बना, हरिनारायण व्यास के लिए 'प्रेरणा-भूमि'।

बौछार ज्योति की बरस गई
झर गई बेल से किरन जुही।

जो लोग प्यार की मीठी अभिव्यक्ति में युग के सामाजिक सत्य को बाधक समझते हैं, हरि नारायण व्यास की 'एक मित्र से' कविता देखें। जो मित्र 'इस सृष्टि की उद्‌भावना के निज अधूरे ज्वाल में लिपटे मिलन की माँग करते दो दिशाओं में लटकते चित्र हैं', वे 'आलोक की उज्ज्वल लकीरों के सहारे चलकर साथ होते हैं' किन्तु जब देखते हैं कि :

मूक शिशुओं के अधर की प्राणदा पय-धार
नभ का चाँद बनकर हो गई दूर

तो वे 'जन समुंदर के किनारे समय की बालुओं पर अपने युगल पदचिह्न बनाने के लिए' चल पड़ते हैं और अन्त में कोटिजन की सिन्धु लहरों में अपनापन मिला देते हैं।

हरिनारायण व्यास में बिना लाग-लपेट के सीधी बात कहने का अपना ढंग है जो कभी मुक्तिबोध के प्रलम्बित विशेषण-बहुल वाक्य-विन्यास का रंग लेकर बिगड़ उठता है और प्राय: चुस्ती में निखर उठता है। मुक्त छंदों में भाव-भेद से अभी लयभेद नहीं आ पाया है अत: एकरसता मिलती है और कभी-कभी औपम्य भी दूरारूढ़ हो जाता है।

शमशेर बहादुर सिंह (1911 ई.—1993 ई.) ने अपना काव्यानुभव सबसे अधिक विस्तार से बताया है और यह स्वाभाविक भी है क्योंकि उन्होंने शैली, शिल्प-क्रियाकल्प

तथा कलात्मक साज-सँवार में बहुत अधिक काम किया है। शमशेर का वक्तव्य इसी माने में महत्त्वपूर्ण है कि उसमें आत्मनिर्माण की बनी रेखाएँ परदा हटाकर ज्यों की त्यों दिखा दी गई हैं; उसमें पांडित्य प्रदर्शन की जगह आत्म-निरीक्षण अधिक है। उनकी कोशिश यह रही है कि 'हर चीज की, हर भावना की, जो अपनी एक भाषा होती है जिसमें वह कलाकार से बातें करती है, उसको सीखूँ।' इस दिशा में 'ज्यादातर अंग्रेजी की मौजूदा कविता, खास तौर से टेक्निक में' विशेष सहायता मिली है शायद इसीलिए शमशेर में विलायतीपन अधिक दिखाई पड़ता है। 'उर्दू की गजलियत और उलझे हुए भावों को लिये हुए सपनों की सी चित्रकारी और कुछ चलती हुई लयों और इधर आकर बातचीत के लहजों और उसके उतार-चढ़ाव को भी' उन्होंने 'कविता के रूप में छंद का आधार' बनाना चाहा है। जैसे :

1. उर्दू गजलियत : *हकीकत को लाये तखय्युल के बाहर*
मेरी मुश्किलों का जो हल कोई लाये।

2. सपनों की चित्रकारी : *वसन्त पंचमी की शाम (1948)*
डूब जाती है, कहीं
जीवन में, वह
सरल शक्ति...
(म्यान सूनी है
आज) ...क्यों
मृत्यु बन आई है
आसक्ति, आज।

3. चलती हुई लय : *वाम वाम वाम दिशा*
समय साम्यवादी।

4. बातचीत का लहजा : *बात बोलेगी*
हम नहीं।

'अपने चारों तरफ की जिन्दगी में दिलचस्पी लेना' शमशेर का स्वभाव रहा है और सभी चीजों के भीतर निहित लय, छंद, संगीत को पकड़कर कविता में उतारना उनकी कला रही है। इसीलिए वे काव्य में गद्य का संगीत भी उतार सके हैं। लेकिन उनकी अधिकांश कविताएँ सोचने से स्वर में स्वप्न-चित्र उपस्थित करती हैं। आरम्भ में उनका रुझान 'ज्यादातर क्या, बिलकुल अपनी ही अकेली दुनिया के अन्दर खिंचते चले जाने की तरफ रहा, फलतः वह आत्मकेन्द्रता चरम सीमा पर कुछ कविताओं में व्यक्त हुई है। ऐसी ही कविताओं में सूक्ष्मता, अस्पष्टता अथच दुरूहता अधिक है। संगीत की बारीकी भावों को दबा देती है। टूटा हुआ वाक्य-विन्यास अर्थ-सूत्र को विच्छिन्न कर देता है। फिर भी शमशेर 'ठेठ हिन्दी के नये, तगड़े और खासे मँजते

हुए स्वर के' आकांक्षी हैं। वे 'अबाध फैले जीवन की पूरी शक्तियों और सौन्दर्य' को मुक्त रूप से दरसाने के लिए सामाजिक अन्धी प्रतिक्रिया से लड़ने को प्रस्तुत हैं। सम्भव है, यह सक्रियता इस कलाकार के रुद्ध कंठ को शक्ति प्रदान करे! विविध ललित कलाओं तथा अनेक भाषाओं के संगीत का यह पारखी कलाकार जिस दिन अपने काव्य को विशाल वस्तु-सत्य दे सका, 'मायकोव्स्की' की सी सिद्धि दिखा सकेगा। अभी तो वह प्रयोगों से जूझ रहा है। उसके लिए :

घिर गया है समय का रथ!
सामने ऊपर, उठाये हाथ सा
पथ बढ़ गया।

नरेश कुमार मेहता (1922 ई.—2000 ई.) ने अपने विशृंखल वक्तव्य के बीच अपने काव्य-पथ के दो चरण-चिह्नों के दो सूत्र दिये हैं :

1. आदिकाल के काव्य से भावों की विराटता ग्रहण करके सुन्दर कल्पना-प्रधान साहित्य रचना।
2. जीवन के शस्त्र से सभी चीजों का वर्णन।

पहला सूत्र साफ है और उनके वैदिक गीतों के लिए लागू होता है, जैसे :

अश्व की वल्गा लो अब थाम
दिख रहा मानसरोवर कूल
गौर कंधों पर ग्रंथि डाल
पूछते हंसों के ये बाल
स्वर्ग से दिखती है यह झील
हिमालय लगता होगा पाल
तुम्हें वे यक्ष पत्नियाँ देख, करेंगी गीत सुना अनुकूल।

परन्तु दूसरा सूत्र कुछ साफ नहीं है। यों उसके लिए उन्होंने 'समय देवता' का उदाहरण दिया है। 'जीवन के शस्त्र' से शायद उनका अभिप्राय नवीन यथार्थ सामाजिक सत्य से है। नरेश जी के विकास के तीन चरण दिखते हैं : पहला वह, जो छायावाद के परिशिष्ट में निर्मित हुआ और जहाँ उनमें विराट रूप, सुदूर-रम्यता, कल्पना-मोह तथा चित्रमोह आदि रूमानियत का गाढ़ा रंग मिलता है। दूसरा वह, जब वही रूमानियत निकट की यथार्थ वस्तुओं पर सुदूर के मोहक रूपकों और प्रतीकों का आरोप करती है, जैसाकि गिरिजाकुमार माथुर में मिलता है, जैसे :

सामने के शीत नभ में
आयरन ब्रिज की कमानी, बाँह मस्जिद की बिछी है।
उड़ता रहे चिड़ियों सरीखा वह तुम्हारा श्वेत आँचल।

इस सोपान में वैचित्र्य-विधान की प्रवृत्ति प्रायः हर पंक्ति ऐसा कहना चाहती थी कि लोग चौंक उठे, जैसे :

बाँसुरी की कब्र पर चुप का कफन मैं।
उन दिशा की दासियों के संगमरमर के करों में
जय वस्त्र है मेरा थमा।

तीसरे सोपान पर आकर उन्होंने इन चित्रों और प्रतीकों को एक विराट विषय-वस्तु के महीन धागे में पिरोने का प्रयत्न किया। यथार्थ सौन्दर्य की ओर इस सोपान पर भी कवि का ध्यान नहीं है परन्तु सामाजिक सत्य की ओप-उजास से उन काल्पनिक स्वप्नों में भी कुछ जान आ गई है। 'समय देवता' ऐसी ही कविता है जिसमें चार सौ पंक्तियाँ चुनी हुई गठी हैं। कोशिश यह है कि कोई एक चमत्कार से खाली न जाए। 'समय देवता' को सम्बोधन करते हुए कवि संसार के विभिन्न देशों की विशेषता प्रतीकों के द्वारा बतलाता है और अन्त में बदलते हुए युग से कहता है :

समय देवता! आज विदा लो।
किन्तु तुम्हारे रेशम के इस चमक वस्त्र में मिट्टी का
विश्वास बाँधकर भेज रहा हूँ।
मेरी धरती पुष्पवती है,
और मनुज की पेशानी के चरागाह पर दौड़ रही हैं
तूफानों की नई हवाएँ।

खंडों में अति सुन्दर परन्तु प्रभावान्विति की कमी के कारण अखंड रूप में यह कलाकृति असल प्रतीत होती है। कवि ने 'कैनवस' तो बहुत बड़ा लिया है और उस पर अलग-अलग चित्र-चयन में भी पर्याप्त श्रम किया है परन्तु लगता है कि इसी कार्य में वह इतना तल्लीन हो उठा कि अभीष्ट बात भूल बैठा। सरदार जाफरी की 'एशिया जाग उठा' इस तरह का सफल उदाहरण है।

रघुवीर सहाय (1929 ई.—1990 ई.) ने संग्रह के सभी कवियों से वयक्रम में छोटे होते हुए भी जो कला-कौशल दिखाया है, वह सराहनीय है। जैसाकि उन्होंने स्वीकार किया है : 'बच्चन की वेदना से उनका कंठ फूटा तथा माथुर के सफल-असफल रंगों से अपने सामर्थ्य का बोध हुआ', आगे चलकर 'अज्ञेय और शमशेर की बौद्धिक आत्मानुभूति और बोधगम्य दुरूहता ने प्रभाव डाला।' ये विरोधाभाव विरोधाभास से कुछ अधिक अर्थ नहीं रखते। बौद्धिकता इनके लिए असमय वार्धक्य-सी प्रतीत होती है, साथ ही भारी भी पड़ रही है। अनुभूतियों की कचाई के कारण इस बौद्धिकता में बेबसी कम, शौक अधिक है। जैसा इन्होंने खुद महसूस किया है : 'कहीं-कहीं भाषा की फिजूलखर्ची करनी पड़ी है।' सचमुच इनमें शब्द-संयम

की कमी है। व्यर्थ ही मोहक लगनेवाले विशेषणों की लम्बी कतार लगा देते है जिनसे अर्थ नहीं सधता, जैसे :

गरम गुलाबी गरमाहट-सा हल्का जाड़ा।
स्निग्ध गेहुँए गालों पर कानों तक चढ़ती लाली जैसा फैल रहा।

प्राकृतिक रेखा-चित्रांकन में रघुवीर सहाय अधिक सफल हैं, जैसे 'पहला पानी' में :

दुपहर जल से गरुई होकर कुछ झुक आई
दो गोरे गोरे बलगर बैलों की गोई
हो गई ठुमुक कर खड़ी पकरिया के नीचे

लेकिन मानसिक पेचीदगी में पड़कर रूप-रस का यह कवि केवल सुनहरी चौंकाने वाली सूक्ति का संचय कर रहा है, जैसे 'जल्दी-जल्दी चप्पल के हकलाने के से शब्द'।

'होती जाती है जुन्हाई एक कोरा कागज।'
'धीरे-धीरे झुकता जाता है शरमाये नयनों सा दिन।'

धर्मवीर भारती (1926 ई.—1997 ई.) ने अन्य पुरुष के लहजे में ऐसा अहंवादी वक्तव्य दिया है, गोया कविता करके वे उस पर कृपा करते हैं! इधर-उधर की लफ्फाजी के बीच भारती ने अपनी कविता का यह सूत्र दिया है : 'सरलतम भाषा में रंग-बिरंगी चित्रात्मकता से समन्वित साहसपूर्ण उन्मुक्त रूपोपासना और उद्दाम यौवन के सर्वथा मांसल गीत।'

निश्चय ही भारती ने चलती हुई भाषा लिखी है और उसमें रंग-बिरंगे चित्र भी हैं। परन्तु विचारणीय है साहसपूर्ण उन्मुक्त रूपोपासना तथा उद्दाम यौवन के सर्वथा मांसल गीत।

शायद पहले के उदाहरण में आए :

इन फीरोजी होंठों पर बरबाद
मेरी जिन्दगी!

और दूसरे में :

अगर मैंने किसी के होंठ के पाटल कभी चूमे।

हिन्दी में बच्चन तथा अंचल ने कभी 'मांसलता' तथा 'रूपोपासना' के नाम पर इस तरह की कविताएँ लिखी थीं और अंग्रेजी में डी.एच. लारेंस ने भी ऐसा

ही किया है। परन्तु भारती में वह चीज कुछ इस तरह आई है कि आवारागीरी की सीमा छू लेती है। काश, यह आवारागीरी भी वास्तविक होती! लेकिन सच तो यह है कि वह अन्तर्मुखी व्यक्तित्व पर आरोपित है। जो हो, इसे स्वस्थ और मांसल नहीं कह सकते। मोहक विशेषणों और उपमाओं में भारती का मन अधिक रहता है :

स्पर्श की बादल-घुली कचनार नरमाई सुहागन
लाज में लिपटा शरद की धूप जैसा तन।

अथवा

अँधेरी रात में खिलते हुए बेले सरीखे तन।

फीरोजी होंठों पर बर्बाद होनेवाला कवि जब कहे कि :

तुम कितनी सुन्दर लगती हो, जब तुम हो जाती हो उदास

तो उसे मांसल कहना चाहिए या सूक्ष्म भावापन्न? कला की दृष्टि से यहाँ 'तुम' की द्विरुक्ति शिथिलता की सूचक है। यद्यपि भारती ने समाज की मनहूसी का भी चित्रण किया है तथा कविता की मौत पर आँसू भी बहाया है परन्तु यह उनका स्वभाव नहीं। उन्हें विलक्षण चित्रों द्वारा चौंकाने की लालसा अधिक है, सत्य की अभिव्यक्ति की आग कम-से-कम! जैसे :

आरती के दीपकों की झिलमिलाती छाँह में
बाँसुरी रखी हुई ज्यों भागवत के पृष्ठ पर

जैसी पंक्ति 'चुम्बन' की पवित्रता की अपेक्षा दूरारूढ़ औपम्य अधिक खड़ा करती है। भारती पर उर्दू गजलियत तथा अंग्रेजी 'एपिग्रैम' कौशल का असर अधिक है। कलाकार के रूप में वे 'चलते हैं थोड़ी दूर हर एक राह रौ के साथ'। 'थके हुए कलाकार से' तथा 'कल्पने उदासिनी' में वे शम्भुनाथ सिंह का स्वर दुहराते हैं, 'गुनाह' आदि में बच्चन का तथा इधर माथुर, अज्ञेय आदि का। आस्था की डाँवाँडोल स्थिति के कारण ही यह प्रतिभा भटक रही है।

कवियों का आत्म-परिचय

शमशेर, भवानीप्रसाद मिश्र और शकुन्त को छोड़कर सबने अपना परिचय इस तरह दिया है गोया किसी रूमानी कहानी के नायक हों! शमशेर का परिचय सबसे अधिक तथ्यपरक है। औरों में से किसी को तम्बू में पड़े-पड़े कोहरा देखना भला लगता है तो किसी को अपनी हँसी पर नाज है, साथ ही ढेरों चिट्ठियाँ लिखने का; किसी की नस-नस में लापरवाही भरी है।

'तारसप्तक' में जो व्यक्तिगत 'छूत' केवल एकाध शब्द या वाक्य तक सीमित थी, वह 'दूसरा सप्तक' में और फैलकर वैलक्षण्य की सीमा पर पहुँच गई है।

इन्हीं कवियों को अपने प्रयोगशील दृष्टिकोण से संकलित किया गया है। यद्यपि वह संकलन इन कवियों का प्रतिनिधित्व नहीं करता, फिर भी इनके आधार पर इतना तो साफ कहा जा सकता है कि इतिहास का स्वर सबसे अधिक सशक्त, सीधा और प्रभावशाली है। भवानीप्रसाद मिश्र का सबसे अधिक सहज है; शमशेर का सर्वाधिक संगीतात्मक अथवा ध्वन्यात्मक है; नरेश का सर्वाधिक चित्रात्मक और मोहक है, रघुवीर सहाय में कौतुकी कुंठा, भारती में अटक-भटक तथा मनचलापन और शकुन्त माथुर में मजबूर ईमानदारी अथवा ईमानदार मजबूरी है। अधिकांश ने प्रयोग करते हुए सामाजिक लय की चाशनी देने की कोशिश की है परन्तु वस्तु और रूप का दुर्लभ समानुपात बहुत कम रचनाओं में ही आ पाया है और ऐसी रचनाओं में भवानीप्रसाद मिश्र तथा हरिनारायण व्यास की अधिक हैं।

जहाँ तक समूचे संग्रह की देन का सम्बन्ध है, यह हिन्दी कविता के शैली-शिल्प में अनेक नये मार्ग खोलता है। 'तारसप्तक' की भूमि पर काम करते हुए भी इस 'सप्तक' के कई कवियों ने उन अनगढ़ और प्रारम्भिक स्वरों को सँवारने-निखारने की कोशिश की है। शब्द-गठन में सरलता तथा वाक्य-गठन में क्षिप्रता आई। नरेश ने नेमि, भारतभूषण तथा गिरिजाकुमार की चित्रात्मकता को विशेष वस्तु-सत्य में पिरोया है। हरिनारायण व्यास ने मुक्तिबोध को सुबोध तथा सशक्त रूप दिया। भारती तथा रघुवीर सहाय ने प्राचीन कुंठाओं पर और अधिक पाउडर मला। शेष रहे अज्ञेय, माचवे और रामविलास शर्मा। न माचवे का व्यंग्य आगे बढ़ा और न अज्ञेय का अहं। रामविलास शर्मा का भदेसपन बढ़ाया तो केदार, नागार्जुन और त्रिलोचन ने। अगर ये कवि भी इस सप्तक में आ गए होते तो शायद यह हिन्दी कविता के नवीन चरण का पूर्ण प्रतिनिधित्व कर देता। इनके अतिरिक्त इस सप्तक में दो नये व्यक्तित्व हैं जिनकी भूमि बिलकुल अपनी है। वे हैं भवानीप्रसाद मिश्र तथा शमशेर। भवानीप्रसाद ने बच्चन की भाषा को बातचीत के लहजे पर और सहज, नाटकीय तथा सजीव बनाया; और शमशेर ने बातचीत के उसी लहजे को अधिक मनोमय करके भावों के अनुकूल दबती-उभरती हुई लय (कैडेंस) दी। शमशेर में निराला का द्वन्द्व और संगीत आगे बढ़ा। 'दूसरा सप्तक' की कविताएँ छायावाद के बाद प्रगतिवाद तथा प्रयोगवाद के पारस्परिक अन्तर्विरोधों के बीच बढ़नेवाली हिन्दी कविता के स्वाभाविक विकास का सफल चरण है।

अब रही अज्ञेय की भूमिका।

यह जानते हुए भी कि एक पुस्तक की सफाई दूसरी पुस्तक की भूमिका में देना अन्याय है, उन्होंने 'तारसप्तक' की तथा अपनी सफाई 'दूसरा सप्तक' के कवियों के माध्यम से दी है। यही नहीं, उन्होंने इस पूर्वग्रह से कि 'प्रयोगवादी पूर्वग्रहों का

आरोप 'दूसरा सप्तक' के संकलित कवियों पर होगा ही, आलोचकों के तत्सम्बन्धी पूर्वग्रहों को इधर आकृष्ट किया है।' यह और कुछ नहीं, अपने दोषों के लिए दूसरों को भी समभागी बनाकर आत्मरक्षा करना है। समूचे 'तारसप्तक' की वकालत व्यर्थ करते हैं क्योंकि उसमें रामविलास, गिरिजाकुमार आदि ऐसे कवि हैं जिनकी कविताएँ प्रशंसित रही हैं। दुरूहता, अश्लीलता, कोश प्रयोगवाद, वैदेशिकता आदि के साथ-साथ आलोचनात्मक विचारों की समाज-निरीक्षता का आरोप अकेले अज्ञेय जी पर ही सर्वाधिक हुआ था। अस्तु।

सम्पादकीय 'भूमिका' में अज्ञेय जी ने पं. नंददुलारे वाजपेयी आदि के आरोपों का उत्तर कोरी सैद्धान्तिक ईमानदारी के द्वारा दिया है जबकि उचित होता अपनी कविताओं के सफल प्रयोगों का उद्धरण। ध्यान देने की बात है कि जब किसी कविता में कोई कलागत दोष निकाला जाता है तो वे उसे असफल प्रयोग कहकर छुट्टी पा लेने का तर्क रखते हैं लेकिन स्वयं किसी सफल प्रयोग को उपस्थित नहीं करते और न प्रयोग की सफलता की कोई अवधि या सीमा ही बतलाते हैं।

इस प्रकार एक ओर हैं उनके विचार और दूसरी ओर हैं उनकी तथा उनके द्वारा पसन्द की जानेवाली कविता। उनकी गोलमोल सैद्धान्तिक बातों की पोल एक ही बिन्दु पर खुल जाती है—वे जनवादी सामाजिक सत्य को व्यक्त करनेवाली कविताओं से कतराते हैं, साथ ही इस प्रकार के विचारों का भी नाम नहीं लेते—वह भी ऐसे युग में जबकि इनसे बचना मुश्किल है। वे 'सत्य' और 'प्रयोग,' दो ही बातों का जाप करते हैं, जो निश्चय ही गांधी जी के सक्रिय प्रयोगों से भिन्न कोरा शाब्दिक, निष्क्रिय और हवाई है। अब संक्षेप में उनके तर्कों का पर्यवेक्षण करें?

'प्रयोग साध्य नहीं, साधन है; बल्कि दोहरा साधन—प्रेषित सत्य को जानने का तथा प्रेषण-क्रिया के साधनों को जानने का।' यह कहकर अज्ञेय जी स्पष्ट करना चाहते हैं कि प्रयोगवाद कोरा रूपवाद (फार्मलिज्म) नहीं है और इसी आधार पर वे 'प्रयोगवाद' शब्द का भी विरोध करते हैं। लेकिन देखना है कि 'सत्य को जानने का साधन' कौन-सा है? अन्यत्र वे कहते हैं : 'नई परिस्थितियों के अनुसार नये रागात्मक सम्बन्ध।' नये रागात्मक सम्बन्धों में सबको छोड़कर केवल वे 'दमित कुंठित मौन परिकल्पनाओं को ही अपना विषय बनाते हैं', गोया मानव समाज में और कोई सम्बन्ध या तो है ही नहीं या वह बदला ही नहीं। इतने से स्पष्ट है कि उनके 'सत्य को जानने का साधन' फ्रायडवाद है और इसीलिए उनकी प्रयोगशीलता 'प्रयोगवाद' है अर्थात् कोरा रूपवाद क्योंकि उनके पास कहने के लिए कोई बड़ा युग-सत्य नहीं है। इसीलिए वे नये-नये शब्दों के निर्माण तथा प्राचीन शब्दों में मुलम्मे की फिकर में व्यस्त दिखाई पड़ते हैं। बिना भाषा के विचार का अस्तित्व नहीं। यदि सचमुच उनका मन युग की जनवादी आस्था से पगा होता तो वह विषय अपने उपयुक्त नई भाषा के रूप में उनके मनोलोक में स्पष्ट होता। अर्थ शब्दों के घूर टटोलने से नहीं

बल्कि जीवन-संघर्ष की सक्रियता में प्राप्त होता है। खंड मानव के खंड मन की गंदगियों की वकालत करनेवाली 'प्रयोगशीलता' निश्चय ही 'प्रयोगवाद' है और समाज की पतनोन्मुख धारा है। सम्भव है, आज सामाजिक चेतनाशील कवियों के काव्य मोटे तौर से देखने पर भिन्न न प्रतीत हों परन्तु युग-सत्य इनका उद्घाटन किये बिना न रहेगा। 'दूसरा सप्तक' में इस तरह की कविताएँ कुछ अवश्य हैं, विशेषत: रघुवीर सहाय की; परन्तु पूरे 'सप्तक' का स्वर अज्ञेय जी के सम्पादकीय विचारों से काफी दूर और परे की चीज है। यदि अज्ञेय जी के विचारों का प्रतिबिम्ब 'दूसरा सप्तक' में कहीं और है तो वह कवर चित्र में। अपनी दुरूहता में वह प्रतीक वाद्य-यंत्र विशेष तथा उसकी स्वर-धारा को व्यंजित करता है जो 'डालर' का भ्रम उत्पन्न कर देता है।

[अज्ञेय के सम्पादन में प्रकाशित 'दूसरा सप्तक' की समीक्षा;
'हंस' (सं. अमृत राय) : जनवरी, 1952 में प्रकाशित]

महादेवी वर्मा : काव्य-कला और जीवन-दर्शन

हिन्दी समीक्षा में शिक्षोपयोगी संग्रह-युग चल रहा है। कुछ लोग एक कवि, लेखक या काव्य-धारा-सम्बन्धी दस-पन्द्रह लेखकों के निबन्ध बटोरकर सम्पादक बन बैठते हैं और कुछ उन्हीं निबन्धों से लम्बे-लम्बे उद्धरण देकर स्वयं ही पुस्तक के लेखक। श्रीमती शचीरानी गुर्टू ने सुश्री महादेवी वर्मा के व्यक्तित्व, काव्य-कला तथा जीवन-दर्शन पर विविध लेखकों के छब्बीस निबन्धों का संग्रह करके पहली श्रेणी में एक नाम और जोड़ दिया है। विषय-चयन में योजना का अभाव, पुनरावृत्तियों की अधिकता, निबन्ध-क्रम में गड़बड़ी, अनुपात की अवहेलना, एक ही विषय पर अनेक निबन्धों का होना तथा कुछ पर एक भी न होना, महादेवी जी का तथ्यपरक जीवन-चरित तथा कालानुक्रम से उनकी रचनाओं की सूची, साथ ही उन पर प्रकाशित अब तक के ग्रंथों की तालिका का अभाव—सभी निबन्धों के आरम्भ में सार-संचय करते समय महत्त्वपूर्ण अंश का तिरस्कार आदि बातें बतलाती हैं कि सम्पादिका ने सम्पादन-कार्य पूरा नहीं किया है। यह सब इसलिए कहना पड़ता है कि इधर उनके सम्पादन की गूँज है। उन्होंने श्री सुमित्रानंदन पंत पर भी एक पुस्तक सम्पादित की है। उत्साह प्रशंसनीय है, लेकिन उत्तरदायित्व सापेक्ष भी है।

इतना होते हुए भी इस संग्रह का महत्त्व है और इसका श्रेय अनेक संकलित समीक्षकों को है। अब तक महादेवी जी पर गंगाप्रसाद पांडेय तथा विश्वम्भर 'मानव' जैसे काव्य-मुग्ध समीक्षकों ने ही कुछ पुस्तकें निकाली हैं, जिनमें कवयित्री की कुछ कविताओं के लम्बे-लम्बे उद्धरण तथा शेष के गद्य-रूपान्तरों के बाद स्वयं समीक्षक ने अपना गद्य-काव्य प्रदर्शित किया है। ऐसी दशा में यह जरूरी था कि महादेवी जी सम्बन्धी उन निबन्धों को एकत्र किया जाए जो अपनी कसावट में एक पुस्तक की रूपरेखा छिपाए थे। शचीरानी जी का यह कार्य सामयिक ही नहीं, ऐतिहासिक महत्त्व का है। यद्यपि उन्होंने यह नहीं बतलाया कि कौन निबन्ध किस सन् का लिखा है तथा सर्वप्रथम वह कहाँ प्रकाशित हुआ, तथापि महादेवी जी पर बिखरे हुए महत्त्वपूर्ण निबन्धों का संग्रह

स्वयं ही एक बड़ा काम है। हिन्दी में संग्रहकर्ता के लिए 'कृतज्ञता-ज्ञापन' का चलन ही कहाँ है?

संग्रह में महादेवी जी के व्यक्तित्व-सम्बन्धी चार निबन्ध हैं, जिनमें देवेन्द्र सत्यार्थी कवयित्री के साहित्य पर भी राय देने की झोंक में 'उस पर ही' राय देते रह जाते हैं। वीर-पूजा की भावना आजकल ऐसा भीषण रूप ले रही है कि कोई निराला जी को देवता बनाने पर तुला है तो कोई महादेवी जी को देवी। सत्यार्थी जी की 'महाश्वेता महादेवी' बाण की 'कादम्बरी' की 'महाश्वेता' का स्मरण दिलाती हैं। श्री शिवचन्द्र नागर ने भी कुछ ऐसा ही आटोप बाँधा है। महादेवी जी के उन्मुक्त हास को तो यारों ने ऐसा रहस्यात्मक जामा पहनाया है तथा इस हद तक फेटा है कि उसकी सारी सहजता जाती रही, और शचीरानी जी जैनेन्द्र जी से प्रश्न करते समय पहला प्रश्न यही करती हैं : 'सुना है, महादेवी जी नब्बे प्रतिशत हँसती हैं, बातें कम करती हैं?' क्या बढ़िया गणित का ज्ञान है!

तमाम शिल्पाभास (मैनरिज्म) तथा आत्मशंसा के बावजूद सत्यार्थी जी ने महादेवी जी के विषय में यह तथ्य ठीक ही लक्ष्य किया है कि 'एक लेखक तो ऐसा है जो लेखनी से थोड़ा अवकाश लेकर समकालीन लेखकों के अधिकारों के लिए 'कॉपीराइट' के विषय में इतना चिन्तित हो।' श्री शिवचन्द नागर ने रेखाचित्र खींचते हुए ऊब-भरी वर्णनात्मक शैली में महादेवी जी की कलात्मक रुचि, अध्यापन-कला, बातचीत, फूलों की जानकारी, अच्छी स्मृति, क्रियाशीलता, बरसात-प्रियता, सभा-भीरुता, दर्पण-विमुखता, पारिवारिक भावना, तप:पूत जीवनचर्या आदि की चर्चा करते हुए अन्त में 'हिमवत्' से उपमित किया है। श्री भानुकुमार जैन ने 'एक भेंट' के माध्यम से प्रसंगेतर बातों की बृहद् चर्चा की है और 'जन की ओर से वे उत्कीर्ण नहीं हुईं'—जैसा अज्ञान-भरा वाक्य लिखा है। अलबत्ता श्रीमती सावित्री देवी वर्मा ने स्त्री-जनसुलभ सरलता तथा सहानुभूति से अपनी महादेवी बहन जी के छात्र-जीवन की अनेक अज्ञात बातें बड़े मनोरंजक ढंग से बतलाई हैं। आरम्भ से ही कवयित्री द्रवणशील तथा एकान्तप्रिय थीं, तेरह-चौदह की वय से ही काव्य-रचना करने लगी थीं। परन्तु सबसे सुन्दर बात सावित्री जी ने यह बतलाई है : 'इनके चेहरे में जो एक विशेषता है, वह यह कि इनके कान कुछ आगे को बढ़े हुए झाँकते हुए-से हैं, मानो वे मानव की करुण पुकार सुनने के लिए कुछ सतर्क हो खड़े हों!'

कलाकार के रूप में महादेवी ने गद्य, चित्र तथा कविता--तीन प्रकार की रचनाएँ की हैं और इस संग्रह में तीनों पर निबन्ध हैं। महादेवी का गद्य भी विविध है—रेखाचित्र, सामाजिक निबन्ध, साहित्य-समीक्षा सम्बन्धी निबन्ध। रेखाचित्र की दो पुस्तकें हैं—'अतीत के चलचित्र' तथा 'स्मृति की रेखाएँ'; कुछ अन्य रेखाचित्र—जैसे निराला जी सम्बन्धी अभी पुस्तकाकार संगृहीत नहीं हुए हैं।

श्री गोपालकृष्ण कौल ने इन रेखाचित्रों पर विचार करते हुए लक्ष्य किया है : 'वे केवल रेखाओं में आकृति और मुद्रा को ही अंकित नहीं करतीं, वरन् मन के सूक्ष्म भावों को भी उभारकर शब्द-रेखाओं में बाँधने का प्रयत्न करती हैं।' अन्त में वे इस निष्कर्ष पर पहुँचते हैं कि यद्यपि संस्मरण का संस्पर्श होने से उनकी कुछ रचनाएँ पूर्ण रेखाचित्र नहीं कही जा सकतीं, किन्तु उनमें भी रेखाचित्रों के स्फुट अंश दिखाई पड़ते हैं।

महादेवी जी के सामाजिक निबन्ध 'शृंखला की कड़ियाँ' में संगृहीत हैं और इसका अध्ययन श्री अमृतराय ने 'नारी-समस्या' की दृष्टि से उपस्थित किया है। दीर्घ उद्धरण-प्रेमी श्री अमृतराय ने अन्त में यह निर्णय दिया है कि नारी-समस्या पर महादेवी जी के विचार आद्यन्त समाजवाद की ओर उन्मुख हैं और उनकी पुष्ट सामाजिक चेतना का परिचय देते हैं। आरम्भ में उन्हें 'नीर-भरी दुख की बदली' कहना और अन्त में 'क्रान्तिकारिणी' कुछ अजीब लगता है। इनकी अपेक्षा डॉ. रामविलास शर्मा का यह कथन अधिक युक्तिसंगत प्रतीत होता है कि 'महादेवी जी का कवि और गद्यकार एक-दूसरे से जुड़े हुए हैं, वे दो बिखरी हुई इकाइयाँ नहीं हैं।'...'इसका कारण यह है कि संसार के प्रति उनका दृष्टिकोण विज्ञान-सम्मत नहीं है और उनके मनोबल और कर्म-सम्बन्धी इच्छाशक्ति की अपनी सीमाएँ हैं।' इन सूत्रों के आलोक में श्रीमती शचीरानी ने जो यह धारणा बनाई है, वह सर्वाधिक वैज्ञानिक है : 'गद्य में सामाजिक जीवन की ह्रासोन्मुखी गतानुगतिकता के प्रति स्वस्थ एवं सफल विद्रोह होते हुए भी उनमें गतिशील क्रान्तिकारी चेतना और सजग क्रियाशीलता के चिह्न नहीं हैं। उनमें राग है, कशाघात नहीं; पराजय है, प्रतिकार-भावना नहीं; कोमलता है, कठोरता नहीं; निर्मम वास्तविकताओं के प्रति मूक स्वीकृति है, उनके निदान का कोई स्पष्ट उपचार नहीं।'

महादेवी जी ने जो आलोचनात्मक लेख लिखे हैं, उन पर डॉ. नगेन्द्र तथा देवराज उपाध्याय—दो विद्वानों ने विचार किया है। श्री देवराज जी ने अंग्रेजी समीक्षकों की अनूदित, अननूदित फिकरों की छटा दिखाने के बीच लगे हाथों महादेवी जी के 'काव्यशास्त्र' पर भी कृपा कर दी है। वे कहते हैं : 'आप पाएँगे कि महादेवी ने कविता क्या है, साहित्य क्या है—इन प्रश्नों की छानबीन में अधिक परिश्रम किया है।' परन्तु लगता है कि यह लिखते समय देवराज जी के दिमाग में महादेवी जी के स्थान पर आचार्य शुक्ल आ गए थे। डॉ. नगेन्द्र ने महादेवी जी के साहित्य-दर्शन और छायावाद-सम्बन्धी मत पर उद्धरण देकर विचार करने की चार बातें कही हैं :

1. महादेवी जी के साहित्यिक भाग नैतिकता के बोझ से काफी दबे हैं।
2. महादेवी जी ने छायावाद की तन्वी कविता पर दर्शन का बोझ कुछ अधिक लाद दिया है।

3. शुक्ल जी की शास्त्रीय गवेषणा से सर्वथा भिन्न यह शैली प्रसाद और पंत की ठोस बौद्धिक विवेचना की अपेक्षा टैगोर की लचीली काव्य-चिन्तना के अधिक समीप है।
4. ऐतिहासिक एकसूत्रता।

शचीरानी जी को उनमें 'अपने पक्ष-समर्थन का आग्रह अधिक, वस्तुस्थिति की निर्दिष्ट दिशाओं का संश्लेषण कम मिलता है।'...साथ ही 'दार्शनिक चिन्तन की बोझिलता से उनकी भाव-व्यंजना सहज दुर्विज्ञेय हो गई है।'

श्री मन्मथनाथ गुप्त के अनुसार : 'इन भूमिकाओं के कारण उनकी कविताओं को समझना और भी दुरूह हो गया है।' यह दुरूहता भाषागत ही नहीं, बल्कि परस्पर-विरोधी बातों के कारण है।

ये सभी विचार एक-दूसरे के पूरक समझकर ही रखे गए हैं। परन्तु महादेवी की समीक्षा का एक और अंग है, और वह है : काव्य-परख। 'गीत-काव्य' निबन्ध में उन्होंने गीतों की जो ऐतिहासिक परम्परा दिखाई है, अन्यत्र दुर्लभ है। वहीं अपने समसामयिक तथा प्राचीन कवियों की कविताओं का जो मर्मोद्घाटन उन्होंने किया है, वह एक कुशल काव्य-पारखी की दृष्टि से ही सम्भव है।

महादेवी जी के गद्यगत विचारों के साथ गद्यशैली पर भी विचार जरूरी है और श्री रामचरण महेन्द्र ने यह कार्य सम्पन्न किया है। हिन्दी में शैली-सूचक पदावली की कमी है और इसका साफ मतलब है कि हिन्दी में शैली पर बहुत कम विचार हुआ है। श्री रामचरण जी के निबन्ध में भी यही ओछापन है। उन्हें 'हृदय की विशालता, भाव-प्रसार की विलक्षण शक्ति, मर्मस्पर्शी स्वरूपों की उद्‌भावना, कल्पना-शक्ति पर प्रभुत्व और शब्दों की नक्काशी का समुच्चय' महादेवी जी की गद्य-शैली में घुला मिलता है। उपमाओं का कोष लुटाना तथा वचन-वक्रता उन्हें अधिक पसन्द आती है। कुछ लोगों को महादेवी जी की शैली लद्धड़, प्रवाहहीन, घुमावदार तथा श्रमसाध्य लगती है। वस्तुत: शैली का विवेचन विषय का मर्म समझे बिना सम्भव ही नहीं। महादेवी जी की शैली में ही ये बातें नहीं मिलतीं बल्कि निराला को छोड़कर सभी छायावादियों में वह श्रमसाध्य पेचीदगी तथा संस्कृताऊ विशेषण बहुल वाक्य-विन्यास मिलता है। यह छायावादी चेतना का परिणाम था। छायावादी गद्य-शैली को छायावादी काव्य-शैली से अलग करके नहीं देखा जा सकता।

गद्य की ही भाँति महत्त्वपूर्ण हैं महादेवी जी के चित्र। महादेवी जी की कविता के साथ उनके चित्रों का तुलनात्मक अध्ययन प्रस्तुत किया है श्री प्रभाकर माचवे ने। माचवे जी स्वयं चित्रकार (शायद रेखाकार अधिक) हैं। परन्तु खेद के साथ कहना पड़ता है कि पांडित्य-प्रदर्शक उद्धरणों की आतंकमयी लड़ी के बीच माचवे जी ने अब तक कोई तथ्यपरक बात नहीं कही है। आरम्भ में व्यर्थ ही मीरा-महादेवी की तुलना में उलझकर उन्होंने कुछ दूर तक संचारी भावों की सूची के सहारे शास्त्रीय

तथा गणनामूलक समीक्षा का प्रदर्शन किया है। हाथ लगता है यह सूत्र : 'महादेवी जी के चित्रों में करुण मुद्राओं का आधिक्य है। काँटों से बँधे हाथ, मृतप्राय शिशु, अँधेरा और टिमटिमाते दीप अधिक हैं।' जो सर्वविदित है। फिर मिलते हैं ऐसे फिकरे : 'वर्ण-वर्ण में पंक्ति बन गई है। रंग रेखाकार हो उठे हैं।' जिनका कोई अर्थ नहीं खुलता।

हम चित्र-विशेषज्ञ नहीं, जो इसमें व्यर्थ टाँग अड़ाएँ (यद्यपि हिन्दी समीक्षक के लिए सब कुछ जानने का अभिनय करना जरूरी है) लेकिन यह अवश्य कहेंगे कि अभी तक महादेवी जी के चित्रों का सही मूल्यांकन देखने में नहीं आया—कविताओं के साथ उनकी तुलना तो दूर की वस्तु है।

महादेवी जी की सबसे महत्त्वपूर्ण देन है कविता; और इस संग्रह में आधे से अधिक निबन्ध इसी पर हैं। 'कमलेश' जी ने प्रकृति-चित्रण पर लिखा है तो ओमप्रकाश जी ने अलंकार सौन्दर्य पर, मानव जी ने प्रणयानुभूति पर। और तीन समीक्षाएँ तुलनात्मक हैं : 'मीरा और महादेवी' (रघुवीर प्रसाद सिंह), 'पंत और महादेवी' (शान्तिप्रिय द्विवेदी), 'क्रिस्टिना रोज्जेटी और महादेवी' (शचीरानी गुर्टू)। दो समीक्षाएँ पुस्तक-परिचय देती हैं : 'नीरजा' (विजयेन्द्र स्नातक) तथा 'दीपशिखा' (नगेन्द्र)। श्री मन्मथनाथ गुप्त और पं. नन्ददुलारे वाजपेयी 'दर्शन' समझाते हैं तथा सुधांशु, विनयमोहन शर्मा, प्रकाशचन्द्र गुप्त, इन्द्रनाथ मदान, रामविलास शर्मा समूची कविताओं का मूल्यांकन करते हैं। इस प्रकार काव्य-समीक्षा में भी एक योजना दिखाई पड़ती है। परन्तु वस्तुस्थिति ऐसी नहीं है। इस खंड में पुनरावृत्तियाँ सबसे अधिक हुई हैं। सबने दुःखवाद, पीड़ावाद, रहस्यवाद का राग अलापा है। मीरा और महादेवी की तुलना के विषय में अब बात इतनी साफ हो चुकी है कि स्वतंत्र निबन्ध देना ही व्यर्थ है। 'पंत और महादेवी' में शान्तिप्रिय जी ने तुलना करने का कोई प्रयत्न नहीं किया है परन्तु उस निबन्ध का उपयोग करने में सम्पादिका से त्रुटि हुई, क्योंकि समूचा निबन्ध मूलत: पंत पर है। क्रिस्टिना रोज्जेटी के साथ महादेवी की तुलना, तुलना-प्रिय शचीरानी जी की कृति है और उनका उद्‌देश्य है महादेवी की अतृप्ति तथा असन्तोष को उभारना। इससे अधिक और कुछ हो तो वह दूरारूढ़ है। इस विषय में स्वयं शचीरानी जी भी मुगालते में नहीं हैं। इससे निबन्ध का सबसे बड़ा महत्त्व, रामविलास शर्मा के शब्दों में, यही है कि शचीरानी जी ने महादेवी को देवी की जगह मानवी रूप दिया है। वे कहती हैं : 'महादेवी और क्रिस्टिना के काव्य में जो भावों की उत्कट तीव्रता, मर्मान्तक वेदना और अन्तर का हाहाकार व्यक्त हुआ है—वह अलौकिक अथवा आध्यात्मिक विरह-गर्भित न होकर लौकिक प्रणय की सहजानुभूति से उद्‌भूत हुआ है और काल्पनिक आवरण में लिपटकर उत्तरोत्तर रहस्यपूर्ण और अविज्ञेय होता गया है।'

शेष निबन्धों में रामविलास शर्मा, नन्ददुलारे वाजपेयी तथा नगेन्द्र के लेखों को छोड़कर अन्य यांत्रिक तथा पिष्टपेषित हैं। विनयमोहन जी को महादेवी जी के काव्यों में प्रकृति से परिचय लगता है और स्वयं हरसिंगार, शेफाली, दुपहरिया

के फूलों को भिन्न-भिन्न नहीं, एक ही फूल मानते हैं। कहाँ हरसिंगार और कहाँ दुपहरिया यानी अड़हुल! इसी प्रकार ओमप्रकाश जी ने 'यामा' का आलंकारिक सौन्दर्य रूपक, उपमा, अपनहुति और सबसे ऊपर सांगरूपकों में दिखाकर प्राचीन अलंकार-शास्त्रीय यांत्रिकता का भोंडा रूप खड़ा किया है।

शेष तीन महत्त्वपूर्ण लेखों में रामविलास शर्मा का निबन्ध सबसे महत्त्वपूर्ण तथा चिन्तनशील है, क्योंकि उसमें उक्त सभी समीक्षकों के महादेवी-सम्बन्धी विचारों का हवाला देकर गहराई से विचार किया गया है। डॉ. शर्मा ने सबसे पहला प्रश्न 'छायावाद' के स्वरूप पर उठाया है क्योंकि 'महादेवी जी छायावाद के मध्याह्न काल से और अपने जीवन के उषाकाल से साहित्य-रचना करती आई हैं।' अस्तु, वे वाजपेयी जी और नगेन्द्र जी के आदर्शवादी दृष्टिकोण की सीमाओं का निर्देश करते हुए कहते हैं : 'हिन्दी का छायावादी साहित्य सामंत-विरोधी औद्योगिक क्रान्ति के बाद का साहित्य नहीं है। वह साम्राज्यवाद और सामंतवाद के विरुद्ध भारतीय जनता के संघर्ष-काल का साहित्य है। उसमें सबसे सशक्त देश की स्वाधीनता और जनतंत्र प्राप्त करने की आकांक्षा का स्वर है।' फिर अंग्रेजी रोमांटिक साहित्य तथा हिन्दी छायावादी साहित्य का अन्तर बतलाते हुए वे कहते हैं : 'अंग्रेजी रोमांटिक साहित्य का एक सीमान्त समाजवादी विचारधारा को छूता है तो दूसरा आदर्शवाद (आइडियलिज्म) की विभिन्न धाराओं में डूबा हुआ है। हिन्दी के छायावादी साहित्य का एक सीमान्त साम्राज्य-विरोधी, सामन्त-विरोधी विचारधारा को छूता है तो दूसरी ओर सामंतवाद का समर्थन करनेवाली अनेक आदर्शवादी धाराओं में डूबा हुआ है। इनके अतिरिक्त छायावादी या रोमांटिक साहित्य के दूसरे सीमान्त निर्धारित करना एक इतिहास-विरोधी कार्य होगा।'

नगेन्द्र जी ने छायावाद के साथ ही महादेवी जी की कविता को मानसिक दमन और अतृप्तियों से उत्पन्न कहा है जिसको स्पष्ट करते हुए डॉ. शर्मा कहते हैं कि यूरोप की उस पतित पूँजीवादी धारा को छायावाद से एकाकार नहीं किया जा सकता; छायावाद में अतृप्त भावना है पर उसकी मूल प्रेरणा वही नहीं है : 'इसमें सन्देह नहीं कि महादेवी जी के काव्य में पीड़ावादी, पलायनवादी तत्त्व मौजूद हैं, लेकिन इनकी उत्पत्ति और स्थिति का सही कारण तब हम अच्छी तरह जान सकेंगे जब हम इनके विरोधी तत्त्वों पर भी दृष्टिपात करेंगे और दोनों के परस्पर-सम्बन्ध जानने की कोशिश करेंगे।'

इसके बाद रामविलास जी ने महादेवी में जीवन की चाह, नारी-सुलभ हठ, स्वाभिमान, शृंगार-भावना, प्रेम की विह्वलता तथा कष्ट सहने का साहस आदि सोदाहरण दिखलाया है। अन्त में उनका यह तर्क सत्यता के अधिक निकट है : 'यदि जीवन और सौन्दर्य की चाह प्रकट करनेवाली कविता दमित इच्छाओं के ही कारण हो तो जितने भी जीवन और सौन्दर्य के कवि हैं, वे सब दमित इच्छाओं

के शिकार साबित हों और जितने भी मृत्यु और कुरूपता के कवि हैं, वे सब तृप्त इच्छाओं वाले समझे जाएँ।'

वस्तुत: नगेन्द्र जी ने अज्ञेय आदि आधुनिक प्रयोगवादी कवियों की दमित इच्छाओं को महादेवी पर भी आरोपित कर दिया है जबकि भेद स्पष्ट है।

डॉ. शर्मा ने महादेवी जी की पीड़ा का सामाजिक कारण बतलाते हुए ठीक कहा है—सामंत-विरोधी सामाजिक और सांस्कृतिक आन्दोलन से दूर रहना ही मुख्य कारण है। उन्हीं के शब्दों में : 'महादेवी जी छायावाद की प्रतिनिधि कवि हैं। उनमें छायावाद का निराशावादी-पलायनवादी पक्ष है तो जीवन और सौन्दर्य की आकांक्षा का स्वस्थ मानववादी पक्ष भी है। उनके अन्दर एक विद्रोही आत्मा सोती है जो दृष्टिकोण और मनोबल की सीमाओं के कारण अपना पूरा चमत्कार नहीं दिखा सकी। उन्हें जनता से हार्दिक सहानुभूति है और वे उससे सम्पर्क स्थापित करती हैं—यह उनका सम्बल है। जिस दिन यह सहानुभूति सक्रिय रूप लेगी, उनके द्वन्द्व का भी अन्त हो जाएगा।'

रामविलास जी के निष्कर्षों से हम लगभग सहमत हैं, परन्तु दो बातों का निर्देश आवश्यक है। एक तो उन्होंने यह नहीं दिखलाया कि महादेवी जी के इस निराशा और आशामूलक अन्तर्द्वन्द्व का क्रमिक विकास किस प्रकार हुआ; दूसरा यह कि आज भी उनमें पीड़ा और जीवन-चाह का अनुपात ऐसा नहीं है कि हम उन्हें इतना विद्रोही कह सकें। फिर भी समूची पुस्तक में एकमात्र डॉ. शर्मा का निबन्ध ऐसा है जिसमें महादेवी जी को सही वैज्ञानिक-सामाजिक दृष्टि से देखने का प्रयत्न किया गया है। पुस्तक के आरम्भ में शचीरानी जी का 'अपने दृष्टिकोण से' तथा जैनेन्द्र जी का वार्तालाप भी काफी मनोरंजक है। शचीरानी जी के शब्द-जाल में भी तथ्य के कुछ कण हैं।

निस्सन्देह यह संग्रह महादेवी जी पर अब तक की प्रकाशित सभी पुस्तकों से उत्तम है।

[शचीरानी गुर्टू के सम्पादन में प्रकाशित 'महादेवी वर्मा : काव्यकला और जीवन-दर्शन' पुस्तक की समीक्षा; 'आलोचना-2' : जनवरी, 1952 में प्रकाशित]

केदार से राहुल

'मेरी जीवनयात्रा' का सबसे बड़ा आकर्षण है : कनैला के केदारनाथ पाँड़े का महापंडित राहुल सांकृत्यायन में रूपान्तरण। जीवन की यह यात्रा अन्य यात्राओं से कितनी लम्बी है! कितनी दुर्गम! कितनी साहसिक! कितनी रोमांचक! और कितनी सार्थक!

लेकिन यह यात्रा कोरी 'यात्रा' नहीं है और न ही 'यायावरी' या 'घुमक्कड़ी'! राहुल जी बहुत बड़े घुमक्कड़ थे, इसमें कोई सन्देह नहीं। किन्तु कभी-कभी लगता है कि उन्होंने अपने चारों ओर कवच की तरह घुमक्कड़ी का एक मिथक गढ़ लिया था। केदारनाथ पाँड़े घुमक्कड़ी के कारण महापंडित राहुल सांकृत्यायन नहीं बने! घुमक्कड़ होने से पहले केदारनाथ पाँड़े घर के भगोड़े थे।

सिद्धार्थ की तरह केदारनाथ भी एक दिन घर से भाग निकले। कारण निश्चय ही और था, लेकिन वह नहीं, जिसका उन्होंने अत्यधिक प्रचार किया है : 'बचपन में मैंने नवाजिन्दा बाजिन्दा की कहानी (खुदराई का नतीजा) पढ़ी। उसमें बाजिन्दा के मुँह से निकले—'सैर कर दुनिया की गाफिल जिन्दगानी फिर कहाँ'—शेर ने मेरे मन और भविष्य के जीवन पर बहुत गहरा असर डाला, यद्यपि वह लेखक के अभिप्राय के बिलकुल विरुद्ध था।'

यह घटना 1903 की है। उस समय केदारनाथ की उम्र दस वर्ष की थी।

लेकिन 'मेरी जीवनयात्रा-1' में इसके ठीक बाद अगले ही पृष्ठ पर एक और घटना का उल्लेख है, जो स्वयं लेखक के शब्दों में इस प्रकार है :

'1904 की गर्मी चल रही थी।...बहसा-बहसी के बाद कई घंटा रात चढ़े तिलक चढ़ा। ब्याह भी हो गया। उस वक्त ग्यारह वर्ष की अवस्था में मेरे लिए यह तमाशा था। जब मैं सारे जीवन पर विचारता हूँ, तो मालूम होता है, समाज के प्रति विद्रोह का प्रथम अंकुर पैदा करने में इसने ही पहला काम किया। 1908 ई. में जब मैं 15 साल का था, तभी से मैं इसे शंका की नजर से देखने लगा था। 1909 के बाद से तो मैं गृहत्याग का बाकायदा अभ्यास करने लगा, जिसमें भी इस 'तमाशे' का थोड़ा-बहुत हाथ जरूर था।...1909 के बाद घर शायद ही कभी जाता था, 1913

के बाद तो वह भी खत्म-सा हो गया, और 1917 की प्रतिज्ञा के बाद तो आजमगढ़ जिले की भूमि पर पैर तक नहीं रखा (1943 से पहले)।'

इस वृत्तान्त से स्पष्ट है कि गृहत्याग का भाव केदार में ब्याह के कारण पैदा हुआ। 'समाज के प्रति विद्रोह का प्रथम अंकुर पैदा करने में इसने ही पहला काम किया।' 1904 के बाद से 1917 तक के घटनाक्रम का जो विवरण सिलसिलेवार दिया गया है, उसके समानान्तर इस अवधि की 'यात्राओं' को रखकर देखें तो यही नतीजा निकलता है। कलकत्ता तक 'पहली उड़ान' 1907 में और 'दूसरी उड़ान' 1909 में। 'वैराग्य का भूत' 1910 में और 'भूत' के प्रभाव में अयोध्या, हरिद्वार, गंगोत्री-जमुनोत्री, केदारनाथ-बदरीनाथ की यात्रा। 1911 में संस्कृत की पढ़ाई के लिए काशी-प्रस्थान और काशी-प्रवास काल में जानलेवा मंत्र-साधना। 1912-13 में परसा मठ में वैष्णव साधु होकर रामउदारदास नाम-ग्रहण। 1913 में दक्षिणा पथ की यात्रा—मुख्यत: तिरुमिशी के 'उत्तरार्धी मठ में' आवास—नया नाम दामोदराचारी। 1914 से आर्यसमाज की ओर आकर्षण और एक आर्यसमाजी प्रचारक के रूप में आगरा, लाहौर की यात्रा—1920 तक। कहने की आवश्यकता नहीं कि घुमक्कड़ी का यह चक्कर ब्याह के बाद ही शुरू हुआ और इसका एक ही अर्थ था—घर से दूर रहना।

इसी की चरम परिणति है 1916 की वह भीष्म प्रतिज्ञा : 'अब से पचास वर्ष की उम्र खतम होने तक फिर आजमगढ़ जिले की सीमा के भीतर भी कदम न रखूँगा।'

'मेरी जीवनयात्रा-1' में इस प्रसंग का विवरण अत्यन्त मार्मिक है।

1916, अहरौरा रोड स्टेशन।

'जिसका डर था, आखिर वही बात हुई। अभी टिकट बँटने न पाया था कि पिताजी प्लेटफार्म पर पहुँच गए। वह हाँफ रहे थे। उन्होंने 9-10 मील की यात्रा बिना साँस लिये दौड़ते या तेजी से चलते तय की थी।...वह मुझे देखते ही फूट-फूटकर रोने तथा उलाहना देने लगे। प्लेटफार्म पर लोग जमा हो गए। वह चिल्ला रहे थे—क्यों मुझे मार रहे हो? मुझे भी अपने साथ ले चलो, आदि। उनकी बातों में पिछले साल की अर्द्ध-विक्षिप्तता का भी हल्का-सा असर था। मैंने एक बार हिम्मत बाँधकर कहा—आखिर, कब तक आप मुझे बाँधकर रखेंगे?

मैंने महेशपुरा की यात्रा स्थगित की, और दो टिकट लेकर बनारस की ओर रवाना हुआ। ट्रेन में और उससे भी ज्यादा बनारस स्टेशन पर मैंने ठंडे दिल से उन्हें समझाना शुरू किया—मैं आपके भावों को, आपकी बेकरारी को समझता हूँ, किन्तु साथ ही मेरा जीवन भी किसी भविष्य की लालसा रखता है, जिसकी जो अस्फुट झाँकी मुझे मिल रही है, उसके कारण जबरदस्त से जबरदस्त खतरे, मृत्यु के साक्षात् दर्शन तक भी अब मुझको अपने पथ से विचलित नहीं कर सकते। मैं कनैला के अयोग्य हूँ, मैं आपके काम का नहीं रहा। यदि ऐसा करना

था, तो मुझे गाय-भैंस की चरवाही में लगा दिये होते, मेरी दुनिया कनैला की सीमा से परिसीमित हो जाती। अब जोर देने का भयंकर परिणाम होगा, आपको मेरे जीवन से हाथ धोना होगा।

इसका उनके दिल पर असर हुआ। अन्तिम उत्तर जिस तरह उनके मुख से यकायक निकला, उसकी आशा नहीं हो सकती थी। उन्होंने कहा—अब मैं तुम्हारे रास्ते में बाधक नहीं होऊँगा, किन्तु साथ ही मैं भी कनैला न जाकर यहीं बनारस ही में अपने जीवन को बिता दूँगा।

अपने वचन के पूर्वार्द्ध का उन्होंने ठीक से पालन किया। यही उनका अन्तिम दर्शन था।

मैंने प्रतिज्ञा की—अब से पचास वर्ष की उम्र खतम होने तक फिर आजमगढ़ जिले की सीमा के भीतर भी कदम न रखूँगा।'

सवाल यह है कि पूरे आजमगढ़ जिले की सीमा के भीतर भी कदम न रखने की प्रतिज्ञा क्यों? सिर्फ कनैला या पन्दहा ही क्यों नहीं? राहुल जी को डर किस बात का था? फिर पचास वर्ष की उम्र की पाबन्दी क्यों? आजीवन क्यों नहीं? प्रतिज्ञा निश्चय ही भीषण है, लेकिन इसके पीछे हिसाब-किताब भी अच्छा-खासा है! और कहना न होगा कि इस हिसाब-किताब का कुछ अर्थ है।

जो हो, पिता को पीड़ा पहुँचाने का अनुताप राहुल जी के मन में बना रहा। एक तरह से उन्होंने अपने असमय विवाह के लिए पिता को दंड दिया था—गृहत्याग के रूप में। इसका प्रायश्चित्त राहुल जी ने अपनी अद्वितीय कृति 'बुद्धचर्या' (1930) के समर्पण द्वारा किया। यह समर्पण एक प्रकार से पिता का तर्पण भी है। समर्पण के शब्द ध्यातव्य हैं :

'मेरे गृहत्याग से जिनके अ-वार्धक्य जीवन के अन्तिम वर्ष दुःखमय बन गए;
उन्हीं सांकृत्य-सगोत्र, मलाँव-पांडेय, स्वर्गीय पिता
श्री गोवर्धन की स्मृति में।'

वैसे, बुद्ध के समान राहुल भी अपने गाँव वापस लौटे थे—पचास वर्ष की उम्र खत्म होने पर 1943 ई. में। यह वह समय है जब केदारनाथ पाँड़े महापंडित राहुल सांकृत्यायन हो चुके थे। एकदम सम्यक् सम्बुद्ध!

'मेरी जीवनयात्रा-2' में इस पुनरागमन का वर्णन विस्तृत है, किन्तु प्रसंगवश केवल ग्रामवासिनी उस प्रथम पत्नी से सम्बद्ध अंश ही यहाँ प्रस्तुत है :

'भोजन समाप्त हुआ। हम उठना ही चाहते थे कि कपड़ों में ढकी एक मूर्ति ने मेरे पैरों पर गिरकर रोना आरम्भ करना चाहा। मैं तुरन्त चलने को उठ खड़ा हुआ। खैर, रोना वहीं रुक गया। रोने वाली कौन थी, कह नहीं सकता, न मुझे बतलाया गया। मेरे नाम से शैशव में घरवालों ने जो ब्याह किया था, उसे तो घर के साथ ही तीन दशाब्दियों पहले ही मैं छोड़ चुका था।'

1943 में राहुल जी 'कपड़ों से ढकी' जिस रोती हुई 'मूर्ति' से एकदम अनजान बनकर चलने के लिए उठ खड़े हुए थे, उसी के अन्तिम दर्शन करने 1957 में फिर कनैला पहुँचे। इस मार्मिक प्रसंग का पूरा विवरण इस प्रकार है :

'कनैला छोड़ने से पहले अपनी प्रथम परिणीता को देखने का निश्चय कर चुका था। अब वह चारपाई पकड़े थी। देखकर करुणा उभर आना स्वाभाविक था। आखिर मैं ही कारण था जो इस महिला का आधी शताब्दी का जीवन नीरस और दुर्भर हो गया। मैं प्रायश्चित्त करके भी उसको क्या लाभ पहुँचा सकता था? एक बार देखा। वह अपने आँसुओं को नहीं रोक सकी। फिर मैं घर से बाहर चला आया।'

यह प्रसंग 'मेरी जीवनयात्रा' के किसी भाग में नहीं है, क्योंकि 1956 के बाद की 'जीवनयात्रा' तो महापंडित ने लिखी ही नहीं। यह मर्मस्पर्शी प्रसंग जिस पुस्तक में वर्णित है, उसका नाम है 'कनैला की कथा' और यही वह पुस्तक है जिसे अपनी 'प्रथम परिणीता' को समर्पित करके राहुल ने प्रायश्चित्त का प्रयास किया है। समर्पण के शब्द हैं :

'उस प्रथम परिणीता को, जिसका सारा जीवन मेरी महत्त्वाकांक्षाओं का शिकार हुआ।'

अब तक जिस ब्याह को ब्याह न माना और जिस स्त्री को अपनी पत्नी के रूप में स्वीकार नहीं किया, उसी को अब 'प्रथम परिणीता' का सम्मान दिया और साथ ही अपनी महत्त्वाकांक्षाओं की भर्त्सना भी की।

पचास की उम्र में जहाँ करुणा का नामोनिशान न था, चौंसठ की उम्र में करुणा स्वाभाविक हो उठी। रूपान्तरण की प्रक्रिया का एक चरण यह भी है।

तात्पर्य यह कि बाल-विवाह केदारनाथ पाँड़े के जीवन की एक निर्णायक घटना है और गृहत्याग उसकी प्रथम प्रतिक्रिया, जिसे राहुल जी ने सामाजिक विद्रोह के प्रथम अंकुर की संज्ञा दी है। संन्यास इस विद्रोह का ही एक रूप है जिसके तहत केदारनाथ पाँड़े साधु रामउदारदास हुए। यदि वे इतने ही से सन्तुष्ट होकर रह जाते तो हजारों वैष्णवों के बीच एक और साधु बनकर खो जाते। किन्तु ज्ञान की प्यास ने उन्हें चैन न लेने दिया और 'किं करोमि क्व गच्छामि' की चिन्ता साधु रामउदारदास को आर्यसमाज के पास ले गई। उल्लेखनीय है कि 'मेरी जीवनयात्रा' में राहुल जी ने एक को 'वैराग्य का भूत' कहा है तो दूसरे को 'नव प्रकाश'!

'मेरी जीवनयात्रा-1' में इस समय की मन:स्थिति पर प्रकाश डालते हुए राहुल जी ने लिखा है : 'आचारियों के अति संकीर्ण तथा वैरागियों के अपेक्षाकृत उदार, तो भी संकीर्ण वायुमंडल से निकलकर आर्यसमाज में आने पर मुझे मानसिक विचार-स्वातंत्र्य का मूल्य मालूम होने लगा। मुसाफिर विद्यालय में 'करोड़ों वर्षों' से स्थापित आचार-धर्म सम्बन्धी परम्परा पर भी हम खुले तौर से नुक्ताचीनी कर सकते थे! 'यस्तर्केणानुसंधत्ते स धर्म वेद नेतर' के महामंत्र को सुनकर मेरा रोआँ-रोआँ आर्यसमाज तथा स्वामी दयानन्द के प्रति कृतज्ञ था।'

यह बात 1916 की है। उन दिनों 'स्वदेश' और 'स्वधर्म' को रामउदार बाबा अभिन्न समझते थे और राष्ट्रीय स्वतंत्रता के लिए इतनी बेकरारी थी कि सशस्त्र चेष्टा के लिए प्राण देनेवाले स्वेच्छा-सेवकों की जरूरत पड़ती तो वे उनमें पहले नाम लिखाते।

आर्यसमाज का प्रभाव कब तक बना रहा, निश्चित रूप से कुछ कहना कठिन है, किन्तु इतना निश्चित है कि 1921 में रामउदारदास असहयोग-आन्दोलन में कूद पड़े और इस प्रकार धर्म के साथ देश की राजनीति में प्रवेश कर गए। इस क्रम में 1922 में छह महीने बक्सर जेल में और फिर 1923 से 1925 तक लगभग दो साल हजारीबाग जेल में कैद भुगतनी पड़ी। हजारीबाग जेल के दिनों की वैचारिक स्थिति के बारे में 'मेरी जीवनयात्रा-1' सूचित करती है कि 'आर्यसमाज के विचारों की कट्टरता कम होने लगी, और बौद्ध धर्म की ओर झुकाव बढ़ा। वेद की निर्भ्रान्तता पर सन्देह होने लगा, किन्तु ईश्वर पर विश्वास अब भी था।'

यदि विचार-यात्रा जीवनयात्रा का ही अंग है तो सबसे बड़ा मोड़ केदारनाथ के विचारों में 1927 में आया जब वे श्रीलंका के विद्यालंकार विहार विद्यापीठ पहुँचे और रामउदारदास से त्रिपिटकाचार्य राहुल सांकृत्यायन हुए।

'मेरी जीवनयात्रा-2' में इस वैचारिक परिवर्तन का वर्णन करते हुए राहुल जी ने लिखा है : 'ढाई हजार वर्ष पहले के समाज और समय में बुद्ध के युक्तिपूर्ण सरल और चुभने वाले वाक्यों का मैं तन्मयता के साथ आस्वाद लेने लगा। त्रिपिटक में आए मोजिजें और चमत्कार अपनी असम्भवता के लिए मेरी घृणा के पात्र नहीं, बल्कि मनोरंजन की सामग्री थे। मैं समझता था, पच्चीस सौ वर्षों का प्रभाव उन ग्रंथों पर न हो, यह हो नहीं सकता। असम्भव बातों में कितनी बातें बुद्ध ने वस्तुत: कहीं, इसका निर्णय आज नहीं किया जा सकता, फिर राख में छिपे अंगारों या पत्थरों से ढके रत्न की तरह बीच-बीच में आते बुद्ध के चमत्कारिक वाक्य मेरे मन को बलात् अपनी ओर खींच लेते थे। जब मैंने कालामों को दिये बुद्ध के उपदेश—किसी ग्रंथ, परम्परा, बुजुर्ग का खयाल कर उसे मत मानो, हमेशा खुद निश्चय करके उस पर आरूढ़ हो—को सुना तो हठात् दिल ने कहा : यहाँ है एक आदमी, जिसका सत्य पर अटल विश्वास है, जो मनुष्य की स्वतंत्र बुद्धि के महत्त्व को समझता है। जब मैंने मज्झिम निकाय में पढ़ा—बेड़े की भाँति मैंने तुम्हें धर्म का उपदेश दिया है, वह पार उतरने के लिए है, सिर पर ढोए-ढोए फिरने के लिए नहीं; तो मालूम हुआ, जिस चीज को मैं इतने दिनों से ढूँढ़ता फिर रहा था, वह मिल गई।'

बुद्ध के सत्य की झलक मिल तो गई, लेकिन अभी तक ईश्वर से मुक्ति नहीं पाई थी। यह अटक बाकी थी। इस कारण तीव्र अन्तर्द्वन्द्व था। एक शाम टहलते समय सहसा यह दुविधा भी मिट गई। राहुल जी के शब्दों में : 'ईश्वर और बुद्ध साथ नहीं रह सकते, यह साफ हो गया, और यह भी स्पष्ट मालूम होने लगा, कि ईश्वर सिर्फ काल्पनिक चीज है, बुद्ध यथार्थवक्ता है। तब कई हफ्तों तक हृदय में एक दूसरी

बेचैनी पैदा हुई। मालूम होता था, चिरकाल से चला आता एक भारी अवलम्ब लुप्त हो रहा है। किन्तु मैंने हमेशा बुद्धि को अपना पथ-प्रदर्शक बनाया था, और कुछ ही समय बाद उन काल्पनिक भ्रान्तियों और भीतियों का खयाल आने से अपने भोलेपन पर हँसी आने लगी।...अब मुझे डार्विन के विकासवाद की सचाई मालूम होने लगी, अब मार्क्सवाद की सचाई हृदय और मस्तिष्क में पैवस्त जान पड़ने लगी।'

इस प्रकार बुद्ध के विचारों के साथ-साथ वैज्ञानिक दृष्टि और मार्क्सवाद की सचाई से सन्नद्ध एक नये मनुष्य का जन्म हुआ जिसे आज हम राहुल सांकृत्यायन के नाम से जानते हैं।

स्वयं राहुल जी ने अपनी 'जीवनयात्रा' के इस चरण को 'पर्येषण' की संज्ञा दी है, जिसका अर्थ है : तर्क द्वारा गवेषणा या खोज। यहीं से तिब्बत की उन शोध-यात्राओं का सिलसिला शुरू होता है जिनमें राहुल जी को धर्मकीर्ति, असंग, वसुबंधु आदि बौद्ध दार्शनिकों के अप्राप्त अमूल्य ग्रंथों के उद्धार का श्रेय मिला। यही वह काल है जब महायात्री राहुल ने जापान, कोरिया, मंचूरिया, सोवियत भूमि और ईरान की यात्रा की। इसलिए 'मेरी जीवनयात्रा-2' के इस खंड को 'पर्येषण' के साथ 'पर्यटन' कहना सर्वथा उचित ही है।

'पर्येषण, पर्यटन' का यह दौर 1927 से 1938 तक, लगभग बारह वर्षों तक चलता है। इसी दौर में बकौल राहुल : 'एक तरह से 1927 ई. में ही मेरे साहित्यिक जीवन का आरम्भ होता है।...यहीं से लंका के सम्बन्ध में धारावाहिक रूप से मैंने कुछ लेख 'सरस्वती' के लिए लिखे।' इसके ठीक बाद 1944 तक लगातार सात वर्ष 'जीवनयात्रा' का वह दौर चलता है जिसे राहुल जी ने 'किसानों-मजदूरों के लिए' कहा है। एक 'प्रतिबद्ध बौद्धिक' के रूपान्तरण का यह चरम शिखर है।

'मेरी जीवनयात्रा' की प्रथम दो जिल्दों का लेखन-कार्य महापंडित ने इसी शिखर पर पहुँचकर किया है, जो असंदिग्ध रूप से 'जीवनयात्रा' की पाँचों जिल्दों में अन्यतम हैं। एक तरह से यह कालखंड राहुल जी की सर्जनात्मक प्रतिभा का विस्फोट है, क्योंकि इसी दौरान उन्होंने 'वोल्गा से गंगा', 'सिंह सेनापति' और 'जय यौधेय' जैसी अमर कथाकृतियों की रचना की; 'दर्शन-दिग्दर्शन' जैसा दार्शनिक विश्वकोश तैयार किया; और धर्मकीर्ति के 'प्रमाणवार्तिक' का वृत्ति, भाष्य और टीका के साथ सम्पादन कर अनुसंधान का प्रतिमान स्थापित किया। इस प्रकार महापंडित राहुल सांकृत्यायन के रूप में ज्ञान, इच्छा और क्रिया के त्रिरत्न का ऐसा समंजस विग्रह प्रकट हुआ जो बीसवीं शताब्दी के भारत की एक ऐतिहासिक घटना है।

[2]

परन्तु राहुल सांकृत्यायन की 'मेरी जीवनयात्रा' किसी महामानव की सफलता की गाथा नहीं है। इसी पुस्तक के प्रथम भाग में एक जगह राहुल जी ने व्यक्ति-पूजा के

विरुद्ध उद्‌गार व्यक्त करते हुए लिखा है कि 'व्यक्ति-पूजा को तोड़ने के लिए मेरा दिल बाज-वक्त वैसे ही चुलबुला उठता है, जैसे हाथ में पत्थर लिये छोटे लड़के को मिट्टी के बरतनों को देखकर खन-खन, चर-चर करके टूटते बरतन अच्छे मालूम होते हैं। समाज के ढोंग मुझे क्रोधान्ध बना देते हैं। मेरा विश्वास है—या तो ढोंग ही रहेंगे या समाज का अस्तित्व ही। इसलिए समाज के ढोंगों के साथ-साथ अपने व्यक्तित्व को भी चूर-चूर करने में मुझे प्रसन्नता होती। इसके लिए कितने ही लोग मेरे साथ अन्याय भी करते, किन्तु भविष्य के कद्रदानों के सामने यह नगण्य-से होते।'

फिर भी इस विषय में राहुल जी को अपनी कलम रोकनी पड़ी क्योंकि 'उन्हें मित्रों और स्नेहियों के आग्रह का भी पालन करना' था। इस सन्दर्भ में उन्होंने सामान्य संकेतों की भाषा में सिर्फ इतना ही कहा है कि 'यदि लोगों की दृष्टि में गिरने का मुझे डर न होता, यदि स्त्रियों के सामने बोलने-चालने में—विशेषत: प्रेमालाप की दिशा में ले जानेवाले वार्तालाप में—संकोच न होता, तो सिर्फ आदर्श के लिए द्विपाद रहने की अनिवार्यता, या सिर्फ ज्ञान से मैं बच न सकता; क्योंकि काम-वेग खास-खास अवस्था में ज्ञान-विवेक को तिनके के तौर पर बहा ले जाता है। जीवन की दो-चार घटनाएँ हैं, जिनसे मैं इसलिए बच गया, कि काम की सांकेतिक भाषा के प्रयोग से अपरिचित और समझने में सन्देहयुक्त था। इस जीवनी में जीवन के इस अंश पर भी मैं और लिखता...'

इस आत्मस्वीकृति के बावजूद 'मेरी जीवनयात्रा' में संयोग से एक ऐसे कुछ प्रसंग आ गए हैं। इन्हीं प्रसंगों में से एक है छोटी मामी का प्रसंग। यह चौदह वर्ष की अवस्था के पूर्व के अनुभव हैं। इस 'स्वच्छ', 'सुन्दर', 'कोमल' और 'मधुर' मामी के बारे में राहुल जी ने लिखा है कि 'सचमुच यदि उस लड़के (केदार) से पूछा जाता, कि तुमको सिर्फ एक आदमी दुनिया में मिलेगा, चुन लो और हमेशा के लिए निर्जन वन में चले जाओ, तो वह अपनी छोटी मामी को चुनता।' कहने की आवश्यकता नहीं कि 'छोटी मामी से उसे असाधारण प्रेम था।' अब इस 'असाधारण प्रेम' का जो भी अर्थ हो।

दूसरा प्रसंग है श्रीलंका का। 1928 का वर्ष। राहुल भद्र उस समय पैंतीस वर्ष के थे। पूरा विवरण स्वयं लेखक के ही शब्दों में :

'विद्यालंकार विहार के बाहर सड़क की दूसरी तरफ एक गृहस्थ का घर था। उसमें एक तरुण कन्या रहती थी। एकाध बार हमारी आँखें चार हुईं।...मेरा हृदय भी उधर आकर्षित हुआ; क्योंकि वह गोरी और कुछ सुन्दर-सी थी। इसमें भी कोई शक नहीं, कुमारी होने से उसके साथ ब्याह करने में कोई बाधा नहीं हो सकती थी, किन्तु ब्याह का नाम आते ही मेरे रोंगटे खड़े हो जाते, मेरे पर कटकर गिरते-से दिखाई पड़ते। और कन्या-संसर्ग का यह छोड़ दूसरा परिणाम क्या होता? मैंने दृढ़ता से काम लिया, लेकिन साथ ही दृढ़ता में मेरा स्वाभाविक संकोच और उस

लड़की की लज्जाशीलता मुख्यत: सहायक हुई, नहीं तो, उसकी तरफ से मामला आगे बढ़ने पर मेरे लिए बचना मुश्किल होता।'

पूरे विवरण से कुछ ऐसा प्रतीत होता है कि ब्याह का डर ही सबसे बड़ी रोक थी। इसे राहुल जी ने स्पष्ट शब्दों में कहा भी है : 'जब तक उड़ान की चाह है, जब तक अपने आदर्श के सहायक साधनों को आदमी जमा नहीं कर सका है, तब तक उसका दोपाया रहना सबसे जरूरी चीज है।' इस कथन से तो यही नतीजा निकलता है कि जब उड़ने की चाह से जी भर जाए और अपने आदर्श के सहायक साधन जमा हो जाएँ तो आदमी को चौपाया हो जाना चाहिए। यह निष्कर्ष उतना चौंकाने वाला नहीं, जितना दिलचस्प है महापंडित का उस पर अमल।

घर से डर भी और घर की चाह भी : 'मेरी जीवनयात्रा' गोया इन्हीं दोनों छोरों को एक साथ बाँहों में बाँध लेने की करुण कोशिश है।

क्या राहुल जी ने अपने मित्रों और स्नेहियों के आग्रह के बावजूद अपनी छवि पर दो-चार खरोंचे नहीं लगाईं? कहना न होगा कि यदि खरोंच आई भी होगी तो 'छवि' पर ही, 'व्यक्तित्व' तो बहुत बड़ी चीज है। व्यक्तित्व तो अन्दर से चटखता है और उसके कारण भी बहुत आन्तरिक होते हैं। उन आन्तरिक कारणों का पता लगाने के लिए 'मेरी जीवनयात्रा' को दूसरे ढंग से पढ़ना होगा, जो सम्प्रति सम्भव नहीं है।

कुल मिलाकर राहुल जी की 'मेरी जीवनयात्रा' अन्तत: एक आख्यायिका ही है। तिथियाँ और घटनाएँ वास्तविक होकर भी एक धारावाहिक आख्यान में नियोजित होने की प्रक्रिया में एक अन्य कल्प-सृष्टि का रूप ग्रहण कर लेती हैं। फलत: केदारनाथ पाँड़े का महापंडित राहुल सांकृत्यायन में रूपान्तरण एक सरल रेखा के समान दिखाई पड़ता है, जबकि उसके जटिल होने की सम्भावना अधिक है!

'मेरी जीवनयात्रा' का आख्यान स्वयं महायात्री राहुल की तरह इतनी तीव्र गति से चलता है कि किसी स्थान पर एक निश्चित अवधि से अधिक टिकना ही नहीं चाहता। राहुल बुद्ध के समान ही 'चरत भिक्खवे' जैसे भिक्षु-धर्म का ही पालन करते दिखाई पड़ते हैं और 'मेरी जीवनयात्रा' उन चरणों का अनुसरण करने के लिए जैसे बाध्य है। इस संचरण में यदि कुछ चीजें छूट गईं तो आश्चर्य नहीं। उदाहरण के लिए प्रकृति! यहाँ न कोई फूल खिलता है, न कोई चिड़िया बोलती है और न कहीं सूर्य की किरणें बादलों पर अपनी रंगीन कूँचियाँ फेरती हैं। राहुल जी की दिलचस्पी अगर किसी चीज में है तो सिर्फ मनुष्यों में! प्रत्येक मनुष्य को इतनी बारीकी से देखते हैं कि 'मेरी जीवनयात्रा' हजारों व्यक्तियों के रेखांकन का एक जीता-जागता अलबम बन गई है। ग़ालिब ने तो सत्तर साल की उम्र में सत्तर हजार व्यक्तियों को अपनी नजर से गुजरने का दावा किया था, राहुल ने तो इससे ज्यादा लोगों के साथ रहकर जिन्दगी गुजारी होगी।

वैसे, आदमियों के अलावा पशुओं से भी राहुल जी का लगाव था जिसका सबसे मार्मिक उदाहरण है 'सेङ टुक्' नामक तिब्बती कुतिया की मौत। उस नन्ही-सी जान के मरने पर राहुल जी ने लिखा है : 'मैंने इतनी मात्रा में और अचानक पीड़ा कभी नहीं अनुभव की थी। ...कितनी ही बार मेरी आँखों से आँसू निकल आए। माता और पिता के मरने पर तथा मेरे लिए प्राण देनेवाले नाना-नानी के मरने पर भी जो आँखें नहीं पसीजीं, उनमें आज छल-छल आँसू उमड़ आ रहे थे।'

यह घटना 1926 की है।

स्पष्ट है कि बुद्ध के अनुयायी त्रिपिटकाचार्य राहुल सांकृत्यायन के अन्तस्तल में प्रचुर करुणा थी। जरूरी नहीं कि वह समय-समय पर आँसू बनकर छलके ही। तुलसीदास के जनक भी 'परम विरागी' कहे जाते थे; किन्तु एक विशेष क्षण में 'मिटी महा मरजाद ग्यान की'। और फिर 'लोचन जलु रह लोचन कोना, जैसे परम कृपण कर सोना'। किन्तु लगता है कि 'मेरी जीवनयात्रा' में महापंडित ने मरजाद का ध्यान कुछ ज्यादा ही रखा है और कृपणता में तनिक भी ढील नहीं दी है! कहीं-कहीं हृदय जरा खुल पड़ा होता तो कुछ हानि न होती; बल्कि कुछ और हृद्य ही होती।

'मेरी जीवनयात्रा' 'जीवनी' के रूप में भले ही न लिखी गई हो, जैसाकि 'प्राक्कथन' में लेखक ने ऐलान किया है, एकदम 'यात्रा' भी तो नहीं है; है तो आखिर 'जीवनयात्रा' ही—राहुल जी का दिया हुआ एक नया पदबन्ध! बहु अर्थगर्भ!

['राहुल वाङ्मय—1.1 : जीवनयात्रा' की भूमिका]

फ़िराक़ की गुफ़्तगू

हर कोई यह बात मानता है कि फ़िराक़ गोरखपुरी एक महान कवि थे, पर यह बात थोड़े ही लोग जानते हैं कि वे बातचीत के भी धनी थे। अफसोस की बात है कि उन्हें अपनी बातें दर्ज करने के लिए कोई बोस्वेल नहीं मिला, पर एक सीमा तक सन्तोष की बात यह भी है कि इस आवश्यकता को सुमत प्रकाश शौक ने पूरा करने की कोशिश की। बहुत सारे लोगों ने फ़िराक़ से बातचीत की होगी, मगर उनकी बातों को दर्ज करने के लिए श्रेय के अधिकारी श्री शौक हैं। यह श्री शौक का सौभाग्य था कि सोलह वर्षों तक उनको फ़िराक़ के साथ आजादाना, खुलकर बहस-मुबाहिसा करने का मौका मिला। जाहिर है कि इन वार्ताओं का सबसे दिलचस्प भाग वह है जहाँ फ़िराक़ अपने और अपनी शायरी के बारे में बातें करते हैं। इस सिलसिले में उनकी 26 मार्च, 1966 की गुफ़्तगू बहुत ही अहम है। तब फ़िराक़ 70 साल के थे। जीवन के इस मोड़ की बात आने पर उन्होंने स्वीकार की :

> 'तनहाई का एक नाकाबिले-बरदाश्त और भयानक अहसास 1914 से ही मेरा दम घोंटता रहा है। मैं न तो खुदकुशी कर सका और न ही निज की तसल्ली के लिए कुछ कर सका। मैं एकाग्रचित्त होकर और निष्ठा के साथ अपने वतन और वतन वालों के लिए भी अपनी जिन्दगी को वक्फ नहीं कर सका। एक भयानक तनहाई मेरा मुकद्दर बन चुकी है। आज अपनी जिन्दगी की शाम में मेरी बस यह अधूरी तमन्ना और ख्वाहिश है कि मेरे जाने के बाद लोग यह जानें कि कभी मेरे जैसा कोई दुखी इनसान नहीं रहा, कम-से-कम हिन्दुस्तानी शायरी के जहान में तो नहीं ही रहा।'

कहने की जरूरत नहीं कि यही तनहाई फ़िराक़ की जिन्दगी की कुंजी है। तनहाई के इस अहसास को उन्होंने एक तखलीकी (रचनात्मक) रूप दिया, और यही तखलीकियत है जिसने उनसे ऐसे अशआर कहलवाए कि हमारे दौर की उर्दू शायरी में उनकी कोई मिसाल नहीं मिलती :

कहाँ का वस्ल, तनहाई ने शायद भेस बदला है,
तिरे दम भर के आ जाने को हम भी क्या समझते हैं!

[बाल-मिलन]

मार्च, 1968 की मुलाकात के दौरान फ़िराक़ ने शौक के सामने तनहाई के इस मौज़ू (विषय) का दोबारा जिक्र किया और साथ में बोरियत की बात भी की। बोले :

'मेरी जिन्दगी बोरियत की शिकार है। इससे बचने के लिए मैं मुशायरों में जाने का सहारा लेता हूँ जहाँ बहुत सारे दोस्तों से मिलता हूँ। लेकिन आजकल के मुशायरों का गुल-गुपाड़ा मुझे यह अहसास दिलाता है कि गोया मैं कुएँ से निकलकर खंदक में गिरा हूँ।'

फिर एक रोमानी शायर के अन्दाज में वे यादों को दोहराते हैं :

'कभी-कभी किसी नदी के साहिल पर या जंगल में एक झोंपड़े की तीखी ख्वाहिश सताती है जहाँ मैं एक संजीदा और अकलमंद मददगार या दोस्त के साथ रह सकूँ और जहाँ लगभग हर रोज ऐसे मुलाकाती आएँ जिनकी सोहबत मेरी जिन्दगी जीने के काबिल बनाये और मुझे पैसे की कोई फिक्र न रहे।'

इस बातचीत का सबसे कीमती हिस्सा वह है जहाँ अमूमन शेरो-शायरी की बात करते हुए फ़िराक़ अपने कलाम की बेमिसाली का जिक्र करते हैं। उर्दू शायरी को फ़िराक़ की देन यह है कि उन्होंने इसमें हिन्दुस्तान की रूह फूँकी, खानदानों की जिन्दगी वाली शुद्धता पैदा की, उसमें बच्चों की जिन्दगी वाली मासूमियत पैदा की, उसे कुदरत के हुस्न से जगमग किया, इश्क-मुहब्बत की शायरी को जीवनदायी और जीवनमुखी बनाया, और सबसे बढ़कर यह कि शायरी की जबान के सिलसिले में उन्होंने एक नया आहंग पैदा करने की भी, अल्फाज में एक नया सुर लाने की, और शायरी को इनसानियत की आवाज के साथ हमकलाम करने की कोशिश की।

यह कहने की शायद ही जरूरत हो कि फ़िराक़ ने अपनी खुद की उपलब्धियों का बहुत ही वस्तुनिष्ठ मूल्यांकन किया है। उनका पसन्दीदा शब्द 'लतीफ' (elegant) है जिसका वे अपनी 'सौन्दर्यशास्त्रीय आस्था' का वर्णन करने के लिए अक्सर इस्तेमाल करते हैं। अलावा इसके, वे अपनी शायरी में रूहानियत (आध्यात्मिकता) की बात भी करते हैं। लेकिन उनकी यह रूहानियत एक अलग ही किस्म की है। कहते हैं :

'मुझे रूह में ज्यादा तो नहीं, रूहानियत में यकीन है। रूहानियत का मतलब बेहद लतीफ (कोमल) और पाक अल्फाज हैं—जाहिरी (भौतिक) और

खारिजी दुनिया के मजाहिर (संवृत्तियों में) हिस्सासियस (संवेदनशीलता) और गहरी इनसान-दोस्ती से भरे हुए अल्फाज।

फ़िराक़ ने अपने समकालीनों को भी इसी ऊँचाई से नापा। तो भी कुछ शायरों के बारे में उनकी राय काफी दिलचस्प है। उनकी राय में फैज अहमद फैज की शायरी की एक अलग ही कद्रो-कीमत है :

'रहा फैज की शायरी का मुस्तकबिल,
तो मैं उसकी कामयाबी की पेशगोई की ताब नहीं ला सकता।'

सरदार जाफरी के बारे में वे कहते हैं :

'कुछ बरसों से सरदार जाफरी जो कुछ लिखते आ रहे हैं, वह बिना शक एक ऊँचे पाये का है और उनकी पिछली तखलीकात से बेहतर है।'

यह बातचीत 14 मार्च, 1966 की है। अजीब लगता है कि वे स्वयं भी प्रगतिशील आन्दोलन से जुड़े हुए थे, पर फ़िराक़ फिर भी प्रगतिशील कविता के शौकीन नहीं थे। संक्षेप में यह कि वे बुनियादी तौर पर एक सौन्दर्यशास्त्री के रूप में उसे देखते हैं।

उर्दू बनाम हिन्दी के सवाल पर फ़िराक़ के विचार इन वार्ताओं के सबसे विवादास्पद भाग हैं। ताज्जुब नहीं कि वे उर्दू को भारत की सबसे खूबसूरत जबान मानते हैं। इस सवाल पर कोई विवाद हो भी नहीं सकता। इसमें शक नहीं कि वे हिन्दी के शुभचिन्तक थे और दोनों भाषाओं को पास लाने की पावन भावना रखते थे। लेकिन कभी-कभी वे ऐसे उत्तेजक वक्तव्य दे बैठते थे कि हिन्दी वाले उनको गलत समझ बैठते थे। बार-बार उन्होंने कहा कि हिन्दी में खड़ी बोली की नस्र (गद्य) तो प्रशंसा का पात्र है, पर उसकी शायरी घटिया दर्जे की है।

इस तरह चाहे भाषा का सवाल हो या शायरी का, हर महान लेखक की तरह फ़िराक़ के अपने ही कमजोर पहलू हैं, जैसाकि अमरीकी लेखक पाल डे मान ने कहा है :

'लगता है, यह अन्तर्दृष्टि इसलिए मिली कि लेखक एक खास अन्धेपन का शिकार था।'

वास्तव में 'अन्धी हुई पड़ी दृष्टि का यही विरोधाभासी प्रभाव' है जो फ़िराक़ को दिलचस्प और पढ़ने-योग्य बनाता है। उन पर उनके अपने इस शेर से बेहतर कोई तब्सरा तो हो ही नहीं सकता :

दुनिया पैदा कर दे दिलों में, ईमानों को दे टकराने,
बात वो कह ऐ इश्ककि सुनकर सब काइल हो, कोई न माने।

दुख की बात यह है कि अंग्रेजी के प्रोफेसर रघुपति सहाय फ़िराक़ पर एक किताब उनके इन्तकाल के दस साल बाद प्रकाशित हो रही है, पर फिर भी उम्मीद की जानी चाहिए कि यह उन्हें समझने में मददगार होगी।

[अनुवाद : नरेश 'नदीम']

[फ़िराक़ गोरखपुरी के साक्षात्कारों के अंग्रेजी में प्रकाशित संकलन : 'दस स्पीक फ़िराक़' की भूमिका; सम्पादक : प्रकाश शौक]

शमशेर की शमशेरियत

शमशेर की आत्मा ने अपनी अभिव्यक्ति का जो एक प्रभावशाली भवन अपने हाथों तैयार किया है, उसमें जाने से मुक्तिबोध को भी डर लगता था—'उसकी गम्भीर प्रयत्नसाध्य पवित्रता के कारण।' इस पवित्रता का अहसास मुझे भी है और डर भी कम नहीं। अन्दर जाने से उस पवित्रता में शायद खलल पड़े। इसलिए बाहर-बाहर की ही परिक्रमा। बाहर से अन्दर की जो भी झलक मिल जाए, उसी से सन्तोष करना पड़ेगा। फिलहाल।

यह पवित्रता किसी मन्दिर की नहीं है। यह कोई और भवन नहीं, आत्मा की अभिव्यक्ति का भवन है। कवि की कार्यशाला। अपना घर। बड़े जतन से बनाया हुआ। अपनी हड्डियाँ गलाकर। अपना खून जलाकर। 'ओ मेरे घर' शीर्षक कविता का घर, जिसने 'इनसान के अँखौटे में डालकर मुझे / सब कुछ तो दे दिया / जब मुझे मेरे कवि का बीज दिया कटु-तिक्त।' कितना अलग है यह घर शमशेर का! सबसे।

वह 'आलीशान गुम्बद' बाहर से ही दिख जाता है जिसमें बकौल मलयज : 'सिर्फ एक व्यक्ति की आवाज गूँजती रहती है'। वह आवाज शमशेर की है। बाहर से भी साफ सुनी जा सकती है। इसलिए नहीं कि ऊँची है। इसलिए कि गूँजती है—मद्धिम होने के बावजूद। कभी-कभी एकदम खामोश भी। यह किसी पुजारी की प्रार्थना नहीं। कवि का एकालाप है। शमशेर की प्राय: सभी कविताएँ एकालाप हैं—आन्तरिक एकालाप। 'बक रहा हूँ जुनूँ में क्या कुछ, कुछ न समझे खुदा करे कोई' के अन्दाज में। 'उसने मुझसे पूछा, इन शब्दों का क्या / मतलब है? / मैंने कहा : शब्द / कहाँ हैं?' राग। यह एक नये ढंग का 'लिरिक' है। एकालाप में संलाप और संलाप में एकालाप।

यह कोई चिर-परिचित गीत नहीं। गद्य है : बोलचाल की लय का गद्य। रुक-रुककर आगे बढ़ता हुआ। विलम्बित। विपर्यस्त। फिर भी कविता। 'टूटी हुई बिखरी हुई' नहीं, जैसाकि कुछ लोग समझ बैठे हैं। अत्यधिक सुगठित। हर तरह के झोल को हटाकर, फालतू शब्दों को निकालकर जतन से रचा हुआ। साबित करते हुए

कि कविता को गद्य की तरह ही सुलिखित होना चाहिए। एकदम ठोस। लेकिन ठस नहीं। कहीं-कहीं शोखी भी। शमशेरियत लिये हुए।

स्वर में दर्द है। निस्सन्देह। आह-ओह भी कम नहीं। लेकिन मैथिलीशरण गुप्त की 'हाय-हाय' नहीं। अजीब है यह दर्द। प्रेम की पीड़ा, लेकिन वही नहीं। अकेलेपन का अवसाद, लेकिन कुछ और भी। जीवन की विडम्बना। जगत की विषमता। और भी बहुत कुछ। रोमांटिक विषाद से अलग। रुलाता नहीं, सोच में डाल देता है। 'सोच लें और उदास हो जाएँ'...'अब गिरा, अब गिरा वह अटका हुआ आँसू/ सान्ध्य तारक-सा/अतल में'। खास बात यही है कि वह आँसू अन्त तक अटका ही रहता है। 'पतझर का जरा अटका हुआ पत्ता'...'जब आँसू छलक न जाकर/ आकाश का फूल बन गया हो'। आर्षवाणी में कहें तो 'शोक' 'श्लोक' बन गया हो। वस्तुत: यह करुणा है—मानवीय करुणा। जीवन का गहरा 'ट्रैजिक'-बोध।

इस करुणा का मर्म समझने के लिए जरूरी है यह सोचना कि शमशेर ने इतने शोकगीत क्यों लिखे?—इतने शोकगीत कि एक जगह इकट्ठा कर दें तो पूरी एक किताब बन जाए!

और शोकगीत भी किस-किस पर? कोई गुमनाम-सा कम्यूनिस्ट साथी। कोई कम्यूनिस्ट नेता। कोई समशील साहित्यकार। एक माई, जो अपनी माँ नहीं।

मृत्यु से यह मुठभेड़ अन्यत्र भी है। उन अनेक कविताओं में, जो ठेठ शोकगीत नहीं हैं। मृत्यु का साक्षात्कार शमशेर को जैसे शुरू में ही हो गया था। 'स्थिर है शव-सी बात' कविता सन् '37 की है, जिसकी 'बात' आज भी सिहरन पैदा करती है, तब की हिन्दी कविता में तो अनूठी थी ही। यह अस्तित्ववादी 'मृत्युबोध' नहीं है और न ही 'मरण सुन्दर बन आय री' की रोमांटिक कल्पना। शमशेर के लिए मृत्यु खयाल नहीं, हकीकत है। प्रेम की तीव्र अनुभूति के क्षण में भी साक्षात् उपस्थिति। कीट्स की कविताओं की तरह। प्रेम और मृत्यु। आजू-बाजू। साथ-साथ।

शमशेर के लिए मृत्यु स्वयं काल है जिससे कतराकर निकल जाना गवारा नहीं है कवि को। इसीलिए 'काल, तुझसे होड़ है मेरी : अपराजित तू—तुझमें अपराजित मैं वास करूँ'। यह होड़ है कला की काल से। इस होड़—मुठभेड़ से ही शमशेर ने कालजयी कला उपलब्ध की है। कला कालजयी, कालातीत नहीं।

अपनी कार्यशाला में शमशेर अकेले चाहे जितने हों, लोग-बाग से वह काफी भरी-पूरी है। कितनी कविताएँ सिर्फ व्यक्तियों पर हैं। इतने व्यक्तियों पर शायद ही किसी कवि ने कविताएँ लिखी हों। ये व्यक्ति क्या वे सूत्र हैं जिनके माध्यम से वे दुनिया के इनसानों से जुड़ने की कोशिश करते हैं? समाज अमूर्त संकल्पना है। ऐसे अमूर्त समाज से जुड़ने वाले कवि और होंगे। शमशेर के लिए तो जैसे हाड़-मांस के जीते-जागते इनसान ही समाज हैं जिनका अपना चेहरा है, अपनी पहचान है। अपना सुख-दुख है। छोटा ही सही, पर सच्चा। शमशेर ऐसे ही व्यक्तियों को 'अपने पास',

'इतने पास अपने' खींच लाते हैं कि उनके व्यक्तित्व का हिस्सा बन जाए और इस तरह अन्त में एक कविता—मुजस्सिम कविता! क्या ये लक्षण किसी आत्मग्रस्त अन्तर्मुखी असामाजिक कवि के हैं?

अपनी एक कविता की शुरुआत ही शमशेर ने इन पंक्तियों से की है :

मैं उर्दू और हिन्दी का दोआब हूँ
मैं वह आईना हूँ जिसमें आप हैं।

इस कविता का शीर्षक है : 'बाढ़ 1948'। पहली बार 'संकेत' में प्रकाशित हुई थी। किसी काव्य-संकलन में फिर नहीं आई। अब इस चयन में पढ़ी जा सकती है। इस विषयान्तर को छोड़ दें तो कहना यह है कि उर्दू-हिन्दी के इस 'दोआब' की कविताओं में 'आईना' अक्सर आता है। हिन्दी के किसी कवि में 'आईना' की इतनी पूछ नहीं। शमशेर के काव्यलोक में घूमते हुए लगता है कि 'आईनाखाने में कोई लिये जाता है मुझे'। यह आईना हैरान होता नहीं, हैरान करता है। यह स्तेंधाल का 'शहर में घूमता आईना' नहीं है, एक कवि की चमकती हुई तरल-तरल आँख की पुतली है जिसमें सारी कायनात बन्द है। 'सूर्य मेरी पुतलियों में स्नान करता'।

शमशेर की कार्यशाला सचमुच एक विशाल चित्रशाला है। रंगों का महोत्सव। कहीं 'धूप आईने में खड़ी' है, कहीं 'धूप थपेड़े मारती है थप् थप्/केले के हातों के पानी से/केले के थंबों पर'। और कहीं 'उषा के जल में सूर्य का स्तम्भ हिल रहा है'। अकेले एक धूप के ही कितने-कितने रूप!

वैसे शमशेर का अपना प्रिय रंग साँवला है, जो कभी-कभी 'केसरिया साँवलापन' भी हो जाता है, कभी 'साँवला संगमरमरी आबशार' और कभी देखिए तो 'एक नीला दरिया बरस रहा है'।

इस चित्रशाला में इतने रंगों की लीला है, तरह-तरह के रंगों की इतनी घुलावट है कि सबका विवरण देना लगभग असम्भव है। हिन्दी कविता में रंगों का ऐसा महोत्सव अन्यत्र दुर्लभ है। सचमुच ही 'कवि घँघोल देता है/हिला-मिला देता/कई दर्पनों के जल'।

ये सभी चित्र अनिवार्यत: 'इम्प्रेशनिस्ट' ही नहीं हैं, कुछ 'सुर्रियलिस्ट' भी हैं, कुछ सरल रेखांकन-मात्र और कुछ पत्थर की तराशी हुई मूर्ति की तरह ठोस भी।

जो शमशेर को 'शुद्ध सौन्दर्य का कवि' मानने के आग्रही हैं, उनकी आँख खोलने के लिए उन छवियों की ओर संकेत करना पर्याप्त होगा जिनमें अकुंठ मन से शरीर का उत्सव रचा गया है। शमशेर के लिए सौन्दर्य 'एक ठोस बदन अष्टधातु का-सा' है, जिसमें 'जंघाएँ ठोस दरिया/ठहरे हुए से'। कवि की 'पहली प्रेमिका' 'जो आईने की तरह साफ है' और 'बदन के माध्यम से ही बात करती है'। और 'वह काँरो का चिकना बदन हवा में हिल रहा है'। हिन्दी कविता में कहाँ है ऐसी सघन ऐन्द्रियता!

कलाकृतियाँ भी शमशेर की संवेदनशील ऐन्द्रिय चेतना को उसी प्रकार उद्बुद्ध करती हैं, जैसे सुडौल नारी-शरीर और सन्ध्या या उषा की लाली। वान गॉग और पिकासो के चित्र देखकर, बाख का संगीत सुनकर जो कविताएँ उन्होंने लिखी हैं, उनसे हिन्दी कविता में एक नई वृत्ति की शुरुआत हुई। बाद में इस तरह की कविताएँ औरों ने भी लिखीं, लेकिन अनुकरण अन्तत: अनुकरण ही है। चीनी भाषा की चित्रलिपि और ग्रीक वर्णों के रूपाकार का आकर्षण भी इसी सौन्दर्य-वृत्ति की काव्यात्मक अभिव्यक्ति है। भाषा का रूपाकार भी शमशेर के लिए एक आश्चर्यलोक रहा है। यह कोरी प्रयोगशीलता नहीं, बल्कि कवि की कलानुभूति का अतिरिक्त आयाम है। कभी-कभी ऐसा लगता है कि नारी-शरीर भी शमशेर के लिए जैसे एक कलाकृति है—अपने रूपाकार-मात्र के लिए आकर्षक। कविता में कला का ऐसा संयोजन और यह वैभव कालिदास के बाद शमशेर के ही काव्य में सम्भव हो पाया है। शब्द रंग भी हैं, रेखा भी और सुर भी—शब्द में निहित इन सम्भावनाओं की तलाश जैसी शमशेर में है, अन्यत्र विरल है।

लेकिन शमशेर सौन्दर्य के ही नहीं, प्रेम के कुछ विलक्षण अनुभवों के भी चित्रकार हैं। 'थरथराता रहा जैसे बेंत/मेरा काय.../कितनी देर तक/आपादमस्तक'। स्वयं कवि के अनुसार, यह 'एक विचित्र प्रेम अनुभूति' है। लेकिन उससे किसी तरह कम विचित्र वह अनुभूति नहीं है जब वे कहते हैं : 'तुमने मुझे और गूँगा बना दिया/अपनी भाषा तो भूल ही गया जैसे/चारों तरफ की भाषा ऐसी हो गई/जैसे पेड़-पौधों की होती है'।

विचित्र बात यह है कि उम्र के साथ कवि में प्रेम की यह तीव्रता, पार्थिवता बढ़ती गई है और चढ़ता गया है सघन ऐन्द्रियता का ज्वार। साठ की उम्र के बाद शमशेर ने ज्यादा अच्छी प्रेम-कविताएँ लिखी हैं। कुछ और तरह की भी अच्छी कविताएँ। अंग्रेजी कवि विलियम बटलर येट्स की तरह। अपने ही कवि रवीन्द्रनाथ ठाकुर की तरह। काल पर कला की विजय का एक और प्रमाण नहीं है यह क्या?

कला की इस विजय का स्रोत क्या है कवि की निष्कम्प प्रतिबद्धता के सिवा? इस विषय में सन्देह या भ्रम औरों को चाहे जितना हो, स्वयं शमशेर अपनी आस्था में अडिग हैं। जिस कवि ने अपनी काव्य-यात्रा के प्रथम चरण में 'दाम वाम वाम दिशा/समय साम्यवादी' जैसा ओजस्वी गीत लिखा, वही पचास वर्ष बाद 'काल, तुझसे होड़ है मेरी' शीर्षक कविता में सहज भाव से स्वीकार करता है : 'क्रान्तियाँ, कम्यून, कम्यूनिस्ट समाज के/नाना कला विज्ञान और समाज के/जीवंत वैभव से समन्वित व्यक्ति मैं'! जाहिर है कि मार्क्सवाद और कम्यूनिज्म शमशेर की कविता के हाशिये पर न तब था, न अब है। हमेशा वह उस कवि-व्यक्तित्व का अभिन्न अंग रहा है जो कविता का केन्द्र है।

आज शमशेर के इस पक्ष को गौण बताकर उन्हें महान बनाया जा रहा है; लेकिन स्वयं शमशेर को इस विषय में कोई मुगालता नहीं। लम्बी उपेक्षा जिसे तोड़ न सकी, उसे बासी सम्मान क्या झुकाएगा! नेरुदा के 'मेमायर्स' पढ़ने के बाद शमशेर ने जो विडम्बना-बिद्ध कविता लिखी है, उसकी ये पंक्तियाँ द्रष्टव्य हैं :

'सीधे-सादे नेरुदा की/खाहमखाह/पश्चिम ने और नितान्त कल्पनाहीन/नई दुनिया की मशीनी शक्तियों ने/महान बना दिया/बना दिया तो बना दिया.../फिर तो वह बन ही गया! अब क्या हो?/अब कुछ नहीं हो सकता!!'

क्या इन पंक्तियों के लेखक को कोई कुछ बना सकता है?

शमशेर तो समझ बैठे हैं कि : 'मैं बहुत कामियाब कवि शायद नहीं बन पाया हूँ लेकिन सम्भवत: एक jenuine कवि अपने-आपको कह सकता हूँ। अगर यह ठीक है तो मेरे लिए सन्तोष की बात कम नहीं है।' इसके बाद भी अगर कोई कवि 'कामियाब' होना चाहता है तो फ़िराक़ के शब्दों में : 'डे, इससे बढ़ के भले आदमी की क्या तौहीन!'

इसलिए शमशेर के लिए इतना ही काफी है कि वे कवि हैं—सिर्फ कवि। न 'शुद्ध कविता' का कवि, न 'कवियों का कवि', न प्रयोग का कवि और न प्रगति का ही कवि! कुछ कवि ऐसे होते हैं जिन्हें हर विशेषण छोटा कर देता है।

इस चयन के बारे में सिर्फ इतना ही कहना है कि इसमें रचनाकाल के क्रमानुसार एक सौ एक कविताएँ चुनकर प्रस्तुत की गई हैं—हर दौर की, हर रंग की। यह चयन प्रतिनिधि हो, न हो, शमशेर की काव्य-यात्रा का एक कालक्रमिक पथचिह्न अवश्य है।

[27 जुलाई, 1990; 'शमशेर : प्रतिनिधि कविताएँ' की भूमिका]

नागार्जुन की काव्यभूमि

नागार्जुन की कविताओं का चयन जितना जरूरी है, उतना ही मुश्किल भी। उनकी काव्यभूमि विपुल है और विषम भी। विषम इतनी कि इस ऊँची-नीची भूमि में समतल की अभ्यस्त आँखें अक्सर धोखा खा जाती हैं। ऊपर-ऊपर से देखने पर जो अत्यन्त सपाट वर्णन है, वह भी अपने समूचे असर में इतना कवित्वपूर्ण होता है कि काव्यत्व की किसी एक जगह पर उँगली रखना कठिन है। उदाहरण के लिए एक कविता है : 'नेवला'। कविता काफी लम्बी है। जेल का वातावरण। कैदियों के लिए नेवले के बच्चे की छोटी-से-छोटी हरकत भी महत्त्वपूर्ण है। नागार्जुन उसका ब्यौरेवार वर्णन करते हैं रस ले-लेकर। ताजा गोश्त का टुकड़ा सुतरी में टँगा है और नेवला बार-बार छलाँग लगा रहा है और गुस्से से चीख रहा है—किर्र...किर्र...किर्र! अब कोई पूछ सकता है कि इसमें कविता कहाँ है? नेवला अन्तत: नेवला ही रहता है, कोई प्रतीक नहीं बनता; फिर भी जेल की ऊब और अमानवीय वातावरण में उस छोटे-से प्राणी का क्रीड़ा-कलाप कुछ ऐसा मानवीय प्रभाव पैदा करता है कि उसे कविता के अलावा और कोई नाम देना असम्भव है। इसी तरह एक और कविता है : 'लालू साहू', जिसमें 63 वर्षीय लालू 60 वर्षीया पत्नी की चिता में अपने को डालकर 'सती' हो गया। इस अनहोनी घटना में ही शायद वह कवित्व है, जिस पर नागार्जुन की दृष्टि गई, वरना स्वयं उसके वर्णन में न कहीं भावुकता है, न किसी तरह की कविताई ही। कवित्व की इसी कोटि में मैथिली की 'जोड़ा मन्दिर' शीर्षक कविता भी आती है, जिसमें बेटा अपने बूढ़े माँ-बाप के मरने पर खेत में दोनों की याद में 'जोड़ा मन्दिर' बनवा देता है।

जो वस्तु औरों की संवेदना को अछूती छोड़ जाती है, वही नागार्जुन के कवित्व की रचना-भूमि है। इस दृष्टि से काव्यात्मक साहस में नागार्जुन अप्रतिम हैं। उन्हीं की बीहड़ प्रतिभा एक मादा सूअर पर 'पैने दाँतों वाली' कविता रच सकती थी, जिसमें 'जमना किनारे/मखमली दूबों पर/पूस की गुनगुनी धूप में/पसर कर लेटी है/भरे-पूरे बारह थनों वाली/छौनों को पिला रही है दूध'। नागार्जुन अपने खास अन्दाज में कहते हैं : 'यह भी तो मादरे हिन्द की बेटी है।'

इसी तरह 'कटहल' भी कविता का कोई विषय है? लेकिन नागार्जुन हैं कि पके हुए कटहल को देखकर पिहक उठते हैं : 'अह, क्या खूब पका है यह कटहल/अह, कितना बड़ा है यह कटहल/अह, कैसा मह-मह करता है यह कटहल/अह, किस तरह पड़ा है चारो खाने चित'!

यही कटहल उनकी एक अन्य कविता में अनूठे उपमान के रूप में इस तरह आया है : 'दरिद्रता कटहल के छिलके जैसी जीभ से मेरा लहू चाटती आई'। यह 'कटहल के छिलके जैसी जीभ' नागार्जुन की ही बीहड़ कल्पना में आ सकती थी।

नागार्जुन की यही कल्पना रिक्शा खींचने वाले, फटी बिवाइयों वाले, गुट्ठल घट्ठों वाले, कुलिश कठोर खुरदरे पैरों के चित्र भी आँकती है और उसकी पीठ पर फटी बनियाइन के नीचे 'क्षार-अम्ल, विगलनकारी, दाहक पसीने का गुण धर्म' भी बतलाती है। मनुष्य के ये वे रूप हैं जो नागार्जुन न होते तो हिन्दी कविता में शायद ही आ पाते।

इसी तरह यथार्थ के वे रूप जिन्हें शिष्ट और सुरुचिपूर्ण कवि बीभत्स समझकर छोड़ देना ही उचित समझते हैं, नागार्जुन की साहसिक कल्पना से काव्य का रूप प्राप्त करते हैं। 'प्रभु, तुम कर दो वमन, होगा मेरी क्षुधा का शमन' जैसी पंक्तियाँ लिखने का साहस नागार्जुन ही कर सकते थे। इसी प्रकार ग्राम्य, अश्लील और भदेस कहलाने का खतरा उठाकर भी वे 'फैल गया है दिव्य मूत्र का लवण-सरोवर' तथा 'एक दूसरे का गुह्य अंग सूँघ रहे हैं' जैसी पंक्तियों के द्वारा आज की कुत्सा को मूर्तिमान करने का साहस रखते हैं। वैसे संस्कृत काव्यशास्त्र में नौ रसों के अन्तर्गत बीभत्स की भी गणना की गई है और खानापूरी के लिए थोड़ी-बहुत बीभत्स रस की रचनाएँ भी हुई हैं किन्तु नागार्जुन पहले कवि हैं जिन्होंने सामाजिक-राजनीतिक सन्दर्भ में बीभत्स को एक नई शक्ति प्रदान की है।

नागार्जुन की इसी साहसिक प्रतिभा की अमर सृष्टि है : 'मंत्र कविता', जो कलात्मक प्रयोग में भी अप्रतिम है। यदि निराला की 'कुकुरमुत्ता' सन् 1940 की मन:स्थिति की ऐतिहासिक दस्तावेज है तो सन् 1969 की मन:स्थिति को सशक्त वाणी नागार्जुन की 'मंत्र कविता' में ही मिली। विडम्बना यह कि 'ओ हमेशा-हमेशा करेगा राज मेरा पोता'—यह उक्ति जैसे भविष्यवाणी की तरह सच होने को आ गई!

किन्तु इसका यह अर्थ नहीं कि नागार्जुन असाधारण के औघड़ कवि हैं। उनकी कविता का संसार वस्तुत: वह लोकसामान्य जीवन ही है, जिसे अतिसामान्य समझकर अन्य कवि आँखें मूँद लेते हैं। यदि आज की कविता में 'दन्तुरित मुस्कान', 'सिन्दूर तिलकित भाल' और एक बस के ड्राइवर के सामने उसकी बच्ची द्वारा टाँगी गई 'गुलाबी चूड़ियाँ' देखनी हों तो नागार्जुन की कविता की दुनिया में ही जाना होगा। वे जिस ललक से 'निशा शेष ओस की बूँदियों से लदी अगहनी धान की दुद्धी मंजरियाँ' देखते हैं और हुलसकर कहते हैं कि 'सिंके हुए दो भुट्टे सामने

आए, तबीयत खिल गई'। वह अपने गँवई प्राकृतिक परिवेश के साथ मनुष्य के लगाव की उस अनुभूति का व्यंजक है, जो आज दुर्लभ है।

नागार्जुन के काव्य-संसार का एक बहुत बड़ा भाग अनूठे प्रकृति-चित्रों से सजा है, जिनसे कवि की गहरी ऐन्द्रियता और सूक्ष्म सौन्दर्य-दृष्टि का अहसास होता है। वर्षा और बादलों पर इतनी अधिक कविताएँ निराला के बाद नागार्जुन ने ही लिखी हैं। एक ओर यदि यात्री के रूप में उन्होंने 'अमल धवल गिरि के शिखरों पर बादल को घिरते देखा है', तो दूसरी ओर किसान की तरह 'धिन धिन धा धमक धमक मेघ बजे' का गीत भी मस्त होकर गाया है। वस्तुत: वर्षागम के अवसर पर ऋतु-सन्धि का सहज बोध नागार्जुन को एक किसान की तरह होता है और कविता में उनके पूर्वसंचित संस्कार उसी सहजता के साथ फूट पड़ते हैं। इसी प्रसंग में उनकी जुगनुओं पर लिखी हुई कविता याद की जा सकती है : 'गीली भादों, रैन अमावस कैसे ये नीलम उजास के/अच्छत छींट रहे जंगल में'।

अपनी मातृभाषा मैथिली में नागार्जुन ने वर्षा पर एक अद्‌भुत गीत लिखा है जो पदावली में विद्यापति की याद दिलाने के साथ ही ठेठ नागार्जुनपन को बड़ी खूबी से उजागर करता है। टेक है : 'श्याम घटा, सित बीजुरि रेह'। गोया विद्यापति की पंक्ति हो! इसके बाद आते हैं स्वयं नागार्जुन :

फाँक इजोतक तिमिरक थार,
निविड़ विपन अति पातर धार।
दारिद उर लछमी जनु हार,
लोहक चादरि चानिक तार।

'तिमिर के थाल में ज्योति की फाँक। निविड़ विपिन में पतली-सी धारा। दरिद्रता के गले में मानो लक्ष्मी का हार। लोहे की चादर पर चाँदी का तार।'—यह है श्याम घटा में उजली बिजली की रेखा।

प्रकृति की तरह ही नारी-सौन्दर्य को भी नागार्जुन उसी खुली दृष्टि से देखते हैं और वैसे ही अकुंठ भाव से उसका वर्णन भी करते हैं। मैथिली की ही एक कविता है : 'एक फाँक आँख, एक फाँक नाक', जिसमें पल-भर के लिए खिड़की से गोरे गोल मुखचन्द्र का अर्धांश दिख जाने के बाद कवि कहता है : 'कितनी देर तक रही नाचती कपाल के भीतर की कटोरी में/धारण किये क्रमश: तकली का रूप/एक फाँक आँख/एक फाँक नाक'। इसके अतिरिक्त 'तन गई रीढ़' और 'यह तुम थीं' जैसी कुछ कविताएँ भी हैं, जहाँ किसी स्त्री के दरस-परस से उत्पन्न होनेवाली अनिर्वचनीय अनुभूति को शब्दों में साकार किया गया है।

नागार्जुन ने अपने बारे में भी कई कविताएँ लिखी हैं। ये ऐसी कविताएँ हैं जिनमें कवि ने पारदर्शी ईमानदारी के साथ अपनी दुर्बलताओं, अपने सन्देहों, अपनी व्यथा

और अपनी निष्ठा को वाणी दी है। इस दृष्टि से 'खिचड़ी विप्लव देखा हमने' कविता संग्रह की 'इन सलाखों से टिकाकर भाल', 'थकित-चकित-भ्रमित-भग्न मन' और 'प्रतिबद्ध हूँ' शीर्षक तीन कविताएँ विशेष रूप से उल्लेखनीय हैं। जब कवि जेल की सलाखों से भाल टिकाकर सोचता है तो उसे तुरन्त याद आता है कि इससे जाने किस-किस की दाल गलेगी। इसी प्रकार जब मन थकित-चकित-भ्रमित-भग्न होता है तो उसे आशंका होती है : 'तो क्या मुझे भी बुढ़ापे में 'पुष्टई' के लिए वापस नहीं जाना है किसी मठ के अन्दर?' इस क्रम में सबसे दिलचस्प है अपनी प्रतिबद्धता की घोषणा। नागार्जुन प्रतिबद्ध ही नहीं हैं, सम्बद्ध भी हैं और आबद्ध भी। प्रतिबद्ध हैं अपने-आपको भी 'व्यामोह' से बारम्बार उबारने की खातिर। सम्बद्ध हैं 'सबसे और किसी से नहीं और न जाने किस-किस से'। आबद्ध हैं 'स्वजन-परिजन के प्यार की डोर में, बहुरूपा कल्पना रानी के आलिंगनपाश में, तीसरी-चौथी पीढ़ी के दन्तुरित शिशु सुलभ हास में'। कहने की आवश्यकता नहीं कि नागार्जुन के ये विचार आचार से पुष्ट हैं, इसीलिए इनमें सचाई की ताकत है।

किन्तु नागार्जुन की सबसे अधिक मोहक और आत्मीय कविताएँ वे हैं, जिनमें वे स्वयं अपने ऊपर हँसते हैं और कहते हैं : 'यह बनमानुष/यह सत्तर साला उजबक/उमंग में भरकर सिर के बाल नोचने लग जाता है/अकेले में बजाने लगता है सीटियाँ/आए दिन'।

जो कवि अपने प्रति इतना निर्मम है, उसे दूसरों के प्रति भी निर्मम होने का पूरा अधिकार है और कहने की आवश्यकता नहीं कि नागार्जुन इसी अधिकार के साथ आज की व्यवस्था पर प्रहार करते हैं। इस प्रहार में धार वहाँ आती है, जहाँ आवेश संयत होकर व्यंग्य का रूप लेता है और 'कत्थई दाँतों की मोटी मुस्कान बेतरतीब मूँछों की थिरकन' बन जाती है। जब वे देखते हैं कि कांग्रेसी नेता 'दिल्ली से लौटे हैं कल टिकट मार के, खिले हैं दाँत ज्यों दाने अनार के' तो नागार्जुन 'आए दिन बहार के' गाते हुए नाचने लगते हैं। इसी तरह भारत में ब्रिटेन की रानी के आने पर स्वागत की धूम-धाम देखकर नागार्जुन ने गाया : 'आओ रानी, हम ढोएँगे पालकी। यही हुई है राय जवाहरलाल की'। एक जगह नौटंकी के गीत की और दूसरी जगह लोकगीत की छौंक लगाकर नागार्जुन ने व्यंग्य को अनूठी धार दे दी है।

व्यंग्य की इस विदग्धता ने ही नागार्जुन की अनेक तात्कालिक कविताओं को कालजयी बना दिया है, जिसके कारण वे कभी बासी नहीं हुईं और अब भी तात्कालिक बनी हुई हैं। अन्य कवियों की तात्कालिक कविताओं से नागार्जुन की तथाकथित तात्कालिक कविताओं की यही विशेषता है। इसलिए यह निर्विवाद है कि कबीर के बाद हिन्दी कविता में नागार्जुन से बड़ा व्यंग्यकार अभी तक कोई नहीं हुआ। नागार्जुन के काव्य में व्यक्तियों के इतने व्यंग्य-चित्र हैं कि उनका एक विशाल अलबम तैयार किया जा सकता है।

नागार्जुन की गिनती न तो प्रयोगशील कवियों के सन्दर्भ में होती है, न नई कविता के प्रसंग में। फिर भी कविता में रूप-सम्बन्धी जितने प्रयोग अकेले नागार्जुन ने किये हैं, उतने शायद ही किसी ने किये हों। कविता की उठान तो कोई नागार्जुन से सीखे और नाटकीयता में तो वे जैसे लाजवाब ही हैं। जैसी सिद्धि छंदों में, वैसा ही अधिकार बेछंद या मुक्तछंद की कविता पर। उनके बात करने के हजार ढंग हैं। और भाषा में भी बोली के ठेठ शब्दों से लेकर संस्कृत की संस्कारी पदावली तक इतने स्तर हैं कि कोई भी अभिभूत हो सकता है। तुसलीदास और निराला के बाद कविता में हिन्दी भाषा की विविधता और समृद्धि का ऐसा सर्जनात्मक संयोग नागार्जुन में ही दिखाई पड़ता है। वैसे, नागार्जुन में ऊबड़-खाबड़पन भी कम नहीं है और इसके कारण कवि-कोविदों के बीच उन्हें प्रतिष्ठा प्राप्त होने में भी विलम्ब हुआ, किन्तु भाव स्थिर होने और सुर सध जाने पर ऐसी ढली-ढलाई कविता निकली है कि बड़े-से-बड़े कवि को भी ईर्ष्या हो। कहना न होगा कि नागार्जुन में ऐसी कलापूर्ण कविताएँ काफी हैं।

नागार्जुन की इन कविताओं की विशेषता यह है कि ये कलात्मक होने के साथ ही लोकप्रिय भी हैं और जैसाकि डॉ. रामविलास शर्मा ने कहा है : 'नागार्जुन ने लोकप्रियता और कलात्मक सौन्दर्य के सन्तुलन और सामंजस्य की समस्या को जितनी सफलता से हल किया है, उतनी सफलता से बहुत कम कवि—हिन्दी से भिन्न भाषाओं में भी हल कर पाए हैं।'

इस बात में तनिक भी अतिशयोक्ति नहीं है कि तुलसीदास के बाद नागार्जुन अकेले ऐसे कवि हैं जिनकी कविता की पहुँच किसानों की चौपाल से लेकर काव्य-रसिकों की गोष्ठी तक है।

नागार्जुन सच्चे अर्थों में स्वाधीन भारत के प्रतिनिधि जनकवि हैं।

[15 दिसम्बर, 1984; 'नागार्जुन : प्रतिनिधि कविताएँ' की भूमिका]

पंजाबी का लोर्का : पाश

स्पेन के जनकवि लोर्का की हत्या के बारे में कहा जाता है कि जब उसकी अमर कविता 'एक बुलफाइटर की मौत पर शोकगीत' का टेप जनरल फ्रैंको को सुनाया गया तो जनरल ने आदेश दिया था कि यह आवाज बन्द होनी चाहिए। यह घटना लगभग पचास साल पहले की है। कविता पर—फिर वह शोकगीत ही क्यों न हो, फासिस्ट प्रतिक्रिया। पाश के रूप में पंजाब को भी एक लोर्का मिला था जिसकी आवाज खालिस्तानी जुनून ने बन्द कर दी और वह भी संयोग से उस समय सैंतीस साल का ही जवान था, लोर्का की तरह। क्या पाश के हत्यारों ने भी लोर्का की कोई कविता पढ़ी थी? खास तौर से वह कविता, जिसका शीर्षक है : 'धर्म-दीक्षा के लिए विनयपत्र', जिसमें एक माँ धर्मगुरु से प्रार्थना के स्वर में कहती है :

मेरा एक ही बेटा है धर्म गुरु
मर्द बेचारा सिर पर नहीं रहा!

यह धर्मभीरु माँ स्पष्ट शब्दों में स्वीकार करती है : 'किसी भी उम्र में तेरी तलवार से मैं कम ही सुन्दर रही हूँ', और शपथ लेती है कि 'मैं तेरी आस्तिक गोली की पूजा करूँगी' और प्रार्थना इस तरह स्वीकार होती है कि वह 'आस्तिक गोली' बेटे को जल्द ही स्वर्ग भेज देती है। फासिज्म के पास हर चीज का जवाब सिर्फ एक है—गोली! वह चीज शोकगीत हो या प्रार्थना!

इस सन्दर्भ में उर्दू का वह प्रसिद्ध शेर और भी अर्थपूर्ण हो उठता है :

फूल की पत्ती से कट सकता है हीरे का जिगर
मर्दे-नादाँ पर कलामे-नर्मो-नाजुक बेअसर!

लेकिन हत्यारे 'मर्दे-नादाँ' नहीं होते और उनके जिगर भी शायद हीरे से ज्यादा सख्त होते हैं।

इन हत्यारों से कम सख्त तो पुलिस के वे सिपाही थे जिनको सम्बोधित करते हुए पाश ने किसी समय एक लम्बी कविता लिखी थी, जिसमें वह कहता है :

हम अब खतरा हैं सिर्फ उनके लिए
जिन्हें दुनिया में बस खतरा-ही-खतरा है।

और 'गीतों जैसे जीवन का बेताब आशिक' अन्त में पूछता है :

अरे पुलसिए, बता, मैं तुझे भी
इतना खतरनाक दीखता हूँ?

पाश खतरनाक कवि तो था। बार-बार जेल और पुलिस की यातनाएँ प्रमाण हैं लेकिन इतना खतरनाक नहीं कि उसकी आवाज हमेशा के लिए बन्द कर दी जाए! सरकार के साथ इस 'लुका-छिपी' के खेल में 'गीतों जैसे जीवन के बेताब आशिक' ने किसी तरह अठारह साल का समय छीन ही लिया। इन अठारह वर्षों में इत्मीनान से कविता 'रचने' के कुछ पल शायद ही कभी मिले हों; फिर भी पाश ने लगभग सवा सौ कविताएँ लिखीं जिनमें ऐसी कविताएँ काफी हैं जो पंजाबी तो क्या, समूची भारतीय कविता के इतिहास में निर्विवाद रूप से सुनहरे पन्नों में दर्ज रहेंगी।

इस खतरनाक समझे जानेवाले कवि को अपनी नियति का पूरा-पूरा अहसास था, तभी तो 'कलाम मिर्जा' शीर्षक कविता में उसने पहले ही यह लिख रखा था : 'और सुना है, मेरा कत्ल भी इतिहास के आनेवाले पन्ने पर अंकित है।' उसे यह भी पता था कि 'अपने तो सिर्फ गीत हैं। समय अपना नहीं है'। गीतों की ताकत के बारे में उसे कोई मुगालता न था। मजबूरी की घड़ियों में उसने यह भी सोचा :

कविता बहुत ही शक्तिहीन हो गई है
जबकि हथियारों के नाखून बुरी तरह बढ़ आए हैं
और अब हर तरह की कविता से पहले
हथियारों से युद्ध करना बहुत जरूरी हो गया है।

वैसे, हथियार उठाने का दम भरनेवाले कवि और भी हैं और उन बड़बोले लोगों में ज्यादातर ऐसे भी हैं जिन्होंने किसी हथियार की शक्ल भी नहीं देखी है। लेकिन पाश उन थोड़े से कवियों में हैं जिन्हें 'लोहे' का गहरा अहसास है, जैसाकि 'लोहा' शीर्षक कविता कहती है :

तुम लोहे की कार में घूमते हो
मेरे पास लोहे की बन्दूक है।
मैंने लोहा खाया है।
तुम लोहे की बात करते हो।

लोहा केदारनाथ अग्रवाल ने भी 'देखा' था। धूमिल को भी लोहे का 'स्वाद' मालूम था। लेकिन पाश ने तो लोहा 'खाया' था और उसकी 'अँतड़ियों में गड़ी हुई

थीं / रंगों और रहस्यों वाली विचित्र कविता की किरचें', इसीलिए कुल मिलाकर था वह कवि ही—सरापा कवि। ऐसा समझदार कवि जिसे उस जगह का पता था 'जहाँ कविता खत्म होती है' और उस जगह का भी 'जहाँ कविता खत्म नहीं होती।' और जिन्दगी की इस मंजिल पर पहुँचकर वह दर्द के स्वर में कहता है :

मैं—जो सिर्फ एक आदमी बनना चाहता था
ये क्या बना दिया गया हूँ!

जैसाकि 'मैं अब विदा होता हूँ' शीर्षक कविता में उसने बड़ी हसरत से कहा है : 'मुझे जीने की बहुत इच्छा थी कि मैं गले तक जिन्दगी में डूबना चाहता था'। पाश को और जीने की इच्छा इसलिए थी कि उसके पास 'सौन्दर्य की उस स्वप्न-सीमा से इधर/अभी कहने को बहुत बातें हैं'।

क्या हत्यारों को पता है कि उन्होंने पंजाबी भाषा के भविष्य से क्या छीना है? कैसे कहें कि वाहे गुरु! उन्हें माफ करना!

वह हाथ कट गया है जिसने पंजाबी में 'हाथ' जैसी कविता लिखी। 'हाथ' पर एक कविता तुर्की कवि नाजिम हिकमत ने भी लिखी थी। उसके बाद तो 'हाथ' पर कई कविताएँ लिखी गईं। लेकिन पंजाबी के पाश के 'हाथ' का अपना खास तेवर है :

हाथ अगर हों तो
'हीर' के हाथों से 'चूरी' पकड़ने के लिए ही नहीं होते
'सैदे' की बारात रोकने के लिए भी होते हैं
'कैदों' की बाँहें तोड़ने के लिए भी होते हैं
हाथ श्रम करने के लिए ही नहीं होते
लुटेरे हाथों को तोड़ने के लिए भी होते हैं।

इस तरह पूरी कविता 'द्वन्द्व' सिद्धान्त पर रची हुई एक मुकम्मल इनसान की तसवीर है।

'हाथ' के साथ ही पाश की 'प्रतिबद्धता' कविता याद आती है, जिसके सच की आँच में प्रतिबद्धता के नाम पर लिखी बहुतेरी कविताएँ राख होती दिखाई देती हैं। समूची कविता से तोड़कर कुछ भी पेश करना कविता के साथ सरासर अन्याय होगा, फिर भी उसका आभास देने के लिए ये कुछ पंक्तियाँ :

हम चाहते हैं अपनी हथेली पर कोई इस तरह का सच
जैसे गुड़ की चाशनी में कण होता है
जैसे हुक्के में निकोटिन होती है
जैसे मिलन के समय महबूब के होंठों पर
कोई मलाई जैसी चीज होती है।

गुड़ की चाशनी, हुक्के की निकोटिन और महबूब के होंठों की मलाई—ये सब उस सच के ही अलग-अलग रूप हैं जिन्हें कविता के आलोचक बेमेल बिम्बों की अन्तर्योजना कहना चाहेंगे। लेकिन पाश बिम्बों की भाषा में सोचते और गाते हुए भी सब कुछ 'सचमुच' का ही चाहता है :

हम झूठ-मूठ का कुछ भी नहीं चाहते
और हम सब कुछ सचमुच का देखना चाहते हैं :
जिन्दगी, समाजवाद, या कुछ और।

'सचमुच' की यह चाह पाश के सोच में इस तरह रची-बसी है कि उसकी कविता खेतों, खलिहानों और खुरलियों की जीती-जागती ठोस भाषा में अनायास ही बोलती-बतियाती है। जैसे 'हुस्न कोई मक्की की नमक छिड़की रोटी जैसी लज्जत है', 'सपने बूढ़े बैल के उचड़े हुए कंधों जैसे' कविता की वह दुनिया है जिसमें 'गंड में जमते गुड़ की महक' है, चाँद की चाँदनी में चमकती 'सुहागी हुई बत्तर धरती' है, 'तीतरपंखी बदली' है, बाल्टी में 'दुहे दूध पर गाती हुई झाग' है और इसी तरह के और भी बिम्ब हैं जिनका प्रदर्शन करके आज बहुत-से कवि अपने-आपको 'खेतों का पूत' कहते हैं। कहने की आवश्यकता नहीं कि पाश ऐसा 'सपूत' न था।

पाश दिखावे से दूर ही नहीं, बल्कि हर तरह के दिखावे के लिए चुनौती था। उसकी कविता में जहाँ वक्तृत्व का आवेग है, वहाँ भी एक पारदर्शी खरापन है। चुनौतियों में भी खरा आत्मविश्वास है, कोरा बड़बोलापन नहीं, जैसे :

किसी भी धर्म का कोई ग्रंथ
मेरे जख्मी होंठों की चुप से अधिक पवित्र नहीं है।

क्या जख्मी होंठों की यह चुप ढिठाई या कुफ्र है? फैसला देने से पहले एक अन्य कविता की निम्नलिखित पंक्तियों को भी ध्यान में रख लें :

जा, तू शिकायत के काबिल होकर आ
अभी तो मेरी हर शिकायत से
तेरा कद बहुत छोटा है

इस अन्दाज में बात करने का हक उसी कवि को है जिसे विश्वास हो कि 'मेरा अब हक बनता है'। पाश ने यह हक कमाकर हासिल किया था।

कवि पाश की रचना-यात्रा का सबसे निर्णायक मोड़ मेरी समझ से, वह है, जब उसने 'कॉमरेड से बातचीत' शीर्षक कविता-शृंखला शुरू की। जिन्दगी के बारे में पाश किस दिशा में सोच रहा था, इसका कुछ अन्दाजा पहली कविता की इन पंक्तियों से लग सकता है :

यह वक्त बहुत खूँखार है साथी!
कि महान एंगेल्स की 'परिवार, व्यक्तिगत सम्पत्ति और राज्य'
हमने एक साथ पढ़ी थी
तुमने उस दिन खत्म हो रही व्यक्तिगत सम्पत्ति पर थूका
परिवार से विदा लेकर
राज्य से टकराने चले गए
और मैं घर की छतों से गिर रहे घुन का
राजसत्ता की तरह मुकाबला करते हुए
'परिवार' शब्द से अर्थ के खत्म हो जाने को रोकता रहा।

यह राजनीति की कोरी बहस नहीं, बल्कि संघर्षों के बीच पकते हुए कवि का अनुभव है। मुक्तिबोध के शब्दों में 'संवेदनात्मक ज्ञान' या कि 'ज्ञानात्मक संवेदन'।

इसके साथ पाश की 'रचना-प्रक्रिया' के अन्दर आनेवाले परिवर्तन को देखना हो तो 'कॉमरेड से बातचीत-4' कविता का यह बंद :

सिर्फ अपनी सुविधा के लिए तुमने
शब्दों को तराशना सीख लिया है
तुमने इस तरह कभी नहीं देखा
जैसे अंडों में मचल रहे चूजे हों
मैंने शब्दों को झेला है, उनके तीखे नुकीले रूप में
किसी भी मौसम के कोप से भागने वालों को
अपने रक्त में शरण दी है
मैं गुरु गोविंद सिंह नहीं
इन्हें कविता का कवच पहनाकर भेजने के बाद
बहुत-बहुत देर रोया हूँ।

एक संवेदनशील कवि और साथ ही एक संवेदनशील कम्यूनिस्ट ही अंडों में मचल रहे चूजे जैसे शब्दों को लेकर इस तरह रो सकता है। कहते हैं, इस तरह कभी लेनिन भी रोए थे। पाश को तो आज हम स्वयं ही सुन रहे हैं! यह रोना पलायन नहीं है, संघर्ष का नया तेवर है। पाश की कविता इसी दुहरे संघर्ष की ऐतिहासिक दस्तावेज है!

पाश की कविता की यह ताकत है जो अनुवाद में भी इतना असर रखती है। मूल पंजाबी में वह कैसी होगी, इसका सिर्फ अन्दाजा ही लगाया जा सकता है। कान जिस भाषा से परिचित हो, लेकिन जबान जिसका जायका न जानती हो, उसके बारे में इससे अधिक कुछ भी कहना गुस्ताखी होगी। हमें तो चमनलाल का कृतज्ञ होना चाहिए कि उन्होंने अनुवाद को सँवारने-निखारने का धीरज छोड़कर

जल्द-से-जल्द पाश की कविताओं के अधिकांश को हिन्दी में सुलभ करा दिया। आशा की जानी चाहिए कि इस दिशा में वे भी सक्रिय होंगे जो कवि हैं—पाश के समानधर्मा हिन्दी कवि।

[पाश के कविता संग्रह 'बीच का रास्ता नहीं होता'; अनुवाद : चमनलाल, राजकमल प्रकाशन, प्रथम संस्करण : 1989 की भूमिका]

मलयज की डायरी : अन्तरात्मा का आईना

डायरी शुरू की मलयज ने 1951 में। तब वे सिर्फ 16 साल के थे। यह सिलसिला 1982 की अप्रैल तक चलता रहा यानी जब तक साँस चलती रही। इस तरह कुल मिलाकर डायरी की उम्र हुई 32 साल। 47 साल की जिन्दगी में डायरी के 32 साल। एक रिकॉर्ड।

मलयज की डायरी रोजनामचा नहीं है। रोज-रोज पन्ना भरने की कोई कसम नहीं। लिखा तभी, जब लिखने का मन हुआ। कोई वाकया ऐसा हुआ, जो टीप कर रख लेने लायक लगा। लेकिन लिखा तो फिर पूरी तरह डूबकर ही—उसी तन्मयता के साथ, जैसे कविता, कहानी या समीक्षा। कोई पूछता तो मलयज शायद यही कहते कि जिन दिनों की डायरी नहीं है, उन्हें उनकी उम्र में शामिल न किया जाए! 'जे दिन गए राम बिनु देखे, ते विरंचि जनि पारहिं लेखे'।

मलयज का विश्वास था कि 'प्लान बनाकर कोई चीज नहीं लिखी जा सकती यानी कि मुझसे; मैं जो प्लान बना सकता हूँ, लिख नहीं सकता।' इसलिए वे प्रश्न करते हैं : ''मूडी' लोग क्या कभी बढ़िया 'प्रोज' नहीं लिख सकते?' (9 जनवरी, 1958)

कहना न होगा कि यह प्रश्न पूछने का साहस वही कर सकता है जो स्वयं 'बढ़िया प्रोज' लिखने का व्रती हो।

डायरी मलयज के लिए जीने के कर्म का अभिन्न अंग थी। अन्तरात्मा का आईना ही नहीं, बल्कि एक और जिन्दगी : शब्दों से रची हुई एक भरी-पूरी दुनिया। शायद इसीलिए मलयज ने डायरी को एक 'समग्र विद्या' के रूप में विकसित किया, जिसमें उनकी मनचाही सभी चीजों के लिए जगह निकल सकती। क्या नहीं है उसमें! कविता भी, कहानी भी और यात्रा-वृत्तान्त भी! अविस्मरणीय व्यक्ति-चरित्र। प्रकृति के दुर्लभ दृश्य चित्र। अपने समकालीन साहित्यकार मित्रों से संवाद, साहित्यिक गोष्ठियों की चर्चा को आगे बढ़ाने की कोशिश, किसी चित्र-प्रदर्शनी, नाटक की प्रस्तुति, फिल्म के प्रदर्शन पर अपनी आलोचनात्मक प्रतिक्रिया, किसी पढ़ी हुई अंग्रेजी पुस्तक की चर्चा अथवा सद्य:प्रकाशित हिन्दी रचना पर तात्कालिक प्रतिक्रिया, इत्यादि। एक

तरह से देखें तो पचास के दशक के उत्तरार्द्ध का अन्तरंग और प्रामाणिक साक्ष्य है यह डायरी। कहना न होगा कि यह हमारी साहित्यिक सर्जनशीलता का बहुत महत्त्वपूर्ण और निर्णायक दौर रहा है।

स्वयं मलयज को भी अपनी डायरी के साहित्यिक महत्त्व का पूरा अहसास था। उनकी दृष्टि में वह निजी होते हुए भी सार्वजनिक सम्पत्ति है। इसीलिए उन्होंने देहावसान से पूर्व अपने सर्जनात्मक गद्य का एक संकलन तैयार किया था, जिसमें यात्रा-वृत्तान्त और कहानियों के अलावा डायरी से एक चयन भी सम्मिलित किया गया था। इस चयन को उन्होंने 'हँसते हुए मेरा अकेलापन' का शीर्षक दिया है। इसी नाम से यह पुस्तक 1982 में मरणोपरान्त प्रकाशित भी हुई। देखा जाए तो एक तरह से मलयज ने अपनी डायरी को 'हँसते हुए मेरा अकेलापन' का नाम देकर उसे परिभाषित भी कर दिया है।

डायरी लिखने के साथ-साथ मलयज डायरी के स्वरूप के बारे में भी सोचते रहते थे। प्रसाद जी के शब्दों में कहें तो 'चेतना सजग रहती दुहरी'। वे 'दुहरी चेतना' से लैस लेखक थे। डायरी में एक जगह वे लिखते हैं : 'डायरी के शब्दों और अर्थों के बीच तटस्थता कम रहती है, इसी से उसका लिखा जाना मुश्किल नहीं, या कि मुश्किल है? लिखना मात्र एक तटस्थता की माँग रखता है। डायरी लिखना भी।' ('हँसते हुए मेरा अकेलापन', पृ. 124)

इस कथन से स्पष्ट है कि वे लिखने के मामले में तटस्थता के कायल थे—भले ही वह डायरी हो। डायरी में तटस्थता थोड़ी मुश्किल है। यह सामान्य धारणा है कि डायरी लिखनेवाले आत्मग्रस्त होते हैं। वे इतने आत्ममुग्ध रहते हैं कि कभी-कभी आत्मदया के शिकार हो जाते हैं। आत्मचेतस मलयज इस दुर्बलता से बचे रहने की हरचन्द कोशिश करते रहे और कहने की जरूरत नहीं कि वे कामयाब हुए। गम्भीर बीमारी के दिनों की डायरी में भी आत्मदया की छाया नहीं है।

चालीस-पैंतालीस साल पहले तपेदिक लाइलाज राजरोग समझा जाता था। मलयज कच्ची उम्र में ही इस राजरोग के शिकार हो गए थे। इसीलिए डॉक्टर की सलाह पर इलाहाबाद छोड़कर गर्मी के दिन पहाड़ों पर बिताते थे। कभी मसूरी तो कभी रानीखेत, अल्मोड़ा या फिर कौसानी। डायरी में गढ़वाल-कुमाऊँ की—इन सभी जगहों का जिक्र है। इसी रोग के इलाज के लिए वे सुदूर दक्षिण वेल्लूर भी गए थे। यह सिलसिला पूरे पचास के दशक तक चलता रहा। लेकिन सारे फसाने में कहीं जिक्र नहीं है तो सिर्फ इस बात का। आप सिर्फ अन्दाजा लगा सकते हैं।

तटस्थता से डायरी लिखी ही नहीं गई है, उस पर विचार भी तटस्थता से ही हुआ है। आलोचक मलयज लिखते हैं : 'कभी-कभी मैंने कविता के मूड में डायरी लिखी है, तब शब्द और अर्थ के बीच दूरी का अहसास किसी माप के अनुसार

निर्धारित नहीं होता—शब्द अर्थ में और अर्थ शब्द में ढलते चले जाते हैं, एक-दूसरे को पकड़ते, एक-दूसरे को छोड़ते हुए। जिस पल में वे एक-दूसरे का हाथ छोड़ देते हैं, वह आकाश होता है और उसमें रचना बिजली के फूल की तरह खिल उठती है। जिस पल शब्द और अर्थ एक-दूसरे का हाथ पकड़ते हैं, वह धरती का क्षण होता है और उसमें रचना अपनी जड़ पा लेती है—अपने प्रस्फुटन का आदिस्रोत।'

लगता है, डायरी का यह अंश भी कविता के ही मूड में लिखा गया है और कवि के कथन को उदाहरण से पुष्ट कर देता है।

'हँसते हुए मेरा अकेलापन' नाम से स्पष्ट है कि मलयज अकेलेपन के अभ्यस्त थे। इस अकेलेपन में 'संवाद और एकालाप' के लिए सबसे उपयुक्त माध्यम डायरी ही है। डायरी के कुछ प्रसंग तो वास्तविक संवाद के ही विस्तार हैं : 'किसी लेखक मित्र से मिलकर अलग होने के बाद भी बातचीत में उठे हुए मुद्दों पर सोच-विचार का सिलसिला चलता रहता है।' मलयज के लिए यह उत्तर-संवाद बहुत महत्त्वपूर्ण था। कभी-कभी वे अपनी डायरी के जरिये ही उस उत्तर-संवाद का सुख प्राप्त करते हैं। बहुत-कुछ यही स्थिति डायरी में अंकित गोष्ठी-प्रसंगों के विवरण में भी दिखाई पड़ती है। साहित्यिक गोष्ठियों में मलयज जाते तो थे, बोलते बहुत कम थे, लेकिन मानसिक रूप से उनकी हिस्सेदारी काफी सक्रिय थी। इस बौद्धिक सक्रियता के अनेक प्रमाण डायरी में मिलते हैं, गोया वह एक पूरक गोष्ठी हो! चाहें तो इसे क्षतिपूर्ति भी कह सकते हैं। वह एकालाप भी संवाद का ही एक रूप है।

लेकिन मलयज इससे पूरी तरह सन्तुष्ट नहीं हैं। इसकी सीमा की ओर इशारा करते हुए वे लिखते हैं : 'सुरक्षा डायरी में भी नहीं है। वहाँ सिर्फ पलायन है। सुरक्षा अगर कहीं हो सकती है तो बाहर सूरज की रोशनी में, अँधेरे में नहीं। अँधेरे में सिर्फ छिपा जा सकता है, एक पल-पल की धुकधुकी के साथ। सुरक्षा चुनौती को झेलने में ही है—लड़ने में, पिसने में और खटने में। बचाने में नहीं, अपने को सेने में नहीं।' इसी क्रम में वे मनोवांछित डायरी का ज्वलंत रूप प्रस्तुत करते हैं : 'डायरी मेरे लिए एक दहकता हुआ जंगल हो, एक तटस्थ घोंसला नहीं कि जिसमें अपने पर घुसेड़े जब चाहूँ, पड़ रहूँ। डायरी मेरे कर्म की साक्षी हो। मेरे संघर्ष की प्रवक्ता हो। मेरी सुरक्षा डायरी के कोरे पृष्ठों पर अंकित शब्दों में नहीं, उन पर जलती आग के बीच हो।' (वही, पृ. 125)

'हँसते हुए मेरा अकेलापन' में संकलित डायरी के ये सभी अंश जून, 1978 की डायरी के हैं। इनसे मलयज की विकसित मानसिकता का आभास मिलता है।

समय के साथ मलयज की चेतना में भी निश्चय ही बहुत विकास हुआ है। फिर भी यह तथ्य है कि पचास के दशक की डायरी भी वास्तविक उम्र से अधिक परिपक्व मानसिकता का संकेत देती है। उदाहरण के लिए आरम्भिक डायरी का यह वाक्य : 'एक कलाकार के लिए यह निहायत जरूरी है कि उसमें आग हो... और वह खुद ठंडा हो।'

यह वाक्य रानीखेत में लिखी 14 जुलाई, 1956 की डायरी में है। जब मलयज सिर्फ 21 साल के थे। इसी बात को और स्पष्ट करते हुए वे 10 दिसम्बर, 1959 की डायरी में लिखते हैं : 'मैं भीतर से बहुत गर्म हूँ, ऊपर से बिलकुल ठंडा।' ठीक इस वाक्य के बाद का वाक्य है : 'मैं कितना अकेला हूँ अपने सामने भी!' अपने जमाने की हवा से उड़कर आने के बावजूद इस वाक्य में कुछ ऐसा है जो 'अपना' होने का आभास देता है।

पहले दशक के आरम्भिक तीन-चार वर्ष (1953-57) ज्यादातर पहाड़ों में ही बीते—मसूरी, कौसानी, रानीखेत, द्वाराहाट (अल्मोड़ा) इत्यादि। वर्ष का लगभग आधा इलाहाबाद में और आधा पहाड़ पर। पहाड़ों की डायरी काफी कम है। और उसमें कैशोर कचास भी है। यह डायरी सिर्फ मलयज की नहीं, बल्कि भरतजी श्रीवास्तव की भी है। डायरी मलयज की बनती है 1956-57 से और उस समय उसके 'स्वभाव' की पहचान बन जाती है।

पहाड़ों से सम्बन्धित डायरी में स्वभावत: प्राकृतिक दृश्य का स्थान प्रमुख है, पर उस दृश्य-चित्रण में कहीं-कहीं नई दृष्टि की झलक भी मिल जाती है, जैसे रानीखेत, 3 अगस्त, 1957 की डायरी में :

'अचानक ही सब कुछ पीला हो उठा—ऊपर आकाश। दोनों ओर गली के कन्धों पर बाँह टेके हुआ आकाश : पतले सँकरे गलियारेनुमा आकाश।

नहीं, मैं इसे पीली शाम नहीं कहूँगा...।

गली में कटी पतंग की तरह डोलते बच्चे उस अथाह पीलेपन की शोखी में, कातरता में, बेबसी में, डूब गए हैं...डूब गए हैं...पीली आँख! पीली देह! (पीलामन!)'

पहाड़ की ही एक और शाम है, जिसके केन्द्र में एक कुमाऊँनी युवती है। डायरी में इसका चित्रांकन इस प्रकार है :

'...और मँडुवा के उस खेत के पास खड़ी वह कुमाऊँनी युवती है। उसकी कमर में खुँसी हुई दराँती और सिर पर रखा हुआ खूब-खूब बड़ा गोल टोकरा। ऐसा लग रहा है, जैसे उसने कोई गुफा ओढ़ ली हो!

वह मुझे देखकर मुस्कुराती है—खूब साफ मँजी हुई संयत मुस्कान!...ओ युवती! तू क्यों मुस्कुराती है?

ऊँ हूँ! वैसी नहीं—वैसी शामें और कहीं नहीं—वे बेरहम, बेदर्द जो सीना चाक कर दें और लहू से अपना श्रृंगार करें...जो कला है।

द्वाराहाट की यह शाम शिल्प है।'

डायरी में प्रकृति और स्त्री के इन दोनों चित्रों को पढ़कर याद आता है कि मलयज चित्रकार भी थे—पेशेवर नहीं हुए तो क्या, शौकिया चित्रकार तो थे ही। उनके कुछ रेखांकन उनकी पुस्तकों में भी हैं। ये शब्द-चित्र जैसे उस चित्रकार की कलम से ही निकले हैं! यह डायरी द्वाराहाट : 17 जून, 1957 की है।

इन पहाड़ी चित्रों के बरक्स दिसम्बर, 1958 की डायरी में अंकित खजुराहो दर्शन की प्रतिक्रिया को रखा जा सकता है। 'स्केचेज' के लिए तैयार किये हुए कुछ नोट्स को भी। इस सन्दर्भ में यही कहना पर्याप्त होगा कि खजुराहो की डायरी किसी मनचले सैलानी की दृष्टि से एकदम अलग है।

मेरी दृष्टि में कहीं अधिक महत्त्वपूर्ण है आजमगढ़ जिले के उस महुई ग्राम की यात्रा का वृत्तान्त! महुई मलयज की जन्मभूमि और पितृभूमि है। शहर में आ जाने के बाद भी मलयज महुई को नहीं भूले। गए तो सम्भवत: कई बार होंगे पर डायरी के अन्तर्गत 31 मई, 1960 की तारीख के नीचे महुई का नाम अंकित है। इस डायरी का आरम्भ शरीफे के पेड़ से होता है जो सरकारी अस्पताल के डॉक्टर दुबे जी के क्वार्टर के सामने लहलहा रहा था। फिर लोकगीत गाती हुई स्त्रियों के झुंड का चित्र : 'गीत की पतली बारीक आवाजें। हवा में गोल-गोल महीन रंगीन चूड़ियाँ उछाल दी गई हों मानो...हवा के हाथों से फिसलकर चूड़ियाँ टूट जाती हैं और रुक-रुककर गीत की कड़ियाँ मैं सुन पाता हूँ।'

इसी क्रम में घरभरना की माई से सुनी कहानी का यह दिलचस्प टुकड़ा भी टीप दिया गया है जो पूर्वांचल में काफी प्रचलित है :

माटी क घोड़ा, चामे क लगाम
घोड़ा पानी पी! सारे पानी पी!

महुई प्रसंग मलयज के उन बुनियादी सरोकारों को उजागर करता है जहाँ से उनकी जड़ें रस और ताकत खींचती थीं।

मलयज की डायरी का पहला दशक उस दौर की याद दिलाता है जब इलाहाबाद 'नई कविता' और 'नई कहानी' का तीर्थ था। 'प्रगतिशील लेखक संघ' और 'परिमल' नामक दो संस्थाएँ साहित्य में द्वन्द्वरत थीं। मलयज 'परिमल' से जुड़े हुए थे। उन्हीं दिनों 'लघुमानव' का नारा 'परिमल' ने उछाला था। सन् 1959 की डायरी में मलयज ने बड़े विस्तार से 'परिमल' की उस गोष्ठी का विवरण दिया है जिसमें 'लघुमानव' की स्थापना की गई। डायरी में इस विषय पर मलयज के अपने निबन्ध की रूपरेखा भी अंकित है।

डायरी में उस दौर के अधिकांश प्रमुख साहित्यकारों के सम्पर्क में मलयज को आने का मौका मिला है। विजयदेव नारायण साही तो मलयज के गुरु ही थे। इलाहाबाद विश्वविद्यालय में साही जी ने मलयज को अंग्रेजी साहित्य पढ़ाया था। उनके गुरुओं में ज्योतिस्वरूप सक्सेना भी थे जो प्रखर बौद्धिक थे। हिन्दी में लिखते तो न थे लेकिन 'परिमल' की गोष्ठियों में अक्सर आते थे। इसके अतिरिक्त लक्ष्मीकान्त वर्मा और जगदीश गुप्त भी 'परिमल' के महत्त्वपूर्ण लेखक थे। और धर्मवीर भारती तो 'परिमल' के प्राण ही थे, साथ ही इस आन्दोलन के समर्थ

संगठनकर्ता तथा प्रवक्ता भी। मलयज इन सभी लोगों के सम्पर्क में थे। डायरी में यत्र-तत्र किसी-न-किसी रूप में इन सबकी चर्चा आई है। फिर भी साही जी से मलयज विशेष प्रभावित दिखते हैं।

इसी दौर में मलयज संयोग से अज्ञेय के सम्पर्क में भी आए। इसका श्रेय सर्वेश्वर को है। अज्ञेय इलाहाबाद छोड़कर दिल्ली जा बसे थे, पर बीच-बीच में इलाहाबाद भी आते रहते थे। 20 दिसम्बर, 1958 की डायरी से पता चलता है कि उस दिन मलयज लगभग साढ़े तीन घंटे तक अज्ञेय के साथ थे। रसूलाबाद में स्थित 'साहित्यकार संसद' के सामने गंगा में अज्ञेय और सर्वेश्वर के साथ मलयज ने नौका विहार भी किया। इस पूरे प्रसंग में सर्वेश्वर ही ज्यादा बोलते बताए गए हैं। अज्ञेय जी का सिर्फ एक वाक्य अंकित है : 'रेत पर बने हुए ये चिह्न खंजन चिड़िया के हैं।' इसके बाद सम्भवतः मलयज की ओर से यह टीप है : 'खंजन के पदचिह्न...रेत पर आकाश के छंद।' अज्ञेय के विषय में और कोई टिप्पणी न कर मलयज ने सिर्फ इस एक वाक्य के द्वारा अज्ञेय के बारे में बहुत कुछ कह दिया है।

अज्ञेय से अधिक विस्तृत और आत्मीय विवरण डायरी में मुक्तिबोध के विषय में है। 15 फरवरी, 1959 की डायरी में लिखा है : 'कल और आज के कुछ घंटे मैं मुक्तिबोध जी के साथ रहा। उनकी कविताएँ कुछ पढ़ीं, एक सुनीं। कुल मिलाकर एक अनुभव हुआ, गोकि वह अनुभव किस जाति-बिरादरी का है, इसकी ठीक पकड़ नहीं।' फिर भी मलयज इतना जोड़ना न भूले : 'फिर एक साथ ही अनुभव हुआ कि मुक्तिबोध जी बहुत साधारण हैं और बहुत बड़े हैं।'

अन्त में उनकी यह महत्त्वपूर्ण टिप्पणी है :

'मेरे और मुक्तिबोध के व्यक्तित्व में इतना चमकदार 'कंट्रास्ट' है कि मुझे लगता है, वे मेरी ओर आकर्षित हुए हैं।'

डायरी में मलयज ने मुक्तिबोध का एक अंग्रेजी वाक्य भी उद्धृत किया है जिसका हिन्दी रूप कुछ इस प्रकार है :

'तीसरे दर्जे की कविता लिखते मत डरो, क्योंकि तभी तुम पहले दर्जे की कविता लिख पाओगे।'

विचित्र बात है कि 'परिमल' में रहते हुए भी मलयज शमशेर बहादुर सिंह के सबसे निकट आए। यह बात इसलिए विचित्र है कि शमशेर कम्यूनिस्ट पार्टी के पुराने सदस्य और प्रगतिशील लेखक संघ से सम्बद्ध थे। उधर मलयज ने इलाहाबाद में रहते हुए भी अपनी उस दौर की डायरी में कहीं प्र. ले. सं. का जिक्र तक नहीं किया है। इस दौर की डायरी में शमशेर की चर्चा पाँच बार आई है और सब-की-सब 1959 में ही। डायरी से स्पष्ट है कि शमशेर के सम्पर्क में मलयज 1959 के आरम्भ में ही आए होंगे। मुक्तिबोध से उनकी मुलाकात शमशेर के आवास पर ही हुई थी। शमशेर के साथ मलयज का सम्बन्ध आगे और प्रगाढ़ हुआ और दिल्ली जाने

पर तो वर्षों तक दोनों साथ-साथ रहे, यहाँ तक कि साठ और सत्तर के दशक की डायरी शमशेर-प्रसंग से भरी हुई है। इसलिए इस प्रथम चरण की डायरी के प्रसंग में शमशेर जी के बारे में मलयज की किसी बात की चर्चा आवश्यक प्रतीत नहीं होती।

दिल्ली का जिक्र आ ही गया तो पहले दशक की डायरी की एक बात की चर्चा जरूरी मालूम होती है। 27 मई, 1958 की डायरी से पता चलता है कि मलयज का किसी काम से दिल्ली जाना हुआ। लौटकर डायरी में लिखा : 'दिल्ली से लौटने के बाद एक स्थिति यह है कि किसी कोरे कागज को मुट्ठी में लेकर जोर से भींच दिया गया हो।...अस्तित्वबोध में वृथापन की चुभती अनुभूतियाँ और उनका दंश, जो ऊपर से देखने में सपाट हो...न हो...'

क्या यह लिखते समय मलयज ने कभी सोचा था कि उसी दिल्ली में वे शेष जीवन बिताने के लिए अभिशप्त हैं?

और यहीं 4 जुलाई, 1958 की डायरी का यह वाक्य याद आता है :

'पता नहीं क्यों, मुझे अपनी ही लिखी हुई इन पंक्तियों से कभी-कभी डर लगता है।'

['मलयज की डायरी', सम्पादक : नामवर सिंह, वाणी प्रकाशन, प्रथम संस्करण : 2000 की भूमिका]

धूमकेतु धूमिल

डॉ. मीनाक्षी जोशी के शोध-प्रबन्ध 'धूमकेतु धूमिल और साठोत्तरी कविता' का प्रकाशन ऐसे समय हो रहा है जब कवि धूमिल की स्मृति धूमिल पड़ गई है और उस तेजस्वी कवि को लोग-बाग भूल चले हैं। कहाँ काशी और कहाँ महाराष्ट्र का भंडारा, फिर भी सच तो यही है कि 'जो जाही को मारता सो ताही के वास'। यह शोध-प्रबन्ध हिन्दी की एक अविस्मरणीय काव्य-प्रतिभा के प्रति गुजराती-भाषी विदुषी प्राध्यापिका की एक तरह से श्रद्धांजलि ही है।

शुभाशंसा के दो शब्द लिखते हुए अनायास ही धूमिल से जुड़ी कुछ वर्षों पुरानी बातें याद आ रही हैं : धूमिल मेरे सम्पर्क में 1962 के आसपास आए और उन दिनों वे गीत लिख रहे थे, लेकिन उनके मन में कुछ नया कर दिखाने की बेचैनी थी। अगर मैं भूलता नहीं तो उन्हीं दिनों बीटनिक अमेरिकी कवि एलेन गिन्सबर्ग कोलकाता होते हुए बनारस आए थे और हमारे मोहल्ले अस्सी पर अक्सर पाए जाते थे। उनसे भी धूमिल की मुठभेड़ हुई। तब तक हिन्दी में साठोत्तरी कविता की हवा चल पड़ी थी और 'अकविता' जैसी किसिम-किसिम की कविताएँ चलन में आ गई थीं। उन्हीं दिनों कलकत्ते से निकलने वाले 'ज्ञानोदय' में मैंने 'नई कविता पर क्षणभर' नाम से एक कॉलम शुरू किया था। उसके अन्तर्गत सम्भवत: सितम्बर, 1963 की तीसरी किस्त 'नंगी और बेलौस आवाज' में पहली बार धूमिल के नये तेवर की एक कविता का टुकड़ा पेश किया था। यह एक तरह से प्रवेश था समकालीन हिन्दी कविता के रंगमंच पर धूमिल का। इसके बाद तो 1967 में जब 'आलोचना' त्रैमासिक का सम्पादन शुरू किया तो धूमिल की कविता के साथ ही आलोचना की उस पत्रिका में कविताओं के प्रकाशन का सिलसिला शुरू हुआ और परिणति हुई अप्रैल-जून, 1975 की 'आलोचना-33' में, जो धूमिल की स्मृति को समर्पित है। उस अंक में प्रकाशित 'विपक्ष का कवि धूमिल' शीर्षक संस्मरणात्मक लेख, मेरी दृष्टि में, धूमिल की रचना-प्रक्रिया को समझने की अचूक कुंजी है। इस लेख के लेखक हैं काशीनाथ सिंह, जो वर्षों तक धूमिल के रात-दिन के अन्तरंग सहचर रहे हैं।

यह भी एक विडम्बना ही है कि 'आलोचना' के उस स्मृति-अंक में सम्पादक की ओर से एक भी शब्द नहीं है—न सम्पादकीय, न श्रद्धांजलि और न कोई संस्मरण ही। आज भी मेरे लिए यह एक पहेली है। मीनाक्षी जी के आग्रह पर 'दो शब्द' लिखने की विवशता न होती तो सम्भवतः यह अन्त:कथा अलिखित ही रह जाती। अस्तु।

'धूमकेतु धूमिल और साठोत्तरी कविता' अपने नाम के अनुरूप ही आधा भाग साठोत्तरी कविता के प्रमुख कवियों का सोदाहरण सर्वेक्षण है और बाकी आधा भाग धूमिल की काव्य-क्रिया के विविध पक्षों का विवेचन है। कहने की आवश्यकता नहीं कि सम्पूर्ण अध्ययन शोधकर्ता के गम्भीर चिन्तन, मनन और निष्ठा से अनुप्राणित है। आशा है, इस प्रयास को यथोचित प्रोत्साहन प्राप्त होगा।

[18 अप्रैल, 2009, मीनाक्षी जोशी की पुस्तक : 'धूमकेतु धूमिल', राधाकृष्ण प्रकाशन की 'शुभाशंसा के दो शब्द' शीर्षक भूमिका]

आधुनिक हिन्दी कविता और आलोचना की द्वन्द्वात्मकता : कमला प्रसाद

कमला प्रसाद की इस पुस्तक में आधुनिक हिन्दी कविता के सन्दर्भ में रचना और आलोचना के द्वन्द्वात्मक सम्बन्धों पर पहली बार वस्तुपरक ढंग से ब्यौरेवार विचार किया गया है। अपने-आपमें यह एक बहुत बड़ा विषय है और थोड़ा महत्त्वाकांक्षापूर्ण भी, पर यह नि:संकोच कहा जा सकता है कि कमला प्रसाद ने विषय के इस विस्तार और जटिलता के बावजूद उसके विश्लेषण की जो पद्धति अपनाई है, वह वस्तुनिष्ठ और तर्कसंगत है। रचना और आलोचना के द्वन्द्वात्मक सम्बन्ध की व्याख्या के साथ उन्होंने उन ऐतिहासिक सन्दर्भों की भी व्याख्या की है, जिनसे ये उत्पन्न होती हैं और इस प्रकार यहाँ पहली बार पूरी समस्या का एक गम्भीर समाजशास्त्रीय विवेचन प्रस्तुत किया गया है।

पुस्तक में एक ओर विषय के विभिन्न सैद्धान्तिक पहलुओं का विस्तृत विवेचन किया गया है और दूसरी ओर व्यावहारिक विश्लेषण प्रस्तुत करने की कोशिश की गई है। दोनों प्रकार के अध्ययनों में लेखक की दृष्टि गहरे अर्थ में शोधपरक है क्योंकि वह केवल व्याख्या ही नहीं करता, नये तथ्यों के आलोक में अपनी स्थापनाओं की पड़ताल भी करता चलता रहता है। विशेष रूप से स्वच्छंदतावाद के विकास और भारतेन्दु-युग की ऐतिहासिक स्थितियों में लेखक ने एक गहरी दृष्टि का परिचय देते हुए अनेक ऐसे नवीन तथ्यों को सामने रखा है जिनकी ओर पूर्ववर्ती लेखकों की दृष्टि नहीं गई है। स्वयं भारतेन्दु की कुछ महत्त्वपूर्ण टिप्पणियों का जो सार्थक उपयोग पुस्तक में किया गया है, वह लेखक के परिश्रम और गहरी सूझबूझ का प्रमाण है।

पुस्तक में एक वैज्ञानिक दृष्टि के आधार पर आधुनिक हिन्दी कविता के विकास की दिशा को खोजने का भी प्रयास किया गया है और कमला प्रसाद का निष्कर्ष महत्त्वपूर्ण है कि आलोचना केवल रचना की व्याख्या नहीं है, बल्कि वह गहरे अर्थ में सामाजिक गतिशीलता के उन नियमों की खोज है, जो रचना को संचालित और सम्बोधित करते हैं।

आकार में थोड़ी स्फीति के बावजूद जिस बात ने पुस्तक को निरन्तर ग्राह्य और उत्तेजक बनाये रखा है, वह है लेखक की सुलझी हुई, स्वच्छ और स्पष्ट भाषा। यह भाषा आद्यंत तथ्यों से पुष्ट तथा आलोकित होने के कारण निरन्तर शोधपरक बनी रहती है और विचारों की नवीनता के कारण जीवंत भी। वैचारिक जीवंतता को विश्लेषण और भाषा, दोनों ही स्तरों पर बनाये रखना एक महत्त्वपूर्ण बात है। यह अत्यन्त परिश्रम और गहरी दृष्टि के साथ लिखी हुई पुस्तक है, जो अधीत विषय के सम्बन्ध में हमारी जानकारी को और इस प्रकार आधुनिक कविता के अध्ययन की परम्परा को आगे बढ़ाती है।

[कमला प्रसाद की पुस्तक : 'आधुनिक हिन्दी कविता और आलोचना की द्वन्द्वात्मकता', साहित्यवाणी, इलाहाबाद; प्र.सं., 1986 पर केन्द्रित टिप्पणी; 'कमला प्रसाद : व्यक्ति और सर्जक', साहित्य भंडार, इलाहाबाद, प्र.सं., 1998 में संकलित]

अभी-अभी जनमा है कवि : राकेश रंजन

अभी एक कविता संग्रह आया है : 'अभी-अभी जनमा है कवि'। कवि हैं राकेश रंजन। इनकी कविता भाषा की अलग पहचान बनाती है, यद्यपि ये मुक्तिबोध और नागार्जुन से भली भाँति परिचित बिहार के कवि हैं। यह मुझे इनके परिचय से मालूम हुआ। पैंतीस के आसपास इनकी उम्र होगी। मैं कभी कहा करता था कि कविता शब्दों का खेल है, जिसका अनेक लोगों ने मजाक उड़ाया। मेरा कहना है कि जो शब्दों से खेल सकता है, वह कविता कर सकता है। यह कवि शब्दों से खेलता है। शब्दों से रघुवीर सहाय भी खेलते थे। राकेश रंजन के खेलने में एक बाल-सुलभ उमंग है। वह खाली तुकों में ही नहीं, अन्दाज में भी दिखाई पड़ती है। इनकी कविता में समाज की धड़कन सुनाई पड़ती है।

राकेश की एक कविता है : 'बात कहूँ, पर कही न जाए' और दूसरी कविता है : 'महानगर में बकरी'। ये दोनों कविताएँ छंदोबद्ध हैं। यह सही है कि पहली कविता में 'हरगंगे' वाला छंद है और दूसरी कविता में 'आल्ह' छंद का प्रयोग हुआ है। इन्होंने पहली कविता में 'चुसकेंगे' शब्द का भी प्रयोग किया है, जो हिन्दी की ठेठ परम्परा में है। छंदोबद्ध कविताएँ लोग भूल गए हैं, लेकिन ये कविताएँ छंद में ही कही जा सकती थीं। इनकी एक छोटी कविता है : 'प्रश्नोत्तर', जिसमें बात भोलेपन के साथ कही गई है, लेकिन बात गहरी है। राकेश ने अपनी कई कविताओं में धर्म पर धारदार आक्रमण किया है। सम्प्रदायवाद के विरुद्ध लिखी गई आम कविताओं के बरअक्स यह कवि अपनी बात बिलकुल हल्के ढंग से कहता है। उदाहरणार्थ 'गुरुबानी' शीर्षक कविता। साधुओं, संतों और महात्माओं के चरित्र कितने भ्रष्ट होते हैं, 'गुरुबानी' बतलाती है। इस तेवर और इस अन्दाज में मैं नहीं जानता, नागार्जुन भी लिख सकते थे या नहीं।

राकेश की जो भाषा है, उसमें केदारनाथ सिंह, मंगलेश डबराल और राजेश जोशी कविता न लिख सकते हैं, न लिख रहे हैं। भाषा ही नहीं, बल्कि कविता का पूरा-का-पूरा तेवर और कंटेंट कैसे बदल जाता है, यह देखने लायक है। इसी तरह की

एक कविता है : 'गुरु कौ बचन', जो 'आ बचवा, चल चिलम लगा दे!' से शुरू होती है। इसके अन्त में एक इशारा है, जो बहुत साफ है : 'फट से फायर फिलम लगा दे!' धार्मिक चीजों पर गम्भीर व्याख्यान देना, सम्प्रदायवाद आदि के बारे में लेख आदि लिखने के समानान्तर ये कविताएँ साधुओं-महंतों के भ्रष्टाचार उजागर करती हैं। सामाजिक सरोकार की बात हल्के-फुल्के और शान्त ढंग से कहना भी एक कला है। भाषा की यह भंगिमा ऐसे ही नहीं आई है। साहित्य में रचनाशीलता के क्षेत्र में निश्चय ही अब भी सम्भावनाएँ हैं।

बीज से फूल तक : एकान्त श्रीवास्तव

'बीज से फूल तक' की कविताओं में एक खास तरह की कशिश है। उसे एकान्त एक जगह 'गुरुत्वाकर्षण' कहते हैं—जब समुद्र उन्हें अपनी तरफ खींचता है और अपनी तरफ खींचती है पृथ्वी। इस खींच-तान में समुद्र की अद्भुत छवियाँ छिटकी हैं। 'समुद्र पर सूर्योदय' में 'श्याम जल में झड़ते हैं इंगुरी के फूल / क्षितिज की झुकी हुई टहनी से' और 'एक बहुत बड़ा हवनकुंड है भोर का समुद्र / मंत्रपुष्ट उठता है जल / हाहाकार है जल का मंत्रोच्चार'। फिर 'ढलती धूप की धीमी आँच में/ पिघलता है शाम का समुद्र'। लेकिन इन दोनों घड़ियों के बीच दोपहर का समुद्र तो अद्वितीय है। वह 'हल्दी-मिला दूध है', 'जल का उद्विग्न वाद्य है' और है 'पानी का महाकाव्य / पानी की लकीरों पर लिखा हुआ / पानी का लोकगीत / पानी के कंठ से उठता हुआ'। हिन्दी में समुद्र पर पहली बार ऐसी कविताएँ दृष्टिगत हुई हैं, सम्भवत:। समुद्र को 'पानी का महाकाव्य' कहने का गौरव एकान्त को ही प्राप्त हुआ है। ऐसा लगता है, जैसे कोई पहले-पहल समुद्र को देख रहा हो : धरती पर पहला मनुष्य और हिन्दी का पहला कवि!

इस प्रसंग की सबसे कल्पनाशील कविता सम्भवत: 'जलपाँखी' है : 'ये पानी के फूल हैं / पानी में ही फूलते, महकते / और झड़ते हुए / वे रात भर पानी की आँखों में / रंगीन स्वप्न की तरह रहते हैं / और भोर के धुँधलके में उड़ते हैं / जैसे धरती के प्रार्थना-गीत हों'!

लेकिन प्रबल गुरुत्वाकर्षण समुद्र से अधिक पृथ्वी का ही है। बड़ी कथा वही है जो छोटी कथा को अपनी तरफ खींचती है : 'जैसे पृथ्वी खींचती है हमें अपने गुरुत्वाकर्षण से / जब हम उससे दूर जाने लगते हैं / वह बचाये रखती है / हमारे पाँवों को विस्थापित होने से'। इसलिए 'बीज से फूल तक' की अधिकांश कविताओं का बीज-भाव यह 'विस्थापन' ही है जिसमें अपनी धरती और अपने लोगों के प्रति आकर्षण तीव्रतर हो जाता है।

एकान्त वस्तुत: छत्तीसगढ़ की 'कन्हार' के कवि हैं और 'कन्हार' केवल मिट्टी का नाम नहीं है और यह केवल एक छोटा-सा 'अंचल' भी नहीं है क्योंकि 'देश के किसी भी हिस्से में मिल जाएगा छत्तीसगढ़'। इस दृष्टि से एकान्त को कोरा 'आंचलिक' कवि कहना भी ठीक न होगा।

फिर भी 'बीज से फूल तक' कविता का ऐसा विशिष्ट अंचल है, 'जहाँ शब्दों की महक से / गमकता है कागज का हृदय / और मनुष्य की महक से धरती'। इस प्रसंग में एकान्त यह याद दिलाना नहीं भूलते कि 'दिन-ब-दिन राख हो रही इस दुनिया में / जो चीज हमें बचाए रखती है / वह केवल मनुष्य की महक है'। इसीलिए उनकी इस उक्ति में सन्देह नहीं होता कि 'मैं यकीन के साथ कह सकता हूँ / कि उस सुगंध को—जो मिट्टी की देह और / मनुष्य की साँस को सुवासित करती है—मैं बचाए / रख सका हूँ / हालाँकि दिनों-दिन यह कठिन होता जा रहा है' (बुखार)।

'बीज से फूल तक' का काव्य-संसार एक ओर माँ-बाप, भाई-बहन का भरा-पूरा परिवार है तो दूसरी ओर अन्धी लड़की, अपाहिज और बधिर जैसे असहाय लोगों का शरण्य भी और 'कन्हार' जैसी लम्बी कविता तो एक तरह से नख-दर्पण में आज के भारत का छाया-चित्र ही है।

यदि वे साँस का नगाड़ा बजाते हैं तो उस स्पर्श से भी वाकिफ हैं जिसमें किसी को छूने में उँगलियों के जल जाने की आशंका होती है। इस क्रम में दिवंगत भाई के लिए लिखी हुई कविताएँ सबसे मर्मस्पर्शी हैं, खास तौर से 'पाँचवें की याद'!

'अन्न हैं मेरे शब्द' से अपनी काव्य-यात्रा आरम्भ करनेवाले एकान्त श्रीवास्तव आज भी विश्वास करते हैं कि 'जहाँ कोई नहीं रहता / वहाँ शब्द रहते हैं'। आज जब चारों ओर से 'शब्द' पर हमला हो रहा है, एकान्त उन थोड़े-से कवियों में हैं जो 'शब्द' को अपनी कविताओं से एक नया अर्थ दे रहे हैं।

निश्चय ही एकान्त का यह तीसरा काव्य-संकलन एक लम्बी छलाँग है और ऊँची उड़ान भी। कवि के ही शब्दों में : 'एक भयानक शून्य की भरपाई'।

[राजकमल प्रकाशन से 2003 में प्रकाशित एकान्त श्रीवास्तव के संग्रह 'बीज से फूल तक' का ब्लर्ब]

खंड-2

साक्षात्कार एवं व्याख्यान

कथा कोलाज है : काशी का अस्सी

पल्लव : कुछ लोग काशीनाथ सिंह को उपन्यासकार से ज्यादा कहानीकार मानते हैं।

नामवर सिंह : काशी की उस समय धूमिल के साथ खास तरह की नक्सलवादी राजनीति थी तो उस सन्दर्भ में 'अपना मोर्चा' लिखा। फिर 'काशी का अस्सी' और 'रेहन पर रग्घू'। कायदे से उनके तीन उपन्यास हैं जो लघु उपन्यास हैं, छोटे हैं। बड़े उपन्यास जैसेकि दूधनाथ सिंह ने एक बड़ा उपन्यास लिखा चार सौ पृष्ठों का। काशी ने लघु उपन्यास लिखे, वैसे ही जैसे जैनेन्द्र ने 'परख', 'त्यागपत्र', 'सुनीता'। ये छोटे-छोटे उपन्यास थे। फिर भी उपन्यासकार वे माने जाते हैं। मुझे लगता है कि लोगों के जेहन में भरा हुआ है कि काशी तो कहानीकार हैं, उपन्यासकार नहीं। उनके उपन्यासों को लोग उपन्यास मानने के लिए तैयार नहीं। मैं नहीं समझता कि यदि 'परख' उपन्यास है, 'त्यागपत्र' उपन्यास है, तो 'रेहन पर रग्घू' या 'काशी का अस्सी' या 'अपना मोर्चा' को उपन्यास क्यों नहीं माना जाए? कोई जरूरी नहीं कि उपन्यास महाकाव्य के रूप में विस्तार वाला हो। हर उपन्यास 'गोदान' हो या 'प्रेमाश्रम' हो, ऐसा जरूरी नहीं है। प्रेमचंद ने लिखा था 'निर्मला'—अपना सबसे छोटा उपन्यास। 'ओल्ड मैन एंड द सी' जो दुनिया का सबसे छोटा उपन्यास है। पता नहीं, अजीब बात है, लोग समझते हैं कि जब तक चार-पाँच सौ पेज नहीं हो तब तक उपन्यास नहीं है। वृहत्तर जीवन होना चाहिए। लोग भूल जाते हैं कि एक छोटी-सी रचना 'ओल्ड मैन एंड द सी' जब उपन्यास हो सकता है तो उपन्यास के आकार को मुद्दा नहीं बनाना चाहिए। और काशी की कहानियों में जो नाटकीयता है, उसे रंगमंच पर उतारकर उषा गांगुली ने दिखा दिया।

जो सामान्य बात मैं कहना चाहता हूँ, वह काशी की भाषा पर है। जो गद्य काशी लिखते हैं, किसी के लिए भी ईर्ष्या की वस्तु हो सकती है। एक भोजपुरी-भाषी आदमी खड़ी बोली के गद्य में भोजपुरी का छौंक देते हैं। ऐसा गद्य बहुत कम मिलता है। मेरे लिए यह स्पर्धा की चीज है कि मैं वैसा गद्य 'आलोचना' में लिख सकूँ। एक जानदार भाषा, जो उनके समकालीनों में भी वैसा गद्य लिखनेवाला मुझे कोई

नहीं दिखाई देता। जिन लोगों का गद्य मुझे पसन्द है, रंग दूसरा है, उनमें जैनेन्द्र का गद्य, 'परख' का गद्य पढ़ें आप। छोटे-छोटे वाक्यों वाला लखोरी ईंटों से बनी हुई इमारत हुआ करती है—बड़ी नहीं, छोटी-छोटी पतली ईंटों वाली यह दीवार अद्‌भुत दृश्य देती है। मेरी भाषा किताबी हो जाती है। मुझे अच्छी तरह याद है कि काशी ने 'दूसरी परम्परा की खोज' पढ़कर जो चिट्‌ठी लिखी थी, उसमें इसकी भाषा उन्हें बहुत पसन्द आई थी। ये चीजें ऐसी हैं कि...कभी कहने-लिखने का मौका नहीं मिला, मिलेगा भी कि नहीं, मैं नहीं जानता। काशी की उपस्थिति मेरे लिए प्रेरणा रही है। यही वजह है कि जब शहर दिल्ली की जिन्दगी से और वातावरण से जी घबराता है तो बहाना ढूँढ़ता रहता हूँ कि बनारस चला जाऊँ—काशी से मिलने का बहाना। वे तो बहुत कम आते हैं। जब उनसे मुलाकात होती है तो तरोताजा हो जाता हूँ। काशी ने मुझे कई तरह से जिन्दगी दी है।

पल्लव : अच्छा, तो अब जीवन से रचना की ओर बढ़ें यानी 'काशी का अस्सी' की बात की जाए?

नामवर सिंह : इस उपन्यास में उनकी पाँच कहानियाँ हैं या पाँच खंड हैं। ये उपन्यास के रूप में नहीं लिखे गए थे। वे उपन्यास कहकर छपा रहे हैं तो स्वीकार कर लेना चाहिए कि उपन्यास का ढाँचा काफी ढीला-ढाला भी होता है। और ढीले-ढाले ढाँचे वाले काफी उपन्यास लिखे गए हैं। 'डॉन क्विगजोट' लगभग इसी तरह लिखा गया है। तो उपन्यास की विधा ऐसी है कि आप इसमें एक सधा-बँधा, जिसका आदि हो, अन्त हो, मध्य हो, ऐसी कथानक में कही हुई कोई उपन्यास कृति हो, यह ढीला-ढाला ढाँचा है। हम कह सकते हैं इसको चाहें तो उपन्यास। लेकिन मैं इसे कथा-कोलाज कहना पसन्द करूँगा। यह पाँच कथाओं का कोलाज है। और कोलाज भी एक कृति होती है। इसलिए कि एक नाम देकर इस विधा को और लगभग यह...जिसे कहते हैं कि फिल्म टेक्निक है यह, शॉट करते चले जाते हैं और अन्त में उसका सम्पादन करते समय जो कृति धीमी रफ्तार से...आप शूटिंग करते चले जाते हैं। ऐसा लगता है कि एक उपन्यास लिखने की परिकल्पना से, जो चीज तैयार की गई थी, इसका एक प्रमाण तो यही है कि 'याद हो कि न याद हो' में 'देख तमाशा लकड़ी का' छपा हुआ संस्मरण मिलता है। लगता है कि 1990-92 के आसपास उन्होंने कहानी लिखी थी बाबरी मस्जिद के ध्वंस के समय। उस समय यह पहली चीज 'देख तमाशा लकड़ी का' और अगर मैं भूलता नहीं तो 1991 के आसपास काशी अस्सी वाले मकान में नहीं थे, यूनिवर्सिटी से आ चुके थे, अस्सी छूट चुका था। वह एक चीज बनी, बाद में वे चाहे जहाँ रहें, एक बार घूमकर अस्सी जरूर पहुँचते थे। पान खाने के बहाने, लोगों से मिलने, पप्पू की दुकान पर जाते थे। धीरे-धीरे अस्सी को आधार बनाकर, उस जीवन को

अस्सी के छूट जाने के बाद अस्सी से ज्यादा ममता हो गई। दूर जाने पर अस्सी के जीवन की स्मृतियाँ और बाकी चीजें उनके ध्यान में आती रहीं। इसलिए वे अस्सी से जुड़ी हुई चीजों को धीरे-धीरे एक कहानी के रूप में लिखते गए।

...अगर मैं भूलता नहीं तो यह 'काशी का अस्सी' मेरा ही दिया हुआ नाम है और मेरे मन में था कि इसमें एक श्लेष है, काशी शहर भी है और काशीनाथ सिंह भी है। काशी का अपना देखा हुआ अस्सी और काशी का एक हिस्सा अस्सी। उन चीजों को ध्यान में रखते हुए जो पहली ही कहानी है : 'देख तमाशा लकड़ी का', इसमें लिखा है उन्होंने कि भारतीय भूगोल की एक भयानक भूल ठीक कर लें। अस्सी बनारस का मुहल्ला नहीं है। अस्सी 'अष्टाध्यायी' है और बनारस उसका 'भाष्य'। पिछले तीस-पैंतीस वर्षों से 'पूँजीवाद' के पगलाए अमरीकी यहाँ आते हैं और चाहते हैं कि दुनिया इसकी 'टीका' हो जाए...मगर चाहने से क्या होता है? तो अस्सी बनारस का अंश होते हुए भी स्वयं अस्सी क्या है और अस्सी को 'अष्टाध्यायी' कहना, पूरे बनारस को उस अष्टाध्यायी का भाष्य कहना और अन्त में यह कहना कि तमाम विदेशी आकर अस्सी पर ठहरते हैं, क्योंकि वहाँ से बनारस का एक सिरा है। हम लोग रहा करते थे, छोटी-सी बात मुझे याद आती है—जब मैं अस्सी पर रहा करता था, तब एक बार विद्यासागर नौटियाल आए तो उन्होंने कहा कि डॉ. साहब, अस्सी का महत्त्व इसलिए है कि तुलसीदास सारा शहर छोड़कर रहने के लिए अन्तिम दिनों में अस्सी पर आ गए थे। इसलिए तुलसीदास बड़े नहीं हैं कि वे बनारस के थे बल्कि इसलिए बड़े हैं कि वे अस्सी पर रहते हुए सरवाइव कर गए। यह अस्सी के माहौल पर टिप्पणी भी है। मैं कहना चाहूँगा कि अस्सी पर रहते हुए काशी सरवाइव कर गए। जो उस मुहल्ले का नक्शा है, जिस तरह के लोग हैं और उस पर टिप्पणी काशी की कहानियों से ही मालूम होती है। उससे लगता है कि अस्सी से जाने के बाद उस अस्सी का एक नॉस्टेल्जिया उनके दिमाग में रहा और उन लोगों को लेकर जो किसी एक कहानी में नहीं आ सकते थे, उन्होंने लिखा। खास तौर पर जब धूमिल जिन्दा थे तो काशी, नागानन्द और ये लोग अस्सी होकर निकलते थे। इस अस्सी का बार-बार जिक्र किया है। जो मिलने का एक केन्द्र था, चाय की दुकान, जहाँ मैं सारे लोगों को लेकर बैठा करता था।...तो वह जो सेंटर था, केन्द्र था, उसको बड़ा करके अलग-अलग समय पर लिखी कहानियाँ, सारी कहानियों को अन्त में जोड़कर, मुझे लगता है कि शायद अब भी कुछ बचा रह गया हो अस्सी का, अभी एकाध कहानी वे और लिख सकते हैं।

पल्लव : 'रेहन' में एक प्रसंग और आया था जिसमें बीएचयू का जिक्र है।
नामवर सिंह : क्या नाम था उसका?

पल्लव : 'लंका बाँके चारि दुआरा'।

नामवर सिंह : तो अभी अस्सी खत्म नहीं हुआ है। मेरा खयाल है कि और कहानियाँ अस्सी को लेकर लिखेंगे। कई लोग अभी छूट गए हैं और मैं जाऊँगा तो पूछूँगा कि वे लोग कहाँ हैं अस्सी के, जो बिलकुल हमारे पड़ोसी थे? शान्तिप्रिय द्विवेदी का तो जिक्र आ गया है लेकिन उनके अलावा ऐसे कई अद्भुत चरित्र हैं जिन चरित्रों को लेकर भी अलग आयाम, अलग कोण हैं।...यह कहानी ('देख तमाशा लकड़ी का') जब लिखी तो बाबरी मस्जिद के ध्वंस का समय था। बाबरी मस्जिद के ध्वंस पर दूधनाथ सिंह ने लगभग चार सौ पृष्ठों का बड़ा उपन्यास लिखा है और काशी ने केवल यह एक कहानी लिखी। उस पूरी कहानी में, जिन लोगों ने उसे तोड़ा था, बगैर अयोध्या गए हुए, अस्सी से बाबरी मस्जिद के ध्वंस पर लिखा जा रहा है। इस कहानी को दूधनाथ सिंह के उपन्यास से मिलाकर देखें, एक चार सौ पृष्ठों का उपन्यास है और दूसरी पच्चीस-तीस पृष्ठों की कहानी।...तो ध्वंस की जो राजनीति है, ध्वंस का जो दृश्य है...कोई भी पढ़कर देख सकता है कि यह कहानी ज्यादा गहरा प्रहार करती है, तीखे ढंग से प्रहार करती है। अकेले। और उसमें यही नहीं है बल्कि जो छूट गया है, वह भी है।...क्योंकि बाबरी मस्जिद का ध्वंस अपने-आपमें एक घटना नहीं है, बल्कि भारतीय लोकतंत्र की एक घटना है, वह पूरी जो राजनीति है, वह परिप्रेक्ष्य में कैसे आई है, यह उपन्यास में नहीं आया है।...मखौल ज्यादा है उसमें। इसलिए मैं कहता हूँ कि जो एक अस्सी को केन्द्र बनाकर मध्यवर्ग, निम्न मध्यवर्ग, निम्नवर्ग के लोगों की दृष्टि से...यह जो लोकदृष्टि है—आम आदमी कैसे देखता है, कैसे अवसरवाद होता है। साथ ही विदेशी भी आते हैं इस कहानी में, उन विदेशियों की दृष्टि में अस्सी क्या है? जो परिदृश्य है, एक राजनीतिक समझ है।...आम आदमी की नजर में, वह घटना एक भारतीय लोकतंत्र के परिप्रेक्ष्य में रखी गई है। केवल एक छोटी-सी साम्प्रदायिक घटना मानना, मन्दिर-मस्जिद का मामला मानना बल्कि मन्दिर-मस्जिद उसका एक मोहरा है। कोई राजनीतिक विचारधारा बची नहीं है इसमें—कांग्रेस भी आती है, समाजवादी भी आते हैं, उन तमाम लोगों को मामूली आदमी कैसे देखता है! सबसे बड़ी बात है इस पूरी कहानी की शैली में, अंग्रेजी में जिसे कहते हैं विट्, हम जिसे वाग्वैदग्ध्य कहते हैं। उस आम आदमी की जबान में कितनी ज्यादा विट् है! मैं समझता हूँ कि ऐसा विटी लेखक...हिन्दी में विट् का इतना प्रयोग, जो बोलियों के आधार पर आता है और एक-एक संवाद, एक-एक वक्तव्य, एक-एक टिप्पणी कहें कि डल मोमेंट नहीं आता। पठनीयता कह लो, यह पहली कहानी से मालूम हो जाता है। आम लोगों की जो कॉमन सेन्स है, कॉमन सेन्स से एक बड़ी समस्या की ओर इशारा कर देना, यह ताकत इसमें मिलती है। कहीं कोई व्याख्यान नहीं, लेखक की जीवन-दृष्टि क्या है, उसकी विचारधारा क्या है, कहीं अपनी ओर से नहीं है।...

और बीच-बीच में क्षेपक के रूप में अपने लोगों की कहानी भी आ जाती है, मेरा भी जिक्र कहीं आ जाता है। पहले यहाँ ऐसा हुआ था, एक कवि सम्मेलन हुआ था साठवें वर्ष पर। खूबी यह है कि पप्पू की दुकान में, खुद कवि और साहित्यकार कैसी भूमिका निभाते थे, एक तरह का भरा-पूरा समुदाय, सारी राजनीतिक पार्टियाँ और स्वयं लेखक हैं। वह केवल कैमरा लेकर सारी चीजों की छवि उतारता जा रहा है, अपनी ओर से एक भी टिप्पणी कहीं नहीं है। वे सारी चीजें ध्वनित होती हैं, व्यंजित होती हैं एक-दूसरे की काट से, बिना किसी टिप्पणी के लेखक जो कहना चाहता है, कह देता है। यह निर्वैयक्तिकता, निष्पक्षता, तटस्थ होकर 1990-91 के संक्रमण काल पर उसकी भूमिका बनाते हैं। इसलिए एक छोटी-सी कहानी पूरे इतिहास के दौर को चित्रित करती है। और अस्सी, अस्सी नहीं रह जाता। बाकी और कहानियों को भी इसी रोशनी में देखें। जो आखिरी कहानी है, वहाँ तक जाते-जाते पूरा दशक, जिसको नब्बे का दशक कहेंगे, 2000 तक, सदी के अन्तिम दशक पर यह पुस्तक टिप्पणी करती है। उसके लिए जरूरी है कि मैं दुबारा ध्यान से पूरी पुस्तक पढ़ूँ।

'काशी का अस्सी', सच पूछिए तो, अस्सी के दशक के बाद नब्बे से शुरू होता है, सहस्राब्दी के अन्तिम दशक की कहानी है। एक छोटे-से मुहल्ले में, मैं कहूँगा, कभी अमृतलाल नागर जी ने 'बूँद और समुद्र' लिखा था, काशी बूँद में समुद्र दिखाना चाहते हैं। बूँद और समुद्र नहीं है, बूँद में ही समुद्र है, जिसको ग़ालिब ने कहा था—कतरे में दरिया देखना, तो एक कतरे में दरिया देखा है। त्रिलोचन जी ने अपने सॉनेट में कहा है कि आगरे के किले में एक छोटी-सी नग जड़ी हो, आगरे के किले में जो नग है, उसमें पूरा ताज दिखाई पड़ता है। तो कतरे में दरिया देखना, एक नग में पूरी कायनात देखना, उसी तरह से अस्सी नाम का छोटा-सा चौराहा है। उस चौराहे में काशी पूरे भारत को, पूरे भारत के साथ ही भूमंडलीकरण भी देखते हैं। वह जो कहानी है 'पांडे कौन कुमति तोहें लागी', जिस पर उषा जी ने नाटक बनाया है : 'काशीनामा', उसमें वैश्वीकरण, भूमंडलीकरण, ग्लोबलाइजेशन, ग्लोबल मार्केट, विश्व बाजार की बात करते हैं। इसमें यह दिखाने की कोशिश की है कि नितान्त पंडिताऊ संस्कारों वाले, पूजा-पाठ करनेवाले पंडित जी कैसे घर में रखे शिवजी के लिंग को हटाकर टॉयलेट बना देते हैं। यह विडम्बना कि जितने पुराने विचारों वाले लोग हैं, रामभक्ति वाले,—हिन्दुत्व किस तरह बाजारवाद का शिकार होता है, शिकार ही नहीं होता बल्कि स्वागत करता है। 1991 के बाद हमारा ग्लोबलाइजेशन शुरू हुआ, इस दशक की सबसे महत्त्वपूर्ण घटना, जिस पर सबसे ज्यादा लिखा जा रहा है और उसकी चपेट में स्वयं धर्म कैसे आता है—धर्म में भी हिन्दू धर्म। एक पंडित जी किस तरह से बदलकर आते हैं और अपने घर में बने मन्दिर को टॉयलेट में बदल देते हैं। इसलिए मैंने कहा कि बाबरी मस्जिद के ध्वंस से लेकर भूमंडलीकरण में बाजार किस तरह हावी होता है, एक छोटा परिवार भी

उसमें ग्रस्त होता है, दुनिया बदल जाती है। यहाँ तक कि यह लम्बी यात्रा की गई है। इसलिए 'काशी का अस्सी' केवल एक मुहल्ले की दास्तान नहीं है बल्कि वह सहस्राब्दी के अन्तिम दशक में भारत कहाँ पहुँचा है और भारतीय जीवन में क्या परिवर्तन हुए हैं, इसको देखता है। काशी सबसे पुरानी नगरी है, जिसकी हजारों सालों की संस्कृति है, वह संस्कृति कैसे टूटकर बाजार का शिकार बनती है, इस पर यह किताब इशारा करती है। इस चीज पर अखबारों में न जाने कितने लोग लेख लिख रहे हैं, लेकिन मूल बिन्दु पर जाकर चोट करनी चाहिए थी, उसको नहीं छुआ। इस दृष्टि से इसका महत्त्व है। जहाँ तक रूप की बात है, मैंने कहा, यह कथा-कोलाज है इसलिए अस्सी तो एक कतरा है, उस कतरे में किस हद तक वह दरिया दिखाई पड़ता है, शायद इसलिए उन्होंने इसे उपन्यास कहा है क्योंकि उपन्यास की कोई बँधी-बँधाई परिभाषा है नहीं। उपन्यास 'डॉन क्विगजोट' जैसा बड़ा ढीला-ढाला हो सकता है और छोटा भी हो सकता है। इसकी संरचना के कई रूप हो सकते हैं और आकार से या अध्यायों से, एक सधे-बँधे, इकहरे कथानक से उपन्यास, उपन्यास नहीं बनता है बल्कि टुकड़े-टुकड़े दास्तान में दास्तान तो है। एक सूत्र तो है। इसलिए उपन्यास के रूप-विधान की दृष्टि से एक नये ढंग का उपन्यास है। जो क्लासिकल ढाँचा होता है, उस संरचना से अलग है। नई बात इस दृष्टि से नहीं है कि एक शहर, एक कस्बा, एक मुहल्ले को लेकर पहले भी लिखा गया है बल्कि मैं यह मानता हूँ कि उपन्यास आम तौर से काल से ज्यादा स्थान की कला है। जेम्स ज्वायस लिखता है, फॉकनर ने एक इलाके के बारे में लिखा है, रूसी उपन्यास बहुत हैं, प्रेमचंद को देखें तो सारे उपन्यास लमही और पांडेपुर के इर्द-गिर्द घूमते हैं। 'रंगभूमि' तो बिलकुल पांडेपुर की कहानी है। नाम 'रंगभूमि' रखा गया है लेकिन रंगभूमि कौन है, वह पांडेपुर है। सारी घटनाएँ वहीं घटित होती हैं। प्रेमचंद अगर पांडेपुर की कहानी न कहकर 'रंगभूमि' कहें तो उपन्यास होता है और 'काशी का अस्सी' के नाम पर काशी लिखें तो कह दिया जाए कि नहीं, यह तो उपन्यास नहीं है, बल्कि अलग-अलग कहानियाँ लिख दी गई हैं। अन्तर्वस्तु रूप-विधान का निर्धारण करती है, रूप-विधान का बना-बनाया साँचा लेकर कोई उपन्यास लिखे, वह उपन्यास की खानापूरी होगी। इस दृष्टि से काशी कथा-कोलाज को जुटाकर एक साथ एक परिघटना के आधार पर उपन्यास कहते हैं तो इसमें कोई आपत्तिजनक बात नहीं दिखाई पड़ती है। कहा जा सकता है कि उपन्यास की अनेक संरचनाओं में से एक यह है। देखिए, कहानी तो एक खयाल पर होती है, स्थान पर नहीं होती, लेकिन आम तौर पर कथाकृति देशबद्ध अधिक होती है। काल की कला नहीं है, काल की कला तो संगीत है, द्रुत से विलम्बित होकर संगीत-रूप धारण करता है। कथाकृति की एक जमीन होती है और वह जमीन निश्चित ही स्थिर होती है, वहीं घूमती है कथा वरना वह दर्शन हो जाएगी। जमीन से हटा दें तो फिर

वह कथाकृति नहीं बन सकती। संगीत अमूर्त हो सकता है लेकिन कथाकृति नहीं। इसलिए स्थान के आधार पर उपन्यास के नये ढाँचे की दृष्टि से भी इस कथाकृति पर विचार किया जा सकता है।

पल्लव : एक समस्या है, वह यह है कि इतना बढ़िया उपन्यास और इसे भली महिलाएँ और सज्जन नहीं पढ़ सकते क्योंकि इसमें एलकेडी है, तमाम गालियाँ हैं।
नामवर सिंह : दुनिया में बहुत सारी ऐसी कृतियाँ हैं जिनको लोगों ने अश्लील माना है। अश्लीलता के आरोप का शिकार अनेक महत्त्वपूर्ण कृतियाँ हुई हैं। 'जेम्स ज्वायस' में भरा हुआ है, अनेक लोगों में है। कायदे से देखा जाए तो जो पहला उपन्यास 'डॉन क्विग्जोट' है, उसमें बहुत सारी ऐसी चीजें हैं। एक तरह का तथाकथित भद्रलोक जिसे कहते हैं, सुरुचि—इस सुरुचि के विरुद्ध तो रघुवीर सहाय लिखते रहे हैं। सुरुचि बुर्जुआ कन्सेप्ट है, भद्रलोक की दृष्टि है। शिष्टता के नाम पर बहुत सारी चीजें लोग छिपा जाना चाहते हैं। गाँव के जीवन में गालियाँ, गालियाँ नहीं होतीं। हर बात में गाँव वाला गाली में बात करता है। और गालियाँ एक तरह से तकियाकलाम हैं। उनकी अश्लीलता पर लोगों का ध्यान नहीं जाता। गाँव के लोगों के लिए, मजदूरों के लिए अश्लीलता का प्रश्न ही नहीं है। सुरुचिसम्पन्न तथाकथित भद्रलोक जो हैं, उनकी भद्र बातें ज्यादा अश्लील होती हैं अपनी अन्तर्वस्तु में। भाषा सभ्य-संस्कृत हो लेकिन अन्दर से अधिक अश्लील होती है। संकेत में बताई हुई अश्लीलता से ज्यादा ठीक है, आप खुलकर कह दें, इससे अश्लीलता की ओर ध्यान ही नहीं जाता। शरीर के जिन अंगों को लेकर गाली देते हैं, अनेक उपन्यासों में रति-प्रसंग का वर्णन होता है, किसी जमाने में अश्लील समझा जाता था, आजकल सहजीवन हो गया है। समलैंगिक सम्बन्धों को किसी जमाने में निहायत आपत्तिजनक समझा जाता था, आज वही पश्चिमी बुर्जुआ समाज कानून बनाकर उसको स्वीकृति दे रहा है। कल को यहाँ भी हो सकता है। जहाँ सख्त जिन्दगी होगी जेलों में, आर्मी में, रनिवासों में, वहाँ ऐसा होगा। श्लील और अश्लील पर विचार करें कि वह काम क्या करता है, प्रभाव क्या पड़ता है? जिस तरह 'देख तमाशा लकड़ी का' ऐसे प्रसंगों से भरा हुआ है, गाली के बिना पात्र बात ही नहीं करते लेकिन कठिनाई यह है कि इसमें किसी को कोई आपत्ति नहीं है क्योंकि इस ओर ध्यान ही नहीं जाता। ध्यान जाता है उस अर्थ पर, जिसके लिए किताब में इनका प्रयोग हुआ है। ध्वनित-व्यंजित अश्लीलता की ओर ध्यान नहीं जाता बल्कि चोट लगती है।...नौजवानों का चरित्र बिगाड़ने और बनाने के लिए कहानियाँ नहीं लिखी गई हैं। इनको पढ़कर किसी आदमी का चरित्र नष्ट हो जाए, ऐसा नहीं है।

पल्लव : लेकिन एक आरोप तो लगाया ही गया है कि वैचारिक रूप से यह बड़ा अराजक उपन्यास है? उपन्यास की राजनीतिक विचारधारा तो यही निकलती है—माँ चुदाए दुनिया, हम बजाएँ हरमुनिया। कोई दर्शन नहीं है।

नामवर सिंह : देखिए, ऐसा है कि था एक जमाना प्रगतिशील लेखन का, प्रतिबद्ध लेखन भी जिसे कहा गया है। तमाम चीजों का खंडन करने के बाद यह कहें कि यही सही रास्ता है। हम लोग जिस दौर से गुजर रहे हैं, उस दौर की सारी राजनीतिक पार्टियों पर यह एक टिप्पणी है। वामपंथी पार्टियों पर भी। हम लोग जिस संक्रमण काल से गुजर रहे हैं, उस दौर में कोई सीधी लकीर दिखाई नहीं पड़ती कि यही रास्ता है। ऐसा न हो तो लेखक से क्या उम्मीद करें कि वह आसमान से उतारकर रास्ता दिखा देगा? जैसा प्रेमचंद अपने उपन्यासों का अन्त करते थे या रास्ता बताते थे...कि विधेयात्मक होना चाहिए, एक सन्देश जाना चाहिए...तो निष्कर्षवादी और सन्देहवादी लेखन होता था, जिसकी सीमाएँ अब मालूम हुई हैं। प्रेमचंद के जिस उपन्यास में कोई दिशा नहीं है, वही सबसे अच्छा है 'गोदान'।...समाधान नहीं है। जहाँ समाधान दिया है उन्होंने, जैसे 'रंगभूमि' में देने की कोशिश की है, 'प्रेमाश्रम' में देने की कोशिश की है तो वह उसका सबसे कमजोर पहलू माना गया है। काशी ने अगर नहीं दिया है तो लगभग उसी रास्ते पर हैं जिस पर 'गोदान' है, कोई रास्ता तो नहीं दिखाई पड़ता।...हाल तो नहीं है उसका। मैं समझता हूँ कि चेखव की अधिकांश कहानियों में ऐसा ही है। टॉल्स्टॉय ने जहाँ देने की कोशिश की है, 'वार एंड पीस' में या 'अन्ना कैरेनिना' में ईसाइयत को डालने की कोशिश की है। अगर काशीनाथ, जिन्होंने 'सुधीर घोषाल' वाली कहानी लिखी थी, अगर उसी 'सुधीर घोषाल' वाले अन्दाज में लिखें तो मैं समझता हूँ कि जसम के लोगों को बहुत अच्छा लगेगा। बहुत अच्छा लगेगा जसम के लोगों को। यह छोड़ दिया तो इसका कारण यही है कि कलाकृति के कुछ अपने तर्क भी होते हैं, अपने नियम भी होते हैं, उसी नियम से चलेगी। कोई जरूरी नहीं है कि अन्त में कोई चीज निकले। उदाहरण के लिए 'देख तमाशा लकड़ी का' बाबरी मस्जिद के ध्वंस और बाकी चीजों के बाद कहीं उन्होंने नहीं बताया कि निकलता क्या है। यह तो नहीं निकलता कि मन्दिर वहीं बनाएँगे? खैर,...तो यह भी दिखा दिया है कि जितना गलत यह कहना है कि मस्जिद वहीं बनाएँगे। एक जगह डायलॉग आता है कि मस्जिद वहीं बनाएँगे, उतना ही गलत है जितना मन्दिर वहीं बनाएँगे कहना। जो हो चुका सो हो चुका, आगे देखिए। क्योंकि हर आदमी जानता है कि सवाल मन्दिर और मस्जिद का नहीं है, सवाल कुछ और है। यह तो एक साधन है, एक निमित्त है। इसलिए हल कहीं नहीं बताया गया है, लेकिन एक जगह कह दिया गया है कि वे लोग कहते हैं, मन्दिर वहीं बनाएँगे, तो दूसरे कहते हैं कि मस्जिद वहीं बनाएँगे। यह भी है। उनका मखौल उड़ा दिया गया है। दोनों का। इसका मतलब यह है कि यह

मुद्दा नहीं है क्योंकि यह एक तरह का साधन है जिसके बहाने करना कुछ और चाहते हैं। राजनीतिक सत्ता चाहिए। उन लोगों को न मन्दिर से मतलब है, न मस्जिद से। अगर राम मन्दिर से उनको मतलब होता तो अब तक मन्दिर बन जाना चाहिए था। उनकी सरकार तो थी, क्यों नहीं बनवा लिया? उधर दूसरे आदमियों ने उस पर मस्जिद को क्यों नहीं बनवा दी? दोनों ही समान हैं। आज तक मामला कोर्ट में लम्बित है। इससे मालूम होता है कि यह केवल एक बहाना था। यह कहानी यही सन्देश देती है।...तो निष्कर्षवादी कहानी का हश्र आप देख चुके हैं। और अगर कोई सावधान सतर्क लेखक है तो उसका काम अलग-अलग दावों की कलई खोल देना है। यह कोई राजनीतिक या चुनावी घोषणा-पत्र नहीं है कि जिसके आधार पर वादा करे कि हम यह करने के लिए लिख रहे हैं। काशी ने नहीं किया तो अच्छा काम किया है क्योंकि कलाकृति यह काम नहीं करती।

[काशीनाथ सिंह के उपन्यास 'काशी का अस्सी' पर केन्द्रित साक्षात्कार का अंश; 'बनास जन' (सम्पादक : पल्लव) के दूसरे अंक में प्रकाशित]

बाणभट्ट की आत्मकथा : उपन्यास भी, आत्मकथा भी

द्विवेदी जी 'बाणभट्ट की आत्मकथा' लिखने के साथ अपनी भी आत्मकथा लिख रहे थे और वह यहाँ से वहाँ तक फैली हुई है। उसी के आधार पर केवल आप द्विवेदी जी की भी जीवनी लिख सकते हैं। अपने गाँव ले जाते हैं बाणभट्ट को। दोपहर में ले जाते हैं। अपने गाँव और आसपास के बहुत-से लोगों का नाम दिया है इसलिए यह द्विवेदी जी की भी आत्मकथा है। 'बाणभट्ट की आत्मकथा' के बहाने जितनी उनकी है, उतनी द्विवेदी जी की भी है। उन्होंने एक शब्द दिया है—बाण का नाम बंड था, ऐसा वे कहते हैं। एक नई व्युत्पत्ति चलाई है उन्होंने। स्वयं द्विवेदी जी पढ़ने के बाद जब नौकरी नहीं मिली तो आरा जिले के आसपास दुर्गावती के किनारे वर्षों तक कथा बाँचते रहे और कथा बाँचकर उन्होंने जीविका चलाई थी। और गाँव के लोग समझते थे कि यह तो बंड है, आवारा है। इसलिए 'बाणभट्ट की आत्मकथा' और उनको बाण में भी वह आवारापन मिला। इसलिए 'बाणभट्ट की आत्मकथा' के बहाने यह हजारीप्रसाद द्विवेदी की भी आत्मकथा है और यहाँ से वहाँ तक तैरती हुई दिखाई पड़ती है। इन चीजों को ध्यान में रखने के बाद एक बात और ध्यान में रखनी चाहिए। मैंने कहीं आलोचना में नहीं देखा है—यह पुस्तक 'विशाल भारत' में धारावाहिक के रूप में छप रही थी और दो साल तक छपती रही।

यह दूसरे महायुद्ध की पृष्ठभूमि पर लिखी गई पुस्तक है, 1945 की। जब कलकत्ते पर बम गिरने की बात चल रही थी और प्रत्यन्त दस्यु चले आ रहे हैं, बार-बार उसमें आता है। वे कौन से प्रत्यन्त दस्यु हैं? जापानी हमला हुआ था हमारे ऊपर, इसलिए उस द्वितीय महायुद्ध की छाप है। ऐतिहासिक उपन्यास होते हुए भी अपने दौर की, मेरा खयाल है कि सातवें या आठवें अंक में एक समीक्षा लिखी थी प्रभाकर माचवे ने, जब वे साहित्य अकादेमी में नहीं आए थे। दूसरी समीक्षा देवराज उपाध्याय ने लिखी है जो उनको निकट से जानते थे। आरा के रहनेवाले थे। तीसरी समीक्षा उनकी लिखी नलिन विलोचन शर्मा ने और चौथी समीक्षा उनकी लिखी है भगवत शरण उपाध्याय ने, जो स्वयं इतिहासविद् थे और उन चारों समीक्षाओं को

यदि एक बार आप देखें तो पता चलेगा कि इस उपन्यास का उस दौर में भी कैसा स्वागत हुआ था और उनके गुण-दोष भी बताए थे लोगों ने। मैं उन समीक्षाओं में से कुछ का जिक्र कर देना जरूरी समझता हूँ, क्योंकि बहुत-से लोगों को द्वैमासिक 'प्रतीक' के अंक मिलते नहीं हैं। छपे भी नहीं हैं।

इसलिए कुछ का उल्लेख मैं कर देता हूँ। प्रभाकर माचवे ने पहली बात जो महत्त्वपूर्ण कही कि—हिन्दी में, मराठी में, चूँकि मराठी, बंगला, गुजराती में भी ऐतिहासिक उपन्यास लिखे गए हैं; बल्कि उपन्यास की शुरुआत ही ऐतिहासिक उपन्यासों से हुई है। अनेक भाषाओं में जो ऐतिहासिक उपन्यास लिखे गए हैं, वे इतिहास की वस्तु हो गए। उनका ऐतिहासिक महत्त्व है। यह अकेला उपन्यास है जो ऐतिहासिक उपन्यास होते हुए भी उपन्यास है। यह प्रभाकर माचवे ने कहा कि जितने हैं, उनमें यह असाधारण और सबसे उत्कृष्ट ऐतिहासिक उपन्यासों में है। बड़े-बड़े लोगों ने बंगला में, मराठी में, गुजराती में, ऐतिहासिक उपन्यास ही लिखे जबकि गुजराती में सबसे शुरू में ऐतिहासिक उपन्यास ही लिखे गए थे। लेकिन वे इतिहास की वस्तु होकर रह गए।

यह अकेला उपन्यास है जो कालजयी निकला, इतिहास की वस्तु होकर नहीं रह गया। यह बात प्रभाकर माचवे ने उस समय लिखी थी। उन्होंने एक और महत्त्वपूर्ण बात सबसे पहली बार कही कि इस उपन्यास की सबसे बड़ी उपलब्धि निपुणिका है, भट्टिनी नहीं। और निपुणिका का जो उपयोग उन्होंने किया, जब उसका तद्भव बनाया गया तो निउनिया बना और निउनिया को हमारे यहाँ भोजपुरिया में नउनिया कहते हैं। यह पहला उपन्यास है, जबकि न नारी विमर्श चला था, न दलित विमर्श शुरू हुआ था। नाइन जो होती है, वह तो दलित है। दलित-विमर्श और स्त्री-विमर्श तो आज की वस्तु है। इसलिए जो लोग इन विमर्शों पर काम करनेवाले हैं, वे याद रखें कि अपने पुरखों में कुछ लोग हुए हैं हिन्दी के, जिनको इसकी चिन्ता थी। अतः बाणभट्ट की आत्मकथा की सर्वोत्तम पात्र भट्टिनी नहीं है, नारी के रूप में निउनिया है, जिसे बलिया में नउनिया ही कहते हैं। उसको उन्होंने निपुणिका बनाया। निपुणिका का प्राकृत रूप दिया निउनिया और यह निउनिया नउनिया है।

इस उपन्यास में निउनिया सबसे तेजस्वी पात्र है। बल्कि पंडित जी ने जो अंश दिया है द्वितीय खंड में, उसी में निउनिया उभरकर आती है। वह पान की दुकान पर बैठी रहती है और पान बेचती है। पान के साथ-साथ कुछ और (मुस्कान) बेचती है। तो 'बाणभट्ट की आत्मकथा' में हजारीप्रसाद द्विवेदी की सर्वोत्तम सृष्टि निउनिया है, बाण का चरित्र नहीं है। किसी ने उसकी व्याख्या करते हुए कहा है कि इसमें द्विवेदी जी परकाया प्रवेश करते हैं। स्वयं बाण की तरह से लिखने की कोशिश करते हैं। क्योंकि आत्मकथा है तो स्वयं बाण लिख रहे हैं, हजारीप्रसाद तो लिख नहीं रहे हैं। हजारीप्रसाद द्विवेदी अपनी आत्मकथा लिखते तो उसमें भोजपुरिया की

छौंक ज्यादा होती। तो उसमें भोजपुरिया की छौंक तो हजारीप्रसाद द्विवेदी जी की है लेकिन बाण जैसा गद्य लिखना—फिर दोहराया नहीं ऐसा गद्य। न 'पुनर्नवा' में मिलेगा, न 'चारु चन्द्रलेख' में मिलेगा, न 'अनामदास का पोथा' में मिलेगा। इसलिए हिन्दी गद्य का एक प्रतिमान, जो संस्कृत परम्परा से लेते हुए भी वह हिन्दी गद्य हो गई। उस हिन्दी गद्य की गरिमा है। उस दौर में संस्कृत से प्रभावित अन्य लोग भी गद्य लिखते थे। खास कर आलोचनाएँ संस्कृत के प्रभाव से लिखी होती थीं, जो कि अपठनीय हो गई हैं। आज भी बहुत-से लोग भारतीय समीक्षा या संस्कृत काव्यशास्त्र के आचार्यों का परिचय देते हैं तो जिस भाषा में लिखते हैं, वह न हिन्दी है, न संस्कृत। तो 'बाणभट्ट की आत्मकथा' की भाषा के जो रजिस्टर हैं, बाणभट्ट में गद्य की भाषा के कई रजिस्टर हैं। बाणभट्ट गाँवों में जाता है तो कौन-सी भाषा बोली जाती है और स्वयं बाण के बारे में या दूसरे प्रसंगों में लिखता तो कौन-सी भाषा बोली जाती है और उस भाषा के कितने रजिस्टर हैं?

प्रकृति का चित्रण करते हुए, समाज का चित्रण करते हुए, दर्शन का चित्रण करते हुए, अवधूत के साथ जहाँ विचार-विमर्श होता है तो दार्शनिक भाषा का रजिस्टर क्या होता है भारतीय शब्दावली में, भारतोय दर्शन की कैसे चर्चा की जानी चाहिए और भारतीय दर्शन पर लिखे हुए ग्रंथों को पढ़िए और वहाँ जो गम्भीर चिन्तन होता है, वार्तालाप होता है, दर्शन पर जो चर्चा होती है, वह दर्शन की शब्दावली में होती है। 'बाणभट्ट की आत्मकथा' में वह भी मिलेगा।

इसलिए भाषा के कई रजिस्टर हैं 'बाणभट्ट' में। इस उपन्यास में जितनी सामर्थ्य के साथ बाण का अनुकरण किया गया है, उसको ध्यान में रखकर लोगों ने परकाय प्रवेश कहा है।

सभी समीक्षाओं का जिक्र मैं नहीं करूँगा। उसमें समय ज्यादा लगेगा। नारी-तत्त्व की ओर देवराज उपाध्याय ने भी ध्यान दिलाया था। भगवतशरण उपाध्याय चूँकि स्वयं इतिहास के थे तो पहली बात ऐतिहासिक उपन्यास के बारे में आम तौर से होती है, उसमें लोग बहुत-सी अनैतिहासिक बातें भी लिख देते हैं। भगवतशरण उपाध्याय, जो कि प्राचीन भारतीय इतिहास के पंडित थे, ने कहा है कि—बाणभट्ट का मौलिक आधार चाहे जितना भी दूषित हो, उसमें आधुनिक प्रतिनिधि कलाकार का निखार और उज्ज्वलता तो है ही। घटनाएँ ऐतिहासिक नहीं हैं किन्तु पृष्ठभूमि सर्वथा ऐतिहासिक है। अत: ऐतिहासिक पृष्ठभूमि के विचार से यह पुस्तक नितान्त निर्दोष है। भगवान सिंह जी बैठे हैं, शायद वे ढूँढ़कर निकालें कि ऐतिहासिक तत्त्व मिल जाए। लेकिन इतिहास के तथ्य का जहाँ तक सवाल है या 'तुअर मिलिन्द' वाली घटना है तो स्वयं द्विवेदी जी ने लिखा है कि वह विवादास्पद है। उसके बारे में विश्वास के साथ नहीं कहा जा सकता है। स्वयं पंडित जी ने इस पुस्तक की समीक्षा भी लिखी है। लिखा है कि 'चूँकि बाणभट्ट

की सारी रचनाएँ अपूर्ण रह गई थीं, पूरी नहीं हुई थीं, इसलिए यह उपन्यास भी अधूरा है। यह पूरा नहीं होता है।'

'उपसंहार' नाम का जो अध्याय है, उसमें उन्होंने समीक्षा की है, और दीदी को जो चिट्ठी लिखी है, उसमें भी एक समीक्षा उन्होंने अपनी कर दी है।

तो स्वयं उनका जो आलोचक रूप था, उपन्यास में वह भी व्यक्त होता है। और उसमें उन्होंने एक अन्तर बताया है। यहाँ उन्होंने एक बात और बताने की कोशिश की है। इस बात की ओर किसी का ध्यान जाए कि न जाए, उन्होंने कहा है कि बाणभट्ट ने भी प्रेमकथा लिखी है। 'कादम्बरी' स्वयं एक प्रेमकथा है। लेकिन यह कथा बाणभट्ट की लिखी हुई नहीं हो सकती है, यह बताने की कोशिश की है—कैसे? बाणभट्ट में प्रेम जो है, वह तृप्त रूप में आता है परन्तु इसमें प्रेम जो है, वह अतृप्त रूप में है। इसलिए यह बाणभट्ट का लिखा हुआ नहीं हो सकता है। यानी आज का, इस दौर का लेखक लिखते हुए जो स्थिति है, प्रेम का जो स्वरूप है, खास तौर से निउनिया के प्रति जो प्रेम उन्होंने दिखाया है, उस प्रेम में खुल करके, बल्कि भट्टिनी के बारे में भी प्रेम अतृप्त रूप में है। इससे लगता है कि हो न हो, यह बाण की लिखी हुई किताब या आत्मकथा नहीं है। यह हजारीप्रसाद द्विवेदी की है। क्योंकि आधुनिक युग-प्रेम को उस रूप में नहीं व्यक्त कर सकता जिस तरह बाणभट्ट खुल करके तृप्त रूप में व्यक्त कर सकते थे। तो मोटे तौर से द्विवेदी जी ने अपने उपन्यास की समीक्षा भी लिख दी है। एक संकेत कर दिया है कि 'तुअर मिलिन्द' वाली चीज को आप ऐतिहासिक न मानें। वह विवादास्पद है। इन समीक्षाओं के साथ अब यह उपन्यास जिस रूप में है, मेरा खयाल है कि पंडित जी ने जिन चार उपन्यासों की रचना की है, उन चारों उपन्यासों में सर्वश्रेष्ठ उपन्यास मुझे लगता है कि 'बाणभट्ट की आत्मकथा' ही है। 'चारु चन्द्रलेख' जो दूसरा उपन्यास था, वह बहुत बड़ा है। वह भी 'कल्पना' में धारावाहिक के रूप में छप रहा था। और बन्ध की दृष्टि से बहुत ही ढीला। उन्होंने अपने इस उपन्यास के बारे में लिखा है कि लेखक को यह मालूम नहीं कि आगे क्या होगा। यह कहने के बावजूद यह इतना गठित उपन्यास है। अधिकांश उपन्यास कथानक की दृष्टि से शिथिल बन गए। खास तौर से 'चारु चन्द्रलेख' बिखर गया है और बिखरने के अनेक कारण हैं क्योंकि अपनी आत्मकथा भी बीच में डालते चलते हैं। उस समय वे काशी आ चुके थे। बनारस में लिख रहे थे। तो बनारस में हिन्दी विभाग में जिन लोगों से उनका साबका पड़ा था, कई लोग नाम बदल करके उसमें शामिल हैं। नाम थोड़ा बदल दिया है इसलिए कई चेहरे पहचाने जा सकते हैं। तो कुछ लोगों का हिसाब चुकाने के लिए उपन्यास ऐतिहासिक घटना से बदल गया। लगभग 'पुनर्नवा' उसकी अपेक्षा सुगठित है। अन्त में जो 'अनामदास का पोथा' है, उसमें तो कोई कथानक है ही नहीं। बहुत क्षीण-सा कथानक है जहाँ से उन्होंने लिया है, इसलिए ठीक-ठीक

वह कथा बन ही नहीं सका है। एक प्रेम की कथा है। उस रूप में दिखाई पड़ती है। इसलिए उनके उपन्यासों में पहली कृति ही सर्वोत्तम है और जैसाकि राधावल्लभ जी ने उचित ही कहा कि यह उपन्यास भारतीय उपन्यास की अपनी परम्परा की रचना है। जैसे लैटिन अमेरिकन उपन्यास का जो ढाँचा है, या विक्टोरियन ढाँचा है, या जो इंग्लिश ढाँचा है, या फ्रेंच ढाँचा है, जो यूरोपियन ढाँचा है, आप देखेंगे कि रूसी उपन्यास का ढाँचा भी अलग है। गार्सिया मार्खेज का उपन्यास 'The Hunderd Years of the Solitude' का ढाँचा बिलकुल अलग है। इसलिए हम लोगों ने मान रखा है कि उपन्यास का एक ऐसा ढाँचा है जो चल पड़ा है और लोग लीक पीट रहे हैं; उसी यूरोपियन यथार्थवादी उपन्यास का, एक यूरोपियन उपन्यास का जो ढाँचा बना हुआ था, उस ढाँचे को तोड़ने का पहला प्रयास हिन्दी में सफल ढंग से यदि किसी ने किया तो हजारीप्रसाद द्विवेदी ने किया, जिसकी ओर राधावल्लभ जी ने बहुत सही इशारा किया है कि यह आचार्य शुक्ल की आकांक्षा की पूर्ति भी करता है। इसलिए इस उपन्यास का महत्त्व ऐतिहासिक ही नहीं है बल्कि श्रेष्ठ उपन्यास जो भी चुने जाएँगे, उन उपन्यासों में निश्चित रूप से 'बाणभट्ट की आत्मकथा' का स्थान पहला होगा। क्योंकि और जो उपन्यास लिखे गए, वे पश्चिमी यूरोपियन ढाँचे पर लिखे गए हैं। चाहे मनोवैज्ञानिक उपन्यास जैनेन्द्र जी के हों। प्रेमचंद जी के उपन्यास पूरे यूरोपियन ढाँचे पर लिखे गए हैं। जैनेन्द्र जी कुछ कर सकते थे लेकिन जैनेन्द्र जी भी लगभग उसी परम्परा में आते हैं। वही यथार्थवादी, नैरेशन का ढाँचा वही है, चरित्र-चित्रण का ढाँचा वही है। तो पहला उपन्यास—यदि आचार्य शुक्ल जीवित होते तो सम्भवत: कहते कि हाँ, यह अपनी 'कादम्बरी' की परम्परा का उपन्यास है। विचित्र विडम्बना है कि मराठी में तो उपन्यास को कादम्बरी ही कहते हैं, उपन्यास नहीं कहते हैं। हम लोगों ने बंगला से ले लिया उपन्यास। और उसे ढो रहे हैं। पता नहीं, उपन्यास का ये क्या अर्थ करते हैं—'उप' लगा करके 'न्यास'। नॉवेल का उपन्यास लोगों ने किया, यह है नहीं। निकलता ही नहीं है। बंगालियों ने चला दिया और हम लोग ढो रहे हैं। कम-से-कम मराठी वालों से सीखते। उन्होंने तो उसे 'कादम्बरी' कहा सीधे। हम भी कादम्बरी कहते तो क्या हम लोगों की नाक नीची हो जाती? कादम्बरी ही है, मराठी वालों के पीछे चलते तो अच्छा था।

बंगालियों के पीछे नाहक हम भागते रहे हैं। इसलिए बंगाल में रहते हुए भी और बंगाल में लिखा गया था 'बाणभट्ट की आत्मकथा' और स्वयं बंगला उपन्यास की परम्परा से हट करके। इसलिए जान-बूझ करके उसे उन्होंने 'कथा' कहा, और कथा शब्द ज्यादा सार्थक है। और इस रूप में चलाते तो हर कथा सत्यनारायण की कथा नहीं हुआ करती है। इसलिए द्विवेदी जी ने यही नहीं कि एक भारतीय उपन्यास लिखा बल्कि उपन्यास के लिए उन्होंने अपनी आत्मकथा के द्वारा एक कथा की नींव भी डाली थी।

एक तो इस उपन्यास को लिखने की प्रेरणा उनको मिली एक मूर्ति देख करके—वराह की मूर्ति :

ततः समुत्क्षिप्य धरा स्वदंष्ट्रया
महावराहः स्फुट—पद्मलोचनः।
रसातलादुत्पल—पत्र—सन्निभः
समुत्थितो नील इवाचलो महान्॥
जलौघमग्ना सचराचरा धरा
विषाणकोट्याऽखिलविश्वमूर्तिना।
समुद्धृता येन वराहरूपिणा
स मे स्वयंभूर्भगवान् प्रसीदतु॥

यह उन्होंने मध्य भारत में ग्वालियर में कही थी। वह मूर्ति देखी थी और किताब में वही मूर्ति छपी भी है। और यह श्लोक लगता है कि किसी पुराने पंडित ने लिखा है लेकिन नहीं, यह पंडित जी का गढ़ा हुआ है। वे श्लोक भी रचते थे। यही उपन्यास का अर्थ है तो :

जलौघमग्ना सचराचरा धरा
विषाणकोट्याऽखिलविश्वमूर्तिना।
समुद्धृता—येन—वराहरूपिणा
स मे स्वयंभूर्भगवान् प्रसीदतु॥

भगवान को सूअर बनना पड़ा उस स्त्री का उद्धार करने के लिए। वह प्रेरणा है इस उपन्यास की। यह श्लोक ही उसका मूल अर्थ है। इससे भिन्न हम लोग इधर-उधर हटेंगे तो जो कथ्य है उसका, उसे भूल जाएँगे। आम तौर से लोग यह भूल जाते हैं कि उस मूर्ति से भगवान को कीचड़ में, पंक में और पंक ही नहीं, मल-मूत्र आदि से भरी हुई धरती का उद्धार करना था। इसकी ओर लोग ध्यान ही नहीं देते हैं कि जो श्लोक लिखा है और उस मूर्ति से जो प्रेरणा मिली थी, यह मूल वस्तु है। यह प्रेरणा है, प्रेरणास्रोत है। इसे उन्होंने लिख भी दिया है। हमने वह मूर्ति देखी और मुझे लगा है कि इसके पीछे भारत के उद्धार की कथा है। और स्वाधीनता संग्राम में एक तरह से वह भारतमाता की भी प्रतीक बन जाती है कि भारतमाता के उद्धार करने की चेष्टा करनी चाहिए। इसलिए उद्धार के लिए यदि आपको सूअर भी बनना पड़े तब भी बनकर उद्धार कीजिए। भगवान को शूकर रूप धारण करना पड़ा क्योंकि मल-मूत्र में छिपी उस पृथ्वी का उद्धार स्वच्छ आदमी तो कोई कर नहीं सकता है। तो इसमें यह भी है कि स्वयं किसी भगवान को सूअर का भी रूप धारण करना पड़ता है पृथ्वी का उद्धार करने के लिए। यह प्रेरणा ही मूल चीज है

और यहाँ से उनको उपन्यास की प्रेरणा मिली थी। इस उपन्यास की चर्चा सब लोग करते हैं पर जो मूल प्रेरणास्रोत है, वह क्या है, इसकी ओर कोई ध्यान नहीं देता है। मैं समझता हूँ कि इस दृष्टि से भी उपन्यास पर विचार करना चाहिए।

मैं एक और बात कहना चाहता हूँ कि लिखनेवाले लोग आम तौर से यह दावा बहुत करते हैं कि हम मौलिक लिख रहे हैं। यह हमारी चीज है। पुराना विद्वान कहना चाहता था कि हम मौलिक-औलिक कुछ नहीं लिख रहे हैं। जो हम लिख रहे हैं, वह लिखा जा चुका है, पहले का है। उसी परम्परा में कुछ जोड़ने की कोशिश कर रहे हैं। यह विनम्र व्यवहार है भारतीय लेखक का, और सारे तत्त्व बेकार हैं। सीधी बात यह है कि भारतीय परम्परा लेखक की थी। बड़े-बड़े लेखक ऐसा ही कहते हैं। तुलसीदास ने कहा कि हमने मौलिक कुछ भी नहीं कहा है। 'हौं पंडितन केर पछलगा, किछु कहि चला तबल देइ डगा'।—ऐसा मलिक मुहम्मद जायसी कहते हैं। हमारे यहाँ परम्परा रही कि हम रचयिता नहीं हैं, स्रष्टा नहीं हैं। स्रष्टा ब्रह्मा हैं जिन्होंने सृष्टि रची है। न कुछ से कुछ पैदा करनेवाली परिकल्पना जो है, वह ईसाइयों की या अन्य लोगों की होती होगी। हमारी यही परम्परा रही है कि हम नया कुछ नहीं कह रहे हैं। हम वही कह रहे हैं : 'हौं पंडितन केर पछलगा'। यह हमारे यहाँ रचनाकारों की परम्परा थी यानी हम अपने को विधाता नहीं मानते हैं। हम मानते हैं कि ब्रह्मा नाम का देवता है जो सृष्टि करता है, हम ब्रह्मा से चुनौती नहीं ले सकते। इसलिए यह भारतीय रचनाकार की विनम्रता है और अपनी परम्परा के प्रति हमारी गहरी आस्था भी है। और पंडित हजारीप्रसाद द्विवेदी, मैं समझता हूँ, अपने उस भारतीय परम्परा में अपने को स्रष्टा न मानकर, हम तो वही कर रहे हैं जो कहा गया है। इसलिए वह प्रतीक है कि पांडुलिपि हमको मिल गई है। बाणभट्ट छोड़ गए थे। अर्थात् हम थोड़े ही लिख रहे हैं, लिखनेवाला तो बाण है। बाण के बारे में लिखा है तो हमारी हिमाकत, कि हम बाण के बारे में लिखें? अरे, बाण तो खुद लिख गए हैं! हमने तो जो मिल गया है, उसी का अनुवाद कर लिया है। और पूरी कहानी उन्होंने गढ़ ली कि वहाँ छपवाया कलकत्ता जा करके। फिर दीदी को भी बीच में डाल दिया उन्होंने। तो इसको इस रूप में, मेरा खयाल है कि लेखक चाहता है कि आप ग्रहण करें।

यह उस सर्जक की विनम्रता है और सर्जनात्मक रचनाकार में यही विनम्रता हुआ करती है। आजकल तो लोग कहते हैं कि हम तो मौलिक हैं। ये जो मौलिक कहते हैं अपने को, वे मौलिक नहीं, कौलिक हैं।

पंडित जी से ही एक दोहा मैंने सुना था :

करम कमंडल कर गहे साधू जहँ जग जाए।
सागर सरिता कूप जल बूँद न अधिक समाय॥

आपके हाथ में जो कमंडल है, उतना ही पानी आपको मिलेगा।

तो द्विवेदी जी से आप उतना ही पा सकते हैं जो कमंडल आपके हाथ में है। क्या लेकर जा रहे हैं उनके यहाँ? किसी भी लेखक के पास आप क्या लेकर जा रहे हैं? आपका कमंडल कितना बड़ा है? आप महाभारत से लेना चाहें तो ले सकते हैं। द्विवेदी जी के साहित्य से आप क्या प्राप्त कर सकते हैं, यह बहुत निर्भर आप पर है, और किसी पर नहीं। कोई और मदद नहीं कर सकता। आप अपने कमंडल को देखें कि आपके पास कमंडल कितना बड़ा है। किसी बड़े से बड़े साहित्यकार को आप पढ़ेंगे, आप उतना ही पाएँगे जितना आप लेना चाहते हैं। यह एक पाठक की हैसियत से मेरी समझ है। यह कह करके न तो मैं द्विवेदी जी की हिमायत कर रहा हूँ और न ही मॉरिस विंटरनाइट्ज को ही कोई चुनौती दे रहा हूँ।

[हजारीप्रसाद द्विवेदी के उपन्यास 'बाणभट्ट की आत्मकथा' पर वाणी प्रकाशन, नई दिल्ली द्वारा आयोजित 'बाणभट्ट की आत्मकथा : पुन:पाठ' कार्यक्रम में दिया गया व्याख्यान; राजकमल द्वारा प्रकाशित पुस्तक 'हजारीप्रसाद द्विवेदी की जययात्रा' में संकलित, सं. : ज्ञानेन्द्र कुमार संतोष]

हजारीप्रसाद द्विवेदी पर एक मुकम्मल किताब
व्योमकेश दरवेश

आचार्य हजारीप्रसाद द्विवेदी पर लिखने के लिए मेरी दृष्टि में अगर सबसे ज्यादा कोई अधिकारी है, तो वे विश्वनाथ त्रिपाठी हैं। कारण यह है कि पंडित जी के शिष्यों में उनके सबसे निकट यदि कोई रहा है, तो विश्वनाथ त्रिपाठी। पंडित जी ने लगभग बीस वर्ष शान्तिनिकेतन में बिताए। उसके बाद उनका शेष जीवन—1950 से लगभग तीस वर्षों का जीवन—काशी, चंडीगढ़ और फिर काशी में बीता। वे दिल्ली भी अक्सर आते रहते थे। उनके बेटी-दामाद दिल्ली में ही थे और श्रीराम कॉलेज ऑफ कॉमर्स में रहते थे। पंडित जी का चंडीगढ़ से दिल्ली आना बहुत होता था और वे प्राय: अपनी बड़ी बेटी पुतुल के पास ही ठहरा करते थे। इस दौर में पंडित जी के साथ काशी, चंडीगढ़ और दिल्ली में रहने का अवसर उनके शिष्यों में सबसे अधिक विश्वनाथ त्रिपाठी को मिला। मैं काशी वाले दिनों में तो पंडित जी के निकट रहा, लेकिन फिर काशी से बाहर चला गया। विश्वनाथ जी दो वर्ष बाद आए काशी में। काशी में रहते हुए वे बिलकुल घर के सदस्य जैसे हो गए पंडित जी के। फिर वे दिल्ली चले आए। इसलिए पंडित जी को निकट से देखने-जानने का अवसर जितना विश्वनाथ त्रिपाठी को मिला, उतना और किसी को नहीं। इसीलिए वे किताब 'व्योमकेश दरवेश : आचार्य हजारीप्रसाद द्विवेदी का पुण्य स्मरण' लिख पाए।

यह किताब उनके ध्यान में बरसों से थी। यह एक साल, दो साल में नहीं लिखी गई है, बरसों से लिखी जा रही थी। इसके पीछे हम लोगों का आग्रह भी था, जिसे उन्होंने पूरा किया। और मुझे आश्चर्य होता है उनकी स्मृति पर। उन्होंने नोट्स वगैरह कुछ ले रखे थे या नहीं, मुझे नहीं मालूम; लेकिन पंडित जी के जीवन की छोटी-से-छोटी घटनाएँ भी उन्हें याद हैं और इन वर्षों में उन्होंने द्विवेदी जी के पूरे साहित्य को बहुत ध्यान से पढ़ा है। उनकी चिन्तन-शैली को समझा है। संस्कृत का उतना अच्छा ज्ञान त्रिपाठी जी को नहीं है, लेकिन मैंने अक्सर देखा है कि कई

लोगों से उन्होंने मदद ली है और संस्कृत की पद्धति से शब्द-विवेचन किया है, जिसमें सामान्य शब्द भी एकार्थक नहीं रहते, बहुअर्थी हो जाते हैं।

मैंने इस किताब को दो क्रम में पढ़ा है : एक जीवन-चरित्र वाला, दूसरा पंडित जी के साहित्य पर आलोचनात्मक विमर्श वाला। और मैं समझता हूँ कि किताब की उपलब्धि है : 'रचना और रचनाकार' वाला अन्तिम खंड—345 से 464 पृष्ठ तक का लगभग सवा सौ पृष्ठ वाला खंड। यह एक गम्भीर आलोचनात्मक विमर्श है पंडित हजारीप्रसाद द्विवेदी के साहित्य का, उनके जीवन-दर्शन का, विशेष रूप से उनके उपन्यासों का। यह काम उन्होंने इस खंड के अलग-अलग अध्यायों में किया है। पहला अध्याय है : 'रजनी-दिन नित्य चला ही किया', दूसरा है : 'ज्ञान की सर्जना', तीसरा है : 'परम्परा एवं आधुनिकता', चौथा है : 'मैं हूँ स्वयं निज प्रतिवाद', पाँचवाँ है : 'इतिहास-राजनीति' और छठा अध्याय है : 'भारतीय सामूहिक चित्त का निर्णय'। इस खंड में पंडित जी के साहित्य को समझने के लिए जो अन्तर्दृष्टि विश्वनाथ त्रिपाठी ने दी है, अब तक उन पर लिखी गई किसी आलोचना पुस्तक में नहीं है।

पंडित जी पर मेरी भी एक पुस्तक है—'दूसरी परम्परा की खोज'—और मैं कहूँगा कि विश्वनाथ त्रिपाठी की पुस्तक मेरी पुस्तक से ज्यादा अच्छी है, क्योंकि मेरी पुस्तक पूरी तरह पंडित जी पर नहीं है, उनका एक पक्ष है उसमें। विश्वनाथ जी ने पंडित जी के सम्पूर्ण जीवन का चित्रण किया है और उससे जोड़कर उनके साहित्य को समझा है।

इस किताब में पंडित जी के जीवन की कई घटनाएँ ऐसी हैं, जिनके बारे में पंडित जी ने मुझे बताया था और विश्वनाथ जी को शायद न बताया हो। उन चीजों को विश्वनाथ जी ने मुझसे पूछ-पूछकर लिखा है। इस प्रकार उन्होंने पंडित जी के साहित्य पर उनके जीवन, चिन्तन और व्यक्तित्व से जोड़कर लिखा है। पंडित जी के उपन्यासों पर—'बाणभट्ट की आत्मकथा', 'चारु चन्द्रलेख', 'पुनर्नवा' या 'अनामदास का पोथा' पर—लिखते समय ही नहीं, पंडित जी के निबन्धों पर लिखते समय भी विश्वनाथ जी ने इसी प्रकार लिखा है। इसलिए उन्होंने जो लिखा है, वह पंडित जी के साहित्य को, विशेष रूप से उनके कथा साहित्य को, समझने की कुंजी है।

पंडित जी के एक-एक निबन्ध के बारे में उन्होंने बताया है कि उसका उनके जीवन से क्या सम्बन्ध है। ये निबन्ध एक लम्बे काल में लिखे गए हैं। कुछ निबन्ध, जैसे—'अशोक के फूल', 'आम फिर बौरा गए' आदि शान्तिनिकेतन में लिखे गए थे, कुछ बनारस में लिखे गए, फिर कुछ चंडीगढ़ में लिखे गए। 'अशोक के फूल' शान्तिनिकेतन में लिखा गया और 'कुटज' चंडीगढ़ में। कहाँ अशोक और शिरीष के फूल और कहाँ 'कुटज' एक मामूली-सा फूल! लेकिन 'कुटज' के साथ वह पूरा सन्दर्भ जुड़ा है कि पंडित जी किस प्रकार बनारस से विस्थापित हुए—हटा दिये गए—और तिरस्कृत होकर चंडीगढ़ पहुँचे।

द्विवेदी जी के उन अनुभवों और उस समय की उनकी स्थितियों तथा मन:स्थितियों से जोड़कर उनके निबन्धों की जो व्याख्या विश्वनाथ जी ने की है, और किसी ने नहीं की, क्योंकि ऐसी व्याख्या पंडित जी को निकट से जानने के कारण वे ही कर सकते थे। इससे पता चलता है कि ये निबन्ध फूलों के बारे में ही नहीं हैं, बल्कि स्वयं आचार्य हजारीप्रसाद द्विवेदी जी का उस समय जैसा जीवन है, जैसी उनकी स्थिति और मन:स्थिति है, उसके बारे में भी हैं। पंडित जी अपनी स्थिति और मन:स्थिति को फूलों के द्वारा व्यक्त करते रहते थे। विश्वनाथ जी ने उन्हीं की रोशनी में उनके निबन्धों की व्याख्या की है, जिससे रचनाकार का समूचा व्यक्तित्व झलकता है। विशेष बात यह भी है कि इस पुस्तक में आचार्य हजारीप्रसाद द्विवेदी के जीवन और लेखन की कथा का ताना-बाना स्वयं विश्वनाथ त्रिपाठी के अपने जीवन की कथा के साथ-साथ बुना हुआ है। इस प्रकार यह आचार्य हजारीप्रसाद द्विवेदी के जीवन की कथा ही नहीं, विश्वनाथ त्रिपाठी के जीवन की कथा भी है। इससे यह पुस्तक केवल जीवनी, संस्मरण या आलोचना की पुस्तक न रहकर एक सर्जनात्मक कृति बन गई है।

ऐसी सर्जनात्मक आलोचना हिन्दी में दूसरी नहीं लिखी गई है। शास्त्रीय ढंग की जो आलोचनाएँ होती हैं, उनमें सिद्धान्तों का विवेचन होता है, सिद्धान्तों को रचनाओं पर घटाने की कोशिश की जाती है। लेकिन रचना के अन्दर प्रवेश करके, रचना के समय की रचनाकार की स्थिति और मन:स्थिति को स्पष्ट करते हुए जो आलोचना लिखी जाती है, वह सर्जनात्मक होती है। इसीलिए विश्वनाथ जी ने पंडित जी के लेखन की जो बारीकियाँ दिखाई हैं, किसी और लेखक ने उन पर लिखते हुए नहीं दिखाई हैं। मैं समझता हूँ कि ऐसी कोई किताब पंडित जी पर, या किसी और लेखक पर भी, लिखी ही नहीं गई है, जिसमें आलोचक ने इतना भावानुप्रवेश किया हो। यह 'भावानुप्रवेश' पंडित जी का एक बड़ा प्रिय शब्द था और मेरा कहना है कि भावानुप्रवेश की प्रक्रिया से लिखी गई आलोचना ही सर्जनात्मक आलोचना होती है।

'व्योमकेश दरवेश' मुख्यत: तो एक जीवन-चरित्र है—आचार्य हजारीप्रसाद द्विवेदी की रचनाओं के प्रकाश में उनके व्यक्तित्व को, उनकी चिन्ताधारा को समझने का प्रयास—लेकिन यह उनके साहित्य की बड़ी गम्भीर आलोचना भी है। उदाहरण के लिए द्विवेदी जी की ख्याति एक अद्वितीय गद्यकार के रूप में है। उनकी भाषा के कई स्तर हैं, जिनमें एक ही साथ उनका पांडित्य और लोकजीवन से जुड़ी उनकी सरलता और सहृदयता भी है। ऐसा क्यों है, यह तब तक नहीं समझा जा सकता, जब तक आप यह न जानें कि पंडित जी बलिया के थे और बलिया में भी ठेठ गाँव के।

विश्वनाथ जी ने पुस्तक के आरम्भ में पंडित जी के गाँव के बारे में लिखा है। वे पंडित जी के गाँव गए थे। इत्तिफाक से मैं भी उस समय वहाँ गया हुआ था। उस ताल के किनारे वह गाँव, वह घर जिसने नहीं देखा है, वह द्विवेदी जी के

व्यक्तित्व और साहित्य को नहीं समझ सकता है। उनका गाँव, उनका घर, उनका बलिया उनके उपन्यासों में भरा पड़ा है। खास तौर से 'बाणभट्ट की आत्मकथा' में। उनकी भाषा को समझने के लिए भी उनकी ग्रामीण पृष्ठभूमि को ध्यान में रखना आवश्यक है। वे एक ओर संस्कृत के पंडित थे तो दूसरी ओर ठेठ भोजपुरी का संस्कार भी था उनमें। वे भोजपुरी शब्दों का उपयोग करते थे और खुलकर करते थे।

तुलसीदास लोक और वेद का नाम बार-बार लेते हैं। इसी तरह द्विवेदी जी के यहाँ एक ओर लोकजीवन और लोकभाषा है, तो दूसरी ओर संस्कृत। और संस्कृत को भी पंडित जी अपने ढंग से पढ़ते हैं। अनेक शब्दों का अपना अर्थ करते हैं। जो अर्थ शब्दकोश में नहीं है, वह बताते हैं। उनमें उनकी सर्जनात्मकता दिखाई पड़ती है। वे संस्कृत के शब्द की व्युत्पत्ति बताते हुए उसका अर्थ खोलते हैं।

तुलसीदास कोई बात कहते थे, तो देखते थे कि यह बात लोक में भी है, वेद में भी है। पंडित जी में भी लोक और वेद, दोनों हैं, क्योंकि वे एक ओर बलिया के एक गाँव के भोजपुरी बोलने वाले साधारण जन थे, तो दूसरी ओर शास्त्र के भी पंडित थे। एक ओर कालिदास और दूसरी ओर गाँव का आदमी—एक मामूली आदमी। और वे दोनों को कैसे मिलाते थे और कैसे उसकी नई, मौलिक व्याख्या करते थे, उसका एक उदाहरण है : 'बाणभट्ट की आत्मकथा' की नउनिया। गाँव में नाऊ की पत्नी को नउनिया कहते हैं : नाऊ और नउनिया। शादी-ब्याह में नाऊ की औरतें ही आती हैं। अब नउनिया को पंडित जी ने निउनिया बनाया और संस्कृत में बनाया निपुणिका। यह उनकी मौलिक चीज है। कहाँ निपुणिका और कहाँ निउनिया! पंडित जी अक्सर लोक को बदलकर शास्त्र बनाते हैं। उसको भद्र समाज के लायक बनाते हैं। वे तद्भव और तत्सम का घालमेल करते हैं और चमत्कार पैदा करते हैं शब्दों के निर्माण में। शब्दों की व्युत्पत्ति करने की उनकी एक अनूठी प्रक्रिया है। वह प्रक्रिया मौलिक है। जैसे 'कुटज' तद्भव शब्द है, लेकिन संस्कृत में भी चलता है। जैसे चित्रकूट। संस्कृत में कूट कहते हैं पहाड़ को और यह कुटज है। हम लोगों के गाँव में इसे कटसवैया कहते हैं। उसको उन्होंने 'कूट' से जोड़ा, यानी पहाड़ से और वह पहाड़ों में पैदा होनेवाला है, इसीलिए 'कूटज' बनाया। फिर 'कूटज' को 'कुटज' कर दिया और उसकी एक नई व्याख्या कर दी। इस प्रकार व्युत्पत्ति के द्वारा वे ऐसे चमत्कार करते थे।

नहीं भूलना चाहिए कि अन्तिम दिनों में, चंडीगढ़ से बनारस लौटने के बाद, उन्होंने हिन्दी का एक बृहद व्याकरण लिखने के प्रोजेक्ट पर काम किया था। वह भारत सरकार की योजना थी। लेकिन यह किताब खो गई, या चोरी हो गई, और आज अप्राप्य है। ये सारी चीजें विश्वनाथ जी ने इस पुस्तक में पहली बार लिखी हैं।

पंडित जी पर कई किताबें लिखी गई हैं। पत्रिकाओं के विशेषांक निकले हैं। एक विशेषांक मैंने भी निकाला था 'आलोचना' का। लेकिन पंडित जी के व्यक्तित्व और

कृतित्व को सामने लाने के ये प्रयास ज्यादातर आधे-अधूरे हैं, अपूर्ण हैं, आंशिक हैं। 'व्योमकेश दरवेश' जैसी कोई किताब नहीं है और निकट भविष्य में लिखी जाएगी, इसकी भी सम्भावना मुझे नहीं दिखाई पड़ती। इस किताब की तुलना अगर की जा सकती है, तो केवल दो पुस्तकों से : एक तो प्रेमचंद पर अमृतराय की लिखी 'कलम का सिपाही' से और दूसरे, निराला पर रामविलास शर्मा की लिखी 'निराला की साहित्य-साधना' से। अमृतराय प्रेमचंद के बेटे थे और उनको निकट से जानते थे। रामविलास जी भी निराला जी को बहुत निकट से जानते थे और वह पुस्तक उन्होंने बड़ी आत्मीयता से लिखी है। यही दो पुस्तकें हैं, जिनसे विश्वनाथ त्रिपाठी की पुस्तक की तुलना की जा सकती है। उनमें से कौन-सी ज्यादा अच्छी है, कहना कठिन है—'को बड़ छोट कहत अपराधू!'

हाँ, 'व्योमकेश दरवेश' में छापे की बहुत अशुद्धियाँ हैं और कुछ तथ्यात्मक गलतियाँ भी हैं, जिनकी ओर 'पुस्तक वार्ता' के सम्पादक भारत भारद्वाज ने इशारा किया है। बेहतर होता कि प्रकाशित कराने से पहले इसको अच्छी तरह सम्पादित किया जाता, क्योंकि इसमें दोहराव बहुत है। उन्होंने कुछ भी छोड़ा नहीं है। जितना मालूम है, सब लिख दिया है। उसका लोभ सँवरण वे नहीं कर सकते थे।

लेकिन अन्तिम खंड 'रचना और रचनाकार' वाला, जिसकी चर्चा मैंने की है, बहुत गठा हुआ है। मैं विश्वनाथ जी को यह सुझाव देनेवाला हूँ कि पूरी पुस्तक को जैसी है, वैसी ही रहने दीजिए, लेकिन अन्तिम खंड को एक स्वतंत्र पुस्तक के रूप में प्रकाशित कीजिए। वह ज्यादा काम की होगी। उसके पहले के खंडों में बहुत-सी सामग्री ऐसी है, जिसमें शोधार्थियों की दिलचस्पी होगी, लेकिन इस पुस्तक की उपलब्धि इसका अन्तिम खंड 'रचना और रचनाकार' ही है। उसमें विश्वनाथ त्रिपाठी की अपनी मेधा का, उनके द्वारा की गई नई व्याख्याओं का परिचय पाठकों को मिलेगा।

कुछ कामों को देखकर कहा जाता है कि 'हक अदा न हुआ'। विश्वनाथ जी की पुस्तक पढ़कर कहा जा सकता है कि 'हक अदा हुआ'।

[विश्वनाथ त्रिपाठी की पुस्तक 'व्योमकेश दरवेश' पर केन्द्रित परिचर्चा में दिया गया वक्तव्य; 'अनभै साँचा' : सम्पादक : द्वारिका प्रसाद चारुमित्र, संयुक्तांक 43-44, जुलाई-दिसम्बर, 2016 में प्रकाशित]

पंजाबी समाज का प्रतिनिधि लेखक : गुरदयाल सिंह

आज हम पंजाबी समाज और उसकी संस्कृति पर चर्चा करनेवाले हैं। मैं उस पर कुछ कहने का अधिकारी नहीं, क्योंकि उस समाज में रहने का मौका मुझे बहुत कम मिला है। एक मुसाफिर की तरह दो-एक दिन आना-जाना, यह तो कोई जानना नहीं हुआ। लेकिन कभी-कभी जरूरत पड़ती है कि आप बाहर वाले आदमी से भी, उसकी आँखों से भी देखें। मैं पंजाबी समाज के बाहर का और हिन्दी समाज का आदमी हूँ। इस समाज को उसके साहित्य, उसकी भाषा, उसकी कला, उसके संगीत, उसकी संस्कृति के जरिये जानने-समझने की कोशिश करता रहा। उसमें अक्सर, मेरी जानकारी, मेरे साथियों ने बढ़ाई। उन लोगों के जरिये बहुत सारी चीजें अक्सर मालूम होती रहती थीं। उस सबके आधार पर कुछ कहा जा सकता है। गुरदयाल सिंह के लिखे का कायल हूँ। वे उन लेखकों में से हैं जो फरिश्ते की तरह लिखते हैं। जो कुछ उन्होंने लिखा है, वहाँ आइने की तरह जो चीजें पड़ी हुई हैं, उनकी बाबत कुछ कहना चाहता हूँ।

गुरदयाल सिंह को मैंने पहली दफा तब जाना, जब मैं राजकमल से सलाहकार के तौर पर जुड़ा हुआ था और 'मढ़ी दा दीवा' वहाँ तर्जुमा होकर आया और मैं उसे छपने के लिए देने से पहले उसकी भाषा देख रहा था। उस सिलसिले में मुझे लगा कि ऐसी प्रतिभावाला और ऐसी भाषा वाला उपन्यासकार हिन्दी में तो नहीं है। यह कौन है? यह कोई सन् सड़सठ-अड़सठ की बात होगी। अतर सिंह से मुलाकात हुई तो मैंने उनसे पूछा कि भई, यह कौन लेखक हैं? और तब से मेरे लिए यह एक 'डिस्कवरी' थी—इस लेखक को जानना-पहचानना। आखिरी उपन्यास 'परसा' को पढ़कर जाना कि यह वही 'मढ़ी का दीवा' की कलम है, जो 'परसा' तक पहुँची है। उस पर अभी मैंने कुछ लिखा नहीं है। अभी मैं उस पर कुछ फुटकल विचार इस बारे में रखूँगा कि उसमें पंजाबी समाज की क्या झलक मिलती है और क्या उससे सन्देश निकलता है—इशारों की तरह।

एक दूसरी परम्परा जैसे उनकी आत्मकथा में बोलती है : बुल्ला, क्या जानूँ मैं कौन?—यह बुल्लेशाह से लिया है उन्होंने। अब आप यह देखिए। मैं देखता हूँ कि पंजाबी समाज की पूरी रवायत—फरीद से लेकर बुल्लेशाह, वारिसशाह; गुरुनानक देव से लेकर आज के गुरबख्श सिंह, भाईवीर सिंह, पूरण सिंह तक—एक आदमी में है। इसका मतलब है कि समाज में भी वह पूरी रवायत, वह पूरी परम्परा, जिंदा होनी चाहिए। यह (परिदृश्य) एक दिन का बना हुआ नहीं है। कनाडा और लन्दन में, जो एक नया 'इलीट क्लास'—बिजनेस और टेक्निकल क्षेत्रों में—पैदा हुआ है, उससे पंजाब न जाना जाए और समझा जाए। पंजाबी समाज का जो मन है, जो जीवनीशक्ति (स्पिरिट) है, उसके अन्दर, उसकी बाबत, जब इस किताब को पढ़ा, तब मालूम हुआ। बहुत-से समाज ऐसे हैं, जो अपनी बीती हुई परम्परा को भूल रहे हैं। नये मीडिया (के जरिये) नये बच्चों की स्लेट साफ की जा रही है, जिससे आज और अब में जीने वाले लोग ज्यादा पैदा हो रहे हैं। (पर) हमारी ताकत वहाँ (परम्परा में) है। तो, इस किताब को पढ़कर यह पहला सन्देश मुझे दिखाई पड़ा।

बहुत पहले, 'मढ़ी का दीवा' पढ़ते हुए, एक पंक्ति पढ़ी थी। उससे एक झलक-सी मेरे मन में हुई। उसमें आता है : 'बन्दियों तेरियाँ दस देहिया, इक्को गई विहा, नौ किद्धर गइयाँ?'—यह पंक्ति पढ़ते हुए ही मुझे याद आया कि यह तो मैंने कहीं पढ़ा है और अपनी जुबान में पढ़ा है। ग्यारहवीं सदी के उत्तरी गुजरात में पाटण के आसपास के हेमचन्द्र के दोहों को मैंने पढ़ा था। अपभ्रंश को मैं थोड़ा-बहुत पढ़ लेता हूँ। उसमें पंजाबी समाज का जो मन है, छिपा है। बीती परम्परा को लोग भुला देते हैं। ग्यारहवीं शती में गुजरात के आसपास सुना गया था यह दोहा—'गजदशा और चिचोड़न गिद्ध'—ग्यारहवीं सदी में ऐसा लोकगीत, ऐसी लोकोक्ति प्रचलित थी, जिसको उसने लिखा है (हिन्दी रूपान्तर है) : 'मनुष्य की तो दस-दस दशाएँ, देहियाँ होती हैं, मेरे कन्त की केवल एक ही देहड़ी है, बाकी को चोर ले गए।' ग्यारहवीं सदी में उत्तरी गुजरात में और राजस्थान में यह दोहा प्रचलित था। जब मैं गंगानगर गया तो मैंने देखा कि यह इलाका पंजाब के भठिंडे से जुड़ा हुआ है। रेलवे लाइन उन्हें जोड़ती है। मिले-जुले लोग हैं। तो इस पूरे राजस्थान (के इस परिदृश्य में) में ग्यारहवीं सदी से लेकर अब तक जुबान थोड़ी अलग हो गई है :

मानुस रा दस दसा, सुनियहु लेई प्रसिद्ध।
मह कंतह इक्कस दसा, अवरि त चोरहिं लिद्ध॥

भाषा थोड़ी बदली हुई है लेकिन कहीं न कहीं एक (जैसे) संस्कार रहे होंगे, आज तक मैं इसे समझ नहीं पाया। फिर इतने दिनों बाद गुरदयाल ने 'क्या जानूँ मैं कौन' में पहली देही और दूसरी देही की बात की है। और इसी को 'कोट' किया है कि ये दस देहियाँ होती हैं तो यह एक देही हमारी कौन (सी) है और दूसरी देही

कौन (सी)? देह के रूप में समाज की कल्पना करना और अपने-आपमें मनुष्य को देखना—यह पूरी परम्परा से कहीं जुड़ा हुआ है।

इस किताब को पढ़ते हुए, मेरा ध्यान गया—पंजाबी भाषा की गहराई पर... ऋग्वेद के जमाने के बहुत-से लफ्ज और प्रयोग पंजाबी में आज भी जिंदा हैं; और यहाँ से चलकर हिन्दी में आए हैं। बीच में संस्कृत में नहीं मिलते। एक शब्द है—इधर। 'इह' संस्कृत में मिलता है, परन्तु 'ध' के साथ पूरा का पूरा 'इधर' हिन्दी में आ गया है और 'किधर' और 'उधर' भी हैं, जिनमें 'धर' वाला हिस्सा सीधा पंजाबी से उद्धृत है और वह वेद में प्रयुक्त है, (लेकिन) उसके बाद गायब है। संस्कृत में 'इ' है, लेकिन 'ध' नहीं है। तो ये 'इधर', 'उधर', 'किधर'—हिन्दी में उर्दू से आया नहीं, फारसी से आया नहीं, संस्कृत से आया नहीं—सीधे पंजाबी से चला आ रहा है। इसलिए मैं कहना चाहता हूँ कि पंजाबी के भाषाविज्ञान की 'आर्कियोलोजिकल' खुदाई जरूरी है

गुरदयाल सिंह ने अपनी इस किताब में लिखा है कि वे बचपन से ही भाषा-प्रयोगों के इलाकाई रूपों, बोलियों के फर्क की बाबत सजग थे कि कौन आदमी कहाँ का बोल रहा है। एक जगह उसमें आता है—बहुत छोटी बातें मैं बता रहा हूँ—कि (उसमें) जिस ढंग से वह इस्माइल नलकों वाला दोआवियों की तरह 'जलन्धर' शब्द बोलता, उसे सुनकर ताऊ हमेशा मुस्करा दिया करता। वह 'ल' अक्षर पर दबाव डाले बिना पूरा शब्द बहाव में बोलता, तो ताऊ को बहुत अच्छा लगता। भाषा का एक अपना ही प्रभाव था, जिससे ताऊ को आनन्द मिलता था। एक आदमी रावलपिंडी का है तो उसे देखते ही उसके (बोलने) अन्दाज से पहचान लिया जाता है कि रावलपिंडी से आया हुआ है। इन (इतनी) बोलियों की बाबत यह मैं इसलिए कह रहा हूँ कि आज के इस आधुनिक जमाने में नये 'ग्लोबलाइजेशन' के दौर में, सारी जुबानें सपाट होनेवाली हैं और जो बारीकियाँ हैं क्षेत्रीय—जो लुप्त होनेवाली हैं—उनमें 'कल्चर' छिपी है, हमारी अपनी पहचान छिपी है। ग्लोबलाइजेशन से यही (अर्थ) नहीं कि अंग्रेजी अनेक भाषाओं पर रोलर चला रही है—जैसे रोलर चला देते हैं, बड़ा साफ स्वच्छ लॉन बनाने के लिए—इससे दुनिया एक साफ स्वच्छ लॉन जैसी तो बन जाएगी, पर बहुत सारी चीजें इसके साथ खत्म हो जाएँगी। इसलिए पंजाबी साहित्य में (जो) बोलियाँ, बोलियों की कई आवाजें बची हुई हैं, कई लफ्ज बचे हुए हैं, उनकी खसूसियात (उनकी) पहचान हैं और मुझे बहुत गहरा अहसास (उनसे होता है।) जैसे जतू नाभा का, रावलपिंडी वाले से (बोलता है) या बाकी बठिंडे वाले कैसे बोलते हैं—इन चीजों का फर्क करना एक और (ही तरह का) गहरा अहसास (जगाता) है। इसी सन्दर्भ में (गुरदयाल सिंह) उन्होंने लिखा है कि 'जाने क्यों मास्टर जी अपनी नाभे की बोली में समझाने लगे? जाने क्यों उनकी ऐसी बातों का असर आज तक मन पर दिखाई देता है?—कि साठ साल का लम्बा

समय बीत जाने पर भी बोलते समय अटक जाता हूँ कि बोलते समय कोई लफ्ज गलत तो नहीं बोल रहा?'

दिन-पर-दिन हिन्दी में भी (ये) हो रहा है, और पंजाबी में भी होगा कि भाषा के बारे में लापरवाही बरती जा रही है, तात्पर्य यह है कि हम भाषाविहीन होने जा रहे हैं, इससे समझ लेना चाहिए कि यह समाज के लिए मौत की घंटी होती है। ऐसा समाज बहुत दिन नहीं चल सकता। इस दौर में बहुत खिचड़ी-विचड़ी चलने लगी है हिन्दी में; या पंजाबी में अंग्रेजी वही मिलाते हैं, जिन्हें अपनी भाषा ठीक से नहीं आती। जुबानें मिलती हैं और घुलती हैं। अब अकेली पंजाबी है, जिसमें पखशयन, अरेबियन शब्द 'रब' और 'या रब' बोला जाता है। बाकी लोग भगवान और ईश्वर कहते हैं। उर्दू में भी 'या रब' तो मिल जाएगा लेकिन 'हाय रब्बा' नहीं मिलेगा। उर्दू में भी नहीं, पाकिस्तान में भी नहीं, यह ठेठ पंजाबी है...लेकिन (आजकल) लड़का-लड़की जो बोलते हैं—'ओ माय गॉड'—यह नहीं चलेगा। नहीं चलेगा—ओ माय गॉड—यह अलग खड़ा रहेगा। इसलिए यह (उल्लेखनीय है) कि गुरदयाल कहता है कि इतनी उम्र होने पर भी उसकी जुबान अटक जाती है कि मैंने पंजाबी भी सीखी है। अपनी मातृभाषा को भी सीखना पड़ता है। यह नहीं कि अपने-आप आ जाती है।

सोचना पड़ेगा कि हम अपने बच्चों को क्या नई टेक्निक या तरकीब ईजाद कर दें, जिससे यह भाषा बेहतर तरीके से पढ़ाई जा सके। अगर उर्दू पढ़ाने और बोलने वाले लोग अपेक्षाकृत सावधान हैं कि जुबान खराब न बोली जाए, सो यह उचित ही है। 'ज' की आवाज को सपाट करके, बिन्दी हटाकर, हिन्दी में ज...ज...बोलते जाएँगे, तो आप लफ्ज को फाँसी पर लटका रहे हैं। जुबान का गहरा ताल्लुक अक्ल और समझ से होता है। हम सोचते जुबान में हैं, दिमाग से नहीं सोचते और लर्निंग पर लिखने वालों ने कहा है कि हम भाषा के जरिये कोई चीज सीखते हैं, तो अगर आप खराब अंग्रेजी या खराब पंजाबी जानते हैं, तो उस समाज और संस्कृति को भी आप अच्छी तरह नहीं समझ सकेंगे। इस किताब से यह सबक मुझे मिला।

मैंने इस किताब का हिन्दी अनुवाद पढ़ा है। परन्तु कैसी पंजाबी में (मूल रूप में) लिखी गई होगी—इसे आप लोग बेहतर जानते हैं...खूबसूरत लिखावट कभी एक आर्ट होती थी। और आम तौर पर किताबत का जो ट्रेडिशन उर्दू में रहा है, (उस वजह से) केलियोग्राफी एक आर्ट बन चुका है। पंजाबी केलियोग्राफी और उसी तरह से बोलना—यह पहचान होती है पंजाबी कल्चर की। हम लोग भूल गए हैं अच्छी जुबान बोलना और अच्छी लिपि में उसको लिखना...मुझे खुशी है, लिंग्विस्टिक्स का विकास पंजाब में और जगहों से बेहतर हुआ है।

इस किताब से एक बात और सीखी, जिसके लिए पंजाब माना जाता है। एक चैप्टर इसकी पहली 'देही' में है—'हाथ का काम'। लेखक ने लिखा है कि मैं मिस्त्री खानदान का हूँ। बढ़ईगीरी की है, और लुहारी भी की है। अपने ताऊ से मैंने

जाना कि हाथ के काम का क्या महत्त्व है। लिखा है : 'हम मजदूरों की जायदाद तो ये हाथ हैं। ताऊ अपने हाथों की ओर देखकर यह कहता है कि जब तक ये कायम हैं, जायदाद तो हमारे आगे-पीछे घूमती है और आगे आने वालों के लिए क्यों सोचते रहें? वो भी सभी कुछ हाथ की करामात से बना लेंगे। नहीं तो हमारी बनाई भी बेच खाएँगे। मुफ्त का माल तो भई, आदमी का दिमाग ही बिगाड़ देता है...।' (इसे पढ़कर) मुझे अहसास हुआ कि आदमी के हाथों का क्या महत्त्व होता है। यह बात एक बढ़ई का बेटा, एक लुहार का बेटा, या एक किसान का बेटा ही कह सकता है, जो हाथों से काम करता है। जो आखिर में कलम चलाता है, वह भी उसी हाथ की करामात है। (इस सन्दर्भ में गुरदयाल ने) बड़े दुख के साथ लिखा है कि 'मास्टर जी ने कागज उलटते-पलटते धीरे-धीरे देखा कि वो रगड़ जो है, धीरे-धीरे खत्म हो रही है। हाथ कागज की तरह कोमल हो रहे हैं।...(इसके बाद मास्टर जी को जब फिर हाथ का काम करने के लिए) बुलावा आता है तो उन्हें फिक्र पड़ जाती है कि वे हथौड़ा कैसे चलाएँगे। फिर जब वह बीबी से छिपाकर नहाने जाता है तो वहाँ हथौड़ा चलाता है...(लेकिन) यही हथौड़ा चलाने वाला हाथ चित्रकारी भी करता है। वह चित्रकार भी बनना चाहता था। और उसने सरदार सोभा सिंह से चिट्ठी-पत्री भी की थी। कुछ तसवीरें भी बनाई थीं। यह हाथों का महत्त्व जितना पंजाब का आदमी जानता है, हिन्दोस्तान के दूसरे समाजों का आदमी नहीं जानता।'

हिन्दी में 1984 के बारे में स्वयं प्रकाश ने अपनी एक कहानी में लिखा है : 'क्या आपने किसी सरदार को भीख माँगते देखा है?' हिन्दी समाज के लोगों में एक छवि बनी हुई है कि सरदार हाथ का काम करने का महत्त्व जानता है, अत: वह किसी के आगे हाथ नहीं फैलाएगा। गुरदयाल ने लिखा है कि मैं जब किसी भिखमंगे को देखता हूँ तो मुझे नफरत होती है और मैं उसे दान नहीं देना चाहता...जिस समाज में भिखमंगे ज्यादा हों, समझ लीजिए, उसका भगवान ही मालिक है।...तो 'क्या जानूँ मैं कौन' में, इस तरह मुझे, शुरू से लेकर आखिर तक हाथ का महत्त्व दिखाई देता है। इस किताब में जो आदमी पहिया बनाता है, वह उसे चढ़ाने के लिए किसी की मदद नहीं लेता, कहता है—मैं खुद चढ़ाऊँगा। यह हाथ का काम करनेवालों की खुद्दारी है, स्वाभिमान है। एक अमेरिकी अर्थशास्त्री ने 'पैरासाइट क्लास' को 'लेसर क्लास' कहा है जो केवल कुर्सियाँ तोड़ते हैं। इन लोगों में खुद्दारी नहीं आ सकती, जो लोहा तोड़ने वालों या हल चलाने वालों में हुआ करती है।

गुरदयाल को मैं एक प्रतिनिधि लेखक मानता हूँ, पंजाबी समाज का।...समाज जो है, वह 'एब्स्ट्रैक्शन' है, मेरा मतलब है, जानदार इनसान हैं...समाज हवाई चीज है, जानदार लोग जो हैं, वे हैं समाज—और जैसे मजदूर वर्ग कहकर बात नहीं बनती, हर मजदूर की अलग पहचान है। एक जमात के होते हुए भी सब अपनी अलग पहचान रखते हैं। इस नाते गुरदयाल ही वह अकेला लेखक है पंजाबी साहित्य

का जो उस तबके से आता है, जिसे गोर्की ने 'लोअर' तबका कहा था और जो वहाँ से बाकी दुनिया को देखता है अत: यह कहानी बड़ी दिलचस्प बन पड़ी है।

एक किस्सा गुरुनानक देव से जुड़ा हुआ है। वे थे तो राजा, लेकिन कहलाना चाहते थे बाबा। उन्हें लगता था, जैसे राजा कहकर उनकी तौहीन की जा रही हो! उन्हें मामूली आदमी बनाया जा रहा हो!—तो बुरा मानते थे। यह बात वही आदमी समझ सकता है जो जमीन से जुड़े उस तबके से आया है, जिसका ताल्लुक मेहनत करनेवालों से है। (यहाँ जिक्र करना चाहूँगा) उनका एक लेख है : 'मेरा पहला उस्ताद' और उसमें पहला उस्ताद था—मुहम्मद बूटा, जो एक तेली था। उसके बेटे का नाम था मुहम्मद अली और बेटी का नयामत। यों जिस सबसे अहम शुभचिन्तक को उनकी किताब समर्पित है, वे थे हेडमास्टर मदन मोहन शर्मा। लेकिन उनके बाद थे वे पहले उस्ताद मुहम्मद बूटा। उसका जिक्र उनके अन्य नॉवेल 'घर और रास्ता' में भी आया है, जिसका अनुवाद हिन्दी में हुआ है। (पर) यह पहला उस्ताद मुहम्मद बूटा क्यों था? क्योंकि वह उस दौर में, जब नाभा एक इस्टेट था, वह उसके प्रजा-मंडल में एक वर्कर था और उसी ने उस दौर की सियासत और उस आन्दोलन से परिचय करवाया था, (जिसका मकसद था) कि अंग्रेजो! बाहर जाओ, भाग जाओ। उसकी सियासत की यह समझ (इसलिए अहम है) कि सियासत करनेवालों की समझ में ठीक से यह बात नहीं आती थी कि अंग्रेज कौन है, क्योंकि वे तो राजा को जानते थे। सियासत में तो राजा मुख्य होता है, वही मालिक होता है। उस समय जो ट्रेनें जाती थीं, उनमें मुख्य रूप से जो सिपाही देखने को मिलते थे, वे सरदार लोग होते थे, अंग्रेज तो कभी-कभार ही देखने में आता था, तो 'अंग्रेज जाओ'—इस बात का यह मतलब कि उसके साथ राजा भी जाएगा, तब समझ में आया जब 1947 में सरदार पटेल ने रियासतों को (भारत में) मिलाया। तो, अंग्रेजों की वजह से ही राजा हैं—यह समझ (उसे पहला उस्ताद बनाती है।) और फिर उसने उन तसवीरों को दिखाया (जिनसे) बादशाह खान—अब्दुल गफार खान—जो सरहदी गांधी हैं, का परिचय मिला...और महात्मा गांधी का और 1942 की 'क्विट इंडिया' की मुहिम का...और उस प्रजामंडल में होनेवाले उन जलसों में हिन्दी वाला यह गाना भी गाया जाता था : 'खिदमते खलक में जो मर जाएँगे, नाम अपना दुनियाँ में कर जाएँगे।' और इस प्रजामंडल के जरिये हिन्दी पढ़ने और पढ़ाने का काम भी किया जाता था। पंजाबी जानने का मतलब (चूँकि) एक इलाकाई जुबान को जानना था, हिन्दी जानने का मतलब था 'नेशनेलाइजेशन' (की प्रक्रिया) से जुड़ी जुबान को जानना। आज इस पर बहस हो रही है। वह हिन्दी सिखाना (ऐसा था) कि वह (सिखाने वाला) खुद हिन्दी सीख रहा था और गुरदयाल सिंह, जिसने पंजाबी सीखी थी, (संकेत रूप में वह) यह सीखने की बात हिन्दी से भी बाँध रहा है, ऐसा नहीं है। वह जो हमारी बोली है, उसे सीखने की जरूरत नहीं है। जो हिन्दी

बोलते हैं, उन्हें लग सकता है कि हिन्दी उनकी जुबान है—हालाँकि वह नहीं है, मसलन, मेरी बोली भोजपुरी है और भोजपुरी वाले हिन्दी जिस तरह की बोलते हैं, वह आप लालू प्रसाद यादव के मुँह से सुन लीजिए।

इसलिए एक तो (पहले उस्ताद से) राष्ट्रीयता की समझ मिली और दूसरी बात (का ताल्लुक इससे है कि) वह एक मुसलमान तेली था। उसका बैल जब घूमते-घूमते खड़ा हो जाता था, तो वह उसके नीचे एक बाल्टी लाकर रख लेता था ताकि बैल उसमें पेशाब कर ले और वह फिर घूमने लगता। यानी वह उस बैल की एक-एक अदा जानता था। गाय की कसम खाता था। बैल को अपने बेटे की तरह प्यार करता था। ऐसा वह तेली राष्ट्रीयता का सबक सीखता और सिखाता था।

और यहाँ एक और भाषा—अंग्रेजी—के साथ हिन्दी (का रिश्ता भी खुलता है)। यह वही आदमी था, जिसके पास उन्होंने अंग्रेजी की किताब पहली बार देखी थी और या उसके अलावा मास्टर मदन मोहन शर्मा के पास देखी थी। उस दौर में, एक आम आदमी की तरह मेहनत से काम करनेवाले, तेली मुसलमान उनके पहले उस्ताद की तरह आए।

इस किताब में तीन मुसलमान चरित्रों का जिक्र किया गया है। उनमें से एक वह है जिसे गुरदयाल सिंह ने पार्टीशन (के पहले) कसौली से कालका आते हुए देखा था। आखिरी अध्याय में वर्णित वह घटना इसलिए खास तौर से महत्त्वपूर्ण है क्योंकि बशीरा, केतन को, इतना प्यार करता था कि चूम लेता था और कहता था कि अल्ला कसम! अगर तुम औरत होते, फिर चाहे हिन्दू होते या ईसाई—मैं तुमसे शादी कर लेता...लेकिन पार्टीशन की वजह से यह हुआ कि वह खोजने पर भी नहीं मिला। फिर पचास साल बाद 1997 में गुरदयाल ने पाकिस्तान से आए हुए एक नौजवान अय्याश घुम्मण को देखा, तो बशीरे की फिर से याद हो आई। जी चाहा, आवाज देकर पूछूँ—क्या तू बशीरे का बेटा है? परन्तु प्रश्न पेट से उठा और गले तक अटक गया। सोचा, इस तैंतीस साल के लड़के को क्या पता होगा कि देश का बँटवारा क्या होता है और किशोर उम्र में की गई 'अडोलसेंट' यारियाँ क्या होती हैं! किसी बशीरे से बिछड़ जाने का दर्द क्या होता है! कभी अपने 'कवीशरो' से सुना था, पॉप सौंग सिंगर से सुना था कभी :

तन्दरुस्त नूँ सार की दुखड़े दी, दुख पुच्छ लै किसे बीमार कोलों॥

पूरी आधी सदी की अन्धेरियों ने तो पुराने पदचिन्ह मिटा दिये। पंजाब की दोनों धरतियों से और जो बचा था, उस पर दोनों देशों के हुक्मरानों ने ऐसे बुत खड़े कर दिये कि कहीं कोई बुत तोड़कर पैरों के निशान पहचानना भी चाहे, तो पचास बरस की बूढ़ी आँखों की धुँधली नजर उन्हें पहचान ही न पाएगी। ऐसे पैरों के

निशान कयामत के दिन ही कोई बुतशिकन पहचान पाए तो शायद पहचान पाए, नहीं तो टुकड़ों में बिखरे इन पदचिन्हों की पहचान भी कहाँ बच गई है? और ये जो जज्बात के सौदागर हैं, नये बुत खड़े कर रहे हैं और पैरों के निशान मिटा रहे हैं—वे क्या जानें कि (दर्द क्या होता है?)...बुतशिकनी आज बहुत जरूरी हो गई है (क्योंकि) आज भाई-भाई और दोनों मुल्कों को मिलाने की जो बात की जा रही है, यह बुतपरस्तों की दुनिया है। यह बात भाई गुरदयाल ही लिख सकता है जो पैरों के निशान का मतलब समझता है : जिसके पाँव जमीन पर होते हैं, जो जमीन से जुड़ा है। आसमानों पर रहनेवाले लोग केवल बुत खड़े करते हैं। लेकिन एक ओर यह हाथ का काम करनेवाला, (उसका) महत्त्व समझने वाला, यह पंजाब है, और इसमें प्यार की, दो-तीन दास्तानें हैं...पाक-साफ प्यार क्या होता है...तब समझ में आता है कि पंजाब और चीजों के अलावा देशप्रेम वगैरह तो है, वह तो अलग चीज है—हीर वारिस का देश है। इसलिए प्यार की जो पाकीजगी है, उस पाकीजा प्यार को बेहतरीन तरीके से (अभिव्यक्ति मिली है)। मैं नहीं जानता, हमारे यहाँ हिन्दी में प्रेम पर जो अगले (पहले) वक्तों में किताबें लिखी गई हैं, वे सूफियों ने लिखी हैं। सूफियों ने प्रेम को एक 'वैल्यू' के रूप में स्थापित किया। (वहाँ) प्रेम केवल एक 'सेंटिमेंट' नहीं है, वह 'वैल्यू' है। और 'सुप्रीम वैल्यू' है। हमारे धर्म में तो—धर्म, अर्थ, काम, मोक्ष वगैरह हैं—काम है, लेकिन प्रेम नहीं है। इसलिए इश्क एक 'सुप्रीम वैल्यू' है। यह एक नई समझ है—मेरी समझ है अदना...वह सूफी की देन है, करार है, खुदा का दर्जा रखता है। यह काम मलिक मुहम्मद जायसी, मौलाना दाऊद, इन लोगों ने हिन्दी में किया और आपके यहाँ यह काम पूरी की पूरी चीज (यानी) फरीद से चलने वाली परम्परा में बुल्ले शाह और वारिस शाह—इन लोगों ने किया।

एक अच्छे 'नॉवेल' की पहचान यह है कि उसका 'ट्रीटमेंट' और 'लव' कैसा है। 'मढ़ी का दीवा' के लेखक (में) प्रेम का ही मीठा-सा राग दर्द जो है, वह चीज इसमें मिलती है। तीन प्रेम-कहानियाँ हैं। डॉक्टर बद्रीनाथ के यहाँ सरला और पुष्पा का...वे खाना बनाकर देती हैं, दिन भर वह काम करता है। आप उसे पढ़ें तो सब होते हुए, वे प्यार करती हैं। सब कुछ इसके मन में भी है लेकिन रोते हैं दोनों। उसके बहते हुए आँसू, खास तौर से सरला के लिए...पुष्पा, जो बच्ची है, उसके साथ खेलता है। अद्‌भुत!...एक ऐसी ही वह, प्रेम की (कथा)...बलवन्त कौर, निक्की जिसे कहते हैं, तेरह साल की उम्र में शादी हुई है...और जो लोग समझते हैं, शादी अलग चीज होती है और प्रेम अलग चीज होता है...उस निक्की के साथ और उन दोनों बच्चों के साथ, एक मिठा है। प्रदर्शन कहीं नहीं है। कोई 'सेंटिमेंटलिज्म' नहीं है। मैंने यह पाक प्रेम और ऐसी पाकीजा प्रेम की दास्तान...जिसमें दो (प्रेम-कहानियाँ) सरला और (पुष्पा) की तो हैं ही—सबसे दिलचस्प है, भाभी की...कई लोगों ने (हिन्दी में) भाभी-वाद चलाया हुआ था—जैनेन्द्र वगैरह ने...

(लेकिन यहाँ) मैं पढ़ता था, शुरू शुरू में, शादी के समय, भाभी के साथ जो प्रेम का वर्णन किया है—वह 'आइडियलिज्म' नहीं है, 'रोमांटिक' भी नहीं है, बल्कि जमीन से जुड़ी हुई सच्चाई है। आम जिन्दगी में यही होता है...और उसमें वह जो पात्र आता है, नत्थी, वह पहली 'देही' में कमाल के उस 'एल्बम' (में आता) है जिस 'एल्बम' में ऐसे-ऐसे पात्र हैं—रहीमू भी...अजीब बात है—यह वह पंजाब है, जिस पंजाब में हिन्दू-मुसलमान सब आम लोगों जैसे आपस में मिलते-जुलते थे, अब वैसा तो कहाँ से आएगा? ढूँढ़ के आप लाएँगे? लेकिन बाकी हिन्दोस्तान में जहाँ वह है, वह बचा रहा जाए, यह सन्देश पंजाब से बाहर, यू.पी., बिहार के लिए, यह किताब देती है। जो राजनीतिक नेताओं के द्वारा दिये गए सन्देश थे, उनसे यह एकदम अलग है, अलग ढंग से जाता है।

मैं समझता हूँ, जिस भाषा से, जिस साहित्य से, जिस संस्कृति से, जिस समाज से ऐसा साहित्य पैदा हो और इस साहित्य को लिखनेवाला हाथ जहाँ उगता हो...रूस में ऐसे ही लेखकों की कतार लगी हुई थी—उसे पढ़ते हुए (मैं कह सकता हूँ कि) गोर्की से बेहतर लिखी हुई आत्मकथा है यह। गोर्की का 'मेरा बचपन' और बाकी जो लिखा है—गोर्की का मैं भी मुरीद हूँ और खुद गुरदयाल ने गोर्की का पंजाबी में अनुवाद किया है—लेकिन गोर्की से बेहतर और ज्यादा जानदार, सच्चाई से भरा हुआ यह लेखन है। एक (गोर्की) और दूसरा कुल मिला करके चेखव—वे इनके भी प्रिय लेखक हैं और मेरे भी। सौ साल उनके निधन के मनाए जा रहे हैं—और चेखव जैसा लेखक किसी जुबान को अगर मिले तो, मैं समझता हूँ कि वह बहुत बड़ी जुबान है और वह समाज बहुत बड़ा है। एक गुरदयाल को पैदा करके आप, और आज भी तो हमारे बीच वे हैं...इसलिए मैं इस पंजाबी समाज के सामने शीश झुकाता हूँ और उसे दिल से लगाता हूँ।

['पल-प्रतिपल' : जनवरी-मार्च, 2005 में ''मैं क्या जानूँ' का सांस्कृतिक यथार्थ' शीर्षक से प्रकाशित]

वीरगाथा नहीं, व्यथागाथा
गांधी : एक असम्भव सम्भावना

सुधीर चन्द्र जी के लेखन से मेरा एक विशेष प्रकार का लगाव रहा है। लगाव के दो कारण हैं। आजकल पत्रकारिता के चलते अच्छा गद्य पढ़ने को बहुत कम मिलता है। सुधीर जी का गद्य एक अलग पहचान बनाता है और उस गद्य के कारण मैंने इनकी किताबों को इसके पहले भी कई बार पढ़ा है। हमारे यहाँ फर्क किया गया है। केवल महाभारत को इतिहास कहा गया है और बाकी चीजों को पुराण और शास्त्र कहा गया है। कोई तो बात होगी कि महाभारत इतिहास है और काव्यात्मक इतिहास है। इसलिए इतिहास भी कई तरह के होते हैं। कुछ तिथियों का, घटनाओं का विवरणवार वर्णन करते हैं लेकिन कुछ ऐसे भी इतिहास होते हैं जो रम्य साहित्य-कृति के समान होते हैं। सुधीर चन्द्र जी का इतिहास खास तौर से आधुनिक काल के इतिहास लेखकों से हटकर मुझे लगता रहा है।

असम्भव सम्भावना : यह अलंकार है। विरोधाभास अलंकार है। इसमें विरोध का आभास है। इसमें कोई दोष नहीं। इस तरह शब्दों से जो आदमी खेलता है, उसे मैं साहित्यकार की कोटि में मानता हूँ। शायद यह मेरा अतिरिक्त साहित्य-प्रेम ही है। इतिहास लिखनेवाले भी कई तरह के होते हैं। हमारी परम्परा में 'यहाँ ते भली नाही', तू कहाँ से सीख के आई है, यह 'नाही' कहा गया है लेकिन इसमें कहीं जबरदस्त 'हाँ' छुपा हुआ है, उसको देखने के लिए मैं इसका अन्तिम अध्याय, जिसका शीर्षक ही है : 'गांधी : एक असम्भव सम्भावना', उसका एक वाक्य पढ़ देता हूँ जो मुझे अच्छा लगा। इस पुस्तक में एक दुख का प्रकरण दिया गया है। जैसे अच्छी कविता बिना दर्द के नहीं लिखी जाती, अच्छा इतिहास भी उस वेदना के बिना नहीं लिखा जा सकता है। इतिहास प्राय: दुखान्तक ही हुआ है, वरना बाकी इतिहास वीरगााथा हुआ करते हैं। गांधी पर बहुत वीरगाथाएँ लिखी गई हैं। यह पुस्तक वीरगाथा नहीं, व्यथा गाथा है। तभी तो सुधीर चन्द्र जी लिखते हैं :

'कसक यह भी है कि कभी हमारे ही मानने और बनाने से सम्भव बने गांधी आज हमारे ही न मानने से असम्भव बन गए हैं।' यह पूरी किताब का सारांश है।

कायदे से देखा जाए तो हर तरह की हिंस्य का रुख चल रहा है। आप अखबारों में रोज पढ़ते हैं। अखबार किसी-न-किसी की हत्या की घटना से भरे रहते हैं। इसलिए ऐसे समय में वह शक्ति बार-बार याद आती है जिसने 125-130 वर्ष जीने की याचना की थी और अन्त में उसे स्वाभाविक मृत्यु नहीं मिली, उसकी हत्या की गई। ऐसी कृतियों को पढ़ने के बाद एक शान्ति-सी मन में छा जाती है। महाभारत पढ़ने के बाद जो अनुभव होता है, वह दुख नहीं होता, निर्वेद की-सी स्थिति होती है। कोई पुरस्कार, पुरस्कार देनेवाले को एक इंच ऊपर उठा देता है। यह कृति उन्हीं में से एक है।

['गांधी : एक असम्भव सम्भावना'—सुधीर चन्द्र पर केन्द्रित परिचर्चा में दिया गया वक्तव्य, पहली बार प्रकाशित]

कबीर-मूल्यांकन में दूसरा मौलिक प्रयास
अकथ कहानी प्रेम की

सन् 1997 में पुरुषोत्तम अग्रवाल ने कबीर पर काम शुरू किया। तब उनका विषय था : 'कबीर की भक्ति और उसका सामाजिक अर्थ'। यह विषय चुनने की पर्याप्त वजह थी। उस समय साहित्य का समाजशास्त्र हिन्दी में लोकप्रिय हो रहा था। हर विधा का समाजशास्त्र देखा जाता था। उसके बाद सामाजिक अर्थ के आधार पर भक्ति का अर्थ बदल गया। 'अकथ कहानी प्रेम की' पुस्तक में कबीर की कविता को केन्द्र में रखा गया और अपने 32 वर्ष के साहित्यिक भ्रमण के बाद लेखक ने कवि-रूप को ही मुख्य माना है, धर्म-सम्बद्ध रूप को नहीं।

कबीर की पहचान आज के पहले कवि के रूप में उतनी नहीं थी जितनी कि धार्मिक आलोचक के रूप में थी। उक्त पुस्तक में जो कुछ बदला है, केवल भारत के पैमाने पर नहीं। 25 से 30 सालों तक हम लोग विचारधाराओं, दर्शनों में फँसे रहे और अब धीरे-धीरे तमाम चीजों को छोड़कर हम लोग फिर वापस लौट रहे हैं। मोटे तौर पर जिसके अन्दर सारी कलाएँ भी आ सकती हैं, उसे कविता कहते हैं। इस बीच पुरुषोत्तम ने भक्ति का एक नया रूप स्पष्ट किया कि भक्ति समर्पण नहीं माँगती बल्कि भागीदारी माँगती है। भक्ति स्त्री-पुरुष के बीच, जीव और ब्रह्म के बीच बराबर की हिस्सेदारी है। भक्ति का यह नया अर्थ बत्तीस वर्ष पहले सोचा नहीं जा सकता था। पहले के समय में भक्ति-भाव से सुनते हुए लोग चरण-वंदना करते थे। भक्ति का यह नया अर्थ लोगों को इतने दिन बाद समझ में आया।

कबीर का सम्बन्ध संस्थानों के साथ, जगहों के साथ, कुछ अजीब ढंग से जुड़ा है। हमारे गुरुदेव हजारीप्रसाद द्विवेदी जी ने अपनी पुस्तक 'कबीर' शान्तिनिकेतन विश्वविद्यालय में रहकर पूरी की। यह वह विश्व भारती है जहाँ कबीर की कविताओं का अनुवाद रवीन्द्रनाथ ने किया था और कबीर को कबीर के रूप में स्थापित किया था। यह वही स्थान है जहाँ अमरसेन ने कबीर के पद चिलम पीनेवालों के पास बैठ करके संकलित किये हैं। कबीर के पद बंगला अनुवाद के रूप में कई जिल्दों

में आचार्य क्षितिमोहन सेन ने प्रकाशित किये थे। आपने कहा था कि हम बुझी हुई लुकाठियों का अध्ययन अथवा संग्रह नहीं करते बल्कि जहाँ चिलमें जलती हैं, वहाँ से हम कबीर को उठाते हैं।

यह दूसरा प्रस्थान है, हजारीप्रसाद द्विवेदी से भिन्न प्रस्थान है। इसमें जोर दिया जाना चाहिए, जिसमें कथ्य को महत्त्व दिया गया है। उसकी कविता को महत्त्व दिया गया है। भक्ति की नई व्याख्या की गई है। जहाँ द्विवेदी जी हैं, वहाँ तक पहुँचने में कभी-कभी बहुत लम्बा चक्कर लगाकर आना पड़ता है। पुरुषोत्तम इस पर पहुँचे जरा-सा लम्बा चक्कर घूम करके। प्रथम अध्याय में व्यक्ति को ऊबा देनेवाला एक विशद लेख है जिसमें देशज-विदेशज आधुनिकता पर विशद वर्णन है जिसको प्रमाणित करने हेतु पश्चिम के उन्मुखीकरण का सहारा लिया है। इन सबका अध्ययन करने के साथ ही अपने मन की गाँठें व भ्रम को दूर करके ही कबीर को समझा जा सकता है। पश्चिमी ओरिएंटलिज्म भी दो प्रकार का है।

नवजागरण (रेनेशांस) हमारे यहाँ संतों-भक्तों ने शुरू किया जिसका प्रारम्भ दसवीं शताब्दी में ही हो गया था। संगम काल के बाद तमिल के आलवार संत आए। पूरे दक्षिण में उनका प्रभाव है। तमिल, तेलगू और कन्नड़ में बहुत स्पष्ट है। नवजागरण का पहला लक्षण होता है भाषा का बदल जाना। लैटिन के बाद वहाँ यूरोपीय भाषाएँ आईं। हमारे यहाँ संस्कृत के बाद क्लासिकल भाषा संस्कृत तथा तमिल की जगह आधुनिक तमिल आई। इस तरह से कुल 23 भाषाएँ आई हैं और जब भाषा बदले तो समझ लीजिए कि एक नया प्रचलन शुरू हुआ है। यह नवजागरण नहीं तो क्या है? इसलिए डॉ. रामविलास शर्मा के और कुछ लेखों में मैंने यह बात कही है। साथ ही अब बहुत-से लोग कहने लगे हैं। जिसका आधार इन्होंने बताया है कि सब कुछ पूँजी के मातहत परिवर्तित होता है। इस प्रकार सारा जागरण और परिवर्तन जो हुआ, उसमें वैज्ञानिक रूप से देखने पर कारीगर, दस्तकार तथा व्यापारी लोग जिन्होंने बड़े पैमाने पर वाणिज्य-व्यापार किया है, वे एक बड़ी ताकत के साथ उपस्थित हैं।

यह पुस्तक इंग्लिश में लिखी गई है क्योंकि प्रत्येक वाक्य में अंग्रेजी के शब्दों का प्रयोग हुआ ही है। यही नहीं, कुछ अवधारणाएँ भी पश्चिम की बार-बार आई हैं। अत: यह किताब हिन्दी में होने के बावजूद इंग्लिश में है। कबीर के सन्दर्भ में पउड्रीयन पैक्ट : पाउड्रट की कथा या दंतकथा, जो यूरोप से सम्बन्ध रखता है, का सहारा समझाने हेतु लेना पड़ा। अन्तिम पाँचवाँ अध्याय है जिसके केन्द्र में है कविता और सहृदयता। पूरी पुस्तक कबीराना अन्दाज में लिखी गई है, जिसमें कबीर का तेज और व्यंग्य है, जिसमें कबीर की प्रश्नाकुलता है। मैं यहाँ एक पक्ष के बारे में कहूँगा, एक बार और विचार करें। प्रेम की परिभाषा करते हुए पुरुषोत्तम कबीर को सूफियों से अलग करते हैं। दक्षिण की कविता प्रेम को सबसे बड़ा मानती है।

भागवत में बड़े अच्छे शब्दों में कहते हैं : 'प्रेमानुवर्थो महान' जबकि हमारे चार ही पुरुषार्थ हैं : धर्म, अर्थ, काम और मोक्ष। प्रेम जो मूल है, वह कैसे आया? प्रेम को सूफियों के यहाँ सबसे अधिक महत्त्व प्राप्त है। यह सूफियों की देन है। लगभग सूफियों के आगमन के साथ ही प्रेम भारत में कलाओं के केन्द्र में आया। सूफियों के यहाँ शरीयत के खिलाफ ताकतवर भावना है। उन जैसा कोई नहीं कर सकता है। सूफियों के प्रेम-तत्त्व का असर हमारी भक्ति में दिखता है। पहले भक्ति समर्पण वाली थी, जिसका परिवर्तन सूरदास तथा चैतन्य महाप्रभु में दिखता है। साख्य भक्ति का नया स्वरूप सामने आया जो इश्केमजाजी को इश्केहकीकी तक ले जाने का प्रयास करता है।

दिल में जगह दे अकबर
इल्म से शायरी नहीं आती।

प्रेम सबसे बड़ा मूल है। अत: पुरुषोत्तम जी से अनुरोध करूँगा कि एक बार पुन: विचार करें तो अच्छा होगा। यदि सबसे बड़ा मूल्य प्रेम आया है तो कहीं-न-कहीं दो संस्कृतियों का संगम ही इसके पीछे है। हम लोगों ने यह पहली बार नहीं पाया है। यहाँ वास्तविकता और प्राचीनता बदली है। उसका स्थान व स्वरूप बदला है। गाया जाता है न 'दमादम मस्त कलंदर'!—इसमें जो मस्ती है, हमारे यहाँ नहीं मानी जाती। चारों धाम की यात्रा में यह मस्ती तो नहीं है, अत: सूफियों के विरुद्ध कबीर को रख करके शायद कबीर को समझने में अधूरापन रहेगा, ऐसा मुझे लगता है।

कबीर पर आचार्य हजारीप्रसाद द्विवेदी जी के बाद सैकड़ों पुस्तकें आईं। किन्तु मेरे अनुसार उनके बाद यह दूसरी सबसे मूल्यवान पुस्तक है। रामायण में एक श्लोक है जिसमें कहा गया है कि समुद्र तरण के समय बहुत-से वानर समुद्र तो लाँघ गए किन्तु उन्हें समुद्र की गहराई का पता ही नहीं चला, जबकि समुद्र की गहराई नापने का काम तो मंद्राचल पर्वत करता है। ठीक उसी प्रकार कबीर पर बहुत-से लोगों ने पुस्तक लिखी है किन्तु वे कबीर की गहराई न नाप सके। पुरुषोत्तम ने कबीर के दर्शन और विचारधारा-रूपी गहराई को नापने का कार्य किया है या नहीं, कबीर-रूपी समुद्र से रत्न निकाले अथवा नहीं, हम सब अध्ययन के उपरान्त जानेंगे। मैं इस पर कुछ न कहूँगा। मैं पुरुषोत्तम जी को पुस्तक लेखन तथा राजकमल प्रकाशन को प्रकाशन हेतु धन्यवाद देता हूँ।

[पुरुषोत्तम अग्रवाल की पुस्तक 'अकथ कहानी प्रेम की : कबीर की कविता और उनका समय' के लोकार्पण के अवसर पर दिया गया वक्तव्य, पहली बार प्रकाशित]

उच्चकोटि की गद्य कृति : मणिकर्णिका

इस दौर में दलित साहित्य जितना आया है, स्वयं दलितों द्वारा जितना लिखा गया है, उतना पहले नहीं लिखा गया था। इतिहास का मूक नायक अब मूक नहीं रह गया है। उसकी जबान आ गई है। वह बोलने लगा है। खुद हमारे बीच मौजूद हैं तुलसीराम जी। दलित कहते रहे हैं कि दलित साहित्य वही है जो दलितों द्वारा लिखा हुआ हो, दलितों के बारे में लिखा हुआ हो और दलितों के लिए लिखा हुआ हो। ऑफ द पीपुल, फॉर द पीपुल एंड बाइ द पीपुल—यह डेमोक्रेसी की परिभाषा है। इस आधार पर वे कहते हैं।

जाहिर है कि मैं इस कोटि में तो नहीं ही हूँ। और मुझे इसमें सन्देह भी है कि दलितों के बारे में लिखने का हक भी दलितों को ही है। दूसरा नहीं लिख सकता। अगर यह है तो मैं उस नियम को तोड़ता हूँ। मैं इसे अस्वीकार करता रहा हूँ। दलित साहित्य की यह परिभाषा कुछ सही नहीं है। फिर यह भी ध्यान में रहे कि लिखे जाने के बाद वह पब्लिक डोमेन में आ जाता है। यह भी जरूरी नहीं कि दलित का लिखा हुआ बहुत अच्छा ही हो।

यह भी ध्यान में रखना जरूरी है कि दलितों में जाति के आधार पर आन्तरिक विभाजन है। छत्तीसों जातियाँ हैं दलितों की। मैं जानता हूँ कि जातिवाद का विष इतनी दूर तक फैल गया है कि स्वयं दलितों में भी यह विचार होता है कि यह किस जाति के लेखक का लिखा हुआ है और किस आधार पर भेदभाव किया गया है। तुलसीराम जी यह जानते हैं और इसके शिकार हुए हैं। इसलिए इस जाति-व्यवस्था का एक विशेष सर्किल ऐसा है कि केवल दलित कह देने से यह बात नहीं बनती। स्वयं दलितों में सभी बाबा साहब अम्बेडकर के हिमायती नहीं थे। ज्यादा नहीं तो थोड़ा-बहुत उनके खिलाफ भी लिखा गया है। बावजूद इसके :

मेरी हिम्मत देखिए, मेरी तबियत देखिए
जो सुलझ जाती हैं गुत्थियाँ फिर से उलझाता हूँ।

तुलसीराम जी ने काशी हिन्दू विश्वविद्यालय में पढ़ाई की है। आजमगढ़ के हैं लेकिन बनारस में काफी दिन तक रहे हैं। बनारस पर दो किताबें लिखी हैं। पहली किताब इन्होंने लिखी 'मुर्दहिया' और दूसरी इन्होंने 'मणिकर्णिका'। विचित्र बात है कि मृत्यु से दोनों का सम्बन्ध है। 'मुर्दहिया' का सम्बन्ध मुर्दा से है और 'मणिकर्णिका' तो श्मशान घाट ही है। वहाँ मुर्दे जलाए जाते हैं। यह क्या रहस्य है? यह मुर्दापन किस ओर इशारा करता है? क्योंकि ऐसा तो नहीं है कि जाकर मुर्दा हो गई हो! यह विद्रोह है, आक्रोश है, संघर्ष है लेकिन दूसरों ने मरे हुए के समान समझ लिया है, जैसे वे जीवित समाज के अंग न रह गए हों! रहने न दिया गया हो! यह तुलसीराम जी ही बता सकते हैं।

'मुर्दहिया' का गद्य गठा हुआ है। आम तौर से समझा जाता है कि जो कथा-कहानी, उपन्यास लिखते हैं, उन्हीं का गद्य साहित्य लोकप्रिय गद्य है। जो पेशेवर साहित्यकार नहीं हैं, उनके गद्य को भी देखिए। तुलसीराम जी का गद्य गठा हुआ गद्य है—बोलचाल के शब्दों से भरा हुआ, जिसमें आवश्यकतानुसार ही संस्कृत के शब्द आते हैं, नहीं तो बोलचाल के हिन्दी शब्द। इतनी रवाँदार, जिन्दा हिन्दी कम लोगों ने लिखी है। यह बात 'मुर्दहिया' में जितनी दिखती थी, उससे ज्यादा 'मणिकर्णिका' में दिखाई देती है।

लाखा कवि का एक अपभ्रंश का दोहा है जिसका अर्थ है : जिस सूर्य ने उगते हुए ही अपना प्रकाश नहीं पाया, वह घटिया है। तुलसीराम ने इस दूसरे लेखन की कथा बनारस हिन्दू यूनिवर्सिटी में पढ़ते हुए वहाँ के संघर्षों पर लिखी है। अनेक लोग काशी हिन्दू विश्वविद्यालय में आते थे बाहर से भाषण देने के लिए, वह पूरा विवरण इसमें है। मैं समझता हूँ कि काशी हिन्दू विश्वविद्यालय के किसी इतिहास-लेखन में वे घटनाएँ नहीं होंगी। विश्वविद्यालय के वाइस चांसलर के बारे में, स्टूडेंट यूनियन के बारे में, काशी के राजनीतिक जीवन के बारे में, चुनाव का क्या हुआ, सरकार के कौन-कौन लोग आए, पंडित नेहरू कब आए—ऐसे वर्णनों को देखते हुए यह उसका इतिहास है। लेकिन इस पुस्तक के अन्तिम तीन अध्याय, जहाँ लेखक खुद मौजूद है, बहुत महत्त्वपूर्ण है। मैं समझता हूँ कि ये पुस्तक के प्राण हैं। ये अध्याय नितान्त निजी, प्रेमाख्यान हैं। इन तीन अध्यायों में उन्होंने तीन आख्यान लिखे हैं। कायदे से तीन प्रेम-कहानियाँ हैं। बहुत-सी कहानियाँ हिन्दी में देखी हैं लेकिन ये तीनों प्रेम-कहानियाँ अकेले किताब से हटाकर अद्भुत अमर प्रेम की कहानियाँ होंगी। जैसे 'उसने कहा था' अच्छी, मार्मिक, लेकिन साफ-सुथरी प्रेम-कहानियाँ हैं ये—वासना से मुक्त। जिस भाषा में लिखी गई हैं, उस भाषा में ज्यादा महत्त्वपूर्ण हैं। इन कहानियों के सामने शेष दलित साहित्य को देखिए। इन प्रेम-कहानियों में जो दलित साहित्य लिखा जा रहा है, उस दलित साहित्य में अधिकांश स्लोगन मात्र हैं। दोषारोपण हैं। गाली-गुस्सा है। कहीं किसी से प्रेम हो, मोहब्बत हो, किसी से नहीं।

सही है कि साहित्य में क्रोध के लिए भी गुंजाइश है। और क्रोध के लिए बड़ा संघर्ष है, जैसे प्रेम के लिए है। लेकिन क्रोध कब साहित्य बन जाता है और कब साहित्य का विरोधी बन जाता है, यह तमीज होनी चाहिए। केवल गाली-गुफ्तार से ही गुस्सा प्रकट नहीं किया जाता है। साहित्य यही सबक देता है। व्यावहारिक जीवन और यथार्थ के जीवन से वह साहित्य बनता है सहित भाव द्वारा। काफी दलित साहित्य लिखा गया है लेकिन यह कृति खास तौर से ज्यादा प्रौढ़ है। क्योंकि 'मुर्दहिया' में तो भोजपुरी बोली ज्यादा है, खड़ी बोली कम—कम आई है। उसमें फणीश्वरनाथ रेणु की बोली का अन्दाज है। तुलसीराम जी की ये पुस्तकें ऐसा दलित साहित्य हैं जो चुनौती देती हैं : दलितों को भी और गैर-दलितों को भी। ये बताती हैं कि दलित जीवन के बारे में कैसे उच्च कोटि के साहित्य की रचना की जा सकती है। यह ऐसी रचना है कि तुलसीराम जी के चरण छूकर प्रणाम करने का मन करता है।

[तुलसीराम की पुस्तक 'मणिकर्णिका' के बारे में 25 मार्च, 2014 को 'आज का साहित्य' संगोष्ठी में दिया गया वक्तव्य, पहली बार प्रकाशित]

साहित्य का एक जीवंत इतिहास
जनवादी कहानी : पृष्ठभूमि से पुनर्विचार तक

रमेश उपाध्याय की पुस्तक 'जनवादी कहानी : पृष्ठभूमि से पुनर्विचार तक' लगभग 400 पृष्ठों की ऐसी पुस्तक है, जिसमें 1973 से 1993 तक की यानी दो दशकों की साहित्यिक गतिविधियों का इतिहास है। इसके केन्द्र में कहानी है और कहानी में भी जनवादी कहानी। रमेश जी ने इसको 'अनायास लिखा गया इतिहास' कहा है। मैं कहूँगा कि इतिहास तो निश्चित रूप से यह है और लिखा भी गया है, पर 'लिखा गया' है का मतलब यहाँ यह है कि कहानीकारों, कहानी के पाठकों और आलोचकों ने अपनी कहानियों, अपनी बातों और अपने लेखों से इस इतिहास को बनाया है और रमेश जी स्वयं भी इस इतिहास को बनाने वालों में हैं। लेकिन रमेश जी की एक और भूमिका भी है। उन्होंने इतिहास बनाने के साथ-साथ उसको लिखने का काम भी किया है यानी उनकी दोहरी भूमिका इस पुस्तक में है। 'अनायास' विशेषण इस अर्थ में तो सही है कि इतिहास की तरह से यह पुस्तक नहीं लिखी गई है, फिर भी यह इतिहास बन गई है लेकिन लिखने में आयास तो हुआ ही है, यानी मेहनत से, सोच-समझ के साथ, बुद्धि-विवेक से इसे लिखने का काम किया गया है।

इतिहास एक कहानी है, लम्बी कहानी, जो कभी-कभी उपन्यास जैसा आकार भी ग्रहण कर लेती है। जैसे एक कथाकार कथानक या प्लॉट का निर्माण करता है, वैसे ही इतिहासकार एक काल-क्रम में हुए विकास या परिवर्तन को एक रेखा में दिखाता है। कहानी की तरह इतिहास भी कई तरह से लिखा जा सकता है, जैसे आदिकाल से आज तक का सम्पूर्ण इतिहास या किसी काल विशेष का इतिहास; या जैसे किसी प्रवृत्ति का इतिवृत्तात्मक इतिहास या किसी विधा का आलोचनात्मक इतिहास। 'जनवादी कहानी : पृष्ठभूमि से पुनर्विचार तक' में जो इतिहास लिखा गया है, वह 1973 से 1993 तक की कई महत्त्वपूर्ण साहित्यिक घटनाओं की रिपोर्टर्स के रूप में लिखा गया इतिहास है।

इसकी शुरुआत 1973 में हुए बाँदा सम्मेलन से होती है, फिर इमर्जेंसी के दौरान और उसके बाद के सम्मेलनों और गोष्ठियों से गुजरते हुए, जनवादी लेखक संघ के निर्माण की प्रक्रिया आदि को देखते हुए अन्ततः हम 1993 में सासाराम में हुई 'कथा-पंचायत' तक पहुँचते हैं। यह इतिहास उत्तर प्रदेश, दिल्ली, चंडीगढ़, राजस्थान, पंजाब, मध्य प्रदेश और बिहार के अनेक स्थानों पर हुए प्रगतिशील-जनवादी साहित्य के अनेक बड़े आयोजनों का और मुख्यतः कहानी-सम्बन्धी आयोजनों का इतिहास है। इससे पता चलता है कि इन दो दशकों में हमारे सामाजिक, आर्थिक और राजनीतिक जीवन में जो परिवर्तन आए, उन पर कौन-कौन कहानियाँ कब-कब लिखी गईं, जो बदलते हुए जमाने के साथ चलने के कारण महत्त्वपूर्ण थीं। इससे एक अलग ही तरह का साहित्यिक इतिहास या कहानियों का इतिहास बनता है। और यह महत्त्वपूर्ण काम है, चुनौतियों से भरा काम है।

एक प्रकार का इतिहास-लेखन वह होता है, जिसमें घटनाओं को कालक्रम में रखकर उनका वृत्तान्त लिखा जाता है। उसे एकरैखिक या धारावाहिक आख्यान वाला इतिहास कह सकते हैं। जनवादी कहानी पर लिखी गई यह पुस्तक उस तरह का इतिहास नहीं है और नहीं है तो कोई शिकायत भी मुझे नहीं है। लोग अपने संस्मरणों के रूप में आत्मकथाएँ लिखते हैं, जैसे नागर जी ने लिखी है : 'टुकड़े-टुकड़े दास्तान'। होता यह है कि कभी-कभी हम धारावाहिक आख्यान गढ़ने के बजाय उस आख्यान को टुकड़े-टुकड़े कर देते हैं और ये टुकड़े एक जगह जोड़ दिये जाते हैं तो कभी-कभी धारावाहिक आख्यान से ज्यादा जीवंत बन जाते हैं। सरसरी तौर पर कहानी कहने में बहुत-सी बारीकियाँ छूट जाती हैं। इससे जीवंतता खत्म हो जाती है। इसलिए मैं तो बधाई दूँगा रमेश जी को कि उन्होंने एक घिसा-पिटा, चालू किस्म का धारावाहिक आख्यान वाला इतिहास नहीं लिखा। आधुनिक इतिहास तो टुकड़ों में ही लिखा जाता है। उन्होंने एक अच्छे कथाकार और प्रबुद्ध मार्क्सवादी आलोचक की तरह बीस वर्षों के इतिहास को रिपोर्ट्स और दस्तावेजों के माध्यम से प्रस्तुत किया है।

इस पुस्तक में जिन आयोजनों की रिपोर्ट्स—विस्तृत रिपोर्ट्स—संकलित हैं, उन आयोजनों में रमेश जी स्वयं मौजूद रहे हैं। बाँदा-सम्मेलन से सासाराम की 'कथा-पंचायत' तक—सभी में उपस्थित रहकर, उनमें भाग लेकर उन्होंने इस पुस्तक को लिखा है। इनमें से कई आयोजनों में मैंने भी भाग लिया था। जैसे जनवादी लेखक संघ ने मार्क्सवादी सौन्दर्यशास्त्र पर जो एक बड़ी गोष्ठी की थी, उसमें मैं मौजूद था और मेरा वक्तव्य कुछ जनवादी लेखकों के लिए इतना विक्षोभकारी था कि वे उससे नाराज ही हुए। लेकिन रमेश जी का साहस कि उन्होंने अपनी पत्रिका 'कथन' में उसको पहली बार, एकदम पूरा और अक्षरशः छाप दिया था और बड़ी प्रामाणिक रिपोर्टिंग उस गोष्ठी की उन्होंने की थी। कहना चाहिए कि इस दौर की

कहानी-सम्बन्धी घटनाओं के महाभारत में रमेश उपाध्याय एक योद्धा भी रहे हैं—पाँडव पक्ष के योद्धा, हालाँकि उन पांडवों में वे कौन थे, यह कहना तो मेरे लिए ठीक नहीं है, फिर भी मुझे लगता है कि उन्होंने युधिष्ठिर की भूमिका ज्यादा निभाई है—और वे उस महाभारत के संजय भी रहे हैं। संजय की तरह से तटस्थ द्रष्टा के रूप में उन्होंने बड़ी ईमानदारी से और प्रामाणिकता की रक्षा करते हुए उस महाभारत का हाल सुनाया है। भले ही वे स्वयं दूसरों की बातों से सहमत न हों, या वे बातें स्वयं उनके विरुद्ध ही क्यों न कही गई हों, उन बातों को उन्होंने यथावत् रखने की ईमानदारी दिखाई है। इस प्रकार इतिहास-लेखन की वस्तुनिष्ठता का निर्वाह उन्होंने बिलकुल महाभारत के संजय की तरह किया है और भगवान ने जैसी दिव्य दृष्टि संजय को दी थी, वैसी ही दृष्टि इस मामले में रमेश उपाध्याय को दी है।

इस पुस्तक में मेरे बहुत-से वक्तव्य शामिल हैं। मैं उनमें से बहुत-सी बातें भूल गया था। इस पुस्तक को पढ़ते हुए वे बातें मुझे याद आईं और मैं दंग रह गया कि कैसे उन बातों के नोट्स लिये गए और कैसे उन बातों को यथावत् प्रस्तुत किया गया। क्योंकि टेपरिकॉर्डर का इस्तेमाल बहुत कम जगहों पर उन्होंने किया है, इसलिए उनकी याददाश्त और नोट्स लेने की क्षमता अद्भुत लगती है। ये एक सच्चे इतिहासकार के गुण तो हैं ही, एक अच्छे कथाकार के गुण भी हैं। मुझे लगता है कि रमेश जी ने ये गुण सच्चे कथाकार के रूप में हासिल किये हैं, क्योंकि स्वयं वे एक महत्त्वपूर्ण कहानीकार हैं।

विभिन्न अवसरों पर लिये गए नोट्स के आधार पर लिखी गई रिपोर्ट्स को एक साथ रख देने के कारण इसे 'अनायास लिखा गया इतिहास' कहा गया है पर यह एक सुव्यवस्थित इतिहास है। इतिहास को प्रस्तुत करने की जो पद्धति इस पुस्तक में अपनाई गई है और अध्यायों का जो विभाजन किया गया है, उसमें घटनाओं और दस्तावेजों को काल-क्रम के अनुसार ही रखा गया है। लेकिन विशेष बात यह है कि उन गोष्ठियों में दिये गए व्याख्यानों, व्यक्त किये गए विचारों और उन पर हुई बहसों को पढ़ने में कहानी-उपन्यास पढ़ने का-सा और कहीं-कहीं नाटक देखने का-सा आनन्द आता है। इतिहास के सभी पात्र जीते-जागते, बोलते हुए, लड़ते-झगड़ते हुए प्रकट होते हैं। वे मंच पर आते हैं, बोलते हैं, विचार व्यक्त करते हैं। इस तरह इस इतिहास में संवाद हैं, चरित्र हैं, स्थल हैं, घटनाएँ हैं। और ऐसी नाटकीयता भी है, जो उपन्यास, नाटक और कहानी में होती है। अत: मैं तो इसे 'अनायास लिखे गए इतिहास' की जगह 'जीवंत इतिहास' कहना पसन्द करूँगा। यह एक जीता-जागता और जीवंत इतिहास है। साहित्य के इतिहास की ऐसी किताब हिन्दी में पहली बार लिखी गई है और इसका स्वागत होना चाहिए।

कहानी की आलोचना-सम्बन्धी पुस्तकों में अभी तक हम कुछ फुटकर साक्षात्कार या उबाऊ लेख देखते थे, जिनमें कुछ विवाद और खंडन-मंडन होता था। उनके

मुकाबले रमेश उपाध्याय की यह पुस्तक बहुत ही पठनीय और विचारोत्तेजक है। इसमें हर तरह के विचारों को ईमानदारी से एकत्र एवं प्रस्तुत किया गया है। इस दृष्टि से यह पुस्तक एक आदर्श, एक नमूना है। कवि लोग बहुत हल्ला करते रहते हैं, लेकिन ऐसा काम नहीं करते। पिछले बीस वर्षों की कविता के बारे में भी ऐसी पुस्तक आए तो किसी शोध-प्रबन्ध या घिसे-पिटे इतिहास की अपेक्षा वह ज्यादा महत्त्वपूर्ण काम होगा।

मुझे इस पुस्तक में दूसरी जो चीज पसन्द आई, वह यह कि इसमें घटनाओं का विवरण तो है, लेकिन वह किसी विचारशून्य रिपोर्टर की रिपोर्ट नहीं है। इसमें जनवादी कहानी की पृष्ठभूमि है, उस पर विचार हैं, फिर पुनर्विचार भी है। सबसे बड़ी बात यह कि इस पूरे इतिहास में एक अन्त:सूत्र के रूप में जनवादी मूल्यों को रेखांकित करता हुआ एक प्रतिबद्ध लेखक दिखाई पड़ेगा। उन मूल्यों में भी इन बीस वर्षों में बहुत परिवर्तन हुआ है, स्वयं कम्यूनिस्ट पार्टियों की रणनीतियाँ और कार्यनीतियाँ इस दौरान बदली हैं। इन परिवर्तनों का असर हमारे सामाजिक-राजनीतिक जीवन पर तो पड़ा ही है, लेखकों पर भी पड़ा है। इसलिए इस पुस्तक को पढ़ते हुए आप पाएँगे कि इसमें जनवादी दृष्टि है, जनवादी विचार हैं, जनवादी मूल्य हैं, लेकिन इनमें आनेवाले परिवर्तनों के बारे में अगर कोई जानना चाहेगा तो उसके बारे में भी यहाँ अत्यन्त महत्त्वपूर्ण सामग्री है।

तीसरी बात, जो इस पुस्तक में मुझे अच्छी लगी, वह यह कि हमारे साहित्य में अभी तक दशकों और पीढ़ियों के आधार पर सारी बहस होती रही है। नये और पुराने के फर्क के आधार पर आन्दोलन चले हैं, जैसे कहानी में 'नई कहानी', 'अकहानी', 'साठोत्तरी कहानी', 'सचेतन कहानी', 'आम आदमी की कहानी'; या फिर सातवें दशक की कहानी, आठवें दशक की कहानी, नवें दशक की कहानी। इस तरह के कई आन्दोलन चले थे और उनके कारण काफी गलतफहमियाँ पैदा हुईं। मुझे यह देखकर अच्छा लगा कि इस पुस्तक में कहानी का इतिहास आन्दोलनों के आधार पर, दशकों और पीढ़ियों के आधार पर नहीं लिखा गया है। यह इतिहास स्वयं रचना के आधार पर, रचना-प्रक्रिया के आधार पर, हमारे जीवन और समाज के यथार्थ में आनेवाले परिवर्तनों के आधार पर लिखा गया है। यही नहीं, यथार्थ को देखने की जो दृष्टियाँ हैं, जैसे आलोचनात्मक यथार्थवाद, समाजवादी यथार्थवाद, जादुई यथार्थवाद—उनके आधार पर भी यह इतिहास लिखा गया है। यथार्थ और कल्पना के सम्बन्धों पर, कहानी में फैंटेसी की जगह पर, कहानी की भाषा और शैली आदि के सवालों पर भी इसमें विचार हुआ है।

रमेश उपाध्याय स्वयं कथाकार हैं। उनके पास कहानी की रचना-प्रक्रिया के जो अनुभव हैं, उनके आधार पर उन्होंने बहुत-सी जरूरी चीजों को ध्यान में रखा है, जैसे : कहानी कैसे बनती है, जीवन के यथार्थ और यथार्थ चित्रण की विभिन्न

शैलियों में क्या सम्बन्ध होता है और लेखक की कथा-दृष्टि अथवा जीवन-दृष्टि क्या है, जो इन सब चीजों को जोड़ने वाला मूल सूत्र होती है—इन चीजों के आधार पर लेखक ने कहानी में आनेवाले परिवर्तनों तथा अपने समय की महत्त्वपूर्ण कहानियों को रेखांकित करने की कोशिश की है। मुझे लगता है कि कहानी की आलोचना में यह प्रयास दूसरे ढंग के जो प्रयास हुए हैं, उनसे ज्यादा साहित्यिक और ज्यादा वैज्ञानिक हैं। सम्भवत: यह प्रयास कहानीकारों के लिए उपयोगी होगा और कहानी साहित्य के विकास में भी योगदान करेगा।

इतना कहने के बाद इस पुस्तक में संकलित रिपोर्टों के ब्यौरे और उनमें व्यक्त किये गए विचार रह जाते हैं। मैंने कहा कि इस पुस्तक में एक चरित्र के रूप में मैं भी हूँ और मेरे विचार इसमें दिये गए हैं। अब पुस्तक छप जाने के बाद मैं जो विचार व्यक्त करूँगा, वे इस पुस्तक के बाहर जो आदमी खड़ा है, उसके विचार होंगे। उन स्थितियों में जो विचार मैंने व्यक्त किये थे, आज उन पर कुछ कहूँगा तो स्वयं उनका मूल्यांकन मुझे करना पड़ेगा। लेकिन कभी-कभी यह काम जरूरी हो जाता है और कहना पड़ता है कि उस समय मैंने जो कहा था, उनमें से कितनी चीजों को मैं आज भी स्वीकार करता हूँ और कई बातों को अस्वीकार करता हूँ क्योंकि इस बीच मेरे विचार स्वयं बदले हैं। यह पुस्तक मेरे लिए एक चुनौती की तरह है।

रमेश उपाध्याय ने इस पुस्तक की भूमिका में लिखा है : 'हिन्दी साहित्य में जनवादी कहानी का 'स्वागत' अस्वीकार, उपेक्षा और मुखर विरोध से हुआ। आधुनिकतावादियों, अनुभववादियों, अभिजनवादियों और कलावादियों जैसे विपक्षियों की ओर से ही नहीं, स्वपक्षी माने जानेवाले 'प्रगतिशीलों' ने भी जनवादी कहानी के प्रति अस्वीकार, उपेक्षा और विरोध का रुख अपनाया। उदाहरण के लिए जब लगभग एक दशक की जद्दोजहद के बाद जनवादी कहानी अपने अस्तित्व को ही नहीं, बल्कि उसके औचित्य को भी सिद्ध कर चुकी थी, प्रगतिशील पत्रिका 'पहल' की ओर से प्रगतिशील आलोचक नामवर सिंह का एक लम्बा साक्षात्कार 'कहानी : आज की कहानी' नामक पुस्तिका के रूप में (1985 में) प्रकाशित किया गया। उसमें प्रश्नकर्ता ने 'तथाकथित जनवादी कहानी' के बारे में एक प्रश्न किया था और नामवर सिंह ने उसका उत्तर यह कहकर दिया था कि वे जनवादी लेखक संघ पर कोई टिप्पणी करना नहीं चाहते। प्रश्नकर्ता ने स्पष्ट किया कि 'यहाँ जनवादी कहानी से मेरा मतलब मात्र जनवादी लेखक संघ के कहानीकारों से नहीं है। इसमें वे सभी कथाकार शामिल हैं, जो स्वयं को प्रगतिशील विचारधारा के प्रति प्रतिबद्ध मानकर कहानियाँ लिख रहे हैं। इनमें प्रगतिशील लेखक संघ के भी लेखक हैं और वे भी हैं जो इन दोनों संगठनों से बाहर हैं, लेकिन जो मार्क्सवादी विचारों से खुद को जुड़ा पाते हैं।' मगर नामवर सिंह ने जोर देकर कहा कि 'इस कहानी को मैंने जनवादी न कहा है, न कहना चाहता हूँ और न कहना चाहूँगा, क्योंकि कहानी की दुनिया

में या साहित्य की दुनिया में किसी प्रवृत्ति को जब भी नाम दिया जाए, साहित्यिक नाम निकलना चाहिए।' इसके बाद उन्होंने बहुत सारे शब्दों से यह स्पष्ट करने का प्रयास किया कि ' 'जनवादी कहानी' राजनीतिक नाम है, सो भी ऐसी राजनीति से निकला हुआ नाम, जो गलत है।'

रमेश जी ने जिस पुस्तिका की चर्चा की है, उसके बारे में कई लोगों ने मुझसे कहा कि आप उसका पुनर्मुद्रण कर दें, क्योंकि वह पुस्तिका अब उपलब्ध नहीं है। काफी दिन हुए, मैंने उसको दोबारा देखने की कोशिश की। इतने दिनों बाद उस पर कोई टिप्पणी करना अच्छा नहीं लगता, क्योंकि मुझसे बातचीत करके उस पुस्तिका को तैयार करनेवाले सुरेश पांडेय पता नहीं, आजकल कहाँ हैं। उस वक्त रेडियो में काम करते थे और मेरे स्नेहभाजन थे। मैं कोई ऐसी बात नहीं कहना चाहता कि उनको कोई कष्ट पहुँचे। लेकिन कहना पड़ेगा कि छप जाने के बाद जब वह पुस्तिका मैंने देखी तो पता चला कि मुझसे सवाल उन्होंने कुछ और पूछे थे और छपी हुई पुस्तिका में सवाल कुछ थे। इसीलिए अक्सर यह लगेगा कि सवाल कुछ है और जवाब कुछ दिया जा रहा है। मेरे साथ न्याय नहीं किया उन्होंने। इसलिए मेरी समझ में आज तक नहीं आया कि मैं उस पुस्तिका को दोबारा छपवाऊँ कि न छपवाऊँ।

उसमें जनवादी कहानी के बारे में मैंने जो कहा था कि जनवादी लेखक संघ पर मैं कोई टिप्पणी नहीं करना चाहता, और कहानी के साथ जनवादी शब्द जोड़ना नहीं चाहता, इस पर आज मुझे यह कहना है कि उस समय जनवादी लेखक संघ बना ही था और ईमानदारी से कहूँ तो मुझे यह अच्छा नहीं लगा था कि प्रगतिशील लेखक संघ के ही लोगों ने अलग होकर एक नया संगठन बना लिया। और राजनीतिक स्तर पर भारतीय कम्यूनिस्ट पार्टी और मार्क्सवादी कम्यूनिस्ट पार्टी में उस समय जो सम्बन्ध थे, उसी प्रकार के सम्बन्ध लेखक संगठनों में भी थे। इसीलिए मैंने कहा था कि जनवादी लेखक संघ पर मैं कोई टिप्पणी नहीं करना चाहता। लेकिन जनवादी कहानी को मुझे उससे जोड़कर नहीं देखना चाहिए था, क्योंकि जनवादी शब्द पर जनवादी लेखक संघ का कोई कॉपीराइट नहीं है और दोनों जुड़े हुए भी नहीं हैं।

लेकिन यह बात मैं आज भी मानता हूँ कि कहानी के साथ 'जनवादी' विशेषण नहीं लगाया जाना चाहिए था। 'जनवादी' अच्छा शब्द है, जनवादी मूल्यों के लिए आज भी हम संघर्ष कर रहे हैं, बल्कि जनवाद का महत्त्व आज फासिस्ट खतरे को पृष्ठभूमि में बहुत ज्यादा है, इसलिए उसे किसी संगठन से जोड़कर संकीर्ण अर्थ में नहीं देखा जाना चाहिए। लेकिन कहानी को जनवादी कहानी कहते हुए एक हिचक मेरे मन में अब भी है। कहानी के पहले 'नई' विशेषण लगाना तो चल सकता है, क्योंकि वह अपेक्षाकृत साहित्यिक शब्द है और कविता के पहले 'नई' विशेषण लगाया ही जाता था—नई कविता, नई समीक्षा, नया उपन्यास जैसे शब्द साहित्य में चलते थे—इसलिए वह राजनीतिक नहीं, साहित्यिक लगता है, सर्जनात्मक लगता है।

लेकिन 'प्रगतिशील' और 'जनवादी' राजनीतिक शब्द हैं। किसी समय 'प्रगतिशील' शब्द एक विशेष अर्थ रखता था, दुनिया भर में माना गया था। लेकिन यह अंग्रेजी के 'प्रोग्रेस' शब्द का अनुवाद था। मुझे अच्छी तरह याद है कि उस जमाने में इस पर बहुत बहस हुई थी। खास तौर पर उर्दू में। एक बड़े मशहूर मार्क्सवादी आलोचक थे मजनूँ गोरखपुरी। अंग्रेजी पढ़ाते थे और फिराक साहब के दोस्तों में थे। उन्होंने कहा कि यह 'तरक्कीपसन्द' शब्द तो मुझे बिलकुल अच्छा नहीं लगता। 'तरक्की' तो 'प्रमोशन' के लिए आता है। अंग्रेजी में 'प्रोग्रेस' का मतलब 'तरक्की' से नहीं होता। उन्होंने यहाँ तक कहा कि हिन्दी का 'प्रगति' तो गनीमत है, यद्यपि वह भी बहुत ठीक नहीं है, क्योंकि 'प्रोग्रेस' का सम्बन्ध इतिहास में विकास की ओर जाने से है। अब इतने दिनों बाद तो 'विकास' शब्द भी लगभग निरर्थक हो चुका है, पर एक जमाने में 'प्रोग्रेस' बहुत अच्छा शब्द था, 'आइडिया ऑफ प्रोग्रेस' नाम की एक किताब भी लिखी गई थी। लेकिन अब अनेकानेक धारणाओं की तरह प्रगति की धारणा भी संदिग्ध हो गई है—खास तौर से सोवियत समाजवाद का पतन हो जाने के बाद से। कहने का मतलब यह कि कई शब्द होते हैं, जो इतिहास में बनते हैं, इतिहास के साथ उनका एक अर्थ होता है, इतिहास बदल जाने पर उनका अर्थ बदल जाता है, या वे निरर्थक हो जाते हैं।

इसी तरह 'जनवाद' शब्द का भी आज वह अर्थ नहीं है जो शुरू में था। खाली 'डेमोक्रेसी' कहने से अब काम नहीं चलता, क्योंकि 'बुर्जुआ डेमोक्रेसी' भी होती है, 'पीपुल्स डेमोक्रेसी' भी होती है, 'सोशलिस्ट डेमोक्रेसी' भी होती है, और हमारे यहाँ तो 'सेकुलर डेमोक्रेसी' भी होती है। इसलिए 'जनवाद' एक गोलमोल शब्द है। 'जन' और 'जनता' शब्दों को राजनीतिक दलों ने निरर्थक बना दिया है। मसलन, 'भारतीय जनता पार्टी' में 'जनता' शब्द तो है और 'भारतीय' शब्द भी है, लेकिन 'भारतीय' शब्द का अर्थ संकुचित होकर 'हिन्दू' बन गया है। इसीलिए मैंने कहा कि कहानी के पहले अगर कोई विशेषण लगाना हो तो वह साहित्यिक होना चाहिए।

'जनवादी कहानी : पृष्ठभूमि से पुनर्विचार तक' पुस्तक की प्रशंसा करनी पड़ेगी कि इसमें जनवाद को अस्पष्ट नहीं रहने दिया गया है। इसको पढ़कर हम जान सकते हैं कि जनवादी कहानीकारों में मार्क्सवादी और गैर-मार्क्सवादी, दोनों तरह के लोग हैं, लेकिन जनवादी कहानी में किसी तरह के कट्टर साम्प्रदायिक के लिए जात-पाँत में विश्वास करनेवाले और दलित-विरोधी के लिए, पुरुष-प्रधान मूल्यों वाले स्त्री-विरोधी के लिए कोई गुंजाइश नहीं हो सकती। इस तरह पुस्तक से यह चीज साफ उभरकर आती है कि जनवाद का क्या अर्थ है। लेकिन अलग से अगर हम 'जनवादी कहानी' कहते हैं तो वह विशेषण भ्रामक और अस्पष्ट लगता है। इससे पता नहीं चलता कि विभिन्न प्रकार के जनवादों में से यह कौन-से जनवाद वाली कहानी है। इस नाते मैं कलावादी या साहित्यवादी कहलाने का खतरा उठाते

हुए भी कहना चाहूँगा कि साहित्य के क्षेत्र में कविता, कहानी, उपन्यास के पहले कोई प्रवृत्तिमूलक विशेषण लगाते समय बहुत सावधानी की जरूरत है।

एक और बात जो मैं इस पुस्तक में व्यक्त किये गए अपने विचारों के बारे में कहना चाहता हूँ, वह रमेश उपाध्याय की कहानियों पर व्यक्त विचारों के बारे में है। इस पुस्तक में उनके कहानी संग्रह 'नदी के साथ' पर हुई उस गोष्ठी की विस्तृत रपट है, जो 1976 में हुई। उस गोष्ठी में मैंने भाग लिया था। रमेश जी ने बड़ी ईमानदारी से उस गोष्ठी का विवरण प्रस्तुत किया है। उसको पढ़ते हुए उस पूरी गोष्ठी का खलनायक मैं ही मालूम होता हूँ। उस गोष्ठी में भीष्म साहनी, कुमारेन्द्र, पारसनाथ सिंह, ओमप्रकाश ग्रेवाल, उदयप्रकाश, मैनेजर पांडेय आदि अनेक लोग थे और सभी रमेश जी की कहानियों की प्रशंसा कर रहे थे, जबकि मैंने बहुत सख्त बातें 'नदी के साथ' की कहानियों के बारे में कही थीं। कोई दूसरा लेखक होता तो ऐसी तीखी बातों को या ऐसी गोष्ठी की रपट को अपनी पुस्तक में छापता ही नहीं। अपने विरुद्ध कही गई बातों को कौन छापना पसन्द करता है? रमेश ज़ी ने छापा। इससे मालूम होता है कि उनके अन्दर ऐसा सशक्त रचनाकार है, जो विरोध का सामना कर सकता है। दुर्बल और भीरु लोग इससे उलटा व्यवहार करते हैं। रमेश जी के अन्दर वह ताकत है, जिससे लेखक सख्त से सख्त आलोचना का भी सामना कर सकता है और जानता है कि उस आलोचना के बाद भी वह साहित्यिक रूप से जीवित रहेगा।

अपनी तरफ से मैं यह कहूँगा कि जो अपना प्रिय होता है, उसी की आलोचना की जा सकती है। हम लोग प्रगतिशील-जनवादी मूल्यों में विश्वास करते हैं, इसलिए रमेश जी हमारे साहित्यिक साथी हैं। अपने लोगों की छोटी-सी कमजोरी भी आलोचना के योग्य होती है, ताकि वे उससे बच सकें। लगभग ऐसी ही दृष्टि रामविलास शर्मा जी की रही होगी, जब उन्होंने राहुल जी और यशपाल जी जैसे अपने साथियों की आलोचना की थी। 'नदी के साथ' की कहानियों पर बोलते समय शायद वही जुनून मेरे दिमाग में भी रहा होगा। इसलिए जो सचमुच छोटी कमजोरियाँ थीं, जो और लोगों के लिए क्षम्य ही नहीं, उपेक्षणीय भी थीं, अथवा जो कमजोरियाँ थीं ही नहीं, उनकी मैंने आलोचना की।

आज लगता है कि मैंने अतिरंजित या बढ़ा-चढ़ाकर आलोचना की। हो सकता है, उससे रमेश जी को क्षणिक नाराजगी हुई हो, उसकी अभिव्यक्ति भी हुई होगी, लेकिन उसके पीछे जो आत्मीयता थी, उसको रमेश जी तब भी पहचानते थे, आज भी पहचानते हैं और मेरे-उनके सम्बन्ध उसी दृष्टि से आज भी अच्छे हैं। इस क्रम में मैं यह कहना चाहूँगा कि तब भी उस पुस्तक की कई कहानियाँ मुझे अच्छी लगी थीं। और उसके बाद तो अनेक अच्छी कहानियाँ उन्होंने लिखी हैं। और जैसे-जैसे उनके लेखन में परिवर्तन आता गया है, उसी के समानान्तर उनकी कहानियों के

बारे में एक हद तक मेरे विचारों में भी परिवर्तन हुआ है और उन्हें मैं आज के उल्लेखनीय कहानीकारों में गिनता हूँ। उनकी बाद की जितनी भी कहानियाँ पढ़ीं, अच्छी लगीं। कहानियों पर बहुत दिनों से मैंने कुछ लिखा नहीं है—औरों के बारे में नहीं लिखा, इसलिए उनके बारे में भी नहीं लिखा, इसलिए इनके बारे में भी नहीं लिखा—लेकिन मुझे लगा कि इस पुस्तक पर चर्चा करने के क्रम में मैं यह बात स्पष्ट कर दूँ कि 'नदी के साथ' पर मैंने जो विचार व्यक्त किये थे, वे उनकी कहानियों के बारे में अन्तिम निर्णय नहीं हैं, अकाट्य और अपरिवर्तनीय भी नहीं।

अन्ततः इस पुस्तक के बारे में मुझे यह कहना है कि हमारे राष्ट्रीय जीवन और साहित्यिक जीवन के गहमागहमी से भरे हुए दो दशकों का एक अत्यन्त प्रामाणिक दस्तावेज होने के कारण तो यह पुस्तक मूल्यवान है ही, इसमें इतिहास को जीवंत रूप में प्रस्तुत करने का जो ढंग है, वस्तुनिष्ठता है, ईमानदारी है, वह भी प्रशंसा के योग्य है।

[रमेश उपाध्याय की पुस्तक 'जनवादी कहानी : पृष्ठभूमि से पुनर्विचार तक' पर केन्द्रित बातचीत कथन; सम्पादक : रमेश उपाध्याय, अक्टूबर-दिसम्बर, 2000 में प्रकाशित]

गहरी बेचैनी और व्याकुलता का प्रबन्ध-काव्य
स्वयंप्रभा

'स्वयंप्रभा' काव्य का सबसे बड़ा सौभाग्य तो यही है कि इसका लोकार्पण निर्मल वर्मा जैसे मनीषी के हाथों सम्पन्न हुआ है और एकमात्र यही कारण इसे भविष्य में लगातार चर्चा में बनाये रखेगा। निर्मल जी जैसे चिन्तक अब इस देश में अधिक नहीं रह गए हैं। वे इस समय हिन्दी के अकेले पूर्णकालिक लेखक हैं और इस काव्य का उनके हाथों लोकार्पण होना बड़ी बात है। काव्य मैंने ध्यान से पढ़ लिया है। मनुष्य और प्रकृति के रिश्ते क्या हैं, इस पर लम्बे अरसे बाद एक प्रबन्ध कविता लिखी गई है जिसकी भविष्य में भी चर्चा होती रहेगी। पच्चीस-तीस वर्ष पूर्व नरेश मेहता का काव्य 'संशय की एक रात' रामकथा पर आधारित आया था। अब यह काव्य आया है। एक कम चर्चित प्रसंग को प्रकाश में लाना कम महत्त्वपूर्ण नहीं है। इस कृति में उस गहरी बेचैनी और व्याकुलता के दर्शन होते हैं जो मनुष्य को महान सृजन के लिए प्रेरित करती है। यह काव्य आजादी के स्वर्ण जयन्ती वर्ष में आया है। प्रसाद जी की अमर पंक्ति है : 'स्वयंप्रभा समुज्ज्वला स्वतंत्रता पुकारती'। देश की जनता और बुद्धिजीवियों को आजादी के वास्तविक निहितार्थों को समझना चाहिए। आखिर क्या बात है कि पचास साल में भी हम स्वयंप्रभा नहीं हो सके? दूसरों के बुद्धिकौशल से हम कब तक चमत्कृत होते रहेंगे? उद्भ्रांत जी साधक कवि हैं। उन्होंने अपनी लेखकीय भूमिका में ट्रांस और कुंडलिनी जागरण के जिस अनुभव का उल्लेख किया है, उसे जानने की मुझे उत्कंठा थी। कबीर जब अन्त:साधना की बात करते हैं तो प्रणम्य हो जाते हैं, फिर उद्भ्रांत की अन्त:साधना को कैसे खारिज किया जा सकता है? काव्य को पढ़ना जब शुरू किया तो लगता था कि स्वयंप्रभा की साधना के माध्यम से कवि उस अन्त:साधना का भी दिग्दर्शन कराएगा, लेकिन निराशा हुई। काव्य में कवि ने उसे चित्रित नहीं किया है। यद्यपि कवि का आत्मसंघर्ष 'स्वयंप्रभा' में उभरकर आया है। उद्भ्रांत जी गीतकार हैं इसलिए मुझे आशा थी कि स्वयंप्रभा के चित्रण में अधिक कल्पनाशीलता दिखेगी लेकिन उसका कुछ अभाव था।

स्वयंप्रभा के आश्रम और उसके व्यक्तित्व को चित्रित करते समय उनका गीतकार काव्य के सौष्ठव को गहराई दे सकता था, लेकिन कथा इतनी तेजी से आगे बढ़ती रहती है कि उसकी गुंजाइश ही नहीं रहती। मैं मार्क्सवादी तो हूँ मगर इतना नहीं हूँ कि कविता को पसन्द न करूँ। मार्क्सवाद को लेकर मैं क्या करूँगा, अगर कविता कविता नहीं होगी। काव्य में कुछ स्थलों पर गतिभंग भी दिखा, जहाँ लय टूटती है जो उद्भ्रांत जैसे सिद्ध गीत कवि से अपेक्षित नहीं है। उद्भ्रांत पंडित कवि हैं और संस्कृत के शब्दों और उनके अर्थों को समझते हैं, आवश्यकतानुसार शब्दकोश भी देखते प्रतीत होते हैं, फिर भी कुछ स्थलों पर उनसे शब्द-प्रयोगों में चूक हुई है। मैं निर्मल जी की इस बात से सहमत हूँ कि पूर्ण आधुनिकता जैसी कोई चीज नहीं होती और मिथक को उसके सही स्वरूप में देखा जाना चाहिए।

[उद्भ्रांत की पुस्तक 'स्वयंप्रभा' पर केन्द्रित बातचीत में दिया गया वक्तव्य]

प्रतिभा का विस्फोट

अस्ति

उद्भ्रांत की एक पुस्तक 'अस्ति' का लोकार्पण आज मेरे हाथों हुआ है। दो शब्द इसके बारे में कहूँगा। जहाँ तक राधा का सवाल है तो राधा के मिथक को लेकर इस काव्य का उल्लेख किया था बली सिंह जी ने। इनकी कविता 'सूअर'—पहले मेरी जानकारी में 'सूअर' पर लिखी नागार्जुन की कविता है। नागार्जुन ने सूअर पर लिखी है। इसके अलावा मेरी जानकारी में सूअर पर कोई दूसरी कविता देखने को नहीं मिली है। वैसे सूअर जो है, वह भगवान का अवतार भी कहा जाता है। तो इन्होंने हिम्मत की है कि नागार्जुन ने 'मादा सूअर' पर कविता लिखी है और यह ताब मेरे लिए विशेष अर्थ रखती है कि नागार्जुन ने जिस विषय पर लिखा, उसी विषय पर आपकी कविता—हिम्मत की दाद देनी होगी। इकट्ठे इतनी कविताओं पर लिखना यह प्रतिभा का विस्फोट है और कहते हैं, रवीन्द्रनाथ में भी ऐसा ही विस्फोट हुआ था और अपनी अगली किताब में ये इस बात को जरूर कोट कर देंगे—मानेंगे नहीं। उलटकर भी थोड़ा समझ लें तो अच्छा रहेगा।

इसलिए प्रतिभा का विस्फोट कहा अपने-आपमें। इनकी सर्जनात्मक ऊर्जा की दाद देनी चाहिए और चूँकि दूरदर्शन से अवकाश प्राप्त किया है तो इसके बाद तो प्रलय ही होगी! इन्होंने दूरदर्शन के अधीन कार्य किया, तो इसके बाद मैं समझता हूँ कि विस्फोट महाप्रलय का रूप ले लेगा। मगर एक बात जो मेरे मन को छू गई, उसमें उनका स्वाभिमान...नहीं, अहंकार नहीं...स्वाभिमान माना जाएगा। किताब 'अस्ति' के पहले पन्ने पर उन्होंने ग़ालिब के एक शेर का पहला मिसरा दिया है :

'डुबोया मुझको होने ने, न होता मैं तो क्या होता'...जो हो रहा है, उसको होने दीजिए, लेकिन उन्होंने शेर के दूसरे मिसरे को छोड़ दिया। तब बात इस तरह बनती :

डुबोया मुझको होने ने, न होता मैं तो क्या होता,
न कुछ था तो खुदा था, कुछ न होता तो खुदा होता।

तो कुछ न थे तो खुदा थे, कुछ न होते तो खुदा हो जाते। इसलिए प्रकारान्तर में उन्होंने ऐसा कहकर अपने स्वाभिमान को व्यक्त किया है। चूँकि संस्कृत में लिखा गया है 'कविर्मनीषी परिभू स्वयंभू'। कवियों की होड़ विधाता से होती है, क्योंकि विधाता सृष्टि को रचता है...क्योंकि उसने दुनिया रची है और संस्कृत में सूक्ति भी है। तो कवि सोचता है कि क्या मैं विधाता से कुछ कम हूँ? इसलिए कवि अपने शब्दों के द्वारा इसी दुनिया में दूसरी दुनिया रचता है। वह विधाता को दिखाता है कि देख, तूने ऐसी दुनिया रची। एक दुनिया मैंने भी रची है। दुनिया दोनों हैं। एक कविता इसमें थोड़ी लम्बी है—मार्क्स की प्रोग्रामिंग—'मार्क्स बाबा : गांधी बाबा'। उस कविता में स्वयं इनकी राय है। तो उसको देखते हुए...जैसा आज के जमाने में सभी लोग कर रहे हैं...सरकारी नौकरी...और गांधीवादी लोग गांधी को भूल गए हैं। बड़े अच्छे से सन्तुलन किया गया है। मार्क्स की बनाई हुई समाजवाद की दुनिया...उसमें क्या हुआ, सबको बयान करते हुए। सन्तुलन बनाकर रखा है...और जो आज सन्तुलन बनाकर रखते हैं, वे सबसे अच्छी कविता रचते हैं। यह सन्तुलन कविता में होने जरूरी हैं।

[उद्भ्रांत की पुस्तक 'अस्ति' के लोकार्पण के अवसर पर दिया गया वक्तव्य]

उजाड़ में मनसायन

सिर्फ कवि नहीं

बोधिसत्व के इस पहले कविता संग्रह 'सिर्फ कवि नहीं' के प्रकाशन के अवसर पर 'इस आनन्द और उल्लास की घड़ी में मैं आशंका में हूँ।' जैसे कोई खूबसूरत बच्चा, चाँद-सा प्यारा बच्चा घर में आता है तो प्यार करनेवालों को तत्काल यह लगता है कि नजर न लग जाए। लोग उसको एक टिमकना लगा देते हैं। दूधनाथ सिंह ने विस्तार से बताया कि संग्रह के लिए इन कविताओं का चयन भी मैंने किया और नामकरण भी मैंने ही किया। मेरे शत्रु बहुत हैं। वे सभी बोधिसत्व के भी न हो जाएँ, यही आशंका मेरे मन में है। इसलिए वह टिमकना मैं लगाऊँगा।

ऐसा न समझा जाए, कि बोधिसत्व उस सम्प्रदाय के कवि हैं, जो सम्प्रदाय गढ़ने का प्रयास मैं उन लोगों की नजर में कर रहा हूँ। यह तो 'जनवादी लेखक संघ' की इलाहाबाद इकाई की ओर से आयोजित कार्यक्रम है। और बोधिसत्व उस संगठन के सदस्य हैं। लेकिन 'जनवादी लेखक संघ' के लोगों को, 'प्रगतिशील लेखक संघ' के लोगों को, और भी संस्थानधर्मियों को मैं बता देना चाहता हूँ कि किसी के बाँधे कोई बँधने वाला नहीं है। वह दुनिया बीत गई जब कहें कि यह कवि है तो वह कवि है; जब नामवर सिंह कहें कि वह कवि है, तभी वह कवि है। इस मुगालते में नहीं रहना चाहिए। अब लोग पहले से अधिक समझदार हैं। वह जमाना और था, जब वल्लभाचार्य ने कवियों का निर्माण किया। और गोसाईं बिट्ठलनाथ ने तो 'अष्टछाप' बनाकर कवि बनाये थे। आधुनिक काल में भी यह हुआ है। किसी जमाने में प्रगतिशील आन्दोलन के आलोचकों ने कवियों की एक 'सूची' बनाई थी। 'अष्टछाप' का जमाना तो बहुत पहले चला गया और आजादी के बाद का जमाना भी खत्म हुआ। 'परिमल' वाले जो करते थे, वह भी खत्म हुआ और अशोक वाजपेयी जो भोपाल में कर रहे थे, उसका भी अन्त हो गया। लोग अपनी दुकान चलाने के लिए चाहे जो कहें, बोधिसत्व न मेरे कवि हैं और न किसी

दल-विशेष के। वह अपने और सिर्फ अपने कवि हैं। नितान्त अपने और निजी। और इसी तर्क से सबके कवि हैं। अब उन चीजों का बोधिसत्व पर कोई असर नहीं है। बल्कि इसकी शुरुआत तो बोधिसत्व से एक पीढ़ी पहले ही हो चुकी है।

जहाँ तक पहचानने की बात है, तो इसी इलाहाबाद में 'जनवादी लेखक संघ' की एक गोष्ठी हुई थी कुछ वर्षों पहले। वहाँ कई नये कवियों ने काव्यपाठ किया था। वहीं, सहसा मेरा ध्यान एक नये कवि ने आकृष्ट किया था। वह कवि देवी प्रसाद मिश्र थे। संयोग से वे भी आज यहाँ उपस्थित हैं। हो सकता है कि देर-सबेर उनको कोई और ही पहचान लेता, लेकिन यह संयोग ही है कि यह सौभाग्य मुझे मिला। इसी तरह बोधिसत्व की कविताओं के प्रति मेरा ध्यान दूधनाथ सिंह ने आकृष्ट किया। यह उनका बड़प्पन है कि सार्वजनिक रूप से बोधिसत्व को पहचानने का श्रेय वे मुझे देते हैं, क्योंकि मैंने उनकी कविताओं को पहली बार 'आलोचना' में प्रकाशित किया था।

कुछ सिरफिरे लोग होते हैं। खँडहरों में, पुराने भग्नावशेषों में, वीरानों में घूमने की उनकी आदत होती है। उन्हीं टूटी-फूटी जगहों में दो पत्थरों की सन्धि को भेदकर लहराती हुई, धूप के आलोक में चमचम करती चार-छह हरी-हरी पत्तियों को आपने भी देखा होगा। उस वीराने में अयाचित लहलहाते वे वासुदेव होते हैं। उजाड़ में मनसायन। बोधिसत्व की खोज मेरे लिए कुछ-कुछ ऐसी ही है। यह विस्मय का बोध भी है और साथ ही हर्ष का भी। आज हिन्दी कविता की दुनिया में ऐसे ही कभी-कभी, कोई-कोई कवि दिख जाते हैं। बोधिसत्व या उनकी पीढ़ी में इक्का-दुक्का दिख जानेवाले कवि, कुछ ऐसे ही हैं।...सूखे मौसम में...जब पतझर होता है। चारों ओर पत्तियाँ गिरनी शुरू होती हैं, जब दूर-दूर तक मैदानों और खेतों में सूखी हवा चलनी शुरू होती है। अक्सर दृष्टि नहीं जाती। लेकिन तभी अचानक जमीन पर, रस्ते के इधर-उधर, सूखी पत्तियों के आसपास, घरों के पिछवारे, कहीं भी एक छोटी-सी घास नजर आती है। और उसमें एक बहुत छोटा-सा फूल खिलता है, जिसको विष्णुकान्ता कहते हैं। मैं कहना यह चाहता हूँ कि आज जब कविता की दुनिया में, जिसमें त्रिलोचन लिख रहे हैं, नागार्जुन लिख रहे हैं, केदारनाथ अग्रवाल लिख रहे हैं। और उसके बाद की पीढ़ी में केदारनाथ सिंह हैं। रघुवीर सहाय नहीं रहे, उनकी कविताएँ हमारे पास हैं। इन तमाम बड़े कवियों के बीच में बोधिसत्व जैसी प्रतिभाएँ विष्णुकान्ता के फूल की तरह प्रकट हो रही हैं। और लगता है कि इन प्रतिष्ठित, वरिष्ठ कवियों के बीच में अपनी अलग पहचान लेकर, अलग ऊष्मा, अलग ऊर्जा लेकर पनप रही हैं। बोधिसत्व को मैंने ऐसे ही माहौल में देखा तो लगा कि कविता पढ़ना सार्थक हो रहा है और कविता की दुनिया में जाने और रहने का कोई अर्थ है।

बोधिसत्व की कविताएँ क्या हैं, उनकी शास्त्रीय व्याख्या में मैं नहीं जाऊँगा।

किसी भी बदली हुई कविता की पहली पहचान क्या है? सारी कविता की परम्परा में हमारा ध्यान किसी कविता की ओर तब आकृष्ट होता है, जब कविता का मुहावरा बदलता है, अन्दाज बदलता है, भाषा बदलती है। पहली नजर में तो भाषा ही हमें बाँधती है यानी भाषा का व्याकरण वही रहता है और फिर भी भाषा बदल जाती है। वह अनहोनापन घटित हो जाता है जिसकी चाहत हमें एक कविता से सचमुच होती है। बोधिसत्व की कविताएँ यही काम करती हैं। ऐसे ही किसी जमाने में कबीर की भाषा जब सामने आई तो लगा कि जैसे सारी परम्परा टूटकर चकनाचूर हो गई। इस तरह जब नई चीज और नई भाषा आती है, तब हम कहते हैं कि युगान्तर हुआ। ऐसा आधुनिक काल में भी पहली बार नहीं हो रहा है। अगर हम 'नई कविता' के थोड़ा पहले जाएँ तो देखेंगे कि हमें एक नई चिन्ताधारा मिलेगी। जब 'नई कविता' का नामकरण भी नहीं हुआ था और अज्ञेय का काव्य संग्रह 'हरी घास पर क्षण भर' आया था, यह लगभग सन् 1949 के आसपास की बात है, तब स्वयं अज्ञेय की कविता के माध्यम से एक नई भाषा सामने आई।

लेकिन इस तरह के युगान्तर बार-बार एक रूढ़ि में बदल जाते हैं। तब वह अनहोनी मौलिकता लुप्त हो जाती है। तमाम कवि भाषा और मुहावरे को फेंटने लगते हैं। तमाम कवि एक ही भाषा में लिखने लगते हैं। और कविता नहीं लिखते, कवितात्मक भाषा लिखते हैं। कवितात्मक हिन्दी लिखते हैं। कविता की बनी-बनाई भाषा में रचना को गढ़ देते हैं। और कभी-कभी यह समय बहुत लम्बा चलता है—दो-दो, चार-चार सौ साल तक। ऐसा ही जब रीतिकाल में चलने लगा, सभी कवि समूहधर्मी हो गए तो 'ठाकुर' को कहना पड़ा था :

सीखि लीनो मीन मृग खंजन कमल नैन
सीखि लीनो जस और प्रताप को कहानो है,
सीखि लीनो कल्पबृच्छ कामधेनु चिन्तामनि
सीखि लीनो मेरु औ कुबेर गिरि आनो है।
'ठाकुर' कहत याकी बड़ी है कठिन बात
याको नहिं भूलि कहूँ बाँधियत बानो है,
डेल लौं बनाय आय मेलत सभा के बीच
लोगन कबित्त कीबो खेल करि जानो है।

'नई कविता' में भी कुछ ऐसा मुहावरा बना कि हर बार फेंटो तो वही दुक्की। 'कोई कवि बन जाए, सहज सम्भाव्य है'। लेकिन इसको उसी के अन्दर के कवियों ने बाद में तोड़ा। रघुवीर सहाय ने तोड़ा, श्रीकान्त वर्मा ने तोड़ा। उन्होंने एक नई भाषा का आविष्कार किया। यह वह भाषा नहीं थी, जो 'नई कविता' की थी। रघुवीर सहाय ने 'आत्महत्या के विरुद्ध' में जिस चुन्नटदार भाषा का प्रयोग किया,

वह भाषा कविता में तहें डालती हुई अजीबो-गरीब बारीकियाँ पैदा करती है। वह एक नई भाषा है, जिसे कुछ लोग अभी भी रेत रहे हैं। बाकायदे जबह कर रहे हैं। दिल्ली के ऐसे बहुत-से पत्रकार-कवि हैं...मैं नाम नहीं लेना चाहता, जो अभी भी रघुवीर सहाय के सुर में सुर मिलाकर गा रहे हैं। कुछ तो लगातार 'होम सिकनेस' में ही जीवन बिता रहे हैं। लेकिन रघुवीर सहाय की भाषा में कोई दूसरा नहीं लिख सकता, कबीर की भाषा में कोई दूसरा नहीं लिख सकता, रैदास की भाषा में भी कोई और नहीं लिख सकता। परमानन्ददास की बात और है, लेकिन सूरदास की भाषा में नहीं लिख सकते लोग। बड़ा कवि अपनी भाषा पर ऐसी छाप लगा देता है कि दूसरा ले तो चोरी तुरन्त पकड़ी जाएगी। तो मैं यह कहना चाहता हूँ कि ये सारे परिवर्तन पहचान की पहली सीढ़ी हैं, कि जब हम 'भाखा' को पहचान लेते हैं तो सब कुछ बदल डालते हैं। यानी कवि के साथ, सचमुच के कवि के साथ एक पूरी बदली हुई दुनिया आती है। हम मास्टर लोग आलोचना की भाषा में जिसे भाव-बोध, संवेदना आदि कहते हैं, इस पूरे संग्रह में यह भाव-बोध, संवेदना-वंवेदना वाली चीज नहीं है। कविता एक 'परसेप्शन' के बदलने का ही रूप है। चीज वही है लेकिन ऐसी नजर आती है कि जब देखते हैं तो हम अपनी ही जानी-पहचानी दुनिया को नये सिरे से पहचानने लगते हैं। बोधिसत्व हैं, देवीप्रसाद मिश्र हैं, इलाहाबाद को गर्व होना चाहिए। लोग समझते हैं कि रहा होगा इलाहाबाद पचास के दशक में साहित्य का केन्द्र। अब तो वह 'बैक-वाटर्स' में चला गया है, एक 'डिकेडेंस' व्याप्त है यहाँ। लेकिन मैं तो कुछ और ही देख रहा हूँ। मैं यह देख रहा हूँ कि बोधिसत्व और उनकी पीढ़ी के कुछ नितान्त नये कवियों ने इलाहाबाद को फिर सर्जना के केन्द्र में रख दिया है। यहाँ की हवा में ही एक खास तरह का साहित्यिक संस्कार है। इलाहाबाद, जो साहित्य के नक्शे पर धूमिल हो रहा था, अब पुन: एक नई पीढ़ी उभरकर सामने आ रही है। लक्ष्मीकान्त वर्मा यहाँ बैठे हुए हैं। कहूँगा कि 'लघुमानव' पर लिखकर एक जमाने में अपने जीवन को कृतार्थ किया था। अब इन नये लड़कों पर लिखकर अपने बुढ़ापे को सार्थक करो। इसलिए कि 'परिमल' और 'प्रगतिवाद' सब बीत चुके हैं और यह नई पीढ़ी उनमें अँट नहीं रही है।

खुली नजर से देखें तो मुश्किल कविता की आलोचना लिखना बहुत आसान है। किन्तु जब कविता इतनी सरल हो, इतनी सरल हो जाए, जैसेकि बोधिसत्व की कविताएँ हैं, तो सिर्फ पेंसिल से निशान लगाते चलने को मन करता है कि इसे देखो और इसे देखो और इसे देखो। तुरन्त कोई टिप्पणी नहीं, क्योंकि इस तरह की कविता के लिए एक पूरा शास्त्र विकसित करना पड़ेगा। टी.एस. इलियट, जो स्वयं एक कवि था और एक बहुत अच्छा आलोचक भी था, उसने कहा था कि आलोचना में 'सेंस ऑफ फैक्ट' होना चाहिए। और 'सेंस ऑफ फैक्ट' यही है कि एक कविता पढ़कर, खूब अच्छी तरह पढ़कर यह पता लगाओ कि पूरी कविता की

जान किस पंक्ति में या कभी-कभी किस शब्द में बसती है; अर्थात् ये कविताएँ एक दूसरे प्रकार की आलोचना की भाषा की माँग कर रही हैं। और वह भाषा मुझे अभी नहीं मिली है। जैसे मैंने 'कविता के नये प्रतिमान' में, 'नई कविता' की आलोचना में एक भाषा की तालाश की थी। उस भाषा में 'नई कविता' की आलोचना हो सकती है। उस भाषा में मैं या कोई भी इन कविताओं की आलोचना अब नहीं लिख सकता। बोधिसत्व के साथ जब कवियों की एक नई पीढ़ी सामने आ रही है तो वह माँग करती है कि आलोचना में एक नई भाषा और केवल भाषा ही नहीं, उसकी एक पूरी नई पद्धति सामने लानी पड़ेगी। यह बात उन कवियों पर लागू नहीं होती जो पुरानी रटन लगाए हैं। लेकिन बोधिसत्व जैसे कवि आलोचना के लिए एक चुनौती हैं। इन कविताओं को पढ़ने का दूसरा तरीका होगा। मुक्तिबोध की भाषा लेकर यदि मैं बोधिसत्व की व्याख्या करूँगा तो मैं एक अन्धेपन का शिकार होऊँगा। इसलिए यह, अब एक आलोचना-धर्म के निबाहने की बात है। यदि आलोचक सृजनशील बना रहना चाहता है तो उसके लिए एक नया शास्त्र खोजना जरूरी हो जाएगा। इसीलिए मैं बार-बार कहता हूँ कि जहाँ ये कविताएँ मेरे लिए एक पहचान का विषय हैं, वहीं मेरे लिए एक चुनौती भी हैं। मेरे ही लिए नहीं, दूसरे मान्य आलोचकों के लिए भी।

तो इन कविताओं का स्रोत क्या है? शिष्टों की कविता और शिष्टों की भाषा, दोनों परत-दर-परत तहें लगाती चली जाती हैं और तब उसमें कोई छवि नहीं दिखाई देती। कविता और कविता की भाषा तो एक ही साथ अनंत छवियों का संसार प्रस्तुत करती है, जिसे ग़ालिब ने कहा है : 'आईनाखाने में कोई लिये जाता है मुझे'...तो जब शिष्टों की भाषा अति-विशिष्ट हो जाती है, तो लोक से उसका सम्बन्ध टूट जाता है। तब एक कवि अचानक प्रकट होकर लोक से अपने शब्द, मुहावरे, उक्तियाँ, बोलचाल के तौर-तरीके लेकर कविता में हस्तक्षेप करता है। पूरी शक्ति के साथ। बोधिसत्व की कविताएँ इसी हस्तक्षेप का प्रतिफल हैं। और यह हस्तक्षेप कविता और कला की दुनिया में हमेशा घटित होता रहेगा। इसी को मेरे गुरु (आचार्य हजारीप्रसाद द्विवेदी) शास्त्र और लोकधर्म का द्वन्द्व कहा करते थे। और यह द्वन्द्व ही महत्त्वपूर्ण है इन कविताओं में। आधुनिकतावादी संस्कृति इनका कुछ नहीं बिगाड़ सकती। बोधिसत्व बचे रहें, यही डिठौना मैं लगाना चाहता हूँ।

बोधिसत्व, एक कवि होने के अलावा, एक शिल्पी हैं, मूर्तिकार भी हैं। यानी कई अर्थों में वे 'सिर्फ कवि ही नहीं' हैं। लेकिन बोधिसत्व कविता के अतिरिक्त जो कुछ भी रच रहे हैं, वह, वह शिल्प नहीं है जो धनराज भगत का है, या जो किसी भी मूर्तिकार का होता है। इधर-उधर बिखरे हुए पत्थरों को लेकर एक विशेष प्रकार के संयोजन में रख देना एक अलग कला है। इसे ठीक-ठीक मूर्तिकला यानी 'स्कल्पचर' का दर्जा नहीं दिया जा सकता। आपने शायद स्वर्गीय श्री डी.के. बेडेकर का नाम सुना हो। वे मराठी के एक बहुत बड़े विद्वान थे और अपनी भाषा में लिखते

भी थे। हिन्दी में सुमित्रानंदन पंत उनके बड़े प्रिय कवि थे और उनके ऊपर तथा कुछ दूसरे कवियों के ऊपर उन्होंने लिखा भी है। अद्‌भुत मेधा थी उनमें और बहुत चुप रहनेवाले व्यक्ति थे। मुझसे पहली बार उनकी भेंट सन् 1966-67 में हुई थी। उनको 'सोवियत-लैंड नेहरू पुरस्कार' से सम्मानित किया गया था और मास्को जाने के लिए वे दिल्ली आए थे और इरविन रोड पर अपने छोटे भाई के यहाँ ठहरे हुए थे। तो मैंने देखा कि वे एक पूरा जखीरा लिये हुए थे—कलाकृतियों के कच्चे माल का जखीरा। और कलाकृतियाँ भी कैसी! जैसीकि बोधिसत्व बनाते हैं। और वे मूल कलाकृतियाँ मास्को प्रदर्शनी के लिए ले जा रहे थे, उनकी 'ट्रांसपेरेंसीज' नहीं। उन्होंने बताया कि मुझे इन्हीं के लिए पुरस्कार मिला है और इन्हीं को दिखाने मैं मास्को जा रहा हूँ। वे एक और काम करते थे जो शायद बोधिसत्व भी करते होंगे। वे पत्थरों के टुकड़ों को ही आकार और रूप नहीं देते थे, वे घास-फूस, लकड़ी के टुकड़ों और अन्य प्राकृतिक चीजों को भी जरा-सा ठीक-ठाक करके विचित्र और अद्‌भुत आकारों में ढाल देते थे।

श्री बेडेकर चूँकि एक सिद्धान्तकार भी थे इसलिए अपनी इस कला की 'फिलासफी' भी बताते थे। वे कहते थे कि देखो, एरिस्टोटल ने कहा है और हमारे भरत मुनि भी कहते हैं कि एक चीज होती है 'नेचर' (प्रकृति) और दूसरी चीज होती है 'आर्ट' (कला)। तो यह जो 'आर्ट' है, यह 'नेचर' का 'इमीटेशन' (अनुकरण) है। इसीलिए हम 'नेचर' और 'नर्चर' की बात करते हैं। इसीलिए जीवन और कला में भेद भी माना जाता है और भेद है भी। यानी जीवन अलग होता है और कला अलग चीज होती है। लेकिन बेडेकर का कहना था कि वह जो बनाते हैं, या यों कहिए कि बोधिसत्व जो आज बनाते हैं, इसका एक अलग 'एस्थेटिक्स' है; सौन्दर्यशास्त्र है। वह यह कि प्रकृति का अनुकरण करने की अपेक्षा यदि मनुष्य अपने हाथों से उसे सँवार दे, छू भर दे तो प्रकृति अपने-आप कला में रूपान्तरित हो जाती है। इसकी अपेक्षा कि प्रकृति का अनुकरण करके एक कलाकृति को प्रकृति से अलग किया जाए, जीवन से पृथक् किया जाए, तो यह एक नया सौन्दर्यशास्त्र है। इसमें मानवीय 'क्रियेटिविटी' (रचनात्मकता) की अधिक सम्भावनाएँ हैं। क्योंकि मनुष्य प्रकृति को जीवन से अलग कर, उसका अनुकरण करके स्रष्टा नहीं हो सकता। मनुष्य का हाथ लग जाने से, छू भर देने से, एक अन्तर्दृष्टि से उसे सँवार भर देने से प्रकृति स्वयं कला बन जाती है। जैसाकि निराला कहते हैं :

पिय के हाथ लगाए जागी,
ऐसी मैं सो गई अभागी।

यह कला का एक अलग सौन्दर्यशास्त्र है। प्रकृति उस प्रिय के जरा-सा हाथ लगा देने से रोमांचित होकर कला का रूप धर लेती है।

मैं जो कहना चाहता हूँ कि बोधिसत्व की मूर्तियों का ही नहीं, उनकी जो कविताई है, उसका भी सौन्दर्यशास्त्र वही है। प्रकृति और जीवन के उपादानों को वे छू भर देते हैं। इसीलिए उनकी कविता में इतनी सहज सहजता है। इसीलिए चालू अर्थ में वे 'सिर्फ कवि नहीं' हैं, जिस अर्थ में और लोग कवि हैं! जिस अर्थ में असद जैदी कवि हैं, राजेश जोशी कवि हैं, उस अर्थ में बोधिसत्व कवि नहीं हैं। बोधिसत्व का काव्यशास्त्र बिलकुल दूसरा है। उसे खोजना और समझना पड़ेगा। यहाँ मैं उनकी दो कविताएँ प्रस्तुत कर रहा हूँ, उदाहरण के लिए। लेकिन यह न समझा जाए कि यही सर्वश्रेष्ठ हैं। यह तो केवल बानगी है :

नहीं मान सकता मैं
कि ठंड से इनका कुछ न बिगड़ेगा
कि आग इन्हें तपाकर
झुलसा तक नहीं पाएगी—

देखें कि सर्वनाम ही चल रहा है। 'इनका', 'इन्हें'—कौन है वह?

कि हवा
इनकी शाखों में झूलकर
रह जाएगी।

अभी भ्रम की गुंजाइश है कि पेड़ का ही जिक्र किया जा रहा है कि 'शाखों' का यहाँ पर कोई और रूपक है?

बरसात में भींग गई है
इनकी देह।

यह देह बैल की भी हो सकती है, मनुष्य की भी हो सकती है और पेड़ की भी हो सकती है। इन सर्वनामों से प्रकृति और जीवन के कितने उपादानों को एक साथ कवि स्पर्श कर रहा है!

इनका खड़ा रह पाना
कुछ मुश्किल लग रहा है
बढ़इयों को चाहिए
कि इनके लिए गढ़ें
कमीज
तैयार करें इनके लिए
जूते,
वैसे भी ये टोपी की माँग
अक्सर नहीं करते

यहाँ कविता वास्तव में 'टोपी' शब्द में है।

मैं सिर्फ कवि नहीं हूँ
समझ रहा हूँ
मौसम कुछ
ठीक-ठाक नहीं है।

दूसरी कविता है :

जब पानी चमार की तरह
उतारने लगता है
खाल मिट्टी की।

मैं कहना चाहता हूँ कि हिन्दी में यह 'इम्प्रेशन', यह मुहावरा अभी तक नहीं आया। जिसे कहते हैं : 'आया नहीं है लफ्ज ये हिन्दी जुबाँ के बीच'। कहें कि अभी-अभी आया है, पहली बार आया है।

पेड़ चुप
एक दूसरे की
फटी बनियान से झाँकती
पीठ की चौड़ाई
ताकते हैं
और धूप लाचार होकर
चाय बनाने लगती है
बच्चे
नंगे बच्चे
परधान के चुनाव की
तैयारी करते हैं।

[बोधिसत्व के कविता संग्रह 'सिर्फ कवि नहीं' पर केन्द्रित परिचर्चा में इलाहाबाद में दिया गया व्याख्यान; 'कथा' के किसी अंक में प्रकाशित; सम्पादक : मार्कंडेय]

निजी अनुभव ही नहीं, देश-दुनिया भी

महावृक्ष के नीचे

लगभग दो या तीन दशक हो गए होंगे, जब पहली बार, श्री आलोक शर्मा की एक काव्य पुस्तक, यहीं कलकत्ता में मुझे मिली थी और उस काव्य पुस्तक के माध्यम से एक ऐसे कवि की रचना का परिचय मुझे प्राप्त हुआ था जो कलकत्ता के कवियों के बीच ही नहीं बल्कि दूसरे कवियों की भीड़ में भी अपनी अलग पहचान रखते थे। आज उसी अंकुर को मैं महावृक्ष के रूप में देख रहा हूँ।

आलोक शर्मा का यह संग्रह जिसमें कुछ कविताएँ पहले के उस संग्रह से भी ली गई हैं जिसका नाम शायद 'आजादी का हलफनामा' है। अब कविता हलफनामा है या नहीं, यह मैं नहीं जानता लेकिन इस दौर में जैसे इस बात की जरूरत आ पड़ी है। क्योंकि यह जो व्यक्ति का 'मैं' है, वह भीड़ के कारण प्राय: नष्ट होता चला जा रहा है। इसी को हम व्यक्ति का स्वभाव कहते हैं। इसलिए, एक कवि तो कम-से-कम ऐसे हैं जो अपने स्व का निषेध करके तमाम दुनिया के बारे में कुछ कहना चाहते हैं, लेकिन कभी-कभी कुछ महत्त्वपूर्ण रचनाएँ ऐसी भी लिखी जाती रही हैं, जिनके केन्द्र में स्व अवस्थित रहता है। आलोक शर्मा की ऐसी ही एक छोटी कविता 'मैं' इस संकलन से उद्धृत कर रहा हूँ :

मैं हूँ
यह बात
मैं किससे
कहूँ?

डेकार्ट का एक वाक्य है जिसे अंग्रेजी में उद्धृत किया जाता है कि 'आइ फील देयर फोर आइ एम'। मैं रचता हूँ, इसलिए भी मैं हूँ, लेकिन 'यह बात मैं किससे कहूँ', इसमें यह भी शामिल है कि यह बात मैं अपने-आपसे कहूँ या फिर कोई

और भी है जिससे मैं यह कह सकूँ कि मैं कौन हूँ। मिर्जा ग़ालिब ने बहुत पहले कहा था : 'पूछते हैं कि ग़ालिब कौन है, कोई बतलाए, या हम बतलाएँ क्या'? कभी-कभी आदमी का यह जो 'मैं' है, वह खुद को खोजता है, जबकि हम खुद यह नहीं जानते कि हम क्या हैं। इसलिए इस दौर में यह कहने की जरूरत पड़ती है कि 'मैं हूँ यह बात, मैं किससे कहूँ'? पहली बात जरा जोर देकर कहने की है लेकिन दूसरी बात कहते हुए कविता-स्वर कुछ दूसरी तरह का होना चाहिए।

इसी संकलन की एक और कविता है, जिसका नाम 'महावृक्ष के नीचे' है। संकलन के ऊपर बने चित्रों को आप देखेंगे तो पाएँगे, एक धुएँ का गुब्बारेनुमा वृक्ष है, यह महावृक्ष कोई बोधिवृक्ष नहीं है। यह धुएँ का एक ऐसा महावृक्ष है जिसकी शाखों से झरते राख के फूल धरती पर चारों ओर बिखर रहे हैं, और उसकी छाया में एक मासूम बच्चा, अपने अँगूठे को अपने मुँह में डाले, एक मीठी मुस्कान के साथ, गहरी नींद में सो रहा है। यह जो मूर्तिमत्ता है या चित्र है, यह बहुत कुछ कहता है। आप इसे बार-बार देखिए और जानने की कोशिश कीजिए कि यह धुएँ का पेड़ आखिर क्या है, जिससे राख के फूल झरते हैं—राख नहीं? और जिसकी छाया में एक मासूम बच्चा सो रहा है, कहीं वह स्वयं कवि तो नहीं? क्योंकि यह जो मासूमियत है, वह आज लुप्त होती चली जा रही है। आज हम अपनी मासूमियत को खो बैठे हैं। क्योंकि हम बहुत चतुर, चालाक और मक्कार हो गए हैं। कविता उसी मासूमियत को बचाने का काम करती है। आचार्य रामचन्द्र शुक्ल जिस बात को कह चुके हैं, उसकी अनुगूँज बहुत दूर तक है और वह यह कि हम अपना स्वभाव ही नहीं, अपनी मासूमियत—अपना इनोसेंस खोते चले जा रहे हैं। ब्रेख्त ने अपना एक काव्य संकलन छपवाया था, जिसका नाम था 'साउंड ऑफ दि इनोसेंस'। यह नाम शायद उन्होंने इसीलिए रखा था कि वे इसके द्वारा आज की दुनिया के लिए उस बात की ओर इशारा करना चाहते थे।

मैंने सुना था कि आलोक शर्मा ने कोई नाटक लिखा था जिसमें कोई डायलॉग नहीं था। यह एक ऐसा प्रयोग था जिस पर बड़े-बड़े फिल्म वाले, यहाँ तक कि शम्भू दा—शम्भू मित्रा तक चौंक गए थे, कि यह कैसा नाटक है जिसमें कोई संवाद ही नहीं? अब कविता में यदि संवाद के बिना भी नाटक हो सकता है तो इस काव्य संकलन के आरम्भ की एक कविता—'प्रस्तर नदी' पर मेरी नजर टिक जाती है।

...हम आपस में
निःशब्द बातें करते हुए
शीत और ताप के मध्य
अँधेरे और उजाले के बीच
पारदर्शी समय का
कटना देखा करते थे

और जब हम थक जाया करते थे
तो एक दूसरे को
महसूस करने की
कोशिश किया करते थे...।

इस नि:शब्दता को कभी आपने भी जरूर महसूस किया होगा। मुझे याद है, कलकत्ता के चौरंगी मैदान में, जहाँ कभी-कभी हम लोग थककर बैठ जाया करते थे, तो वहाँ एक वह भी बात हुआ करती थी जो नि:शब्द होती थी। बोल-बोलकर की गई बातें तो सभी करते हैं और सभी समझ भी सकते हैं लेकिन वह जो बात नि:शब्द हुआ करती है, उसे शब्दों में उतारने के साथ ही अन्त में यह कहना कि हम एक-दूसरे को महसूस करने की कोशिश किया करते थे, यह बात मन को छू जाती है। यह आत्मीयता और इसकी अभिव्यक्ति के कारण ही यह एक ऐसा अनुभव है, जो कम कविताओं में मिलता है।

आखिरी बात, इस काव्य संकलन की उन दो कविताओं पर, जिनमें से पहली कविता 'हलफनामा' है तथा बाद वाली एक कविता 'शपथ' है। यह 'शपथ' और 'हलफनामा' कविता बतलाती हैं कि आलोक शर्मा केवल निजी अनुभव के कवि नहीं हैं यानी केवल पर्सनल पोयेट नहीं हैं। आजकल ऐसे कवि कई निकल आए हैं जिनको देश-दुनिया की कोई खबर नहीं कि क्या हो रहा है। गरीब की झोंपड़ी या उन घरों में, जहाँ कभी-कभी चूल्हे भी नहीं जलते, क्या हो रहा है तथा उन खेतों में क्या हो रहा है, जहाँ लाचार किसान हथियार उठाने के लिए मजबूर हो जाता है! यानी कि वह जो बड़ी दुनिया है, उसकी वास्तविकता या सचाई क्या है, इसी का अन्तर दिखलाने के लिए मैंने इन दो कविताओं को चुना है। एक कविता पूर्व संकलन 'आजादी का हलफनामा' से संकलित है तथा दूसरी कविता इधर की यानी इसी संकलन से है। कौन-सी कविता पहले है या कौन-सी बाद में है, मैं नहीं जानता लेकिन 'हलफनामा' कविता संकलन के शुरुआत में ही अवस्थित है :

अब मुझे कह देना चाहिए
उन तमाम बातों के बारे में
जिन्हें अपने अन्दर रख लेने पर
आदमी मर जाता है
और जिन्हें
अपने से बाहर निकाल देने पर
आदमी मार दिया जाता है।

आखिर वे कौन-सी बातें हैं जिन्हें अपने अन्दर रख लेने पर आदमी मर जाता है और वे कौन-सी बातें हैं जिन्हें अपने से बाहर निकाल देने पर आदमी मार दिया

जाता है? इन्हीं अनुभूतियों से जुड़े लोग, जो खास करके राजनीति में संघर्ष कर रहे हैं, वे इस मरने-मारने का फर्क आसानी से कर सकते हैं।

इसी संकलन की दूसरी कविता है : 'शपथ'। 'हलफनामा' और 'शपथ' में क्या फर्क है, यह आप बेहतर जानते हैं। अदालत में आप हलफनामा देते हैं लेकिन शपथ समारोहों में ली जाती है, जिसे महामहिम आचार्य विष्णुकान्त शास्त्री राजभवन में स्वयं दिलवाते हैं, इसलिए शपथ कब, कहाँ और कौन लेता है तथा हलफनामा कब, कौन, कहाँ देता है, इन दोनों में जो फर्क है, उसे आप स्वयं देख सकते हैं। राजभवन समारोह को ध्यान में रखिए या लोअर कोर्ट अथवा हाईकोर्ट को ध्यान में रखिए। अब मैं उस शपथ कविता की कुछ पंक्तियाँ आपको सुना रहा हूँ।

...मैं इस धर्मग्रंथ की शपथ खाकर कहता हूँ हुजूर
कि मैं जो कुछ भी कहूँगा
झूठ कहूँगा
झूठ के अलावा और कुछ भी नहीं कहूँगा
क्योंकि हुजूर
यदि मैं इसे छूकर सच भी कहूँगा
तो न आप मेरा यकीन करेंगे
और न आप मुझे रिहा कर देंगे।

'महावृक्ष के नीचे' संकलन की इस कविता के अन्त में आलोक शर्मा कहते हैं :

...नहीं, मुझे अपनी पैरवी के लिए
कोई वकील नहीं चाहिए
...कोई कैसे जीयेगा
कौन इस जमीन को कैसे जोतेगा
इसके लिए पैरवी की नहीं
प्रतिश्रुति की आवश्यकता पड़ती है।

एक कमिटमेंट है यह प्रतिश्रुति। इसलिए वह किसान जिसे खेत जोतने के लिए अपना हक चाहिए, यदि वह उसे नहीं मिलता है तो उसके लिए उसे पैरवी की जरूरत नहीं है। मेरे खयाल से जन-आन्दोलन करनेवाले लोग विशेष कर जो किसानों के आन्दोलन से जुड़े हुए हैं, उन्हें यह कविता बार-बार सुनाई जानी चाहिए, ताकि वे किसानों को यह बतला सकें कि उन्हें पैरवी की नहीं, प्रतिश्रुति की जरूरत है—एक कमिटमेंट की आवश्यकता है—अपना हक हासिल करने के लिए। क्या दुनिया हो गई है! इस कविता में यह शपथ ली गई है कि मैं जो भी कहूँगा, झूठ के अलावा कुछ भी नहीं कहूँगा, ऐसा झूठ कहने वाला कवि तो एक बहुत बड़ी सचाई बयान

कर रहा है, और वे तमाम लोग जो सच को अपना कॉपीराइट समझते हैं, वे आज के जमाने का सबसे बड़ा झूठ बोल रहे हैं।

कविता जीवन की इन्हीं विसंगतियों को खोलकर सामने रखती है, तथा इन्हीं विसंगतियों की पहचान कराने का काम अगर आलोचना करेगी तो कविता के साथ ही वह भी सार्थक हो जाएगी।

[श्री आलोक शर्मा के काव्य संकलन 'महावृक्ष के नीचे' के लोकार्पण समारोह के अवसर पर दिया गया वक्तव्य]

समस्याग्रस्त दृष्टि का उपन्यास
जलता हुआ गुलाब

एक बड़े रचनाकार द्वारा एक युवा रचनाकार के लिए जो होना चाहिए, वह कार्य आज सम्पन्न हुआ। आप जानते हैं कि रचनाकार भले ही वरदान दे लेकिन आलोचक श्राप देने के लिए अभिशप्त है और यदि न भी दे तो उसमें ऐसी ही ध्वनि सुनाई पड़ती है। तरसेम गुजराल को मैं नहीं जानता। उनकी पहली ही कृति 'जलता हुआ गुलाब' मैंने पढ़ी और मैं ऐसे जोखिम भरे विषय पर कलम उठाने का साहस करने के लिए तरसेम गुजराल को बधाई देता हूँ। जलते हुए पंजाब पर कलम उठाना हर तरह से जोखिम का काम है। यह एक ऐसी रचना है जिसमें ठेठ अभिव्यक्ति का प्रयास लेखक ने किया है और इसे मैं लेखकीय साहस मानता हूँ। उपन्यास राजनीतिक है। साथ ही लेखक से कई चूकें, गलतियाँ भी हुई हैं। नये लेखक से ऐसी चूकें हों तो इसमें कोई आश्चर्य नहीं।

एक राजनीतिक उपन्यास में सबसे पहली चीज देखी जाती है कि खुद लेखक की अपनी राजनीति क्या है? वह समस्या के बारे में किस तरह से सोचता है? इस उपन्यास में अनेक टिप्पणियाँ की गई हैं। उपन्यास के छठे अध्याय में पूरी एक सभा है, जिसमें अनेक राजनीतिक विचारों के दोआब हैं। लोग भाषण देते हैं। संक्षेप में सबके भाषण दिये गए हैं। इस उपन्यास के नायक अविनाश के विचारों को यदि लेखक के विचार माने जाएँ तो इसमें लेखक के साथ अन्याय नहीं है क्योंकि यह नायक उसका करीब का है। मैं एक उद्धरण देना चाहता हूँ : 'आर्थिक, राजनीतिक, सामाजिक भागों को लेकर शुरू हुआ यह आन्दोलन साम्प्रदायिक मार-काट की शक्ल अख्तियार कर रहा था। जहाँ संत भिंडरावाले की नीति इसके लिए जिम्मेदार है, वहीं क्या सरकार की लटकाने वाली नीति और सरकारी ठाठों के मूल-तत्त्व इसके लिए जिम्मेदार नहीं हैं? पहले जानबूझकर इसे जहरीला फोड़ा बनने दिया गया था, फिर बे-वक्त और गलत ढंग से 'नीला तारा ऑपरेशन' करके सिख मानसिकता

को चोट पहुँचाई गई। धार्मिक जज्बात दबाव में और भड़कते हैं। हालत यह है कि आज संत भिंडरावाले और इन्दिरा जी, दोनों नहीं हैं लेकिन अपने-अपने सेक्टर में वे दोनों जिन्दा हैं।'

यह उपन्यास के नायक अविनाश की एक टिप्पणी थी। आप अन्दाजा लगा सकते हैं कि लेखक पूरी समस्या पर विचार करते हुए किस समझ को दोषी मानता है। आर्थिक, राजनीतिक और सामाजिक दृष्टिकोण से शुरू होनेवाला आन्दोलन किस तरह एक साम्प्रदायिक मार-काट में बदल गया, इससे भी लेखक के दृष्टिकोण का आप अन्दाजा लगा सकते हैं। इस उपन्यास में लेखक ने यह दिखाना चाहा है। कई जगह पात्रों की बातचीत के द्वारा इस बात को कहा गया है जिसमें एक टिप्पणी है : 'सन् '72-73 के बाद पंजाब के किसी महकमे में कोई बड़ी भर्ती हुई ही नहीं।' इस उपन्यास में यह दिखाने की कोशिश की है। बहुत-से युवक, जो चाहे किसी के समर्थक हों, उसमें बहुत बड़े पैमाने पर बेरोजगारी थी। पढ़े हुए योग्य लोगों के लिए, जिनके लिए कोई रास्ता नहीं रह जाता, सारे दरवाजे बन्द हो जाते हैं। बेकारी की स्थिति उत्पन्न होती है। बेकारी भी उन लोगों के लिए बहुत बड़ा कारण है। साथ ही लेखक द्वारा यह भी बताया गया है कि जहाँ '55-56 के आसपास शेष राज्यभाषा के आधार पर बने, बहुत दौड़-धूप करने के बाद भाषा के आधार पर '66 में पंजाब बना। इसलिए पंजाब में असन्तोष कई वर्षों से और कई कारणों से धीरे-धीरे इकट्ठा हो रहा था। इस पर भी लेखक की नजर है।

उपन्यास में एक जगह एक आदमी कहता है : 'वे लोग जो खाते पंजाब का हैं, पहनते पंजाब का हैं, बोलते पंजाबी हैं मगर हमारी और अपनी मातृभाषा लिखवाते हैं हिन्दी! पूछो उनसे, आपको पंजाबी लिखवानी इतनी ही हेठी लगती है तो पंजाब छोड़ क्यों नहीं देते? वहाँ चले जाओ, जहाँ हमको-तुमको चलता है।' यहाँ यह बात स्पष्ट हो जाती है कि यह लेखक का कथन नहीं है। इस विषय में एक और बात कही गई है जिसे मैंने भी सुना है और आपमें से कई लोगों ने भी सुना होगा। यह बात सिर्फ हिन्दुओं तक ही सीमित नहीं है वरन् पंजाब के सिख आपस में पंजाबी में बात करेंगे लेकिन जब बच्चे को साथ लेकर बाजार निकलेंगे तो—'मुन्ना टॉफी लेगा', 'हमाला लाजा बेटा टॉफी लेगा' कहेंगे! यानी पंजाब के सम्पन्न परिवार के लोग आम तौर से अपनी बोलचाल की भाषा को छोड़कर परायी भाषा को स्टेटस सिंबल के रूप में इस्तेमाल करते हैं। जैसे रूस के सम्पन्न परिवार के लोग फ्रेंच बोलते थे और हमारे यहाँ हिन्दी प्रदेशों के लोग अंग्रेजी बोलते हैं, ठीक उसी तरह। यथार्थ को पहचानने और पकड़ने के लिए जिस पैनी नजर की आवश्यकता है, वह तरसेम गुजराल के पास है।

उपन्यास में ऐसी अनेक टिप्पणियाँ आपको मिलेंगी जो लेखक को परिपक्व, प्रौढ़ बनाती हैं। जैसे उपन्यास का छठा अध्याय जो दिखाता है कि उग्र वामपंथी

विचारों के लोग पंजाब की समस्या को कैसे देखते हैं, यहाँ अविनाश की लम्बी टिप्पणी का अंश प्रस्तुत है : 'जहाँ पर तमाम कम्यूनिस्ट पार्टियों और ग्रुपों के मोर्चे का सवाल है, मैं समझता हूँ कि पंजाब में उनकी कोई कारगर भूमिका नहीं रही है। यह दोष उनके संगठन में है, नीतियों में है, या लीडरशीप में है, यह वही देखें।' मैं समझता हूँ कि इस उपन्यास में स्थितियों के बारे में सूक्ष्म पर्यवेक्षण है। हाँ, आखिरी टिप्पणी अत्यन्त निषेधात्मक है, जहाँ स्पष्ट नहीं होता है कि अविनाश क्या मानता है। क्या यह मानता है कि पंजाब के सारे दल गड़बड़ हैं? शिवसेना, अकाली दल, कांग्रेस आदि पार्टियों के साथ ही कम्यूनिस्ट पार्टियों में भी कहीं कोई रोशनी दिखाई नहीं पड़ती है? लगता है कि यह एक तरह का निहिलिज्म है जोकि राजनीतिक समझ की कमजोरी का भी सूचक है। ऐसा नहीं कहा जा सकता है कि पंजाब की समस्या को हल करने में शामिल पार्टियाँ या उनमें से कोई ग्रुप कारगर न हुआ हो। मुझे लगा कि इस उपन्यास में यथार्थ देखने, पहचानने की जहाँ लेखक की पैनी नजर है, वहीं कहीं न कहीं यह उपन्यास एक निषेधात्मक वृत्ति की ओर ले जाता है। यह बात इस उपन्यास की बनावट में दिखाई पड़ती है। उसका गहरा ताल्लुक कहीं-न-कहीं लेखक की राजनीतिक दृष्टि से है।

पूरा उपन्यास अनेक पात्रों की बहस है। कथा बहुत झीनी है। अविनाश और हरदीप के प्रेम-परिचय से कहानी शुरू होती है। प्रेम बहुत दूर तक नहीं जाता। अन्त में अविनाश की मृत्यु होती है। बीच में अनेक हत्याओं का सिलसिला है। एक के बाद एक दूसरी, दूसरी के बाद तीसरी, तीसरी के बाद चौथी—अनेक हत्याएँ हैं, जो अखबारों में आ चुकी हैं। अकाल मृत्यु है। इसको हम उपन्यास या कथाकृति कहें या न कहें? कथा के झीने सूत्र के अभाव में ही इसके उपन्यास न होने की बात नहीं कहता, बल्कि इसमें कुल मिला करके घटनाएँ ऐसी हैं कि जिनका हम पूर्वानुमान लगा सकते हैं, जिसको predicitibility कहते हैं।

कथा का क्रम ऐसा है कि जैसे ही उपन्यासकार किसी चरित्र को उठाता है और उसके बारे में कुछ अच्छा कहता है, वैसे ही पाठक को यह भय सताने लगता है कि दूसरे या तीसरे पेज पर उसकी हत्या होनेवाली है। इसी क्रम में जज साहब, दीवान जी और अन्त में अविनाश की हत्या होती है। दूसरी बात यह कि जिन लोगों की हत्या होती है, उपन्यासकार ने इन चरित्रों का गठन बहुत ही मासूम, बलिदानी और आदर्श चरित्र के रूप में किया है। यह पूरा ब्यौरा इस बात का सूचक है कि लेखक का समूचा दृष्टिकोण इस स्थिति के बारे में बहुत ही उच्छल भावुकतापूर्ण और सेंटीमेंटल है। स्वयं 'जलता हुआ गुलाब' नाम भी सेंटीमेंटल है। पूरा उपन्यास यही बताता है कि दुनिया में सब मासूम, पवित्र और प्यार करनेवाले लोग होते हैं और ऐसे ही लोगों की हत्या हो जाती है। यह एक ऐसी सेंटीमेंटल अपील है जो करुणा नहीं, लेकिन एक सस्ती भावुकता जरूर पैदा करती है। और यहाँ सस्ती

भावुकता के वे सारे मुखड़े इस्तेमाल किये गए हैं जोकि एक जमाने में कभी प्रगतिशील आन्दोलन में सन् '36-37 के दौर में उन आरम्भिक कमजोर क्षणों में इस्तेमाल किये जाते थे। और 1989 में कोई युवा लेखक, युवा कवि आज न उस तरह सोचता है, न लिखता है।

इसलिए तरसेम गुजराल का आज यह सोचना समस्यापूर्ण है। मैं कहूँगा, उन्हें अपनी नहीं तो किसी और की गलतियों से तो सीखना चाहिए। गोर्की की 'माँ', प्रेमचंद का 'गोदान', और तो और, नरोत्तम नागर द्वारा अनूदित रॉल फाक्स की प्रसिद्ध कृति 'उपन्यास और लोकजीवन' को खरीदवाकर लेखक संक्षेप में बताना चाहता है कि 'हरदीप' को वह क्या बनाना चाहता है। यह पढ़ते हुए मुझे कृश्न चन्दर की मशहूर कहानी 'पेशावर एक्सप्रेस' याद आ गई। जब नायिका घसीटकर मारी जाती है तो उसके हाथ में कृश्न चन्दर एक किताब पकड़ाते हैं। ये जो नुस्खे हैं, उससे कुछ राजनीतिक उपन्यास बनता है? युवा प्रगतिशील विचारों का बोध होता है? अगर '36-37 वाली चीजें, जिसे स्वयं नागार्जुन जी या अमृतलाल नागर जी अपनी कृतियों में अब नहीं कहते हैं, अपने बड़ों से हम सीखें कि इस बीच क्या-क्या बदल गया है। राजनीति पिछली ड्योढ़ी है। यथार्थ के बीच हम अच्छी तरह जानते हैं कि ऐसे नुस्खों से हम न क्रान्ति का प्रचार कर सकते हैं, न विचारधारा को पुष्ट ही कर सकते हैं। बल्कि ये ऐसे नुस्खे हैं जो हल्के-फुल्के और सेंटीमेंटल हैं। बाद में खुद कृश्न चन्दर ने यह काम नहीं किया। इसलिए इस पुस्तक में, उपन्यास में जो त्रासदी है, उससे सीखना चाहिए। राजनीतिक टिप्पणियों के द्वारा पूरी की पूरी कृति विकसित होती है। टिप्पणियाँ बहुत शानदार हैं, बहुत जोरदार हैं, चुस्त हैं, जो अक्सर सुनी जाती हैं। लेखक ने उन्हें लोगों के बीच से उठाया है। ऐसा नहीं लगता, उनको गढ़ा या जोड़ा है। इस ठेठ राजनीतिक उपन्यास की प्रक्रिया में जो पंजाब में घटित होनेवाली...और जहाँ तक मैं समझता हूँ, यथार्थ के नये आयाम धारित करो तो राजनीति बनाम मनुष्य और जो रोजमर्रा का जीवन है, उसमें जो ह्यूमन ट्रेजेडी है, उस ह्यूमन ट्रेजेडी को भावोच्छ्वासपूर्ण बनाने की बजाय आप उस ट्रेजेडी की पेचीदगी को दिखाएँ।

इस उपन्यास में एक दूसरा बहुत मार्मिक प्रकरण है। वह है हत्या। दिल्ली के दंगों पर उपन्यास में एक छोटा-सा अंश है, जहाँ भीड़ 'लेकिन हमें खून दो, लेकिन हमें खून दो' गाते हुए, गलियों-चौराहों को लाँघते जाती है। इस पूरी भयावहता को लेखक तीन-चार पृष्ठों में लिखता है। तरसेम की कलम में ताकत है, लेकिन यहाँ तरसेम फिर एक बड़ी चूक करते हैं। वह गुरुटेक और दूसरी लड़की के प्रकरण को लेकर इस ट्रेजेडी को जबरन मार्मिक बनाने की कोशिश करते हैं। प्रसंग को अधिक मार्मिक बनाने के लिए कभी छोटे बच्चों की, कभी प्रेमियों की तो कभी किसी गर्भवती स्त्री की हत्या करवा दी जाती है, ताकि हत्याओं की भयावहता और

नृशंसता को दिखाया जा सके। यह यथार्थवाद नहीं है। यह गोर्की का रिवोल्यूशनरी रोमैंटिसिज्म, हिरोइक रोमैंटिसिज्म है। हमें इन रोमानियत भरे अंशों को लिखने से पहले अपनी समृद्ध कथा-परम्परा को देखना चाहिए। अजीब विडम्बना है कि प्रेमचंद में रोमानियत इतनी कम है। घोर छायावाद के युग में वह आदमी बहुत कम रोमानी था। प्रेमचंद घनघोर यथार्थवादी थे। हमारी परम्परा बहुत ही यथार्थवादी है।

['प्रेमचंद्र महेश सम्मान' से सम्मानित तरसेम गुजराल के उपन्यास 'जलता हुआ गुलाब' पर सम्मान-समारोह में नागार्जुन और अमृतलाल नागर की उपस्थिति में 23-08-89 को दिया गया वक्तव्य, पहली बार प्रकाशित]

आकाश कहाँ है

चन्द्रा पांडेय

न प्रेम करने की उम्र होती है, न कविता करने की। टॉमस हार्डी तो आजीवन उपन्यास लिखते रहे, और उन्होंने अस्सी साल की उम्र में कविता लिखना शुरू किया। इसलिए चन्द्रा पांडेय ने पचपन साल की उम्र में कविता शुरू की तो उसमें कुछ भी अस्वाभाविक नहीं है। कविता उम्र से परे होती है। 'आकाश कहाँ है' चन्द्रा पांडेय का दूसरा कविता संग्रह है। इस संग्रह में छोटी और रोजमर्रा की जिन्दगी पर लिखी कविताएँ मुझे बहुत महत्त्वपूर्ण प्रतीत होती हैं। कबीर ने छोटी-छोटी साखियों में ही जीवन का रस निचोड़कर रख दिया। 'आकाश कहाँ है' की एक छोटी कविता है :

कैसे कह सकते हो,
मैंने बरसों नहीं लिखीं कविताएँ?
लड़ती रही अपनी अस्मिता के लिए लड़ाई
जूझती रही संघर्षों से निरन्तर
क्या यही नहीं थीं जीवंत कविताएँ?
क्या जरूरी हैं कवित्व के लिए
शब्द, भाषा, लय, ताल और छंद?

रोजी-रोटी के लिए दौड़ते मेरे पैरों
की ध्वनि में क्या नहीं थी कविता?
रूठती बेटी को मनाते
उनींदे बच्चों को थपकी दे सुलाते
मनुहार कर लिखाते-पढ़ाते
उन्हें सर्दी से बचाने के लिए
स्वेटर बुनते, कमीज के बटन टाँकते

स्कूल ड्रेस पर इस्तरी करते
क्या नहीं लिखीं मैंने कविताएँ?
घनघोर बारिश के सीले दिनों में
बाल्टीभर गीले कपड़ों को सुखाने की चिन्ता करते
गीली लकड़ियों को फूँक मार सुलगाते
धुएँ की कड़वाहट से नम आँखें पोंछते
क्या नहीं वही मेरी आँखों में कविताएँ?

यह कविता स्त्री के संघर्ष से जूझती है। संग्रह में श्रमजीवी स्त्री पर एक और बेहतरीन कविता है :

सुबह से शाम तक
हिमानी घाटियों में
बीनती रहती हैं सूखी लकड़ियाँ
पहाड़ी लड़कियाँ
ठंडी रातों में सुलगाती हैं
फूँक मार मार
गीली लकड़ियाँ सूखे चेहरों वाली लड़कियाँ
और खुद धुआँ बन जाती हैं
आग जलाने की कोशिश में पहाड़ी लड़कियाँ।

इस कविता में स्त्री की वेदना पर कवि की संवेदित निगाह है। संग्रह की एक और कविता ने मेरा ध्यान खींचा :

दिन बढ़ रहा है दोपहर पार कर शाम की ओर
ईंट-भट्ठे से छुट्टी पा माँ, भूल अपनी थकान
जुट गई है पकाने में भात,
दो ईंटों के चूल्हे पर चढ़ी कालिख मढ़ी
अल्यूमीनियम की पिचकी पतीली,
सुलगा रही है कुछ गीली बाँस की खपच्चियाँ।

इस कविता में जो कठोर जीवन वर्णित हुआ है, उन्हीं के बीच वर्णमाला का ज्ञान जब पहुँचे तो क्या कहना! लेकिन उनके हिस्से की किताबें कहाँ हैं? कवि का प्रश्न है :

इनके हिस्से की किताबें कहाँ गईं?
लिखी ही नहीं गईं या दीमकें चाट गईं?

पुस्तक मेले में अक्षरों से अनजान
मिट्टी में फेंकी आइसक्रीम की चम्मचें चाटते ये भूखे अधनंगे बच्चे,
हाल पर जिनकी लिखी गई हैं, मोटी-मोटी पोथियाँ
बनाए गए हैं कलात्मक पोस्टर,
पास किये गए हैं विधिवत कानून
फिर भी कहाँ गईं, इनके हिस्से की किताबें
क्यों नहीं मिली इन्हें भी विरासत में वर्णमाला?

यह कविता साक्षरता-आन्दोलन पर एक टिप्पणी भी है। चन्द्रा पांडेय की कविताओं में जीवन-संग्राम के प्रति, जिजीविषा के प्रति और इसीलिए जीवन के प्रति ललकभरा प्रेम है, आशा है। चन्द्रा जी की कविताओं में बिम्ब नये और ग्रामीण हैं। चाँद पर संग्रह में एक गुच्छ कविताएँ हैं। चाँद को कवि ने अनेक आयामों से देखा है।

चन्द्रा पांडेय बड़ी सहजता से बंगला शब्दों का भी प्रयोग करती हैं, यह उनके सहज व्यक्तित्व का तो परिचायक है ही, अन्तरभाषा सम्बन्धों को मजबूत करने में भी यह सहायक है। लेकिन इस संग्रह में जो राजनीतिक और लम्बी कविताएँ हैं, वे सर्वाधिक कमजोर कविताएँ हैं। वैचारिक कविताओं में कवि, कविता की स्वयं व्याख्या करने लगता है।

[चन्द्रा पांडेय के संग्रह 'आकाश कहाँ है' के लोकार्पण के अवसर पर दिया गया वक्तव्य; 'वसुधा'-56-57 : जनवरी-जून, 2003 में प्रकाशित]

उदासी में उभरता है कवि का निजी रंग

एक बिम्ब है यह

इतने कवि और नई पीढ़ी के बहुत महत्त्वपूर्ण कवि यहाँ उपस्थित हैं, इसलिए इस नई प्रतिभा के बारे में मैं उत्सुक था कि ये कवि अपनी कतार में शामिल होनेवाली एक नई प्रतिभा के बारे में क्या सोचते हैं? कविता में सक्रिय लोग क्या सोचते हैं? आलोचक को इसमें दखल नहीं देना चाहिए। सच्ची मुहर लगेगी और विवेक को मान्यता प्राप्त होगी कि उससे वरिष्ठ कवि उसका स्वागत किस रूप में कर रहे हैं। यह उनके लिए ज्यादा मूल्यवान होगा। यह बराबर हुआ है। स्वयं निराला के दौर में—एक-दूसरे की राय जानी जाती थी। पंत जानना चाहते थे कि निराला उनकी कविताओं के बारे में क्या सोचते हैं। निराला जानना चाहते थे कि पंत की क्या राय है। इस पूरे दौर में कविता-सम्बन्धी जो आलोचना विकसित हुई है, उसमें कवियों की राय बहुत महत्त्वपूर्ण रही है।

विवेक के इस संग्रह की भूमिका सौभाग्य से दूधनाथ सिंह ने लिखी है और वह विचारणीय है स्वयं कवि के लिए भी और दूसरों के लिए भी। मैंने दो-तीन बार इस संग्रह को उलटकर पढ़ा। मैं जानना चाहता था कि कवि स्वयं अपनी भाषा, अपना मुहावरा और कुछ कहने का अपना अन्दाज, अपनी आवाज ढूँढ़ पाया है कि नहीं। बहुत-सी कविताएँ इमरजेंसी के बारे में, राजनीति के बारे में हैं। वे हल्की कविताएँ हैं। व्यंग्य भी कई जगह हल्का है। संग्रह में शोकसभा पर एक कविता है। रघुवीर सहाय एक कविता लिख चुके हैं शोकसभा पर और वह चुनौती है। इसलिए जब व्यंग्य करो तो देखो—किसलिए, कहाँ, किस सन्दर्भ में व्यंग्य करते हो। निराला के प्रपौत्र हो। एक व्यंग्य उनका, करुणा का दुःख का व्यंग्य है। अपनी बेटी सरोज के शोक में वह कविता लिखी गई है। 'कुल्ली भाट', 'बिल्लेसुर' में वे व्यंग्य करते हैं। निराला का व्यंग्य दुःख और करुणा को गाढ़ा बनाता था।

राजनीतिक कविताएँ उनके क्रान्तिकारी मित्रों को पसन्द आएँगी जो बिलकुल क्रान्ति के लिए जी रहे हैं और पार्टियाँ बनाये हुए हैं। 'गोली दागो' पोस्टर कविता

बहुत दिनों तक चलने वाली नहीं है। राजनीति सही है, मैं राजनीति का विरोधी नहीं हूँ मगर जरूरी नहीं, राजनीति पर लिखी कविता भी सही हो!

अपनी भाषा, अपना मुहावरा, अपना तेवर हासिल करना चाहिए। मुझे छूनेवाली कविताएँ वे लगीं जहाँ कवि उदास होता है। अपना स्वर वह ढूँढ़ो, जो इसी इलाहाबाद में हरीशचन्द्र पांडेय और वीरेन डंगवाल ने ढूँढ़ा। मैं झूठी दाद नहीं दूँगा, पीठ नहीं ठोकूँगा। मैं ढूँढ़ रहा था, इलाहाबाद पर कविता। वह मुझे मिली। केदार जी ने बनारस पर कविता लिखी है लेकिन अष्टभुजा शुक्ल ने भी बनारस पर कविता लिखी जो बनारस में कभी नहीं रहा। उसने बनारस को जो देखा, केदार जी नहीं देख पाए। इलाहाबाद पर लिखो तो ऐसी कविता लिखो, जो कि टिकाऊ हो।

दो कविताओं में मुझे उनकी पहचान दिखाई पड़ी और मैं उन्हें पढ़ना चाहता हूँ। एक कविता है : 'घर'। 'ईंटें नहीं/हड्डियाँ हैं/खून-पसीने से सना/हुआ गारा/ तब कहीं बना है यह घर। /वंश वृक्ष है यह/ और हम सब उसकी/नर्म मुलायम टहनियाँ।/हम निकलते हैं बाहर/तो घर चलता है हमारे साथ/जब उसके भीतर होते हैं/तो वह हमारे भीतर/घर पुचकारता है/और हिचकियाँ आते ही/हम देहरी पर रगड़ने लगते हैं अपने तन। आसान नहीं है/घर बनाना/बहुत दिनों से/सोचते रहने के बावजूद/नहीं बना पा रहा हूँ/अपने लिए कोई घर...।

घर माने कविता का घर नहीं बनाता। खाली घर नहीं। यह बड़बोलेपन वाली कविता नहीं है। घर पर कई लोगों ने कविताएँ लिखी हैं, उनमें से विवेक की यह कविता अलग से पहचानी जा सकती है। घर पहचाना जा सकता है। दूसरी कविता है : 'हम ही थे'। 'हमारे लिए कुछ भी/न शुभ था, न लाभ।/किसी अपशकुन की तरह/दिक्शूल हम ही थे। /हमारे लिए/न अन्न था/न शब्द/वस्त्रहीन/भयग्रस्त भी हम ही थे। /हमारे पास/न कला थी, न विचार/न सभ्यता, न संस्कृति/न घृणा, न क्रूरता/न उम्मीद, न विश्वास/न एक टुकड़ा जमीन/न खाली आकाश/जैसे हम हैं/ वैसे हम ही थे।' इसमें मैं विवेक के रूप में ऐसी आवाज पहचान रहा हूँ जो औरों से अलग है। इसमें पूरी पीढ़ी बोल रही है, जिसके पास कोई विरासत नहीं। लावारिस किस्म की एक पीढ़ी, जिसे कुछ भी पूँजी नहीं मिली है। उस पीढ़ी की तरफ से बोलने वाली विवेक की आवाज है। जिसके पास कुछ भी नहीं है—न एक टुकड़ा जमीन, न खाली आकाश, फिर भी वह है : 'जैसे हम हैं, वैसे हम ही थे'। यह 'मैं' नहीं, 'हम' कह रहे हैं। संग्रह में एक ओर जो दबे ढंग से उदास होनेवाली कविता है—'उदासी' शीर्षक से—वहाँ विवेक की अपनी आवाज है। यह मूड, मिजाज का एक नितान्त निजी चयन भी हो सकता है। लेकिन मुझे लगा, क्रोध, गुस्सा, क्रान्ति वाली कविताओं के सामने—उच्छल प्रेम करनेवाली आज की पीढ़ी की एक शक्ल विवेक की कविताओं में है। मुझे सम्भावनाएँ दिखाई पड़ीं। इस संग्रह में दो-चार कविताएँ अगर ऐसी हैं तो रचना की सम्भावनाएँ भी हैं।

जैसे मैं अपने नाती-पोतों से कह सकता हूँ, उससे मैं साफ-साफ कहना पसन्द करता हूँ। इसी रोशनी में विवेक और इसके चाहने वाले इसे लें, तो आज की गोष्ठी में मेरी उपस्थिति का भी कोई अर्थ है, वरना आलोचकों से कवि तो नाराज रहते ही आए हैं, फिर होंगे तो मुझे इसका कोई पछतावा नहीं।

[विवेक निराला के कविता संग्रह 'एक बिम्ब है यह' के लोकार्पण के अवसर पर दिया गया वक्तव्य; किसी अंक में प्रकाशित]

भक्ति-आन्दोलन और हिन्दी आलोचना
मनोज कुमार सिंह

'भक्ति-आन्दोलन और हिन्दी आलोचना' पुस्तक भक्ति-आन्दोलन पर एक गम्भीर व उल्लेखनीय पुस्तक है। विद्वानों के समक्ष मेरा एक प्रश्न है कि भक्ति-आन्दोलन था या नहीं? अगर यह आन्दोलन था तो एक हजार साल से भी ज्यादा चला है। 'भक्ति द्राविड ऊपजै लाए रामानन्द' प्रकट किया कबीर ने। भक्ति-आन्दोलन दक्षिण भारत के तमिलनाडु में 7वीं शताब्दी से शुरू हो गया था। और इस आन्दोलन को अनूठा माना जाएगा जो कि अठारह सौ साल तक चलता रहा। इसीलिए आन्दोलन शब्द सही है या नहीं, इसके बारे में सोचना चाहिए। यह प्रवाह है कि कुछ और है या भक्ति का भाव है, चेतना है? इस 'आन्दोलन' शब्द में राजनीति की बू आती है। मुझे लगता है कि भक्ति-आन्दोलन उस तरह का आन्दोलन नहीं था, यह भाव था। और भक्ति का अवमूल्यन न करें। आन्दोलन से अवमूल्यन होता है। हम लोग हर चीज का राजनीतिकरण कर देते हैं जिससे मूल चीजें दब जाती हैं। इसमें कोई सन्देह नहीं कि भक्ति में क्रान्ति की भावनाएँ भी हैं। भक्ति में मिथक नहीं था। भक्ति में धार थी जो कि कई शक्तियों के खिलाफ थी। इसीलिए फिर से इस बारे में सोचने की आवश्यकता है।

इस पुस्तक में 60 पृष्ठ भक्ति पर हैं और करीब 70-75 पृष्ठ इसके आलोचकों पर हैं। लेखक ने उल्लेखनीय आलोचकों के संकेतों की समीक्षा की है। लेकिन तारतम्यता पर कम ध्यान दिया गया है।

भक्ति के आलोचकों की आलोचना लिखते समय जिस विवेक की जरूरत है, उस विवेक का परिचय मुझे पूरी तरह से नहीं मिल रहा है।

रामचन्द्र मानस (रामचरितमानस) के उत्तर कांड में ज्ञानदीप और भक्ति चिन्तामणि की तुलना की गई है। दोनों में फर्क क्या है? एक को ज्ञान का दीपक कहा गया है और दूसरे को भक्ति चिन्तामणि। यह चिन्तामणि दीपक तो बुझ भी सकता है। आचार्य शुक्ल ने भी अपने ग्रंथों का नाम 'चिन्तामणि' रखा है। यह चिन्तामणि,

आँधी-तूफान कोई भी आए, उसका इस पर कोई भी प्रभाव नहीं पड़ता। मणि हमेशा चमकती ही रहती है। इसीलिए हम लोग भक्ति का सामाजिक अध्ययन करते हुए बार-बार इसी चीज का ध्यान रखें कि भक्ति पर लिखनेवाले कितने लोगों ने दीपक जलाया है और कितनों ने मणि जैसा काम किया है जिसकी चमक बराबर बनी हुई है। इसमें विवेक की जरूरत है जो कि स्वयं तुलसीदास ने किया है।

आचार्य शुक्ल ने अपने ग्रंथ का नाम 'चिन्तामणि' रखा था। यह उन्होंने तुलसीदास के रामचरितमानस से लिया था। इसीलिए आचार्य शुक्ल तमाम लोगों के इधर-उधर होते हुए भी उस विशेष पद पर विराजमान हैं।

जहाँ तक भक्ति का सवाल है, इस पर मेरे गुरुदेव आचार्य हजारीप्रसाद द्विवेदी ने भी लिखा है। कबीर पर उन्होंने महत्त्वपूर्ण पुस्तक लिखी है और कबीर की भूमिका का अन्त जहाँ किया है, उस श्लोक को पढ़ने पर द्विवेदी जी की अपनी भूमिका व महत्त्व का पता चलता है :

अब्धिर्लंघित एव वानरभटै: किन्त्वस्य गम्भीरताम्
आपाताल-निमग्न-पीवरतनुर्जानाति मंद्राचल:।

वानर-भालू की तरह तमाम लोग हैं जो समुद्र को पार कर गए हैं लेकिन यह जो मंद्राचल है, वह उसमें डूबा हुआ है। उसकी गम्भीरता को किसने लिखा है, जो अपनी जगह स्थित है?

इसी तरह तमाम लोगों के होते हुए आज भी आचार्य शुक्ल भक्ति के लेखकों के मामले में अपनी जगह सुरक्षित हैं। जैसे हिन्दी साहित्य में तुलसीदास जी का अपना स्थान है, उसी तरह से हिन्दी आलोचना में आचार्य रामचन्द्र शुक्ल का है।

[यह पुस्तक उस तरह आभास कराती है कि नहीं, इसकी हमें पड़ताल करने की आवश्यकता है लेकिन हमें अभी वह आभास नहीं मिला।]

खंड-3

वाचिक टिप्पणियाँ
साक्षात्कार

अन्तिम अरण्य : निर्मल वर्मा

मुकेश कुमार : अपनी हर रचना से साहित्य जगत में हलचल पैदा करनेवाले साहित्यकार निर्मल वर्मा के नये उपन्यास का नाम है : 'अन्तिम अरण्य'। जैसाकि नाम से ही जाहिर है, निर्मल वर्मा ने जीवन के अन्तिम पड़ाव पर उत्पन्न होनेवाली आध्यात्मिक व्याकुलता को अपनी विशिष्ट शैली में बाँधने की कोशिश की है। जाने-माने साहित्यकार और समालोचक डॉ. नामवर सिंह जी के साथ आज हम 'अन्तिम अरण्य' की चर्चा करेंगे। मगर पहले देखते हैं इसी उपन्यास के कुछ अंश, इसी उपन्यास के बारे में :

> 'इसमें कोई असाधारण नायक नहीं है और साधारण लोग ही असाधारण परिवेश में फँसकर अपने को, अपने और समय के बीतने को, दूसरे की उपस्थिति और अनुपस्थिति को पकड़ने-समझने की कोशिश करते हैं। यह कोशिश किसी सीधी-सादी उम्मीद से परे जा चुकी है। उसमें न कोई दैवीय सहारे बचे हैं, न ही कोई लौकिक आश्वासन। फिर भी उसका अपना अध्यात्म जीने की कठिन जटिल प्रक्रिया से ही उभरता है और जीने में ही जीवन अर्थ भरता और फिर खाली हो जाता है।'

नामवर जी, लगभग एक पखवाड़े पहले हम लोगों ने कृष्णा सोबती के उपन्यास 'समय सरगम' की चर्चा की थी, जिसमें बुजुर्गों के जीवन के बारे में तरह-तरह से उनका व्याख्यान किया गया था। यह बताइए कि जो 'अन्तिम अरण्य' है, वह भी बुजुर्गों की जिन्दगी से ही जुड़ा हुआ है? ये जो दो अरण्य हैं, वे किस तरह से चलते हैं?
नामवर सिंह : फर्क तो बहुत साफ है। कृष्णा सोबती निर्मल वर्मा की एक तरह से हमउम्र हैं लेकिन जहाँ कृष्णा सोबती इस जीवन में उल्लास, खुशियाँ और रस ढूँढ़ती हैं, वहीं निर्मल जी के लिए वह दुनिया एक घने अवसाद और विषाद की दुनिया है, जिसमें उल्लास का एक भी क्षण दुर्लभ है।

मुकेश कुमार : क्या यह कह सकते हैं कि 'समय सरगम' में जीवन था और 'अन्तिम अरण्य' में मृत्यु है?
नामवर सिंह : जी! आपने 'मृत्यु' का सही प्रयोग किया। सच पूछिए तो यह पूरा उपन्यास कब्रिस्तान और श्मशान की पृष्ठभूमि में लिखा हुआ-सा लगता है। और यही नहीं, बल्कि जो लोग बूढ़े हैं, वे खुद कब्र से बाहर रहते हुए भी स्वयं एक कब्र बन गए हैं। निर्मल जी की खूबी है कि वे इसको बार-बार कैमिस्ट्री कहते हैं, कब्रिस्तान नहीं कहते।

मुकेश कुमार : पिछले उपन्यासों में आम तौर पर देखा गया है कि निर्मल वर्मा अकेलेपन को महिमामंडित करते रहे हैं। क्या इसमें भी इसी तरह का है?
नामवर सिंह : जी। अगर आप चीजों को देखें, लगभग आधे दर्जन लोगों की कहानी है। दो नौजवान हैं, वे भी मन से बूढ़े हैं। एक रिटायर अफसर है। एक जोकर किस्म का डॉक्टर है। एक लैंडलॉर्ड है। एक जर्मन महिला है, जिसको कहते हैं कि वह जादूगरनी थी। इस तरह के लोग हैं। ये सारे शहर से दूर रहते हैं। क्योंकि दुनिया का आखिरी छोर समझा जाता है पहाड़ और पहाड़ की एक पुरानी बस्ती और जिन्दगी का आखिरी छोर होता है कब्र या श्मशान।

तो यह आखिरी छोर और आखिरी छोर पर पहुँचे हुए लोगों का उपन्यास है। ये वे लोग हैं जो स्वत: विस्थापित हैं। उनको किसी ने स्थापित नहीं किया है। अपनी जगह छोड़कर पहुँचे हुए हैं। दुनिया से अलग कटे-छँटे और जिन्दगी जीते नहीं हैं, बल्कि बीती हुई जिन्दगी को यादों में जीते हैं। इसलिए अपराध और क्रूरता पर एक झीना पर्दा पड़ा हुआ है। हर आदमी जैसे कफन बुनता हुआ नजर आता है।

मुकेश कुमार : एक रहस्य बुना है पूरे उपन्यास में।
नामवर सिंह : निर्मल जी की कलम का जादू है कि वह एक रहस्यलोक बुनते हैं—अपनी भाषा से, संवादों से, मौन के बीच अधूरे वाक्य छोड़ देते हैं और इन सारे रहस्यों में मनुष्य ही मरा हुआ है। जीवित हैं तो पेड़-पौधे, नदियाँ और पहाड़।

मुकेश कुमार : क्या यह कह सकते हैं कि पूरे उपन्यास में विभिन्न मनोदशाओं के बीच मनोरोग भी एक तरह से चलता रहता है?
नामवर सिंह : हाँ, अन्त तक चलता रहता है। दरअसल, आपने सही शब्द इस्तेमाल किया कि एक तरह से यह मनोरोगों से ग्रस्त लोगों की कहानी है। इत्तेफाक है कि एक डॉक्टर बार-बार आता है। वह कहता है कि इनको कोई रोग नहीं है। अगर रोग है तो मानसिक है।

समय सरगम : कृष्णा सोबती

मुकेश कुमार : जानी-मानी लेखिका कृष्णा सोबती का ताजा उपन्यास 'समय सरगम' जीये हुए अनुभव की तटस्थता और सामाजिक परिवर्तन से उपजा यथार्थ तो है ही, मगर बुजुर्गों के जीवन के संध्याकाल के छायाचित्र भी इसमें देखने को मिलते हैं। नामवर जी, उपन्यास कथ्य और शिल्प, दोनों के लिहाज से देखा जाए तो अलग-अलग है। एक तरफ इसमें दो बुजुर्गों के भौतिक सुख-दुख हैं तो दूसरी ओर आध्यात्मिक चिन्तन की गहराइयाँ भी हैं। क्या कहेंगे आप इस उपन्यास के बारे में?

नामवर सिंह : कृष्णा सोबती का सारा लेखन—हमेशा एक प्रीतिकर विस्मय का सुख देता है। हालाँकि उन्होंने कम लिखा है।

मुकेश कुमार : कम लिखने को वे अपना परिचय भी बताती हैं।

नामवर सिंह : इसलिए 'समय सरगम' उस लेखिका की कृति है, जिसने कभी 'मित्रो मरजानी' की ख्याति पाई थी, फिर 'जिन्दगीनामा' का जैसा स्वागत और अब यह 'समय सरगम' और इसमें कोई शक नहीं कि इस बीच उनकी पीढ़ी के, इतने अनूठे और अछूते विषय पर, 70 की उम्र पार करनेवाले बुजुर्ग लेखकों के जीवन के अनुभव को जिस रूप में उन्होंने चित्रित किया है, वह वही कर सकती थीं।

मुकेश कुमार : यह बताइए कि हिन्दी उपन्यासों में कभी इस तरह के विषय को उठाया गया है? बुजुर्गों की मनोदशा को देखकर कोई उपन्यास रचा गया है पहले?

नामवर सिंह : चरित्र तो आते हैं, लेकिन वानप्रस्थ, या बुढ़ापे के अनुभव को जिसमें दो अकेले आदमी एक-दूसरे से कैसे जुड़ते हैं, यह जुड़ाव पुराने परिचितों की तरह नहीं, बल्कि एक नये मित्र के रूप में है—उनके साथ-साथ जीवन बिताने का अनुभव। इस पूरी प्रक्रिया के माध्यम से उन्होंने एक तरह से आज के हिन्दू या भारतीय परिवार और समाज में निरन्तर अकेले होते जानेवाले बूढ़ों और नई पीढ़ी

के उनके प्रति अमानुषिक सम्बन्धों के साथ ही, इन सबके बीच इस अकेलेपन को तोड़ करके बाहर आने की इस समस्या पर तो लिखा हुआ नहीं है।

मुकेश कुमार : सोबती जी का गद्य हमेशा से बेहतरीन होता रहा है और इसमें भी है। इस बारे में कुछ कहेंगे आप?

नामवर सिंह : हाँ, जैसा एक जगह उन्होंने स्वयं लिखा है कि वे ठेठ गद्य जीती हैं। मैं कहना चाहूँगा कि वे काव्य जीती हैं और गद्य लिखती हैं और ऐसा सदा हुआ है कि उन्होंने संगीत की लयमयता के साथ सटीक शब्दों का प्रयोग किया है। एक जगह उन्होंने लिखा है कि सही वक्त पर सही को सही माने देने की कोशिश करनेवाले विरले होते हैं। वैसे सभी लोग किसी-न-किसी रूप में समय की पहचान करते हैं; लेकिन अपने समय की पहचान के साथ-साथ अपने-आपको पहचानना, यह ज्यादा महत्त्वपूर्ण है। इस दृष्टि से अगर देखें तो जिस गद्य की उन्होंने रचना की है, और कि हिन्दी गद्य का सामर्थ्य, उसकी गरिमा और उसका संगीत जैसा इस रचना में दिखाई पड़ता है, एक अरसे से नहीं दिखाई पड़ा।

मुकेश कमार : इसमें घटनाओं का जो गुँठाव है, जो गठन है, पात्र आते हैं, अपनी भूमिका निभाते हैं, वह इस तरह से भी क्रम से आता है कि कहीं आपको लगता है कि आप भटक रहे हैं।

नामवर सिंह : मुकेश, यह अच्छी बात है कि इसमें कथानक जैसी कोई चीज नहीं है, लेकिन छोटी-छोटी खूबसूरत खुशियाँ हैं, जैसे—साथ-साथ टहलना, सिर्फ चाय पीना ही नहीं, एक दूसरे के यहाँ खाना बना करके खिलाना, कहीं बाहर खाना खाने जाना। कुछ लोगों का इकट्ठा होकर, बूढ़ों का मिलना—ये बहुत छोटी-छोटी चीजें हैं। लेकिन इस सूनेपन के बीच छोटी-छोटी खूबसूरत खुशियों को बिना किसी कथानक के लम्बे-चौड़े विन्यासक में जोड़कर उन्होंने जो सरगम उपस्थित किया है, यही इसकी खूबी है।

मुकेश कुमार : इसी 'समय सरगम' में युगोस्लाविया के सैनिक का लिखा हुआ एक छोटा-सा पत्र कई बार आता है, उस पत्र के बारे में आप क्या कहेंगे?

नामवर सिंह : अब एक मृत्यु-शैया पर पड़ा हुआ युगोस्लाविया का सैनिक अपने अजन्मे पुत्र को पत्र लिखता है। उसे वह देख नहीं पाएगा और जैसे वह भविष्य, वे सारी कामनाएँ, उन संघर्षों के बीच वह क्या करे, उसके लिए उसने वसीयतनामा भी लिखा। यद्यपि वह विदेशी सैनिक का लिखा हुआ है। इन दोनों पात्रों में से एक के यानी स्त्री की कोई सन्तान नहीं है लेकिन पुरुष की सन्तान है और उस सन्तान से वह अलग हो चुका है। याद भर रह गई है। कहना चाहिए कि यह 21वीं शताब्दी

के नये इनसान के लिए एक सन्देश है। प्रकारान्तर से यह केवल व्यक्तिगत जीवन-गाथा नहीं है, बल्कि एक मानव के भविष्य की जीवन-गाथा है।

मुकेश कुमार : यही सवाल मैं आपसे भी करना चाहता था कि इसके दो मुख्य पात्र हैं—अरण्या और ईशान्त, जो आखिर में एक-दूसरे के साथ रहने लगते हैं। यदि सामाजिक है तो यह समाज को किस तरह का सन्देश देता है?

नामवर सिंह : देखिए, विदेशों में तो बूढ़े लोगों के लिए गहरी चिन्ता पूरे समाज को रही है या राष्ट्र को और बूढ़ों के आवास की व्यवस्था हमारे देश में—यह समस्या इतनी प्रबल इसलिए नहीं हो सकी कि हमारे यहाँ अभी परिवार बना हुआ है, बचा हुआ है।

आप देखेंगे कि इस उपन्यास में एक ओर ईशान्त हैं जो परिवार के पक्ष में बार-बार बोलते हैं और दूसरी ओर जो अरण्या है, कि जिसने परिवार को नहीं जाना है। परिवार में एक तरह की निरंकुशता भी है, दमन भी है। उपन्यास की घटनाएँ बताती हैं कि देखो, परिवार किस तरह से बूढ़ों के साथ व्यवहार करता है। उस आदर्शवाद या कहें कि मोहभंग की स्थिति से अलग होकर दो अकेले आदमी, एक-दूसरे के साथ, जिसको उन्होंने दूरान्तरित निकटता कहा है—उस दूरान्तिक निकटता को कैसे पहचानते हैं।

मुकेश कुमार : अपने आत्मबल से जीते हैं।

नामवर सिंह : और अपने 'स्व' को खोते नहीं। अपने 'स्व' को, अपने खोने के अहसास को अरण्या कभी नहीं छोड़ना चाहती। किसी कीमत पर छोड़ना नहीं चाहती। उसकी रक्षा करती है। इसलिए मैं समझता हूँ कि एक बड़ी जीवंत समस्या के बारे में है। यह केवल आत्मगत या नितान्त व्यक्तिगत समस्या नहीं है।

हरी घास की छप्पर वाली झोंपड़ी और बौना पहाड़ : विनोद कुमार शुक्ल

विनोद कुमार शुक्ल 75 साल के हो गए हैं। उनका पूरा जीवन रचना में ही रचा-बसा था। वे कवि और कथाकार, दोनों रूपों में प्रतिष्ठित हैं। यह सही है कि उन्होंने कहानियाँ भी लिखी हैं। 'महाविद्यालय' नाम की बहुत लम्बी कहानी उन्होंने लिखी थी। पहला उपन्यास उनका आया था : 'नौकर की कमीज', फिर 'दीवार में एक खिड़की रहती थी'। उसके बाद तीसरा उपन्यास उनका आया : 'खिलेगा तो देखेंगे' और अब यह उपन्यास आया है : 'हरी घास की छप्पर वाली झोंपड़ी और बौना पहाड़'। पहले के उपन्यासों में वे कथानक अपने आसपास का ही लेते थे और वह आसपास है छत्तीसगढ़ में रायपुर के आसपास का इलाका। इस उपन्यास में भी कथानक उसी इलाके के जीवन से लिया है उन्होंने। उपन्यास की कथा में एक बजरंग होटल है और बजरंग महाराज जी उसके मालिक हैं और वह होटल क्या? कस्बे में एक बौना पहाड़ है, जो बहुत छोटा-सा है। उसे पहाड़ कहना भी मुश्किल है। उसमें बड़ी गहरी एक खाई है, उसी की पृष्ठभूमि में यह होटल बना हुआ है। उस होटल के पास एक छोटा-सा स्कूल है, बल्कि दो स्कूल हैं। एक स्कूल है, जो गोलाई में है और दूसरा स्कूल जो है, वह लम्बाई में है तो कहते हैं कि दोनों स्कूल मिलकर दस की संख्या के बराबर लगते हैं। जैसे एक के बाद शून्य लगा दिया गया हो, उसी तरह से ये दोनों स्कूल हैं, और स्कूल के बच्चे हैं। उन्होंने कहा है कि यह उपन्यास किशोर, बड़ों और बच्चों का एक उपन्यास है। तो इस उपन्यास के पात्रों में बड़े तो कम हैं, बच्चे ही ज्यादा हैं। बच्चों में एक लड़का है जिसका नाम है बोलू, दूसरा लड़का है बहरा। उस लड़के का नाम बोलू इसलिए है कि वह जब चलता है तभी बोलता है और खड़े होने पर चुप हो जाता है। और जो बहरा है, तो बातों को अनसुनी कर देने के कारण उसे लोग बहरा कहते हैं। अब दिलचस्प बात यह है कि उपन्यास में गूँगे और बहरे की बातचीत चलती है और ऐसे कि उपन्यास में नाटकीयता पैदा कर देती है।

इस उपन्यास में घटनाएँ नहीं हैं। बौने पहाड़ के पास हरी घास की छप्पर वाली मामूली-सी झोंपड़ी में बजरंग होटल है, इसके इर्द-गिर्द की स्थितियाँ हैं, लोगों का व्यवहार है, यही सब है उपन्यास में। अगर कोई इस उपन्यास का उद्‌देश्य निकालने लगे कि इसमें कौन-सी बड़ी बात कही गई है, कौन-सी समस्या उठाई गई है, तो उसे इसमें कुछ भी नहीं मिलेगा। असल में उनका बातचीत करने का जो तरीका है न, वह जो निर्दोष बच्चों के भोलेपन के साथ बात करने का तरीका होता है, वही तरीका है विनोद कुमार शुक्ल का। और इस तरह की बातचीत का यदि रस देखना हो तो इस उपन्यास में जगह-जगह आप देख सकते हैं। एक जगह वे बहरे के बारे में कहते हैं कि उसे लगता है कि पलक झपकना पंख मारने जैसा है, और पलक झपकते ही दृष्टि दूर उड़कर चली जाती है। तो पलक झपकने को दृष्टि के उड़ने के साथ जोड़ना—इस बात में कितना भोलापन है! बोलू यदि कहता कि आज मैंने एक सपना देखा है, तब कोना कहती कि मुझे भी सपना दिखाओ, तो फिर बोलू समझाते हुए कहता है कि सपना खुद देखना पड़ता है।

जब बोलू पहली बार बरामदे में चलते हुए उत्तर दे रहा था, तब गुरुजी ने समझाया था, 'बोलू, जोर से और धीरे बोलो।'

बोलू ने चलते हुए गुरुजी से पूछा, 'गुरुजी, जोर से धीरे कैसे बोलूँ?'

गुरुजी का आशय था कि बोलू जोर से बोले और धीरे चले ताकि सब सुन सकें। गुरुजी के समझाने से फिर बोलू समझ गया था। बोलू जोर से बोलता। जल्दी-जल्दी नहीं बोलता था, इसलिए धीरे-धीरे चलता। उसके बोलने में छोटे-छोटे वाक्य होते। उसके बोलने में भी अर्ध-विराम और पूर्ण-विराम होता। इसके चलते भी अर्ध-विराम और पूर्ण-विराम होता। बोलने और चलने में सन्तुलन बना लिया था। न तो वह लड़खड़ाता था, न बोलने से अटकता। यह सन्तुलन शब्द-उच्चारण और कदम उठाकर रखने में था। जब वह पूर्ण-विराम से भी अधिक देर तक रुककर आगे कदम रखता तो इसका मतलब होता, बोलने और चलने में वह एक पैराग्राफ से दूसरे पैराग्राफ में जा रहा है। वह इतना अच्छा बोलता था, जैसे छपा हुआ बोल रहा हो! छपे हुए में पैराग्राफ आते ही बरामदे में भी पैराग्राफ की दूरी आ जाती जिसमें वह कदम उठाकर अधिक दूरी पर रखता। यह सब कुछ दूर से देखें तो पढ़ाई की परेड जैसा था।

विनोद जी की कथाकृतियों के पाठक भले ही सीमित हों, लेकिन जो जागरूक लोग हैं, वे जानते हैं कि विनोद जी हिन्दी के महत्त्वपूर्ण कवि और कथाकार हैं।

अब इस उपन्यास का जो पहला अध्याय है, जिसकी शुरुआत में ही उन्होंने एक कविता लिख दी है यानी कविता से शुरू ही होता है यह उपन्यास।

> अपने सबके अन्दर
> चाहे कोई कितना भी छोटा हो

पर सबकी गहराई अन्दर की गहरी है
खुद अपने अन्दर भी गिरते-पड़ते रहते हैं
एक और संसार अपनी गहराई में
चाहे उलटा बसा हो बाहर के संसार से
कभी वहीं रहें
या आने का मन करता है
रह लेना चाहिए।

तो इस उपन्यास में एक कस्बे के एक छोटे-से स्कूल में बच्चों की क्या स्थिति है, वहाँ का जीवन कैसा है, अध्यापक और विद्यार्थियों के बीच सम्बन्ध किस तरह का है—इन सब पर एक नई रोशनी पड़ती है। और इसी तरह जो पहाड़ के नीचे गड्ढे में मौजूद चीजें हैं, उनके द्वारा उस जंगली इलाके की सामाजिक स्थिति का भी आभास देते हैं।

भर सरवर जब ऊच्छलै : गुरदयाल सिंह

गुरदयाल सिंह का हिन्दी में पहला छोटा-सा उपन्यास 'मढ़ी का दीवा' आया था। इसका हिन्दी अनुवाद किया गया था और उसी उपन्यास से इन्होंने अपनी ओर पंजाबी ही नहीं बल्कि पूरे भारत का ध्यान खींचा। इससे पहले 400 पृष्ठों का बहुत बड़ा उपन्यास उन्होंने लिखा था : 'परसा'। इनसे अपेक्षा थी कि ये उससे आगे बढ़कर लिखें। 'भर सरवर जब ऊच्छलै' का पंजाबी में नाम है : 'आहन'।

इसमें बाबा फरीद का एक दोहा है :

बन्धन बाँध न सकियो
बंधन की बेला
भर सरवर जब ऊच्छलै
तब तरण की बेला।

एक तरह से यह ऐतिहासिक उपन्यास है। अंग्रेजी उपनिवेशवादी हुकूमत जब पंजाब में आई तो वहाँ बहुत-सी सिखों की रियासतें थीं। उन रियासतों को कैसे अपने कब्जे में अंग्रेजों ने किया यानी एक तरह से उन्होंने पंजाब को कब्जे में किया, क्योंकि उनका खयाल था कि पंजाबी बहादुर कौम है, और यह अगर आजाद रही तो फिर उनका राज टिकेगा नहीं। इसलिए सबसे पहले रियासतों को उन्होंने किसी तरह से जोर-जबरदस्ती अपने कब्जे में लिया।

एक 'नाभा' नाम की रियासत थी, जो बड़ी मशहूर थी। जैतूसा उसी रियासत के अन्तर्गत आता है, जिसको मालवा कहते हैं। यह खेती-बाड़ी से बड़ा सम्पन्न इलाका है। यह उपन्यास उस मालवा के इलाके पर आधारित है।

उपन्यास के शुरू में आए संत जी जो गुरुद्वारे के ग्रंथी हैं, एक दिन अचानक किसी गाँव में पहुँचते हैं तो कर्मगढ़ में अपना डेरा जमाते हैं। अचानक उसी समय अकाल पड़ता है। लोग अपनी लगान नहीं दे सकते हैं, तो जो अंग्रेजी हुकूमत के कार्यकर्ता हैं, तहसीलदार हैं, चौकीदार हैं, पटवारी हैं, लगान वसूल करने आते हैं।

गाँव वालों ने कहा कि अकाल पड़ा हुआ है, लोगों को खाने को नहीं मिल रहा है। अंग्रेजी हुकूमत के कार्यकर्ता उनसे अमुक तारीख तक लगान जमा करने को कहते हैं और इसी बीच अचानक कर्मगढ़ पर हमला होता है। वे बेचारे जो संत जी हैं, थोड़े घायल हो गए होंगे। छड़ी के सहारे चलते हैं और उन सबों को अपनी गुप्त रिपोर्ट मिली थी कि यह आदमी क्रान्तिकारी है। यह हत्यारा और मुजरिम है। यह यहाँ छिपा हुआ है। अन्त में उस पर आक्रमण करते हैं, डेरे पर कब्जा जमाते हैं। रात के अँधेरे में पूरे गाँव को एकत्र करके उसको मार करके टाँग देते हैं। इस उपन्यास के लगभग सवा सौ पेज तक पुलिसिया दमन का वर्णन है, जो उस गाँव पर होता है, जिसमें कई लोग मारे जाते हैं। डर के मारे लोग छिप जाते हैं। उसी स्थान से उपन्यास शुरू होता है और फिर संघर्ष की गाथा चलती है।

इस अंग्रेजी हुकूमत के द्वारा जो सबसे बड़ी चीज होती है, वह है हमारी सभ्यता और संस्कृति में बाजारवाद का प्रवेश। तभी से आर्थिक दृष्टि से सभ्यता का नष्ट होना शुरू होती है। अंग्रेजी राज कायम होता है। उसके खिलाफ बगावत होती है। उस बगावत को कुचलने की कोशिश होती है। पूरा-का-पूरा उपन्यास इसी रूप में है।

एक जगह एक वाक्य आता है—दोपहर अभी ढली नहीं थी, सूरज गर्दो-गुबार में से भी आदमियों और पशुओं के शरीर सेंक रहा था। गाँव के चारों ओर जमी धूल भट्ठी की रेत की तरह लोगों के सिर पर गिरने लगी। सबको बारह बरस का अकाल दिखने लगा था। इस अकाल के भयानक सपनों की परछाईं गिद्धों की तरह छतों पर चक्कर काटती प्रत्यक्ष दिखने लगी थी। इससे बढ़कर ये शब्द दालानों-कोठरियों की दीवारों में काँटों से चुभने लगे। फिर यही काँटे गाँव के आदमियों के पाँव और आँखों में चुभने लगे। इसके दर्द और जहर से रोम-रोम कराह उठा, कनपटियाँ चटखने लगीं और नसें फटने लगीं। इस दर्द से भली-चंगी औरतों के अंग नीले होने लगे और दिमाग पर भी असर होने लगा। सयानी औरतों के दिमाग इस पीड़ा के सामने जवाब दे गए। वे कभी बिना वजह बच्चों से गाली-गलौच करतीं, कभी लाठी-फावड़े लेकर पशुओं की टाँगों-घुटनों पर दे मारतीं।

बच्चों के चीखने-चिल्लाने और पशुओं के रँभाने ने खेतों में काम कर रहे आदमियों को भी बेचैन कर दिया। हर कोई साथी खेत वाले से पूछ रहा था—यह चीखना-चिल्लाना कैसा? जब साथ वाला कान लगाकर सुनता तो वह भी सहम जाता। फिर प्रश्न करनेवाले से पूछता—यह क्या हो गया है? दोनों घबराकर गाँव की ओर मुँह करके खड़े हो जाते, फिर 'अपने तो कान बज रहे हैं' कहकर अनजान बनने की कोशिश करते।

एक जगह उन्होंने कहा है कि लोहा कभी जलता नहीं, आग बहुत तेज हो तो पिघल जरूर जाता है, पर ठंडा होते ही फिर से सख्त हो जाता है।

यह लोहा प्रतीक है आम जनता का। आम जनता की चेतना का प्रतीक है लोहा।

इस उपन्यास के दो पहलू और हैं, चूँकि स्वयं ये दलित हैं, लेकिन दिखाते हैं इसमें, पंजाब के दलित जो ढोहड़े हैं और दूसरे किसान हैं। उनके आपसी रिश्ते वे नहीं हैं जो आम तौर से अन्य जगहों पर पाए जाते हैं बल्कि अंग्रेजी हुकूमत के खिलाफ लड़ने में दोनों एक हो जाते हैं। सारे भेदभाव मिट जाते हैं। इसमें औरतें अहम भूमिका निभाती हैं। इस तबाही के खिलाफ वहाँ की जनता किस तरह से लड़ती है, संघर्ष करती है, इस उपन्यास में यह दिखाने की कोशिश करते हैं।

परमानन्द शास्त्री ने इसका अनुवाद किया है। इन्होंने एक काम जरूर किया है कि कहीं-कहीं पंजाबी बोली की छौंक रहने दी है। पात्रों की आपसी बातचीत को पंजाबी में रहने दिया है जो आसानी से समझ में आ जाती है। इन्होंने जबरदस्ती हिन्दीकरण नहीं किया है।

वाराणसी : एम.टी. वासुदेवन नायर

अचानक मेरी दृष्टि 'वाराणसी' उपन्यास पर पड़ी। यह उपन्यास एम.टी. वासुदेवन नायर का था। एक बार एम.टी. वासुदेवन नायर वाराणसी आए थे। वे मेरे बहुत पुराने मित्र रहे हैं। 1955-56 में जब मैं युवा था, मैंने केरल की यात्रा की थी। वे भी केरल के थे और अपनी मातृभूमि में काम करते थे। केरल का कोई आदमी वाराणसी पर किताब लिखे, यह मेरे लिए ध्यानाकर्षण का विषय था। यह उपन्यास हमारे शहर पर था, सो हमने जानना चाहा, इसमें क्या है? यह उपन्यास है या यात्रा-वृत्तान्त? मैंने देखा कि इस किताब का हिन्दी अनुवाद हमारे शिष्य बी.डी. कृष्णन नेपियार ने किया है। वे भी हिन्दी के अध्यापक हैं और केरल में प्रोफेसर रह चुके हैं। मलयालम से हिन्दी में उन्होंने काफी अनुवाद किये हैं।

यह पुस्तक दो दृष्टियों से महत्त्वपूर्ण है। एक तो उपन्यास का यह ढाँचा आम तौर से कथा-कथन की आदि, मध्य और अन्त के साथ जो आख्यान रचते हैं, उस तरह का नहीं है। इसकी पूरी की पूरी संरचना अनेक विधाओं का मिश्रण है। उपन्यास की जो पूरी विधा होती है, लगभग एक फिल्म की स्क्रिप्ट जैसी मालूम होती है। इसलिए इसका जो ढाँचा है, वह बिलकुल नये तरह का है। जिस तरह के उपन्यास आम तौर पर लिखे जाते हैं, जिसमें आदि, मध्य और अन्त होता है, नैरेशन और कथात्मकता होती है—इस उपन्यास में कथात्मक प्रवाह नहीं है। कथात्मकता टुकड़ों-टुकड़ों में और दृश्यों में देखने को मिलती है।

यह उपन्यास एक पत्र से शुरू होता है। प्रो. श्रीनिवासन, जो केरल के ही थे, काशी हिन्दू विश्वविद्यालय में पढ़ते थे। उन्होंने अपने मित्र सुधाकर, जो इस उपन्यास का नायक है, को पत्र लिखा है। प्रो. श्रीनिवासन यह चिट्ठी अपनी मृत्यु के पहले लिख गए थे। उपन्यास में दिखाया गया है कि केरल से ट्रेन से यात्रा करते हुए किस प्रकार सुधाकर बनारस पहुँचता है। काशी हिन्दू विश्वविद्यालय में दक्षिण भारत के बहुत-से लोग हैं, जिसमें केरल के अध्यापक भी बहुत हैं। हमारे ही यहाँ केरल के तीन-चार अध्यापक थे। केरल से विद्यार्थी हिन्दी, अंग्रेजी, विज्ञान

आदि पढ़ने के लिए आते हैं। काशी की एक बहुत पुरानी परम्परा रही है। काशी के जिन क्षेत्रों को इन्होंने टुकड़ों-टुकड़ों में देखा है, वह महत्त्वपूर्ण है। काशी में स्थित काशी हिन्दू विश्वविद्यालय अपने-आपमें ही बहुत महत्त्वपूर्ण है।

काशी को महाकाल शिव की नगरी के तौर पर जाना जाता है। काशी श्मशान भूमि भी है। लोग काशी में मरना चाहते हैं। काशी में मरने से पुण्य मिलता है। इसकी व्याख्या भी उन्होंने की है कि काशी का नाम वाराणसी क्यों है। वाराणसी नाम के तो अलग-अलग अर्थ किये जाते हैं। वरुणा और अस्सी के बीच के क्षेत्र को काशी कहा जाता है। वरुणा एक नदी है और अस्सी एक नाला है। ये दोनों गंगा में मिलते हैं। राजघाट पुल के पास वरुणा मिलती है और बी.एच.यू. के पास अस्सी नाला है, इसी के बीच पूरा काशी है। मुख्य है कि यह शिव की नगरी है और शिव एक तरह से मृत्यु के भी देवता हैं, इसलिए वे महाकाल कहलाते हैं। काशी श्मशान घाट के रूप में है, जिसमें सबसे प्रसिद्ध है मणिकर्णिका घाट। उसी के साथ एक और घाट जुड़ा हुआ है—हरिश्चन्द्र घाट। हरिश्चन्द्र घाट तो अस्सी के पास है और मणिकर्णिका बीच में है। चूँकि काशी विश्वनाथ कहा जाता है तो काशी में विश्वनाथ के मन्दिर सबसे ज्यादा हैं। उसके बाद एक अजीब बात यह है कि एक ओर शिव हैं और दूसरी ओर काशी की रामलीला बड़ी प्रसिद्ध है। राम के परमभक्त हनुमान भी काशी के देवता हैं और सबसे प्रसिद्ध मन्दिर संकटमोचन भी यहीं है जहाँ काफी भीड़ होती है। इस उपन्यास में जो श्मशानों का वर्णन किया गया है, वह अद्‌भुत है। जलती हुई लाश को डोम किस तरह से तोड़-तोड़ कर जलाते हैं, सारे कर्मकांड का विस्तार से वर्णन है। काशी केवल धर्म और मोक्ष की नगरी नहीं है बल्कि यह काम-कला की भी नगरी है। यहाँ की दालमंडी बहुत मशहूर है, जहाँ की वेश्याएँ और गायिकाएँ बहुत प्रसिद्ध रही हैं, जो जयशंकर प्रसाद के नाटकों में दिखाई पड़ती हैं। पूरी की पूरी दालमंडी वेश्याओं के लिए प्रसिद्ध है। दालमंडी से लेकर मणिकर्णिका तथा दशाश्वमेध घाट तक तो ये दोनों रूप काम और मोक्ष, जो जीवन के सच हैं, में बहुत अच्छी तरह से अभिव्यक्त हुए हैं। लोगों ने अंग्रेजी में बनारस के ऊपर बहुत-सी किताबें लिखीं। विदेशियों ने भी बनारस पर किताबें लिखीं। बनारस विदेशियों का अड्डा रहा है। उन्होंने काशी पर रिसर्च किया है। उनकी पेंटिंग हैं, फोटोग्राफी हैं। कुछ लोगों ने बंगला में भी काशी पर लिखा है।

असल में काशी का मतलब है : पूरा भारत। अलग-अलग राज्यों से आए हुए लोगों के लिए मोहल्ले हैं। बंगालियों का मोहल्ला बंगाली टोला कहलाता है। हनुमान घाट दक्षिण भारतीयों का मोहल्ला है। गुजरातियों का अलग मोहल्ला है। महाराष्ट्र वालों का महाराष्ट्रमंडल है। कोई काशी को देख ले तो सारा भारत देख ले क्योंकि सबका घाट भी अलग-अलग है। हिन्दी में शिवप्रसाद रुद्र 'काशिकेय' का 'बहती गंगा' नाम की कहानियों का संग्रह, जो कि एक लघु उपन्यास है, बनारस

को केन्द्र में रखकर लिखा गया है। कविताएँ कई लोगों ने लिखी हैं। केदारनाथ सिंह की बहुत प्रसिद्ध कविता है : 'बनारस'। ज्ञानेन्द्रपति ने पूरा एक संग्रह ही बनारस पर लिखा है। इन तमाम चीजों को देखते हुए एम.टी. वासुदेवन नायर ने अद्‌भुत उपन्यास लिखा है और हिन्दी में इसका अनुवाद किया गया है। इसको ज्ञानपीठ पुरस्कार भी मिल चुका है।

रेहन पर रग्घू : काशीनाथ सिंह

'रेहन पर रग्घू' सच पूछिए तो एक गाँव की कहानी नहीं है, बल्कि पहाड़पुर से लेकर बनारस तथा कैलिफोर्निया तक, यानी भारत के एक गाँव से अमेरिका तक फैली हुई कहानी है। इसके जरिये, इस बीच में जो बदलाव आया है, उसका जायजा लिया गया है। जिसको हम भूमंडलीकरण या बाजारवाद कहते हैं, उसके चलते गाँव में रहनेवालों की जिन्दगी पर क्या प्रभाव पड़ा है। रिश्ते बदले हैं, इनसान बदला है। 'मैला आँचल' से लेकर 'राग दरबारी' और 'रेहन पर रग्घू' तक जब हम पहुँचते हैं, तो हमें लगता है कि इसमें हमारे समाज और जीवन में आ रहे बदलाव को जिस रूप में रेखांकित किया गया है, उसके आधार पर इसे ठीक-ठीक आंचलिक उपन्यास की श्रेणी में नहीं रखा जा सकता है। इसे उस दृष्टि से देखें, जैसा लेखक ने कहा है, अगर बनारस हमारा नगर है तो पहाड़पुर, जो इस उपन्यास का केन्द्र है, मेरा घर है। इसलिए 'रेहन पर रग्घू' घर की कहानी है—164 पृष्ठों में एक घर की कहानी। जो पहाड़पुर गाँव है, उसमें रामनाथ, छविनाथ आदि कई नाथ हैं। इनमें रघुनाथ एक ही है, इनमें से और कोई रघुनाथ नहीं है। उस रघुनाथ की एक बेटी है सरला और दो बेटे हैं—संजय और धनंजय। बड़ा बेटा सोनम सक्सेना से अन्तरजातीय विवाह करके अमेरिका चला गया है। दूसरा धनंजय नोएडा में डोनेशन देकर एम.बी.ए. करने जाता है, मगर उसे नौकरी नहीं मिलती। वह एक दक्षिण भारतीय महिला के साथ रहने लगता है, जो एक कम्पनी में अधिकारी है। उसके पति की दुर्घटना में मौत हो गई थी। उसकी एक बेटी भी है। रघुनाथ की बेटी सरला मिर्जापुर में अध्यापिका है। उसका सम्बन्ध एक दलित अधिकारी से है, मगर वह उससे शादी नहीं करती है। रघुनाथ को लगता है कि उनका जीवन सफल है। उन्होंने जो चाहा, सो पाया। बेटी गाँव की पहली एम.ए., बी-एड. बनी; बेटा संजय कम्प्यूटर इंजीनियर बना। लेकिन उन्हें बदले हुए यथार्थ का अहसास तब होता है जब वे बेटी के लिए वर खोजने निकलते हैं और दहेज में इतनी बड़ी रकम की माँग की जाती है, जिसकी उन्होंने कल्पना नहीं की होगी। वे छह साल

घूमने के बाद भी सरला के लिए कोई वर नहीं ढूँढ़ पाते और वह तीस से ऊपर की हो जाती है। इस बीच बेटा उनको बताए बगैर अपने एक प्रोफेसर की बेटी से शादी कर लेता है और उनकी सिफारिश पर कैलिफोर्निया चला जाता है। वहाँ भी सौदेबाजी है, प्रेम नहीं। छोटा बेटा भी सौदेबाजी में फँसा है। खुद रघुनाथ अपनी पैतृक सम्पत्ति के मोह में फँसे हैं और उसके चलते अपमानित भी होते हैं। बदलाव की ऐसी बयार चली है, जिसने रिश्तों को भी बदल दिया है। पति-पत्नी के बीच के, बाप-बेटी के, बाप और बेटे के बीच के पूरे पारिवारिक रिश्तों को बदल दिया है।

बड़ी बहू सोनम की नियुक्ति बनारस के विश्वविद्यालय में हो जाती है, तो वह अमेरिका से लौटकर शहर के नये बसे मुहल्ले अशोक नगर में रहने लगती है, जहाँ उसके पिता ने पहले से ही उसके लिए एक मकान खरीदकर छोड़ रखा है। मान-मनुहार के बाद रघुनाथ भी अपनी पत्नी शीला के साथ वहाँ आ जाते हैं। मानो पहाड़पुर अशोक नगर में आकर रहने लगता है। लेखक ने इसके माध्यम से शहरों में आ रहे बदलावों का भी अच्छा चित्रण किया है। अब लोग गाँव की जमीन छोड़कर शहरों में रहने लगे हैं। शहर के आसपास के गाँवों को उजाड़कर कॉलोनियाँ बसाई जा रही हैं। कई कॉलोनियाँ ऐसी हैं, जहाँ आए दिन वारदातें होती रहती हैं। ऐसी ही कॉलोनी में रहने लगते हैं, रघुनाथ अपनी बहू के साथ। तभी उन्हें पता चलता है कि बड़े बेटे ने इस बहू से तलाक लिये बगैर ही वहाँ अमेरिका में दूसरी शादी कर ली है, एक और अधिक अमीर लड़की से। उपन्यास के अन्त में अपना भतीजा नरेश उनसे जमीन के कागजात पर दस्तखत कराने के लिए दो गुंडों को भेजता है। रघुनाथ उसे समझाते हैं कि वह कागज फाड़कर फेंक दे और उनका अपहरण करके फिरौती के रूप में दो लाख रुपये माँगे। इस तरह कम जोखिम में अधिक पैसे मिल जाएँगे। वह देखना चाहते हैं कि उन्हें छुड़ाने के लिए उनके बेटे-बेटी आते हैं कि नहीं। वे अपहर्ताओं को आश्वस्त करते हैं कि (वे) नहीं आएँगे, तो तुमको रुपये देने के लिए मैं पड़ा ही हूँ, जमीन तो उन्होंने पहले ही रेहन पर रख छोड़ी है, इस तरह वे मानो खुद भी रेहन पर चले जाते हैं। और बदलते हुए जीवन-मूल्यों तथा मानवीय सम्बन्धों पर ढेर सारे सवाल छोड़ जाते हैं।

हमको तो ईर्ष्या होती है काशी (काशीनाथ सिंह) की भाषा से। दिल्ली में रहकर हमारी तो जुबान खराब हो गई। लेकिन काशी की भाषा का कोई भी नमूना लेकर देखें। भोजपुरी का बहुत ही सृजनात्मक उपयोग किया गया है। केवल शब्दों का प्रयोग नहीं, छोटे-छोटे वाक्यों और मुहावरों में भी इसे देखा जा सकता है। इस तरह की भाषा की एक झलक केवल रेणु के 'मैला आँचल' में मिलती है। इस उपन्यास को पढ़ते हुए मुझे अचानक काशी की एक कहानी 'सुख' की याद आई, जो शायद 1964 में छपी थी। उसमें एक भोला बाबू थे। इस उपन्यास के आरम्भ में भी मौसमों के असर के भूल जाने की चर्चा है। लोग सुबह और शाम को भूल गए

हैं। सर्दी, वर्षा, गर्मी आदि ऋतुओं की पहचान तक भूल गए हैं। सारा साल, सारे मौसम एक जैसे बना दिये गए लगते हैं। यह छीजती हुई संवेदनशीलता है, जिसकी मार्मिक अभिव्यक्ति इस उपन्यास में मिलती है। तीन खंडों के इस छोटे उपन्यास में जीवन की इतनी बड़ी दास्तान, दरअसल बूँद में समुद्र को दिखाने की कोशिश है।

भूमंडलीकरण और बाजारवाद के दुष्प्रभाव से गाँव भी नहीं बचे हैं। घर के घर तबाह हो रहे हैं, पति-पत्नी के बीच के सम्बन्ध ठंडे होते जा रहे हैं, बेटी बाप के लिए परायी होती जा रही है। बेटा अपने बाप के आए हुए पचास हजार रुपये अपने पास रख लेता है और समझता है कि बाप से वसूल करने का उसे हक है। उपभोक्तावाद ने मानवीय रिश्तों को ध्वस्त कर दिया है और लोग हत्यारे बनते जा रहे हैं। बताने की जरूरत नहीं कि इस कथा में, बदलते यथार्थ की इस प्रस्तुति में, इसका प्रतिरोध भी छुपा हुआ है और इस तरह, इस व्यवस्था को चुनौती भी दी गई है।

दस द्वारे का पींजरा : अनामिका

अनामिका के नये उपन्यास 'दस द्वारे का पींजरा' में जो चीज सबसे पहले प्रभावित करती है, वह है इसका ढाँचा। उपन्यास तो अच्छे लिखे जाते हैं मगर बहुत कम लोग इसके साँचे और ढाँचे को बदल पाते हैं। अनामिका ने बदला है। यह सीधे-सीधे धारावाहिक आख्यान कहता हुआ उपन्यास नहीं है, बल्कि एक कथा कोलाज है। इसमें कई लोगों के मुख से कहानी कहलवाई गई है। इसके दो हिस्से हैं और दोनों को आपस में जोड़ने का सूत्र है स्त्री-मुक्ति।

उपन्यास का पहला खंड पंडिता रमाबाई पर केन्द्रित है। रमाबाई के संघर्ष पर पहले भी काफी कुछ लिखा गया है। अंग्रेजी में भी उन पर किताबें लिखी गई हैं। लेकिन हिन्दी-भाषी प्रदेश में, खास कर पूर्वांचल और बिहार का जो इलाका है, उसमें भी ऐसी कोई स्त्री थी इसका अनुमान नहीं था। इस उपन्यास में ऐसी ही एक चरित्र ढेलाबाई को उभारा गया है। ढेलाबाई के वजूद और संघर्ष को बिहार में भी बहुत कम लोग जानते हैं। उसी तरह जोगिनिया कोठी को भी एक नई पहचान दी गई है। लेखिका ने उस कोठी को जैसे मुक्ति का आश्रम बना दिया है। ढेलाबाई के चरित्र को ऊपर ले आना और उसके माध्यम से स्त्री के संघर्ष तथा साहस की गाथा प्रस्तुत करना ही इस उपन्यास का मुख्य उद्देश्य है।

इसी तरह के दूसरे ऐतिहासिक चरित्र हैं महेन्द्र मिश्र, जो बिहार तथा पूर्वी उत्तर प्रदेश के भोजपुरी-भाषी इलाके में महेन्दर मिसिर के नाम से जाने जाते हैं। वे भोजपुरी में गीत लिखते थे और बहुत ही अच्छा गाते थे। अपने जीवनकाल में ही वह काफी प्रसिद्ध हो चुके थे। उनकी छवि एक रोमांटिक हीरो की थी। वे वेश्याओं की कोठी पर जाते थे। कहा यह भी जाता है कि क्रान्तिकारियों की मदद के लिए वे जाली नोट भी छापते थे। उनके बारे में एक गीत बहुत प्रसिद्ध है : 'नोटवा के छापि-छापि रुपिया बनउली हो महेन्दर मिसिर'। उनके रसिक रूप के बारे में तो लोगों को पता था, लेकिन उनके कई और रूप भी थे, जो इस उपन्यास में उजागर हुए हैं और इस कथा को कहने के लिए लेखिका ने एक

तीसरे ऐतिहासिक चरित्र का सहारा लिया है—बाबा लोहासिंह का। लोहासिंह भी उस इलाके में लोकप्रिय रहे हैं।

एक जमाने में आकाशवाणी के पटना केन्द्र से प्रसारित होनेवाले लोहासिंह शृंखला के रेडियो-रूपक इतने लोकप्रिय हुए थे कि उसके लेखक तथा मुख्य पात्र लोहासिंह का किरदार निभाने वाले प्रो. रामेश्वर सिंह 'काश्यप' को उसका पर्याय मान लिया गया था। इस तरह, लोहासिंह के मुख से महेन्दर मिसिर की कथा कहलवाकर लेखिका ने उस पूरी कथा को चम्पारण, छपरा और मुजफ्फरपुर से जोड़ा है। यह वह इलाका है जो हमारे स्वाधीनता-संग्राम की दृष्टि से भी महत्त्वपूर्ण है। यह एक तरह से संघर्ष का केन्द्र था। चम्पारण में नीलहे गोरों के अत्याचार के विरुद्ध किसान लगातार लड़ रहे थे। वहाँ के एक किसान के बुलावे पर ही गांधी जी चम्पारण गए थे। और वहीं से अपने आन्दोलन की शुरुआत की थी। मुजफ्फरपुर में ही खुदीराम बोस ने पहली बार गोरों पर बम फेंका था। उन्हें फाँसी की सजा हुई थी। इस तरह, अनामिका ने स्त्री-मुक्ति को देश की मुक्ति से जोड़ा है; बल्कि उससे भी आगे बढ़कर इस उपन्यास की 'जोगिनिया कोठी' को क्रान्तिकारी संघर्ष और जमींदारों के अत्याचार के विरुद्ध लड़ाई का केन्द्र बना दिया है। इन सभी लड़ाइयों में मदद पहुँचाती है बल्कि कई बार आगे बढ़कर नेतृत्व करती हैं वे औरतें, जिन्हें समाज में सबसे पतित समझा जाता है, वेश्या कहा जाता है। इस दुनिया को बेहतर बनाने की उनकी जिद देखिए :

'जीवन रिरियाने की खातिर नहीं होता बेटी, न टेसुए बहाने की खातिर होता है। जैसी भी दुनिया हमको मिली है, उससे कुछ बेहतर तो छोड़ ही जाना है। तुम्हारे नानू फकीर थे। जाते हुए उनसे मैंने वादा किया था कि उनकी औलाद को इस मुल्क की मिट्टी की आन-बान-शान की तरह ही मैं सँभालकर रखूँगी। कुछ का वह ऐसा करेगी कि उनके नाम का चार चाँद लगे। तुम्हारी अम्मी ने भी जो बन पाया, किया, पर वह जी ही कितने दिनों, अब तुम्हारी बारी है।'

जैसाकि पहले कहा है, उपन्यास के पूर्वार्द्ध का गहरा सम्बन्ध रमाबाई से है। इसमें सैद्धान्तिक चर्चा ज्यादा है, विमर्श ज्यादा है। दरअसल कहानी में जान तब आती है, जब लेखिका अपने जाने-पहचाने वातावरण में पहुँचती हैं। अनामिका मुजफ्फरपुर और छपरा को बेहतर जानती हैं। इसलिए जैसे ही उपन्यास मुजफ्फरपुर में प्रवेश करता है, जीते-जागते जानदार चित्र सामने आते हैं। भाषा बदल जाती है। यदि उपन्यास यहीं से शुरू हुआ होता और फ्लैश बैक में रमाबाई की कथा आती, तो और भी अच्छा होता। उपन्यास की जान हैं ढेलाबाई। सारे मुक्ति-सघर्षों के सूत्र उनसे ही जुड़ते हैं। तमाम बड़े राजनीतिक नेता, क्रान्तिकारी—सब उनसे जुड़ते जाते हैं और इस तरह एक मुकम्मिल तसवीर बनती है और मुक्ति का आधार व्यापक होता चला जाता है।

इस उपन्यास के नाम में भी एक गहरा सन्देश है। 'दस द्वारे का पींजरा' कबीर से लिया गया है। पाँच ज्ञान इन्द्रियाँ और पाँच कर्म इन्द्रियाँ मिलकर शरीर के दस द्वार बनते हैं, जिसमें आत्मा बसती है। इस तरह, स्त्री की मुक्ति केवल बुद्धि की मुक्ति नहीं होती, केवल हृदय की मुक्ति नहीं होती, बल्कि तमाम इन्द्रियों की मुक्ति भी होती है। देह भी बन्धन है और उससे मुक्ति ही पूर्ण मुक्ति है। कहा जा सकता है कि इस उपन्यास में स्त्री-मुक्ति के कई नये आयाम खुलते हैं। निस्सन्देह यह चालू स्त्री-विमर्श पर लिखे जानेवाले उपन्यासों और कहानियों से अलग पहचान बनाने वाला उपन्यास है। मेरी नजर से इधर के दो-तीन महत्त्वपूर्ण उपन्यासों में इसका नाम लिया जा सकता है।

ढलान : प्रेमकुमार मणि

मुकेश कुमार : 'ढलान' चर्चित कथाकार प्रेमकुमार मणि का पहला उपन्यास है। तीन कहानी संग्रह लिख चुके प्रेमकुमार मणि ने अपने इस उपन्यास में आजादी के तुरन्त बाद राजनीति और नेताओं में आई गिरावट की प्रक्रिया का बखूबी खुलासा किया है। सुप्रसिद्ध समालोचक एवं साहित्यकार डॉ. नामवर सिंह के साथ आज हम 'ढलान' पर ही चर्चा करेंगे, मगर पहले देखते हैं इसी उपन्यास से कुछ अंश :

> मिश्र जी ने बीच में ही बात काटकर कहा, दुहाई देने से और गांधी टोपी पहनने से कोई गांधीवादी नहीं हो जाता। न ही उनकी तरह रामधुन गाने और व्रत-उपवास करने से कोई उनकी राह का राही हो जाता है। विनोबा जी ने उनकी कितनी नकल की है, आपको पता है। लेकिन वे गांधी जी के जितने निकट हैं, यह भी आपको पता होगा। ठीक है, गांधी जी ने उनको वारिस बना दिया था, लेकिन अब जब हम देख रहे हैं कि वे गांधी जी से ज्यादा कर्जन और मैकाले के वारिस बन रहे हैं, तब तो खड़ा होकर कहना पड़ेगा कि ये लोग तो अब गांधी जी के नाम को ट्रेडमार्क की तरह इस्तेमाल कर रहे हैं।
>
> रामचन्द्र जब जंगल गए थे तब भरत ने उनकी खड़ाऊँ लेकर अपने सिंहासन पर रख ली थी—जनता को भरमाने के लिए कि रामजी का राज्य ही चल रहा है। गांधी जी के न रहने पर नेहरू जी ने उनकी टोपी अपने सिर पर रख ली है और हम हैं कि उसी टोपी में गांधी जी को देखकर मगन हैं। उस टोपी के नीचे क्या है, यह भी तो देखना है।

नामवर सिंह : आपने इसका सारांश तो बता दिया। बिलकुल सही है। सन् 1955 से 1957 तक, इन दो वर्षों में बिहार में और खास तौर से बिहार की राजनीति में क्या घटित हुआ—चाहे वे कांग्रेसी हों, चाहे कम्यूनिस्ट हों, चाहे

समाजवादी हों, चाहे भूदानी हों—उन लोगों के बीच जिस तरह आदमी के आदर्शों के पतन की शुरुआत हुई और जो आदर्शवादी लोग थे, स्वयं यह पतन उनमें हुआ, इसी की यह दास्तान है। एक तरह से कह सकते हैं कि बिहार की राजनीति में पतन की शुरुआत पर लिखा हुआ एक रोचक दिलचस्प उपन्यास है।

मुकेश कुमार : तो हम इसे कितना सटीक मान सकते हैं, कि उस दौर का जो राजनीतिक चित्र है, वह इसमें सही-सही यथार्थवादी तरीके से व्यक्त हुआ है?

नामवर सिंह : मोटे तौर से कह सकते हैं कि वह तसवीर सच्ची है। खास बात जो इसमें बताई गई है, वह यह है कि चाहे कोई राजनीतिक पार्टी हो, उसके मूल में जातियाँ थीं और सवर्ण लोगों की थीं। उन्होंने उन जातियों यानी सवर्ण जातियों में से नाम भी लिया है। बताया गया कि भूमिहर जाति के लोग हैं। तो ये सारी पार्टियों में हैं और इसलिए झंडा कोई भी हो, जाति के नाम पर ये एक हो जाते हैं। उसके बरअक्स जो पिछड़ी जातियों के लोग हैं, दलित जातियों के लोग हैं, ये सभी लोग उन पिछड़ी और दलित जातियों के लोगों की केवल उपेक्षा ही नहीं करते हैं, बल्कि दमन और शोषण भी करते हैं। शुद्ध रूप से राजनीति इसी दमन और शोषण के आधार पर चल रही है। यही इस उपन्यास में दिखाया गया है।

मुकेश कुमार : शुरुआत में उपन्यास में जो नायक होता है, वह अन्त में एक खलनायक बन जाता है।

नामवर सिंह : हाँ, यह सही है। इसके नाम पर कभी-कभी थोड़ा-थोड़ा सन्देह मेरे मन में होता है। 'ढलान' से वह अर्थ व्यक्त नहीं होता।

मुकेश कुमार : 'फिसलन' होता तो क्या ज्यादा ठीक होता?

नामवर सिंह : हाँ। परसाई जी ने 'वैष्णव की फिसलन' पर एक लेख ही लिखा था और यह पतन और अध:पतन की कहानी है। फिसलन की कहानी है। यह केवल ढलान नहीं है। इसमें खास बात, जो मुझे उपन्यास की दृष्टि से रोचक लगी, वह भूदानी अतिथि प्रकरण, कि किस तरह विनोबा जी का आक्रमण होता है। उनके साथ भूदानी जी लोग आते हैं, उसमें हास्यरस पैदा किया है। तय यह हुआ कि इनके लिए शौचालय बनाया जाए, फिर प्रश्न उठा कि वह शौचालय कहाँ बने? उन्होंने कहा—मन्दिर में तो बन नहीं सकता, अन्त में स्कूल में बनाया गया और जब वे चले गए तो किसी तरह से कोई लड़का वहाँ बैठना पसन्द नहीं करता था। इसी तरह इनके खाने-पीने के बारे में कि भूदानी लोग इतने ढोंगी और पाखंडी होते हैं कि गाँव वालों ने इतना बढ़िया भोजन उनके सत्कार के लिए बनाया था और वे रात को कहने लगे, फलाहार के नाम पर हम वो चीज लेंगे जो कि गाँव

में मिल नहीं सकती थीं। वह प्रकरण बड़ा ही रोचक है कि इतने त्यागी, तपस्वी लोग किस तरह से ढोंग और पाखंड करते हैं, और गाँव वालों की सुविधा का ध्यान नहीं रखते।

मुकेश कुमार : नामवर जी, हमने हाल के दिनों में बिहार के कई लेखकों के राजनीतिक उपन्यास लिये हैं : 'ये वो अन्त नहीं', 'जंगल जहाँ से शुरू होता है' और 'ढलान' भी। क्या नहीं लगता है कि बिहार में एक पूरी पीढ़ी लेखकों की राजनीतिक लेखन में जोर-शोर से जुटी हुई है?

नामवर सिंह : मैं कहूँगा कि ये लोग अपने कुछ पूर्वजों को ध्यान में रखते तो अच्छा होता। उदाहरण के लिए फणीश्वरनाथ रेणु के 'मैला आँचल' या 'परती : परिकथा' में भी राजनीति आती है, लेकिन जीवन का जो दूसरा पहलू है, जो सामाजिक है, सांस्कृतिक है, उसके रंगों से रेणु एक दूसरे बिहार को प्रस्तुत करते हैं। मुझे नहीं लगता कि इधर के लिखे हुए ये तीनों उपन्यास—जो नई पीढ़ी के लोग लिख रहे हैं—उसमें एक इंच भी उससे आगे बढ़ते हैं। यही नहीं, रेणु की परम्परा के विकास के रूप में—उसमें कुछ जोड़ते भी नहीं हैं। संजीव के कुछ उपन्यास जो आदिवासियों और थारू जाति के लोगों को लेकर लिखे गए थे, उसमें कुछ सम्भावनाएँ अवश्य दिखाई पड़ी थीं। बाकी तो यथातथ्य अखबारी सूचनाओं के आधार पर लिखे हुए वर्णन मात्र हैं। ये कथारस भी पैदा नहीं कर पाते।

जानकीदास तेजपाल मेंशन : अलका सरावगी

'जानकीदास तेजपाल मेंशन'—यह अलका सरावगी का पाँचवाँ उपन्यास है। उनका पहला उपन्यास 'कलिकथा वाया बाईपास' 1998 में आया था और उसी से ये रोशनी में आईं। विजय मोहन जी ने इन उपन्यासों पर अपनी किताब में कहा है कि वह बीसवीं सदी की लेखिका हैं। उनकी बतौर कथाकार बहुत प्रशंसा हुई। खास तौर से उनकी टेक्निक पर लोगों ने ज्यादा ध्यान दिया था। उन्होंने और भी उपन्यास लिखे : 'शेष कादम्बरी', 'कोई बात नहीं', 'ब्रेक के बाद' और अन्त में 'जानकीदास तेजपाल मेंशन'।

यह लगभग 200 पृष्ठों के आसपास का उपन्यास है। उनकी कथा तो कलकत्ता तक सीमित है जो 'कलिकथा वाया बाईपास' में कलिकथा थी, वह कलकत्ता की कथा है। सेंट्रल रेवेन्यू की जो बस्ती है, उसमें जानकीदास तेजपाल मेंशन की कोठी है। खास बात है, उनके उपन्यास लिखने की यह टेक्निक या प्रविधि है, जिसमें बार-बार अतीत से वर्तमान और वर्तमान से अतीत की आवाजाही है। उसमें वे फ्लैश बैक भी इस्तेमाल करती हैं। इनके उपन्यास-लेखन की कला खास तौर पर कथानक के बुनावट में दिखाई देती है।

थीम कलकत्ता का मारवाड़ी समाज है, जिसके अन्तर्गत उन्होंने दर्शाया है कि भूमिगत रेललाइन बिछाने का क्या असर पड़ता है ऊपर वाली कोठरियों पर। खास तौर पर सेंट्रल रेवेन्यू की सबसे पुरानी बिल्डिंग जो यह मेंशन है, उसे उन्होंने केन्द्र बनाकर लिखने की कोशिश की है। कहानी में जो मारवाड़ी समाज की सबसे पुरानी बिल्डिंग है, उसे ढहना ही है जब भूमिगत रेललाइन बनेगी। तमाम लोग जो ऊपर-नीचे के किराएदार रहा करते थे, उसको केन्द्र बनाकर उन्होंने कथानक रचा है और इसके अलावा एक व्यक्ति, जो अमेरिका से पैसे कमाकर कलकत्ता लौटकर अपना खेल खेलने की कोशिश करता है, यह आवाजाही भी उपन्यास लेखिका ने दर्ज की है। चूँकि कलकत्ता में उस समय नक्सलबाड़ी आन्दोलन व्याप्त था, इसका जिक्र उनके पहले उपन्यास

में भी मिलता है, तो थोड़ी-सी राजनीतिक छौंक का भी इस्तेमाल उपन्यास लेखिका ने किया है।

इस उपन्यास में अमेरिका को उन्होंने मोटिव के रूप में इस्तेमाल किया है कि अमेरिका किस तरह से भारत की अपनी अर्थ-सन्तुलन व्यवस्था में दखल दे रहा है और साथ ही किस तरह से अपने एजेंट तैयार करता है। इन तमाम बिन्दुओं का समावेश उन्होंने जिस जंगल (परिप्रेक्ष्य) से किया है, वह इस उपन्यास की एक विशेष बात है। जानकीदास तेजपाल मेंशन का ढहना पूरे देश के ढहने के रूप में दर्शाया गया है। इस उपन्यास में पूँजी की क्रूरता का संकेत तो किया ही गया है लेकिन यह पूर्ण रूपक नहीं बन पाता है। इस उपन्यास के चरित्र बेहद दिलचस्प और महत्त्वपूर्ण हैं और कहन-शैली भी विशेष है।

गद्य-लेखन की शैली की विशेषता को दर्शाता निम्न अंश गौरतलब है :

> 'चलते रहो। चलते रहो। पीछे मुड़कर मत देखो। तेज मत चलो। ऐसे चलो, जैसे कुछ हुआ ही न हो। तुम हाँफ क्यों रहे हो? चलते जाओ।'—अपने से बात करता जयदीप उसी तरह चलता रहा। न उसने रुककर पीछे मुड़कर देखा और न अपनी चाल तेज की। यों भी जगह-जगह खुदे हुए फुटपाथ पर कुछ-कुछ को फाँदते हुए, इधर-उधर पैर रखते हुए, जगह बनाते हुए बहुत तेज चलना मुमकिन नहीं था। और वह आखिर क्यों भागता? भागकर जाता भी कहाँ? क्या इन्हीं लोगों के साथ जीने और मरने के लिए वह कलकत्ता नहीं लौट आया था?

'अरे देखो, देखो! अमेरिकन को देखो!' किसी एक ने कहा था और फिर हँसी का कोरस फूट पड़ा था। जयदीप के अन्दर भयंकर गुस्सा फूटते-फूटते फुस्स हो गया। अन्दर से रुलाई जैसा कुछ उमड़ा। बचपन से आज तक उसने किसी से मारपीट नहीं की थी। पर आज उसके हाथ कहीं से पिस्तौल आ जाती, तो वह किसी अमेरिकन यूनिवर्सिटी के कोरियन लड़के की तरह पिछले दिनों के हादसे को दोहराता सबको भून डालता।

क्या वह पलटकर कम-से-कम इन लोगों को एक गाली ही दे डाले—देसी भद्दी गाली की जगह अमेरिकन भद्दी गाली? बास्टर्ड? मन में बेवजह गाली खा लेने का अफसोस तो न रहे; या बाँहें फैलाकर फिल्मी अन्दाज में उनसे कहे कि मेरा यकीन करो। मैं तुममें से ही एक हूँ। अमेरिका से लौटकर भी तुम्हारी तरह दो चौक वाले बड़ा बाजार के इस सड़े हुए मकान में रहता हूँ जहाँ बीचोबीच सामूहिक पाखाना है। बिलकुल वैसे ही।

इस पूरी कहानी में देखें तो जो नायक है जयगोविन्द सिंह उर्फ जयदीप, वह पैसे कमाने वाला है। वह उपन्यास में अपनी कहानी आत्मकथा की तरह लिख

रहा है और उपन्यास में नायकत्व की तलाश कर रहा है। इस उपन्यास का शिल्प बहुत बढ़िया है, जो मुख्य रूप से आकृष्ट करता है। इस शिल्प का बेहद सधे तरीके से उपन्यास लेखिका ने इस्तेमाल किया है। कथानक का ढाँचा और उसकी कलात्मकता की बात करें तो कथा-सरिता के क्षेत्र में नये तरह का प्रयोग किया है उपन्यासकार ने, नहीं तो आदि, मध्य और अन्त के रूप में कथा कहनेवाले उपन्यास तो बहुत सारे हैं।

एक गंधर्व का दु:स्वप्न : हरी चरण प्रकाश

'एक गंधर्व का दु:स्वप्न' हरी चरण प्रकाश का पहला उपन्यास है। एक संगीतज्ञ भवनाथ शुक्ल को केन्द्र में रखकर आजादी के बाद के बनते-बिगड़ते भारत को, लोकतंत्र की सफलता-असफ़लता को, जाति और वर्ग के विभाजन को, नये समाज की वर्ग-संरचना में कुछ परम्परागत जातियों के पीछे चले जाने और कुछ के आगे आ जाने को जिस रूप में उभारा गया है, वह तो उल्लेखनीय है ही, लेकिन जो सबसे ज्यादा ध्यान खींचती है, वह है इसकी भाषा। श्रीलाल शुक्ल की प्रख्यात कृति 'राग दरबारी' के बाद, उसी तरह की व्यंग्य की भाषा में लिखा गया यह दूसरा उपन्यास है जो शुरू से लेकर अन्त तक बारीक बिम्बों की छटा बिखेरता हुआ, इत्मीनान से कहानी कहता हुआ, कोई पौने दो सौ पृष्ठों में आजादी के बाद से अब तक की राजनीतिक-सामाजिक घटनाओं को प्रस्तुत करता है।

उल्लेखनीय यह है कि इस उपन्यास में घटनाओं का विवरण नहीं है, बल्कि जो बड़ी घटनाएँ हैं, उनका संकेत मात्र है अथवा उन्हें किसी-न-किसी प्रतीक से जोड़ दिया गया है। उपन्यास का नायक भवनाथ उस दिन पैदा हुआ, जिस दिन महात्मा गांधी की हत्या की खबर आई थी। उसका गाँव है टीकापाली, जो अयोध्या से फैजाबाद के चार मील के फासले के बीच में अवस्थित है। लगभग इस सड़क के बीच से एक पतली गली टीकापाली की ओर जाती है जहाँ भवनाथ के पिता रामनाथ शुक्ल का घर है, जहाँ वे प्राइमरी स्कूल में पढ़ाने के साथ-साथ बच्चे हुए समय में पुरोहिताई करते थे।

हालाँकि लेखक ने लिखा है : 'यह नहीं कहा जा सकता कि टीकापाली ने अयोध्या और फैजाबाद को बाँट दिया है।' लेकिन इस कथन में भी कुछ संकेत है।

इस तरह यहाँ-वहाँ ढेर सारे संकेत हैं इसमें। उपन्यास की पृष्ठभूमि में है अयोध्या और फैजाबाद तथा देश का बँटवारा। कहानी बँटवारे से शुरू होती है, जब वहाँ पर रहनेवाले कई मुसलमान पाकिस्तान चले जाते हैं। उनमें से एकाध लौट भी आते हैं। उन्हीं में एक इश्तियाक मियाँ थे, जो इसराज बजाते थे। इस उपन्यास

का नाम है : 'एक गंधर्व का दु:स्वप्न'। आम तौर पर इस समुदाय को संगीत से जोड़ा जाता है। बहुत-से संगीतज्ञों के नाम में भी गंधर्व जुड़ा है। जैसे कुमार गंधर्व हैं। लेकिन एक खास बात यह है, गंधर्व वादक होते थे और इसराज बजाते थे। अब यह वाद्ययंत्र लुप्तप्राय है।

भवनाथ भी इसराज बजाना चाहते हैं। उनके जन्म से अब तक, यानी उपन्यास के लिखे जाने के समय तक की दास्तान है इस उपन्यास में। लेखक की कथा-भाषा के नमूने के रूप में इस अंश को देखा जा सकता है :

> 'अपराह्न चार बजे बीस-सूत्री कथक आरम्भ हुआ। नगर के एकमात्र डांस स्कूल के सहयोग से बीस स्कूली लड़कियाँ तैयार की गईं।

सूचनाधिकारी की पत्नी, जो हिन्दी में पी-एच.डी. उपाधिधारी थीं, ने एक गीत बनाया जिसमें बीसों लड़कियाँ भली भाँति गूँथी गई थीं। बाकी कमाल अवध संगीत और नृत्य महाविद्यालय के चटर्जी दम्पती का था—मास्टर चटर्जी और मिसेज चटर्जी। अकेली, अविवाहित और बूढ़ी एलेना चटर्जी के प्रैक्टिस के दिन समाप्त हो गए थे। उनकी डॉक्टरी उनकी कार की तरह ही पुरानी और बेकार हो गई थी। कार के इर्द-गिर्द घास का एक जंगल उग आया था। वह ऊपर के कमरे में पड़ी, आँख-कान रूँधकर, सुबह से शाम और शाम से सुबह तक का वक्त कतरा-कतरा करके काट रही थीं। उनकी क्लीनिक, जो कमरे में थी, एक बजे से डांसिग हॉल के रूप में इस्तेमाल होती थी। साइलेंस प्लीज, डॉक्टर ऐट वर्क और मर्फी का सुन्दर बच्चा। कभी-कभी वह सोचतीं कि उनके पैदा कराए बच्चे कहाँ होंगे।

बल्कि, कहा जा सकता है कि अपने पहले ही उपन्यास में भाषा का जो स्तर लेखक ने प्राप्त कर लिया है, वह काबिले-तारीफ है। छोटे-छोटे वाक्यों और टिप्पणियों में कई बार ऐसी कुछ गूढ़ बातें छुपी हुई हैं जिनके माध्यम से भारतीय समाज की विसंगतियों को देखा-समझा जा सकता है।

भाषा के अलावा जो दूसरी चीज है आकर्षित करनेवाली, वह है इसका ढाँचा। उपन्यास का जो चालू ढाँचा है, उसमें कथानक होता है, अन्त:कथाएँ होती हैं, चरित्रों का निर्माण किया जाता है। परन्तु इस उपन्यास में वैसा कुछ भी नहीं है। लगभग परम्परागत ढाँचे को तोड़कर एक नये समाज का उपन्यास रचा गया है।

इसमें छोटी-छोटी घटनाओं, छोटे-छोटे प्रसंगों के माध्यम से एक कथा रचने की कोशिश की गई है। कह सकते हैं कि यह धारावाहिक की शैली में रचा गया एक आख्यान है और भाषा तो है ही रोचक।

विसर्जन : राजू शर्मा

'विसर्जन' राजू शर्मा का दूसरा उपन्यास है, मगर मेरी नजरों से गुजरने वाली यह उनकी पहली ही कृति है। इसके पहले 'तद्भव' में उनकी लम्बी कहानी छपी थी। उसमें अखिलेश ने यह सूचना दी थी कि उनका उपन्यास 'विसर्जन' प्रकाशनाधीन है। मैं तब से इसका इन्तजार कर रहा था। 450 पृष्ठों के इस मोटे उपन्यास को तमाम व्यस्तताओं के बीच मैं लगभग एक साँस में पढ़ गया। सबसे पहले इस उपन्यास की शैली ने मुझे प्रभावित किया। मैं स्पष्ट कर दूँ कि इधर उपन्यास में कोई नया मोड़ नहीं आ रहा था। कहानियों में जरूर तरह-तरह के प्रयोग हो रहे हैं और निरन्तर बदलाव देखने को मिल रहा है, मगर उपन्यास में वही यथार्थवादी शैली अपनाई जा रही है, जो एक अरसे से चली आ रही है। यह प्रेमचंद की परम्परा है। 'राग दरबारी' और 'मैला आँचल' में जरूर कुछ शैलीगत बदलाव लाने की कोशिश की गई थी। परन्तु अन्ततः वे दोनों भी यथार्थवादी उपन्यास ही हैं।

'विसर्जन' को पढ़ते हुए कुछ आश्चर्य हुआ कि यह यथार्थवादी उपन्यास नहीं है। इसकी शैली अलग है। यह एक धारावाहिक की तरह है और इसके केंद्र में जो घोटाला है, वह भी धारावाहिक है। उपन्यास इंटेलिजेंस ब्यूरो के कार्यालय से शुरू होता है, जिसका काम है सूचनाएँ इकट्ठी करना और उनके विश्लेषण के माध्यम से आनेवाले खतरों के प्रति देश को आगाह करना। लेकिन यह संस्थान खुद ही कई तरह के संकटों से घिरा है। वहाँ ज्यादातर अधिकारी पुलिस के विभिन्न प्रान्तीय कैडरों से पदस्थापना पर आते हैं और जबरदस्त खींचतान चलती रहती है। इसके केन्द्र में उत्तर प्रदेश कॉडर का एक आईपीएस अधिकारी है जिसकी पदस्थापना दिल्ली में हो गई है।

उपन्यास मध्य दिल्ली के खान मार्केट से शुरू होता है—लगभग एक रहस्य-कथा की तरह। इसे एक जासूसी उपन्यास भी समझा जा सकता है। इसका शिल्प-कौशल, जैसाकि ऊपर कहा गया, गैरयथार्थवादी है, लगभग तिलिस्मी। रघुवीर सहाय की उस कविता को याद कीजिए, जो उन्होंने 1960 के दशक में लिखी थी। वह

'आत्महत्या के विरुद्ध' में संकलित है : 'न टूटे, न टूटे तिलिस्म सत्ता का/ मेरे अन्दर एक कायर तो टूटेगा'। तो सत्ता का तिलिस्म दरअसल, कायरता का तिलिस्म है, इसका आभास तो लोगों को था लेकिन वह तिलिस्म क्या है, कैसा है, उसके अन्दरखाने में क्या कुछ घटित हो रहा है, उसकी विस्तृत जानकारी लोगों को नहीं थी जो यह उपन्यास देता है। पता चलता है कि यह जो सरकार है, जो एक तिलिस्म की तरह रहस्यमय लगती है, असल में पूरा का पूरा घोटाला है।

इसके सभी प्रमुख पात्र बड़े-छोटे अधिकारी हैं। अधिकारियों के बीच के संघर्ष को इसमें दिखाया गया है और यह भी कि कैसे घोटाला करनेवाला और घोटालों पर पर्दा डालनेवाला बड़ा अधिकारी पुरस्कृत होता है और भ्रष्टाचार के खिलाफ लड़ाई लड़नेवाला अधीनस्थ लेकिन ईमानदार अधिकारी पराजित होता है। इसकी शैली भी आकर्षित करनेवाली है। रहस्य-कथा के रूप में, 'डिटेक्टिव टेक्निक' में कहानी कही गई है। जिस भूमंडलीकरण की आज चर्चा है और जिसको लेकर तूमार खड़ा किया जाता है, उसकी विसंगतियों को भी इसमें उजागर किया गया है। इसे पढ़ते हुए मैं सोचता रहा कि इसका 'विसर्जन' नाम क्यों रखा गया। इसका पता अन्त में चलता है। सर्जन और विसर्जन को इस परिप्रेक्ष्य में देखें कि आम तौर पर कालीपूजा वगैरह में पहले मूर्ति का सर्जन करते हैं, फिर विसर्जन करते हैं।

इसमें एक थका हुआ ईमानदार अधिकारी एसआर है जो ब्यूरो के भ्रष्टाचार को उजागर करता है, पर अपने संस्थान के मुखिया के विरुद्ध चाहकर भी कुछ कर नहीं पाता। उसकी निराशा असल में इस व्यवस्था से उपजी निराशा है, जिसे समझने के लिए पुस्तक के अन्त में दी गई निष्कर्षात्मक टिप्पणी को पढ़ा जाना चाहिए। बानगी के रूप में उसका एक अंश प्रस्तुत है :

> अपराधी, अपराध, कानून, न्याय, राज्य—ऐसी अवधारणाओं का दोहन कर तुम और तुम्हारी सरकार अपना तो वर्चस्व कायम रखती है, क्या वह इतना ही मूर्त और परम है? अखंड और अचल? हर युग और समय का निश्चित पथ? क्या ये राष्ट्र और राज्य के घृणित हथियार नहीं, जिनसे वह अपने स्वार्थ और हित की रक्षा करता है?...विधि, न्याय और राष्ट्रीयता राज्य की डोर से बँधे लावारिस गुब्बारे हैं जिनका यथार्थ और इनसानी विमर्श से सरोकार न के बराबर है। राज्य का स्वरूप और नियमन इस युग की सृजन क्षमता की राह में काँटा है। इसे निकालना अब जरूरी हो गया है। समझ लो, यह इक्कीसवीं शताब्दी का महाभारत है। इस देश में आज एक लाख सेनानी वे हैं, जो डॉलर मिलियनेयर हैं। देश की दस फीसद आय इनकी बदौलत है। कारोबार उद्यम और सृजन के इंजन यही हैं और मुझे यह कहने में संकोच नहीं कि श्रीकृष्ण की तरह मैं इस सेना को मार्ग दिखा रहा हूँ।

इतना जरूर है, कहीं-कहीं सरकारी तंत्र के ब्यौरे ऐसे हैं कि पाठक ऊबने लग सकते हैं। इसका खयाल रखा जाना चाहिए था। कुछ कठिनाई भाषा की भी है। ऐसा लगता है कि इसे बहुत सतर्क होकर लिखा गया है। ढेर सारे तकनीकी शब्दों के अनुवाद भाषा के प्रवाह में अवरोध पैदा करते हैं। बावजूद इसके न केवल अनूठे कथ्य बल्कि शैली की दृष्टि से भी यह एक महत्त्वपूर्ण उपन्यास है।

उत्तर वनवास : अरुण आदित्य

अरुण आदित्य युवा कवि हैं। अब तक वे कविता के लिए ही जाने जाते रहे हैं। 'उत्तर वनवास' उनका पहला उपन्यास है। मैं एक साँस में इस उपन्यास को पढ़ गया। लगभग डेढ़ सौ पृष्ठों का यह उपन्यास इतना बाँधे हुए था कि बार-बार श्रीलाल शुक्ल के 'राग दरबारी' की याद आ रही थी। उपन्यास में व्यंग्य का सटीक प्रयोग हुआ है। कोई वाक्य ऐसा नहीं है, जिस पर अवध की विशिष्ट संस्कृति की छाप न हो। सबसे खास पक्ष है इसका विन्यास। विषयवस्तु का विस्तार आपातकाल से लेकर रामजन्मभूमि विवाद और आज की राजनीति तक है। इस पूरे काल को समेटता यह उपन्यास गाँव से निकले हुए एक आदमी रामचन्द्र रामायणी को केन्द्र में रखकर लिखा गया है।

उपन्यास दस अध्यायों में बँटा है। हर अध्याय का एक शीर्षक दिया है और सारे ही शीर्षक बड़े ही दिलचस्प हैं। पहले अध्याय का शीर्षक है : 'तीन झोंपड़ियाँ बनाम तेरह सौ डॉलर की कलाकृति'। दूसरे अध्याय का शीर्षक है : 'अंडे का फूटना और बछड़े का होंकड़ना'। अवधी की छौंक यहाँ भी है। पूरी भाषा में एक तंज है। शायद ही कोई वाक्य हो जिसमें भाषा का खेल न हो। शायद यह अवध की अपनी खूबी है।

एक तो रामचन्द्र थे त्रेता युगवाले, दूसरे इनके रामचन्द्र हैं। वैसे तो रामचन्द्र नाम बहुत मिलते हैं, पर ये रामायणी हैं। बहुत अच्छे वक्ता, राम-कथा कहनेवाले। तुलसीदास के रामचरितमानस की चौपाइयों का प्रयोग गाँव के लोग कदम-कदम पर करते हैं। रामचरितमानस उनके मुहावरे में शामिल है। इस उपन्यास में भी तुलसी की चौपाइयों और अर्धालियों का सटीक प्रयोग हुआ है।

यह शुरू होता है कैफी आजमी की मशहूर नज्म से : 'पाँव सरयू में अभी राम ने धोये भी न थे/ कि नजर आए उन्हें खून के गहरे धब्बे/ पाँव धोये बिना सरयू के किनारे से उठे/ राम ये कहते हुए अपने दुआरे से उठे/ राजधानी की फिजा आई नहीं रास मुझे/ छह दिसम्बर को मिला दूसरा वनवास मुझे'।

मैं खास तौर पर लेखक की राजनीतिक परिपक्वता का जिक्र करना चाहूँगा। हिन्दूवादी राजनीतिक पार्टी, जिसका नारा था कि मन्दिर वहीं बनाएँगे, उसे लेखक ने नाम दिया है : 'राष्ट्रवादी पार्टी'। रामचन्द्र रामायणी उसी पार्टी के नेता हैं, लेकिन उन्हें 'गर्व से कहो, हम हिन्दू हैं' जैसे नारों पर आपत्ति है। इस पर लम्बी बहस है इस उपन्यास में। रामचन्द्र कहते हैं कि हिन्दू शब्द तो हमारे लिए अपमानजनक है। यह शब्द तो विदेशियों का दिया हुआ है। हम अपने देश को हिन्द नहीं, भारत कहते हैं। अगर हम अपने को हिन्दू की बजाय भारतीय के रूप में पहचानें तो इस पहचान के नीचे मुसलमान भी आ जाएँगे, ईसाई भी आएँगे और जो भी भारत में रहते हैं, सभी आएँगे। स्वामी रामचन्द्र रामायणी उस राष्ट्रवादी पार्टी में बहुत ऊँचे पद पर हैं, लेकिन पार्टी से उनका यह मतभेद शुरू से है और अन्त तक रहता है।

जहाँ तक उपन्यास की अन्तर्वस्तु का सवाल है, इसकी कथा की शुरुआत आपातकाल से होती है। मुझे नहीं लगता कि आपातकाल पर हिन्दी में कोई महत्त्वपूर्ण उपन्यास लिखा गया है। भाषा की बानगी के तौर पर उपन्यास का एक अंश देखिए :

> रामचन्द्र की हंसी अपने को गलत समझ लिये जाने से शर्मिंदा हो गई...।
>
> 'उदास मत हो बहन।' हंसी को ताज्जुब हुआ कि यहाँ उसे ढाढ़स बँधाने वाला कौन आ गया! ढाढ़स बँधानेवाली का स्वर मिश्री-सा था, 'विस्थापन का दर्द मैं समझती हूँ बहन, पर आपका व्यंग्य तो विस्थापित होकर भी किस्मत वाला है।'
>
> हंसी ने आगन्तुक की ओर कुछ इस तरह से देखा, जैसे उसका देखना यह पूछ रहा हो कि आप कौन हैं...!
>
> 'मैं नीति हूँ, जिसे राजनीति ने बेदखल कर रखा है। दर-दर भटक रही हूँ, कहीं ठौर नहीं मिलता। जहाँ जाती हूँ, राजनीति पहले ही पसरी हुई मिलती है। पर आपका व्यंग्य तो वाकई भाग्यशाली है। उसे मैंने जबलपुर की ओर जाते देखा है।'
>
> 'जबलपुर?'
>
> 'हाँ, वहाँ हरिशंकर परसाई नाम का लेखक रहता है। उसकी कलम बहुत बड़ी है। दुनियाभर का व्यंग्य उसमें समा सकता है। पर मैं कहाँ जाऊँ? क्या मेरे लिए कोई ठौर नहीं?'
>
> 'एक दिन इन्हीं कंधों पर मिलेगा तुम्हें ठौर।' रामचन्द्र की हंसी ने रामचन्द्र के कंधों की ओर इशारा करते हुए कहा, 'आज जरूर इन पर राजनीति का हाथ है, लेकिन एक दिन राजनीति के लिए ये कंधे असहज हो जाएँगे और तुम इन पर निवास करोगी। रामचन्द्र को मैं बचपन से जानती हूँ इसलिए कह सकती हूँ कि ये कंधे तुम्हारे लिए ही बने हुए हैं।'

इस अंश में हरिशंकर परसाई आते हैं। इसी तरह इस पूरी प्रक्रिया में लेखक ने साहित्यिक परिवेश को भी समेटा है। इसमें अनेक कवि उपस्थित हैं, अनेक कविताएँ उद्धृत की हैं और बिलकुल सटीक। जहाँ करना चाहिए, वहीं उनका उपयोग हुआ है। उपन्यास में पीपल का एक पेड़ है, जिसे कथानायक रामचन्द्र अपना बोधिवृक्ष कहते हैं। जब उन्हें कोई दुविधा होती है तो वहीं जाकर उसके नीचे बैठ जाते हैं या फिर एक क्रान्तिकारी कवि सत्यबोध के पास जाते हैं। सत्यबोध कम्यूनिस्ट हैं, इस बात को वे छिपाते नहीं और उनसे स्वामी रामचन्द्र की खूब बहस होती है। स्वामी जी का जीवन इस बात का गवाह है कि ऊपर से संत महात्मा दिखते हुए लोगों के मन में प्रेम से जुड़ी संवेदनाएँ और मानवीय कमजोरियाँ भी होती हैं।

'उत्तर वनवास' इस दौर में लिखे गए उपन्यासों में नये ढाँचे, नई कथादृष्टि वाली एक उल्लेखनीय कृति है।

मैकलुस्कीगंज : विकास कुमार झा

मैं इस 500 पृष्ठ के छोटे टाइप में छपे उपन्यास को पूरी तरह से पढ़ गया। इतना बड़ा और लम्बा होने के बावजूद यह उपन्यास आदि से अन्त तक बाँधे रहा। मैं झारखंड गया हूँ, लेकिन मैंने कभी इस मैकलुस्कीगंज का नाम नहीं सुना था। यह एंग्लो इंडियन्स का गाँव है और इस गाँव के लोगों के समाज में जो जनजातियाँ हैं, उनकी इन एंग्लो इंडियन्स लोगों के साथ शादी-ब्याह भी हुआ है। यह उपन्यास उनकी जिन्दगी के बारे में तो जानकारी देता ही है, किन्तु यह इस मायने में भी अद्भुत है कि इसके जितने भी चरित्र हैं, वे जो एंग्लो इंडियन्स लोगों के बारे में तमाम भ्रम हैं, उन्हें छाँटते हुए सचाई की तह तक ले जाता है। अभी 99 साल के पट्टे के बाद हांगकांग आजाद हुआ तो वहाँ भी एंग्लो इंडियन्स लोग बस गए थे। वहाँ भी उनकी बस्ती थी और हमारे यहाँ इस तरह के जीवन के बारे में हम कुछ नहीं जानते। इस उपन्यास में कथा-रस है। इससे वे लिखते नहीं बल्कि सैकड़ों जीवन-चरित्रों के द्वारा कहानी की तरह कहते हैं। एक तरह से यह महाभारत जैसा है। लोग भूल ही गए हैं कि मैकलुस्कीगंज जैसे गाँव और भी कहीं-कहीं हैं। मैकलुस्की नाम है तथा गंज गँजहाँ कल्चर की तरफ ध्यान खींचता है। कभी-कभी लखनऊ में भी गँजहा/गंज का प्रयोग करते हैं। अन्य लोगों ने भी, जैसे श्रीलाल शुक्ल ने भी अपने उपन्यासों में गंज/गंजहाँ कल्चर का प्रयोग बहुत अच्छी तरह से किया है और दिखाने की कोशिश की है कि भारत में ऐसे ही मिली-जुली अन्य जातियों की संस्कृतियों से मिलकर एक नये गंज का कल्चर बना है। संस्कृति अपनी है और उसके अनेक जीवंत चरित्रों को उन्होंने इसमें प्रस्तुत किया है। जनजातियों का यह एक तरह से महाभारत है।

कुल मिलाकर एक आंचलिक होने के साथ विश्वभाव पर इनकी दृष्टि है। एक तरह से आज की दुनिया में क्षेत्रीयता महत्त्वपूर्ण नहीं है। यह क्षेत्रीयता दीवारों को तोड़कर एक विश्वभाव भरता है। वह झारखंड के एक गाँव को पूरी दुनिया से जोड़ देता है, दुनिया की तमाम संस्कृतियों से जोड़ देता है, उनके आचार से जोड़ देता है।

बर्फ पर बने पदचिह्न : रफ़ीक मसूदी

निश्चित ही मेरे लिए प्रीतिकर आश्चर्य का विषय है कि कश्मीरी में लिखा हुआ और हिन्दी में अनूदित यह पहला लघु उपन्यास पढ़ने को मिला, जिसके मूल लेखक प्राण किशोर जी हैं और हिन्दी अनुवाद किया है रफ़ीक मसूदी ने और वह स्वाद भी मिल जाता है, जहाँ कश्मीरी शब्दों को रखना चाहिए, उन्होंने बखूबी किया।

यह उपन्यास छोटे-छोटे 26 अध्यायों में विभक्त है। कश्मीर में कश्मीरी पंडित ही नहीं रहते बल्कि आदिवासी कबीलों के लोग भी रहते हैं। इस उपन्यास में ऐसे ही दो कबीलों की कहानी कही गई है : एक गूजर कबीला है, दूसरा बकरबाल है। इन दोनों कबीलों के जीवन की कहानी कही गई है। एक परिवार है जिसमें राज वली खाँ, उसकी पत्नी रेशम है। कमरु उसका बेटा है। और परिवार का ही अंश एक कुत्ता है जिसका नाम पासा है। यह एक छोटे परिवार की कहानी है जिसमें तमाम दुःख-सुख की कहानी चलती रहती है।

प्राण किशोर जी बलराज साहनी के सम्पर्क में थे, जिन्होंने नाटक तो खूब लिखा है। इसकी भूमिका में प्राण किशोर ने उल्लेख किया है कि हम लोग एक फिल्म बनाना चाहते थे और वह फिल्म तो पूरी नहीं हो पाई लेकिन उसका अनुभव मेरे लिए आगे प्रेरणास्रोत बना। कहानी में कोई नाटकीयता नहीं है।

कश्मीरी-विशेषता यहाँ यह देखी जा सकती है कि वहाँ के जिन पंडितों ने इस्लाम को स्वीकार किया, उन्होंने अपनी संस्कृति को नहीं बदला, उसे बनाये रखा।

इसका एक उदाहरण बड़ा सजीव है कि वे लोग भूखे पड़े थे। कोई खाना-वाना नहीं मिल रहा था। उन्हीं के बीच जनजातीय आदमी ने उन्हें खूब कश्मीरी खाना खिलाया। यहाँ जो आत्मीयता दिखाई पड़ती है, वह सम्पन्न परिवार में भी नहीं मिली, जो उन्हें यहाँ मिली। छोटे-छोटे कबीलों का दुःख बड़ा नहीं होता। वे छोटी-छोटी बातों में ही उलझे रहते हैं : जैसे बच्चों की फिकर करना, बीवी की फिकर करना, खाने की फिकर करना, रहने की फिकर करना, इत्यादि।

इनकी इस कहानी में नाटकीयता कहीं नहीं है। सीधे-सपाट ढंग से जैसे एक नदी बहती है, उसी तरह लेखन में दिखाया है। गद्य में जो उनका शब्द-चयन एवं लिखावट है, एक हिस्से को आप देख लें तो स्पष्ट हो जाएगा।

अनुवादक मसूदी ने इतना अच्छा संस्कृतनिष्ठ गद्य लिखा है कि वह धन्यवाद के पात्र हैं। इस गद्य में जो लालित्य है, वह प्रकृति का वर्णन है। शुरू ही होता है कि 'धुन्ध दो टुकड़ों में बँट गई। एक टुकड़ा धीरे-धीरे आकाश की ओर ऊपर गया और उसी पहाड़ियों के शिखर से टकराकर बिखर गया और दूसरा उसी पहाड़ी के दामन का आलिंगन करके सिमट गया।'

इस प्रकार आप देखेंगे पहाड़ियों पर, देवताओं का आना। जैसे एक पूरा कश्मीर उतर गया हो!

कश्मीर के सौन्दर्य को सौन्दर्यमय कहा जाता है। उसकी झलक इसके प्रकृति-चित्रण में मिलती है। हर जगह जहाँ देवदार के वृक्षों की शृंखला है, वे जैसे इस बस्ती के प्रहरी की तरह खड़े हैं और किसी दुश्मन का मुकाबला करने के लिए तैयार। जब धुन्ध छँटनी आरम्भ होती है, तब गाँव स्वप्नमाया का एक टुकड़ा-सा लगने लगता है।

इसमें सौन्दर्य है। लम्बे स्वप्नों से हटकर उस जीवन के यथार्थ चित्र भी हैं जो किसी का भी मन मुग्ध कर दे सकते हैं।

सामान्यजन के जो चरित्र खुल करके आते हैं, इसलिए लोग कश्मीर के सौन्दर्य-लोक को देखना चाहते हैं। वहाँ के लोगों का रोजमर्रा का जो यथार्थ जीवन है, उनकी जो छोटी-छोटी समस्याएँ हैं, उन सभी पहलुओं को अपनी कहानी में उतारा है।

मैं इस अनुवादक को दाद देना चाहूँगा, जिसने इतनी सर्जनात्मक तरीके से इस लघु उपन्यास का अनुवाद किया।

सुनो दीपशालिनी : रवीन्द्रनाथ ठाकुर

अनु. प्रयाग शुक्ल

रवीन्द्रनाथ के लगभग 80 गीत प्रयाग शुक्ल ने चुने हैं, लेकिन हैं तो वे सैकड़ों। अपने गीतों के बारे में रवीन्द्रनाथ की स्वयं जो धारणा थी, वह यह कि 'मेरा समूचा साहित्य अगर बंगाल भूल जाए—मेरी कविताएँ, मेरी कहानियाँ, मेरे उपन्यास, मेरे निबन्ध, सब भूल जाए—पर फिर भी बंगाल मुझे गाएगा क्योंकि बंगाल के पास गाने के लिए मेरे गीतों के सिवा और कुछ नहीं है।'

अपने गीतों को लेकर वे इतने आश्वस्त थे। हजारों की तादाद में उनके गीत हैं उन्होंने और भी कई किस्म के गीत लिखे हैं और साथ ही उन गीतों का संगीत भी स्वयं तैयार किया है तो इसलिए यह अनूठी घटना है और इन गीतों को मोती-भरी माला कहा जाता है। प्रयाग शुक्ल जी कलकत्ता में रहे हैं और बंगला बहुत अच्छी जानते हैं, वहाँ की संस्कृति से भी वे परिचित हैं तो किसी भाषायी संस्कृति से परिचित होना, उसके गीतों से परिचित होना चुनौती भरा काम था जिसे उन्होंने किया और सैकड़ों गीतों में से चुनकर 80 गीत उन्होंने लिये और उनका अनुवाद अपनी रुचि और रस के साथ किया है। गीतों की चर्चा करने से पहले उनका एक गीत, जो इस संग्रह का अन्तिम गीत है, सुन लें :

जिसे माँगे नहीं पर, मिलें
हाथ आए अगर त्याग दें
घन वही आज दिन में हिरा
पा लिया पर घनी रात में।
जिसे देखो न छू ही सको
मन उसी ओर को दो बहा
उठके देखो कि तारों में वो,
वो ही कुसुमों कैसे खिला

अश्रु उसके लिए जो बहाए
वीणावादिनि के शतदल में चमके
कौन है जो करुण, शान्त हँस के
मेरे गीतों में रह-रह के दमके।
और नयनों में आ-आ के छलके॥

इन गीतों का कोई एक विषय नहीं है और गान के सुरों में भी भेद है। कुछ गीतों को उन्होंने विचित्र गीत कहा है। इसमें पूजा के गीत हैं, प्रेम-गीत हैं, प्रकृति है, स्वदेश है तथा नवरहस्यवाद भी है।

और उन दिनों संस्कृत के कवियों के गीतों का प्रभाव रहा है। जयदेव के 'गीतगोविन्द' के गीत, विद्यापति के गीत और साथ ही भक्ति-आन्दोलन के भक्त संत कवियों—जैसे कबीर, सूर, तुलसी आदि—का प्रभाव भी है। रवीन्द्रनाथ उस परम्परा से परिचित थे। उन गीतों में एक लम्बी परम्परा बादल गीतों की रही है। शान्तिनिकेतन विश्वभारती में बादल गीत भी गाए जाते थे। उन दिनों ज्यादातर बंगलादेश में बादल गीत गाए जाते थे। ये बादल गीत इकतारे पर गाए जाते थे। प्रयाग शुक्ल की कठिनाई यह थी कि इन गीतों का अनुवाद कैसे किया जाए। यह बहुत ही चुनौती भरा काम था किन्तु इसको सम्भव प्रयाग शुक्ल जी ने किया। उन रागों को, जो classical राग जाने पाते हैं, जैसे भैरवी है, मल्हार है, तो उन classical रागों को भी ध्यान में रखकर रवीन्द्रनाथ ने इन गीतों की रचना की है। रवीन्द्रनाथ की कविताओं के अब तक जितने भी अनुवाद हुए हैं, उन सबके बीच इस अनुवाद को एक सफल अनुवाद कहा जा सकता है।

जयशंकर प्रसाद के नाटकों में जो गीत हैं, उनकी स्वर-लिपि उन्होंने खुद तैयार कराई थी लेकिन किसी और कवि को यह नसीब न हो सका। स्वयं रवीन्द्रनाथ यह चाहते रहे कि एक हारमोनियम मिल जाए और वे उसके आधार पर रवीन्द्र संगीत और गीत को गाएँ। 'गीतिका' में निराला जी ने लिखा है कि वह छोटा साधन भी नहीं मिल पाया। कहने का मतलब यह कि निराला जी के मन में भी कहीं न कहीं रवीन्द्रनाथ के गीत थे।

जो पुराने संत और भक्त थे यानी मीरा, सूर, तुलसीदास—इन सभी के गीतों को आज के लोगों ने गाया है लेकिन रवीन्द्रनाथ जैसी लोकप्रियता आधुनिक कवियों में किसी को नहीं मिली यानी रवीन्द्र संगीत एक अलग संगीत की परम्परा बन गई है और उसका श्रेय स्वयं रवीन्द्रनाथ के गीतों को है। कुछ बंगला जानने वाले उस जाति के हैं जिन्होंने रवीन्द्र संगीत को जाना है।

पत्थर फेंक रहा हूँ : चंद्रकांत देवताले

चंद्रकांत देवताले का नया कविता संग्रह 'पत्थर फेंक रहा हूँ' ऐसे समय में आया है जब वे पचहत्तर वर्ष के हो रहे हैं। इस संकलन में कुल पचहत्तर कविताएँ हैं, तो कुछ सोच करके ही यह संकलन तैयार किया गया है। संग्रह की शीर्षक कविता आरम्भ तो होती है : 'बाघों को देखने गए हमारे दयालु प्रधानमंत्री' जैसी पंक्ति से, परन्तु उसका अन्त देखिए :

पत्थर फेंक रहा हूँ
जिनसे फूट रही हैं जलते शब्दों की चिनगारियाँ
फेंकता रहूँगा श्रीमान
क्योंकि आपकी दिलचस्पी बाघों में
और इतनी चिन्ता देख
मेरे भीतर इन फूटे नसीब बच्चों का
उमड़ने लगा हाहाकार
मैंने सोचा असंवैधानिक कतई नहीं होगा
इस तरह से आपको
इस तरसते अबूझमाड़ में आमंत्रित करना।

इस तरह देख सकते हैं कि देवताले के भीतर अब भी कितनी गहरी बेचैनी है। लेकिन ऐसा भी नहीं है कि वे एकदम पत्थरमार कविताएँ ही लिखते हैं। संग्रह के आरम्भ में उन्होंने कविता की कुछ पंक्तियाँ दी हैं, जो इस पत्थर फेंकने के खिलाफ हैं। उसमें नितांत अन्तरंग जीवन की अनुभूतियों को व्यक्त किया गया है :

याद है जितनी बार पैदा हुआ
तुम्हें मैंने बैंजनी कमल कहकर ही पुकारा
और अब भी अकेलेपन के पहाड़ से उतर कर

मैं आऊँगा हमारी परछाइयों के खुशबूदार
गाते हुए दरख्त के पास...
मैं आता रहूँगा उजली रातों में
चन्द्रमा को गिटार-सा बजाऊँगा
तुम्हारे लिए...।

इसके अलावा इस संग्रह में दस-बारह प्रेम-कविताएँ हैं, और भी कई तरह की कविताएँ हैं। कवि का सरोकार कितना व्यापक है, संग्रह की पहली कविता 'आग' से इसका पता चलता है :

पैदा हुआ जिस आग से
खा जाएगी एक दिन वही मुझको
आग का स्वाद ही तो
कविता, प्रेम, जीवन-संघर्ष समूचा
और मृत्यु का प्रवेश-द्वार भी जिस पर लिखा
'मना है रोते हुए प्रवेश करना'
मैं एक साथ चाकू और फूल आग का
आग की रोशनी और गंध में
चमकता-महकता-विहँसता हुआ
याद हैं मुझे कई पुरखे हमारे
जो ताजिन्दगी बन कर रहे
सुलगती उम्मीदों के प्रवक्ता
मौजूद हैं वे आज भी
कविताओं के थपेड़ों में
आग के स्मारकों की तरह
इन पर लुढ़कता लपटों का पसीना

जिन्दा लोगों की तरफ
फेंकता रहता है सवालों की चिनगारियाँ।

इस कविता में उन्होंने अपना एक काव्य-सिद्धान्त भी कह दिया है, जहाँ वे कहते हैं कि कविता प्रेम, जीवन-संघर्ष समूचा और मृत्यु का प्रवेश-द्वार भी है जिस पर लिखा है : 'मना है रोते हुए प्रवेश करना'; अर्थात् कविता, प्रेम, जीवन-संघर्ष और मृत्युबोध—ये सब एक साथ मिली-जुली हुई चीजें हैं। इसलिए 'आग' कहने का मतलब यह नहीं है कि कवि केवल आग लगाना जानता है और आग फैलाना जानता है। ये केवल,

जैसा मैंने कहा कि उत्तेजनापरक कविताएँ नहीं हैं, इनकी कुछ कविताओं में प्रकृति के चित्र भी हैं। खास तौर से पुरी की यात्रा के सन्दर्भ में कोणार्क पर लिखी कविता में।

भाषा के स्तर पर भी नयापन है। बड़े जोर से इन्होंने कहा है कि हमारा खाद ही दूसरा है, तो यह कहना चाहते हैं कि ये दूसरी धातु के बने हैं। इनकी भाषा में जो पूरा अपना अंचल है मालवा का, उसकी शब्दावली आती है, उसके संस्कार आते हैं, उसके सामान्य जन आते हैं—चरित्रों के रूप में कविताओं में। इनकी एक कविता की पंक्तियाँ देखिए :

कितनी बड़ी राहत है कि हम अपने ही बारे में कुछ नहीं जानते और कितना
खतरनाक है यह भ्रम कि दूसरे का हमसे कुछ भी छिपा नहीं है।

ये बहुत गहरे सोच-विचार के अन्दर से निकली हुई पंक्तियाँ हैं।

ध्यान देने की बात है कि ये सरल-सपाट कविताएँ नहीं हैं, बल्कि मध्यवर्गीय जीवन की जो विसंगतियाँ हैं, उनके बीच व्यवस्था को चुनौती देनेवाले एक ताकतवर इनसान की तरह कवि खड़ा है। वे सिर्फ विडम्बनाओं का चित्रण ही नहीं करते हैं, बल्कि शुरू से ही अपनी कविताओं में चुनौती भी देते रहे हैं। इसी रूप में उन्होंने अपनी अलग पहचान बनाई है।

देवताले निरन्तर अपने को सँवारते हुए, परिपक्व होते हुए आगे बढ़ने वाले कवि हैं।

दुख चिट्ठीरसा है : अशोक वाजपेयी

अशोक वाजपेयी का नया कविता संग्रह 'दुख चिट्ठीरसा है' पढ़कर मुझे बड़ा प्रीतिकर और सुखद आश्चर्य हुआ। इसमें पिछले तीन वर्षों की कविताएँ हैं। ज्यादातर 2005 की कविताएँ हैं और कुछ 2006 की तो कुछ 2007 की। दुख को चिट्ठीरसा कहने का प्रयोग ही अपने-आपमें दिलचस्प है। दुख चिट्ठीरसा है, इसलिए कि यह किसी दूसरे के दुख की खबर नहीं देता है, अपने होने की खबर देता है।

इधर अशोक जी ने जो कविताएँ लिखी हैं, उसके कई आयाम हैं। घर-परिवार पहले भी उनकी कविता के केन्द्र में रहा है। इस संग्रह में फिर उसकी वापसी हुई है। उन्होंने पोते और नातिन के होने को लेकर भी कुछ अच्छी कविताएँ लिखी हैं। कुल मिलाकर इस संग्रह की तीन तरह की कविताओं ने मुझे विशेष रूप से आकृष्ट किया है। सबसे महत्त्वपूर्ण एक लम्बी कविता है : 'दुख ही जीवन की कथा रही'। यह शीर्षक उन्होंने निराला से लिया है।

यह एक महत्त्वपूर्ण आत्मकथात्मक कविता है। उन्होंने दुख को जिस गहराई से महसूस किया है, वह प्रभावित करता है। पुस्तक का नाम इसी कविता की एक पंक्ति पर रखा गया है। इसके अतिरिक्त, 'अनुपस्थिति' को लेकर लिखी गई ग्यारह कविताएँ इसमें शामिल हैं। किसी की उपस्थिति का अनुभव एक प्रकार का होता है, लेकिन उसकी अनुपस्थिति का जो अनुभव होता है, वह मन को छूनेवाला होता है। जिसे हम वियोग या बिछोह कहते हैं, उसको लेकर काफी कुछ लिखा गया है, लेकिन यह बिलकुल भिन्न तरह का अनुभव है। तीसरे प्रकार की कविताएँ वे हैं, जो पूर्ववर्ती कवियों की पंक्तियों को आधार बनाकर लिखी गई हैं, जिसे मैं अन्य छाया कहूँगा। पहले भी कुछ ऐसी कविताएँ लिखी गई हैं, उर्दू में तो इसकी एक लम्बी परम्परा रही है। इससे जो अनुगूँजें बनती हैं, वे महत्त्वपूर्ण हैं। इस संग्रह में ऐसी कोई नौ कविताएँ हैं। 'तुम कदाचित यही जानो, आज तुम शब्द न दो, इसको भी पंक्ति को दे दो, जितना तुम्हारा सच है' जैसी पंक्तियों को अज्ञेय से लिया है और उन्हें अपनी तरह से आगे बढ़ाया है। इसी तरह शमशेर की एक पंक्ति ली है :

'जरा अटका हुआ सा पता'। इस प्रकार अशोक ने कुछ नये प्रयोग किये हैं— परम्परा से जुड़कर प्रयोग।

सर्जनात्मकता की पहचान इसी से होती है। कोई भी न कुछ से सब कुछ नहीं करता है।

इस संग्रह के अन्त में कृतज्ञता-ज्ञापन सम्बन्धी कुछ कविताएँ हैं जो मन को छूती हैं। इस श्रृंखला में भी कई अच्छी कविताएँ हैं और जिस तरह से उनका क्रम बनाया गया है, उससे लगता है कि यह कविताओं का सामान्य संग्रह नहीं है, बल्कि बड़े सुविचारित-सुनियोजित ढंग से इसे तैयार किया गया है।

अम्मा से बातें तथा अन्य लम्बी कविताएँ
भगवत रावत

भगवत रावत पिछले कोई चालीस साल से कविताएँ लिख रहे हैं। 'अम्मा से बातें और कुछ लम्बी कविताएँ' उनकी चुनी हुई कविताओं का संकलन है। इसमें जो लम्बी कविताएँ हैं, उनमें सबसे महत्त्वपूर्ण है : 'कहते हैं कि दिल्ली की है कुछ आबोहवा और'। हम खास तौर से उस कविता की चर्चा करेंगे, लेकिन बानगी के तौर पर कुछ दूसरी कविताओं का भी उल्लेख करेंगे। इतने दिनों से लिखते हुए भी वे चर्चा के केन्द्र में नहीं आए, प्राय: हाशिये पर रहे। उसका कारण यह है कि आज एक खास तरह की कविता की ही चर्चा होती है। हिन्दी में विभिन्न अंचलों और प्रान्तों से आए हुए जो कवि हैं, उनमें कुछ ऐसे हैं जो एक तरह की मानक भाषा में कविता लिखते हैं। एकदम साँचे में ढली इस्तरी की हुई भाषा। चर्चा उन्हीं की होती है, जबकि महत्त्वपूर्ण काम वे कवि कर रहे हैं, जो अपने अंचल की बोली-बानी के मुहावरों का इस्तेमाल करके हिन्दी की काव्यभाषा को जानदार बना रहे हैं। यह महत्त्वपूर्ण काम है जिसकी उपेक्षा की जा रही है। भगवत रावत हमेशा ही सहज बोलचाल की भाषा में कविता लिखने की कोशिश करते रहे हैं। उनकी लम्बी कविता पर बात करने से पहले हम उनकी 'सुनो हिरामन' शृंखला की एक कविता की चर्चा करना चाहेंगे, जिसमें उन्होंने बुंदेलखंड की लोक धुन और आंचलिक भाषा का बहुत ही सुन्दर प्रयोग किया है। उस शृंखला की 21वीं कविता है : 'सरकारी खर्चों पर'।

हिरामन
हो आए बिदेस
सरकारी खरचे पै...
खा आए...पी आए...
जी भरकर जी आए

दिल्ली बम्बई कलकत्ता का ठाठ बिदेस में
सरकारी खरचे पै...
कागज के काम में
जमा आए धाक
अंग्रेजी के बल पै ऊँची कर आए
हिन्दुस्तानी नाक बिदेस में
सरकारी खरचे पै...।

उन्होंने लोकधुन और ध्वनि के माध्यम से जो व्यंग्य किया है, उसे खड़ी बोली की ठेठ भाषा में व्यक्त करने पर बात नहीं बनेगी। यह लम्बी कविता 'सुनो हिरामन' का एक अंश है। इसके अलावा दिल्ली पर लिखी उनकी कविता है। दिल्ली पर बहुत-सी कविताएँ लिखी गई हैं। दिनकर से लेकर आज के कवियों तक उसकी लम्बी परम्परा है। उर्दू में तो और भी पुरानी परम्परा है। मीर ने लिखा, ग़ालिब ने लिखा, उर्दू के तमाम कवियों ने लिखा। इस पृष्ठभूमि में भगवत रावत की इस लम्बी कविता को देखा जा सकता है। इसमें शुरू में एक पूर्व कथन है, जो भूमिका की तरह है, और अन्त में उपसंहार। इन दोनों के बीच 13 खंडों में बँटी लम्बी कविता है। इसका एक अंश देखिए कि किस तरह दिल्ली राजसत्ता की धूर्तता की प्रतीक बन गई है :

क्या आप किसी ऐसे आदमी को जानते हैं
जो कभी न गया हो दिल्ली
जान पर बन आई हो लेकिन उसने कभी
दिल्ली-दिल्ली की गुहार न लगाई हो
जवानी में भी जिसने दिल्ली की तरफ मुड़कर न देखा हो
जिसके सपने में भी कभी दिल्ली न आई हो
जो दिल्ली का केवल एक अर्थ जानता हो
जो दिल्ली को दिल्ली से ज्यादा कुछ नहीं मानता हो
जिसका दिल्ली में कोई दोस्त-यार नहीं हो
जिसका दिल्ली से कोई रिश्तेदार नहीं हो
जिसका दिल्ली से कोई काम नहीं पड़ा हो
जो दिल्ली के दम पर कभी कोई सीढ़ी न चढ़ा हो
जिसने दिल्ली गए बिना जीवन के सारे बसंत बिता दिये हों
फिर भी वह आदमी दिल्ली से बड़ा हो?
जानते हो तो बताएँ
कब से ऐसे आदमी के इन्तजार में धूप में

तप रही है दिल्ली
कब से उसी के इन्तजार में ठंड में
ठिठुर रही है दिल्ली।

यहाँ दिल्ली तो बहाना है। सत्ता की क्रूर और चालाक संस्कृति की प्रतीक। तभी तो एक आदमी, जो भोपाल का रहनेवाला है, कहता है कि दिल्ली का होने के लिए, दिल्ली में रहना जरूरी नहीं है। ऐसे भी लोग हैं जो दिल्ली फतह करने के लिए आते हैं। उन्होंने कहा है कि आदमी वाया दिल्ली ही कहीं और जाता है। दिल्ली की उपेक्षा नहीं हो सकती, सारे काम दिल्ली के जरिये ही हो रहे हैं। इस कविता में व्यंग्य भी है और व्यथा भी। कुछ साहित्यकारों के नाम भी इसमें आए हैं—नागार्जुन और मुक्तिबोध। इनसे जुड़े प्रसंग भी। मुक्तिबोध का बड़ा ही करुण प्रसंग है। वे दिल्ली आना नहीं चाहते थे पर आखिर में मरने के लिए दिल्ली आए। और नागार्जुन अपने अन्तिम वर्षों में दिल्ली से दरभंगा चले गए। इन घटनाओं के माध्यम से आज के उस माहौल का चित्रण किया गया है जिसकी प्रतीक है दिल्ली।

लेकिन कवि का ध्यान इस ओर भी है कि दिल्ली की जो छवि बनी हुई है, केवल वही दिल्ली नहीं है। इसकी अपनी संवेदना है, छटपटाहट है, पहचान है। एक दिल्ली में कई दिल्ली हैं। किस्म-किस्म के लोग हैं, जिनकी अपनी संस्कृति है, अपनी दुनिया है। इन सबके बहाने एक सार्थक कविता लिखने का प्रयास किया गया है। खास बात यह है कि शिल्प के स्तर पर दाँवपेंच और चक्करदार-घुमावदार अलंकारों का सहारा न लेकर भगवत रावत ने सहज भाषा का प्रयोग करते हुए कविता लिखी है। जिसे एक समय धूमिल सपाट बयानी के रूप में कहा करते थे, उसे और सहज बनाया है, जिसके चलते कविता अधिक सहज और ग्राह्य हो गई है। भगवत ने बोलचाल की भाषा में आधुनिक जीवन की पेचीदगियों को उजागर करने का प्रयास किया है। उनके स्वास्थ्य के बारे में जो सूचनाएँ मिल रही हैं, उसे देखते हुए मुझे लगता है कि इस दौर में भी उनमें इतना दम है कि उन्होंने अपनी अलग पहचान कायम रखी है। बनी-बनाई लीक और ढर्रे पर न चलते हुए, मिट्टी और धरती से जुड़ी हुई भावनाओं को अभिव्यक्ति देने की कोशिश की है।

आशा नाम नदी : ऋतुराज

ऋतुराज उन थोड़े-से कवियों में हैं जो चुपचाप, भीड़भाड़ से दूर रहकर लगातार रचनारत रहे हैं। 'आशा नाम नदी' उनका नौवाँ कविता संग्रह है। बहुत पहले उनके एक संग्रह 'सुरत निरत' ने मेरा ध्यान आकृष्ट किया था। उसके बाद 'पुल पर पानी' और 'नहीं प्रबोधचन्द्रोदय' आया। फिर पिछले संग्रह 'लीला मुखारविंद' ने प्रभावित किया।

ऋतुराज बहुत ही संस्कारी कवि हैं। संस्कारी इस अर्थ में कि संस्कृत कविता की जो महान परम्परा है, वे उसमें रचे-बसे हैं। इस संग्रह को ही लीजिए। इसका नाम भर्तृहरि के सुविख्यात श्लोक : 'आशा नाम नदी मनोरथजला तृष्णातरंगाकुला रागग्राहवती वितर्कविहगा...' से लिया गया है। 'आशा नाम नदी' एक तरह से निराशा के बीच पैदा होनेवाली आशा है। एक कविता 'लिख सकते हो क्या' की शुरुआती पंक्तियाँ देखिए :

निराशा के कई रंग हैं
जिसे कभी नष्ट हो जाना चाहिए था
वह अभी तक जीवित है
जो भुला दिया गया था
फिर से याद आ रहा है
जो चला गया जैसे हमेशा के लिए खो गया हो
वही लौटता दिखाई दे रहा है।

इस प्रकार 'आशा नाम नदी' में आशा का उद्घोष नहीं मिलेगा। जिस दौर से हम गुजर रहे हैं और मनुष्य ने परिस्थितियों पर जो दबाव बनाये हैं, उनसे निराशा ही उत्पन्न होती है—खास कर उन लोगों के मन में, जो लम्बे संघर्ष के बाद जीवन के उस मोड़ तक पहुँचे हैं, जहाँ किसी प्रकार का प्रतिरोध दिखाई नहीं पड़ता। इसीलिए इस संग्रह में निराशा का चित्रण है, मगर वह आक्रामक है। अर्थात् ऋतुराज

की कविता की खास विशेषता है—ऐसी निराशा या हताशा, जिससे आक्रामकता उत्पन्न होती है, ध्वनित होती है। उदाहरणस्वरूप ऊपर उद्धृत कविता की ही अन्तिम पंक्ति देखें : 'लिख सकते हो क्या धनलिप्सा के प्रदर्शनकारी मंडप में समाजवाद की पूर्णाहुति के बारे में?'

खास तौर से इस महान देश का जो महान मध्यवर्ग है, उसके जीवन की जो विडम्बनाएँ हैं, उन विडम्बनाओं पर बहुत ही गहरी नजर है कवि की। तभी तो उनकी कविता में जिस यथार्थ को दिखाया गया है, वह इस दौर का यथार्थ है—हमारे समय का कड़वा सच।

एक कविता है : 'शील जी' के बारे में। यह बहुत ही मार्मिक कविता है। ठेठ जीवन के कुछ ऐसे प्रसंग हैं जो कविता को व्यापक बना देते हैं।

ऐसी ही एक और कविता है : 'दुख जो कविता नहीं हो सकता' :

भीतर खाली हांडियों और बुझे चूल्हे के अलावा कुछ भी नहीं था
और उसका बच्चा लगातार रोये जा रहा था

'साब जी, उसे रोने दीजिए
डबलरोटी, बिस्कुट उसे बिलकुल मत दीजिए
साब जी, उसे भूखे सोने की आदत डालनी होगी
यह एक दिन की बात थोड़े ही है
आप तो चले जाएँगे
हमें तो पूरी जिन्दगी इसी तरह काटनी है'

शाम घिरने लगी थी
और बाहर भिखारी बनकर अँधेरा खड़ा था,
खाली हाथ लौटी थी धरती माँ भूखी सोने के लिए
बच्चा खामोश हो गया था।

ऋतुराज एक सतर्क जागरूक कवि हैं। उनका आक्रोश बहुत ही संयमित है। यद्यपि वे उस दौर के कवि हैं, बीती सदी के साठ के दशक के, जब उन दिनों चल रहे आन्दोलनों को लेकर कवि जरूरत से ज्यादा ही मुखर हुआ करते थे। बावजूद इसके, वे शब्द की गरिमा को समझते हैं और सधे हुए स्वर में, संयत ढंग से व्यथा को व्यक्त करते हैं। यथार्थ के विश्वसनीय चित्र उपस्थित करते हैं, साथ ही जहाँ जरूरी होता है, अपनी असहमति और विरोध भी दर्ज करते हैं। इसीलिए उनकी कविता के भीतर जो प्रतिरोध की अनुगूँजें हैं, वे महत्त्वपूर्ण हैं।

एक भील से बढ़ई का संवाद देखिए :

उसने तुम्हारी औरत के साथ दुराचार किया
और जमीन पर कब्जा कर लिया
मैं यह भी नहीं कहता कि 'कब्जा' कहने से
औरत तुम्हारी औरत नहीं रही

लेकिन जरा सोचो कि जमीन के फल की तरह
वह किसी बीज को कैसे अस्वीकार कर सकेगी?

और अन्त में बढ़ई कहता है :

लो, मैंने तुम्हारी कुल्हाड़ी में यह नया हत्था लगा दिया है...।

ऋतुराज संस्कृत कविता से शब्दावली के साथ-साथ कुछ अनुसंग-प्रसंग भी लेते हैं और उनको रचकर कविता बनाते हैं। इसीलिए वे आज भी रचना के क्षेत्र में सक्रिय हैं और सराहनीय भी। सबसे बड़ी बात है कि वे अपने पाठकों को हताश नहीं करते। प्रचार-प्रसार से दूर रहकर एक सच्चा कवि सृजन में तल्लीन है। इसके लिए उन्हें जितनी भी बधाई दी जाए, कम है।

भीगे डैनों वाला गरुड़ : विजेन्द्र

विजेन्द्र जी को मैं साठ के दशक से ही जानता हूँ। उन्होंने काशी हिन्दू विश्वविद्यालय से अंग्रेजी में एम.ए. किया था। इत्तेफाक से उन दिनों त्रिलोचन भी अंग्रेजी से एम.ए. कर रहे थे। त्रिलोचन जी के यहाँ अक्सर मिलना होता था। उस समय उभरते हुए कवि के रूप में थे विजेन्द्र जी। विजेन्द्र जी काशी के बाद जयपुर चले गए। जयपुर बहुत दिनों तक रहे। 'कृतिओर' नाम की लोक पत्रिका अपने प्रयत्न से लम्बे समय तक निकालते रहे। पचहत्तर साल के विजेन्द्र जी की अनेक पुस्तकों से कविताओं का चयन है : 'भीगे डैनों वाला गरुड़'। संग्रह 'भीगे डैनों वाला गरुड़' की प्रिंटिंग गलतियों की वजह से गरुड़ का 'गरूण' हो गया है। खैर, इन्होंने लम्बी कविताएँ भी लिखी हैं। अनेक संग्रहों में ज्यादातर छोटी-छोटी कविताएँ लिखी हैं। उन कविताओं का अपना अन्दाज है। विजेन्द्र जी बड़े आत्मसजग कवि हैं क्योंकि वे स्वयं कविता के मर्मज्ञ हैं, काव्यशास्त्र के ज्ञानी हैं। स्वयं उन्होंने लिखा है कि 'मैं जीवन और निसर्ग से उत्खनित बिम्बों में सोचता और रचता हूँ।'

दूसरी बात यह कि अपनी कल्पनाशीलता के अनुसार जो सामने है, उसका चित्रण तो कवि करता ही है, परन्तु जो सामने नहीं है, विजेन्द्र जी उन चीजों के बारे में भी कविता लिखते हैं : 'जो चीजें नहीं हैं इस दुनिया में/ क्या चित्र उन्हें रच सकते हैं/ ओ कवि, एक और मन है मन के भीतर/ जो देखता है ऐसे भू दृष्टि/ जिन्हें मैं भी नहीं जानता'। कवि कल्पना-लोक से बाहर की चीजों को भी काव्य में रचता है। इनकी कविता में पंखों का जिक्र आता है :

अगर मेरे पंख होते
पंख मेरी देह की शोभा नहीं
मेरा जीवन हैं।

एक और छोटी-सी कविता है जिसमें इनकी आत्म-सजगता का पता चलता है। कविता का शीर्षक है : 'विदूषक'। इस कविता में कहते हैं कि 'मैं अभिनय के अन्तिम दौर में हूँ'।

जाहिर है, जब आदमी अपने पचहत्तर वर्ष की उम्र में यह सोचता है तो इसमें आश्चर्य की कोई बात नहीं है। कवि कहता है : 'पहले नायक बना। बाद में खलनायक/ विदूषक भी'। विजेन्द्र जी भाषा के अनेक प्रयोग करते हैं। बोलचाल की भाषा भी उनकी कविताओं में प्रयुक्त है, संस्कृत का भी प्रयोग किया है। हम उनकी एक कविता देखते हैं :

उजड़ी फसल तलैया सूखी
कारी गाय रँभावै भूखी
पाँच रंग
पाँचों फीके हैं
चटक लगे हैं
निखरे नीके हैं
फूल खिले
शाखें मुरझानी
रात दिना पिरती है घानी
आँयत पानी
पाँयत पानी
बूँद नहीं पीने को पानी
आसपास सूखा मरुथल है
मुझको ऊबड़-खाबड़ पथ है
तुमको तो सीधा समतल है
जलती आँच तपावै मुझको
कितनी दूर किया है तुझको
सींच रहा हूँ
पत्ते फुनगे।

लोक-शब्दों का प्रयोग करते हैं। कुछ छंदों का प्रयोग उन्होंने किया है जिसमें से एक आल्हा का छंद बड़ा मशहूर है। आल्हा छंद की 'बादल गरजे बिजुरी चमके, थरथर काँपत है किरसान, मुँह की बात कही ना जावे, मन पर काई जमी दिखात'। विजेन्द्र जी की आस्था वामपंथी विचारधारा की है, उस दृष्टि से ग्रामीण जीवन का चित्रण, उनका दु:ख-दर्द, उनकी कहानियाँ इनकी कविताओं में भरी हैं। उनके संघर्ष का चित्रण है। वे शुद्ध कविता वाले नहीं हैं, बल्कि उनकी जीवन से संलग्नता को इनकी कविताएँ प्रस्तुत करती हैं। वे आधुनिक कविता के बिलकुल विरुद्ध हैं। हो सकता है कि मार्क्सवादी व किसान चेतना के कवि होने के कारण ही इनकी कविताओं की उतनी चर्चा

नहीं हुई जितनी होनी चाहिए। इनकी एक कविता है जिससे इनके दृष्टिकोण का पता चलता है :

कैसे बदले दुनिया भाया,
कैसे जुआ उतरे,
कैसे एका होय श्रमिकों का,
और कैसे मानुस सुधरे।

खबरें और अन्य कविताएँ : गंगा प्रसाद विमल

गंगा प्रसाद विमल कवि, कहानीकार और आलोचक हैं। इन्होंने वैसे एक उपन्यास भी लिखा था 'मिरान्तक' नाम का। कहानियाँ भी लिखीं और अनुवाद भी किया है। जागरूक और प्रबुद्ध व्यक्ति हैं। कविताएँ कम लिखी हैं इन्होंने। बहुत दिनों बाद उनका 'खबरें और अन्य कविताएँ' संग्रह आया है। इसमें स्वयं उन्होंने अपनी भूमिका लिखी है। इसमें हर कविता पाँच खंडों में है। पाँच ही क्यों, तो उसकी युक्ति इन्होंने यह दी है कि चूँकि पाँच इन्द्रियाँ होती हैं तो किसी बात को हर इन्द्रिय एक ही ढंग से नहीं कहती है। आँख एक ढंग से कहेगी, कान उसको किसी और ढंग से सुनेगा, स्पर्श की इन्द्रिय और प्रकार की होगी तो अनुभूति पाँच इन्द्रियों से होती है और पाँचों का अनुभव अपने-अपने ढंग से होता है, इसलिए किसी एक अनुभव को या किसी एक दृश्य को या किसी सत्य को अलग-अलग इन्द्रियाँ कैसे देखती हैं, व्यक्त करती हैं, इस हिसाब से प्रत्येक कविता में उन्होंने पाँच-पाँच खंड किये हैं। उनकी अन्तिम कविता का शीर्षक है : 'प्रगति'। कविता के अन्त में कवि अपनी प्रगति निवेदित करता है।

'अक्षरों की आकृतियों में न हीं ढलते पदार्थ'—इससे उन्होंने पहला खंड शुरू किया, फिर दूसरा खंड यानी आकृतियों के बाद आलाप या अन्तरा में वे तो नाद बनाते हैं और इसीलिए वे प्रार्थनारत हैं। फिर प्रचलित खिलौनों का खेल माँगना वगैरह-वगैरह उससे शुरू करते हैं, फिर वैभव की खोज में भटकना है। यानी संग्रह की कविताएँ इस ढंग से कही गई हैं कि अन्त में वे अपनी ओर से अपने पाठकों को एक प्रणति निवेदित करती सी लगती हैं। वे जो भी कहना चाहते हैं, बड़ी विनम्रता के साथ कहना चाहते हैं, और इसलिए इस कविता में उन्होंने जय और यश की अपेक्षा विनम्रता प्रकट की है :

देना धारणा और धारण कर
जय और यश

और न लगूँ मामूली
तो इतना करना
अदृश्य खेलों के अभिनेताओं में
स्वीकार कर लेना
प्रगति है इसे अन्त में
आरम्भ की आस में
वहीं रख रहा हूँ
जहाँ कुछ नहीं
एक निरानंद सुख
उम्मीद के सहारे टँगा है अदृश्य में
इतना ही देना
न जान सकूँ असलियत, न भेद,
न रहस्य
टोहता हूँ भाषाओं में
ठहर-ठहर वे संकेत
इतना ही देना...।

उनमें यह विनम्रता है, कोई दावा नहीं है, कोई गर्वोक्ति नहीं है कि हम सब कुछ जानते हैं और सारे सत्य को देख लिया है। इसलिए प्रणति के साथ विनम्रता से जीवन के खट्टे-मीठे अनुभवों को तरह-तरह से कहने की कोशिश इन्होंने की है।

खुले में आवास : कमलेश

कमलेश का यह संग्रह बहुत दिनों के बाद आया है। वर्ष 1970 में मैंने 'आलोचना' में इनकी कविताएँ छापी थीं। इन्होंने कुछ अनुवाद भी किये थे। कमलेश जी की दिलचस्पी का पता इस बात से चलता है कि रूसी भाषा के बहुत ही कठिन माने जानेवाले कवि ओसिफ मन्देस्तान की कविताओं का उन्होंने अनुवाद किया। पाँच अनूदित कविताएँ उन्हीं दिनों 'आलोचना' में छपी थीं। उन्होंने पाब्लो नेरुदा की बहुचर्चित कविता 'माच्चू-पिच्चू के शिखर' का भी अनुवाद किया था। वे कर्नाटक में काफी दिनों तक रहे और कन्नड़ के कुछ महत्त्वपूर्ण कवियों का भी अनुवाद किया। 'आलोचना' में उनकी चार कविताएँ छपी थीं, उनमें से तीन मुझे इस संकलन में दिखाई नहीं पड़ीं, केवल एक कविता 'मैं नहीं, मैं नहीं' इस संकलन में शामिल की गई है। यह बहुत ही अच्छी कविता है।

इसके पहले, काफी पहले उनका एक संग्रह 'जरत्कारू' प्रकाशित हुआ था। वे एक साथ कई तरह के कामों में लगे रहे, प्रकाशक भी बने। आश्चर्य की बात है कि विजयदेव नारायण साही का संग्रह 'साखी' उन्होंने छापा, कुछ और कविता संग्रह छापे, लेकिन अपनी कविताओं के प्रकाशन में उनकी कोई दिलचस्पी नहीं थी। इससे भी जाहिर होता है कि वे एक सच्चे कवि हैं। आम तौर से जो सच्चा कवि होता है, वह अपने लिए भी एक कड़ी कसौटी बनाता है और उस पर खरी उतरने वाली कविताओं को ही प्रकाशित करता है। इसलिए, मुझे यह देखकर खुशी हुई कि 'खुले में आवास' (राजकमल प्रकाशन, नई दिल्ली) नाम से उनका यह दूसरा संग्रह आया है। यह चुनी हुई कविताओं का संग्रह है। इसमें भी मेरा खयाल है कि कुछ कविताएँ तो मिली ही नहीं होंगी, इसलिए रह गईं और कुछ को सख्ती से उन्होंने छोड़ दिया। इसमें कोई भूमिका नहीं है, लेकिन कविता के प्रति कवि की क्या धारणा है, वह उनकी इन पंक्तियों में व्यक्त होता है :

यह इबारत लिखने की आस हुई
माकूल कागज की तलाश हुई

'स्वर्णिक अनुपात' देने के लिए सही कतर-ब्योंत हुई

समय लगा कलम बनाने में
बिजली चली जाने पर अँधेरे में पढ़ी जा सके
शोधित रसायन डाला स्याही में

कुछ ही हाथों से यह वर्क गुजरा होगा,
इबारत पढ़ना हो गया कठिन
कुछ ही बरस बाद
यह रद्दी कागद है।

कविता को रद्दी कागद तक मानने की यह धारणा एक बड़ी सख्त कसौटी बनाती है। इसके चलते भी वे अपने संग्रह प्रकाशित कराने से हिचक रहे होंगे। मित्रों के आग्रह पर ही इतने विलम्ब से यह संग्रह आया है।

गौरतलब बात यह है कि उनकी कविताओं में बड़बोलापन नहीं है, जबकि राजनीति से उनका गहरा जुड़ाव रहा है। वे लोहिया की समाजवादी पार्टी में शामिल रहे और सक्रिय राजनीतिकर्मी रहे, लेकिन कविता में उनका स्वर बिलकुल भिन्न है। यद्यपि उन्होंने सामाजिक जीवन पर, गरीब लोगों के बारे में भी कविताएँ लिखीं। लेकिन जैसाकि मैंने कहा, उन्होंने ओसिफ मन्देस्तान की कविताओं का अनुवाद किया था, जो इमेजिस्ट या कहें कि बिम्बवादी कवि थे। कमलेश भी एक अर्थ में बिम्बवादी कवि हैं। उन्होंने जीवन के कुछ चित्र चुने और उन चित्रों का संयोजन करके बिना किसी टिप्पणी के प्रस्तुत कर दिया। उनकी कविता वक्तव्यवादी नहीं, बल्कि चित्रधर्मी है और उन चित्रों के बीच में महीन, बारीक अन्तर्ध्वनियाँ सुनाई देती हैं। इस मायने में वे शमशेर के निकट हैं।

कमलेश जी कवि के साथ-साथ कविता के बहुत अच्छे समीक्षक भी रहे हैं। उन्होंने कुछ काव्य संकलनों को चुनकर और उनमें रमकर, रुचि लेकर समीक्षाएँ लिखी हैं। जब समीक्षाओं का संकलन आएगा, तब उनका आलोचक रूप भी सामने आएगा जो उतना ही महत्त्वपूर्ण है।

करोड़ों किरणों की जिन्दगी का नाटक-सा
सुरेश सलिल

यह करीब 100 कविताओं का संग्रह है, जिसमें किस्म-किस्म की कविताएँ हैं यानी इसमें आपको खड़ी बोली के अलावा इनकी अपनी बोली अवधी की भी कविताएँ हैं। उर्दू बह्र में कई कविताएँ हैं। कई कविताएँ गीत हैं। लगभग यह 16 वर्षों के आसपास की कविताओं का महत्त्वाकांक्षी संग्रह है।

उन्होंने कविता के लगभग जितने रूप-विधान हो सकते हैं, लगभग सबका समावेश किया है। इनमें छंदों की विविधता भी दिखाई दी है। इसमें अवधी और उर्दू के भी छंद हैं। असल बात है कि कुल मिला करके विविधता के बावजूद सच पूछो तो प्रयोगशीलता का नाम कभी प्रयोगवाद में लिया गया था, इस रूप-विधान में उतनी कुशलता नहीं दिखाई देती। सुरेश सलिल ने कम-से-कम कविता के गीत के जितने रूप हो सकते हैं, यह प्रयोगशीलता या नमूना अपने छंद के माध्यम से किया है। संग्रह का नाम ही रखा है : 'जिन्दगी का नाटक सा'। जिन्दगी का नाटक रहता तो भी ठीक था, लेकिन यहाँ नाटक-सा है और जिन्दगी भी किरणों का नहीं, 'करोड़ों किरणों की जिन्दगी'। तो यह नाम ही बता रहा है कि आदमी सीधा-सादा जिन्दगी का नाटक नहीं लिख रहा बल्कि नाटक-सा है कुछ, जिसे लिख रहा है। यहाँ करोड़ों किरणें हैं जिन्दगी की, अनुभव की, विचार की। इन्होंने शमशेर बहादुर के बारे में भी कविता की है। इनकी एक छोटी-सी कविता है जो मुझे अच्छी लगी। इन्होंने ऊँचा सुनने को भी कविता का विषय बना दिया है : 'जरा ऊँचा सुनते हैं' :

कि मैं किसी को प्यार-व्यार नहीं करता
उसने हाथ नचाते हुए बड़ी बेपरवाही से कहा
लेकिन मुझे ये सुनाई दिया कि वह किसी को बेतहाशा
प्यार करता है
जिसका जिक्र होता है किसी के सामने आने नहीं देना चाहता

कम सुनने के यही फायदे हैं कि कभी-कभी कुछ बातें
सुन ली जाती हैं।

उनकी छोटी-छोटी कविताएँ बहुत अच्छी हैं, नुकीली हैं :

मैंने फोड़े को छुआ तो भीतर तक एक टीस कौंध गई
मैंने पत्ती को छुआ तो भीतर तक एक सरसराहट दौड़ गई
मैंने सपने को छुआ तो असम्भव कलाकृति दौड़ गई
फोड़े की जगह अब सिर्फ एक निशान बचा रह गया है
पत्ती पीली पड़कर झर चुकी है सपना नींद के साथ ही
टूट गया तो क्या छुई गई चीजें भी यथार्थ नहीं होतीं?

एक आम धारणा जो बनी है, उसे तोड़कर उसी में एक दूसरा सच देखना और उसको व्यंजित करने की कोशिश करना—यह काम इन्होंने बखूबी किया है। इन्होंने जहाँ उर्दू की कविताएँ लिखी हैं, वहाँ रुबाइयाँ भी लिखी हैं।

अब मुश्किल यह है कि रुबाई एक बह्र है। इनकी लिखी हुई रुबाई जो है, 'अभिधा : एक रुबाई' नाम की कविता है।

लेकिन यह रुबाई छंद में नहीं है। रुबाई छंद तो है शमशेर का लिखा हुआ :

हम अपने ख्वाब को सनम समझे थे
अपने को ख्वाब से भी कम समझे थे
होना था समझना न था कुछ भी शमशेर
होना भी कहाँ था जो समझे थे।

हर मोर्चे पर आँख गड़ाए हुए हैं वो
रहिए सँभलकर शहर में आए हुए हैं वो
करिए न व्यंजना में बात कोई भी फिलहाल
अभिधा भी में ही उत्पात मचाए हुए हैं वो।

यह रुबाई छंद नहीं है। इसको रुबाई नहीं कहना चाहिए। यह शेर है। कथ्य के रूप में होना चाहिए। कहीं-न-कहीं इस प्रयोग में एक चूक हो गई है। रूढ़ बनी-बनाई मान्यताओं को तोड़ना और खास बात यह कि जहाँ कविता नहीं है या उसकी सम्भावना नहीं है, वहाँ भी तो कविता को तलाश करने की कोशिश करते हैं :

सड़क एक जगह पहुँचकर समाप्त हो जाती है
वह जगह लेकिन मंजिल नहीं होती किसी की भी
मंजिल नहीं होती सड़क की, न सड़क पर चलनेवाले की

सड़क किसी मंजिल की गारंटी नहीं मंजिल की गारंटी है संकल्प :
घिर गए हों जब भी संकल्प
तो समय थम जाता है
और मंजिल पा लेने का भ्रम पाले लोग
उसी थमे समय में थम जाते हैं
मंजिल तक पहुँचने से ज्यादा
अर्थवान है चलते रहना
न मिले
गर न मिले मंजिल
गम क्या है!

तो मंजिल तक इन्हें पहुँचने की चिन्ता नहीं है। सड़क किसी मंजिल की गारंटी नहीं है। वे विश्वास करते हैं कि मंजिल तक पहुँचने से ज्यादा अर्थवान है चलते रहना।

ऊसर : अजीत कुमार

मुकेश कुमार : 'ऊसर' वरिष्ठ साहित्यकार अजीत कुमार का छठा कविता संग्रह है। अपनी सहज भाषा एवं शैली के जरिये उन्होंने इस कविता संग्रह में अपने नये अनुभवों को सँजोने और नये अर्थ पैदा करने की कोशिश की है। अपने प्रयास में वे कहाँ तक सफल हुए हैं, पूछेंगे जाने-माने समालोचक डॉ. नामवर सिंह से। मगर पहले देखते हैं 'ऊसर' में शामिल 'जीवाश्म' के कुछ अंश :

पत्थर के भीतर क्या पत्थर
या पत्थर के भीतर जीवन
जीवन के भीतर था जीवन
या जीवन के अन्दर पत्थर
पूछ चुका हूँ
पूछ रहा हूँ
कौन बताए?

अब हमारे साथ हैं सुप्रसिद्ध समालोचक डॉ. नामवर सिंह। उनसे चर्चा करते हैं, अजीत कुमार के कविता संग्रह 'ऊसर' की। नामवर जी, 'ऊसर' में कविताएँ हैं या कविताओं में ऊसर है या कविताओं का ऊसर है?

नामवर सिंह : इसका नाम तो जरूर यह भ्रम पैदा करता है, लेकिन इसमें पहली ही कविता, जो 'ऊसर' नाम से है कि बुढ़ापे में अहसास होता है कि फसल कट गई है, अब जिन्दगी ऊसर रह गई है, लेकिन वह छोटा पोता जिस तरह से उत्साह से बाबा को मेले में ले जाता है और उनको खुरपा-खुरपी और हँसिया खरीदकर देता है और कहता है—यह रहा तुम्हारा लॉलीपॉप, यह हमारा लॉलीपॉप। और तब जी होता है कि ऊसर में भी फसल फिर से उगाई जा सकती है; अर्थात् बुढ़ापा भी इतना अनउर्वर नहीं है। कविता की अपनी गुंजाइश बुढ़ापे में भी है। कविता केवल जवानी की चीज नहीं है।

मुकेश कुमार : इस कविता संग्रह में जो कविताएँ हैं, उनमें कितना ऊसर है?

नामवर सिंह : देखिए, आपकी जिज्ञासा बिलकुल सही है। अजीत कुमार जी बहुत ही वरिष्ठ कवि हैं। उनके पाँच कविता संग्रह छप चुके हैं और यह छठा है, बावजूद इसके, इनकी कविताएँ कभी चर्चा में नहीं रही हैं। इस वजह से कि कविता की जो मुख्यधारा थी, जो फैशन था, वे उससे अलग हटकर अपनी राह चलते रहे। छंदों में भी लिखा, लेकिन जब केवल मुक्त छंद में कविता होती थी, तो मुक्त छंद में भी लिखा। सबसे अलग हटकर अपनी कला, अपनी भाषा निकाली और उसमें खास बात—अजीत कुमार जी के भीतर एक बच्चे का भोलापन, और मासूमियत कायम है और इस मासूमियत के कारण लोगों को धोखा हुआ है कि ये तो बाल साहित्य लिखते हैं। यही नहीं, इनका स्वभाव भी बच्चों का है। बल्कि बच्चों के लिए ही कविताएँ लिखते हैं। सीधी, सरल, सहज, सपाट, कोई बड़ा जीवन-दर्शन नहीं और कोई आज की राजनीतिक, गहमागहमी, सामाजिक चेतना वाली चीजें नहीं हैं। शायद यही वजह है कि अजीत कुमार हाशिये पर रहे हैं।

मुकेश कुमार : 'वन चली है' कविता के कुछ अंश देख लेते हैं, उसके बाद इस चर्चा को आगे बढ़ाते हैं :

वन चली है
उम्र के साथ जब यादें खोने लगीं
कब गुजरीं बड़ी अम्मा
कब खोये मेले में सुमेश
पहली नौकरी शुरु की थी सन् '52 में कि '53 में
इधर देखता हूँ
अमलतास की लम्बी छिमियाँ
अभी झरीं नहीं डालों से
कि फूलों के गझिन गुच्छे उनसे होड़ करने आ गए
वन चली है रोज-ब-रोज एकाध नई-नई यादें
सुदूर क्षितिजों के अँधेरों को थोड़ा कम करती हुईं।

जैसाकि आपने कहा, जो भोलापन या निश्छलता इन कविताओं में नजर आती है, उसे हल्केपन से नहीं लिया जाना चाहिए। इसका और थोड़ा-सा खुलासा करें।

नामवर सिंह : इस सम्बन्ध में मैं दूसरा उदाहरण देना चाहता हूँ। एक कविता है : 'कुछ याद तो आता है'। नाम लिया मंगल पांडेय और तुरन्त उनको याद आया कि हाँ, वह हमारे पड़ोस में गदाधर पांडेय रहते थे, उनका एक बेटा मंगल है। फिर याद दुरुस्त करने के लिए गदर कहा है। वे गदाधर थे, याद आया। फिर

बोले, फिरंगी। बोले, वह जो फिरोजी की बहन थी। अब यह बात तो हल्के-फुल्के ढंग से है। लेकिन कहना यह चाहते हैं कि ऐसा जमाना आ गया है कि मंगल पांडेय या गदर या फिरंगी, लोगों को सन् '57 अब याद नहीं रह गया है। इतनी बड़ी घटना और हर चीज को उतार करके, लोग गदाधर पांडेय और मंगलू के ऊपर उतार रहे हैं।

मैं कहना चाहता हूँ कि यह बड़ी बात है—एक व्यंग्य भी यही है।

मुकेश कुमार : नामवर जी, यह सरलता ठीक है? लेकिन आपको नहीं लगता कि इन कविताओं में कविता बहुत कम नजर आती है?

नामवर सिंह : हाँ, जिसे हम कविता कहते हैं। मैंने कहा न कि कविता एक खास तरह की कविता मान ली गई है—उस काट से अलग हटकर कहने की कोशिश की है और अगर सार्वजनिक मूल्यांकन को हम-आप महत्त्व देते हों तो जाहिर है, ऐसी कविता में लोगों को कविता नहीं मिली होगी। तभी तो पाँच कविता संग्रहों के बाद अभी तक अजीत कुमार उपेक्षित रहे और मुख्यधारा के महत्त्वपूर्ण कवि नहीं माने गए।

मुकेश कुमार : जैसाकि आपने बताया, एक तो इनकी कविताओं की खूबी यह है कि इनमें भोलापन है और कई बार नये अर्थ ढूँढ़ने की कोशिश करते हैं। और क्या खूबी नजर आई आपको?

नामवर सिंह : विषयों की विविधता है। छोटे-छोटे विषयों पर इन्होंने कविताएँ लिखी हैं। आम तौर से लोग बड़े-बड़े विषयों पर कविता लिखते हैं, लेकिन जिन्दगी केवल बड़ी घटनाओं, बड़ी समस्याओं और बड़े सवालों में ही नहीं रहती। रोजमर्रा की जिन्दगी में बहुत छोटी-छोटी घटनाएँ होती हैं और उनमें भी कविता होती है और वह कविता भले ही बड़ी कविता न हो, लेकिन उसमें कवित्त होता है। इसलिए रोजमर्रा की जिन्दगी की छोटी-छोटी घटनाओं में कवित्त ढूँढ़ने का प्रयास अजीत कुमार जी का है। अब यह किसी को महत्त्वपूर्ण लग सकता है, तो किसी को महत्त्वहीन लग सकता है।

मुकेश कुमार : कहने का मतलब है कि इस छठे संग्रह के बाद अजीत कुमार जी की कविताओं को नये सिरे से और नये अन्दाज से देखा जाना चाहिए, परखा जाना चाहिए?

नामवर सिंह : मेरा यही खयाल है कि इनको ध्यान से देखा जाना चाहिए। इसलिए भी कि अजीत कुमार ने गद्य भी बहुत लिखा है।

मुकेश कुमार : उपन्यास, कहानियाँ, आलोचना?

नामवर सिंह : इनका सफर का यात्रा-वर्णन ज्यादा महत्त्वपूर्ण है। 'सफरी झोले में' इनका एक संग्रह है। जो इतना अच्छा गद्य लिखता है, हमें नहीं भूलना चाहिए, वह बच्चन जी के बहुत करीब रहे हैं और बच्चन जी ने छायावादी कविता के रोमांटिक ढाँचे को तोड़कर रोजमर्रा की जिन्दगी में सहज भाषा में कविता लिखी थी। शायद अजीत कुमार को वही चीज विरासत में मिली है। 'दिन जल्दी-जल्दी ढलता है/ साथी शुरू कर कोई बात'—इस तरह की बातें बच्चन जी लिखा करते थे। अब यह भी सच है कि बच्चन जी वाली बात तो पैदा नहीं हो सकती, लेकिन अपने ढंग से कोशिश की है।

खोने जैसा नहीं : विनय दुबे

मुकेश कुमार : 'खोने जैसा नहीं' विनय दुबे का कविता संग्रह है। अबूझ प्रतीकों और गौण रहस्यों से दूर विनय दुबे के कविता-संसार में पेड़-पौधे, पहाड़ और पक्षी से लेकर सोहनलाल और जेठामल तक हैं। वे अपनी कविताओं में बहुत ही हल्के-फुल्के ढंग से गहरी बातें कह जाते हैं। सुप्रसिद्ध समालोचक डॉ. नामवर सिंह के साथ आज हम इसी कविता संग्रह की बात करेंगे, मगर पहले देखते हैं इसी कविता के कुछ अंश :

मैं हिन्दी पढ़ाता हूँ
पढ़ाता क्या हूँ, हवा से प्रेम करता हूँ
और लालघाटी के ऊपर आकाश में बिखर जाता हूँ

मैं हिन्दी पढ़ाता हूँ
पढ़ाता क्या हूँ, तालाब के पानी में फँसता हूँ
और मछलियों से कविताएँ सुनता हूँ

मैं हिन्दी पढ़ाता हूँ
और प्रिंसिपल को क्या मालूम कि हिन्दी क्या है
और कैसे पढ़ाई जाती है
वे समझते हैं कि मैं हिन्दी पढ़ाता हूँ।

नामवर जी! विनय दुबे का यह चौथा कविता संग्रह है। पहले तीन कविता संग्रह उनके आ चुके हैं। सबसे पहले तो हमें यह बताइए कि यह कविता संग्रह पिछले संग्रहों के सिलसिले में कहाँ ठहरता है?

नामवर सिंह : करीब बीस साल से लिख रहे हैं विनय दुबे—'महामहिम चुप हैं' से लेकर यह 'खोने जैसा नहीं' तक। वह अपने मुहावरे के लिए अपनी

भाषा की तलाश में थे और हर एक कवि अपनी सृजनात्मकता में जहाँ ज्यादा ताकतवर है, नये संग्रह में वह एक कॉमिक रुख अपनाते हैं। खिलंदड़ा रुख कह सकते हैं; या जिसको गम्भीर बातें हल्के ढंग से कहना, जिसमें व्यंग्य भी शामिल हो।

मुकेश कुमार : यह शैली उनकी पिछली कविताओं में नहीं रही?
नामवर सिंह : कम थी। बहुत कम थी। कविता के रूप में, हिन्दी में इसका सबसे समर्थ उपयोग रघुवीर सहाय ने 'हँसो-हँसो' में किया था। हिन्दी में इसका सबसे समर्थ उपयोग रघुवीर सहाय ने किया था।

मुकेश कुमार : बाबा नागार्जुन के यहाँ भी है?
नामवर सिंह : नागार्जुन तो इसके आचार्य हैं। माहिर हैं। इसलिए युवा लोग आम तौर पर इधर ज्यादा गम्भीर दिखाई पड़ रहे हैं। इसलिए ऐसी कविताओं में कॉमिक रुख खास तौर से व्यक्त हुआ है। ऐसे विषयों पर कविताएँ लिखी गई हैं, जो कविता के विषय बन ही नहीं सकते हैं। उदाहरण के लिए 'मैं हिन्दी पढ़ाता हूँ'। हिन्दी पढ़ाना भी कोई कविता का विषय हो सकता है? इस पर कोई क्या कविता लिखेगा? इतनी अनौपचारिकता और बेतकल्लुफी के साथ यह कहते हैं कि 'पहाड़ से टकराता हूँ/ पानी में डूबता हूँ/ हवा से प्रेम करता हूँ।' लेकिन कुल मिलाकर आखिर में यह कहना चाहते हैं कि स्कूल के वातावरण में साहित्य का और वह भी विद्यार्थी हिन्दी का, प्रिंसिपल की नजर में क्या है। आगे इसमें वे कहते भी हैं कि प्रिंसिपल को क्या मालूम कि हिन्दी क्या है और कैसे पढ़ाई जाती है!

मुकेश कुमार : यह बताइए कि अगम्भीर होकर कोई गम्भीर बात वे कह पाते हैं?
नामवर सिंह : कह पाते हैं। उदाहरण के लिए मैं इस कविता को यूँ लूँ कि राष्ट्रभाषा हिन्दी पर हम लोग छाती पीटते रहते हैं। हिन्दी को राजभाषा और राष्ट्रभाषा का नाम तो दे दिया गया है, लेकिन हिन्दी की बड़ी दुर्दशा है। इस दुर्दशा पर लोगों का विलास देखिए और इस कविता को पढ़िए, तो पता चलता है कि इस कविता के माध्यम से, हिन्दी और हिन्दी के अध्यापक से, हिन्दी की स्थिति पर रोशनी डाली गई है।

मुकेश कुमार : हँसी के साथ-साथ इसमें व्यंग्य भी है और ऐसी ही एक व्यंग्य-भरी कविता है : 'गरीबी रेखा के नीचे'। पहले इस कविता को देख लेते हैं :

गरीबी रेखा के नीचे क्यूँ कहे वो
क्यूँ उसने देखा सूरज और अद्भुत चाँद खूबसूरत

क्यूँ कहे वो कि खुश हुआ वो
और धन्यवाद दिया उसने ईश्वर को
और प्रसाद चढ़ाने का भी उसने वचन दिया सवा रुपये का
हर गुणगान करता रहा ईश्वर का कि कब
सर्वशक्तिमान है सर्वजाति है दयालु है
और सबका रखवाला है ईश्वर
गरीबी रेखा के नीचे इसी प्रार्थनाओं और विश्वासों से प्रसन्न हुआ ईश्वर
और उसने हिन्दी को जन्म दिया
और आजीविका के लिए और आश्रयों के लिए
अयोध्या प्रदान की कि वो गर्व से जी सके
वो गर्व से जी रहा है गरीबी रेखा के नीचे।

नामवर सिंह : अब 'गरीबी रेखा के नीचे' कविता में देखिए कि गरीबी रेखा के नीचे मैं एक ओर गर्व से जी रहा हूँ। लेकिन गरीबी रेखा के नीचे और गर्व किस बात को लेकर कि भगवान ने सब कुछ दिया, एक अयोध्या भी दिया और अयोध्या से जुड़ी हुई एक स्थिति है—गर्व से कहो कि हम हिन्दू हैं—और दूसरी ओर रहो गरीबी की रेखा के नीचे। अब देखें कि यह व्यंग्य प्रखर रूप से है। गरीबी की रेखा जीवन की मुख्य समस्या है या अयोध्या? इन चीजों को, विरोध को जिस रूप में रखा है, वे चीजें जो साथ-साथ नहीं आ सकती हैं, उनको लेकर एक व्यंग्य पैदा करना—यह विनय दुबे की अपनी चेष्टा है, इसलिए एक खिलंदड़ापन है।

मुकेश कुमार : लेकिन कुछ कविताएँ ऐसी भी हैं, जिनसे न व्यंग्य झलकता है, न हास्य निकलता है और कहीं ऐसा भी नहीं लगता कि विनय दुबे कोई महत्त्वपूर्ण बात कहना चाह रहे हैं?

नामवर सिंह : हाँ, ऐसा है। ये जीवन की छोटी-छोटी घटनाएँ हैं। ऐसी चीजों के बारे में, जो नहीं होने के समान हैं। दिल्ली से आया हुआ आदमी भोपाल में और उससे कहते हैं कि आओ, कविता लिखें। तो एक कविता हाथी पर लिखी गई, एक बकरी पर लिखी गई, एक चींटी पर लिखी गई। अब आप ही बताइए, कविता हुई कि नहीं? क्योंकि आप तो दिल्ली वासी हैं। आखिर में वह कहता है कि यह बताइए कि भोपाल में कविता करें?

यहाँ कविता के आलोचकों या वे लोग जो अपने को इस बात का अधिकारी समझते हैं कि हम कहेंगे कि कविता है, तो वह कविता होगी। जो दिल्ली में बैठकर यह तय करते हैं कि कविता ऐसी होनी चाहिए, उन पर व्यंग्य है। तो एक दूरदराज इलाके का आदमी जैसा महसूस करता है, आतंकित रहता है। हो सकता है कि

हमारी-आपकी बातचीत के बारे में सुनते ही लोगों को यह लगे कि कविता का फैसला लेने वाले यही लोग हैं। मैं समझता हूँ कि हमारे सांस्कृतिक जीवन में एक तरह का आतंक दिखाई पड़ रहा है, और कविता में इस तरह के हर आतंक को तोड़ना जरूरी है।

मुकेश कुमार : आवश्यक रूप से जुड़ी हुई यह जो गम्भीरता है, उसको भी तोड़ता है?
नामवर सिंह : मैं समझता हूँ कि जिस दौर में देश में अनावश्यक रूप से आतंकवाद फैला हुआ हो और लोग बहुत चिन्तित और परेशान हों, उस आतंकवाद को कभी-कभी बच्चे की हँसी या किलकारी तोड़ने में समर्थ होती है। तोप और बन्दूक से जो चीज नहीं टूटती, वह हँसी से, किलकारी से और एक खिलखिलाहट से टूट सकती है। यह कार्य तो कविता ही कर सकती है।

पाठांतर : विष्णु खरे

आम तौर से विष्णु खरे की कविताएँ गद्य होती हैं यानी गद्य की पूरी शक्ति का इस्तेमाल वे कविता में करते हैं। इसके अलावा देखा जाए तो वे अभिधा के कवि हैं। वे कविता में अभिधा का इस्तेमाल सीधे-सीधे वक्तव्य या टिप्पणियों के रूप में करते हैं। नई कविता की जो रूढ़ियाँ बन गई थीं, उससे हटकर विष्णु खरे अपना एक रास्ता तैयार करने की कोशिश करते हैं। आम तौर से इसको रागात्मकता कहते हैं। उससे मुक्त होकर उन्होंने कविता की जमीन तैयार की। उनका अन्दाज पहले की कविताओं में हल्का मीठा व्यंग्य-केन्द्रित रहा करता था। इस तरह ठेठ गद्य को आधार बनाकर गद्य का भरपूर इस्तेमाल करके उससे कविता बनाने की विष्णु खरे की अपनी तकनीक है। वे अपने ढंग के अकेले कवि हैं। इस प्रकार के छंद जो रघुवीर सहाय प्रयोग करते थे, उस कड़ी में विष्णु खरे को भी याद किया जाएगा। इसके अलावा यह जो संग्रह है 'पाठांतर', इसमें पाठांतर नाम की लम्बी कविता भी है।

उन्होंने खुल करके अनेक राजनीतिक नेताओं पर कविताएँ लिखीं, जो अभी जिन्दा हैं। इसके अलावा स्वयं उनकी लम्बी कविता व्यापक रूप लेती है। अभी किसी गोष्ठी में उन्होंने महाभारत पर एक कविता पढ़ी थी। उस कविता का अन्दाज देखें, जहाँ भीष्म पितामह शरशैया पर पड़े हुए हैं। शरशैया पर पड़े हुए भीष्म कितनी तेजस्वी बातें करते हैं, कविता में उनके वक्तव्य दिये गए हैं। वे कविता में ब्यौरे देते हैं, जो आम तौर पर कवि नहीं देते। उदाहरण के लिए महाभारत पर लिख रहे हैं तो कह रहे हैं कि कहीं से भी महाभारत उठाओ। महाभारत के सैकड़ों टुकड़े-टुकड़े कर देनेवाले कथन दिखाई पड़ते हैं। महाभारत के अनुशासन पर्व के एकसठवें अंक में युधिष्ठिर भीष्म से दान-धर्म आदि के विषय में जानना चाहते हैं। पितामह की बुद्धि और दृष्टि अभी भी इतनी तीक्ष्ण है कि राजा राष्ट्र के दीन-दरिद्रों, भूखे बच्चों और ब्राह्मणों सहित समस्त प्रताड़ित मानव जाति को प्रत्यक्ष देख रहे हों। वे कविता में अनेक उदाहरण देते हैं, साथ ही दो-दो, तीन-तीन श्लोक भी देते हैं। इससे सिद्ध होता है कि कविता में महाभारत के कथन प्रामाणिक हैं। इसी कविता में अन्तिम बार जो

यह राजनीतिक सन्दर्भ है, जहाँ भीष्म के मुँह से निकलता है कि जो राजा प्रजा से उसकी रक्षा करने की बात कहता है लेकिन उसे निभाता नहीं है, वह राजा पागल और बीमार कुत्ते की तरह जनता द्वारा मार डालने लायक है। यह कविता महाभारत की कहानी नहीं बताती बल्कि आज के युग की तरफ इशारा करती है। यह कवि की शक्ति है कि वे प्राचीन सन्दर्भों से समसामयिकता को जोड़ते हैं।

इस संग्रह में मालवी की छौंक देते हुए कविता लिखी गई है और मालवी भाषा को इतना बढ़िया तरीके से खड़ी बोली में पिरोया गया है कि लगता ही नहीं है कि पूरी की पूरी कविता मालवी में है। उन्होंने मालवी को हिन्दी में मिलाकर एक अरज पैदा की और दोनों को मिलाकर लिखा।

'नहीं साहब, हम उधर फैजाबाद से नहीं आ रिया था/हम तो रतलाम में चढ़ा था'—कविता यहाँ से शुरू होती है। उन्होंने मालवी और खड़ी बोली को मिलाकर एक नये अन्दाज में, साहस के साथ कविता रचने की कोशिश की है। इस प्रकार 'पाठांतर' कविता संग्रह अपनी एक अलग पहचान बना सका है :

आईने में देखते हुए
इस तरह इतनी देर तक देखना
कि शीशा चकनाचूर हो जाए
फिर भी इतना मुश्किल नहीं
वह शीशे में
यूँ और इतना देखना चाहता है
कि बिल्लौर में तिड़कन तक न आए
सिर्फ जो दिख रहा है वह
पुर्जा-पुर्जा हो जाए
और जो देख रहा है वह भी
फिर भी एक अक्स बचा रहे
जिसका वह है उसे जाने कैसे
देखता हुआ।

यहाँ देखा जाना चाहिए कि क्या बात उन्होंने पैदा की है। यह महीन कविता है और इसको ध्यान से पढ़ने के बाद पता चलेगा कि इसके अर्थ से चोट कहाँ की जा रही है। यह उनकी शक्ति है, यही उनकी पहचान भी है। उन्होंने इतने लम्बे अरसे से कम लिखते हुए भी अपनी पहचान बनाई है।

धरती ने कहा फिर : कुबेरदत्त

कुबेरदत्त अपनी कविताओं के प्रकाशन के बारे में बड़े ही संकोची और स्वाभिमानी रहे हैं। एक अरसे बाद उनका यह संग्रह 'धरती ने कहा फिर' आया है। यह लगभग 35 वर्षों के लम्बे दौर में लिखी हुई नौ लम्बी कविताओं का संकलन है। इसमें पहली कविता 'अंधकूप' है और दूसरी 'आमीन'। 'आमीन' का जिक्र मैं खास तौर पर करूँगा। हिन्दी में लम्बी कविताओं के लिए मुक्तिबोध जाने जाते हैं। यह परम्परा उनसे ही तो शुरू नहीं होती, उसके पहले भी लम्बी कविताएँ लिखी गई हैं, जिनमें निराला की 'राम की शक्ति-पूजा', जयशंकर प्रसाद की 'प्रलय की छाया' और पंत की 'परिवर्तन' विशेष उल्लेखनीय हैं। फिर भी उस समय कविता का स्वरूप दूसरा था। एक तो प्रगीत होते थे, दूसरे वर्णनात्मक खंडकाव्य या महाकाव्य होते थे। इसी तरह उर्दू में नज्म होती थी और गजल के शेर होते थे।

'आमीन' की शुरुआत में मुक्तिबोध की एक पंक्ति है जो उनके दूसरे कविता संग्रह का नाम भी है : 'भूरी-भूरी खाक धूल'। कवि ने मुक्तिबोध का हवाला अकारण नहीं दिया है। यह मुक्तिबोध की परम्परा की ही एक राजनीतिक कविता है। इसकी तुलना मुक्तिबोध से नहीं करनी चाहिए। लेकिन कुबेरदत्त मीडियाकर्मी हैं, दूरदर्शन और फिल्म-निर्माण से जुड़े रहे हैं, सो उनकी आँख कैमरे की आँख जैसी है और जब वे यथार्थ का चित्रण करते हैं तो एक अद्‌भुत 'विजुअल इफेक्ट' पैदा करते हैं। आज के भयानक, खूँखार और बीभत्स यथार्थ को चित्रों में उतार लेने में वे सफल होते हैं। इसलिए उनकी लम्बी कविताओं में चित्रात्मकता खास तौर पर प्रभावित करती है। विशेष रूप से जिन्दगी की जो विरूपताएँ हैं, विरोधाभास हैं—उनका चित्रण। अत्याचार के, प्रताड़ना के, बलात्कार के और बीभत्स दृश्यों के चित्र प्रस्तुत करना, वह भी बिना ठिठके हुए, बहुत कठिन हुआ करता है। परन्तु उनकी अनेक कविताओं में यह चित्रात्मकता दिखाई देती है। इसके पहले के उनके संकलनों—'काल-काल आपात', 'केरल प्रवास' आदि—की छोटी कविताओं में भी चित्रात्मकता है, लेकिन इसमें वह ज्यादा सघन रूप में है। कवि ने कैमरे की

आँख से अपनी दुनिया, अपने आसपास को देखा है। खास तौर से रात के अँधेरे में। मुक्तिबोध की तो कविता ही है 'अँधेरे में', तो उस अँधेरे में जो दुनिया दिखाई देती है और जो रोशनी में दिखाई पड़ती है—दोनों में बड़ा फर्क होता है। इस दृष्टि से मेरा ध्यान सबसे ज्यादा आकृष्ट किया है 'आमीन' ने।

'आमीन', जिसे हम हिन्दी में तथास्तु, एवमस्तु कहते हैं, पूरी कविता में बार-बार भयानक चित्रों के साथ आता है। कविता की शुरुआत होती है : 'भूरी-भूरी खाक धूल में अटी/ बीसवीं सदी की क्षयग्रस्त भोजन-नलिका को/ ढूँढ़ रहा है बलदेव/ आमीन'। इसमें एक चरित्र उभरकर आता है—बलदेव और उसके माध्यम से व्यक्त होता है आज का विद्रूप।

कुबेरदत्त की कविताओं का एक दूसरा रूप भी है। इस संकलन की लम्बी कविताओं में दो ऐसी कविताएँ भी हैं, जो इन कोमल भावनाओं की अभिव्यक्ति की कविताएँ हैं। इन कोमल भावनाओं की सबसे अच्छी कविता मुझे लगी : 'रोशनी के शहतीर पर'। उसका एक अंश देखिए :

रोशनी के
शहतीर पर बैठी
क्या तुम
वही हो?
वही
मेरी आँखों के पूर्वदृश्यों की
एक मुकम्मल देह?
या
मेरी कल्पनाओं के
इन्द्रधनुषों को छूकर आई
ओस की वही बूँद
पड़ी तो थी
मेरे-तुम्हारे ऊपर
पहली-पहली बार मिलने के बाद...
आखिर कौन हो
रोशनी के शहतीर पर बैठी तुम,
मेरे उत्तरकाल को
पूर्वकाल में समेटती हुई?

कुबेरदत्त ने विषयवस्तु के चयन में भी सजगता बरती है। ध्यान देने की बात है कि कविताएँ तो लम्बी हैं, किन्तु वाक्य उनमें लम्बे नहीं लिखे गए हैं। छोटे-छोटे

वाक्य प्रयोग में लाए गए हैं। कई बार वे केवल कुछ शब्दों में अपनी बात कह देते हैं, वाक्य पूरा नहीं करते। जैसेकि एक शॉट लिया और उसको सामने पेश कर दिया। अगर उसके लिए कभी एक शब्द दिया, तो कभी दो शब्दों में बात कह दी। उनका अवलोकन बहुत सूक्ष्म है और नजर वहाँ भी जाती है, जहाँ आम तौर पर नहीं जाती। जैसे रोशनी को सब देखते हैं, लेकिन उसका एक शहतीर भी होता है या हो सकता है, इसे कवि ही देख सकता है। कुबेर की कविता की एक और विशेषता उसका परिवर्तनधर्मी होना है। प्रेम-कविता में भी दुनिया को बदलने की जद्दोजहद है। 'इतिहास की खाद में बीज बनकर' अंकुरित होने की आकांक्षा है। यह क्रान्तिकारी चेतना ही उन्हें ढेर सारे कवियों से अलग करती है।

गेहूँ घर आया है : दिविक रमेश

'गेहूँ घर आया है' दिविक रमेश का नया कविता संग्रह है। रमेश छात्र-जीवन से ही कविता को लेकर न केवल गम्भीर रहे हैं, बल्कि नई पहल भी करते रहे हैं। जब वे दिल्ली विश्वविद्यालय के छात्र थे, उस समय के युवा कवियों का एक समूह बनाकर उन्होंने अपनी पीढ़ी को स्थापित करने का प्रयत्न किया था। उन दिनों उस समूह को 'दिल्ली विश्वविद्यालय कवि' के रूप में जाना गया। 'दिविक' इसी का संक्षिप्त रूप है, जिसे रमेश ने अपने नाम के साथ हमेशा-हमेशा के लिए जोड़ लिया। आज वे दिल्ली विश्वविद्यालय के ही एक महत्त्वपूर्ण कॉलेज में प्राचार्य हैं और साठ से ऊपर के तो हो ही चुके होंगे। लेकिन लेखन के क्षेत्र में एक युवा की तरह ही सक्रिय हैं। उनके कई संग्रह अब तक प्रकाशित हो चुके हैं। देश-विदेश की यात्राएँ भी की हैं। बहुत ही प्रौढ़ और खबरदार करनेवाले कवियों में से एक हैं दिविक रमेश।

उनके इस संग्रह की खूबी यह भी है कि इसका संकलन अशोक वाजपेयी ने किया है और इसकी भूमिका भी लिखी है। यह पुस्तक आज के दो महत्त्वपूर्ण कवियों को समर्पित है जिनमें एक विष्णु खरे हैं। उनका हिन्दी के वरिष्ठ कवियों से निकट का सम्पर्क रहा है, जैसे अपनी कविताओं के माध्यम से भी यह बताने की कोशिश की है। मसलन, त्रिलोचन जी के साथ उन्होंने लम्बी बातचीत की थी, जो पुस्तकाकार प्रकाशित है। इसी तरह शमशेर जी जब दिल्ली में थे तो उनसे भी उनका गहरा जुड़ाव था।

एक तरफ तो शमशेर जैसे शहरी संवेदना और आधुनिक चेतना के कवि के साथ जुड़ाव और दूसरी तरफ हरियाणा की उनकी पृष्ठभूमि। वे वहीं के रहनेवाले हैं। हरियाणा अपने गेहूँ के लिए तो जाना जाता है, कविता के लिए नहीं। इन दोनों का सामंजस्य करते हुए उन्होंने संग्रह का नाम 'गेहूँ घर आया है' दिया है। शायद इसके माध्यम से वे अपनी जमीन और खेती-बाड़ी से जुड़ाव को भी दर्शाना चाहते हैं।

अब शीर्षक कविता को ही लें, तो भला गेहूँ पर क्या कविता लिखी जाएगी और लिखी भी जाएगी तो महज प्रकृति चित्रण होकर न रह जाएगी? मगर यह

इसलिए कविता है कि इसकी शुरुआत ही एक विडम्बना से होती है : 'कर्ज का ही सही/घर आया तो है गेहूँ...'

यह कर्ज है जिसने गेहूँ को कविता के लायक बना दिया है, वरना यह प्रकृति-चित्रण होकर रह जाती।

लेकिन दिविक रमेश का मुख्य स्वर इससे भिन्न है। इस संग्रह में ऐसी अनेक कविताएँ हैं, विशेष रूप से आरम्भ की कविताएँ, जिनमें उनकी आलोचनात्मक और विवेचनात्मक काव्यदृष्टि उभरकर आती है। इन्हें विचार-प्रधान कविताएँ कहा जा सकता है। इनकी भाषा भी अलग तरह की है। ऐसी ही एक कविता है : 'राहों के बाहर'। राहें वहाँ भी होती हैं, जहाँ वे नहीं दीखती हैं चलने से पहले। खास बात यह है कि यह कविता उस संशय और दुविधा की ओर इशारा करती है जो आज का सच है। एक जमाने में कवि की आस्था और विश्वास के बारे में पूछा जाता था और इसे उसकी ताकत का प्रमाण माना जाता था। प्रतिबद्धता को बड़े गुण के रूप में देखा जाता था। मगर आज के दौर में लगता है, प्रबुद्ध और संवेदनशील कवि वह है जिसमें दुविधा हो, सन्देह हो, शंका हो। आस्था के विपरीत दुविधा एक मूल्य बन गई है। आज के जमाने में आदमी जब परिपक्व होता है, उसके मन में दुविधा होती है। इस कविता में उसी की बात कही गई है :

जब तक जुड़े रहते हैं, पाँव धरती से
देती है धरती भी उन्हें, एक न एक राह।

यहाँ तक तो ठीक है। धरती गतिशील है तो पाँव भी। लेकिन बाद में वे बताते हैं :

कभी-कभी हो यों भी जाता है
कि हम चलते-चलते राह उधर की
पहुँच जाते हैं इधर
और हमें अहसास भी नहीं होता जिसका
बल्कि हम भीतर ही भीतर जश्न मनाते हैं।

तो राह भटक जाना, मंजिल तक पहुँचने के बजाय ठीक उलटी दिशा में चले जाना और उसका जश्न मनाना—यह है हमारे समय की विडम्बना।

इस संग्रह में एक कविता है—शमशेर के बारे में। यह अलग तरह की कविता है :

छुइए/मगर हौले
कि यह कविता/शमशेर की है।

और यह जो/एक-आध पाँखुरी
बिखरी/सी/पड़ी/है/न

इसे भी/न हिलाना

बहुत मुमकिन है/किसी मूड में
शमशेर ने ही/इसे ऐसे रखा हो!

दरअसल

शरीर में जैसे/हर चीज अपनी जगह है
शमशेर की कविता है।

इस कविता की प्रस्तुति भी शमशेर जैसी ही है। भले ही इसमें शमशेर वाली बात न हो, मगर इससे उनके सरोकार का पता चलता है और यह भी कि वे गीतकारों से हटकर कविता की आज की धारा के उल्लेखनीय कवि हैं। मेरा खयाल है कि उनके इस नये संग्रह की ओर लोग आकृष्ट होंगे और उनका मूल्यांकन किया जाएगा।

छोटा-सा हस्तक्षेप : दिविक रमेश

मुकेश कुमार : 'छोटा-सा हस्तक्षेप' सुपरिचित साहित्यकार दिविक रमेश का ताजा कविता संग्रह है। दिविक रमेश की कविताओं में गहरी रागात्मकता, कामना, प्रकृति, एकान्त और स्मृतियों का ऐसा संसार है जो बहुत कम देखने में आता है। सुप्रसिद्ध समालोचक डॉ. नामवर सिंह के साथ हम 'छोटा-सा हस्तक्षेप' की चर्चा करेंगे; मगर पहले देखते हैं इसी कविता संग्रह से एक कविता के कुछ अंश :

कभी-कभार बैठना चाहिए हमें
चाह कर भी अपने उदास क्षणों के पास
और गाना चाहिए जैसे गाता है पानी
मौन में किसी चट्टान के आसपास
आखिर गैर तो वे भी नहीं होते
तब हर्ज भी क्या है
बैठने में कभी-कभार उनके साथ भी
और कुछ हो न हो पर होता है
उदास क्षणों के पास एक एकान्त जरूर
जिसमें खोजें तो मिल सकती हैं
कुछ कसकती पर मीठी स्मृतियाँ।

नामवर जी, सबसे पहले तो बताइए कि यह 'छोटा-सा हस्तक्षेप' क्या है?

नामवर सिंह : इससे कवि के आत्मविश्वास का पता चलता है। यद्यपि यह करीब ढाई दशकों से कविताएँ लिख रहे हैं, प्रकाशित भी कर रहे हैं, लेकिन पहली बार इस कविता संग्रह की कविताओं ने लोगों का ध्यान आकृष्ट किया है। यद्यपि इसमें थोड़ा अहंकार भी है और इसकी कविताओं को देखते हुए सुझाव तो यह भी दिया जा सकता है, इसको 'हल्की-सी दस्तक' कहते तो ज्यादा अच्छा होता। हस्तक्षेप विचारों की दुनिया में होता है, कविता तो दरवाजे पर

केवल दस्तक दे सकती है और हस्तक्षेप के बजाय, कवि की इस विनयशीलता में ज्यादा ताकत है।

मुकेश कुमार : यह कहा जा सकता है कि उनका यह चौथा-पाँचवाँ कविता संग्रह है—प्रौढ़ होने के साथ-साथ दिविक रमेश जी की कविताओं में भी प्रौढ़ता आई है?

नामवर सिंह : कहा जा सकता है। इसका एक कारण उनकी तो विदेश-यात्राएँ हैं। वे दक्षिण कोरिया में काफी दिनों तक रहे और कोरियाई कविताओं का अनुवाद भी किया। वहाँ कविताओं की बहुत अच्छी और लम्बी परम्परा है। उन्होंने रूस की यात्रा भी की और नये रूस की उसमें कविता भी है। मेरा खयाल है कि रूस में समाजवाद के विध्वंस पर लिखी कविताओं में मुझे यह सबसे अच्छी कविता लगी है। लगभग ऐसे ही कि भारत का आदमी जब रूस में जाकर देखता है तब उसे पता चलता है कि ये तो हमसे भी नये-गुजरे हैं। इस अनुभूति को कैसे रूसी छुपाता है, एक भारतीय वह आदमी बार-बार अनुभव करता है।

मुकेश कुमार : यह तो एक कविता के बारे में हो गया, नामवर जी, लेकिन अगर पूरे कविता संग्रह को लिया जाए तो किस तरह की कविताएँ हैं इसमें?

नामवर सिंह : दिविक रमेश हिन्दी के वरिष्ठ कवियों—शमशेर बहादुर सिंह और त्रिलोचन, दोनों के निकट सम्पर्क में रहे और एक तरह से इन दोनों कवियों से उन्होंने कविता की दीक्षा ली। यही कारण है कि इनकी कविताओं पर शमशेर जी की नफासत और भाषा की कीनियागीरी का असर पड़ा है। त्रिलोचन जी चूँकि 'कौरवी' संस्था के आदमी हैं। तो एक कौरवी जनपद का आदमी, जिसके भीतर दिल्ली शहर में रहते हुए सहसा गाँव जाग गया तो अपने गाँव के शब्द, गाँव की शब्दावली की अनुभूतियाँ—उन चीजों को कविता में नये सिरे से प्रकट करने का विश्वास आया। जैसा आपने कहा कि यह प्रौढ़ता का लक्षण है तो लगता है कि उन्होंने अपनी पहचान मुद्दत बाद कायम कर ली है।

मुकेश कुमार : अभी आपने 'दस्तक' का जिक्र किया। पहले उनकी एक कविता है : 'नई सदी की दस्तक', वह देख लेते हैं। उसके बाद चर्चा को आगे बढ़ाते हैं :

कुछ तैयारियाँ कर ही लेनी चाहिए मुझे भी
बीतते न बीतते सदी के
समय रहते खोल देने चाहिए दरवाजे
ताकि प्रवेश पा सकें कुछ चतुराइयाँ महाजनों की

झाड़ लेनी चाहिए नैतिकता की निकम्मी धूल भी
चला लेना चाहिए रंदा
कुछ ज्यादा ही खुरदरे हो चुके स्वाभिमान पर
अब सीख ही लेनी चाहिए कला और अदा भी
गलत करके मुकर जाने की।

जिस तरह की जटिलता हम आम कविताओं में देखते हैं, 'नई सदी की दस्तक' में वह नजर नहीं आती। बहुत ही सहज और सरल कविता है। बिम्बों की, प्रतीकों की बहुत गूढ़ता इसमें नजर आती है। बाकी कविताओं के बारे में क्या कहेंगे?

नामवर सिंह : बाकी कविताएँ, इनकी एक अच्छी-खासी तादाद है जिसे हम 'पर्सनल पोइट्री' कहते हैं और इस दौर में कविता जरूरत से ज्यादा ही सामाजिक हो गई है। लोग अपने नितान्त निजी और निराश क्षणों का जिक्र कविता में नहीं करते, जबकि एक जमाने में कवि उसी को मुख्य रूप से कविता का रूप मानता था। शरमाते हैं लोग।

मुकेश कुमार : आपने अभी शुरुआत में कविता भी देखी : 'उदास क्षणों के साथ बिताना चाहिए कभी-कभी'?

नामवर सिंह : इस तरह की कविताएँ उन्होंने समुद्र के बारे में कही हैं। समुद्र के निकट उसका नीलापन, जीवन में जो उदासी के क्षण होते हैं, उन क्षणों के बारे में। यह उनकी शमशेर से प्रभावित कविता है। सौन्दर्य की छवियाँ, उसके चित्र। मौसम पर एक कविता है, जहाँ मधु के छत्ते के समान मौसम लटका हुआ है आसमान में। तो कुछ बिम्ब-प्रतीक भी हैं और नितान्त सहज कविताएँ भी हैं। उन चीजों को देखकर लगता है कि विविधता है।

एक बात मुझे अच्छी लगी और वह है गाँव की लोककथाओं का बहुत अच्छा प्रयोग। उसमें एक बहुत दिलचस्प कविता है : 'भूत'। बचपन में हम लोग देखते हैं, गाँवों में भूतों का बहुत जिक्र होता है। लेकिन एक बड़ी विचित्र बात दिखाई है कि उन भूतों में, जो औरतों को दिखाई पड़ता है, सबसे विचित्र भूत वह है जो दलित जाति का है। कोई कहार है। इसलिए भूतों में भी जाति-पाँति होती है। वह फैंटेसी के रूप में एक नये ढंग की कविता है। लोग भूत-प्रेतों के बारे में तो सीधी-सादी, सपाट, अन्धविश्वास की कविता मानते हैं, लेकिन उस कविता में उन्होंने फैंटेसी से आज की स्थिति पर, स्त्रियों के बारे में टिप्पणी की है।

मुकेश कुमार : मोटे तौर पर इनकी कविताओं में शिल्प की तरफ आप किस तरह से इशारा करेंगे, कैसा है? इनकी बनावट कैसी है? कविताओं का गठन कैसा है?

नामवर सिंह : खास तौर से मैंने कहा कि बड़ी कविता—लम्बी कम ही हैं—दो हैं। लेकिन छोटी कविताओं में एक कसावट है, गठन है। मितव्ययिता नहीं है और शब्दों के प्रयोग में उन्होंने सावधानी बरती है। एक शब्द उन्होंने थोड़ा गड़बड़ इस्तेमाल किया है—अफसोसजनक। तो अफसोसनाक होना चाहिए, जैसे शर्मनाक होता है। यह तो एक तरह की जुबान फिसल गई है या कलम फिसल गई है, मैं ऐसा मानता हूँ। बाकी बोलचाल की भाषा के करीब, गठी हुई है। न ज्यादा लफ्फाजी है और न भावोच्छ्वास है।

मुकेश कुमार : बड़बोलापन नहीं है?

नामवर सिंह : यह उनकी परिपक्वता का, उनके वयस्क होने का प्रमाण है और इस कविता संग्रह ने पहली बार दिविक रमेश की ओर कवियों का, कविता प्रेमियों का ध्यान आकर्षित किया है। यह ही उल्लेखनीय बात है।

दो पंक्तियों के बीच : राजेश जोशी

मुकेश कुमार : सूक्ष्मता और संवेदनीयता के कवि राजेश जोशी का चौथा कविता संग्रह है : 'दो पक्तियों के बीच'। इस कविता संग्रह में उनकी राजनीतिक और बौद्धिक चेतना के दर्शन तो होते ही हैं, साथ ही संग्रह एक तरह से उनकी स्मृति-यात्रा भी है। प्रसिद्ध समालोचक डॉ. नामवर सिंह के साथ इस कविता संग्रह पर चर्चा करने से पहले एक नजर डालते हैं, राजेश जोशी की एक कविता के कुछ अंश पर :

रुको बच्चो, रुको
सड़क पार करने से पहले रुको
तेज रफ्तार से जाती इन गाड़ियों को गुजर जाने दो
रुको बच्चो, रुको
साइरन बजाती इस गाड़ी के पीछे-पीछे
बहुत तेज गति से आ रही होगी किसी मंत्री की कार
नहीं, नहीं, उसे कहीं पहुँचने की कोई जल्दी नहीं
उसे तो अपनी तोंद के साथ कुर्सी से उठने में लग जाते हैं कई मिनट
उसकी गाड़ी तो एक भय में भागी जाती है इतनी तेज
सुरक्षा को एक अंधी रफ्तार की दरकार है
रुको बच्चो, इन्हें गुजर जाने दो
इन्हें जल्दी जाना है क्योंकि इन्हें कहीं नहीं पहुँचना है।

नामवर जी, जैसेकि इसके शीर्षक से ही जाहिर है, इस शीर्षक से एक कविता भी है इस संग्रह में। ये 'दो पंक्तियों के बीच' की जो जगह है, उसके बहाने कवि ने जो कहना चाहा है, कहाँ तक इस संग्रह में उसका निर्वाह हो पाया है?

नामवर सिंह : एक तो 'दो पक्तियों के बीच' में यह शोरगुल एक तरफ हो और उसके बरअक्स बातचीत हो। खामोशी नाम की एक चीज होती है और कोई भी

महत्त्वपूर्ण कविता जिन्दगी के उस खामोश या चुप क्षण को वाणी देती है। लेकिन इस कविता संग्रह की चर्चा करने से पहले मैं एक बात कहना चाहता हूँ कि इस शताब्दी के अवसान में कई-कई कवियों के संग्रह आए, उनमें मुझे यह सबसे महत्त्वपूर्ण संग्रह लगा और प्रभावित भी किया। जहाँ जिन विषयों पर कविता नहीं हो सकती थी, छोटी-छोटी चीजें—मसलन, स्वयं भाषा पर चार-पाँच कविताएँ लिखते हैं और हिन्दी की सहायक क्रिया या इत्यादि, जिसका बहुत प्रयोग हम लोग करते हैं या खुद हमारी यानी आदमी की भाषा जरूरी नहीं कि वह हिन्दी ही हो। इन तमाम चीजों के बहाने इन विषयों पर जैसी कविताएँ लिखी हैं, इससे उन सूक्ष्म भाषा और संवेदनाओं का पता चलता है।

मुकेश कुमार : साथ ही साथ जो उनकी राजनीतिक या बौद्धिक चेतना पिछले कविता संग्रहों में नजर आई है, वह भी इन कविताओं से जाहिर होती है।
नामवर सिंह : आम तौर से राजनीतिक कविताएँ जैसी होती हैं, इनकी राजनीतिक कविताएँ उतनी सपाट, स्थूल और प्रतिबद्धता की घोषणा करनेवाली नहीं हैं, बल्कि ज्यादा महीन काट करनेवाली कविताएँ हैं। नमूने के लिए 'जहर' नाम की कविता आप ले लीजिए। जहर के बारे में कहते-कहते वे बताते हैं कि समाज में कई तरह के जहर होते हैं। 'आखिरी' में जिस तरह से आजकल साम्प्रदायिकता का जहर फैलाया जा रहा है, वह धीमे-धीमे असर करता है और सारे समाज में बड़े पैमाने पर फैल जाता है।

साम्प्रदायिकता पर लिखी हुई तमाम कविताओं को देखिए और जहर वाली कविता देखें और जो जिस भूमिका के साथ इजहार किया, इनके कहने का अन्दाज है। अंग्रेजी में जिसे 'सोफस्टीकेटेड' कहते हैं। मुझे अच्छी बात यह लगी कि राजेश जोशी कविता में कहानी भी कह सकते हैं। आम तौर से हम भूल गए हैं कि कविता कहानी भी कहती है।

मुकेश कुमार : यहाँ मैं आपसे एक सवाल करना चाहूँगा कि मंच पर अपनी इन स्मृतियों की चर्चा रही है। हम लगातार कई कवि-स्मृतियों की तरफ लौटते हैं। लेकिन इसमें जिस तरह की स्मृतियाँ हैं—क्या ऐसा नहीं लगता कि एक कवि की दो तरह की स्मृतियाँ होती हैं—एक, जो गुम होती जा रही हैं; दूसरी, अपने बचपन से जुड़ी स्मृतियाँ हैं, उनका वर्णन है, तो यह क्या 40 के पार एक कवि की स्मृतियाँ हैं?
नामवर सिंह : यही खूबी है। आम तौर से हम समझते हैं, यादें तो बूढ़ों के पास होती हैं, जो 80 साल के होते हैं। 40 साल के आदमी की यादों की जरूरत नहीं है, वह आम तौर से वर्तमान में जीता है।

मुकेश कुमार : तो क्या वह 40 के बाद पीछे देखना शुरू कर देता है?

नामवर सिंह : हाँ, कर देता है। अब इसमें ऊन के दो नन्हे मोजे हैं हालाँकि है बहुत मामूली चीज यह लेकिन उस मामूली चीज से लिपटे हुए पारिवारिक जीवन की जो गंध है, उस गंध को इस तरह से कह दिया गया है कि वह देर तक मन पर छाई रहती है। उसी तरह से एक ऐसी कविता है—'पीठ में खुजली'। कविता एक तरह से हजारीप्रसाद द्विवेदी के उपन्यास 'अनामदास का पोथा' में रैक्व की पीठ में जो खुजली होती है, उसको लेकर लिखी गई है। लेकिन उस कथा का इतना बढ़िया इस्तेमाल है कि पूरे उपन्यास में जो बात कही गई है, वह 12-14 पंक्तियों की एक कविता में कह दी गई है और कहना यह है कि इस तरह से होटल में बैठे हुए पीठ में खुजली आ रही है और यादों का भी एक जरिया होता है जिसके माध्यम से हम किसी को याद करते हैं—तो यहाँ भी पीठ में खुजली की याद आ गई है। कई जगह इस तरह के हैं।

मुकेश कुमार : यादों का एक जरिया होता है। इसमें एक खास बात मुझे देखने को मिली। कई बार संस्मरण और कहानियाँ भी इनकी कविता बन जाती हैं, जैसे 'आखिरी' इसी प्रकार की कविता है।

नामवर सिंह : 'आखिरी' कविता तो अद्भुत कविता है। यानी वह रोई थी अपनी एक लम्बी कहानी कहते हुए। इसीलिए मैं कह रहा था कि कविता का जो बना-बनाया ढाँचा इस बीच रहा है, उस ढाँचे को राजेश जोशी ने तोड़ने की कोशिश की है और इन तमाम चीजों के बावजूद कविता कहीं गद्यात्मक नहीं होती।

ईश्वर की आँख : उदयप्रकाश

मुकेश कुमार : 'ईश्वर की आँख' जाने-माने कवि और कथाकार उदयप्रकाश के पूर्व प्रकाशित लेखों और साक्षात्कारों का संकलन है। यह संकलन उनकी चिन्ताओं को सामने लाता है, उनकी प्रतिबद्धताओं और सरोकारों से हमारा परिचय भी कराता है। सुप्रसिद्ध समालोचक डॉ. नामवर सिंह के साथ आज हम 'ईश्वर की आँख' पर ही चर्चा करेंगे, लेकिन पहले देखते हैं इसी में शामिल एक लेख के कुछ अंश :

> मैं जब अपने समय के बारे में सोचता हूँ तो मेरी पहली प्रतिक्रिया यही होती है कि मैं इसको नहीं जानता। कुछ उसी तरह, जैसे मछली समुद्र को नहीं जानती, ऊँट रेगिस्तान को नहीं जानता। जैसे ईश्वर सृष्टि को नहीं जानता। चिड़िया आकाश को नहीं जानती। कुछ-कुछ उस तरह, जैसे मधुमक्खी शहद को नहीं जानती। जो जिसे रचता है या जिसे जीता है, शायद वह उसे सबसे कम जानता है। मैं इसको सबसे अच्छी तरह जानता हूँ। जब कोई अपने जीवन के सबसे गहरे प्रेम में डूबा हुआ होता है—इतनी गहराई तक, जितनी शमशेर की 'टूटी हुई, बिखरी हुई' कविता है तो वह प्रेम के बारे में नहीं जानता। वह उसे तभी जानना शुरू करता है जब वह प्रेम बीतने लगता है।

नामवर जी, सबसे पहले तो यह बताइए कि 'ईश्वर की आँख' क्या है? क्या लेखक की आँख का इससे कोई रिश्ता है?

नामवर सिंह : दरअसल इस पुस्तक में एक लेख है : 'छलकती है ईश्वर की आँख', जिसका शीर्षक एक कविता की पंक्तियों से लिया है उन्होंने—कि 'पृथ्वी पर जब भी मरता है कोई कवि/तो छलकती है ईश्वर की आँख' और यह उस लेख का अन्त है जिसमें वर्णन है कि 'दौड़ती हुई ट्रेन चली आ रही है और गाय कट जाती है और बाद में जाकर ट्रेन खड़ी होती है एक किलोमीटर बाद।' ड्राइवर के मन में उस छोटी-सी घटना पर जो करुणा होती है, उस पर लिखा है उन्होंने : 'लोग समझेंगे कि मैं गाय के मरने पर इतना दुखी हो रहा हूँ तो जैसे हिन्दुत्व मेरे

अन्दर है।' टिप्पणी की है उन्होंने कि असल में कोई भी कवि उतना ही धर्मनिरपेक्ष होता है जितना स्वयं ईश्वर। इसलिए करुणा महत्त्वपूर्ण है। जो आँख छलकती है, वह ईश्वर की आँख है। इसलिए ऐसा न समझा जाए कि आज का कवि ईश्वर वगैरह का नाम ले रहा है तो बड़ा धार्मिक है, हिन्दूवादी है। जो छलकने वाली आँख है, वह करुणा है और पूरी पुस्तक का स्वर है। आप देखेंगे, धनेश पंछी पर और पेड़-पौधे के बारे में ऐसी बातें हैं। ये बातें सुर्खियों में नहीं होती हैं, जो हमारे जीवन में नष्ट होती जा रही हैं। उन नष्ट होती हुई चीजों के लिए अगर आँख किसी की छलकती है तो कवि की।

मुकेश कुमार : इसलिए मैंने पूछा कि लेखक की आँख क्या इसमें नजर आती है? लेखक की दृष्टि इन लेखों में समाई हुई है, इस दृष्टि के बारे में कुछ बताइए?
नामवर सिंह : उस दृष्टि के बारे में कह सकता हूँ। एक मशहूर दार्शनिक विटिंग्स्टाइन का एक वाक्य याद आता है—अंग्रेजी में है—कि डोंट थिंक, लुक। सोचो मत, देखो और यह देखना बहुत महत्त्वपूर्ण है। उदयप्रकाश ने कवि-लेखक के धर्म पर बल दिया है कि आसपास—अपने अन्दर भी, अपने बाहर भी देखो, क्योंकि आज की दुनिया में मीडिया की चकाचौंध में, बहुत-सी चीजें दिखाई नहीं पड़ रही हैं। जो दिखाई पड़नी चाहिए, वह नहीं दिखाई पड़ रही है और कवि उसे देखने का काम करेगा। इसे मैं कह सकता हूँ—'तीसरी आँख'। यह तीसरी आँख जो है, वह देखती ही नहीं है, भस्म भी करती है। शिव का तीसरा नेत्र। इसमें दोनों चीजें दिखाई पड़ेंगी।

मुकेश कुमार : क्या यह कहा जाए कि ये उदयप्रकाश जी के जो सरोकार हैं, जो समाज को लेकर, राजनीति को लेकर उनकी चिन्ताएँ हैं, वे इन लेखों में प्रकट हुई हैं? उनकी जो पूरी दृष्टि है, वह इन लेखों से उजागर होती है?
नामवर सिंह : जी हाँ। कह सकते हैं। यद्यपि वह अपनी कहानियों में, अपनी कविताओं में तो लिखते ही रहे हैं इन चीजों के बारे में। लेकिन यह एक तरह की लेखक की कार्यशाला है, उस कार्यशाला के ये नोट्स हैं और ये उस संवेदनशीलता-अन्तरंगता के साथ लिखे गए हैं, बल्कि पहला ही लेख आत्म-तर्पण से ताल्लुक रखता है—अपने बचपन की स्मृतियों के बारे में कहते हुए, लेकिन उस आत्म-तर्पण में ही देखिए कि दुनिया के साहित्य की अनेक कृतियाँ—वे लेखक, जिनको हिन्दी वाले नहीं जानते हैं, जिनकी किताबें नहीं पढ़ते हैं, उनके सन्दर्भ आते हैं—उनके माध्यम से वे अपनी बातें कहते हैं। तो ये उस कार्यशाला के नोट्स हैं।

मुकेश कुमार : पहले कुछ अंश सुन लिये जाएँ :

> दरअसल हम जिस शताब्दी के अन्त में हैं, उस शताब्दी की सारी नाटकीयताएँ अब खत्म हो चुकी हैं। हम ग्रीनरूम में हैं। अभिनेताओं का मेकअप उतर चुका है। वे बूढ़े जो दानवीर कर्ण, धर्मराज या किंगलेयर की भूमिका कर रहे थे, अब अपने मेहनताने के लिए झगड़ रहे थे। वे अभिनेत्रियाँ जो द्रौपदी, सीता या आम्रपाली का रोल कर रही थीं, अपनी झुर्रियाँ ठीक करती हुई ग्राहक पटा रही हैं। आसपास कोई आख्मातोवा या मीरा नहीं है, कोई पुश्किन या निराला नहीं है। देखो, उस खद्दरधारी गांधीवादी को, जो संस्थानों का भोज डकारता हुआ अन्यायी हिंसक यथार्थ का एक शक्तिशाली भेड़िया है।

यह पूरा संकलन पाँच खंडों में विभाजित है। इसमें उनके लेख भी हैं। उन्होंने जो साक्षात्कार लिये हैं, उनमें आपके बहुत लम्बे-लम्बे साक्षात्कार हैं, करीब 50 पेज में। आपसे और कई अन्य साहित्यकारों से मिलकर उदयप्रकाश ने इंटरव्यू किये हैं। जो इंटरव्यू वाला खंड है, उसमें तो उस जमाने में, उस दौर में जो साहित्य और संस्कृति के विवाद थे, उनके बारे में आपकी दृष्टि भी हमारे सामने आती है। उसके बारे में कुछ कहना चाहेंगे आप?

नामवर सिंह : ऐसा है कि आजकल आम बात हो गई है बातचीत और साक्षात्कार। लेकिन उदयप्रकाश ने जिन लोगों से लिये थे—मुझे छोड़ दीजिए—तो नाटक की दुनिया में काम करनेवाले, रंगमंच की दुनिया में काम करनेवाले लोग। वे बहुत ही दिलचस्प हैं। कुछ उदयप्रकाश से भी इंटरव्यू लिये गए। इनसे भी बातचीत हुई है। उस बातचीत को लेकर—जिसको कहें कि बहुत साफ-सुथरा जो साक्षात्कार होता है—निरामिष किस्म का, किसी को चोट न पहुँचे, कोई ऐसी बात न कहे। लेकिन उस आदमी की सही-सही राह पकड़ी गई है। तो बातचीत भी हैं, कुछ अन्तरंग वैयक्तिक चीजें भी हैं, टिप्पणियाँ भी हैं—अपने समय के बारे में, युग के बारे में, कुछ साहित्यिक चीजों के बारे में। तो एक गद्य विधा—कह सकते हैं कि ठीक-ठीक निबन्धों की किताब किसी एक विधा के कोटि में नहीं आती।

मुकेश कुमार : मैं एक सवाल आपसे करनेवाला था, जो इसमें गद्य है, वह कैसा है? उसके बारे में कुछ बताएँ।

नामवर सिंह : देखिए, उदयप्रकाश की कहानियों से ही मालूम है—गद्य का एक नया तेवर, एक कोशिश और जैसाकि स्पोकन वर्ल्ड, जिसे कहते हैं—बोलता-सा हुआ दिखना, लिखा हुआ-सा नहीं लगता है, आप देखेंगे और इसलिए बड़ा ही अनौपचारिक किस्म की हिन्दी है। एक ओर किताबी हिन्दी हुआ करती थी, उससे एकदम अलग और बाकी अंग्रेजी से बोझिल हिन्दी होती है। बहुत-से लोगों की तो

यह सहज बोलचाल है जो शहरों में सुनाई पड़ती है—वह गद्य अपनी पूरी जीवंतता के साथ, संवेदनशीलता के साथ है।

मुकेश कुमार : क्या यह असर पत्रकारिता की वजह से भी आया हो सकता है?
नामवर सिंह : हो सकता है। पत्रकारिता की वजह से नहीं, फिल्में भी बना चुके हैं उदयप्रकाश। हो सकता है कि उस मीडिया का भी उन पर कुछ असर पड़ा हो! और यह बड़ा ही दृश्य है, केवल सुनने वाला ही नहीं है बल्कि जिन चीजों का वर्णन करते हैं, उसको आँखों के सामने हूबहू सचित्र दिखा देते हैं। इसलिए मैंने कहा कि हिन्दी गद्य की जो ताकत है, इससे व्यक्त होती है और एक नई मिसाल इन्होंने कायम की है। इससे यह भी पता लगता है—पहले के लेखक के बारे में नहीं जानते—लेकिन इधर के लेखक अपने कर्म के बारे में, रचनाकर्म के बारे में, अपनी दृष्टि के बारे में, अपनी समझ के बारे में जिस तरह से कहते हैं, उसका एक बड़ा दस्तावेज है।

एक भाषा हुआ करती है : उदयप्रकाश

उदयप्रकाश की पहली पुस्तक जो प्रकाशित हुई थी, वह कविता की थी : 'सुनो कारीगर'। उदयप्रकाश कविता की दुनिया में आने के बाद कहानियों की दुनिया में आए। उनकी कई कहानियों का नाटकीय मंचन हुआ, फिल्म भी बनी। परन्तु कवि के रूप में उदयप्रकाश की उतनी चर्चा नहीं हुई, जितनी होनी चाहिए। कथाकार-कहानीकार के रूप में चर्चा अपेक्षाकृत ज्यादा हुई है। लेकिन आरम्भ से ही कविता में उदयप्रकाश ने अलग पहचान बना ली थी। यह देखकर प्रीतिकर आश्चर्य हुआ है कि फिर उनका हाल ही में इस वर्ष 'एक भाषा हुआ करती है' नाम से संग्रह आया है। इन कविताओं को देखकर मुझे लगा कि 'रात में हारमोनियम' से हटकर फिर एक नये तेवर के साथ उन्होंने कविताएँ लिखी हैं। इसके तीन खंड किये हैं। पहला खंड—यह जो किसी कदर बचा-खुचा जीवन है, 'धन्यवाद' नाम से है। अन्तिम खंड जिसके नाम से संग्रह का शीर्षक है : 'एक भाषा हुआ करती है' और बीच में एक खंड है : 'जलते हुए दृश्य में अपने पंख बजाते हुए'। इन तीन खंडों में विभक्त कविताओं में खास बात जो मुझे लगी, वह यह है कि इस भागमभाग के दौर में जो चीजें केन्द्र में पहले थीं, वे अब हाशिये पर आती जा रही हैं और 'कविता' भी उनमें से एक है। नई औद्योगिक सभ्यता के आते ही 'उपन्यास' एक तरह से औद्योगिक संस्कृति और पूँजीवाद के उदय के साथ उनके महाकाव्य के रूप में सामने आया है। कविता प्राचीन मान ली गई। प्राचीन समय कविताओं की दुनिया थी। मुख्यत: लोग कवि थे। इसलिए रामायण-महाभारत के दौर के बाद फिर कथा का दौर आया। उसमें उपन्यास आया, कहानियाँ आईं। प्राचीन समय में साहित्य के केन्द्र में कायदे से कविता थी। काव्य का मतलब था—साहित्य। कविताओं का रूप व्यापक था, अब हाशिये पर आ गई हैं। काव्य विधा मात्र ही नहीं, बल्कि जीवन के कई मूल्य भी, जो पहले केन्द्र में थे, अब इस बाजारवादी व्यवस्था और तंत्र के कारण हाशिये पर चले गए हैं। यह दृष्टि इनके द्वारा लिखी

कुछ कविताओं में मौजूद है। उन कविताओं पर दृष्टिपात करें तो उसकी भाषा और भंगी के तेवर को समझ सकते हैं :

जब भी घिरता हूँ मैं अँधेरे और अकेले में
अपनी जर्जरता के साथ
हर बार पता नहीं कहाँ से चला आता है
वही पहला वाक्य
मेरी ओर अपने व्याकुल हाथ बढ़ाता हुआ
वही पहला वाक्य
जिसके मध्य में मैं इस धरती पर आया
और जिसमें एक ही शब्द था
फकत एक व्यंजन और उसी में विलीन
होता एक स्वर
बिना किसी विराम के सौरमंडल के
अनंत तक जाता हुआ
अचरज यह कि दुनिया की सभी भाषाओं
के सभी शब्दकोशों में
मौजूद था वह शब्द
लेकिन किसी भी व्याकरण ने उसे
एक समूचे वाक्य का दर्जा नहीं दिया था
आप बताएँगे, क्यों?
और यह भी कि आखिर आप किस वाक्य
के बीचोबीच
अपने शहर या पृथ्वी पर आए थे?

कविता मुख्यत: भाषा की कला है और भाषा के साथ आदमी खेलता है और उसका सधा हुआ इस्तेमाल करता है।

अचरज है कि आज तक
जब भी घिरता हूँ मैं अँधेरे और अकेलेपन में अपनी जर्जरता के
हर बार पता नहीं, कहाँ से चला आता है वही पहला वाक्य
मेरी ओर अपने व्याकुल हाथ बढ़ाता हुआ वही पहला वाक्य
जिसके मध्य में मैं इस धरती पर आया और
जिसमें एक ही शब्द था
फकत एक व्यंजन और उसो में विलीन होता एक स्वर
बिना किसी विराम के सौरमंडल के अनंत तक जाता हुआ।

उनकी कविताओं में भाषा के प्रति आत्म-सजगता है। शब्दों के इस्तेमाल करने के बारे में, वाक्यों के इस्तेमाल करने के बारे में, उदयप्रकाश सधा हुआ प्रयोग करते हैं। यह उदयप्रकाश की कहानियों में भी है। इसलिए भाषा का सजग-सतर्क इस्तेमाल खूबी के साथ दिखाई देता है। इनकी कविताओं में भाषा की विविधता है। संगीत पर एक कविता है : 'ध्रुवपद'। इस कविता में ध्रुपद की जगह पर 'ध्रुवपद' लिखा है। कविता की विषयवस्तु फैली हुई है और उसमें विस्तार है। इसमें फिल्म के रिफरेंसेज आते रहते हैं।

उदयप्रकाश के इस कविता संग्रह में हम यह देख सकते हैं कि कविता की दुनिया कितनी बड़ी और विविध है। इसी कविता की दुनिया के माध्यम से वे हमारे समक्ष भरी-पूरी दुनिया पेश करते हैं जो आम तौर पर कथा-साहित्य का काम होता है। अत: यह संग्रह लोगों का ध्यान आकर्षित करेगा, यह कहना कोई अतिशयोक्ति नहीं होगी। कुछ कवियों की वजह से कविता की आलोचना का जो सीमित दायरा सिमट गया है, उनसे मुक्त हो करके नये ढंग से कविता पर विचार किया जा सकेगा, ऐसी एक चुनौती पेश करती है यह पुस्तक : 'एक भाषा हुआ करती है'।

काला सफेद में प्रविष्ट होता है : नरेन्द्र जैन

नरेन्द्र जैन आठवें दशक के उन चुने हुए कवियों में से हैं जिनकी कविताओं में दुहराव नहीं है, निरन्तर एक विकास है। नरेन्द्र जैन हिन्दी के वरिष्ठ और प्रतिष्ठित कवि हैं। उनका छठा कविता संग्रह 'काला सफेद में प्रविष्ट होता है' आश्चर्यजनक रूप से प्रभावित करता है। इनका पहला कविता संग्रह 'दरवाजा खुलता है' 1980 में प्रकाशित हुआ था। हाल ही में 2003 में इनका एक कविता संग्रह प्रकाशित हुआ : 'और सराय में कुछ दिन'। इसमें लगभग सौ से ऊपर कविताएँ हैं। रंग-रंग की कविताएँ हैं। नरेन्द्र जैन ने अपनी रचनाशीलता के द्वारा अपनी एक विशेष पहचान बनाई है। उनके मुहावरे अलग हैं। वे बड़ी सरल, सुबोध, बोधगम्य भाषा में कविता लिखते हैं। उनके यहाँ उलझनें नहीं हैं। नरेन्द्र जैन बिम्बों-चित्रों के कवि नहीं हैं। इनकी कविता में जीवन की अनुभूतियाँ हैं। खास तौर से संघर्षशील मनुष्य इनकी कविताओं में मौजूद है। उनके संग्रह में एक कविता है : 'दरिद्र-रेखा के नीचे', जिसमें उनकी जीवन-दृष्टि का पता चलता है। आम तौर पर इस विषय पर कविता नहीं लिखी जाती है पर इन्होंने इस पर कविता लिखकर यह दिखाया है कि दरिद्र-रेखा के नीचे रहनेवाले लोग भी कविता के नायक और चरित्र हो सकते हैं। कविता की कुछ पंक्तियाँ हैं :

कि वह शख्स जो यकायक चीखता है
दूर किसी घर में रहता है
उसे नहीं सताती कोई स्मृति
हँसी, खिलखिलाहट और ठहाकों का प्रवेश
वहाँ वर्जित है
ऐसी यातना में जीता है
वह दरिद्र-रेखा से बहुत नीचे।

कविता स्मृतियों से शुरू होती है। लेकिन वह स्मृतिजीवी नहीं है क्योंकि उसके सामने जो बाहर का यथार्थ है, वही प्रधान है। अत: स्मृतियों में जीने की कोई जरूरत

नहीं है। प्रकृति भी उनकी कविताओं में उसी तरह से आती है। 'सूखा पत्ता', 'बदरंग', 'गहरा नीला आकाश' आदि उनकी प्रकृतिपरक कविताएँ हैं। इन कविताओं के द्वारा सरल-सुबोध भाषा में अपनी प्रतिक्रियाओं के बारे में बहुत संयत हैं। नरेन्द्र जैन की कविता गर्जन-तर्जन वाली कविता नहीं है। जीवन से भरपूर कविता है। इसी कारण उनकी कविताओं में शब्दजाल, वाग्जाल नहीं है। सीधी-सरल और सीधे दिल को छूनेवाली भाषा है। कम सुखन्य है, शब्दों एवं विशेषणों का बहुत ज्यादा प्रयोग नहीं करते हैं। नपी-तुली भाषा का प्रयोग है। इस कविता के आधार पर इन बातों की चर्चा की जा सकती है :

कभी-कभी
इतनी खामोशी से बरसता है पानी
कोई आवाज नहीं आती

बारिश में
याद आते हैं किसी को
ग्रीष्म में बिताए गए दिन

कभी
कविता से कुछ पूछा जाता है।

उसे कहने दिया जाए
सरलतम चीजों के बारे में

कठिनतम चीजों के बारे में भी
वह कुछ कहे
सरलतम ढंग से
जैसे ग्रीष्म
या बारिश की बूँदें
और
यह पत्ता गिरकर
धरती की ओर आता।

बारिश मूसलाधार होती है और उसमें आवाज होती है। लेकिन इनकी कविता शुरू ही होती कि 'कभी-कभी इतनी खामोशी से बरसता है पानी कि कोई आवाज नहीं आती' और फिर यादों में चले जाते हैं। चूँकि यह ग्रीष्म के बाद की बारिश

है। पत्तों पर बारिश की बूँदों के पड़ने पर बारिश का पता चलता है कि वह कहाँ, किस जगह गिर रही है। वे इस स्थिति का इतना सजीव चित्रण करते हैं कि बारिश का पूरा दृश्य उनकी कविताओं में बनता चला जाता है। बिम्ब है भी और नहीं भी। इसलिए इन्हें बिम्बवादी कविताएँ नहीं कहा जा सकता। कविताओं के माध्यम से अपना सिद्धान्त भी बताते हैं। कविता है :

कभी
कविता से कुछ पूछा जाता है
उसे कहने दिया जाए
सरलतम चीजों के बारे में
कठिनतम चीजों के बारे में भी
वह कुछ कहे
सरलतम ढंग से।

अर्थात् इनका सिद्धान्त है कि कविता को आदेश न दिया जाए कि तुम यह करो, वह करो। कविता सहज भाव में अपनी बात कहती है। नरेन्द्र जैन की कविता सरल होते हुए भी सपाट नहीं है। 'दुर्दिन में' उनकी एक कविता है। संस्कृत में उसे 'मेघा छन्ने दुर्दिनम' कहते हैं। यह दुर्दिन बुरे दिनों के लिए प्रयुक्त नहीं है। जब मेघा छिन्न-भिन्न होते हैं, तो उसे दुर्दिन कहा जाता है। हिन्दी में इसका अब एक दूसरा अर्थ बन गया है। उन्होंने कविताओं के माध्यम से कुछ रेखाचित्र दिये हैं। एक कविता है : 'यह शख्स, जो बेंच पर बैठा है'। अन्धकार और रोशनी का चित्रण करते हुए अपने पास बैठे उस शख्स का चित्रण किया है। नरेन्द्र जैन की आँख जैसे कैमरे के समान घूमती है और उस चित्र को खींचकर उसे सरल भाषा में प्रस्तुत करती है। इनकी एक कविता है : 'झूले पर'। वे लिखते हैं, झूले पर कोई नहीं बैठा है, लेकिन झूला हिल रहा है। झूले की उसकी गति का चित्रण करते हैं। अन्त में लिखते भी हैं कि शायद हवा उस झूले में बैठी हो और झूल रही हो! 'घर' पर एक बहुत अच्छी कविता लिखी है। उसमें लिखा है, यहाँ आदम का एक आईना हुआ करता था, यह जगह अब खाली है। नरेन्द्र जैन खालीपन का अहसास कराकर भी वस्तुओं की स्थिति को सामने ले आते हैं। लोग कहते हैं न कि पानी सतह के बहुत नीचे चला गया है, इसलिए पानी मिल नहीं रहा है। नरेन्द्र जैन इन चीजों का भी कविताओं में वर्णन करते हैं :

हमारी सतह से बहुत नीचे जा चुका है पानी
हम ऊपर हैं
और पानी बहुत नीचे है।

लिक्खे में दुख : लीलाधर मंडलोई

'लिक्खे में दुख' चर्चित कवि लीलाधर मंडलोई का नया कविता संग्रह है। उनके एक साथ तीन कविता संग्रह आए हैं। उनमें यह संग्रह इस मायने में अलग है कि इसमें खास तरह की छोटी-छोटी कविताएँ हैं। इसमें दो से आठ-दस पंक्तियों की दो कम सौ कविताएँ संकलित हैं। इन कविताओं में जो कसावट है, बूँद में समुद्र भरने की जो कोशिश की गई है, उसे अलग से देख़ने की जरूरत है। ये वर्णनात्मक कविताएँ नहीं हैं। इनमें विचार और भाव व्यंजित और ध्वनित होते हैं।

विषय की दृष्टि से भी इस पर विचार किया जाना चाहिए। इसमें विविधता बहुत है। जीवन और समय की जटिलताएँ कई विरोधाभासों के साथ उपस्थित हैं। संग्रह की दूसरी ही कविता है : 'भाषा-2' :

मेरी भाषा सपनों की सहयात्री है
जो कल देखा मैंने सपना
बरस रही थी आसमान से आग
आज मेरी भाषा एक पौधा रोप रही है।

एक ओर भाषा आग बरसाती हुई है, तो दूसरी ओर पौधा रोपती हुई है। भाषा के दोनों गुण हैं—ये दोनों पहलू यहाँ दिखाई पड़ते हैं इसलिए यह एकरस नहीं है और एकरसता को छोटी-छोटी ये कविताएँ तोड़ती हैं। एक कविता देखिए, बड़ी साधारण-सी है : 'बिजूका', जिसे खेतों में किसान लोग लगा देते हैं। शायद ही कभी बिजूके की ओर किसी का ध्यान कविता में गया हो। पहली बार बिजूके का सही इस्तेमाल किया है। कवि अपने को कहता है, मैं बिजूका हूँ। यह बिजूका का वर्णन नहीं है : 'मैं खेत के बीच खड़ा बिजूका हूँ / सब जानते हैं / झूठ बड़े काम का है/ यह सिर्फ किसान जानता है'। ऐसी कुछ और कविताएँ हैं : 'मकसद', 'अभिनय' आदि। मिथिला पर एक कविता है : 'मिथिला के लोग'। 'मिथिला के लोग/ नहीं ब्याहते अपनी बेटी अयोध्या में।' इसमें पुरानी राम की

कथा की ओर संकेत है। किंवदंतियों का भी सहारा लिया है इन्होंने। इसलिए विविधता और बढ़ गई है।

सामान्यतया मध्यवर्ग से आए कवियों का ध्यान जिन विषयों और घटनाओं की ओर नहीं जाता, मंडलोई अपनी कविता में उन्हें भी जगह देते हैं :

गोलीबारी के बाद
सन्नाटा था
एक अधजले दरख्त पर
एक थी—'शीन चिरैया'
जिसके बोलने में
दरख्त के रोने की
आवाज आ रही थी।

कला की दृष्टि से भी ये कविताएँ उल्लेखनीय हैं। कम-से-कम शब्दों में बात कही गई है। स्फीति नहीं है, अपव्यय नहीं है। संक्षिप्तता ने कविताओं को और कलात्मक बना दिया है। दूसरी तरफ इन कविताओं में महज उच्छ्वास या भावुकता नहीं है।

भाषा के बारे में भी कवि बहुत सचेत है। संग्रह की शुरुआत ही भाषा को लेकर लिखी गई दो कविताओं से होती है। दूसरी का उल्लेख हम ऊपर कर चुके हैं। पहली कविता है :

मैं लिखता हूँ
उस भाषा में
जो मुझे जानती है।

आम तौर पर लोग इसकी चर्चा करते हैं कि वे भाषा को जानते हैं या नहीं। मगर भाषा भी आपको जानती है कि नहीं, इस पर शायद ही किसी ने इस तरह विचार किया हो। यह महज एक उक्ति नहीं है बल्कि एक ऐसा विचार है जो भाषा को साधने से पैदा हुआ है। तभी तो भाषा कवि के सपनों की सहयात्री बन गई है और उसमें शास्त्रीयता से कहीं ज्यादा जीवन के तत्त्व हैं। ध्यान देने की बात है कि कवि ने 'दुक्ख' लिखा है, जबकि सामान्यतया लोग दु:ख या दुख लिखते हैं।

कम-से-कम शब्दों में आज के कठोर यथार्थ को कैसे व्यक्त किया जा सकता है, इसके उदाहरण के रूप में पुस्तक के पिछले आवरण पर उद्धृत कविता को देखा जा सकता है, जिसमें कवि समय की विद्रूपताओं से सीधी मुठभेड़ करता दिखता है :

खबरें जो सुनी नहीं गईं ध्यान से जैसे
किसान आत्महत्या कर रहे हैं

मजदूर आत्मदाह
कामकाजी औरतें
बलात्कार से खुद को बचा नहीं पा रहीं
भ्रष्टाचार की आग
गोल इमारत में भी
चैनल गुप्त रूप से
नये-नये ऑपरेशन में सक्रिय
और लेन-देन का
विलंब प्रसारण
मुल्क यकीनन बदल रहा है।

आक्रोश यहाँ भी संयत और करुणा से युक्त है। मंडलोई की ये कविताएँ सूक्तियों जैसी हैं। इनमें कुछ स्मृतियाँ भी हैं अतीत की और कुछ जीवन के अनुभव भी। लगभग शुरू से अन्त तक की कविताओं में एक प्रकार की बेचैनी है। दुख है तो बेचैनी भी स्वाभाविक है। कहीं-कहीं दो परस्पर विरोधी भाव भी एक साथ आए हैं, जैसे : 'पत्थर की कठोरता और दरख्त की करुणा के आँसू'। यह सब कुछ गहरी आत्म-सजगता के कारण सम्भव हुआ है।

एक कविता है : 'टूटना'।

मैं ही था अपना जासूस
मैंने ही सुना टूटना
यह आत्मा की आवाज थी।

तो जो टूटना है, वह आत्मा की आवाज है। सच्चे अर्थों में इस संग्रह की कविताएँ केवल हृदय की नहीं, बल्कि आत्मा की आवाज के रूप में लिखी गई हैं।

इसीलिए ये कविताएँ अत्यन्त मार्मिक, मन को छू लेनेवाली और याद रह जानेवाली हैं।

जवाहर टनल : अग्निशेखर

'जवाहर टनल' कवि अग्निशेखर का चौथा कविता संग्रह है। इस संग्रह के नाम में ही जलावतनी के संकेत हैं। यह टनल जम्मू से कश्मीर आने-जानेवाले मार्ग पर है। एक कविता में इसका उल्लेख इस प्रकार किया गया है :

खुला था आसमान
सुरंग से बाहर
और हम उतरे पर्वतों से
शरणार्थी कैम्पों में
फैल गए संविधान के
फफोले तम्बुओं में।

यही नहीं, लगभग सारी कविताएँ जलावतनी की हैं। अग्निशेखर ने अपने साथ-साथ इस त्रासदी से गुजरनेवाले सभी कश्मीरी शरणार्थियों के गहरे अहसास को वाणी दी है। उन्होंने सिर्फ कविताएँ नहीं लिखी हैं, बल्कि कश्मीर से विस्थापित होकर जम्मू आने के बाद, शरणार्थियों के अधिकारों और समस्याओं को लेकर आन्दोलन भी चलाए हैं। एक कविता है : 'आशंका', जिसमें वे कहते हैं :

हम हुए जा रहे इतिहास
स्मृति बामियान बुद्ध की
एक जलावतन सभ्यता की
हम देख रहे हैं शरणार्थी कैम्पों को
बदलते एक संग्रहालय में।

एक पूरी सभ्यता, एक पूरी संस्कृति जिस तरह से जलावतन के बाद बरबाद हुई है, उसके दर्द का गहरा अहसास इस कविता में है और यह दर्द बार-बार अलग-अलग कविताओं में उभरता है। फिर भी, इसमें इकहरापन नहीं है।

एक और खास बात यह है कि कवि यहाँ (जम्मू) आने पर केवल कश्मीर को ही याद नहीं करता है, बल्कि यहाँ से पूरे भारत को भी देखता है : टनल के बाहर के भारत को, कन्याकुमारी तक के भारत को।

इस संग्रह में सन् 2005-2007 के बीच की कुछ कविताएँ भी शामिल हैं, जिनमें कुछ बहुत अच्छी प्रेम-कविताएँ हैं। एक कविता है : 'छत का चाँद'।

मैं जब तुम्हें कर रहा था याद
तो छत पर आँखें नाप रही थीं।
पीले चाँद तक की दूरी
क्या उसी रात तुमने
आँगन के पेड़ पर
चाँद को उतरते देखा था?

ऐसी और भी कविताएँ हैं। गौरतलब है कि अग्निशेखर के पास जलावतनी का दर्द ही नहीं, बदलाव का स्वप्न भी है। अपने समय के जटिल और बहुआयामी सच से कवि बार-बार टकराता है। एक उल्लेखनीय कविता 'दहशत' का एक अंश देखें :

हम देखे जा रहे हैं
हमें कोई देख रहा है
हम जानते हैं कि
हमें कौन देख रहा है

हमें नहीं पता लेकिन
कि हम देखे जा रहे हैं
हमें नहीं पता
कि हमें कोई देख रहा है
हमें नहीं पता
कि हमें कौन देख रहा है

हम जानते हैं
कि आप हमसे क्या पूछ रहे हैं
हम जानते हैं
कि आप हमसे क्यों पूछ रहे हैं

हम आपको कैसे बताएँ

कि हम कुछ नहीं जानते
हमने किसी को नहीं देखा
हमने कुछ नहीं देखा

देखो, हम सब
आपकी तरफ देख रहे हैं
और
हमें कोई देख रहा है।

यह दहशत अपनी अमूर्तता के कारण बहुत ही भयावह हो गई है। यह लगभग वैसी ही अमूर्तता है, जो आम तौर से काफ्का के उपन्यासों में पाई जाती है। अग्निशेखर उस दहशत को बहुत ही सरल-सहज भाषा में व्यक्त करने में सफल हुए हैं। कहीं कोई आडम्बर या शब्दजाल नहीं। यह सहजता ही आम आदमी पर सीधा असर करती है। सारे अलंकारों को, साज-सज्जा को छोड़कर जो खुला सच है, वह अपनी पूरी रोशनी के साथ, चमक के साथ भाषा में व्यक्त हुआ है। इसीलिए बहुत ताकत है इस कविता में।

एक तरफ यह संग्रह, जैसाकि ऊपर कहा गया, हमारे समय के एक भयावह यथार्थ को सामने लाता है, तो दूसरी तरफ यह एक प्रतिमान की तरह हमारे सामने आता है कि किस तरह से सीधी और सरल भाषा में हमारे समय के सच को इतनी संवेदना और गहराई के साथ व्यक्त किया जा सकता है। इस तरह अग्निशेखर ने इस नये संग्रह के साथ बहुत ही समर्थ और सशक्त कवि के रूप में अपना स्थान बना लिया है।

अपने जैसा जीवन : सविता सिंह

मुकेश कुमार : 'अपने जैसा जीवन' सविता सिंह का पहला कविता संग्रह है। सविता सिंह की कविताएँ विविधताएँ लिये हुए हैं और ये अनुभूतियों का एक नया संसार भी रचती हैं। उनकी कविताओं में स्त्रियों की बहुतायत है, मगर वह नारीवादी चौखटे से बाहर निकलकर बातें भी करती हैं। इसी कविता संग्रह की एक कविता 'मैं किसकी औरत हूँ' के कुछ अंश :

'मैं किसकी औरत हूँ
कौन है मेरा परमेश्वर
किसके पाँव दबाती हूँ
किसका दिया खाती हूँ
किसकी मार सहती हूँ'
ऐसे ही थे सवाल उसके
बैठी थी जो मेरे सामने वाली सीट पर रेलगाड़ी में
मेरे साथ सफर करती
उम्र होगी कोई सत्तर-पचहत्तर साल
आँखें धँस गई थीं उसकी
मांस शरीर से झूल रहा था
चेहरे पर थे दुख के पठार
थीं अनेक फटकारों की खाइयाँ
सोचकर बहुत मैंने कहा उससे—
मैं किसी की औरत नहीं हूँ
'मैं अपनी औरत हूँ
अपना खाती हूँ
जब जी चाहता है तब खाती हूँ

मैं किसी की मार नहीं सहती
और मेरा परमेश्वर कोई नहीं।'

नामवर जी, सबसे पहले तो यह बताइए कि 'अपने जैसा जीवन' किनको सम्बोधित है? किनके जैसा जीवन सविता सिंह बतलाना चाहती हैं? उनका ऑडियंस क्या है?

नामवर सिंह : हर तरह की औरत की तरह सहना—वह औरत चाहे नितान्त आधुनिक हो, विदेशों की हो या एकदम अपढ़ गँवार देहाती औरत हो। स्त्री मात्र से यहाँ संकेत है—स्त्री मात्र की ओर। आजकल स्त्री-विमर्श की बड़ी चर्चा है और अभी तो साहित्य अकादमी में सेमिनार चल रहा है, राष्ट्रीय संगोष्ठी है। बावजूद इसके महत्त्वपूर्ण चीज है वह अनुभव और यह कविता संग्रह स्त्री के नितान्त निजी अनुभवों पर आधारित है।

मुकेश कुमार : क्या इसे नारीवादी कविता संग्रह कहा जाए या उसके बाहर जाती हैं ये कविताएँ?

नामवर सिंह : नारीवाद एक 'वाद' हो गया है और इस वाद को लेकर विवाद भी बहुत है। उस दृष्टि से यह नारीवादी नहीं है। वैसे इन कार्यक्रमों में अनुभव के अतिरिक्त एक बौद्धिक तैयारी भी मिलेगी और विचारों का बौद्धिक आयाम भी हर कविता में दिखाई पड़ता है। किन्तु उस रूप में यह नारीवादी नहीं है और लेखिका मानती भी नहीं है।

मुकेश कुमार : क्या स्त्रीवादी कहा जा सकता है?

नामवर सिंह : स्त्रीवादी कह सकते हैं आप। यद्यपि नारीवाद और स्त्रीवाद, दोनों शब्दों में केवल 'नारी' और 'स्त्री' का ही अन्तर है। लेकिन वाद न लगाएँ तो अच्छा है। जैसा मैंने कहा कि यह कविता अनुभवों की है जिसमें प्रेम के दौरान, प्रेम के टूटने के दौरान, वैवाहिक और विवाहेतर जीवन के अनुभव, स्त्री की सुबह-शाम, उसका अकेलापन—इन सारे अनुभवों को अलग-अलग करके गहराई में उतरकर अंकित करने की कोशिश की गई है। इस दृष्टि से मुझे यह संग्रह स्त्री-सम्बन्धी लिखी हुई कविताओं से थोड़ा भिन्न और विशिष्ट दिखाई पड़ता है—जिसको भोगा हुआ यथार्थ कहा जाता है।

मुकेश कुमार : नामवर जी, ऐसा लगता है कि शुरू के पाँच-छह-सात कविताएँ हैं, उनमें डोर ज्यादा गढ़ी हुई है। उनमें ज्यादा बौद्धिकता है और ज्यादा कह पाती हैं उन कविताओं के माध्यम से। बाद की कविताओं में एक तरह का दोहराव दिखता है।

नामवर सिंह : आपका यह कथन अंशत: सही है। उदाहरण के लिए पहली ही कविता, जो मुझे बहुत अच्छी लगी : 'पत्ते झड़ रहे हैं' और उनके साथ जैसे अपना भी कुछ झड़ रहा है। बड़ी गठी हुई कविता है। ये एक-एक करके प्रकृति के माध्यम से कहीं पत्ते झड़ते हैं। कहीं बर्फ है, कहीं रात होती है और रात के सन्नाटे का वर्णन है तो उस माहौल में अपनी आत्मानुभूति जिन कविताओं में व्यक्त हुई है, वह गठी हुई है, सधी हुई है। जहाँ यह बात नहीं हुई है, वहाँ दोहराव भी हुआ है।

मुकेश कुमार : नामवर जी, इसी तरह की कविता के कुछ अंश देख लेते हैं :

दूर तक सदियों से चली आ रही परम्परा से
वह ऊँचे ललाट वाली विदुषी नहीं
जो पैदा करे स्पर्धा
वह रही सभ्यता के तल में दबी
मधुमक्खियों सरीखी बुनती छल्ला
समझती उनकी संगठन-कला को प्रतीक्षारत में रही
अगली बार बनने वाले नगरों में
काम आएगी यकीनन उसकी यह कला
शब्दों के षड्यंत्र तब होंगे उसकी विजय के लिए
बनेंगे नये नगर फिर दूसरे
युद्ध और शान्ति पर नये सिरे से लिये जाएँगे फैसले।

नामवर जी, ये अंश 'परम्परा' नामक कविता के थे। आप चर्चा कर रहे थे कि अहसास—इसमें से भी जुड़ी हुई कविताएँ हैं?

नामवर सिंह : कवयित्री सविता को यह अहसास हो रहा है कि जिस स्त्री के बारे में वह बात कर रही है, उसकी एक लम्बी परम्परा है। परम्परावादी देश में उस स्त्री की क्या स्थिति है और इस परम्परावादी कविता के अन्त में जो व्यक्त होता है—इसके बारे में मैं कुछ कहना चाहता हूँ, जैसे 'मैं किसकी औरत हूँ' में एक पंक्ति आती है, वह उसके साथ तादात्म्य अनुभव करती है कि मान लो, मैं भी ऐसी ही हूँ और उसमें एक पंक्ति 'अपने-आप में लथपथ/अपने होने के हक से लकदक', तो एक ओर लथपथ है और एक ओर अपने होने के हक से लकदक।

यह जो भाषा का रचाव है, इस दृष्टि से देखें तो हम पाएँगे, एक सधी हुई लेखनी से निकली हुई कविताएँ हैं और जहाँ बाद की कुछ रचनाओं में भी, मसलन एक कविता पर भी मेरी दृष्टि गई थी : 'अमूर्त याद'। याद तो वैसे अमूर्त होती है, लेकिन याद में जो चित्र आते हैं, वे बड़े मोहक हुआ करते हैं। यह भी एक खूबी है इनमें, जो दिखाई नहीं पड़तीं चीजें, जो अदृश्य है और यादों के गर्त में डूबा हुआ है,

उस अमूर्तता को भी काव्यात्मक रूप देने की कोशिश की गई, जो बड़ा कठिन काम है। जोखिम भरा काम है। इसलिए उसी स्तर पर ये कविताएँ बौद्धिक भी होती हैं।

मुकेश कुमार : आपको नहीं लगता कि अगर दसेक कविताएँ और कम होतीं इस सकंलन में, तो यह ज्यादा प्रभावित करता?

नामवर सिंह : देखिए, यह चयन का काम तो हम आम तौर से कवि के ऊपर ही छोड़ देते हैं। वे कविताएँ अगर न होतीं तो जो कविताओं में एकरसता दिखाई पड़ रही है, वह थोड़ी कम हो जाती। वरना लगता है कि इनमें आवृत्तियाँ बहुत अधिक हैं। दुख की अनुभूतियाँ और सुख की अनुभूतियाँ लगभग मोटे तौर से सामान्य दिखाई पड़ती हैं। यद्यपि इस संग्रह में दुखान्त ज्यादा है और हर्ष के क्षण कुछ कम ही दिखाई पड़ते हैं, इसलिए अगर विविधता होती तो और ज्यादा अच्छा होता।

धरती से कहूँगा धन्यवाद : एकान्त श्रीवास्तव

मुकेश कुमार : 'धरती से कहूँगा धन्यवाद' सुपरिचित कवि एकान्त श्रीवास्तव का दूसरा कविता संग्रह है। इस कविता संग्रह में उन्होंने एक बार फिर अनुभवों और संवेदनाओं का एक नया संसार तो रचा ही है, भाषा, बिम्बों और प्रतीकों के जरिये कविता को एक नई ऊँचाई देने की भी कोशिश की है। सुप्रसिद्ध समालोचक डॉ. नामवर सिंह से इस कविता संग्रह पर चर्चा शुरू करने से पहले नजर डालते हैं एक कविता के कुछ अंशों पर :

सुनो युद्ध में दम तोड़ते आदमी की कराह
दंगों में मारे जाते बच्चों और स्त्रियों की अन्तिम इच्छाएँ
कमजोर सतह की खोज में पृथ्वी के भीतर टहलते लावे की पदचाप सुनो
सुनो जो सुनाई नहीं दे रहा
बस, एक बार अपनी सारी कार्यवाहियाँ स्थगित करके
सुनो अपनी आत्मा को
जो सदियों से तुमसे कुछ कहना चाहती है
सुनो कि फिर तुम्हें सुनाई नहीं देगी अपने ही बच्चे की चीख
सुन सको तो कहीं जाने से पहले शत्रुओं की बात सुनो।

नामवर जी, हम लोगों ने कई कविता संग्रहों की चर्चा की है, लेकिन एकान्त श्रीवास्तव जी की कविताओं को देखने से पता चलता है, उनकी जो संवेदनाओं का संसार है, वह बहुत विस्तृत और व्यापक है और भावनाओं-अनुभवों का भी संसार काफी समृद्ध है। इसके बारे में कुछ बताइए?

नामवर सिंह : देखिए, पहली बात तो यह है, जैसाकि कहा है मिट्टी को धन्यवाद, तो इससे अनुमान लगाया जा सकता है कि कवि की मिट्टी से जड़ें बँधी हैं और भाषा से इस बात का अन्दाजा लगा सकते हैं कि इन कविताओं

में ठेठ छत्तीसगढ़ी भाषा का प्रयोग है। बहुत-से शब्द-चरित्र, पतझर, धान झाड़ने वाली औरतें भी हैं और दातून बेचने वाले बच्चे भी हैं, जो कविता के विषय बनने के लायक भी नहीं समझे जाते हैं। कुछ घटनाएँ नितान्त निजी हैं। पिता के ऊपर जो शोकगीत लिखा गया है, हालाँकि पिता पर और माँ पर बहुत-से लोगों ने कविताएँ लिखी हैं। लेकिन उन शोकगीतों की तुलना में देखें तो यह शोकगीत निजी न होकर गहरी मानव करुणा, व्यथा और साथ ही एक आत्मविश्वास का सूचक है।

मुकेश कुमार : अगर गहरे अर्थों में देखा जाए तो कवि का पर्यावरण-प्रेम भी साफ-साफ सामने आता है।
नामवर सिंह : ऐसा भी कह सकते हैं।

मुकेश कुमार : जिस तरह से चिड़िया, पेड़-पौधे, पत्थर, नदी—सब सामने आते हैं।
नामवर सिंह : ऐसी चिड़िया जो लापता हो गई है, जिनके नाम का भी पता नहीं है। मुकेश जी, खास बात जो मुझे एकान्त में दिखाई पड़ी, वह यह है कि आज के हिन्दी के कवि बहुत तेजी से मध्यवर्ग के विकास के साथ सम्भ्रान्त बन रहे हैं। एकान्त इस मामले में बड़े सतर्क हैं कि कहीं वे भी इन सम्भ्रान्त कवियों की जमात में शामिल न हो जाएँ। उन्होंने लिखा है :

तुम्हारी क्यारी में मैं उगूँगा
लेकिन तुम्हारी क्यारी के गुलाब की तरह नहीं
उगूँगा तो काली मिट्टी के कपास की तरह'।

बहुत-से कवि आजकल शहरों में आकर क्यारी के गुलाब बन गए हैं।

मुकेश कुमार : बहुत सुन्दर बिम्ब हैं यहाँ।
नामवर सिंह : बिम्ब, एक ओर काली मिट्टी के कपास के साथ ही, उनकी एक और लम्बी कविता है : 'यातना शिविर'। इन छह वर्षों में मुल्क भी बदल गया है, समाज भी बदल गया है और इस बदले हुए समाज में यातना शिविर जैसा बदलता हुआ मालूम हो रहा है। कुछ लोग फासिज्म वगैरह कहते हैं। यहाँ भी कवि सतर्क है : 'इतनी संवेदनशील, इतनी सम्भ्रान्त न हो जाए मेरी आवाज, कि खो दे चीख में बदलने की हिम्मत'। हालत क्या हो गई है कि इतनी पस्ती का आलम है कि लोगों की आवाज भी चीख में नहीं बदलना चाहती है। और इसी कविता में उन्होंने यह भी कहा है, क्योंकि जब दुनिया को बदलने की बहस शान्त हो चुकी है, अब हम नहीं सोचते कि दुनिया को हम बदल देंगे। क्रान्तिकारिता का माहौल बीत गया

है। ऐसे दौर में दुनिया को बदलने की बात करने के लिए वे शब्द चुनते हैं, जैसे : न्याय और समानता।

मुकेश कुमार : कुल मिलाकर यह कह सकते हैं कि उनकी कविताओं में उम्मीद है, जिजीविषा है, जीवन है—बिलकुल उगमुगाता हुआ, बहता हुआ।

नामवर सिंह : इसमें कोई शक नहीं और यह दुर्लभ स्वर और आवाज है आज के दौर की कविताओं में।

खुदाई में हिंसा : बद्रीनारायण

इस कविता संग्रह को देखने से लगता है कि बद्रीनारायण में प्रौढ़ता आई है। यद्यपि उनकी जीवन-दृष्टि में दोष तो बहुत स्पष्ट है। पेशे से समाजविज्ञान संस्थान में दलित प्रकोष्ठ के प्रभारी हैं तो पेशे के अलावा भी उनकी जो दिलचस्पियाँ हैं और जो कविताएँ हैं, उनमें उस दलित समाज की एक आक्रामकता भी है। दब्बूपन नहीं है उसमें, बल्कि एक संघर्ष की वृत्ति है। कविताओं में उन्होंने जो लिखा है, लिखा है; किन्तु उससे पहले समर्पण में ही डंके की चोट पर उन्होंने कह दिया है कि साहित्य में कलापक्ष पर बहुत विचार होता है और मैं भूख के कलापक्ष से अभिभूत होने से बचते हुए उसके राजनीतिक पक्ष पर बातें करना चाहता हूँ। मैं समझता हूँ कि बहुत मुखर रूप में अपनी आस्था की घोषणा करना विकास नहीं है। कविता स्वयं बोलेगी, कवि को यह कहने की जरूरत तो नहीं पड़नी चाहिए। लेकिन उन्होंने समर्पण में घोषणा करते हुए बहुत ही स्पष्ट रूप में बोला है कि 'मैं आख्यान का अर्धभाग उस आदमी को समर्पित करना चाहता हूँ जिसने रचे हैं भूख के खिलाफ महान सिद्धान्त। स्मारक, स्मृति और पूरा आख्यान मैं उन लोगों को समर्पित करना चाहता हूँ, जो इस सिद्धान्त पर चले हैं और भूख के खिलाफ लड़ते हुए मरे हैं।' कविता स्वयं बोलेगी, उसको इस तरह मुखर और घोषित रूप में कहना ठीक नहीं :

बजते हैं नगाड़े
चारों दिशाओं में
एक नगाड़ा बजता है मुनादी के लिए
एक नगाड़ा गोलबन्दी के लिए बजता है
बजाया जाता है शक्तिवानों की
जय पर एक नगाड़ा
सोते को जगाने के लिए
एक नगाड़े में बजती हैं बधाइयाँ
एक नगाड़े में जूझता संकल्प बजता है

नगाड़ों के शोर में दिक् दिशाएँ
गूँजती हैं—हे दिक् पाल
हो सकता है जो नगाड़ा तीरों, तलवारों
और पाओं के बीच बजे
वही नगाड़ा शासकों के
कान के परदे फाड़ दे
वही नगाड़ा सम्भव है नाद और
ब्रह्म के बीच बजे
यह सच है कि एक नगाड़ा आदिमता के
बीच भी बजता है
हिरनी के नृशंस वध के बाद
निकल आए रक्तिम मांस के उत्सव
में बजता है एक नगाड़ा
तो एक नगाड़ा कहीं-न-कहीं उसकी
मृत्यु के शोक में भी बजता है
दमन करते बजता है एक नगाड़ा
तो एक नगाड़ा प्रतिरोध के लिए बजता है
नगाड़े की आवाजों में भेद करना सीख मेरे मन
पृथ्वी के केन्द्र पर आजकल
बज रहे हैं कई नगाड़े
तांडव नृत्य के साथ।

इसमें नगाड़े बहुत बजते हैं, किन्तु नगाड़े के जैसी आवाज होनी चाहिए, जो उद्घोष निकलने चाहिए, वह तो हैं कविता में। जैसे हिरनी के नृशंस वध की बात की गई है। लेकिन इसके बरअक्स दूसरी कविता भी छोटी-सी :

कि नदी में मछली नहीं रहती है
बल्कि मछली की आँखों में नदी रहती है
यह बात हम दो ही जानते थे
एक मैं और दूसरा चिल्का घाट का मछुवारा
इस सत्य को लोगों तक फैलाने के शक में
मछुवारा तो पुलिस की गोलियों से मारा गया
और मेरे भीतर कई बार हुई
हत्यारों की घुसपैठ
इस बात की हत्या के लिए

पर मेरे भीतर बची है यह बात
और बची रहेगी।

एक कविता है इनकी : 'दलित बस्ती में रग्घू मेहतर' :

ज्यादा पैसा लेकर भी
कोई उसे किराए का मकान देने को
तैयार नहीं था
हालाँकि छतों पर लगे झंडों पर
फहरा रहे थे
महात्मा फुले के सन्देश
शाहू जी के कैलेंडर दीवारों पर टँगे थे
आँगन में बैठे गणेश जी मुस्कुरा रहे थे
धीरे-धीरे
भगवान बुद्ध शायद कहीं चतुर्वास पर गए हुए थे।

कुल मिलाकर जो राष्ट्रवादी कविताएँ लिखी जाती थीं, तो उनमें आजादी के बड़े-बड़े नेताओं के नाम दिखाई पड़ते थे। उसी तरह अब दलितों पर लिखी जा रही इस तरह की कविताओं में दलितों के जीवन के जो यथार्थ चित्रण हैं, वे कम मिलते हैं, उद्घोषणाएँ ज्यादा मिलती हैं। एक छोटी-सी कविता है : 'मेरा डर', जो मेरे मन को छू लेती है :

पहाड़ के पीछे से आई बाघ की हुंकार
मैं काँप गया
डर मत कहा रामदाना बेचने वाले
बूढ़े ने
पहाड़ी के पीछे बाघ-बाघिन कर रहे हैं प्यार।

यह अलग तरह की कविता है। ऐसी कविताएँ, जो मन को छूती हैं। हुंकार प्यार भी हो सकती है, यह दिखाने की कोशिश की है कवि ने।

अस्पताल के बाहर टेलीफोन : पवन करण

पवन करण उन थोड़े-से कवियों में हैं, जिन्होंने शुरुआती दौर में ही अपनी अलग पहचान बना ली। इन्होंने कविता में न केवल अछूते विषयों को उठाया है, बल्कि इनकी भाषा भी अछूती है और जो इनका अन्दाज है, वह सबसे अलग है। यही वे विशेषताएँ हैं जो इन्हें अलग पहचान देती हैं। खास तौर से इनका जो नया संग्रह है : 'अस्पताल के बाहर टेलीफोन', उसको देख सकते हैं। इस नाम के पीछे भी एक विडम्बना छिपी है। सरकार ने अस्पताल के बाहर टेलीफोन तो लगवा दिया, मगर उसका लाभ किसको मिल रहा है? ऊपर से तो यही लगता है, मरीजों और उसके साथ के लोगों को इससे मदद मिलेगी, वे अपने घर-परिवार को जरूरी सन्देश दे सकेंगे। मगर ऐसा तो केवल वही कर सकता है जिसके घर में टेलीफोन हो। उन गाँव-देहात के मरीजों को भला क्या लाभ मिलेगा जिनके घर फोन है ही नहीं?

कविता में एक छोटी-सी कथा है। एक गाँव का आदमी है, जिसका बेटा अस्पताल में इलाज के दौरान मर गया है। वह फोन के पास आकर कहता है कि घर के लोगों को टेलीफोन कर दो, यहीं आ जाएँ। लोग पूछते हैं कि कहाँ टेलीफोन करें, तो वह बार-बार अपने गाँव का नाम बताता है। वह रो रहा है और अपने घर-गाँव का पता बता रहा है, कोई फोन नम्बर नहीं। जाहिर है, अस्पताल के बाहर टेलीफोन काफी नहीं है, गाँव में भी उसका होना जरूरी है। अस्पताल में लगे टेलीफोन से शहर के कुछ लोगों को तो फायदा हो सकता है, लेकिन गाँवों के लोगों को और अन्य ऐसे तमाम लोगों को कोई लाभ नहीं है जिनके पास या आसपास फोन नहीं है। इस कविता के माध्यम से पवन ने विकास के आडम्बर और भेद पर गहरा व्यंग्य किया है और इस व्यंग्य के लिए एक मार्मिक प्रसंग को सामने लाकर पाठकों की संवेदना को झकझोरने का काम किया है।

इससे पहले पवन करण का जो संग्रह आया था : 'स्त्री मेरे भीतर'। उसमें स्त्री-सम्बन्धी कुछ खास कविताएँ हैं। इस नये संग्रह में भी उसी क्रम की कविता है, 'मुझ नातवाँ के बारे में'...। पाँच प्रेम-कविताएँ हैं जो अद्‌भुत हैं। इसमें प्रेमी ने खुद को नातवाँ यानी कमजोर आदमी कहा है और प्रेमिका के मनोभावों को पकड़ने

और व्यक्त करने की कोशिश की है। प्रेम जैसे अति प्राचीन विषय में भी कैसे कुछ नये आयाम जुड़ते हैं, नये दौर की सामाजिक स्थितियों के साथ कैसे बारीकियाँ आती हैं, पेचीदगियाँ आती हैं, इसका सुन्दर उदाहरण है यह कविता। रोमांटिक दौर का प्रेम कुछ और था, प्रगतिशील दौर में कुछ दूसरे ही ढंग की कविताएँ लिखी गईं और अब यह है आज की प्रेम-कविता। इसकी भाषा भी गौर फरमाने लायक है।

संग्रह में एक कविता है : 'चाँद के बारे में'। इसकी पंक्तियाँ देखिए :

इस चाँद के बारे में
तुम कुछ भी नहीं जानते
एक नंबर का धोखेबाज है
एकदम बिगड़ा नवाब
इसकी संगत ठीक नहीं
यह तुम्हें कहीं का नहीं छोड़ेगा
कहीं फँसा देगा ले जाकर
इसका तो काम ही है
गुंडागर्दी करना।

चाँद पर लिखी गई तमाम कविताओं के समक्ष इस कविता को रखकर देखिए, तो इसमें जो खिलंदड़ापन है, वह अद्भुत है। एक जो बेतकल्लुफी है, जो अन्दाज है और जो बातचीत का लहजा है, वह पवन करण की खास विशेषता है।

एक कविता है : 'पिता की आँखें'। मन को छू लेनेवाली आँखें हैं। इस तरह, सामाजिक सम्बन्धों से लेकर पारिवारिक सम्बन्धों और व्यक्तिगत रिश्तों में जो बदलाव आ रहे हैं, उन परिवर्तनों, बदलावों के बारे में कई कविताएँ इस संकलन में हैं। ऐसी ही एक और उल्लेखनीय कविता है : 'हमारे यहाँ स्कूटर का आना'। किस तरह एक स्कूटर किसी आदमी के घर आता है और वह घर-परिवार के आपसी सम्बन्धों को बदल देता है! दरअसल कवि ने स्कूटर के बहाने मध्यवर्ग के जीवन की विडम्बनाओं को दिखाना चाहा है। कर्ज लेकर स्कूटर खरीदने वाला आदमी कैसे मुसीबत में फँसता है, इसके माध्यम से निम्न मध्य वर्ग की समस्याओं की ओर भी इशारा किया है। स्कूटर भी कविता का विषय बन सकता है, एक जमाने में कोई सोच भी नहीं सकता था। लोगों को लगता रहा है कि कविता हिमालय, समुद्र, चाँद जैसे बड़े और उदात्त विषयों पर ही लिखी जा सकती है, लेकिन यह कवि न सिर्फ नये विषयों पर लिखता है, बल्कि पुराने विषयों को भी लेता है, तो इस नये दौर में उसकी स्थिति को दर्शाता है।

निश्चित रूप से इस समय कवियों की जो उभरती हुई पीढ़ी है, उसमें पवन करण का एक विशिष्ट और महत्त्वपूर्ण स्थान है।

कहना नहीं आता : पवन करण

इससे पहले उनके संग्रह 'स्त्री मेरे भीतर' ने ध्यान आकृष्ट किया था। जहाँ एक ओर 'स्त्री मेरे भीतर' में स्त्री पर ध्यान था, इस नये संग्रह में मैंने देखा कि आम तौर पर आरक्षण पर अनेक कविताएँ हैं। इसके अलावा उनके कहने का अन्दाज तो है ही।

मैं उनकी गिनती बहुत साहसिक कवियों में करता हूँ। वे जोखिम उठाना जानते हैं। उसमें 'मोबाइल पर फोन-वार्ता' है, जो एक लम्बी कविता है। और संग्रह के शुरू में ही जो कविता है : 'इसे चाव से पढ़ें', तो चाव से किस चीज को पढ़ें? ट्रेन में आप यात्रा करें या कई और सार्वजनिक जगहों पर जाएँ, तो आम तौर से गुसलखाने में, टॉयलेट में लोग गन्दी-गन्दी चीजें लिख आते हैं। अब कभी कोई सोच नहीं सकता है कि उस पर भी कविता लिखी जा सकती है, लेकिन पवन करण हैं जिन्होंने इसे भी कविता का विषय बनाया है। इस संकलन की पहली ही कविता है : 'इसे चाव से पढ़ें' :

एक आदमी पढ़कर चला आता है
दूसरा जाता है
आता है
तीसरा जाता है
आता है।

अन्य कविताएँ अलग-अलग विषयों पर हैं लेकिन इसके अतिरिक्त एक लम्बी कविता है : 'मोबाइल : पाँच प्रेम-कविताएँ'। इसी के साथ एक दूसरी कविता है : 'आरक्षण गली अति साँकरी'। अब हमारे यहाँ तो कविता में है : 'प्रेम गली अति साँकरी, जामे दुइ न समाय'। अब आरक्षण पर टिप्पणी करते हुए कविता का जो अन्त होता है कि 'उसके भीतर से बहकर/ बाहर निकलती नफरत में से/ कई दफे उड़ते-उड़ते बचता हूँ/ अब भी बचता हूँ/ बचते हुए जरा/ कबीस के कहे को इस तरह कहना नहीं भूलता/ कि आरक्षण गली अति साँकरी /जामे प्रेम फँस जाए'। 'जामे दो न समाय' की जगह इन्होंने कहा : 'जामे प्रेम फँस जाए'।

उनकी एक छोटी-सी कविता पहले हम देख लें :

भागती हुई पीठें
अपना पीछा करनेवालों के
चेहरे देख रही हैं

उन्हें छेदकर रख देने वाले
अन्तर का कम होना
तेजी से कर रही हैं वे महसूस
अपना पीछा करनेवालों के आगे
वे कतई भागना नहीं चाहतीं
इस वजह से बहुत बदनाम
हो लीं वे अब तक

भागता कोई और है
और बदनाम वे होती हैं।

'भागता कोई और है और बदनाम वे होती हैं' एक मुहावरा है जिसका इस्तेमाल इस कविता में किया गया है। एक ऐसी ही और लम्बी कविता है : 'उस फोटोग्राफर का नाम पता करो' :

जो भूख से मर रही थी लड़की
बस वो मरने वाली थी
करीब बैठा गिद्ध
उसके मरने के इन्तज़ार में
उस पर अपनी नजरें गड़ाए हुए था।

तो मार्मिक प्रसंगों को लेकर कविता का विषय बनाना पवन करण की विशिष्टता है।

'अपने दोस्तों के बीच ईश्वर' शीर्षक से पाँच खंडों में उन्होंने कविताएँ लिखी हैं। इसमें नये ढंग से एप्रोच किया है। एक अंग्रेजी शीर्षक से कविता लिखी है : 'वाकिंग द ब्लैंक'। यह मुहावरा है। एक छोटी-सी इनकी कविता है, इस पर ध्यान दीजिएगा :

कहना
तुम्हें कहना नहीं आता
कहने क्यों चले आए

पहले कहना सीखो
फिर अपनी बात कहना
जिनके पास कहने को है
जो कहना चाहते हैं
जिन्हें कहना नहीं आता
मैं उनमें से एक हूँ।

तो छोटी-छोटी कविताएँ जो उन्होंने लिखी हैं, वे उनमें आज का जो यथार्थ है, सामाजिक समस्याएँ हैं, राजनीतिक समस्याएँ हैं, उनको लेकर मुठभेड़ करती हैं और कवि साहस के साथ उनके बारे में लिखता है। अपनी अतीत की परम्पराओं का भी अहसास इस कवि को है। एक कविता इसमें है : 'सूर्या सावित्री', जो ऋग्वेद की कथा पर है। तो 'सूर्या सावित्री' को लेकर इस पर लिखना अपने-आपमें एक विशिष्ट बात है। और उस पर जो टिप्पणी लिखते हैं कि 'विवाह-सूत्र ऋग्वेद के दसवें मंडल की सूत्र संख्या सैंतालीस मंत्र है। उन मंत्रों की रचना सूर्या सावित्री नाम की एक किशोरी ने अपनी शादी के लिए की।' कहाँ किसी कवि का ध्यान ऐसी वस्तु पर जाता है। आज की विसंगतियों पर टिप्पणी करने के लिए ऋग्वेद तक की दौड़ करना और वहाँ से शोध करके प्रसंगों को लाकर इस तरह उनका प्रयोग करना कवि की विशिष्टता है।

पवन करण निश्चित रूप से प्रौढ़ वय में हैं, चालीस से ऊपर हो गए हैं, लेकिन साहस करके हर बार कुछ नया और उत्तेजक, झकझोरने वाली कविता लिखते हैं, प्रस्तुत करते हैं। तो 'कहना नहीं आता' इधर इस बीच प्रकाशित हुए संग्रहों में मेरी नजर में महत्त्वपूर्ण कविता संग्रह है।

नीम रोशनी में : मदन कश्यप

मुकेश कुमार : 'गूलर के फूल नहीं खिलते' और 'लेकिन उदास है पृथ्वी' के बाद मदन कश्यप का तीसरा कविता संग्रह आया है : 'नीम रोशनी में' के नाम से। इस नये कविता संग्रह में उन्होंने मौजूदा समय में व्याप्त हताशा, क्रूरता और अस्पृश्यता को रेखांकित करने की कोशिश की है। सुप्रसिद्ध समालोचक डॉ. नामवर सिंह के साथ आज हम 'नीम रोशनी में' की ही चर्चा करेंगे, लेकिन पहले देखते हैं इसी शीर्षक की कविता के कुछ अंश :

नीम रोशनी में कुछ भी नहीं किया जा सकता
बातें कहीं और सुनी तो जा सकती हैं
बतियाया नहीं जा सकता
कविता लिखी नहीं जा सकती
प्यार तो हरगिज नहीं किया जा सकता
नीम रोशनी में अपने समय को भी नहीं देखा जा सकता
फिर इतिहास को देखने की तो बात ही बेमानी है
घुप्प अँधेरा हो और कुछ भी न दिखे आँखों को
तो हाथ खोज लेते हैं दिशा, पाँव ढूँढ़ लेते हैं रास्ता
कितनी खतरनाक है ये नीम रोशनी
सब कुछ दिखता है पर कुछ भी साफ-साफ नहीं दिखता।

नामवर जी, मदन कश्यप का यह तीसरा कविता संग्रह है। सबसे पहले तो हमें यह बताइए कि यह 'नीम रोशनी में', मतलब 'आधी रोशनी में' कश्यप जी क्या देखना चाहते हैं और क्या देख पा रहे हैं?

नामवर सिंह : नीम रोशनी, एक तरह से यह आज के विश्व में संक्रमण की शताब्दी या सहस्राब्दी की स्थिति की ओर भी इशारा करती है, जहाँ कुछ अँधेरा, कुछ उजाला, झुटपुटा। अब यह झुटपुटा शाम है कि सुबह का है, कवि ने नहीं

कहा है। लेकिन यह अजीब झुटपुटा है जिसमें सब कुछ दिखाई पड़ता है लेकिन साफ-साफ कुछ भी नहीं दिखाई पड़ता। जिसमें बातचीत की जा सकती है लेकिन बतियाया नहीं जा सकता। जिसमें प्यार नहीं किया जा सकता। जिसमें कविता नहीं लिखी जा सकती।

मुकेश कुमार : बहुत निर्मम समय है।
नामवर सिंह : हाँ, निर्मम समय है। इस निर्मय समय की ओर इशारा करते हुए कवि ने अपनी एक लम्बी काव्य-यात्रा सम्पन्न की है। इसके चार खंड हैं। एक दौर में जहाँ से उसने कविता शुरू की थी, वहाँ लोकजीवन की निश्छलता है, जिसमें 'माँ' नाम की कविता प्रमुख है। इसके बाद दूसरा दौर आता है जहाँ कवि जीवन के यथार्थ से टकराता है, उदासी से उसकी मुठभेड़ होती है। यहाँ हताशा ज्यादा दिखाई पड़ती है और तीसरा दौर वह है, जब इस हताशा का गहरा सम्बन्ध नये दौर की यानी उत्तर-पूँजीवादी व्यवस्था की अमानवीय और क्रूरता से है। उस क्रूरता का यथार्थ चित्रण है। और अन्तिम खंड की कविताओं में कालयात्री जैसी मशहूर कविता है। तो एक लम्बा सफर मदन कश्यप ने तय किया है और इसीलिए इसमें कई रंग मिलेंगे।

मुकेश कुमार : यह बताइए कि शिल्प के लिहाज से, कथन के लिहाज से, कहने के अन्दाज के लिहाज से कैसी यह कविता है?
नामवर सिंह : पहली बात तो यह है कि लोकजीवन से ही नहीं, लोक-आन्दोलनों से, उनके सांस्कृतिक आन्दोलनों से सम्बद्ध रहने के कारण लोक बोलियों से इन्होंने बहुत कुछ लिया है—जैसाकि बिहार के दूसरे कवि भी करते हैं—उससे सम्बद्ध रहने के कारण, लोकजीवन की झलक उनकी लोक-बोलियों की शब्दावली से मिलती है। उनके बिम्ब और प्रतीक भी ऐसे ही मिलते हैं। जैसे याद के बारे में एक जगह उन्होंने कहा है : 'अषाढ़ की बारिश में उपजे जो मोथे हैं/ उनकी जड़ों जैसी तुम्हारी याद है'। ये अछूते कुछ बिम्ब हैं, कुछ प्रतीक हैं। इनसे ताजगी मिलती है।

मुकेश कुमार : नामवर जी, इसमें एक लम्बी कविता है : 'कालयात्री'। उसकी चर्चा करने से पहले उसके कुछ अंश सुन लेते हैं :

वे इतिहास का अन्त कर रहे थे
और मुझे अब भी बहुत कुछ करना है इतिहास में
सूरज के ढलने के पहले
काठ के घोड़े को वापस रख देना था किले के बाहर

ढूँढ़ने थे डेरियस की विजय-यात्राओं के पथ
सिकन्दर को नहीं करने देना था झेलम पार
वेलाक्रूज की छाती से मिटाना था हत्यारों के कदमों के निशान
अरब सागर में ही डुबो देना था क्लाइव लायड का जहाज।

'कालयात्री' के बारे में क्या कहेंगे? इसमें कवि सभ्यताओं के बीच से यात्रा करते हुए जहाज तक पहुँचता है।

नामवर सिंह : जैसाकि इस कविता में खुद कहा गया है कि पश्चिमी बौद्धिकों द्वारा आज के जमाने में, जबकि इतिहास का अन्त घोषित किया गया है, ऐसे दौर में भी हमारे जैसे देश के लोग, जिनका इतिहास 5-6 हजार सालों से भी ज्यादा पुराना है—ये लोग इतिहास से बचकर निकल नहीं सकते हैं, इसलिए उस इतिहास-चेतना को पुनर्जीवित करने का प्रयास है। मोहेनजोदड़ो-हड़प्पा से लेकर एक कालयात्री काल में यात्रा कर रहा है, लेकिन उन सभ्यताओं का वह केवल मोहक वर्णन ही नहीं करता है, बल्कि उन सभ्यताओं की कुछ छवियाँ, कुछ चित्र देते हुए अन्ततः उसमें इतिहास पर प्यार की और मनुष्य के मानवीय प्रेम की विजय दिखाई दे रही है। कवि की यह अन्तिम कविता इसलिए भी घोषणापत्र कही जा सकती है कि आज के दौर में जहाँ लोग या तो आत्मसंशयवादी हो जाते हैं या आत्ममुग्ध होते हैं, वहाँ आशा की थोड़ी-सी झलक भी कोई आदमी देख सकता हो, या दिखा सकता हो तो हमारे लिए नियामत है।

न लौटे फिर कोई इस तरह : मोहन कुमार डहेरिया

आज के जमाने में प्रेम की कविताएँ कम-कम लिखी जा रही हैं। इस हिंसा के समय में प्रेम पर कविताएँ लिखना भी प्रतिरोध की तरह है। वर्तमान समय में कवि जीवन के दूसरे सरोकार से जूझ रहे हैं। मोहन कुमार डहेरिया ने अलग तरह से प्रेम पर कविताएँ लिखी हैं। हिन्दी जगत में प्रेम पर कई कविताएँ लिखी गई हैं। छायावादियों ने प्रेम पर खूब कविताएँ लिखी हैं। कविताओं में प्रेम की रोमांटिक धारणा बनी हुई है। मोहन कुमार डहेरिया की प्रेम-कविता उस धारणा को तोड़कर यथार्थ की जमीन पर प्रेम को देखने की कोशिश है। इस बदलते समय में मानवीय-सम्बन्धों में जो बदलाव आ रहा है, प्रेम के माध्यम से मानवीय-सामाजिक सम्बन्धों में बदलाव को पकड़ने की कोशिश की है मोहन कुमार डहेरिया ने। एक कविता में उन्होंने कहा है :

हम प्रेम करेंगे
जैसे चित्रकार करता है
अपने किसी महत्त्वाकांक्षी चित्र से प्रेम
कवि हर यातना कभी दु:स्वप्न की आँख से
और कभी संशय की झाड़ियों के पीछे से...।

मोहन कुमार डहेरिया की कविता में प्रेम के साथ अनेक प्रकार के भाव जुड़े हुए हैं। संस्कृत में जिसे कहा जाता है भाव-सबलता। मिश्रित रूप में अनेक धारणाएँ बनी हुई हैं। इसलिए 'न लौटे फिर कोई इस तरह' को सारी की सारी प्रेम-कविताओं का संग्रह नहीं कहा जा सकता है। इनकी कविताओं में विविधता है। एकरसता नहीं, अलग-अलग रचनाएँ हैं। उनकी एक कविता देखते हैं :

जिस तरह लौटे दोनों एक-दूसरे
के जीवन में
न हो प्रेम करनेवालों की

एक दूसरे की दुनिया में इस
तरह वापसी
अब कभी मिलते हैं दोनों किसी
साझे मित्र के यहाँ याद करते
किस तरह मिलते थे घर के
पिछवाड़े लगे बेर के पेड़ के नीचे
भरी दोपहरी में
उत्तेजना के एक ही धागे में पिरोये
होते थे उनके शरीर
एक ही कुंजी से खुलते दोनों के
मन के तहखाने के दरवाजे के ताले
अद्भुत सामंजस्य नहीं था उनके बीच
थमा देते थे यदा-कदा एक दूसरे
को शिकायत के कैक्टस भी
अब लड़का याद करता है गहरे
सैलानी भाव से बीते हुए समय को
लड़की देखती है अतीत को एक
विहंगम दृश्य की तरह
जिस तरह किया उन्होंने पुनः
एक दूसरे को स्वीकार
न खेले इतने बीभत्स तरीके से
प्रेम की परम्परा से फिर कोई
कभी लड़की आमंत्रित करती है
लड़के को अपने घर के एक
पारिवारिक उत्सव में
पेश करती काँच के गिलास में
आँखों का जल
लड़का पीता ठीक कोल्डड्रिंक की तरह
चलते समय लड़का रख देता
लड़की के बच्चे की हथेली पर
अपना झुलसा हुआ हृदय
खुशी से उछल पड़ती लड़की
अरे! आपको कैसे मालूम
इसी कम्पनी की चॉकलेट पसन्द

करता है मेरा बच्चा
विदा होते हैं अन्त में दोनों
जीवन के महासम्मेलन में सफलतापूर्वक
भाग लेकर लौट रहे हों
अपने-अपने देशों की ओर मानो
दो विरोधी देशों के कूटनीतिज्ञ!

इनकी कविताओं में समाज में प्रेम का एक बिलकुल नया रिश्ता उभरकर आया है। हमारे हिन्दी साहित्य में रीतिकाल में पूरी प्रेम की ही कविता है।

छायावाद में भी प्रेम पर कविता लिखी गई है। मोहन कुमार डहेरिया की कविता में बदले हुए जमाने में यथार्थ की ठोस जमीन पर प्रेम का पूरा का पूरा रिश्ता है, जहाँ अलगाव भी होता है; परन्तु फिर मिलते हैं। नई परिस्थितियों में प्रेम का नया यथार्थ उभरकर आया है। इनकी एक कविता है :

जो कुछ भी है तुम्हारे पास
मुझे दे दो।

सबसे पहले दे दो
आँखों के नीचे के स्याह घेरे
घूँसा मारकर तोड़ दिये गए
दाँतों के बीच फँसी जगह दे दो
बाँहों में भरकर पीठ पर ठोकी गई
विश्वासघात की कीलें दे दो
तुम्हारी साँसों से लिपटी
किसी लंपट की घटिया शराब की बदबू
दे दो
और दे दो तुम्हारी विदाई के समय
तुम्हारे साथ गया मुरझाया चेहरे वाला
प्लास्टिक का वह गुड्डा
चुभोये जाते रहे जिसके
शरीर की नस तक।

एक स्त्री की त्रासदी है। प्रेम करनेवाले केवल आनन्द के क्षण ही बिताने वाले नहीं होते हैं।

कवि ने अपने सारे दुःख-दर्द, जीवन के खट्टे-मीठे अनुभवों को साझा किया है। आज की बदली हुई परिस्थितियों में प्रेम का क्या रूप हो सकता है। इस चेतना

के साथ प्रेम-कविताएँ लिखी गई हैं। मुग्ध भाव का कैशोर्य प्रेम नहीं है। प्रौढ़ प्रेम की कविता है। एक कविता में उन्होंने लिखा है :

प्रेम था ही नहीं हमारे बीच
होना चाहिए था जैसे प्रेम को।

फिर कवि पूछता है :

क्या था आखिर वह
परियों द्वारा संचालित ख्वाबों का
कोई सराय
रात भर ठहरने की मिली थी जिसमें
अनुमति
या पौधा था कोई स्वाभिमानी
बैठा नहीं सका हमारी हृदय की जमीन
के साथ जो अपनी जड़ों का तालमेल?

बड़ी परिपक्व और प्रौढ़ समझ के साथ प्रेम की कविताएँ लिखी गई हैं। प्रेम की इस अनुभूति का रूप अद्‌भुत है। कथा, कहानियों, उपन्यासों में सम्पूर्ण रूप से प्रेम आया है, परन्तु कविता के रूप में प्रेम पर लिखा जानेवाला मोहन कुमार डहेरिया का—'न लौटे फिर कोई इस तरह'—यह अनूठा संग्रह है। सच पूछा जाए तो मैंने इसी काव्य संग्रह से मोहन कुमार डहेरिया को जाना है।

कटौती : निलय उपाध्याय

मुकेश कुमार : 'अकेला घर हुसैन का' के बाद 'कटौती' निलय उपाध्याय का कविता संग्रह है। लोकजीवन की गहरी समझ रखने वाले निलय ने अब अपनी सीधी-सादी कविताओं से खास पहचान बनाई है। इसी कविता संग्रह से एक कविता के कुछ अंश :

कुछ कम खाएँगे, कुछ गम खाएँगे
फिर भी अगर बिछती ही जाए जीवन के घाटों पर रेत
चौड़े और चौड़े होते जाएँ जरूरतों के पहाड़
किसी अदृश्य तरबूज में समा जाए पुरखों की नदी
और सँभाल में नहीं आए घर का व्याकरण
तो तुम ही कहो मनमोहन बाबू! हम क्या करें, कहाँ जाएँ?
इस कटाव में किसी तटवर्ती गाँव की तरह भहराकर
किसी नदी के पेट में समा जाएँ
या किसी धारदार चाकू की तरह खुलकर बीच राह में खड़े हो जाएँ
तुम चुप क्यों हो, कुछ बोलो मनमोहन बाबू?

नामवर जी! बताइए कि निलय जी का यह दूसरा कविता संग्रह कैसा है? क्या खासियत है? इसकी मुख्य बातें क्या हैं?

नामवर सिंह : जैसाकि संग्रह का नाम इन्होंने रखा है 'कटौती', इसकी अधिकांश कविताएँ एक ऐसे बाजार-तंत्र में, जो विश्व बाजार का अंग बन गया है, वहाँ के गाँव के लोग और गाँव के लोगों की जिन्दगी इस बाजार-तंत्र से कैसे दो-चार होते हैं—यह बात उन्होंने वक्तव्यों के द्वारा नहीं, बल्कि गाँव के तरह-तरह के चरित्रों के द्वारा कही है। लगभग सभी कविताएँ किसी-न-किसी चरित्र के केन्द्र में हैं और एक कहानी-सी कहती हैं।

तो निलय उपाध्याय जो स्वयं—यह वही इलाका है जो हत्या के लिए, कत्ल के लिए जाना जाता है—भोजपुर और बस्तर इलाके के हैं, उस इलाके की जिन्दगी उभर करके एक दास्तान की तरह, एक छोटे उपन्यास की तरह इस कविता संग्रह में आती है।

मुकेश कुमार : तो यह कहा जाए कि जो मौजूदा व्यवस्था है और उस व्यवस्था में जिस तरह से आम आदमी पिस रहा है, उसके दर्द को उनकी कविताओं में जगह मिली है, आवाज मिली है?

नामवर सिंह : बिलकुल सही। एक नमूना अगर मैं लूँ। एक सर्द ठंडी रात में एक आदमी, अस्पताल के बाहर, सारे चिथड़े और सब कुछ बटोरकर जलाता है—और पहले अपनी मैली-कुचैली चादर। किसी तरह से कठोर ठंड में गर्मी मिले। फिर कोट उतारता है, फिर अपनी बनियान उतार देता है। आखिर में बिना बटन की पैंट भी वह उतारना चाहता है और सुबह पाया गया कि आखिरी कोशिश उसकी यही थी। वह वहाँ पड़ा हुआ था, आग बुझी पड़ी थी। शायद आखिरी कोशिश थी खुद को आग में झोंककर जलाने की।

अब यह पूरा का पूरा दृश्य बयान नहीं किया जा सकता था, उस चरित्र की हरकतों के माध्यम से, उन प्रसंगों के माध्यम से, और आग के बहाने आज के गाँव के उस फटेहाल आदमी की गरीबी का चित्रण है। इसमें एक तीखा व्यंग्य छुपा हुआ है।

मुकेश कुमार : तीखा व्यंग्य भी छुपा हुआ है, तो एक कविता जड़ों की ओर भी बड़ी महत्त्वपूर्ण लग रही है। पहले उसे देख लें :

जड़ों में लौटने के अपने नियम हैं
जड़ होने के अपने
सामने से आती रोशनी की चकाचौंध में
जिन्हें बन्दर दिखाई देते हैं अपने पुरखे
उन्हें कुछ अधिक नजर आता है खतरा जड़ होने का
पुराने पत्ते झाड़कर जब अपनी जड़ों में लौटते हैं
पेड़ पुंगी और तोड़-फोड़ में फूटती है हरियान की सिहरन
जैसे पीछे खींचती है प्रत्यंचा की डोर खिंचेगी
मध्य युग की ओर नहीं लौटेगी ये दुनिया।

इस कविता पर मैं आपकी टिप्पणी जरूर चाहूँगा।

नामवर सिंह : यह टिप्पणी एक तरह से विदग्धता का सहारा है। क्योंकि किसी जमाने में एक अंग्रेजी मुहावरा था : 'Gone to Roots', अर्थात् जड़ों की ओर

लौटना। जड़ों की ओर लौटना तो ठीक है, पर जड़ों में जाकर कोई स्वयं जड़ न हो जाए। इन दोनों चीजों यानी जड़ों की ओर लौटना और स्वयं जड़ हो जाना, ये दोनों चीजें विरोधी हैं। जैसेकि आजकल कई तरह के साम्प्रदायिकतावादी और अन्धविश्वासवादी लोग हैं, जबकि दुनिया काफी आगे बढ़ आई है। तो आज लोग चाहते हैं कि आदिम युग में लौट जाएँ, परन्तु नहीं लौट सकते। उस पर यह विरोधाभास और व्यंग्य है।

मुकेश कुमार : अन्त में जो इसकी मुझे बहुत महत्त्वपूर्ण कविता लगी थी : 'आरे की औरत'। थोड़ी लम्बी कविता है। बहुत ही कसी हुई है।

नामवर सिंह : यह निलय उपाध्याय का एक दूसरा रूप-रंग है, कि हाय-हाय, दुख, गरीबी—उन चीजों के अलावा जो दियारे के नदी के किनारे के गाँव की एक लड़की है, उस लड़की के सभी तेवर, रूप, रंग और साथ ही भंगिमा, तेजी और ताकत—यह आज के जमाने में गाँव में, यह भी व्यक्तित्व मिलता है। सिर्फ हाय-हाय, गरीबी, भुखमरी ही नहीं है, बल्कि वह, जो आत्मा है गाँव की। दरअसल, यह गाँव की लड़की लड़की नहीं है, बल्कि लड़की के माध्यम से आज के युग की, भारत के गाँव की जो चेतना है, आत्मा है, उसका सौन्दर्य, उसकी शक्ति इस कविता में उभरकर आई है।

हम जो नदियों का संगम हैं : बोधिसत्व

मुकेश कुमार : 'हम जो नदियों का संगम हैं'—यह नाम है प्रतिष्ठित कवि बोधिसत्व के दूसरे कविता संग्रह का। बोधिसत्व अपनी कविताओं के माध्यम से मौजूदा दुख-तंत्र में छटपटाते आम आदमी की दशा-दुर्दशा को लगातार उभारते रहे हैं। जाने-माने समालोचक डॉ. नामवर सिंह के साथ आज हम इसी कविता संग्रह पर चर्चा करेंगे। मगर इसके पहले देखते हैं बोधिसत्व की एक कविता के कुछ अंश :

हम जो आहट भर हैं
हम जो सच का आभास हैं
हम जो बेनूर आँखों के ख्वाब हैं
हम जो सिले होंठ की मुस्कुराहट हैं
हम जो पीठ पर बँधे हाथ की छटपटाहट हैं
हमने सचमुच गलत किया
हमें जिन्दगी से औलाद की तरह प्यार नहीं करना था
दरबार के चरण कमलों में अन्तर्ध्यान रहकर मग्न रहना था
अपने दुख-तंत्र को नहीं बजाना था बार-बार।

नामवर जी, बोधिसत्व की कविता की चर्चा हम इस कार्यक्रम में पहले कर चुके हैं। 'अयोध्या में भी रहकर उदास हो गया पागलदास' बहुत चर्चित-पुरस्कृत कविता थी। यह बताएँ कि 'हम जो नदियों का संगम हैं' कविता संग्रह में किस तरह की कविताएँ हैं? जो पिछला कविता संग्रह आया था, उसके सिलसिले में देखने पर है?
नामवर सिंह : नाम बहुत सार्थक है। स्वयं इलाहाबाद तीन नदियों का संगम माना जाता है, जिसमें गंगा-जमुना तो हैं, सरस्वती लुप्त है। एक तरह से यह कविता संग्रह भी तीन प्रवृत्तियों का—लोकजीवन के तट के बिम्ब हैं, दुख-तंत्र के गहरे अहसास और उसके साथ ही इन सबके विरुद्ध एक प्रतिरोध की जबरदस्त क्षमता जो खुलकर नहीं कही जाती—वर्णन है, इसलिए मैं उसे सरस्वती कह सकता हूँ,

क्योंकि आजकल आस्था का डंका पीटना बहुत मध्यवर्ग को स्वीकार नहीं होता। इस बहाने अपने दूसरे कविता संग्रह में एक और कदम आगे बढ़कर कई और कदम आगे बोधिसत्व उभरते हैं।

मुकेश कुमार : आपने आस्थाओं और विचारधाराओं की बात कही, जो इसी कविता संग्रह में कोई नारेबाजी के रूप में उभरकर नहीं आता, यह बात कविता में अपने-आप ढली हुई है।

नामवर सिंह : इसीलिए मैंने कहा, वह सरस्वती लुप्त है, लेकिन पढ़कर अहसास होता है कि कवि की आस्था किन विचारों में है। ये कुल मिलाकर उन कवियों की तरह नहीं हैं जो दुख-तंत्र के विरुद्ध चुप रह जाएँ, बल्कि उसके विरुद्ध प्रतिरोध करते हैं। आवाज ऊँची नहीं है, लेकिन शब्द में शक्ति है, ताकत है।

मुकेश कुमार : यह बताइए कि कविता का गठन कैसा है? बिम्बों के लिहाज से, शैली के लिहाज से, शिल्प के लिहाज से किस तरह की बुनावट है?

नामवर सिंह : अगर बिम्बों की बात करें तो आप देख सकते हैं कि 'बेनूर आँखों का ख्वाब' जैसा बिम्ब या वसंत को 'उखड़े हुए नाखून' की तरह से देखना—ये साफ-साफ बताते हैं कि घिसे-पिटे और पुरानी शैली की कविताओं के बिम्ब यहाँ नहीं हैं, बल्कि तड़के रोज के अनुभव के, लोकजीवन के बिम्ब वे लेते हैं। इससे मालूम होता है कि लोकजीवन, सामान्य जीवन, या रोजमर्रा की जिन्दगी के बिम्बों से यह कविता मूर्त होती है और इसीलिए ऐन्द्रिकता आ ही जाती है। कोई भी कविता उठाकर देख लें, चाहे वह 'गंध' हो, चाहे वह 'दुख-तंत्र' हो, इन दोनों से ही यह बात पता चलेगी।

मुकेश कुमार : आपने 'गंध' की चर्चा की है, तो पहले 'गंध' कविता देख लेते हैं, फिर उस पर चर्चा करते हैं :

कल रात कुछ जलने की गंध आ रही थी
चूल्हा बुझा था देर से
कहीं कुछ भी सुलग नहीं रहा था
घर में सब कुछ सही-सलामत था
हमें राहत हुई
हमारे यहाँ कुछ भी जल नहीं रहा था
राख नहीं हो रहा था हमारे भीतर
पर कुछ जलने की गंध आती रही

जब हमें आ रही थी नींद तब भी
हमारे घर में मौजूद थी कुछ जलने की गंध
पर खुशी थी हमें, हमारे यहाँ आग नहीं लगी थी।

आप 'गंध' के बिम्बों की चर्चा कर रहे थे?

नामवर सिंह : मैं कह रहा था कि जलने में गंध होती है। लोग फूलों की खुशबू और गंध का जिक्र ज्यादा करते हैं, लेकिन जलने की गंध का और कहीं आग नहीं लगी है, इसका जिक्र ज्यादा नहीं है। आखिर में, जैसा कविता में कहते हैं—फिर भी गंध कहीं से आ रही है। ग़ालिब का वह मशहूर शेर है : 'जला है जिस्म जहाँ दिल ही जल गया होगा/ कुरेदते हो जो अब राख जुस्तजू क्या है'। वह जुस्तजू जो गंध की तरह आती है, यह अहसास है एक घर का।

मुकेश कुमार : बोधिसत्व की कविताओं के बारे में एक टिप्पणी अरुण कमल की है, जिसमें उन्होंने लिखा है : 'इनमें गहरे राजनीतिक आशय और नैतिक संकल्प देखे जा सकते हैं।' जरा-सा इसका खुलासा करें?

नामवर सिंह : राजनीतिक आशय की दृष्टि से देखें तो उदाहरण के लिए 'पागलदास' कविता को लिया जा सकता है। वह कविता बाबरी मस्जिद के गिराए जाने पर लिखी गई है। लेकिन उस पर लिखी गई दूसरी कविताओं से इस मामले में अलग है कि पागलदास उदास रहते हैं। लेकिन एक दूसरे 'पागलदास' हैं, जो न्याय चाहते हैं, क्योंकि उन्हीं के अन्दर जिनकी हत्या होती है, उन्हें वे बचा नहीं सके। वे इसलिए उदास रहते हैं कि उस अयोध्या की मर्यादा बची रहे। इसके लिए बड़े सलीके से और चुपके से दबी आवाज में उन्होंने उसकी त्रासदी का वर्णन किया है। कहीं वह उत्तेजना, वह क्रोध नहीं है। यह राजनीतिक आशय है।

मेरा खयाल है कि शायद भूमिका में इस तथ्य की ओर इशारा होगा और जहाँ तक नैतिक है, इसी कविता से देखें, कि इसमें राजनीति नहीं आने पाई है। न्याय के लिए, अपने उस शहर की मर्यादा के लिए और ये शब्द जो हैं, उनके नैतिक आशयों की मनुष्य होने की मनुष्यता जो है—नैतिक तो कोई राजनीति नहीं होती। इसीलिए ये नैतिक रूप से बराबर बल देते हैं।

खत्म नहीं होती बात : बोधिसत्व

'खत्म नहीं होती बात' युवा कवि बोधिसत्व का चौथा कविता संग्रह है। सबसे अच्छी बात यह है कि उनमें निरन्तर विकास दिखाई दे रहा है, वह भी विपरीत परिस्थितियों में। सच पूछिए तो बोधिसत्व जब से इलाहाबाद से निकले और मुम्बई जा बसे, साहित्य की दुनिया से इनका रिश्ता लगभग टूट ही गया था। लेकिन वहाँ के माहौल में भी उन्होंने अपने अन्दर की रचनात्मकता को बनाये रखा। वे जिस छोटे-से गाँव के वातावरण से आए हैं, वहाँ की जिन्दगी को कभी नहीं भूले। इसीलिए उनके लेखन में अपनी धरती, अपनी जमीन पर बहुत जोर है। इस संग्रह में एक कविता है : 'छोटा आदमी'। याद कीजिए कि एक जमाने में इलाहाबाद में 'लघुमानव' पर बहुत बड़ी बहस हुई थी। परन्तु वह 'लघुमानव' कुछ ऐसा था कि लघुमानव कहते ही, वह बड़ा और शक्तिशाली मालूम होता था। उसके विपरीत बोधिसत्व जब 'छोटा आदमी' कहते हैं, तो वह सचमुच का छोटा आदमी होता है जिसके छोटे-छोटे दुख, छोटे-छोटे सुख और छोटी-छोटी अनुभूतियाँ होती हैं :

पाव भर दूध बिगड़ने पर
कई दिन फटा रहता है मन।

कमीज पर नन्ही खरोंच
देह के घाव से ज्यादा
देती है दुख।

एक खराब मूली
बिगाड़ देती है खाने का स्वाद

एक चिट्ठी का जवाब नहीं

देने को
याद रखता हूँ उम्र भर

छोटा आदमी
और कर ही क्या सकता है
सिवाय छोटी-छोटी बातों को
याद रखने के।

जैसाकि ऊपर कहा है, बोधिसत्व का गहरा रिश्ता इलाहाबाद से है। वे पूर्वी उत्तर प्रदेश के एक गाँव से आते हैं, लेकिन पढ़ाई-लिखाई इलाहाबाद में हुई। काव्य-संस्कार भी उन्हें इलाहाबाद में ही मिला। शुरुआती दो संग्रह भी वहीं रहते हुए छपे। तो उस शहर से, वहाँ की सांस्कृतिक विरासत से उनका गहरा लगाव है, जो अब भी दिखता है। हिन्दी के पूर्ववर्ती कवियों से उनके जुड़ाव को भी देख सकते हैं। इस संग्रह में एक कविता है : 'इलाहाबाद में निराला'। दो कविताएँ त्रिलोचन के बारे में हैं—2002 में सागर से हटाए जाने और अन्तिम दिनों में हरिद्वार चले जाने के दो अलग-अलग प्रसंगों पर। ये तीनों ही मन को छूनेवाली कविताएँ हैं। उनके पहले संग्रह में नागार्जुन को लेकर एक कविता थी : 'घुमंता-फिरंता'।

इस तरह, जिन कवियों के साथ वे लगाव महसूस करते हैं, अपनी कविता को उनसे जोड़ना चाहते हैं।

संग्रह का नाम 'खत्म नहीं होती बात' जिस आखिरी कविता पर रखा गया है, उसमें बात को कहने का उनका जो अन्दाज है, वह काबिलेगौर है। उसी तरह की एक और कविता है : 'अँधेरा चाहिए'।

मुझे थोड़ा सा
अँधेरा चाहिए,
उतना अँधेरा जितना
कोख में था—
मेरी माँ की कोख में
जिसमें रहा मैं
आठ महीने बाइस दिन।

उतना अँधेरा चाहिए मुझे
इतने से कम में काम
नहीं चलेगा मेरा।

उतना अँधेरा चाहिए
जितना सीढ़ियों के नीचे
छुपम-छुपाई के लिए काफी होता है।

उतना अँधेरा चाहिए मुझे
जितना सुहागरात में
बैठी दुलहन के घूँघट में
होता है...।

मुझे थोड़ा अँधेरा चाहिए
उतना जितने में,
रात होती रहे, दीये जलें
तारे टिमटिमाएँ
चाँद उगे, जुगनू उड़े...
सूरज उगे तो...पता चले कि
अँधेरा था अभी तक...

मुझे सचमुच
अँधेरा चाहिए
जहाँ मैं छुपकर मिल सकूँ
चूम सकूँ...
खेल सकूँ...
मनचाहा खेल...।

मुझे अँधेरा चाहिए ही चाहिए,
क्योंकि मैं जान गया हूँ
इसके बिना नहीं चलेगा
मेरा काम...।

अँधेरे के पक्ष को रेखांकित करती हुई यह कविता वंचित जनों के पक्ष का एक बड़ा रूपक खड़ा करती है। संग्रह में एक कविता है : 'दाना'। यह भी ध्यान देने योग्य है। कई कविताएँ छंदों में हैं और जो नहीं हैं, उनमें भी एक अन्तर्लय है।

बोधिसत्व ने एक अद्भुत कविता 'शांता' पर लिखी है। बहुत कम लोग जानते है कि दशरथ की एक छोटी बेटी भी थी। कहते हैं कि शांता की चर्चा किसी ने नहीं

की। तुलसीदास ने भी नहीं की। इसलिए कि, जैसाकि इस कविता में चर्चा है, वह जब पैदा हुई थी तो अकाल पड़ गया था। फिर दशरथ ने उसकी शादी कर दी। वह चली गई। उसके बाद उसे कभी बुलाया नहीं गया। जब राम का राज्याभिषेक हुआ था, तब भी नहीं। किसी ने नहीं पूछा शांता को।

प्रकारान्तर से हमारे समाज और परम्परा में स्त्री की जो उपेक्षा है, उसकी ओर ध्यान दिलाती है यह कविता। गौरतलब है कि उपेक्षिता उर्मिला पर तो बहुत-से लोगों ने लिखा। मैथिलीशरण गुप्त ने पूरा काव्य ही लिख डाला : 'साकेत'। लेकिन शांता की ओर उनकी भी दृष्टि नहीं गई।

छंद की दृष्टि से उनकी एक कविता 'गाँव की बात' देख सकते हैं :

वो बहुत पुरानी एक रात
जिसमें सम्भव हर एक बात।

इस तरह से उन्होंने कई प्रयोग किये हैं और कुल मिलाकर यह संग्रह दर्शाता है कि कवि ने कुछ नया करने की कोशिश की है। शोरगुल और क्रान्तिकारी तेवर अपनाए बिना, आज के जमाने के सच को प्रस्तुत किया है।

बोली-बात : श्रीप्रकाश शुक्ल

हिन्दी के चर्चित युवा कवि श्रीप्रकाश शुक्ल के दूसरे कविता संग्रह 'बोली-बात' में, जैसाकि नाम से जाहिर होता है, लोक-संवेदना को विस्तार देने की कोशिश मिलती है। इसमें 63 कविताएँ हैं और किसिम-किसिम की कविताएँ हैं। 'बोली-बात' शीर्षक से ही एक लम्बी कविता है जिसमें फोन पर कलकत्ते से एक आदमी बात करता है तो उसमें श्रीप्रकाश शुक्ल जवाब देते हैं कि इस समय समाज का क्या हालचाल है। इसमें बोली-बानी की शब्दावली इस्तेमाल की गई है, जैसे—धान 'गदराते' हैं, अमरूद 'ढेसरा' रहे हैं, भैंसें 'लेवाड़' ले रही हैं, बोझ 'निबेरे' जा रहे हैं, दँवरी 'अबेर' तक होती है और बहुत 'लखेदने के बाद भी नहीं भगाया जा सका है दरिद्दर!' और कविता में अन्त तक आते-आते वे कहते हैं कि 'यह ही बोली, यही ही बात'। तो इस तरह 'बोली-बात' नाम के इस संग्रह में बोलचाल की देशज शब्दावली का प्रचुर प्रयोग किया है और इसमें प्रयुक्त शब्द महज शब्द नहीं हैं, बल्कि इनके साथ एक संस्कृति जुड़ी हुई पूरी है।

इसके साथ ही 'बोली-बात' में कुछ अलग तरह की भी अनेक कविताएँ हैं। श्रीप्रकाश गाजीपुर में एक लम्बे समय तक रहे। गाजीपुर से फिर बनारस आए और इस रूप में कविताओं में गाजीपुर व बनारस तो हैं ही, साथ में पूर्वांचल की सांस्कृतिक झलक भी इन कविताओं में दिखाई देती है। संग्रह की पहली ही कविता है : 'हड़परौली'। वह मुझे बहुत अच्छी लगती है। हमारे यहाँ एक परम्परा है, जिसमें सूखे के समय स्त्रियाँ नग्न होकर हल चलाती हैं। इसके बारे में बहुत कम लोग जानते हैं। इन्होंने इसे कविता का विषय बनाया है। इसी से पता चलता है कि गँवई-गाँव के जो पुराने संस्कार हैं, जो लोकाचार हैं, उन चीजों में भी कवित्व है। इसके साथ ही मुझे जो कविताएँ मर्म को छूनेवाली लगीं, वे माँ के बारे में, पत्नी के बारे में लिखी कविताएँ हैं। इनमें सबसे पहले माँ के बारे में लिखी कविता 'कील' को लेते हैं जो माँ की नाक में लगी 'कील' को लेकर लिखी गई है। इसमें एक बच्चा माँ की नाक नोचने के चक्कर में कैसे 'कील' को नोच लेता है और एक माँ

कैसे इसके बाद बेचैन होकर 'कील' को ढूँढ़ती है, इसका मर्मस्पर्शी चित्रण किया गया है। कविता इस प्रकार है :

यह वर्षों पुरानी बात है
जब मैं बच्चा था
माँ से प्यार करते-करते
उनकी नाक नोचने की कोशिश की थी
और नाक तो नहीं
उसकी एक कील ही हाथ लगी थी...
इस कील को लेकर मैं दौड़ पड़ा था
और माँ हहराती नदी की तरह
दुनिया की सबसे सुन्दर चीज को बचाने के लिए दौड़ी थी
जो दुनिया की सबसे सुन्दर जगह पर ठुँकी थी...
यह मेरी पहली विजय थी
लेकिन मेरे लिए यह समझना
बिहारी की कविता को समझने से कम आह्लादक नहीं था
कि क्या है ऐसा इस ससुरी कील में
जिसे माँ इतना चाहती है...?

निश्चित रूप से यह एक अच्छी और मार्मिक कविता है। श्रीप्रकाश शुक्ल ने इन पंक्तियों के माध्यम से हिन्दी कविता में अपनी एक पहचान बनाई है। संग्रह में कुछ राजनीतिक कविताएँ भी हैं। भारत की राजनीति पर भी टिप्पणी करनेवाली कविताएँ हैं। एक 'हकलाहट' नाम की कविता है और इस हकलाहट का श्रीप्रकाश ने बहुत अच्छा प्रयोग किया है :

आजकल मैं बहुत अनकने लगा हूँ
हँसी और रुलाई दोनों से दूर
बहुत चिल्लाने लगा हूँ।

और इस हकलाने के सिलसिले में वे बड़ी ही व्यंजनापूर्ण बात कहते हैं :

वास्तव में यह किसी बूढ़े का बड़बड़ाना नहीं है
एक युवक की हकलाहट है।

यहाँ जो सुर है, जो 'टोन' है, जो अन्दाज है, वह अपना है। यहाँ बड़ी ही सहजता और आत्मीयता के साथ कविता लिखने की कोशिश दिखाई देती है जिसमें कविता कहने और लिखने की ऊँचाई नहीं मालूम होती, बल्कि बातचीत की सहजता

मिलती है। यह जो कविता में सादगी है, इसका अपना सौन्दर्य है। यहाँ भाषा का 'अपरिचयकरण' बहुत नहीं है लेकिन जीवन-स्थितियाँ बहुत ही गहराई से व्यक्त हुई हैं और कहीं-न-कहीं इन कविताओं से लोक संवेदना का विस्तार भी होता है।

इसके साथ ही 'अफीमची', 'खिचड़ी नाच', 'एक सुबह की उदासी', 'खोपड़ी' (जो एक बड़ी ही दिलचस्प कविता है) जैसी कई अच्छी कविताएँ हैं। आम तौर पर ऐसे शीर्षक कविता के विषय नहीं होते लेकिन श्रीप्रकाश ने इन चीजों को ढूँढ़कर कविता में जगह दी है। कह सकते हैं कि यह एक कवि की कविता में लिखी हुई डायरी है, जो नये-नये विषयों को ढूँढ़कर उसमें संवेदना के तत्त्व तलाश लेता है। यह प्रवृत्ति श्रीप्रकाश शुक्ल को एक अच्छे खोजी कवि के रूप में पहचान देती है। साथ ही अपनी इन्हीं विशेषताओं के कारण ये हमारे समय के एक महत्त्वपूर्ण युवा कवि के रूप में दिखाई देते हैं।

यह भूमंडल की रात है : पंकज राग

पंकज राग के कविता संग्रह 'यह भूमंडल की रात है' में वैसे तो कई ऐसी कविताएँ हैं, जो ध्यान खींचती हैं, लेकिन मैं दो लम्बी कविताओं की विशेष रूप से चर्चा करना चाहता हूँ। एक कविता है : 'दिल्ली शहर-दर-शहर' और दूसरी है : '1857 के डेढ़ सौवें वर्ष में'।

दिल्ली पर ढेर सारी कविताएँ लिखी गई हैं, परन्तु इस कविता का अन्दाज कुछ अलग है। कविता इस तरह शुरू होती है :

खुश हो लें कि आप दिल्ली में हैं
खुश हो लें कि आप मरकज में हैं
बिना खतों के लिफाफों में
आपके पते बहुत साफ नहीं
फिर भी आप मजमून बना लेंगे
क्योंकि आप दिल्ली में हैं।

यह तेवर, यह अन्दाज बिलकुल नया है। लेकिन मुझे ज्यादा महत्त्वपूर्ण कविता लगी : '1857 के डेढ़ सौवें वर्ष में'। पंकज राग इतिहास के छात्र रहे हैं, तो इसकी छाप उनकी कविताओं पर भी पड़ी है। 1857 में भी इतिहास की चर्चा है; बल्कि इसकी शुरुआत ही एक बहस से, कक्षा में इतिहास के प्राध्यापक की इस टिप्पणी से होती है कि वास्तव में क्या है अठारह सौ सत्तावन : सिपाही-विद्रोह या धर्मयुद्ध या आमजन की लड़ाई अथवा राजसत्ता की वापसी का युद्ध? अथवा एक साथ यह सब या इनमें से कोई भी नहीं?

ध्यान देने की बात है कि पंकज की जिन छोटी कविताओं में इतिहास का सन्दर्भ नहीं है, उनका रंग बिलकुल ही दूसरा है। ऐसी ही एक कविता है : 'होना'। यह पाँच कविताओं का समुच्चय है, जिसमें दो पंक्ति की एक छोटी-सी कविता है :

होना—जैसे खूब-खूब बारिश
न होना—जैसे छह रंगों का इंद्रधनुष।

ये मात्र दो पंक्तियाँ हैं, मगर हाइकू की तरह एक मुकम्मिल तसवीर पेश करती हैं। ऐसी ही एक और कविता है : 'कुछ कविताओं के बहाने'। शिष्टाचार और बहाने में क्या सम्बन्ध है, इस पर बहुत ही सटीक टिप्पणी की गई है इस कविता में।

इस तरह, पंकज राग ने एक अपना रंग, अपना अन्दाज हासिल किया है। एक खास बात यह कि पंकज राग की इन कविताओं में, जिसको रागात्मकता या भावावेश या भावुकता कहते हैं, वह दूर-दूर तक नहीं है। बहुत सधा हुआ स्वर है और बहुत सुविचारित, सन्तुलन और चिन्तन से उपजी हुई कविताएँ हैं। कहीं-कहीं व्यंग्य और विनोद के छींटे भी हैं।

इस संग्रह से अपनी एक पहचान तो पंकज राग ने बनाई ही है, इसमें कोई शक नहीं। इनके यहाँ ज्ञानात्मक संवेदन तो है, लेकिन मुक्तिबोध जिस तरह से झकझोर देते हैं, वह बात यहाँ नहीं है। फिर भी इनका अपना अलग रंग है, जो सोचने पर मजबूर करता है। 1857 वाली कविता के इस अंश को देखें :

पर पृथ्वी एक है कहाँ?
न कभी थी, न है
जब-जब यह अहसास जागता है
तो 1857 जैसी कोई चीज होती है
जब-जब यह अहसास मरता है
तो 2007 बीतता चला जाता है

और 1857 के एक सौ पचास वर्ष बाद
इलाहाबाद की सड़कों पर चलते हुए
हम भूल जाते हैं कि तीखा संघर्ष ऐसा होता है
कि इसी शहर में किसी साधारण विद्रोही द्वारा
न सिर्फ कोयले के गोदाम को
ब्रिटिश सत्ता का प्रतीक मानकर जलाया गया
बल्कि कोयले को भी लूटा नहीं
वही स्वाहा कर डाला गया

हमें याद नहीं आता भोजपुर के
धोबियों का वह भावुक-सा बिरहा
कि बाबू कुँअर सिंह के राज बिना

अब कपड़ों को केसरियों से न रँगाएँगे
हमें मिट्टी में रची-बसी वह
रागात्मक धुनें भी नहीं याद रहतीं
पिता जैसे जंगल
और कुँअर सिंह के भर-भर कटोरा
दूध पीने वाले बछड़ों से लिपटते हैं
हमें होली की उस ऊपर को नीचे और
नीचे को ऊपर कर देनेवाली
अर्थव्यंजकता भी याद नहीं।

इस तरह कवि ने इतिहास से शुरू करके भी आज के इस समय की विडम्बनाओं तक पर यह टिप्पणी की है, जहाँ 'शिष्टाचार भी एक बहाना' बन गया है।

ध्यान देने की बात है कि इतिहास और पुरातत्त्व के अलावा संगीत में भी उनकी गहरी रुचि है। उन्होंने हिन्दी फिल्म संगीत का विस्तार से अध्ययन किया है और फिल्मी संगीतकारों पर लिखी उनकी पुस्तक 'धुनों की यात्रा' पिछले दिनों काफी चर्चित हुई थी। गम्भीर विचारों को व्यक्त करनेवाली उनकी काव्यभाषा में जो एक खास तरह की कोमलता है, उसका संगीत से रिश्ता है। इस दृष्टि से भी उनकी कविताओं को परखा जाना चाहिए।

छत्तीस जनों वाला घर : रजत कृष्ण

इस युवा कवि ने एक तो बिना किसी औपचारिकता के 'छत्तीस जनों वाला घर' में अपने ही घर का जिक्र किया है और इस जिक्र यानी इस घर में छत्तीस जन कैसे रहते हैं, उनका जीवन किस तरह का है, इसके माध्यम से पूरे छत्तीसगढ़ का रूपक गढ़ते हैं। रजत कृष्ण लगभग दस-बारह साल से कविता लिख रहे हैं। इनकी शुरू की कविताओं में जो किसान चेतना है, किसानी जीवन की जो रोज की प्रवृत्ति है यानी सूरज वही है, तारे वही हैं, चाँद वही है, वही आसमान और बादल वही है; किन्तु इन्हें देखने की दृष्टि अलग-अलग है। छायावादी लोग इन सारी चीजों को दूसरे ढंग से देखते थे, किसान इन्हें दूसरे ढंग से देखता है। रजत कृष्ण की जो देखने की दृष्टि है, वह एक किसानी दृष्टि है। वे भी इन सारी चीजों को किसानों की दृष्टि से देखते हैं। उनकी भाषा भी बहुत सहज, सरल है। कहीं भी कविता बनाने की कोशिश नहीं की है। इनकी कविताओं में आपको गद्य और पद्य का अन्तर नहीं दिखाई पड़ेगा। आसपास का जो पूरा प्राकृतिक वातावरण है, उसे देखने की दृष्टि से उनकी दृष्टि अलग है। अब उदाहरण के लिए एक कविता का अंश देखेंगे। कविता का शीर्षक है : 'बत्तीस डिसमील जमीन'। शुरुआत इस तरह से होती है कि बादल मौसम के अनुसार यानी जब वर्षा ऋतु आती है तो हमेशा की तरह आसमान पर अपनी निर्धारित तिथि के आसपास आ जाते हैं। आ करके जब वे खेतों की ओर चलते हैं तो बादल कहते हैं कि हम कहाँ बरसें? खेत कहाँ हैं? वे खेत तो दिखाई ही नहीं पड़ रहे हैं, जिन पर हम बरसने के लिए उमंग भरकर आए हैं। तब एक बुढ़िया, जिसकी केवल बत्तीस डिसमील जमीन है, कहती है (उसी की आवाज के साथ) :

'नहीं... नहीं...
नहीं... नहीं...
नहीं छीन सके हैं
जुल्मी जमीन खाऊ

सब कुछ अभी
बरसो...
बरसो...
अटूट बरसो...
ओ इंदल देवता के दूतो
दहक रही है
मेरे खेत की माटी
सुलग रही है मेरी बूढ़ी छाती!'
यह गाँव की
सत्तर वर्षीय
सतरूपा मरारिनयी
जो जबड़ा पसार रहे
फैक्टरी के सामने पड़ती
अपनी बत्तीस डिसमील
जमीन को
जीते जी न छोड़ने की
कसम खाए बैठी थी।

किसानी जीवन की छवियों को उकेरने के अलावा रजत कृष्ण की कविताओं के और भी रंग हैं। आज के जो नवबोध वाले लोग हैं, उनके बारे में एक छोटी-सी कविता है : 'अनुपस्थिति में फैली उपस्थिति' :

तुम्हारी अनुपस्थिति के दिनों में
तुम्हारी उपस्थिति को नये ढंग से महसूस कर रहा हूँ
जैसे महसूस करता है किसान
पकी फसल में मिट्टी की उपस्थिति को
हवा, पानी और धूप की उपस्थिति को
तुम मेरे हिस्से की हवा, पानी, धूप हो
और मिट्टी भी तुमसे पक रही है
फसल मेरे जीवन की।

इनकी कविताओं में प्रेम भी है। इस तरह की एक और कविता है : 'बस, एक धरती ही' :

आसमान, सूरज, चाँद और तारों की बातें
धरती के बिना अधूरी है

धरती पर खड़े होकर हम जीते हैं
आसमान के नीलेपन को हम भरते हैं
अँजुरी में
सूरज की उजास को
धरती की धड़कन से ही चाँद, चाँद है
तारे, तारे हैं
पूरे ब्रह्मांड में एक धरती ही ऐसी है
जिसके दरवाजे, खिड़कियों में
चाँद-सूरज विराजते-पूजे जाते हैं।

रजत कृष्ण ने अपना संग्रह तो निकाला ही है, इसके अलावा विष्णु चन्द्र शर्मा की एक छोटी-सी पत्रिका 'सर्वनाम' जो बन्द होने जा रही थी, तो उसके लिए उन्होंने कहा कि मैं निकालूँगा और निकाला। इतना ही नहीं बल्कि आसपास के तमाम युवा कवियों की कविताओं का सम्पादन भी उन्होंने किया है।

आलाप और अन्तरंग : गोविन्द प्रसाद

आलोचना के अनुशासन में आलोचना लिखना थोड़ा इस मायने में सहज होता है कि उसमें कम प्रतिभा हो, कम विश्लेषण हो, तब भी बहुत कुछ लिखा जा सकता है। लेकिन इस तरह के अनुशासन में लिखने के लिए गहरी प्रतिभा, रचना की गहरी समझ तथा अपने समय और समाज की भी गहरी समझ की जरूरत होती है, जिसकी शुरुआत मुक्तिबोध ने 'एक साहित्यिक की डायरी' लिखकर की। उक्त पुस्तक उसका प्रतिरूप तो नहीं किन्तु उसकी एक झलक प्रस्तुत करती है।

आलोचना की पुस्तकें आम तौर से बड़ी नीरस होती हैं, जो बौद्धिक विलास के रूप में हुआ करती हैं। लेकिन स्वयं में गोविन्द प्रसाद जी रचनाकार भी हैं, इसलिए यह आलोचना की पुस्तक एक रचनाकार के द्वारा लिखी हुई है जो कि डायरी शैली में है और साथ ही इसमें अलग-अलग फुटकर टिप्पणियाँ भी हैं। चूँकि हिन्दी के साथ ही उर्दू का भी विशेष ज्ञान होने से उन टिप्पणियों का प्रभाव दोनों भाषाओं की कविताओं की व्याख्या और आस्वाद्य पर पड़ा। ये टिप्पणियाँ कुछ कविताओं की बारीक व्याख्या करने में सहायक हुईं, इस मायने में यह एक अनूठी किताब है। इन्होंने निराला की एक कविता : 'राम की शक्ति-पूजा' पर टिप्पणी की है। 'राम की शक्ति-पूजा' पर रामविलास शर्मा जी के अलावा भी कई लोगों ने बहुत ही सराहनीय कार्य किया है।

अब आप देखें कि 'राम की शक्ति-पूजा' पर गोविन्द प्रसाद किस तरह से विचार करते हैं :

' 'पूजा और विनय', और 'विनय और वीर भाव'—राम की शक्ति-पूजा और पूजा-पद पर ध्यान दीजिए। शक्ति कहने से ओज और वीरत्व की ओर ध्यान जाता है। पूजा शब्द स्पष्ट ही किसी इष्ट के सम्मुख पूजा-अर्चन का भाव लेता है।'

कविता का मूल कथ्य शक्ति है अर्थात् ओज और वीर भाव; लेकिन पूजा का अर्थ है विनय। इसलिए एक ओर ओज और दूसरी ओर विनय, दोनों दिखाई पड़ता है। व्याख्या करते समय वीर भाव का प्राचुर्य देखकर ही सम्भवत: विद्वानों ने इसको हिरोइक पोयम कहा था।

गोविन्द प्रसाद एक तरह से—एक ओर निराला पर टिप्पणी करते हुए कहते हैं कि एक तरफ शक्ति है, दूसरी तरफ पूजा; एक ओर रवि, दूसरी ओर अस्त होना। ये दोनों ही पदों में आलोक और अन्धकार है। आलोक है स्वर्ण, और अस्त है अन्धकार, तम। गोविन्द प्रसाद का उर्दू पर बहुत अच्छा अधिकार है। उर्दू के बारे में लिखते समय एक जगह इन्होंने कहा है कि 'उर्दू शायरी में 'दिल' लफ्ज का इस्तेमाल प्राय: होता है। अब 'दिल' के उर्दू का शब्द खत्म। इसमें लिखेंगे दल। फिर कहते हैं कि :

कहते हैं न देंगे हम दिल, अगर पड़ा पाया।
ग़ालिब हमने दिल कहाँ की गुम कीजे हमने मुद्दआ पाया।

अब दिल की जगह पर लिखनेवाले दल ही लिखते हैं और लिखते रहेंगे, पढ़ने वाले दिल ही पढ़ते हैं और पढ़ते रहेंगे। इस तरह से देखा जाए तो लेखन और वाचन में कितनी अंडर स्टैंडिंग है। है न गजब का यह काम। फिर दिल दल पढ़ा गया, खिल को खल पढ़ा गया तो कई जगह पर ये दिल-दिल, मिल-मिल, खिल-खिल क्रमश: दल-दल, मल-मल, खल-खल भी पढ़े जाने से इनकार नहीं कर सकते।

प्रसाद जी में थोड़ी विनोद वृत्ति भी है। वे उर्दू के अच्छे जानकार हैं और जो लोग उर्दू के थोड़े-बहुत जानकार हैं और साथ ही विश्वविद्यालयों के सह-पाठन व लेखन से ताल्लुक रखते हैं, उनके सतही ज्ञान पर टिप्पणी की है :

'एक बार एक साहब ने किताबचा को कुत्ता बच्चा पढ़ लिया तथा एक और साहब ने 'मुतनब्बो' को मुतनू पढ़ लिया और यह पढ़कर एक बड़े शख्सियत नक्कास के शख्सियत में चार चाँद लगा दिया।' इस तरह से वे अपनी विनोदी प्रवृत्ति की प्रतिभा से आलोचनात्मक टिप्पणियाँ करते हैं, जो कि गम्भीर आलोचना नहीं कही जा सकती है।

आम तौर पर आलोचना जैसी गम्भीर होती है, वैसी नहीं है। जिसका प्रतिरूप हम देख लेने के बाद इसकी चर्चा करेंगे।

गोविन्द प्रसाद की आलोचना में एक ओर विनोद वृत्ति तथा दूसरी ओर एक-एक शब्द की व्याख्या और बारीकी। इन छोटी-छोटी टिप्पणियों की वजह से 'आलाप और अन्तरंग' एक अनूठी पुस्तक मालूम होती है।

यह पुस्तक आलोचना की परम्परागत पुस्तक नहीं है और न ही यह डायरी है। अत: यह दोनों के मध्य एक नई तरह की पुस्तक है। जो शैली मुक्तिबोध की है, उससे अलग शैली है। यह पुस्तक आलोचना और डायरी शैली की विधाओं का अतिक्रमण करती हुई नई परम्परा की पुस्तक है।

आजकल, कविता पढ़ते समय, कविता में रचे हुए शब्द-सौन्दर्य को देखना-समझना-समझाने की परम्परा आलोचना से खत्म हो गई है।

आलोचना का स्तर पहले की अपेक्षा कम हुआ है। आलोचना अपनी गम्भीरता से निकलकर सतही हो गई, जबकि यह आलोचकों की संवेदनहीनता का परिणाम है। यद्यपि 1970 के बाद कुछ कवि आलोचकों ने कविता की स्तरीय आलोचना की है। जैसे—विजय कुमार, राजेश जोशी और अरुण कमल ने कविता और अपने समय को एक साथ जोड़ने का काम किया, साथ ही सौन्दर्य को भी उद्घाटित किया है।

कवि आलोचकों की जो लिखी आलोचना है, वह दूसरा रंग कविता की है। और उस कविता के लेखन की बारीकियों की समझ इस पर पड़ती है। तथाकथित ये जो पेशेवर आलोचक हैं, पाठ्य पुस्तकों की तरह से कविताओं की आलोचना करते हैं, जो अपठनीय आलोचना हो गई है।

अत: गोविन्द प्रसाद जी स्वयं अध्यापक, रचनाकार तथा आलोचक हैं। साथ ही हिन्दी और उर्दू भाषा पर अधिकार रखने वाले भी हैं। इनकी आलोचना नीरसता से बाहर विनोद वृत्ति का पुट रखने के साथ ही छोटी-छोटी टिप्पणियों के छींटों से सहज और सरस बन पड़ती है। इन सब आधारों पर परम्परागत आलोचना न होते हुए भी अपने तरह की एक अनूठी पुस्तक है।

'कवि हृदय का वकील होता है। उसकी वकालत तर्क की झूठी बैसाखियों के सहारे नहीं वरन् सच्चे मनुष्यत्व की नैतिकता और निष्ठा की अदृश्य बहने वाली अन्त:सलिला पर चलती है जिसके होंठों पर सदा इनसानपरस्ती का राग फूटता रहता है।

कवि का तो झूठ भी कल्पना बनकर काम आता है। इसलिए कवि का झूठ, झूठ नहीं होता है। वह तो उसके सहारे एक नया चित्र, एक नया बिम्ब और एक नई दुनिया की सम्भावना हमारे सम्मुख ला खड़ा करता है, जिसमें किसी लाचार मजलूम की आँखों से गिरे हुए आँसू सहसा फूल बन जाने की हिमाकत रखते हैं, जिसमें किसी अदृश्य होंठ से निकला हुआ मंत्र समाज की समस्त कलुषता को बहा ले जाए और किसी फकीर की सदा, दुआ बन जाए।...लहरों से बहुत मुमकिन है, लय फूटने लगे और समुद्र के सीने से एक विराट आह, जो धरती की सिहरन बनकर ममता का राग बन, जड़-चेतन में स्पन्दन भर दे...। कहीं से शब्द का अन्तर्निहित प्रकाश इस तरह से अवतरित हो कि घर भर में उजाला हो जाए। आत्मा के इस उजाले और उसमें फैली धरती पर उज्ज्वलता का दूसरा नाम ही तो कवि है।'

मोनालिसा की आँखें : सुमन केसरी

सुमन केसरी जेएनयू से ही हमारी छात्रा रही हैं। इनके पहले काव्य संग्रह 'याज्ञवल्क्य से बहस' में तमाम समसामयिक बहसों को उठाया गया है। पाँच-छह साल पहले इनका दूसरा काव्य संग्रह : 'मोनालिसा की आँखें' आया। इसमें बहस तो कम है पर विषय की गहराई अधिक है! लोग मोनालिसा की मुस्कान की चर्चा करते हैं, पर इन्होंने मोनालिसा की आँखों पर लिखा है। यह काव्य संग्रह निश्चित ही पहले काव्य संग्रह से अधिक गहराई लिये हुए है जिसमें विकास स्पष्ट दिखाई पड़ता है। इस काव्य संग्रह में विविध रंगों की छटा देखने को मिलती है। मोनालिसा पर उन्होंने कुल चार कविताएँ लिखी हैं। 'मोनालिसा—एक', 'मोनालिसा—दो' 'मोनालिसा—तीन', और 'मोनालिसा की आँखें'। एक कविता का अंश है :

क्या था उस दृष्टि में
उस मुस्कान में
कि मैं बँधकर रह गया
वह जो बूँद छिपी थी
आँख की कोर में
उसी में तिरकर
जा पहुँची थी
मन की अतल गहराइयों में
जहाँ एक आत्मा हतप्रभ थी
प्रलोभन से
पीड़ा से
ईर्ष्या से
द्वन्द्व से
वह जो नामालूम-सी
जरा-सी तिर्यक

मुस्कान देखते हो न
मोनालिसा के चेहरे पर
वह एक कहानी है
औरत की मिथक में
बदल जाने की कहानी।

यह औरत के मिथक में बदल जाने की कहानी है। एक दूसरा पक्ष यह है कि उस हँसी में, मुस्कान में कितनी वेदना है और कितनी खुशी है, इसका अब तक कोई निर्धारण नहीं हो सका है।

एक दूसरी कविता की शुरुआत लियोनार्डो की पेंटिंग से होती है कि मोनालिसा की आँखें कितनी वीरान हैं! वे इन वीरान आँखों से क्या खोजती हैं? क्या देखती हैं?

संग्रह की आखिरी कविता 'औरत' एक दूसरा चित्र उपस्थित करती है, जिसमें वे कहती हैं :

रेगिस्तान की तपती रेत पर
अपनी चुनरी बिछा
उस पर लोटा भर पानी
और उसी पर रोटियाँ रखकर
हथेली से आँखों को छाया देते हुए
...औरत ने
ऐन सूरज की नाक के नीचे
एक घर बना लिया।

इतनी कम चीजों से स्त्री अपना एक घर बना लेती है तो उसकी शक्ति, उसका संघर्ष, उसकी जिजीविषा, करुणा—सब कुछ इस छोटी-सी कविता में है। इसलिए मोनालिसा वाली कविताओं की तुलना में यह कविता अधिक गहराई लिये हुए है। हम यह कह सकते हैं कि उसमें स्त्री-विमर्श ज्यादा है और इसमें स्त्री-यथार्थ ज्यादा है।

'मछली करती है प्रेम' एक छोटी कविता है :

उसने कहा
मछली करती है
प्रेम पानी से
मछली नहीं जानती प्रेम
वो तो बस जीती है
पानी में
मरती है पानी में

क्या तुमने
पानी के बाहर कभी
मछली को मछली समझा है?

प्रारम्भिक कविताओं में बहस ज्यादा है, पर वह बहस यहाँ कम है। ऐसी ही एक कविता है : 'धमाके के बाद'।

लहू का आलता लगाए
काँपते डगमगाते कदम
दूर चले गए
कोई तो हो
जो मूड़ी थाम
रोक ले उसे।

ये लहू का आलता लगाए हुए औरत के डगमगाते पाँव चल रहे हैं। इसमें कई विविधताएँ हैं, जीवन के अनेक अनुभव हैं। केवल यह स्त्रीवादी कविता कहने के लिए नहीं है बल्कि जीवन में कई चित्र दिखाई पड़ते हैं। बाँस, बेटी, चिड़िया का बच्चा, आत्महत्या इत्यादि विषयों पर विविधता-भरी छोटी कविताएँ लिखी हैं।

इनकी कविताओं में अनावश्यक विस्तार नहीं है। कविताएँ बिलकुल गढ़ी हुई हैं, कोई झोल नहीं है।

वे जो लकड़हारे नहीं हैं : सुरेश सेन 'निशांत'

सुरेश सेन 'निशांत' एक महत्त्वपूर्ण कवि हैं। उनके नये संग्रह में एक कविता है :

कहीं कम तो नहीं होने लगा है हमारी देह का नमक
दिखने लगी है साक्षात् खड़ी अपनी मृत्यु
और बचने के लिए पुकारने लगे हैं लड़कियों को
क्योंकि हमें पता है, लड़कियों की देह में है
नमक का विशाल समंदर
जो बचा सकता है हमें असमय मरने से।

स्त्री के प्रति करुणा और सहानुभूति वाली कविताएँ उसके शोषण एवं दमन की बातें तो करती हैं, लेकिन सुरेश सेन 'निशांत' अपनी इस 'लड़कियाँ' नाम की कविता में एक स्त्री की जो शक्ति या उसकी जो ताकत है; उस शक्ति या ताकत को पहचानने की बात करते हैं। एक जगह वे फिर कहते हैं :

जो परिचित है अपनी परम्परा से
कि उनकी बोलचाल का ढंग
गोर्की की माँ जैसा था
असद जैदी की बहनों की तरह
डरी-डरी चलती थीं वे
आलोक धन्वा की कविता से निकली लड़कियाँ थीं वे
जो बार-बार आतीं छतों पर
हमारे लिए प्यार लेकर।

जितने कवियों ने लड़कियों के बारे में लिखा है, उस पूरी परम्परा को कवि याद करता है और याद करते हुए उसे दिख जाती हैं भगवत रावत की कचरा बीनने वाली लड़कियाँ, तो कभी-कभी यतीन्द्र मिश्र की कविता में खड़ी मिल जाती है,

वह उदास लड़की—सिसकते हुए वेश्याओं को सुनाती हुई अपनी व्यथा, दिखाती हुई देह। अनेक तरह की लड़कियों की परम्परा की बात करते हुए आखिरश : कवि उन लड़कियों की बात करना चाहता है, जिन्हें खुद उसकी नजरों ने देखा है और कविता में जिसकी ओर वह इशारा करता है। यह वही शैली है, जैसे धूमिल करते थे कि सूक्त के रूप में बीच में दो पंक्तियाँ एक कविता की दे दीं।

कि देश कोई रिक्शा तो है नहीं
जो फेफड़ों की ताकत के दम पे चले
वह चलता है पैसों से।

यानी जो देश है, वह पैसों से चलता है। इस दौर में जो पैसों की ताकत दिखाई दे रही है, उसे आप पूँजीवाद की चरम अवस्था कह सकते हैं। एक माँ ने अपने बेटे को एक मुड़ा-तुड़ा नोट दिया। वह नोट उसने अपनी कमाई से बड़ी मुश्किल से बचाकर रखा था। तो दिया उस माँ ने वह तुड़ा-मुड़ा नोट ताकि वह मेले जा रहा है तो कुछ खरीद ले, किन्तु उसने कुछ नहीं खरीदा। अन्त में वह मुड़ा-तुड़ा नोट लेकर वापस घर आ जाता है।

खूब हँसी थीं बड़ी बहनें
चुपके से रोई थी माँ
दूर है माँ
उसकी हँसी और उदासी दूर है
बहुत पास है मेरे
मुड़ा-तुड़ा नोट एक रुपये का
अब भी मेरे बचपन की स्मृतियों की जेब में
सुरक्षित है।

इस कवि की भाषा और कहने का अन्दाज बहुत सहज है और साथ ही यह विशेषता भी है कि बात कहने के ढंग में कोई सिद्धान्त नहीं बघारना।

सीढ़ियों का दुख : रश्मि रेखा

रश्मि रेखा का काव्य संग्रह 'सीढ़ियों का दुख' ने दो चीजों से मेरा ध्यान आकृष्ट किया। एक तो बहुत बक-बक बोलने वाली कविताएँ ये नहीं हैं। मित कथन है। बहुत सन्तुलित, संयत और कसी हुई कविताएँ हैं। विन्यास भी पूरा का पूरा है। बड़बोलापन जिसको कहें, वह नहीं है और वीर-भाव की स्त्री-विमर्श वाली ये कविताएँ नहीं हैं, जैसी आज खूब लिखी जा रही हैं। बड़ी परिपक्व समझ है, दृष्टि है, यह एक बात है। दूसरी बात यह है कि इसमें घरेलूपन जिसको कहते हैं और रोजमर्रा में पाई जानेवाली जो चीजें हैं—आप देखें तो चाभी, कटोरी, चश्मा, झोला, लालटेन, ईख, लुकाठी, पर्दा—इस तरह की चीजें मिलेंगी। जो एक घरेलू वातावरण है, रोजमर्रा की इस्तेमाल की चीजें हैं, उन्हीं चीजों के बीच से कविता पैदा की है।

देखने की जो दृष्टि है, वह कवि की दृष्टि है। कवि दृष्टि है इसलिए बड़ी परिपक्व कविताएँ हैं और दूसरा यह कि जो एक अपनापन और नित व्यवहार की चीजों से ही कविता बनाने की, पैदा करने की कोशिश की है, जरूरी नहीं, वह स्त्री-विमर्श हो! वह एक स्त्री का संसार है, भारत का संसार है। यह नहीं कि हर समय आसमान में उड़ती रहे और क्षितिज के पार देखती रहे। यहाँ यह मामला नहीं है। और भी कई चीजें आकृष्ट करती हैं। पर पहले हम उनकी एक कविता देख लें :

चीजें मुकम्मल हों जरूरी नहीं
जरूरी है उन्हें दिखना बेहतर
तब जरूरत पड़ती है पर्दे की
दरअसल चीजों के बेपर्द होने से
बचाने की कला का नाम है पर्दा
तमाम उम्र बड़ी होशियारी से
हम जिसका करते हैं इस्तेमाल
जीने के लिए

यह और बात है कभी-कभी
हमारी अक्ल पर भी पड़ जाता है पर्दा
कभी बेवक्त भी गिर जाता है पर्दा

पर्दे के बाहर कितनी बड़ी है दुनिया
पर्दे के भीतर भी कहाँ इतनी छोटी
अक्सर आवाज के पर्दे में
छिपे होते हैं खामोश जज्बात
कभी सात पर्दे के भीतर हम पाते हैं
खुद को बेपर्दा
यह अन्दाजे-बयाँ का पर्दा ही है
जो एक शायर को बना देता है सुखनगर

भाषा के पर्दे में रहते हैं शब्द
शब्दों के पर्दे में छिपे सारे अर्थ
अर्थ के पर्दे में किसिम-किसिम के इरादे
सात पर्दे की ओट में ही तो रहती मिनर्वा

सारे पर्दे हटा दो तो
देख नहीं सकतीं आँखें।

इसलिए कभी-कभी देखने के लिए पर्दा जरूरी होता है। इस पर्दे पर क्या-क्या न लिखा गया और लिखा जा सकता है। पर्दे के विरुद्ध क्रान्तिकारी कविता बड़ी आसानी से लिखी जा सकती थी लेकिन उससे बचाकर कविता को, वह जहाँ कविता बनती है, वहाँ ये लिखती हैं कविता। कुल मिलाकर देखें तो इनकी एक और कविता है, जो बहुत अच्छी कविता है। कविता है : 'यूज एंड थ्रो'। आज बार-बार जब से बाजारवाद चला है, एक प्रवृत्ति आई है—इस्तेमाल करो और फेंको। देखिए :

यूज एंड थ्रो के इस नये समय में
मैं कहाँ हूँ/ क्या मैं नीद में
चल रही हूँ/ या तैर रही हूँ
जैसे तैरती है/ समुद्र में व्हेल?

हाँ, ये कविताएँ नास्टेल्जिया से बच जाती हैं। इसमें 'चाँद की तरह' शीर्षक से कविता है। यह कविता चाँद पर है :

चाँद को देखा था एक रात चाँद बनकर
नींद के आकाश में आँखों के उजास की तरह

चाँद उगा था पश्चिम के आकाश में
डूबते हुए सूरज की तरह

शताब्दी के सबसे खूबसूरत चाँद को
देखा एक रात सचमुच एक चाँद की तरह
चाँद के आईने में

खबरों के नक्शे में दिखा नहीं उसका कोई देश
लेकिन मेरे सपनों में था उसका एक घर
धरती से आसमान को रौशन करते चाँद को
एक रात देखा मैंने
खुद चाँद बनकर।

चाँद तो कविता का सबसे ज्यादा प्रिय विषय रहा है। लेकिन उस चाँद पर लिखी कविताओं में प्रकृति-चित्रण ज्यादा किया गया है। कभी-कभी चाँद पर मनोयोग से, चाँद से कुछ बातें भी हैं। लेकिन इसने चाँद की तरह और चाँद बनकर चाँद को देखा है। यह एक नई भंगिमा के साथ चाँद पर लिखी गई कविता है।

हाँ, खेलना जरूरी भी है—शब्दों से खेलना। और कविता है क्या? शब्दों का खेल ही तो है। शब्दों से खेलना ही कविता है। जो कवि शब्दों से खेल सकता है, उसमें ही कुछ सम्भावना बनती है।

और जो संग्रह का नाम रखा है 'सीढ़ियों का दुख', उस पर भी एक कविता है। आम तौर पर सीढ़ियों पर चढ़ने की बात होती है पर सीढ़ियों से उतरना भी पड़ता है। दोनों एक ही बात नहीं है। दोनों एक ही फलक नहीं है। इसीलिए सीढ़ियों का जो दुख है, वह दोनों तरह का है : सीढ़ियों पर चढ़ने का दुख और सीढ़ियों से उतरने का दुख। प्रथम कविता संग्रह होते हुए भी सम्भावना का बहुत अच्छा संकेत देती हैं और इसीलिए इनको मैं हार्दिक बधाई देना चाहता हूँ।

एक रंग ठहरा हुआ : आशीष त्रिपाठी

आशीष त्रिपाठी का पहला कविता संग्रह है : 'एक रंग ठहरा हुआ'। पत्रिकाओं में इनकी कविताएँ एक अरसे से छपती चली आ रही हैं। अब बड़े धीरज के साथ और बड़ी देर से इन्होंने अपना संकलन प्रकाशित कराया है। संग्रह की कविताएँ चार खंडों में विभक्त हैं : 'विचित्र वीणा', 'इच्छाओं के गीत, 'अँधेरे की आत्मकथाएँ' और 'हमें होना था'। उन्होंने जिस तरह से खंडों का विभाजन किया है, वह भी उल्लेखनीय है। संग्रह की कविताओं में एक 'नदी' शीर्षक कविता है। इस पर लोगों का ध्यान गया है : 'नदी के चुपचाप बहने में/ चुप्पी पर नहीं/ उसके बहने पर गौर करना चाहिए'। यहाँ एक ओर चुप्पी है तो दूसरी ओर बहाव की गति। ये दोनों ही चीजें हैं जिनसे हमारे समय का यथार्थ निर्मित होता है। संग्रह का नाम भले ही रखा है 'एक रंग ठहरा हुआ', मगर वास्तव में यहाँ ठहराव नहीं, गतिशीलता है—चुपचाप बहती एक नदी की गतिशीलता।

संग्रह में कुछ कविताएँ ऐसी भी हैं जिन्हें विचार-सम्बन्धी कविता कह सकते हैं। विचार को केन्द्र में रखकर लिखना और उस लिखे को कविता बना पाना कठिन होता है। यह साहस का काम है। यह तभी सम्भव है जब कवि के भीतर किसी विचार को लेकर गहरी और ईमानदार बेचैनी हो। ऐसी बेचैनी जो पाठक के मन को छू सके। ऐसा ही एक विषय है धर्म। आज के जमाने में धर्म का बड़ा दुरुपयोग किया जा रहा है—चाहे वह कोई भी धर्म हो। इस सन्दर्भ में उनकी 'इनकार' शीर्षक कविता की ये पंक्तियाँ देखिए :

यह धर्म है
या किसी धूर्त बूढ़े बेबस बाघ के हाथ
सोने का कंगन
यह धर्म है
तो मैं इसे मानने से इनकार करता हूँ।

आज धर्म सचमुच एक बूढ़े बाघ के हाथ का कंगन हो गया है। ऐसी साहसपूर्ण टिप्पणियाँ उनकी कविताओं में कई जगह आती हैं। ऐसी ही एक अन्य कविता में वे कहते हैं :

एक कवि
रचता है ईश्वर
दूसरा उसे अपना सखा बना लेता है
तीसरा उसमें खोजता है मानुष-सत्य
एक चौथा भी है
जो उसके प्रस्थान की घोषणा करता है
आप जानते होंगे उस पाँचवें को
जिसकी कविता में ईश्वर की कोई जगह नहीं।

आशीष की कविताओं का दायरा बड़ा और अनुभव संसार भी छोटा नहीं। संकलन के दूसरे और तीसरे खंड में अलग तरह की कविताएँ हैं। एक कविता है : 'पिता की इच्छाएँ'। इसी तरह पिता, माँ, दादी को लेकर लिखी गई कविताएँ हैं। कुछ प्रेम-कविताएँ भी हैं। लेकिन मैं जिस एक खास कविता का जिक्र करना चाहता हूँ, वह है : 'एक शाम'।

इस शाम का रंग
जैसे करियल माटी
या पुरानी बावड़ी का जल

जैसे ठंड की कठिन रात का कोहरा
या चूल्हे से उठता धुआँ

शाम का, पर यह रंग, इसके जैसा कोई नहीं
शब्द की कविता से
बड़ी होती हैं कुछ कविताएँ
होड़ लेते, जिनसे
बीत जाता है कवि का जीवन।

कवि का यह कहना है कि शब्द से ज्यादा बड़ी होती हैं कुछ कविताएँ, एक तरह से रूपवाद के विरुद्ध संघर्ष है। प्रकृति के सुन्दर चित्र के बीच इस तरह की पंक्ति बताती है कि कवि कितना सजग है। इस संकलन में कुछ नितान्त अन्तरंग अनुभूतियों की प्रेम-कविताएँ हैं। एक कविता है : 'स्पर्श', जो मुझे अच्छी लगी। उसकी कुछ पंक्तियाँ हैं :

शब्द और मौन के अन्तराल को भरता हूँ
स्पर्श करता हूँ तुम्हें
अनंत इच्छाओं से छल-छल दो कलशों पर
टाँकता है समय
एक ही शुभ चिह्न

तुम डूबती जाती हो अनंत में
अटल गहराई से उभरते हैं शब्द
पत्तों से भरी अनछुई पृथ्वी पर
जैसे कोई नन्हा खरगोश चला हो हौले
कपोल पर सरकता है कपोल
मुँदी आँखें
रंग तुम्हारा छुअन में समाता जाता है

दो नदियों के संगम में
खोई नदी को
खोजते हैं हम।

इस तरह की कविताओं से पता चलता है कि कवि केवल धर्म के पाखंडों का विरोध करने और ईश्वर के वजूद को नकारने तक सीमित नहीं है, बल्कि वह अन्तरंग अनुभूतियों को कलात्मक अभिव्यक्ति देने में भी सक्षम है। भाषा का बहुत ही संयत प्रयोग किया है आशीष ने। समय और समाज के सवाल से प्रकृति के उदात्त चित्र और प्रेम की गहरी अनुभूति तक फैली इन कविताओं की एक खास विशेषता यह संयम भी है।

यह पेड़ों के कपड़े बदलने का समय है : नीलकमल

'यह पेड़ों के कपड़े बदलने का समय है' कविता संग्रह का नाम आकृष्ट करता है। कवि ने सीधे-सीधे पतझड़ नहीं कहा, बसंत भी नहीं कहा है। और इसमें करीब साठ-एक कविताएँ हैं। इस संग्रह में एक लम्बी कविता भी है : 'ककून'। बाकी सब छोटी-छोटी कविताएँ हैं। इन छोटी कविताओं में कवि का अपना अन्दाज है। और एक जगह तो उन्होंने रघुवीर सहाय को भी याद किया है। इसका मतलब है कि नीलकमल, अपनी नई कविता वाले दौर के जो कवि हैं, उनकी संवेदना कहीं-न-कहीं उनसे जुड़ती है। और उनसे वे भली भाँति परिचित भी हैं; बल्कि उन्होंने अपना परिचय देते हुए एक जगह कहा है :

मैं काशी के घाटों पर
वृन्दावन की उदासी हूँ
आँखों में आँखें डाले, कविता में
शब्दों का साहस हूँ, और
अन्ततः यह, मेरे प्रिय, कि
कलकत्ता की रगों में दौड़ता बनारस हूँ!

['इस सफर में' : एक आत्म-वक्तव्य]

तो, कलकत्ता की रगों में दौड़ता बनारस हूँ, ऐसा कहनेवाले कवि में जो नई बात दिखाई पड़ रही है, वह इधर के कवियों से भिन्न है कि काफी संख्या में, करीब बीस-पच्चीस कविताएँ छंदोबद्ध हैं। अब छंदोबद्ध कविताओं का जैसेकि रिवाज ही उठ गया है। शायद ही कोई लिखता हो। एक जमाने में, नई कविता के दौर में, दोनों तरह की कविताएँ लिखते थे। सबने उस दौर में भी कविताएँ लिखीं। वे छंद में भी लिखते थे और मुक्तछंद में भी लिखते थे। तो इधर के दौर के कवियों से नीलकमल की एक भिन्नता तो यह है कि यह छंदोबद्ध कविताएँ भी लिखते हैं। और काफी बड़ी संख्या में, करीब बीस-पच्चीस ऐसी कविताएँ हैं इस संग्रह में,

जिनमें छोटी-छोटी कविताएँ भी हैं और बड़ी-बड़ी कविताएँ भी। एक, जैसाकि मैंने कहा, 'ककून' नाम की एक लम्बी कविता है नीलकमल की, जिसकी शुरुआती पंक्तियाँ हैं :

शहतूत के बगीचों से
वे उठा लाए हैं हमें अजन्मा
और उबाल रहे हैं हमारी जिन्दगियाँ।

एक कविता है इस संग्रह में : 'बुरे वक्त में एक खयाल', जिससे पता चलता है कि कवि को विनोद भी प्रिय है। इस संग्रह से एक कविता खास तौर पर देखी जा सकती है :

ऊधो की न लेनी हो न माधो की हो देनी
अपनी बही में ऐसा कुछ हिसाब चाहिए।

यहाँ मुहावरे का प्रयोग अच्छा किया है। और :

यमुना से जहाँ आके गले मिलती है गंगा
अपने दिलों में वह इलाहाबाद चाहिए।

['समाजवाद का गीत']

एक और अच्छी बात दिखाई पड़ती है कि व्यंग्य की छौंक भी यह कवि जगह-जगह देता है। एक छोटी-सी कविता है इसकी : 'चमक' :

उनके चेहरों से ज्यादा चमक
है उनके जूतों की,
वे नब्बे के दशक में पैदा हुए
और सवारी की अस्सी की पीठ पर,
उनके जैसा, नहीं हुआ
कोई भी चमकदार, किसी दशक में
न उनके पीछे, न उनके बाद,
कुछ इस अन्दाज में
इतिहास में दर्ज होने के लिए
मचलते रहे जूते, और चमक जूतों की।

रघुवीर सहाय की पूरी कविता जो है 'रामदास' वाली, उस पर, उसके आधार पर नीलकमल ने 'रामदास की उदासी—रघुवीर सहाय के रामदास के लिए' समर्पित करते हुए लिखा है। इसका मतलब यह हुआ कि नई कविता के दौर के जो कवि

हैं, उनको इस कवि ने अच्छी तरह पढ़ा है। और 'पानी' पर एक लम्बी कविता लिखी है इसने : 'पानी की कथा', जिसमें वह कहता है :

ऐसे भी शुरू हो सकती है
पानी की कथा
कि एक लड़की थी
हल्की नाजुक-सी
और एक लड़का था
हवाओं-सा, लहराता
दोनों डूबे जब आकंठ
प्रेम में, तब बना पानी।

तो इस तरह की चीजें हैं। और अन्त में वह, हाइड्रोजन और ऑक्सीजन के संयोग से पानी बनता है, इस पर टिप्पणी करता है कि :

कविता के आलोचको,
यह आदिकवि के कंठ से फूटे
पहले श्लोक से भी पुरानी घटना है,
कि एक हल्की नाजुक-सी लड़की
और एक लड़का हवाओं-सा
जब डूबे प्रेम में तब बना पानी।

यह नीलकमल का दूसरा संग्रह है। इनके पहले संग्रह की भी मैंने चर्चा की है। ऐसे युवा कवि को अपनी हार्दिक शुभकामनाएँ देनी चाहिए और उम्मीद करनी चाहिए कि अगला कविता संग्रह जो इनका आए, वह इससे भी एक कदम आगे हो।

हाथ सुन्दर लगते हैं : नीलकमल

यह संग्रह युवा पीढ़ियों की भाषा, मुहावरों, अन्तर्वस्तुओं के दायरों से बिलकुल अलग है। इस कवि में आत्मविश्वास है। सन्देहों के युग में आत्मविश्वास से भरी कविता है। कवि कहता है, मनुष्य सबसे बड़ा है :

कोई नहीं मानेगा
कि आकाश समा सकता है
दो आँखों में।

कोई नहीं मानेगा
कि पाताल की गहराई है
हृदय के भीतर।

यह एक पृथ्वी, कंधे से नीचे
फैलती हुई सीने पर
यकीन दिलाएगी,

मनुष्य बड़ा है
ब्रह्मांड से भी बड़ा।

नीलकमल की एक कविता है : 'धुआँ...आग...रोटी'। धुआँ, आग और रोटी में क्या सम्बन्ध हो सकता है, इन तीनों के मध्य रिश्ते की बुनावट अद्भुत है। कवि ने इस रिश्ते को कुछ इस तरह बुना है :

बहुत धुआँ है शहर में
तो क्या आग भी है बहुत
शहर के सीने में?

है अगर आग
तो क्या सिंकती हैं रोटियाँ भी
शहर में?
चलो, तुम कहते हो सही तो
रोटियाँ होंगी जरूर शहर में
लेकिन कॉमरेड
अभी-अभी जो मर गया
शहर का नवीनतम नागरिक
सरकारी अस्पताल के जनरल वार्ड में

उसकी मौत की वजह
क्या है? धुआँ...? आग...? रोटी...?

कविता अपने अन्तर्वस्तु को विश्वसनीय बनाती हुई आती है। कवि अपनी एक अन्य कविता में समुद्र की बात करता है, तब लगता है, कवि बड़प्पन दिखाना चाह रहा है :

नहीं,
यह गलत है
कि मैं समुद्र होना चाहता हूँ
ज्वार-भाटे की राजनीति
मैं नहीं चाहता
हाँ,
यह सच है
कि समुद्र के बीच
ठीक उसकी छाती पर
मैं टापू-सा खड़ा होना चाहता हूँ।

कवि ने मनुष्य को ब्राह्मांड से भी बड़ा बताया है। युवा पीढ़ी जहाँ सन्देहों, संशयों से ग्रस्त है, संशयों के दौर में कवित्व जरूर होगा। घोर आत्मविश्वास नारेबाजी हो सकता है। इस युवा कवि में विश्वास दिखाई देता है। हीनभावना, छोटा समझना नहीं है। इनकी एक छंदोबद्ध कविता है :

इतने ख्वाब कहाँ जाते हैं
आँख के गहरे पानी में।

उतराती और डूबती साँसें
आँख के गहरे पानी में।

उसके लहू का खारापन और
उसके अश्कों के मोती,
सागर भी बौना लगता है
आँख के गहरे पानी में।

आज मिला तो उसने अपना
हाल कहा दो लफ्जों में
जीवन का लेखा-जोखा है
आँख के गहरे पानी में।

मेरा बीता कल और अपना
आने वाला कल देखो,
हर तसवीर नजर आएगी
आँख के गहरे पानी में।

राहों में मुश्किल आएगी
सोच के उसने समझाया
सपनों की तैराओ नैया
आँख के गहरे पानी में।

ममता की मीठी यादें और
बचपन के नमकीन खयाल
बाबा के मजबूत इरादे
आँख के गहरे पानी में।

इस कविता में छंद इन्होंने उर्दू से नहीं लिया है। यह हिन्दी का अपना छंद है। शब्दावली भी इसकी उर्दू नहीं है। 'आँख के गहरे पानी में' यह मिसरा बार-बार दोहराया गया है। आँख के गहरे पानी में क्या-क्या चीजें हैं—बाबा, परिवार, राहों की मुश्किलें हैं। आँख के गहरे पानी में सपने होते हैं, सपनों की नैया तैराई जा रही है। कल्पना की नई उद्‌भावना इस कवि में दिखाई पड़ती है। इनकी कविताओं में विविधता है। न शुद्ध शहरी है, न ही शुद्ध आंचलिक भाव की कविता है। 'मेनहोल

में घुसा आदमी', 'हाथ', 'ऊँचे दाँतों वाली लड़की' नाम की कविता है। कवि ने जिसे जिन्दगी के अलग-अलग पहलुओं को लेकर लिखा है। प्रकृति-चित्रण नहीं है। इनसानी सरोकार की कविता है। आम इनसान, मध्यवर्ग के लोगों के बारे में लिखा है। 'दिल्ली थी कि दूर थी' नाम से कविता है :

दिल्ली उतनी दूर नहीं थी
बात इतनी थी
कि एक फकीर गा रहा था,
'दूर अस्त'।

नीलकमल की कविताओं में भाषा साफ है। कोई दूर की कौड़ी लाने की कोशिश नहीं की है। बिम्बों, प्रतीकों का प्रयोग नहीं है। सीधे-सीधे जीवन की अभिव्यक्तियाँ, भावनाएँ हैं। नीलकमल की कविता सीधा वक्तव्य है।

अभी-अभी जन्मा है कवि : राकेश रंजन

'अभी-अभी जन्मा है कवि' राकेश रंजन का पहला कविता संग्रह है। यह नाम इस मायने में सार्थक है कि इस संग्रह के साथ ही वस्तुत: एक अनूठे कवि का जन्म हुआ है। हर कवि की पहचान उसकी भाषा से होती है। राकेश रंजन के पास अपनी भाषा है—नितान्त मौलिक और औरों से अलग। आप नहीं कह सकते कि यह पूर्ववर्ती कवियों, जैसेकि रघुवीर सहाय, श्रीकान्त वर्मा अथवा केदारनाथ सिंह की परम्परा का कवि है। ऐसा नहीं कि यह हिन्दी परम्परा से परिचित नहीं है, लेकिन इसने अपनी भाषा अर्जित की है, जिससे इसकी एक अलग पहचान बनती है। इस पहचान के साथ-साथ एक गजब का आत्मविश्वास भी इसमें है। एक कविता है : 'चलरंजनवा, महानगर'। इसमें जिस तरह का व्यंग्य है, वह कवि के गहरे आत्मविश्वास का ही परिचायक है। दूसरी ध्यान देने लायक बात यह है कि इस कवि में एक प्रकार का खिलंदड़ापन है। कुछ वैसा ही, जैसा रघुवीर सहाय में हुआ करता था। कहीं-कहीं नागार्जुन में दिखाई पड़ता है।

ऐसे समय में जब कवि खास कर राजनीतिक मसलों के प्रति ज्यादा ही गम्भीर दिखाई पड़ते हैं, इस खिलंदड़ेपन का अपना अलग प्रभाव पड़ता है। खिलंदड़ापन हल्का-फुल्का हँसी-मजाक नहीं है। हास्यरस नहीं है। इस शैली में जब विडम्बनाओं और विसंगतियों पर टिप्पणी की जाती है, तो यह मारक बन जाती है। उदाहरण के रूप में हम साधु-महंतों को लेकर लिखी गई उनकी कविताओं को देख सकते हैं। इसी खास अन्दाज में कवि ने महंतों के भ्रष्ट चरित्र को उजागर किया है। कुछ और तरह की व्यंग्य-कविताएँ भी इस संग्रह में हैं। एक तो इस खिलंदड़ेपन के चलते आज के गम्भीर ढंग से लिखनेवाले कवियों से अलग इनकी पहचान बनती है। दूसरे, इसमें लोकजीवन काफी विस्तार के साथ आया है। खेत-खलिहान और गाँव का पूरा वातावरण इसमें आता है। बल्कि कवि को इस बात का अभिमान है कि वह एक छोटे-से कस्बे से आता है। उसकी गहरी जड़ें लोकजीवन में हैं। उसकी काव्यभाषा वहीं से अपनी ताकत लेती है। ऐसी अनेक कविताएँ हैं।

इस संग्रह की तीसरी विशेषता यह दिखाई पड़ती है, इसके कवि को आज की राजनीतिक परिस्थितियों की गहरी समझ है, लेकिन खुलेआम गर्जन-तर्जन वाली राजनीतिक कविताओं से वह परहेज करता है। वह साधारण आदमी की आँखों से आज के समय को देखता है और उसे दर्ज करता है। इसके अलावा प्रकृति और प्रेम की कविताएँ भी आकर्षित करती हैं। एक जगह इस प्रकार का वर्णन है कि जब वह कवितामयी भाषा में अपनी प्रेमिका को सम्बोधित कर रहा होता है तो वह बीच में रोककर कहती है : 'महाकवि जी! बन्द कीजिए कविता, आरम्भ कीजिए प्यार!'

छंद पर भी कवि की अच्छी पकड़ है। दो-दो शब्दों के छोटे छंद में वर्षा का वर्णन पठनीय है :

गरजा अंबर
कड़-कड़-कड़

छिपा दिवाकर
डर-डर कर

काँपा तरुवर
थर-थर-थर।

संग्रह के अन्त में एक कविता है : 'कवि का वक्तव्य'। यह सबसे लम्बी और अन्तिम कविता है। इस पर मुक्तिबोध का प्रभाव सहज रूप से लक्षित किया जा सकता है। मुक्तिबोध की भाषा, मुक्तिबोध के मुहावरों का प्रभाव तो है ही, कविता में प्रसंग भी उसी प्रकार से आते हैं, जैसे मुक्तिबोध की कविताओं में आते हैं। हालाँकि यह कविता बहुत गम्भीरता से लिखी गई है, लेकिन मुझे लगता है कि लम्बी कविताओं में राकेश रंजन को वह सफलता नहीं मिली है जो छोटी कविताओं में मिली है यानी यहाँ उनकी अपनी वह अलग पहचान और मौलिकता नहीं दिखाई पड़ती। वैसे इनकी कुछ अन्य कविताओं में भी दूसरे कवियों की अर्थच्छायाएँ मिलती हैं, इसका मतलब है कि कवि बहुत पढ़ा-लिखा है और अपनी परम्परा से परिचित है। कुल मिलाकर 'कवि का वक्तव्य' मुझे एक कमजोर कविता लगी। राकेश रंजन को सफलता छोटी कविताओं में ही मिली है, उन्हीं में उनका अपना स्वर दिखाई देता है। जैसे एक कविता है : 'हल्लो राजा'।

हल्लो राजा!
कभी-कभी तो कठिन धूप में
चल्लो राजा!
कभी-कभी तो चिन्ता-भय से,

गल्लो राजा!
कभी-कभी तो जठरागिन में
जल्लो राजा!

यह इस कवि का अपना स्वर है। आज के जमाने में, जबकि हिन्दी में सैकड़ों कवि हैं, मैं समझता हूँ कि कोई कवि अपनी भाषा, तेवर, अन्दाज और विषयवस्तु से अपनी पहचान बना ले, तो इसे छोटी सफलता नहीं कहा जा सकता।

हम बचे रहेंगे : विमलेश त्रिपाठी

नई शताब्दी के एक दशक पूरा होते-होते कुछ अच्छे संग्रह युवा कवियों के आए जिनमें एक महत्त्वपूर्ण कवि विमलेश भी हैं। इसमें कोई शक नहीं कि लोक-संवेदना का एक विस्तार इस कवि की कविताओं में है। बिहार में पैदा हुए, बाद की सारी पढ़ाई-लिखाई कलकत्ता में की, तो परदेस में अपने देश की याद तो आती ही है। और उस देश की भाषा का संस्कार उनकी कविताओं में है जो स्पष्ट रूप से पढ़ने पर मालूम होता है। बिहार की बोली-बानी का जिक्र उसमें मिलता है। 'चिरिया चुरुंग' जैसे शब्दों का प्रयोग किया गया है। पूरी कविता इस प्रकार के शब्दों से भरी हुई है।

बिहार में जो नरसंहार हुआ था, उस पर एक लम्बी कविता विमलेश ने लिखी है : 'जीने का उत्सव'। इस कविता में 'चावल से चुमावन' होता है, 'उसकी मनकिया की तरह...खुशियाँ' हैं, रामजोतिया और उसके 'पथेरे' बाप का जिक्र आता है जो एक खास वर्ग-समुदाय से आया है और इसका संकेत भी मिलता है। और एक सम्बन्ध में 'ईया' से कहानी सुनने की जिद करता 'धुरखेलुआ' का जिक्र है जो ऊँघ रहा है आँगन में। तो अपनी बानी-बोली की गहरी छाप के साथ स्थानीयता का रंग जो कई उपन्यासों में, जैसे 'रेणु' में, 'नागार्जुन' में मिलता है—विमलेश की कविता में भी उस मिट्टी की छाप है और उससे एक अलग व्यक्तित्व बनता है इनकी (विमलेश) भाषा का। लेकिन ऐसी इक्की-दुक्की कविताओं के अलावा आम तौर से ये आत्मचेतस कवि हैं और कवि के अपने दायित्व को समझते हैं।

विमलेश की कविताओं में कलकत्ता में रहने के कारण बंगला कविता का संसार भी पृष्ठभूमि में दिखता है। एक कविता में बिलकुल बंगला के आधे गीत की कड़ी भी आती है जिसका जिक्र विमलेश ने किया है। बंगला का शब्द बार-बार दोहराया गया है : 'जीवने जोदि दीप जालाते नाइ पारो', 'मैं नशे में हूँ यदि मर जाऊँ तो क्या कहोगे मेरी प्रेमिका से', तो स्थानीयता की रंगत ली हुई उनकी कविताएँ हैं और छोटी-छोटी कविताएँ हैं। उन कविताओं से उसकी भाषा का, उसकी प्रतिबद्धता का, जीवन से उनके जो सरोकार हैं, उसका पता चलता है।

विमलेश बहुत जागरूक और प्रबुद्ध कवि हैं। हिन्दी के जाने-माने कवि केदारनाथ जी ने फ्लैप की सामग्री लिखी है तो इससे मालूम होता है कि ये बहुत सम्भावनाओं से भरे हुए कवि हैं। विमलेश की एक कविता हम लोग देख सकते हैं और उसी के माध्यम से इनकी कविताओं के बारे में बात करेंगे :

एक ऐसे समय में
जब शब्दों ने भी पहनने शुरू कर दिये हैं
तरह-तरह के मुखौटे,
शब्दों की बाजीगरी से
पहुँच रहे हैं लोग सड़क से संसद तक।

कवि जब कहता है कि 'एक ऐसे समय में जब शब्दों ने भी पहनने शुरू कर दिये हैं तरह-तरह के मुखौटे, शब्दों की बाजीगरी से पहुँच रहे हैं लोग सड़क से संसद तक', तो इसी से मिलता-जुलता संग्रह है धूमिल की कविताओं का। कविता को तो कठिनाई हो गई है क्योंकि खतरनाक हो गया है समय। जिन शब्दों का प्रयोग खास अर्थों में किया जाता है, कवि उन शब्दों का कैसे इस्तेमाल करे अपने अर्थ में? जिस भाषा में कविता लिखनी है, उस भाषा के छल से कवि की कठिनाइयाँ बढ़ती चली जा रही हैं। इन कठिनाइयों से टकराना भी पड़ता है...। पूरा वर्णन विमलेश की इस कविता में है :

ऐसे समय में
जब शब्द कर रहे हैं
नायकत्व के सम्मोहक अभिनय
हो रही है उनकी ताजपोशी शीत-ताप नियंत्रित कक्षों में...
ऐसे समय में
शब्दों को बचाने की लड़ रहा हूँ लड़ाई
ये शर्म की बात है
कि मैं लिखता हूँ कविताएँ
ये गर्व की बात है
कि ऐसे खतरनाक समय में
कवि हूँ... कवि हूँ...।

तो यह एक कवि की कठिनाई है आजकल क्योंकि भाषा पर स्वयं उसका वश नहीं रह गया है, उसका तरह-तरह से इस्तेमाल किया जा रहा है, इसलिए आत्मचेतस कवि की आम तौर पर पहली लड़ाई उन शब्दों से है जिन शब्दों के द्वारा वह जीवन के यथार्थ का चित्रण करने जा रहा है।

चूँकि बहुत-से कवि इतने आत्मचेतस नहीं हैं और भाषा के इस व्यवहार से स्वयं उनकी रचना पर क्या असर पड़ने वाला है, इस बात से अनभिज्ञ होने के बावजूद उस भाषा का इस्तेमाल करते चले जा रहे हैं लेकिन जो आत्मसजग हैं, वे कम-से-कम देख रहे हैं, समझ रहे हैं कि उनकी पहली लड़ाई तो यही है...यह पहले भी हुआ है। 'रघुवीर सहाय' ने लिखा है, दूसरे कवियों ने भी लिखा है कि हमारी समस्या तो सबसे पहले भाषा है।

अभिव्यक्ति के संकट की वजह से यह कवि इतना आत्मसजग है और उसमें यह अहसास है कि ऐसे समय में जबकि कवि का अस्तित्व ही, कवि-कर्म ही संकट में हो तब भी यह विश्वास कि 'हम बचे रहेंगे'। यह आत्मविश्वास और इस आत्मविश्वास में कवि का संघर्ष महत्त्वपूर्ण है। जैसाकि मैंने कहा, संग्रह में कई रंग की कविताएँ हैं लेकिन यह आत्मचेतस कवि अपने कवि कर्म को लेकर अनेक कविताएँ इसमें लिखता है। उसमें जीवन और स्त्री-सम्बन्धी अनेक कविताएँ हैं। 'स्त्री थी वह', जैसाकि आजकल स्त्री-विमर्श चल रहा है, उसमें कम-से-कम वे कवि, जो सजग हैं, लिख रहे हैं। विमलेश के इस संग्रह में माँ के बारे में कविता है, प्रेमिकाओं के बारे में कविता है। कविता में तरह-तरह के चरित्र हैं, तो आज का समाज है और स्वयं के जिए सम्बन्ध हैं। विमलेश ने गांधी जी के ऊपर 'राजघाट पर घूमते हुए' नामक एक कविता लिखी है इस संग्रह में। बहुत अच्छी कविता लिखी है और इसलिए विमलेश की कविता-दुनिया काफी बड़ी मालूम होती है। एक कविता है इनकी : 'कठिन समय में प्रेम'। प्रेम पर कविता और इस कठिन समय में प्रेम करना भी कितना कठिन है, उसकी अपनी क्या समस्या है, पीड़ा है—इस पर भी लिखा है। सम्भवतः यह विमलेश का पहला कविता संग्रह है और पहले कविता संग्रह में ही बड़ी सम्भावना दिखाई पड़ रही है।

मेरी यात्रा का जरूरी सामान : लीना मल्होत्रा

लीना मल्होत्रा का पहला काव्य संग्रह 'मेरी यात्रा का जरूरी सामान' है। इसमें दो कम साठ कविताएँ हैं। पहली बार लीना को मैंने इसी काव्य संग्रह से जाना। अपने पहले काव्य संग्रह में ही इतनी प्रौढ़ता के साथ बहुत ही कम लोग आए हैं। भाषा बिलकुल प्रौढ़, परिपक्व, गठी हुई है। भावनाओं पर पूरी तरह से नियंत्रण है। कहीं भी उच्छ्वास नहीं है। इसलिए भावावेश नहीं है। भावनाएँ हैं, और उसके पीछे सुविचारित चिन्तन है। और कुल मिलाकर एक ऐसी स्त्री की कथा है जिसे एक पुरुष द्वारा किन्हीं कारणों से अन्ततः छल लिया गया है। लेकिन उस छले जाने में शिकायत नहीं है और यह भी नहीं है कि उसकी लांछना की जाए बल्कि अपनी अनुभूतियों को जाँचना-परखना—इसी प्रक्रिया में गठी हुई भाषा है।

ये बार-बार स्त्री जीवन को देखती हैं, परखती हैं, जाँच करती हैं और उन शंकाओं को बहुत ही संयत, सन्तुलित ढंग से अभिव्यक्त करती हैं। आक्रोश भी नहीं है और न ही आँसू बहाना है, करुणा भी नहीं है।

'मेरी यात्रा का जरूरी सामान' में जीवन-यात्रा के विषय में बहुत ही अच्छी कविताएँ हैं। इसमें 'आदतें', 'बहुरूपिए' जो शीर्षक हैं, उन शीर्षकों से आप अन्दाजा लगा सकते हैं कि विविधता बहुत है। ऐसा नहीं है कि यह केवल दो आदमी का वार्तालाप है। 'चिड़िया', 'कुट्टी', 'यू.पी.एस.सी. के बस स्टॉप पर बैठी एक लड़की', 'क्रान्ति चुपचाप' विलक्षण कविताएँ हैं। एक कविता की पक्तियाँ हैं :

आशा, तुम्हें शर्म नहीं आती
तुम अकेली रहती हो!

यह कविता अकेली रहनेवाली स्त्रियों के बारे में है। लेकिन बिलकुल अलग है। मध्यम स्वर में, सहज स्वर में बात कही गई है। यहाँ भी किसी से शिकायत करनेवाली, लांछना देनेवाली बात नहीं है। एक कविता का शीर्षक है : 'प्यार में धोखा खाई लड़की'। यह शीर्षक कायदे से इस काव्य संग्रह का शीर्षक हो सकता है। यहाँ वे कहती हैं :

प्यार में धोखा खाई
किसी भी लड़की की
एक ही उम्र होती है
उलटे पाँव चलने की उम्र!
वह
दर्द को
ऊन के गोले की तरह लपेटती है
और उससे एक ऐसा स्वेटर बुनना चाहती है
जिससे
धोखे की सिहरन को
रोका जा सके मन तक पहुँचने से।

यहाँ इन्होंने सम्पूर्ण ढंग से अपनी पूरी बात कह दी है। यह मूल स्वर है इनका लेकिन कुल मिलाकर कहें कि जैसे महादेवी के गीत हैं, उस समय की ये कविताएँ नहीं हैं। ये छायावादी कविताएँ नहीं हैं, न ही ये रहस्यवादी हैं और न ही उनके रहस्यवाद की शरण लेने की जरूरत है बल्कि टिट्ठे की अँगूठियाँ उनको लेने की जरूरत है। इस पर बात करने से पहले एक कविता देखते हैं :

आज तुम लौट आए हो
मेरे हाथों में कोई कम्पन नहीं
न ही दृष्टि में नमी
दिल की धड़कन भी
अलसाई-सी यंत्रवत् बज रही है
साफ-साफ तुम्हें देख पा रही हूँ
तुम्हें वैसे नहीं
जैसे मैं देखना चाहती हूँ
बल्कि वैसे, जैसे तुम हो
सोच रही हूँ
ऐसा क्या था तुममें
जो मैं दाँव पर लगा देती
अपना जीवन?
कैसे एक चित्र में जड़ हो गई थी
मैं तुम्हारे साथ
जिसके प्रेम में समय नहीं घुस सकता था
प्यार

खुशबू का एक पुल बन गया था
जिस पर मैं तुम्हारे साथ
अनंत यात्रा पर निकल चुकी थी
अब आए हो तो बेवकूफ शब्द
खोखले से बन रहे हैं
होंठों की मुस्कान
समझदारियों की भाप
बनकर उड़ने को है
रुको
एक कप चाय पीकर जाना
अभी भी चाय में खौलता है
पानी का पागलपन
नहीं, यह प्रेम का नहीं
आँच का दोष था
आह! मुझे तुमसे नहीं
उन दिनों से प्रेम था
बहने से प्रेम था
उड़ने से प्रेम था
डूब जाने से प्रेम था
नहीं, स्वीकारना नहीं चाहती थी
तुम न आते तो क्या ही
अच्छा था!

पहली कविता जो इन्होंने लिखी है, उस कविता से भी वे चीजें निकलती हैं। बहुत ही लम्बी कविता दी है इन्होंने। लगता है, बिलकुल दस्तावेज है। पहली कविता 'मैं सहमत न थी'—इस कविता से असहमति का स्वर निकलता है। जीवन में यह नहीं होना चाहिए कि हर बात को स्वीकार ही करना है बल्कि अस्वीकार करने का साहस भी होना चाहिए।

एक जगह पर भाव आया है : 'मैं वानप्रस्थ की विरक्ति ओढ़कर जैसे निकल चुकी हूँ तो वानप्रस्थ का अनुभव भी कभी-कभी इसी उम्र में होने लगता है।' एक छोटी-सी कविता है, जिसका शीर्षक है : 'चिड़िया'।

महत्त्वाकांक्षाओं की चिड़िया
औरत की मुँडेर पर आ बैठी है
दम साध शिकारी ने तान ली है बंदूक

निशाने पर है चिड़िया
अगर निशाना चूक गया
तो औरत मरेगी!

चिड़िया निशाना है, लेकिन निशाना चूक जाए तो औरत मरेगी यानी वह मरेगी जिसके हाथ में बंदूक है। तो इस तरह से संकेतों में बात कही गई है।

मुझे ऐसी कवयित्री में केवल एक ही आशंका होती है कि यह दुनिया ज्यादा बड़ी नहीं है इसलिए अपने मन को देखने की अपेक्षा दुनिया को भी देखें, समाज के बारे में भी लिखें। हमें यह इन्तजार रहेगा कि अपनी इस मानसिक स्थिति से निकलकरके लोक-समाज-दुनिया और दूसरे हालात पर भी इनका ध्यान जाए तो मुझे उम्मीद है कि और भी बेहतर कविताएँ मिलेंगी।

कहते हैं, तब शहंशाह सो रहे थे : उमाशंकर चौधरी

उमाशंकर चौधरी का यह पहला संग्रह है, इसलिए इसका स्वागत किया जाना चाहिए। कवि ने संग्रह का नाम रखा है : 'कहते हैं, तब शहंशाह सो रहे थे'। यह उनकी एक महत्त्वपूर्ण कविता 'शहंशाह की नींद' की पंक्ति है। इस कविता के शीर्षक के ठीक नीचे उन्होंने लिखा है : 'जब सद्दाम हुसैन को फाँसी दी जा रही थी, तब बुश सो रहे थे।' शीर्षक से भी यह साफ पता चलता है कि यह अमेरिकी साम्राज्यवाद के विरुद्ध आवाज उठाने वाली कविता है। इस कविता के बीच में आई इन पंक्तियों को देखिए :

शहंशाह की इस नींद को तोड़ा जा सकता है
महज एक छोटे-से कंकड़ की उछाल से
जो गिरे जाकर सीधे शहंशाह की नींद में।

इनमें कवि के साम्राज्यवाद-विरोधी तेवर की झलक मिलती है। इसके अलावा साम्राज्यपरस्ती और मुक्त बाजार के नाम पर मची लूट से जो व्यवस्था बनी है, उस व्यवस्था का मुखर विरोध भी इस संग्रह की कविताओं में दिखलाई देता है। ऐसी कई कविताएँ हैं जिनमें आज का यथार्थ ही उद्घाटित नहीं होता है, बल्कि कवि अपना प्रतिरोध भी दर्ज करता है।

लेकिन इस संग्रह की ज्यादातर कविताएँ स्त्रियों के बारे में हैं। कह सकते हैं कि ये 'स्त्री-विमर्श' की कविताएँ हैं मगर इनमें विषय की विविधता है और इनके माध्यम से नई बात कहने की कोशिश की गई है। हालाँकि नये यथार्थ को उभारने के लिए कहीं-कहीं अंग्रेजी के शब्दों और मुहावरों का प्रयोग किया गया है। एक कविता का तो शीर्षक है : 'जैनरेशन नैक्स्ट'। इसी तरह एक जगह 'नेचुरल फेनोमेना' आया है। अब ये चीजें न भी होतीं तो कोई हर्ज नहीं था।

इस संकलन में प्रेम को लेकर कुछ बहुत अच्छी कविताएँ हैं, जिनमें आज के दौर की स्त्री को उभारने की कोशिश की गई है। घिसी-पिटी पुरानी मान्यताओं पर

आधारित स्त्री की जो छवि बनी हुई है, उससे बिलकुल अलग हटकर लिखी गई हैं ये कविताएँ। बल्कि एक कविता का तो शीर्षक ही है : 'प्रेम का यथार्थवाद'। इसमें आज के समय में प्रेम की जो वास्तविक स्थिति है, उसे दिखलाने का प्रयत्न किया है। स्त्रियों को लेकर लिखी गई कविताओं में से एक 'जरूरी है प्यार का बचना' की कुछ पंक्तियाँ द्रष्टव्य हैं :

अब ऐसे जोड़े विरले ही मिलेंगे, जो खाते हों कसमें
साथ जीने और मरने की
और सिर्फ अपने प्यार को बचाने के लिए
हो जाते हों तैयार घर से भाग जाने के लिए।

अब प्रेम की ऊँचाई एक-दूसरे के लिए
जीना और मरना नहीं,
एक-दूसरे के साथ तरीके से रह जाना भर है।

अब जितनी बार प्रेमियों का जोड़ा
साथ भागने से करता है इनकार, उतनी बार
उसी अनुपात में, सूखते हैं इस धरती पर से आँसू
उतनी बार मुरझाता है फूल
और अन्ततः उतनी ही बढ़ती है
मनुष्य के बर्बर होने की गुंजाइश।

यह है आज का यथार्थ, जहाँ प्रेम में भी लोग व्यावहारिक हो गए हैं। इन कविताओं से स्त्री की एक अलग तरह की छवि उभरकर आती है।

उमाशंकर की कविताएँ शहरी मध्यवर्ग की स्त्रियों तक सीमित नहीं हैं। गाँव की लड़कियों के सपने और संघर्ष को व्यक्त करने की कोशिश भी उनमें मिलती है। खास तौर से सुजाता को लेकर लिखी गई दो कविताओं को देख सकते हैं। कुछ कविताएँ पूर्व-परिचित विषयों पर भी लिखी गई हैं परन्तु इनमें भी यथार्थ का कोई-न-कोई नया पहलू उभरकर सामने आया है।

ऐसी ही एक कविता है : 'हवेली का सच'। इसमें गाँव के सामंती परिवारों में स्त्री पर होनेवाले अत्याचार का मार्मिक चित्रण हुआ है। राजशाही समाप्त हो जाने के बाद भी हवेली का मुखिया उसी मानसिकता में जीता है और आसपास के लोग भी उसे राजा जैसा आदर देते हैं। वह पंचायत के माध्यम से दूसरों का न्याय भी करता है, परन्तु स्वयं अपनी पत्नी पर जुल्म ढाता है और नवजात बेटियों की हत्या कर देता है। उमाशंकर ने इसके माध्यम से सामंती समाज की क्रूरता को उजागर किया है :

बाबा नसीहत देते थे
उस हवेली की ओर नहीं देखने की
लेकिन हम अक्सर देखते थे
उसकी मुँडेर पर दो कबूतर
जिसे लोग कहते थे—उस राजा की
दो बेटियाँ, जिसे उसने
जन्मते ही एक कमरे की जमीन में गाड़ दिया था...।

इस तरह उमाशंकर ने अपनी कविताओं में आज के जीवन की विडम्बनाओं को बहुत अच्छी तरह उठाया है। उसका यह पहला संग्रह कई दृष्टियों से उल्लेखनीय है।

तेरे समक्ष : इन्दु सिंह

मेरे मन में जिज्ञासा हुई कि किसके समक्ष? लेकिन जब कविता देखी तो मालूम हुआ कि 'जिन्दगी, तेरे समक्ष'। तब इसका रहस्य खुला और करीब पहले संग्रह में 64-65 कविताएँ हैं और यों भी उत्सुकता हुई क्योंकि वरिष्ठ कवि केदारनाथ सिंह ने भी इस संग्रह के लिए एक छोटे-से आशीर्वाद के रूप में लिखा है और खास तौर से उन्होंने एक कविता का जिक्र किया है कि वह कविता जरूर पढ़ें और इसीलिए सबसे पहले मैंने सोचा कि यही पढ़ूँ—(क्या लिखूँ) :

क्या लिखूँ मैं आपकी सारी कविता
क्या लिखूँ खुद पर, तुम पर, रिश्तों पर
प्यार पर क्यों लिखूँ
जब झूठे ही लिखना है
कभी धान, कभी खेत, कभी लाइन
और कभी उसके चावल को ही गला देना है जब
कैसे लिखूँ
उस कनके के पीर अलग कर दिया है उसने
छानकर फटककर उड़ती हुई भस्म सब ढक देती है
देखने को कुछ नहीं, कहने को कुछ नहीं, लिखने को कुछ नहीं।

शीर्षक है : 'क्या लिखूँ'—करता है कुछ नहीं, कुछ नहीं, कुछ नहीं। इस कविता संग्रह से मेरी दिलचस्पी पहली बार हुई कि बोलचाल की भाषा में शायद बाहर से कोई बनावटी अनुकृति नहीं है और उस बोलचाल की भाषा में, साथ ही साथ हिन्दी में, कविता लिखी जा सकती है।

जबकि लोग समझते हैं कि कवित्तपूर्ण भाषा कुछ अलंकृत होनी चाहिए, सरलता-सहजता इसकी जान है। कविताओं में विविधता है। एक अन्य कविता है : 'आहिस्ता-आहिस्ता'।

जैसे ही सिल के दाँत
घिसने लगते हैं
उसे फिर से छिदवाती है औरत
पत्थर पर चलती हुई
छेनी और हथौड़ी की मार
थोड़ा खुरच देती है सिल को
और बार-बार लगातार
प्रहार के बाद
तैयार होती है सिल
पूरी तरह
अब जो चाहे पीसो
पिसेगा
पहले थोड़ी खिसकन
जरूर निकलेगी
आहिस्ता-आहिस्ता
सब गायब।

तैयार की
जाती है औरत भी
इसी तरह
रोज छेदी जाती है
उसके सब्र की सिल
हथौड़ी से चोट होती है
उसके विश्वास पर
और छेनी करती है
तार-तार
उसके आत्मसम्मान को
कि तब तैयार होती है औरत
पूरी तरह
चाहे जैसे रखो, रहेगी
पहले थोड़ा विरोध, थोड़ा दर्द
जरूर निकलेगा
आहिस्ता-आहिस्ता
सब गायब।

एक और कविता है : 'कैक्टस के फूल'।

मैंने तुम्हें चाहा और
तुमने मुझे चुभन दी
मैंने सोचा कि तुम काँटों के खेड़ हो
तुम्हें गर्म अहसास दूँ
तुमने मेरे जज्बात को
काँटों से भेद दिया
मुझे तकलीफ हुई, तुम मुस्काए
प्रथमतया कि इतने सारे काँटे तुमने क्यों हैं लगाए
खुद तो नर्म बिस्तर पर कटे तुम्हारी जिन्दगी
सहानुभूति पर बटोरने को इतने दाँव बिछाए
जो भी करीब आए
उसे चुभ-चुभ जाए
कैक्टस के फूल
मैंने तुम्हें चाहा
तुमने मुझे चाँद कहा

तुमने मुझे चाँद कहा
और मैं चाँद हो गई
दीवारें भी बोलती हैं
बन्द कमरे में खिड़की के पास
सीखचों से भी झाँकती है नजर देखती है बाहर
तो दिखती है कुछ साफ
तो कुछ धुँधला-सा
खिड़की पर लगी कुछ लोहे की
छड़ियाँ रुकावट बन रही हैं।
पुनः नजर वापस कमरे में
वही बन्द कमरा
वही खामोश दीवारें
चारों तरफ दौड़ती रहती है
चाहती है कुछ पूछना
कुछ कहना
जब कमरे में कोई नहीं हो

तब दीवारें ही दीवारें तोड़ती हैं
अपना मूक बन्द
कहती हैं एकान्त कर एक छड़
कर लो अपना मंथन
निष्पक्ष भाव से
उठे क्यों कष्ट
उठे तुम्हारे मन में
परिप्रेक्ष्य मोड़ के
मिलेगा जवाब
मिलेगा जवाब इसी खामोशी में तुम्हें
क्योंकि दीवारें खामोश नहीं होतीं
मौन रहती हैं, पर प्रतीक्षा मौन से ही
कुछ सन्देश संचयित होती है।

[यह मौन दीवारों पर लिखी गई है। कुछ महीन औहोज्यों पर भी बात की गई है।] अगला शीर्षक है : 'सुर्ख और दमकती औरत'।

गर्म तंदूर पर सुर्ख अंगारों पर बनाये जाते हैं
स्वादिष्ट के टिक्के
औरत की खूबसूरती का राज भी
सेंकती ही है खुद हर दिन
तपती है, जरती है और
हो जाती है सुर्ख अपनी तपिश में
खुद को पकाकर
करती है पेश समाज को
एक सभ्य और सम्पूर्ण औरत
कि सभी को पसन्द आती है
खामोश सुर्ख और दमकती औरत।
दर्द के निकलने की बात कही गई है :
पूरी की पूरी तरह
चाहे जैसे रखो, रहेगी
पहले थोड़ा विरोध, थोड़ा दर्द
जरूर निकलेगा
आहिस्ता-आहिस्ता
सब गायब।

दर्द में अर्थ सब गायब हो जाता है। इस संग्रह में जैसेकि मैंने पहले कहा, इसमें सरलता-सहजता दिखाई पड़ती है। नारी का सुलभ स्वभाव है और कोई लम्बी-चौड़ी बात नहीं है।

तवी जहाँ से गुजरती है : सं. अशोक कुमार

यह बहुत ही स्वागतयोग्य प्रयास है। जम्मू में एक साहित्यिक संस्था लोगों ने बना रखी है। उसके संयोजन की भूमिका अशोक कुमार निभाते हैं। अशोक कुमार के अलावा इसमें मनोज शर्मा, शेख मोहम्मद, कल्याण, राणजम्बाल, कमलजीत चौधरी, अमिताभ मेहता, शकुन्त दीपमाला, महाराज कश्यप सन्तोषी, ओम खजूरिया, संजीव भैसीन, कृष्ण कुमार शर्मा, कपिल अनिरुद्ध और सुधीर महाजन कवि हैं। उस संग्रह में कवियों की संख्या अधिक है। इस संग्रह में अग्निशेखर का नाम न पाकर मैं तर्क और युक्ति सोच रहा था तो मुझे लगा कि वे तो कश्मीर के हैं। यद्यपि लिखते हिन्दी में हैं, कश्मीरी में भी लिखते हैं। इन लोगों ने तवी और जम्मू से जुड़े हुए हिस्से को लिया है, जो घाटी का हिस्सा है। इनका मूल निवास श्रीनगर है। चूँकि अग्निशेखर श्रीनगर से आए हैं, इसलिए इस संग्रह में उनका नाम न पाकर थोड़ा आश्चर्य हुआ कि अग्निशेखर का नाम क्यों नहीं है? बहरहाल इस संग्रह की भूमिका अरुण कमल ने लिखी है। लगता है कि उन्होंने कविताएँ ध्यान से पढ़ी हैं और पुस्तक की पंक्तियों को चुन करके जगह-जगह उन्होंने सभी कवियों की जो महत्त्वपूर्ण पंक्तियाँ हैं, उन्हें रखा है। ये कविताएँ जम्मू की मिट्टी और तवी के पानी से बनी हुई हैं। अरुण कमल ने इस संग्रह की अच्छी भूमिका लिखते हुए कई कवियों की कुछ महत्त्वपूर्ण पंक्तियाँ उद्धृत की हैं। इन सभी कविताओं में स्थानीयता का रंग है। इसमें तवी के अलावा, तवी की प्रकृति, उसकी बसावट और जम्मू के जीवन से जुड़ी हुई चीजों से कविताएँ आकार लेती हैं।

संग्रह की भूमिका लिखते हुए अरुण कमल ने कविताओं की कुछ पंक्तियाँ चुनी हैं। बतौर उदाहरण :

पुल के ऊपर लैम्पपोस्ट पर रात गए कभी
चाँद जो अटके तो चौकीदार अपनी छड़ी से
अटका चाँद छुड़ा देता है।

मनोज शर्मा की कविता की पंक्ति दी है इन्होंने :

जिन्दा रहे तालाब में उतरते चाँद का साँवलापन।

शेख मोहम्मद की पंक्ति उन्होंने दी है :

घर के अँगने में मेरे उस रात जब बिखरा था
चाँदनी के चाँद का एक टुकड़ा...।

अमिताभ मेहता की पंक्ति है।
कश्मीर और जम्मू के सम्बन्ध की भी झलक दी गई है।
एक कवि ने लिखा है :

पूर्णिमा का चाँद जैसे हमारा पूरा हरा-भरा कश्मीर
और अमावस्या का चाँद जैसे आधा कश्मीर।

जम्मू शहर की अपनी बसावट और बनावट है। वहाँ की रातों, सुबह और शाम का अपना रंग है।

इस संग्रह में जिस तरह से जम्मू और तवी की स्थानीयता व्यक्त हुई है, उसी प्रकार भारत के अन्य हिस्सों या जनपदों के आधार पर स्थानीयता को प्रमुखता देते हुए कविता संग्रह आने चाहिए, जिनका विशेष महत्त्व होगा। जिस तरह से आंचलिक उपन्यास लिखे गए, उसी तरह से कविता में भी आंचलिक रंगत मिल सकती है। हमारे यहाँ प्रत्येक क्षेत्र की भाषा और संस्कृति में पर्याप्त भिन्नता पाई जाती है।

उदाहरणस्वरूप अशोक कुमार की एक कविता को लेते हैं :

क्या इस तरह चला जाता है आदमी
जैसे टंकी भरने पर
फालतू पानी बह चला जाता है?
क्या इस तरह चला जाता है आदमी
जैसे शाम होने के बाद
छायाएँ अँधेरे में चली जाती हैं?
पंक्चर होने पर
ट्यूब से हवा चली जाती है।
पुराने जड़ जाने पर पर्दे उतार दिये जाते हैं।
आदमी चला जाता है।
फिर उसका रेगिस्तान में गुम हुए सिक्के की तरह
पता ही नहीं चलता

आसपास हवा में हिलता रहता है कुछ
मृतकों के वस्त्रों की तरह
पड़ी रहती हैं गठरों में बँधी स्मृतियाँ
क्या इस तरह आदमी चला जाता है?

एक आदमी के चले जाने को कितने बिम्बों और उपमाओं के माध्यम से उन्होंने व्यक्त किया है! सबसे मार्मिक है फालतू पानी का बह चले जाना।

इन्होंने जो उपमाएँ दी हैं, ये घिसी-पिटी उपमाएँ नहीं हैं। अब उस हर एक का पसीना पोंछूँ जो जीवन के तसले में सीमेंट और रेत का चारा रह जाता है। जो तसला है, कोई आदमी उस तसले की उपमा को आदमी के पसीने से जोड़कर बात करता है तो वह महत्त्वपूर्ण हो जाता है।

इन लोगों ने लोकतंत्र के छद्म पर भी काफी कुछ कहा है। राजनीतिक रंग वाली कविताएँ भी हैं। केवल प्रकृति-चित्रण या शहर का वातावरण और जीवन नहीं दिखाया गया है। उपमाओं के माध्यम से लोकतंत्र के छद्म की बात एक जगह कही गई है। संतोषी एक जगह उपमा देते हुए कहते हैं कि 'एक संतरा भी आदमी की सोच बदल सकता है।' क्योंकि कश्मीर उन्हें याद रहता है और चूँकि वे कश्मीर के हैं। संतोष जी महाशय, जिसे आप उमस कहते हैं, हमारे लिए उसका सम्बन्ध समंदर से नहीं, तैमूर के आतंक से है।

जिन्दगी के कागज पर : रंजना जायसवाल

'जिन्दगी के कागज पर' रंजना जायसवाल का तीसरा काव्य संग्रह है। असल में इस कविता संग्रह का नाम संग्रह के ही एक कविता के नाम पर है। इस संग्रह में छोटी-सी कविता है कि प्रेम जिन्दगी के कागज पर दिल की मोहर है। जिन्दगी के कागज पर ये कविताएँ प्रेम की कविताएँ हैं। ऐसा प्रेम है जिस पर दिल की मोहर लगी हुई है, लेखिका के दिल की मोहर लगी हुई है। आम तौर पर स्त्री-विमर्श के अन्तर्गत स्त्री चेतना और स्त्री-विमर्श को केन्द्र में रखकर चर्चा की गई है।

लेकिन इस कविता संग्रह में देखें तो स्त्री-पुरुष सम्बन्धों को लेकर लिखी गई कविताएँ हैं। स्त्रीवादी लोग जो पुरुष विरोधी दृष्टिकोण अपनाते हैं और समझते हैं कि स्त्री अस्मिता की स्थापना तभी होगी जब पुरुष अत्याचारों को बढ़ा-चढ़ा कर न देखा जाए। चूँकि हमारे यहाँ अर्द्धनारीश्वर की परिकल्पना रही है। शिव की परिकल्पना में शिव को अर्द्धनारीश्वर अर्थात् आधी स्त्री कहा गया है। एक कविता उनकी देखें : 'किससे मुक्त होना है मुझे'। यहाँ कवयित्री प्रेम की परिभाषा देती हुई कहती है :

मेरे भीतर एक पुरुष रहता है एक स्त्री के साथ
दोनों में से तकलीफ किसी को न पहुँचे

मेरे भीतर एक पुरुष रहता है एक स्त्री के साथ
इनके प्रेम-घृणा, मान-अपमान
और विमर्शों के बीच झूलती मैं
अक्सर सोचती हूँ—किससे मुक्त होना है मुझे—
स्त्री से या पुरुष से?
क्या किसी एक के भी बिना
बच पाएगा मेरा अस्तित्व?
बन पाएगा पूर्ण व्यक्तित्व?

कवयित्री की यह जो समझ है, पुरुष-विरोधी दृष्टि की लिखी स्त्री-विमर्श की कविताओं से अलग एक नई समझ का परिचय देती है। कवयित्री खुल करके चीजें कहती हैं। इस संग्रह में छोटी-छोटी कविताएँ हैं। छोटी-छोटी अच्छी कविताएँ लिखी हुई हैं। प्रेम के अलावा भी कई चीजें हैं। अपने आदर्श के सन्दर्भ में एक समन्वयवादी दृष्टिकोण से लिखी कविता है : 'मेरी चिड़िया इतनी अच्छी नहीं हो सकती'।

जब मैं कहती हूँ
चिड़िया
उसके पास होती है
तीखी चोंच
मजबूत पंजे
डाली को मजबूती से पकड़ना
जानती है वह
पहचानती है
कहाँ तक है आसमान
उड़ना कहाँ तक है!
समझती है
कहाँ बैठता है बाज
कैसा होता है जाल :
कहते हो तुम
लड़की चिड़िया होती है
पर तीखी चोंच
मजबूत पंजे
जो बन सके हथियार
नहीं पसन्द तुम्हें
तुम चाहते हो ऐसी चिड़िया
जो घर की छत को
आसमान समझे
माफ करना भाई
मेरी चिड़िया इतनी अच्छी
नहीं हो सकती।

एक और अच्छी कविता है इसमें : 'कैसे बदल गई'।

प्रेम करते समय
जो आँखें

सतरंगी थीं
कैसे बदल गईं
बदरंग तराजू में
तौलती हुई बार-बार?

भावन अनुभूतियों से भरी छोटी-छोटी कविताएँ हैं। इनकी कविताएँ चाहे छोटी हों, चाहे लम्बी, उनके कहने का तेवर और अन्दाज अलग है और अच्छा है। उनकी कविताओं की भाषा में भी सहजता है। हम इनकी एक कविता देखते हैं :

उसकी पलकों पर
रहने लगते हैं मेघ
जो छलक आते हैं अक्सर
आँसू बनकर।
होंठों में छिपी दामिनी
कौंध-कौंध जाती है
मोहक मुस्कान बनकर।
उषा चेहरे पर जमा लेती है कब्जा
कठोरता पर
विजय पा लेती है
कोमलता
अब वह समुद्र नहीं
नदी होता है
सच कहूँ तो पूरी स्त्री होता है
प्रेम करता पुरुष।

एकदम सहज भाषा में कविता कही गई है। ऐसी कई कविताएँ हैं इस संग्रह में और कोई कविता हल्की नहीं है। संग्रह का अन्त भी प्रेम से होता है जब वह कहती हैं कि इतना विराट था प्रेम कि खत्म हो गए प्रेम करनेवाले, उसके खत्म होने से पहले ही।

घूम गया कई मोड़ : त्रिनेत्र जोशी

चालीस वर्षों से भी अधिक, एक लम्बे समय से लिख रहे त्रिनेत्र जोशी का पहला कविता संग्रह 'घूम गया कई मोड़' नाम से प्रकाशित हुआ है। 'घूम गया कई मोड़' मुक्तिबोध की पंक्तियाँ हैं। चालीस वर्षों में ऐसा लगता है, त्रिनेत्र जोशी स्वयं कई मोड़ घूमकर लौटे हों। काफी सोच-विचारकर 71 कविताओं का कविता संग्रह आया है। आज जो कविता का माहौल है, हालाँकि हर दशक में कोई-न-कोई परिवर्तन हुआ है, नई पीढ़ी आई है, लेकिन एक ताजा हवा के झोंके की तरह से आया है यह कविता संग्रह। खास तौर से इसकी भाषा इतनी सीधी-सरल है, जैसे कविता की भाषा है ही नहीं, गद्य की भाषा लगती है। संस्कृत के कोई भारी-भरकम शब्द नहीं। छंदों के बारे में भी कहा जा सकता है कि वे काफी सरल हैं। बीस पंक्तियों की एक कविता तो ऐसी है, जैसे वह पूरी की पूरी एक शब्द की कविता हो! एक-एक शब्द की एक पंक्ति है। गद्य कविता भी लिखी है जिसका नाम है : 'गुलबनपशा'। गुलबनपशा के फूल होते हैं, पौधा होता है। इसके बारे में कविता है। कविता का रूप-विधान तो है लेकिन शब्द के बारे में परिकल्पना है। चीनी कविता जैसी लगभग छोटी-छोटी पंक्तियों की कविता है। परिभाषा की तरह लिखा है। पंक्तियाँ निर्दिष्ट हैं :

जो बोला नहीं जा सका
वही था शब्द
सुनसान
न खत्म होती रात की तरह
लाखों वर्षों से अचेत जो पड़ा है
शायद वही है शब्द
कहूँ न कहूँ कि कर्फ्यू में
फँसा हुआ जो शब्द है
वही यह शब्द है

जो नहीं बोला जा सका
वही था शब्द।

शब्द की ऐसी परिभाषा शायद ही किसी कवि ने दी है। कविता में कई तरह के प्रयोग इन्होंने किये हैं। गद्य कविता भी लिखी है। इनकी कविता की विषयवस्तु और कला को समझने के लिए एक कविता प्रस्तुत है :

कभी-कभी
चुपचाप
खो जाती हैं चीजें
जैसे आजादी।

कभी-कभी बेहिसाब
आ जाता है गुस्सा
जैसे अंधड़।

कभी-कभी चुपचाप
आ जाती है रुलाई
जैसे बुढ़ापा।

कभी-कभी यों ही
गिर पड़ता है
आदमी
जैसे पुरानी दिल्ली की कोई इमारत।

कभी-कभी अक्सर हो आता है इलहाम
सीधे चलना ठीक नहीं
गिरते-पड़ते ही चलो।

कभी-कभी
ऐंठकर चलता है जो
हो उठता है तानाशाह।

अक्सर कभी-कभी

मैं कहता हूँ
जब हमें कहीं पहुँचना ही नहीं है
तो धीरे-धीरे क्यों नहीं सीख लेते
चलना
कभी-कभी?

त्रिनेश जोशी जिस तरह से कविता लिखते हैं, लगता है, विचारधारा को आत्मसात् किया हुआ है। ऐतिहासिक पृष्ठभूमि पर इस संग्रह में सबसे लम्बी कविता है जो मुक्तिबोध की याद दिलाती है। कविता है : 'अथ विश्व भारत:'। पन्द्रह-सोलह पेज की लम्बी कविता है जिसका अन्त भी कवि संस्कृत से करता है। अन्त में उद्‌बोधन के रूप में अधिक मुखर है यह कविता, जहाँ देवासुर संग्राम से पहले उत्पन्न हलाहल, यह प्रलयपूर्ण सृष्टि विनाश से त्रस्त : 'हममें उमड़ रहे हैं नीलकंठ, उमड़ो-उमड़ो नीलकंठ'। इसके बाद एक संस्कृत का श्लोक है जो महादेव के बारे में कहा हुआ : 'वढय महोदय महादेवयो कृपया भूतवावन'। इनकी लम्बी कविता की शैली मुक्तिबोध की लम्बी कविता की शैली से भिन्न है। इनके यहाँ लम्बी कविता में भी एक नयापन दिखाया गया है। यह फैंटेसी नहीं है। चीन का जिक्र भी आता है, यानी विश्व का भूगोल द्रष्टव्य है : 'बीस वर्षों की लम्बी पगडंडी के किनारे देखे गुलबनपशे के फूल आते हैं, या स्कूल से लौटने के बाद अक्सर चुन लेते थे, हम कई साथी।' अन्त में हांगकांग की पहाड़ियाँ, पेरी ताई का समुद्र, यांगसी नदी, मेकोंग, इरावती के ऊपर उड़ता हुआ स्विस एयरलाइन का विमान भी आता है और रानी खेत से दिखता त्रिशूल, पहाड़ इत्यादि लाकर कविता में पूरा विश्व दिखाते हैं। कुमाऊँ-गढ़वाल से लेकर हांगकांग तक का चित्र दिखाते हैं। अर्थात् कवि के ऊपर पूरा विश्व दिखाने की एक व्यापक दृष्टि है, साथ ही पूरे भारत के साथ स्थानीयपन भी इनकी कविताओं में चित्रित है। देश की वर्तमान स्थिति पर अनेक टिप्पणियाँ इनकी कविताओं में मौजूद हैं। राजनीति पर भी इनकी कविता कुछ-न-कुछ कहती प्रतीत होती है। समूचे वर्ष में यह अकेला ऐसा संग्रह है जो लोगों का ध्यान आकर्षित करेगा और मैं समझता हूँ, इससे त्रिनेत्र जोशी ने अपनी एक अलग पहचान बनाई है।

वंदे मातरम् : सव्यसाची भट्टाचार्य

सव्यसाची भट्टाचार्य की पुस्तक 'वंदे मातरम्' का महत्त्व इसलिए भी है कि यह पुस्तक ऐसे समय में आई जब बंकिमचन्द्र के इस गीत को लेकर कई तरह के विवाद खड़े किये जा रहे थे और इसे साम्प्रदायिक करार दिया जा रहा था। उन्होंने न केवल इस गीत का इतिहास प्रस्तुत किया है, बल्कि इसके माध्यम से स्वतंत्रता आन्दोलन और राष्ट्रवाद पर भी नई रोशनी डाली है। प्रो. भट्टाचार्य जवाहरलाल नेहरू विश्वविद्यालय में इतिहास के प्रोफेसर थे। वे विश्वभारती, शान्तिनिकेतन के कुलगुरु भी रह चुके हैं। व्यक्तिगत रूप से मैं जानता हूँ कि वे उन थोड़े से इतिहासकारों में हैं जिनकी गहरी रुचि साहित्य में है। उन्होंने बंकिमचन्द्र चटर्जी सहित बंगला साहित्यकारों पर बहुत अच्छा काम किया है। खास कर बंकिम से उनका कितना गहरा लगाव था, इसका पता 'कपाल कुंडला' पर लिखे उनके लेख से भी चलता है।

उन्नीसवीं शताब्दी के भारत के तेजस्वी साहित्यकारों में बंकिम ऐसे हैं जिनका नाम स्वर्णाक्षरों में लिखा जाएगा। 'वंदे मातरम्' उनका लिखा हुआ गीत है। इसलिए मुझे सुखद आश्चर्य हुआ कि बंकिम पर लिखते और विचार करते हुए प्रो. भट्टाचार्य ने अलग से एक छोटी-सी पुस्तक लिख दी। यह उनके राष्ट्र-प्रेम, भारत-प्रेम के साथ-साथ साहित्य-प्रेम का भी प्रतीक है। 'वंदे मातरम्' को लेकर विवाद करनेवाले लोग उसका इतिहास नहीं जानते। उसे 'आनंद मठ' का हिस्सा मानते हैं जबकि इस गीत का अपना लम्बा इतिहास है। अलग-अलग समय में इसकी अपनी भूमिका रही है। प्रो. भट्टाचार्य ने पुस्तक की भूमिका में इस पर प्रकाश डाला है।

'यह गीत सन् 1870 के दशक के शुरुआती सालों में किसी वक्त मूलत: वंदना-गीत अथवा स्तुति के रूप में रचा गया और अगले कुछ वर्षों तक अप्रकाशित रहा। सन् 1881 में इसे 'आनंद मठ' नामक उपन्यास में शामिल किया गया। उपन्यास के कथा-सन्दर्भ के भीतर इस गीत के विस्तृत रूपाकार ने हिन्दू-युद्धघोष का स्वर धारण कर लिया और इस तरह बंकिमचन्द्र चटर्जी ने 'मातृभमि' नाम की एक नई प्रतिमा ही गढ़ ली। सन् 1905 के बंगाल के स्वदेशी आन्दोलन ने 'वंदे मातरम्'

को राजनीतिक नारे में तब्दील कर दिया। राष्ट्रवादी विरोध-प्रदर्शन की अगुआई करते हुए रवीन्द्रनाथ टैगोर ने इसे गाया और अरविन्द घोष ने बंकिम को राष्ट्रवाद का 'ऋषि' कहकर पुकारा।'

इससे जाहिर है कि यह गीत अलग से लिखा गया था और बाद में इसे 'आनंद मठ' में जोड़ा गया। यह अपने मूल रूप में मातृभूमि वंदना है। इसमें सप्तकोटि लिखा गया है, यानी यह सात करोड़ लोगों की भूमि की वंदना है। उस समय बंगाल में बिहार और उड़ीसा भी शामिल था और कुल मिलाकर उसकी आबादी सात करोड़ थी। यह उन सात करोड़ लोगों का गीत था। इसीलिए जब बंगाल को विभाजित कर दिया गया, तो बंगभंग के विरोध में जो आन्दोलन हुआ, उसमें हिन्दू, मुसलमान—सभी लोगों ने मिलकर उस गीत को गाया। रवीन्द्रनाथ टैगोर ने इस गीत की स्वरलिपि तैयार की और स्वयं पहली बार इसे गाया भी। यह 1920 से पहले तक निर्विवाद रूप से भारत का राष्ट्रीय गीत बन चुका था। तमिल के महान राष्ट्रवादी कवि सुब्रह्मण्यम भारती ने अपनी मातृभाषा में इसका अनुवाद किया। फिर मराठी और कई अन्य भाषाओं में भी इसका अनुवाद हुआ। इस प्रकार इसे केवल बंगला का नहीं, बल्कि सारे भारत का गान माना गया। यह गीत काफी लम्बा है और उसमें कुछ विवादास्पद पंक्तियाँ भी हैं। इसलिए पंडित जवाहरलाल नेहरू ने जब इस गीत पर रवीन्द्रनाथ टैगोर से राय माँगी, तो टैगोर ने लिखकर भेजा कि अगर कांग्रेस इसे राष्ट्रगान के रूप में अपनाना चाहती है तो इसकी आरम्भिक छह पंक्तियों को ले लें। यइ जो पहला बंद है, वह एकदम निर्विवाद है। इसमें केवल मातृभूमि की वंदना है। इसमें न कोई प्रतिमा या मूर्तिपूजा है, न ही किसी जाति अथवा धर्म के विरुद्ध कोई टिप्पणी। इस अंश को स्वीकार किया जाना चाहिए।

इस प्रकार, प्रो. सव्यसाची भट्टाचार्य ने इस गीत के सन्दर्भ में शुरू से अब तक जिन-जिन लोगों ने अलग-अलग मुद्दों को लेकर सवाल उठाए हैं अथवा विवाद खड़ा किया है, उनका पूरा इतिहास ईमानदारी से लिख दिया है। और अन्त में महत्त्वपूर्ण निष्कर्ष भी दिया है कि इस गीत को कविता के रूप में ही देखा जाना चाहिए। कविता का सम्पादन होने लगा तो बड़ी कठिनाई होगी। हमारे जो क्लासिक्स हैं, उनमें से भी काफी कुछ निकालना होगा। सो राष्ट्रीय गीत के रूप में इस्तेमाल के लिए भले ही उसके एक अंश को ले लिया गया हो, मगर पूरे गीत को दागी समझना घोर अनैतिहासिक दृष्टिकोण है। निस्सन्देह, यह पुस्तक लिखकर उन्होंने इतिहास के क्षेत्र में महत्त्वपूर्ण योगदान तो किया ही है, कविता को समझने की भी ऐतिहासिक दृष्टि दी है।

व्योमकेश दरवेश : विश्वनाथ त्रिपाठी

पंडित जी पर कई किताबें हैं। एक तो शिवप्रसाद सिंह ने सम्पादित की है : 'शान्तिनिकेतन से शिवालिक तक', लेकिन पंडित हजारीप्रसाद द्विवेदी का जो सम्पूर्ण जीवन-चरित्र है, जिसमें उनका जीवन-संघर्ष और रचनात्मक संघर्ष शामिल है, साथ ही उनके अन्तर्जगत की पीड़ा, दर्द और बेचैनी है—उन तमाम चीजों को एकत्र कर किसी किताब में आज तक तो लिखा नहीं गया था।

मेरी जानकारी में उनके शिष्यों में सबसे निकट विश्वनाथ त्रिपाठी अन्त तक रहे। पंडित जी 1950 में काशी आए। मैं तो वहाँ था ही। संयोग से एक या दो साल बाद, विश्वनाथ त्रिपाठी भी आ गए। और विश्वनाथ त्रिपाठी की जैसी स्थिति थी, काशी में वे पढ़ाई कर नहीं सकते थे, यदि पंडित जी न होते तो। इसलिए अन्तरंग रूप में परिवार के बाहर के लोगों में सबसे निकट, 1950 से लेकर जीवनपर्यंत विश्वनाथ त्रिपाठी रहे। अन्दर से बाहर तक जितना वे जानते हैं, उतना कोई नहीं जानता। पंडित जी उनके सामने खुलते भी थे, बातचीत भी करते थे। इसलिए वही अधिकारी विद्वान हैं और बहुत दिनों से उनके मन में आकांक्षा थी कि पंडित जी पर वे किताब लिखें।

देखकर खुशी हुई कि अपना यह संकल्प उन्होंने पूरा कर लिया और पुस्तक का नाम स्वयं पंडित जी की कविता में से उन्होंने लिया है : 'व्योमकेश दरवेश'। पंडित जी व्योमकेश अपने को कहते थे। विनोद में लिखा है कि उनके केश उड़ते रहते थे, तो व्योम को छूने वाले उनके केश थे इसलिए वे व्योमकेश हुए, साथ ही में दरवेश, जैसे सूफी दरवेश होते हैं।

किताब का नाम बहुत अच्छा रखा है विश्वनाथ जी ने। पूरी पुस्तक आठ खंडों में है। छोटी-सी भूमिका है। उसके बाद पहला खंड 'बचपन बसरिकापुर और काशी', फिर 'अधैर्य विश्वभारती'। उसके बाद 'काशी विश्वविद्यालय', 'देखी तुम्हरी काशी'। अगला खंड है : 'आकाशधर्मा का विस्थापन'। इसमें बताया है कि कैसे उनका विस्थापन हुआ।

जब पंजाब गए थे, तब के हालात का चित्रण जिस खंड में है, उसका शीर्षक दिया है : 'गाढ़े का साथी पंजाब'। फिर उसके साथ काशी आ गए, तब शीर्षक दिया : 'फिर बेतलवा उसी डार पर'। सातवें खंड में उनके महाप्रयाण का वर्णन है जिसका शीर्षक है : 'व्योमकेश दरवेश; चलो अब'। अन्तिम खंड है : 'रचना और रचनाकार', जो छह अध्यायों में बँटा है। पहले अध्याय में उन्होंने पंडित जी की कविताओं के बारे में भी लिखा है। लोग उनके कवि-रूप को बहुत कम जानते हैं। मैंने कहकर राजकमल से संग्रह छपवाया था : 'रजनी-दिन नित्य चला ही किया'। सबसे रोचक है : 'मैं हूँ स्वयं निज प्रतिवाद'। पंडित जी कहते थे कि वे स्वयं अपना प्रतिवाद हैं। यह डायलेक्टिक्स जो है, उनमें बहुत था। अन्तिम दो अध्यायों का ठीक ही शीर्षक दिया है : 'इतिहास-राजनीति' और 'भारतीय सामूहिक चित्त का निर्णय'।

अन्तिम दिनों में काशी में उनका इलाज नहीं हो सकता था। मालूम हो गया था कि वह लगभग असाध्य बीमारी कैंसर है। तब उन्हें वहाँ से दिल्ली लाया गया। दिल्ली आयुर्विज्ञान संस्थान में उनको भर्ती कराया गया। दिल्ली के प्रसंगों और अन्तिम शवयात्रा का बड़ा मार्मिक वर्णन विश्वनाथ जी ने किया है। उनके सारे जीवन को, पूरे इतिहास को साक्षात् दर्शक के रूप में देखा था विश्वनाथ जी ने। इसलिए यह अत्यन्त विश्वसनीय और प्रामाणिक जीवन-चरित्र है। और एक सबसे खास बात यह है कि यह पंडित जी की तो जीवनी है ही, स्वयं विश्वनाथ त्रिपाठी की भी आत्मकथा है। जब वे काशी आए तो काशी के वातावरण में, काशी हिन्दू विश्वविद्यालय में कौन-कौन लोग थे, क्या करते थे, उन सबकी जीवंत कहानी उपन्यास की तरह लिखा है विश्वनाथ जी ने। जैसाकि 'नंगातलाई का गाँव' में उन्होंने अपने बचपन के बारे में लिखा है, तो इसलिए यह सामान्य जीवनियों से अलग है। इस पुस्तक को भी पढ़ने में उपन्यास का-सा कथा-रस मिलता है। और भाषा तो विश्वनाथ जी की अपनी है ही। बानगी देखिए :

'परम्परा की पहचान कालक्रम से नहीं, इतिहासबोध से होती है। इतिहासकार मानते हैं कि विगत शताब्दियों की ऐतिहासिक पहचान हम अब ज्यादा अच्छी तरह इसलिए कर सकते हैं क्योंकि हम उनसे दूर हैं। दूरी पहचान बढ़ाती है, इस उलटबाँसी का कारण है कि इस फासले में हमें उस शताब्दी की पहचान करने के लिए कुछ नये उपकरण और नई सामग्री, सूचना मिल गई है। अब हम उस विशिष्ट काल-खंड को व्यापकतर परिप्रेक्ष्य में देख सकते हैं और दूसरी प्रवृत्तियों का निर्माण करनेवाले अनेक नये घटकों को जानते हैं।'

पंडित जी के मन की जो वेदना है, वह जगह-जगह छलकती है। ऊपर से बहुत ठहाके लगाते थे वे, लेकिन उन ठहाकों के पीछे उनकी जो अपनी वेदना थी, उस वेदना को, जो कहीं खुल नहीं पाती थी, उसे खोला गया है।

विश्वनाथ जी कभी-कभी मुझसे कहा करते थे कि गुरु जी ने ज्ञान की गठरी तो आप ही के सामने खोली थी, तो मैं ठीक ही कहता था कि ज्ञान की भले ही मेरे सामने खोली हो लेकिन जीवन की गठरी तो आपके सामने ही खोली है। कहा तो यह गया है : 'हक तो ये है कि हक अदा न हुआ।' लेकिन विश्वनाथ जी ने तो यह पुस्तक लिखकर हक अदा कर दिया।

अकेला मेला : रमेशचन्द्र शाह

वरिष्ठ लेखक रमेशचन्द्र शाह बहुमुखी प्रतिभा के धनी हैं। ऐसी कोई विधा नहीं है, जिसमें उन्होंने कुछ लिखा न हो। वे निरन्तर लिखते रहे हैं। अंग्रेजी के प्राध्यापक रहे हैं और अंग्रेजी में भी लिखा है। 'अकेला मेला' उनकी डायरी का संकलन है, जिसे उन्होंने आन्तरिक एकालाप कहा है। डायरी कई तरह की होती है। एक दैनंदिनी के रूप में डायरी होती है, जिसमें प्रतिदिन के क्रियाकलाप, स्नान-ध्यान से लेकर पूजापाठ तक का वर्णन रहता है। लेकिन यह दूसरे ढंग की डायरी है। आप इसे साहित्यिक डायरी कह सकते हैं। इस तरह की डायरी जिन साहित्यकारों ने लिखी है, उनमें एक महत्त्वपूर्ण नाम मलयज का है। मलयज उनके समानधर्मा थे। तो एक ओर मलयज की डायरी है और दूसरी ओर यह : 'अकेला मेला'।

सबसे पहले तो इसका नाम ही ध्यानाकृष्ट करता है। जब मेला है तो फिर अकेला कैसे? इसमें जो विरोधाभास है और अकेला मेला से लेखक का जो अभिप्राय है, उसे समझने के लिए भी इस डायरी को पढ़ना जरूरी है। उससे गुजरते हुए ही भीड़ और अकेलेपन के द्वन्द्व को समझा जा सकता है।

रमेशचन्द्र शाह रहनेवाले तो उत्तराखंड के हैं, मगर नौकरी उन्हें मिली मध्य प्रदेश में और वे हमेशा के लिए भोपाल में बस गए। उस भोपाल में, जहाँ भारत भवन है, जहाँ देशभर के नामी लेखकों और कलाकारों का आना-जाना लगा रहता था। निर्मल वर्मा और वात्स्यायन जी (अज्ञेय) भी उन दिनों भोपाल के विभिन्न कार्यक्रमों में जाया करते थे। ये दोनों जब भी जाते थे, शाह जी से जरूर मिलते थे। रमेशचन्द्र शाह का इन दोनों लेखकों से पहले ही बहुत अच्छा रिश्ता था, जो उस दौरान और गहरा हुआ। इस डायरी में इन दोनों और अन्य बड़े लेखकों से लगातार हुई उनकी बातचीत भी शामिल है।

वात्स्यायन जी से बातचीत बहुत ही सार्थक है। इसी प्रकार निर्मल वर्मा से उनकी बातचीत भी, जो पुस्तक के आरम्भ में ही है, बहुत गम्भीर है। इस डायरी के अलावा और कहीं ये बातें आई नहीं हैं। इससे भी इस संकलन का महत्त्व बढ़

जाता है। इसके अलावा, और भी बहुत सारी बातें हैं। विजयदेव नारायण साही की पुस्तक आई थी : 'जायसी', तब उस पर आयोजित गोष्ठी में शामिल होने शाह जी भी गए थे। डायरी में इसका विवरण भी शामिल है। कुछ ऐसे लेखकों से भी उनका संवाद हुआ है, जो और कहीं नहीं मिलेगा। इन्होंने उसे डायरी में दर्ज किया है। यह एक उल्लेखनीय कार्य है।

शाह साहब सुपठ आदमी हैं। अंग्रेजी की बहुत-सी किताबें पढ़ते रहते हैं। अपनी डायरी में उन पुस्तकों की भी नोटिस ली है। जैसे सलमान रुश्दी की किताब पढ़ी तो एक अच्छी और गम्भीर टिप्पणी रुश्दी पर अपनी डायरी में लिख दी। कुछ पुस्तकों का तो विस्तार से विश्लेषण भी किया है उन्होंने। मैं तो भूल ही गया था, मेरा एक लेख उत्तराखंड की किसी पाठ्यपुस्तक में था : 'आस्था का प्रश्न'। वह उनकी नजर से गुजरा। वह छपा तो था 'हंस' के अर्द्धवार्षिक अंक में। यह 1956 की बात है। शाह जी ने अपनी डायरी में उस लेख पर टिप्पणी की है। पढ़कर मैं दंग रह गया कि उसकी बड़ी अद्‌भुत व्याख्या की है उन्होंने। फिर अपनी तरफ से आलेख का विश्लेषण भी किया है। वे अच्छे लेखक के साथ-साथ बड़े जागरूक पाठक भी हैं। जो कुछ लिखा और रचा जा रहा है, उस पर भी उनकी नजर रहती है। उन्होंने अपनी रचना-प्रक्रिया पर टिप्पणी करते हुए कहीं-कहीं अपने पारिवारिक जीवन के बारे में भी लिखा है। इस डायरी में उनके कुछ यात्रा-वृत्तान्त भी शामिल हैं। इस तरह यह डायरी कई तरह के रस देती है और एक व्यक्ति के साथ-साथ एक समय-खंड को समझने में भी मदद पहुँचाती है।

इसमें कई ऐसी रोचक सूचनाएँ भी मिलती हैं, जिनका साहित्य की दुनिया में अपना महत्त्व है। ऐसा एक प्रसंग मनोहर श्याम जोशी से जुड़ा हुआ है। उनका चर्चित उपन्यास 'कुरु-कुरु स्वाहा' जब आया था तो शाह साहब की मेज पर पड़ा हुआ था, तभी वहाँ वात्स्यायन जी आए। वात्स्यायन जी ने उनकी राय पूछी और उनकी टिप्पणी सुनने के बाद कहा : 'टेक्निकल एचीवमेंट तो है लेकिन यह इरिस्पांसॅबिल राइटिंग है।' यानी तकनीकी उपलब्धियों के बावजूद गैर-जिम्मेदार लेखन। कुछ ऐसी थी वात्स्यायन जी की राय, जो इस पुस्तक के अलावा कहीं दर्ज नहीं है। ऐसी कई बातें हैं इस डायरी में। अंग्रेजी में इस तरह की किताबें 'टेबुलटॉक' के रूप में छपती हैं। बड़े लेखकों की 'टेबुलटॉक' में साहित्य के बारे में ढेर सारी महत्त्वपूर्ण सूचनाएँ और जानकारियाँ शामिल होती हैं, जो किसी अन्य माध्यम से पाठकों को नहीं मिलतीं। इस तरह, 60 वर्षों की इस डायरी में साहित्य और साहित्यकारों के बारे में कई ऐसी जानकारियाँ हैं, जो कहीं और नहीं हैं। यह बहुत ही सुगठित पुस्तक है और बावजूद इसके कि 'मेला' अकेला नहीं होता, यह 'अकेले का मेला' है।

महादेवी : दूधनाथ सिंह

डॉ. दूधनाथ सिंह की पुस्तक 'महादेवी' आलोचना है या संस्मरण या कुछ और—यह तो एकेडमिक सवाल है, मगर मुख्य बात यह है कि यह एक महत्त्वपूर्ण कृति है। दूधनाथ ने काफी पहले निराला पर भी एक पुस्तक लिखी थी : 'निराला आत्महंता आस्था'। उसके बाद निराला के बारे में बहुत किताबें लिखी गईं, फिर भी उनकी पुस्तक का महत्त्व बना हुआ है। 'महादेवी' उसी परम्परा में एक बड़ा काम है। पुस्तक डायरी की शैली में लिखी गई है। लेखक ने तिथि भी दी है कि किस तारीख को कौन-सा अंश लिखा गया।

इलाहाबाद में रहने के कारण दूधनाथ सिंह ने निराला, पंत और महादेवी—तीनों महारथियों को निकट से देखा था।

महादेवी रहस्यमयी थीं। अपने को चारों ओर से घेरकर रखती थीं। उनके जीवन के रहस्य का किसी को पता नहीं चलता था। बस, उनकी हँसी की चर्चा हुआ करती थी। दूधनाथ ने उनसे बातचीत के अलावा उनके जीवन के बारे में गम्भीर शोध-कार्य भी किया है। लोग आम तौर पर शोध नहीं करते, प्रोजेक्ट लेकर भी ऐसा काम नहीं करते। ऐसा काम साधना से ही सम्भव होता है। सबसे बड़ी खोज तो महादेवी के जन्मदिन को लेकर की गई है। सभी लोगों के वास्तविक और प्रचलित जन्मदिन में प्राय: साल-डेढ़ साल का अन्तर होता है। परन्तु महादेवी में यह अन्तर पाँच साल का है। वे 24 मार्च, 1902 को पैदा हुई थीं, जबकि आम तौर उनका जन्मदिन 24 मार्च, 1907 माना जाता है। यह अन्तर बहुत बड़ा है। दूधनाथ ने इसके लिए कई प्रमाण जुटाए हैं। यह तो पक्का है कि उनका जन्म होली के दिन हुआ था। अब सवाल है कि 24 मार्च को होली किस साल पड़ी थी, 1907 में या 1902 में?

इसमें उनके जीवन के बारे में भी एक अध्याय है : 'खाली जगहें', 'चुप्पियाँ' और 'अँधेरे'। उनकी शादी हुई थी लेकिन उन्होंने अपने को इससे मुक्त कर लिया था। उनका एक प्रेम-प्रसंग भी था। नरसिंहगढ़ में उनके पिता वीरेन्द्र वर्मा नौकरी करते थे। वहीं अब्दुल कादिर बोहरा से उनका प्रेम हुआ था। पिता खुले विचारों

के थे। उन्होंने धर्मान्तरण करके विवाह करने की अनुमति दे दी थी। वे तो बेटी के वास्ते स्वयं भी धर्म बदलने के लिए तैयार हो गए थे लेकिन किसी कारण से महादेवी ने शादी नहीं की। यही प्रेम-सम्बन्ध उनकी कविता में रहस्यवाद बनकर आया है। दूधनाथ ने यह बड़ा काम किया है, जो अब तक किसी ने नहीं किया था। उन्होंने महादेवी जी के निजी जीवन के साथ-साथ उनके सामाजिक जीवन के बारे में भी खोज की है। लेखकों के साथ का जो जीवन था, उस पर भी प्रकाश डाला है। उनके द्वारा ताकुल में आश्रय बनाये जाने के रहस्य को भी खोला गया है। इस सन्दर्भ में पुस्तक की भूमिका का यह अंश गौरतलब है :

'यह किताब महादेवी की लिखत-पढ़त, उनके चित्रों-रेखांकनों, उनके जीवन-वृत्त और उनके बारे में अपनी संस्मृतियों के भीतर से उनको समग्रत: समझने की एक निजी कोशिश है। इसमें उन तरीकों का इस्तेमाल नहीं किया गया है जो महादेवी को लेकर एक रूढ़ि बन चुके हैं और लगभग 'क्लिशेज' का रूप धर चुके हैं। ऐसा कुछ जानबूझकर भी नहीं किया गया है। आलोचना पढ़कर आलोचना लिखना गुनाह है। मैंने सिर्फ और सिर्फ उनके किये-धरे, उनके जीने-मरने, उनके सोचने-विचारने, उनके हठ और मौन, उनकी निर्झरिणी हँसी के पर्दे में छिपे संसार—उनके तलघर और बाहर की खुली हवा—को ही अपने इतिवृत्त और विश्लेषण का आधार बनाया है। अगर उनके बारे में कुछ लोगों द्वारा की गई टिप्पणियों का दो-चार जगह चित्र आ भी गया है तो शुक्ल जी को छोड़कर उनमें से कोई भी 'आलोचक' नहीं है।'

महादेवी जी की कविता, उनके सार्वजनिक जीवन और काम पर यह एक ऐसी किताब है, जैसी पहले नहीं लिखी गई। गौरतलब है कि महादेवी वर्मा की राजनीति में भी गहरी दिलचस्पी थी और उनकी राजनीतिक प्रतिबद्धता भी बड़ी स्पष्ट थी। पुस्तक में लिखा है कि यह उनकी कविताओं में कहीं नहीं दिखती। मुझे लगता है कि दूधनाथ अगर ध्यान देते तो यह उनकी कविताओं में भी दिखती। उनका 'दीपशिखा' नाम का कविता संग्रह 1942 में प्रकाशित हुआ था। उसमें एक कविता है : 'पूछता है शेष कितनी रात'। यह कविता गांधी जी को सम्बोधित है और अंग्रेजी हुकूमत का जो दमन था, उसकी ओर भी इसमें संकेत है। यह कविता संकेतों में बताती है कि लोग किस प्रकार अपनी शहादत देकर मुक्ति को और करीब ले आए थे। 1942 की क्रान्ति की व्याख्या प्रस्तुत करनेवाली यह शुद्ध रूप से राजनीतिक कविता है, इसकी कोई रहस्यवादी व्याख्या नहीं हो सकती। हाँ, ऐसी कविताएँ काफी कम हैं महादेवी जी के यहाँ।

दूधनाथ सिंह बहुमुखी प्रतिभा के धनी हैं। कथाकार, कवि, जीवनी लेखक और नाटककार के साथ-साथ आलोचक भी। इस किताब के रूप में उन्होंने एक आदर्श पेश किया है। यह लोगों को प्रेरित करेगी, एक मिसाल बनेगी और मशाल भी।

चलते तो अच्छा था : असग़र वजाहत

हिन्दी में यात्रा-वृत्तान्त अथवा सफरनामा लिखे तो गए हैं लेकिन इनमें से ज्यादातर वर्णनात्मक हैं। बहुत कम ऐसे हैं जिन्हें साहित्यिक अथवा कलात्मक वृत्तान्त की श्रेणी में रखा जा सकता है। इस दृष्टि से असग़र वजाहत का यह सफरनामा 'चलते तो अच्छा था' बहुत ही महत्त्वपूर्ण है। वैसे भी वजाहत बहुत अच्छे कथाकार हैं। उनके कई कहानी संग्रह और उपन्यास चर्चित हो चुके हैं। इनकी यह ईरान-यात्रा महज एक नये मुल्क को देखने की ललक में की गई यात्रा नहीं थी, वह एक सोद्देश्य यात्रा थी। वे अपनी जड़ों की तलाश में वहाँ गए थे। अपने खानदान के इतिहास से उन्हें पता चला कि उनके पूर्वज कई सौ साल पहले मुगलिया फौज के ओहदेदार होकर अजरबैजान के खाफ नामक जगह से हिन्दुस्तान आए थे। लेकिन यहाँ से सीधे खाफ जाना सम्भव नहीं था, इसलिए पहले वे ईरान की राजधानी तेहरान गए, वहाँ से बाकू और फिर बाकू से अजरबैजान। इस यात्रा के दौरान जो छोटे-छोटे अनुभव उन्होंने हासिल किये, उसका बहुत ही दिलचस्प वर्णन डेढ़ सौ पृष्ठों की इस पुस्तक में किया गया है। उस दौरान एक जगह उन्हें गिरफ्तार भी कर लिया गया था, मगर कुछ घंटों के बाद छोड़ दिया गया।

इस सफरनामे की विशेषता यह है कि 'लेखक ने विभिन्न नगरों-कस्बों के आज के जीवन का ही चित्रण नहीं किया है, वहाँ की संस्कृति और इतिहास में भी झाँकने की कोशिश की है।' अपने पुरखों की भूमि खाफ का जो वर्णन उन्होंने किया है, वह अंश बहुत ही अच्छा बन पड़ा है।

बाकू में एक अग्निमन्दिर है, जिसे आतिशदाह कहते हैं। राहुल सांकृत्यायन ने 'मध्य एशिया का इतिहास' में इसका जिक्र किया है लेकिन उसके बारे में बहुत अधिक जानकारी नहीं मिलती। असग़र वजाहत ने अपने यात्रा-वृत्तान्त में इस अग्निमन्दिर का जिक्र किया है। अग्निमन्दिर क्या होता है? वहाँ रहनेवाले लोग अग्निपूजक रहे होंगे, मगर वह अग्निमन्दिर बाकू में ही बनाया गया, क्योंकि वहाँ तेल है। तेल का आग से गहरा सम्बन्ध है। तेल होगा तो गैस भी होगी। वहाँ न जाने कब से जमीन के

अन्दर से आग निकल रही है। वजाहत ने पहली बार उस मन्दिर के बारे में विस्तार से बताया है। उन्होंने बताया है कि जैसे ही मन्दिर में प्रवेश करते हैं, तो वहाँ काले पत्थर की तख्ती पर 'ॐ श्रीगणेशाय नम:' लिखा हुआ मिलता है। वहाँ स्वस्तिक का निशान भी बना हुआ है। नागरी लिपि में कुछ नामपट्ट भी वहाँ मिले हैं। उन्होंने वहाँ का संग्रहालय भी देखा। संग्रहालय का वर्णन करते हुए उन्होंने लिखा है कि वहाँ फोटो के बीच में देवनागरी में लिखा हुआ पत्थर लगा है, उस पर संवत भी लिखा है, जैसे यहाँ पर विक्रम संवत लिखा जाता है। उन्होंने राहुल जी की यात्रा की भी चर्चा की है। राहुल जी ने उसका बहुत ही संक्षिप्त विवरण दिया था। उन्होंने विस्तार से उसका वर्णन किया है। यह प्राचीन काल में भारतीय संस्कृति के प्रसार के अध्ययन की दृष्टि से महत्त्वपूर्ण है।

अचानक महमूद ने मुझसे हँसकर कहा : 'आप जानते हैं, ये लोग आपके बारे में क्या बातें कर रहे हैं?'

'जाहिर है, नहीं।'

'ये कह रहे हैं कि आप किसी खजाने की तलाश में यहाँ आए हैं!'

मुझे पहले हैरत हुई, फिर हँसी आई और सोचा—यार, कहानी तो बड़ी अच्छी बनती है। मानो मिट्टी के नीचे से मुझे एक दस्तावेज मिलती है, जिसमें यह दर्ज है कि साढ़े चार सौ साल पहले सैयद इकरामउद्दीन अपने पुश्तैनी मकान में, जो खाफ में है, एक खजाना दफन कर आए थे। मैं पता लगाता हुआ यहाँ तक आया हूँ। मेरे जेहन में मोहल्ले और मकान का पूरा नक्शा है। मैं यह सब देख रहा हूँ। अब रात के अँधेरे में आऊँगा। सही जगह पर पहुँचकर खजाना निकालूँगा और ...आप कहीं से, किसी से सम्बन्धित रहे हैं, यह अपने-आपमें खजाना नहीं है क्या? मैंने महमूद से कहा : 'हाँ, आया तो खजाने की तलाश में ही हूँ।' यह कहकर मैंने पुराने कच्चे टूटे मकान का एक टुकड़ा उठा लिया। महमूद ने हँसकर लोगों से कहा : 'इन्हें खजाना मिल गया।' वे सब हँसने लगे।

ईरान की राजधानी तो तेहरान है, मगर वहाँ की सांस्कृतिक राजधानी है इस्फाहान, जिसका शाब्दिक अर्थ है : आधी दुनिया। कहा जाता है कि इस्फाहान अगर पूरी दुनिया नहीं है, तो आधी दुनिया तो है ही। इस शहर का सम्बन्ध हमारे इतिहास से भी है। शेरशाह सूरी से हारने के बाद हुमायूं भागकर वहीं गया था। पुस्तक में एक अध्याय 'आधी दुनिया' नाम से इस्फाहान पर भी है।

असग़र वजाहत ने आज के तेहरान का भी विस्तार से वर्णन किया है। आधुनिकता, तिजारत और मजहब के मेल से वहाँ का जो समाज बना है, उसके बारे में बहुत ही दिलचस्प जानकारी दी गई है। इस सफरनामे की भाषा बहुत ही अच्छी है, और पढ़ने में यह उपन्यास का आनन्द देता है।

कुन्दन लाल सहगल : शरद दत्त

शरद दत्त ने 'सहगल का जीवन और चरित्र' नाम की पुस्तक लिखकर वह काम किया है जो वही कर सकते थे। उनकी गहरी रुचि संगीतकारों में रही है। कुछ और जीवनियाँ भी उन्होंने प्रकाशित की हैं और फिल्मों पर भी लिखा है। फिल्मों में संगीत पर भी उन्होंने गहराई से विचार किया है। अब उनका यह काम सामने आया है, जो बहुत जरूरी था। ऐसे लोकप्रिय गायक और अभिनेता के बारे में भी बहुत-से लोगों को बहुत कुछ पता नहीं था। कितने लोग जानते हैं कि वे जम्मू में पैदा हुए और बचपन का एक हिस्सा जालंधर में बिताया? इस पुस्तक में यह रहस्य भी बताया गया है कि संगीत का संस्कार उन्हें कहाँ से मिला। वहाँ एक पीर सलमान यूसुफ थे। सहगल ने गाना तो माँ के भजनों के माध्यम से सीखा, मगर संगीत की तालीम उन्हें मिली उन्हीं सूफी पीर से। उसके बाद वे भटकते रहे, दिल्ली-कानपुर होते हुए कलकत्ता पहुँचे। उनके गायक जीवन की सही और सच्ची शुरुआत न्यू थिएटर, कलकत्ता से हुई। कलकत्ता से ही कुन्दन लाल सहगल, 'सहगल' बनकर निकले। गायक भी और अभिनेता भी। बहुत कम लोग जानते हैं कि कलकत्ता में रहकर उन्होंने बाकायदा बंगला भाषा सीखी और बंगला संगीत भी सीखा। शुरू में उन्होंने बंगला फिल्मों में भी काम किया था। वैसे तो बंगला फिल्म 'चंडीदास' द्विभाषिक फिल्म थी, वह हिन्दी में भी थी। लेकिन जिस एक फिल्म से सहगल लोक-हृदय में बसे, वह फिल्म थी 'देवदास'। यह फिल्म पहले बंगला में बनी थी। देवदास शरत्चन्द्र का ऐसा रोमांटिक उपन्यास है, जिस पर लगातार फिल्में बनती रही हैं। सहगल तो एक तरह से देवदास के पर्याय बन गए थे। उससे इनका ऐसा तादात्म्य हो गया था कि उन्हें देवदास के रूप में ही याद किया जाता था। हिन्दी में जब पहली बार 'देवदास' बनी, तो उसके नायक भी सहगल ही थे। इस फिल्म में उन्होंने जो गाने गाए, वे कंठ-कंठ में बस गए : 'बालम आन बसो मेरे मन में.../दुःख के दिन अब बीतत नाहीं.../ पिया बिन नाहीं आवत चैन', आदि।

इन तीनों गानों में जो एक है, 'पिया बिनु आवत चैन', उसको सुनकर स्वयं सहगल धार-धार आँसू बहाते थे। इसका एक टुकड़ा इस पुस्तक में है। उस टुकड़े को जब उस समय के महान गायक करीम खाँ साहब ने सुना, तो पहले तो फिल्म देखने गए, फिर बोले कि मैं उस नौजवान से मिलने खुद जाऊँगा। कलकत्ता गए, तो खुद चलकर सहगल के घर गए। इस प्रसंग का बहुत ही अच्छा वर्णन इस पुस्तक में किया गया है :

'करीम खाँ साहब सहगल के घर गए। यह गौरव किसी और फिल्मकार को नहीं मिला कि हिन्दुस्तान का उतना बड़ा गायक चलकर उसके पास जाए और उसका गाना सुने। जब खाँ साहब वहाँ पहुँचे तो सहगल की हालत कुछ ऐसी थी कि कभी हम उनको, कभी घर को देखते हैं। खाँ साहब ने कहा : 'मैंने तुम्हारी फिल्म देखी है और गाना सुना है। मेरी ख्वाहिश है कि तुम मेरे सामने वह गाना गाओ।' सहगल तो मानो जमीन में गड़ गए, बोले : 'क्या फरमा रहे हो खाँ साहब आप! मैं तो आपके सामने जुबान भी नहीं खोल सकता।' खाँ साहब ने कहा : 'नहीं, यह मेरा हुक्म है।' अब भला खाँ साहब का हुक्म सहगल कैसे टाल सकते थे! सो उन्होंने उस्ताद के चरणों में शीश नवाया और हारमोनियम लेकर जैसे ही गाना शुरू किया, खाँ साहब की आँखों से आसुँओं की धारा बहने लगी। गाना खत्म हुआ तो उन्होंने सहगल को गले लगा लिया और भावुक होकर बोले : 'तुम्हारे गाने में वह जादू है, जो किसी में नहीं है।'

'देवदास' के बाद सहगल की दूसरी लोकप्रिय फिल्म थी : 'स्ट्रीट सिंगर'। इस फिल्म में उन्होंने सात गाने गाए थे : पाँच कानन देवी के साथ युग्म और दो स्वतंत्र रूप से। उसमें सड़क पर हारमोनियम बजाते हुए उन्होंने गाना गाया था। उनके गाए दो गाने काफी मशहूर हुए थे। उनमें से एक है : 'बाबुल मोरा नैहर छूटो जाए'।

इस तरह से कलकत्ता से लौटने पर बम्बई में उनके जीवन का दूसरा पहलू शुरू हुआ। बम्बई जाकर उन्होंने 'तानसेन' फिल्म बनाई। एक गायक यदि तानसेन के गायन पर फिल्म न बनाए, तो फिर उसके गायक होने का मतलब ही क्या है? उसी फिल्म में उन्होंने दीपक राग में वह मशहूर गाना गाया था, क्लासिकल गाया था : 'दीया जलाओ जगमग जगमग'। आखिरी फिल्म भी उन्होंने बम्बई में ही बनाई, वह थी : 'शाहजहाँ'। 'शाहजहाँ' फिल्म में जो गाने गाए थे, वह उनके आखिरी दिनों के गाने हैं : 'गम दिये मुस्तकिल' तथा 'जब दिल ही टूट गया तो जीकर क्या करेंगे'।

सहगल के जितने भी गाने हैं, उन पर बहुत अच्छा काम किया है शरद दत्त जी ने। सारे गानों की सूची दे दी है कि कहाँ-कहाँ गजलें गाई हैं, किन-किन शायरों की गजलें गाई हैं। पहली बार सहगल के गाए हुए गानों की मुकम्मिल सूची पुस्तक

में दी गई है। यह बहुत मेहनत से किया हुआ काम है। कितनी मेहनत करनी पड़ी होगी शरद दत्त जी को, उसका अन्दाजा इस तथ्य से लगा सकते हैं कि सहगल की इतनी अच्छी जीवनी अंग्रेजी में भी नहीं लिखी गई है। अंग्रेजी में एक मैडम ने उनकी जीवनी लिखी है। उसमें कला-पक्ष तो है, मगर जीवन का पक्ष छूट गया है। यह पुस्तक एक मानदंड है कि किसी कलाकार पर कुछ लिखा जाए तो इसी प्रकार लिखा जाए।

एक शमशेर भी है : दूधनाथ सिंह

इस किताब का शीर्षक ध्यान आकृष्ट करता है। इसलिए भी कि यह शमशेर की एक गजल के शेर से लिया गया है, जो इस प्रकार है :

बहुत नाम है एक शमशेर भी है,
किसे पूछते हो किसे हम बताएँ।

एक शमशेर भी है, इसमें एक विनम्रता है और शमशेर की विनम्रता तो जगत-प्रसिद्ध है। चूँकि दूधनाथ सिंह इलाहाबाद में रहते हुए शमशेर के बहुत निकट रहे हैं। दूधनाथ सिंह ने इलाहाबाद में रहते हुए शमशेर के ऊपर बहुत पहले एक किताब लिखी : 'लौट आओ धार'। यह किताब दूधनाथ सिंह ने अपने जीवन के संघर्ष के आरम्भिक दिनों में लिखी थी। यह शीर्षक कम-से-कम शमशेर के पूरे व्यक्तित्व की झाँकी देता है। इस किताब में मुख्य रूप से सुमित्रानंदन पंत का और उसके बाद, उससे कुछ ही कम, बल्कि ज्यादा ही शमशेर का जिक्र है। 'शमशेर इलाहाबाद में' अगर उसका शीर्षक हो तो आधी कहानी एक तरह से लगभग स्वयं दूधनाथ की लिखी हुई है। अलग से छपी हो तो वह शमशेर पर एक स्वतंत्र पुस्तक हो सकती है। दूधनाथ सिंह शमशेर को बहुत करीब से जानते थे और नजदीक से देखा ही नहीं, उनके यहाँ रहे-रुके भी थे। अब उसके बाद उन्होंने यह किताब सम्पादित की है। स्वयं दूधनाथ का ही एक लिखा हुआ हिस्सा है जिसमें उन्होंने सबसे पहले मलयज को स्थान दिया है। चूँकि मलयज के परिवार के लोग भी शमशेर से जुड़े हुए हैं; उनकी बहनें खास तौर से। इसके अलावा परिशिष्ट में उन्होंने एक हिस्सा हरिवंश राय बच्चन के 'शमशेर मेरा यार' संस्मरण को दिया है। बहुत पहले छपा था 'शमशेर मेरा यार', जो बच्चन जी की रचनावली में है। नरेन्द्र शर्मा शमशेर के बहुत करीब रहे; क्योंकि इलाहाबाद विश्वविद्यालय में पढ़ते समय नरेन्द्र शर्मा, बच्चन, शमशेर—ये सब लोग साथ थे। बच्चन जी ने जो 'शमशेर मेरा यार' लिखा है, उसमें 'यार' शब्द से मालूम होता है कि इनके छात्र-जीवन के जो संस्मरण हैं,

उसकी कहानी कही गई है। शमशेर के एक भाई डॉक्टर हैं और वे शमशेर के काफी नजदीक रहे हैं। उनकी एक बहन थी, जो जबलपुर में रहती थी। शमशेर की पत्नी की मृत्यु की कहानी बच्चन जी के लेख में मिलती है। उसके बाद शमशेर आजीवन अविवाहित रहे। संघर्षमय जीवन में नौकरियाँ कीं, नौकरियाँ छोड़ीं। इस प्रकार यह संस्मरण शमशेर के पूरे जीवन-चरित्र को जानने का सबसे प्रामाणिक ग्रंथ है।

यह पुस्तक शमशेर की प्रामाणिक जीवनी के अलावा उनके रचना-संसार को समझने के लिए, अनेक कविताओं की पृष्ठभूमि जानने के लिए महत्त्वपूर्ण और सहायक सिद्ध होगी। संयोग से उनकी डायरियाँ और पत्र भी मिल गए हैं। उनकी अप्रकाशित कविताएँ भी मिल गई हैं। शमशेर की जन्मशती के अवसर पर जो प्रकाशन कार्य हो रहे हैं, उससे यह समझा जा सकता है कि यह लगभग शमशेर की रचनावली छप रही है। इस प्रकार सम्भव है कि रचनावली में कुछ ऐसी सामग्री आए जिसे दूधनाथ जी को देखने का अवसर न मिला हो। शमशेर बहुत अच्छे चित्रकार भी थे। चूँकि शमशेर के रचना-कर्म पर 'रंजना अरगड़े' का अधिकार है। रंजना अरगड़े का सम्बन्ध शमशेर से बहुत बाद के दिनों में हुआ। उन्होंने शमशेर से हस्ताक्षर करवा लिये हैं, जिससे कॉपीराइट भी उन्हीं के पास है। लगभग सभी चित्र इकट्ठा रंजना अरगड़े को मिल गए हैं। अभी कुछ सामग्री मित्रों के पास सलामत हैं। यह संस्मरण शमशेर जन्मशती के अवसर पर पहली प्रकाशित किताब है जो बहुत प्रामाणिक, पठनीय होने के साथ-साथ साहित्यिक महत्ता भी रखता है। एक अंश जो रह जाता है, वह कैसे मालूम होगा क्योंकि शमशेर बम्बई में पार्टी हेडक्वार्टर में कई वर्षों तक रहे। कम्यूनिस्ट पार्टी की जो पत्रिकाएँ हिन्दी में निकलती थीं, उसका सम्पादन करते थे। वह पहलू अभी पूरी तरह से नहीं आ सका है। उनके जीवन का जो काव्य पक्ष है, साहित्यिक पक्ष है; लेकिन एक दूसरा कोना भी है। वे सरस्वती प्रेस में काम करते थे। इलाहाबाद में जो मित्र प्रकाशन की कहानी की पत्रिका निकलती थी, उसमें भी सम्पादन का काम करते थे। उनका प्रगतिशील लेखक संघ से भी सम्बन्ध रहा है।

निकष : डॉ. नंदकिशोर नवल

डॉ. नंदकिशोर नवल के इस संग्रह के अधिकांश लेख उनकी पत्रिका 'कसौटी' में प्रकाशित हैं। इस दृष्टि से इसे ठीक ही 'निकष' नाम दिया गया है। नवल जी को मैं युवाकाल से जानता हूँ, जब उन्होंने 'ध्वजभंग' नाम से पत्रिका निकाली थी। आगे चलकर 'सिर्फ' नाम से एक छोटी-सी पत्रिका भी निकाली। आलोचना के क्षेत्र में उनका गम्भीर काम है। 'आलोचना' पत्रिका में वे मेरे सहयोगी भी रह चुके हैं। वे एक अच्छे आलोचक के साथ-साथ अच्छे सम्पादक भी हैं। इस संकलन में कई तरह के आलेख हैं। लेकिन मैं एक लेख की खास तौर पर चर्चा करना चाहूँगा, वह है : 'आलोचना और मेरी आत्मस्वीकृतियाँ'। बहुत कम लोग हैं जो सार्वजनिक रूप से ऐसी आत्मस्वीकृतियों को दर्ज करते हैं। खास तौर पर आलोचक तो ऐसा नहीं ही करते हैं। उन्होंने बड़ी ही ईमानदारी से अपने वैचारिक बदलावों को सामने रखा है। जब उन्होंने आलोचना लिखनी शुरू की तब से अब तक की यात्रा में जिन मंजिलों को उन्होंने पार किया, उसकी चर्चा ही नहीं, बल्कि आत्म-समीक्षा भी की है। नवल जी ने अपनी आत्म-समीक्षा करते हुए यह भी बताया है कि कहाँ-कहाँ उनसे चूक हुई है और कहाँ-कहाँ वे सँभले हैं। एक आलोचक अपनी आलोचना करे, ऐसा बहुत कम ही हुआ है। वे खुले मन से बातचीत में भी इसे स्वीकार करते हैं। यह साहस नवल जी में ही है कि वे कहते हैं, अमुक मेरा प्रिय कवि है, लेकिन श्रेष्ठ कवि नहीं, श्रेष्ठ कवि कोई और है।

आम तौर पर हम यह भूल जाते हैं कि आलोचक साहित्य का दारोगा नहीं होता है। ऐसा नहीं हो सकता कि आप कोई दिशा-निर्देश देनेवाले सिद्धान्त बनाएँ और कोई अन्य आपके उस सिद्धान्त पर रचना करे। आलोचना एक तरह से रचना पर ही निर्भर है। अत: इस बात का ध्यान रखा जाना चाहिए कि रचना न हो तो आलोचना का क़ोई मतलब नहीं है।

इधर कुछ रचनाकारों ने पहले से ही यह चला रखा है कि रचनाकारों द्वारा लिखी हुई आलोचना बेहतर होती है। नवल जी ने इसका प्रतिवाद किया है और कहा है

कि ऐसा जरूरी नहीं है। 'आलोचना में रचनाकारों का हस्तक्षेप' शीर्षक निबन्ध में उन्होंने रचनाकारों की आलोचना पर गम्भीरतापूर्वक विचार किया है और उसकी सीमाओं को भी बताया है। बल्कि यह निष्कर्ष दिया है कि इस स्थिति में प्राय: उनकी रचना की सीमा आलोचना की भी सीमा बन जाती है। हालाँकि इसके अपवाद भी हैं। नवल जी ने मुक्तिबोध की चर्चा की है। मुक्तिबोध एक अलग तरह के कवि थे लेकिन उन्होंने न केवल 'कामायनी' पर लिखा, बल्कि अपने से भिन्न तरह के कवि त्रिलोचन के संग्रह 'धरती' की पहली समीक्षा लिखी और उसके महत्त्व को पहचाना। इस तरह से साहित्य की कुछ प्रचलित बहसों में उन्होंने सार्थक हस्तक्षेप किया है लेकिन, जैसाकि ऊपर कहा गया, सबसे महत्त्वपूर्ण उनकी आत्मस्वीकृतियाँ हैं। उसका एक अंश द्रष्टव्य है :

> मैं समझ गया हूँ कि साहित्य राजनीति नहीं है, उससे बहुत आगे की चीज है, क्योंकि उसकी बुनियाद भेद पर नहीं, अभेद पर है। यह 'अभेद' कोई अमूर्त दार्शनिक अवधारणा नहीं है, बल्कि एक ठोस सौन्दर्यात्मक अवधारणा है। साहित्य में तमाम चीजें होती हैं, लेकिन वह अपनी मूल विशेषता नहीं छोड़ता, तब भी नहीं, जब सामाजिक संघर्ष में उसका इस्तेमाल हथियार के रूप में किया जाता है। अस्वाभाविक नहीं कि 1960 से मैं लगातार रचना का साक्षात्कार करने में लगा हूँ जो मुझे आलोचना और विचारधारा की नाना रूढ़ियों से मुक्त कर कविता के सत्य का साक्षात्कार कराता है। 'निराला कृति से साक्षात्कार' दो खंडों में लिखी गई मेरी चौथी महत्त्वपूर्ण पुस्तक इसी दौर की देन है। उसके साथ मैंने एक और पुस्तक लिखी है : 'कविता के आर-पार', जिसमें अन्य अनेक कवियों की कविताओं से भी साक्षात्कार किया गया है। मैं पाठाधारित आलोचना की सीमाओं से भी परिचित हूँ लेकिन यह मानता हूँ कि आलोचना शुरू यहीं से होती है, वह आगे चलकर उड़ान जिस आकाश में भी भरे। विखंडनवाद के प्रभाव में जो लोग पाठकवादी आलोचना की बात करते हैं, वे आलोचना को पाठ से पूर्णत: स्वतंत्र कर देने के पक्षधर हैं। ऐसी 'रीडिंग' को ठीक ही पश्चिम के कुछ आलोचकों ने 'मिसरीडिंग' कहा है।

उनके समूचे कृतित्व का मूल्यांकन एक आलोचक के रूप में किया जाए तो नवल जी ने 'निराला रचनावली' का सम्पादन परिश्रमपूर्वक किया है, जो एक मानदंड है। इसके अलावा कई पत्रिकाओं का सम्पादन किया और 'कसौटी' जैसी अच्छी पत्रिका निकाली। लेकिन सबसे महत्त्वपूर्ण है उनकी व्यावहारिक समीक्षा, पाठ पर आधारित समीक्षा। उन्होंने 'कृति से साक्षात्कार' नाम से दो खंडों में निराला की कविताओं पर लिखा है और गहराई से विचार किया है। आज के आलोचक

ऐसा बहुत कम कर रहे हैं। पुराने ग्रंथों पर तो इस तरह से विचार करते हैं, मगर समकालीन कृतियों पर नहीं करते। जिस तरह उन्होंने एक-एक कविता को लेकर विचार किया है, उसी तरह एक-एक कहानी को उपन्यास के रूप में लेकर विचार किया जाना चाहिए। मैं निस्संकोच कह सकता हूँ कि नवल जी का काम अद्वितीय है।

उर्दू का आरम्भिक युग : शम्सुर्रहमान फ़ारूक़ी

यह पुस्तक मूल रूप से अंग्रेजी में लिखी गई थी। शिकागो के प्रो. सर्जेन पोलक ने एक परियोजना के तहत 'लिटररी कल्चर्स इन इंडियन हिस्ट्री' पर शोध कराए थे। इस परियोजना के तहत विभिन्न भारतीय भाषाओं के लिए अलग-अलग लेखकों का चयन किया गया था। उर्दू के लिए प्रो. शम्सुर्रहमान फ़ारूक़ी को चुना गया था, जो बिलकुल सही चुनाव था। अब 'उर्दू का आरम्भिक युग' नाम से उसका हिन्दी अनुवाद आया है। अनुवाद अच्छा किया गया है और कई दृष्टियों से यह किताब महत्त्वपूर्ण है। महत्त्वपूर्ण इस अर्थ में कि एक जमाने में, विशेष रूप से 1947 के पहले हिन्दी, उर्दू और हिन्दुस्तानी को लेकर बहुत बहस हुई थी। आजादी के बाद कौन-सी भाषा देश की राजभाषा बनेगी, उसका स्वरूप कैसा होगा, इसको लेकर लगातार चर्चा होती रहती थी। दोनों भाषाओं के समर्थकों के बीच नोक-झोंक भी चलती रहती थी। प्रेमचंद जैसे लेखक ने भी उन दिनों चल रही बहस में हिस्सा लिया था। अब जबकि यह मामला ठंडा पड़ चुका है और परिदृश्य भी बदल चुका है, इस मसले पर नये सिरे से विचार करना जरूरी है। इसमें हिन्दी का पक्ष तो व्यापक रूप से सामने आ चुका है। हिन्दी वालों ने काफी कुछ लिखा है। अकेले चन्द्रबली पांडेय ने कई किताबें लिखी हैं। ऐसी दस-बारह किताबों की जानकारी हमें है।

डॉ. रामविलास शर्मा ने भारतेन्दु पर जो किताबा लिखी, उसके दूसरे संस्करण में एक नया अध्याय जोड़ा जिसमें हिन्दी और उर्दू के रिश्तों तथा भारत की भाषा-समस्या पर गम्भीरता से विचार किया गया है। अब शम्सुर्रहमान फ़ारूक़ी ने उर्दू की ओर से पहल की है, जो स्वागत योग्य है और महत्त्वपूर्ण भी। उन्होंने कई नये तथ्य सामने रखे हैं। पुस्तक में कोई सात अध्याय हैं और उन अध्यायों का निष्कर्ष उन्होंने एक छोटी-सी भूमिका में शुरू में ही दे दिया है। उसका एक अंश द्रष्टव्य है :

> उर्दू-हिन्दी के सम्बन्धों को सुलझाए बिना अर्ली उर्दू का पद अर्थहीन है।

अत: मैंने अपनी बात आधुनिक हिन्दी के आरम्भ और उसकी छुपी (और प्रत्यक्ष) राजनीति और उर्दू साहित्यिक संस्कृति पर उसके प्रभाव से शुरू की। इसके बाद मैं इस प्रश्न से उलझा कि उर्दू भाषा यद्यपि दिल्ली के आसपास पैदा हुई लेकिन इसमें साहित्य की पैदावार आरम्भ में गुजरात और दक्कन में क्यों हुई?

फिर गुजरात और दक्कन में सैद्धान्तिक आलोचना और काव्यशास्त्र का उदय तथा इस सिलसिले में अमीर खुसरो और संस्कृत के केन्द्रीय रोल पर भी प्रकाश डाला गया। इसके बाद मैंने निम्नलिखित विषयों की छानबीन की :

दिल्ली का साहित्यिक परिप्रेक्ष्य पर देर से प्रकट होना। लेकिन दिल्ली के साहित्यिक साम्राज्यवादी स्वभाव के कारण गैर-दिल्ली के साहित्यकारों और 'बाहर वालों' का उर्दू की प्रामाणिक सूची से बाहर रहना और फिर अठारहवीं सदी की दिल्ली में नई साहित्यिक संस्कृति और काव्यशास्त्र का उदय।

एक मजेदार बात उन्होंने एक जगह कही है। जब हिन्दी वाले उर्दू को हिन्दी की शैली कहते हैं तो जवाब में हिन्दी-उर्दू वालों को करना चाहिए कि उर्दू हिन्दी की शैली नहीं, बल्कि हिन्दी उर्दू की शैली है क्योंकि एक जमाने में उर्दू को ही हिन्दी कहते थे। इस तर्क में सफाई तो है। हिन्दी का हिन्दवी उर्दू का ही नाम था। हमारे यहाँ 'भाषा' शब्द का प्रचलन था। ब्रज भाषा, अवधी भाषा कहते थे। हिन्दी का प्रचलन बाद में हुआ। देश के लिए भी भारत का प्रचलन था। उर्दू वाले ही हिन्द कहते थे। हिन्दी, हिन्दवी और हिन्दुस्तानी उसी भाषा के शब्द हैं। यह एक दिलचस्प बात उन्होंने कही है, जो ठीक भी है। उर्दू हिन्दी की शैली नहीं है। इसी तरह उर्दू नाम को लेकर भी उन्होंने दिलचस्प टिप्पणी की है। उनके मुताबिक जब जुबान-ए-उर्दू कहते हैं, तो उसका मतलब देहली है। उर्दू में 'उर्दू' शब्द का इस्तेमाल भाषा के रूप में कभी नहीं हुआ। लश्कर अथवा बाजार के लिए ही इसका प्रयोग हुआ है। अब भी दिल्ली में उर्दू बाजार है यानी एक जमाने में उर्दू का मतलब था : दिल्ली, शाहजहानाबाद, लश्कर आदि। उन्होंने और महत्त्वपूर्ण जानकारी यह दी है कि यह भाषा पहले दक्कन में बोली जाती थी और काव्य-रचना भी वहीं शुरू हुई। उर्दू के प्रारम्भिक कवियों में वली दक्कनी सबसे चर्चित हैं। पुस्तक में उन पर एक पूरा अध्याय है। वे औरंगाबाद के रहनेवाले थे। उन्हें 'वली गुजराती' के नाम से भी जाना जाता है।

खड़ी बोली एक आधार है। उसकी दो शैलियाँ चलीं। एक शैली ने अरबी-फारसी के शब्द लिये, दूसरी ने संस्कृत को आधार बनाया। दोनों ने कविता के लिए छंदों का चुनाव भी अलग-अलग किया। लेकिन ये दोनों शैलियाँ अमीर खुसरो के जमाने में एक ही थीं, बल्कि खुसरो के जमाने में अवहट्ट और अपभ्रंश भी थीं, जिनमें

विद्यापति ने लिखा है। अपभ्रंश, अवहट्ट से होते हुए अवधी, ब्रज आदि बोलियों में लेखन शुरू हुआ, हालाँकि इसको लेकर थोड़ी बहस भी है। खुसरो में भाषा के कई स्तर हैं। लेकिन लेखक ने एक शायर को बिलकुल छोड़ दिया है।

वे हैं : आगरे के नजीर अकबरावादी। वे ठेठ आगरे की भाषा में शायरी करते थे। उनकी शायरी हिन्दी और उर्दू के बीच पुल का काम करती है लेकिन उसकी चर्चा कम होती है।

मुअनजोदड़ो : ओम थानवी

वरिष्ठ पत्रकार और लेखक ओम थानवी की पहली पुस्तक है : 'मुअनजोदड़ो'। यह महज यात्रा-वृत्तान्त नहीं है। बहुत सारी ऐसी बातें हैं, जिनसे इस पुस्तक का महत्त्व बढ़ जाता है। सबसे पहले तो इस बात की तारीफ की जानी चाहिए कि उन्होंने पुस्तक का नाम 'मुअनजोदड़ो' रखा है। हिन्दी में आम तौर पर लोग 'मोहेनजोदड़ो' कहते हैं। उन्होंने इस गलत प्रचलन को दुरुस्त करके अच्छा और सही काम किया है। वहाँ की भाषा में 'मुअनजोदड़ो' ही सही शब्द है, जिसका अर्थ है : मृत्यु का टीला या डीह। रांगेय राघव ने 'मौत का टीला' नाम से एक उपन्यास भी लिखा था।

भारत और पाकिस्तान के बीच के जटिल सम्बन्धों को देखते हुए इस समय मुअनजोदड़ो तक जा पाना आसान नहीं है। ओम थानवी वहाँ जाने में सफल हुए और उसका जो विवरण दिया है, वह कई दृष्टि से उल्लेखनीय है। पुस्तक की भूमिका मधुकर उपाध्याय ने लिखी है, जो बड़ी अच्छी और दिलचस्प है। ओम थानवी की दृष्टि न तो पुरातत्त्वज्ञ है, न इतिहासकार की और न ही महज पत्रकार की। वैसे भी वह कोई राजनीतिक या सामरिक महत्त्व की चीज नहीं है। यह एक तरह से सांस्कृतिक धरोहर है। एक जगह बल्कि, उन्होंने कहा भी है : 'मुअनजोदड़ो सभ्यताओं की सभ्यता संस्कृति का तीर्थ और कला का आदिपर्व है।' तो इस तरह उनकी दृष्टि सभ्यता, संस्कृति और कला पर है। एक और उल्लेखनीय बात यह है कि उन्होंने इस प्राचीन सभ्यता से सम्बन्धित कई भ्रमों का निवारण किया है। मुअनजोदड़ो के साथ-साथ प्राय: हड़प्पा का नाम लिया जाता है, जबकि हड़प्पा वहाँ से काफी दूर है। हम जिसे सिन्धु घाटी की सभ्यता कहते हैं, उसमें सिन्धु नदी की घाटी में इन दोनों जैसे कई अन्य नगर बसे थे। उन नगरों की पूरी एक श्रृंखला है, उनमें कई के भग्नावशेष देखे जा सकते हैं। इस श्रृंखला को देखकर उन्होंने जो टिप्पणियाँ की हैं, उनसे ज्ञात होता है कि यह केवल घुमक्कड़शास्त्र वाला मामला नहीं है। राहुल जी की घुमक्कड़ी और यात्रा-वृत्तान्त से अलग थानवी ने एक बड़ी जिज्ञासा के साथ मुअनजोदड़ो की यात्रा की है। इसका सम्बन्ध भारत से भी है और पाकिस्तान से भी,

बल्कि कहिए कि पूरे उपमहाद्वीप से है। उपमहाद्वीप की सभ्यता का वह आदिस्रोत है। आज देश विभाजित हो गया है मगर सभ्यता विभाजित नहीं हो सकती। सभ्यता तोड़ी नहीं जा सकती। यह रोटी नहीं है कि तोड़कर आधा आप खा लें, आधा हम खा लें। यह अच्छी बात है कि ओम थानवी ने उसे साहित्यिक और कलात्मक दृष्टि से देखा और लिखा है। भाषा बहुत अच्छी है। हालाँकि, कुछ ऐसे शब्दों का प्रयोग उन्होंने किया है, जो सामान्यतया प्रचलन में नहीं हैं, जैसे—संग्रहालय की जगह अजायबघर, पुरातत्त्वज्ञ की जगह पुरातत्त्वी, रचयिता की जगह रचेता आदि। वैसे ओम जी अच्छे लेखक के साथ-साथ सजग सम्पादक भी हैं। पुस्तक की भाषा के आधार पर कहा जा सकता है कि मुअनजोदड़ो की यात्रा पर एक कवि-हृदय लेकर गए थे। इसके अन्तिम अंश की कुछ पंक्तियाँ देखें :

> सही मायनों में हड़प्पा सभ्यता किसी कर्मकांड की स्थापना नहीं, एक दर्शन का सूत्रपात थी : हथियारों से दूर एक शान्तिप्रिय सभ्यता, 'योग' के आत्मानुशासन में अन्तर्मुखी चेतना का सन्देश देती हुई। ग्रेगरी पोसल के शब्दों में : संस्कृति की शक्ल में एक ऐसा विश्व, जो सभ्यता का 'मानवीय चेहरा' पेश करता है। हम इसे 'भारतीय' कह सकते हैं। लेकिन अब पाकिस्तान-बंगलादेश के बँटवारे के बाद भारतीयता के लिए भी शायद कोई नया नाम ढूँढ़ना पड़े, जो उन्हें भी मंजूर हो।

जो हो, उस परम्परा को भारतीय उपमहाद्वीप में एक साझा विरासत के रूप में साफ तौर पर पहचाना जा सकता है। जैसाकि सिन्धु के एक नेता ने कहा था : 'हम चन्द दशकों से पाकिस्तानी हैं, कुछ सदियों से मुसलमान, मगर हजारों साल से सिन्धी हैं।' हमारी विविधता में यह एक केन्द्रीय सूत्र है। इस परम्परा का जीता-जागता प्रतीक सिन्धु घाटी की सभ्यता है। इस परम्परा को वैदिक सभ्यता ने समृद्ध किया है, इस्लाम ने भी। 'अज्ञेय' की दो पक्तियों की एक कविता है :

साँझ सवेरे
रोज सवेरे मैं थोड़ा-सा अतीत में जी लेता हूँ—
क्योंकि रोज शाम को मैं थोड़ा-सा भविष्य में मर जाता हूँ।

जाहिर है, ओम थानवी के पास भारतीय परम्परा, संस्कृति, कला और कविता की जो समझ है, उसके चलते भी यह पुस्तक उल्लेखनीय बन पड़ी है।

हाशिये की इबारतें : चन्द्रकान्ता

'हाशिये की इबारतें' मैं पूरा पढ़ गया। कथाकार चन्द्रकान्ता की इस कृति को चाहे आत्मकथा कहें या संस्मरण कह लें (लेखिका ने इसे आत्मकथात्मक संस्मरण कहा है), पर इसे पढ़ते हुए मुझे एक उपन्यास को पढ़ने जैसा सुख मिला। उनकी कथात्मक प्रतिभा का यह एक अच्छा उदाहरण है। इस कृति में भी वही प्रतिभा, वही भाषा और वही कला दिखाई पड़ती है, जिनके लिए चन्द्रकान्ता जानी जाती हैं। बहुत ही मँजी हुई कलम है उनकी।

इस पुस्तक के तीन खंड हैं। पहला खंड माँ के बारे में है जिनका निधन तब हो गया था जब लेखिका बहुत छोटी थीं। माँ की उम्र तब चालीस साल से भी कम थी। दूसरा खंड छोटी बहन शीला पर केन्द्रित है जबकि तीसरे खंड में उन्होंने अपनी सास के बारे में लिखा है। उनकी सासू-माँ को सब लोग 'भाभी जी' कहकर पुकारते थे, उन्होंने भी अपने संस्मरण में भाभी जी ही कहा है। यह सबसे लम्बा खंड है जिसमें भाभी जी की अलग-अलग छवियों का चित्रण है। उनके व्यक्तित्व के कई पक्ष हैं जिनको प्रस्तुत करते हुए चन्द्रकान्ता भारतीय समाज में सास-बहू के जटिल सम्बन्धों को भी उजागर करने में सफल होती हैं। भाभी जी में किस्सागोई की भी अद्‍भुत क्षमता थी। वह बड़ी मजेदार कहानियाँ सुनाती थीं। लेखिका ने उनकी इस क्षमता को गहराई से परखने का यत्न किया है :

'भाभी जी की कहानियाँ बड़ी मजेदार हुआ करतीं। उनमें 'नई कहानी' की अनुभव की प्रामाणिकता थी। भोगा हुआ यथार्थ तो था ही, कल्पना का भी खासा कलात्मक पुट था। अभिव्यक्ति-कौशल में हमारी भाभी जी खासी माहिर रही हैं। सो उनकी कहानियों में 'नई कहानी-अकहानी' का अद्‍भुत मेल रहता। कहीं-कहीं मार्क्स का जादुई यथार्थवाद भी नजर आता, जो उन्होंने 'हीमाल नागराय', 'बोंबुर-यंबरजल' जैसी लोककथाओं और सोमदेव के 'कथा-सरित्सागर' की सुनी-सुनाई कहानियों से अपनाया था। मुझे यकीन है कि यदि भाभी जी थोड़ी-बहुत पोथी-वोथी वाचना जानतीं, तो गुणाढ्य पंडित की तरह वृहत्कथा जरूर लिख लेतीं।

यों भाभी जी को सुनी-सुनाई कहानियाँ कम, अपनी बनाई कहानियाँ सुनाने का शौक ज्यादा रहा है। छोटी से छोटी घटना को किस्सा बनाने में वे माहिर रही हैं। मैंने उनसे सुने कई किस्सों का इस्तेमाल अपने उपन्यासों में किया है।'

इस कृति में, जैसाकि चन्द्रकान्ता ने अपनी भूमिका में संकेत दिया है : 'तीन सूत्रियों के व्यक्तित्व की कुछ गुत्थियों को खोलने की चेष्टा की गई है', तो स्त्री-विमर्श की दृष्टि से भी इसका महत्त्व है। इसमें एक माँ है, एक सास और एक छोटी बहन। कश्मीरी पंडितों के समाज में जो पारिवारिक मर्यादाएँ हैं, संस्कार हैं, रूढ़ियाँ हैं—उन सबके बीच ही स्त्री को रहना है। इस दृष्टि से एक स्त्री की वेदना क्या होती है और उसमें संघर्ष की कितनी क्षमता होती है, इन सबका वर्णन उन्होंने किया है। कश्मीरी समाज का एक दर्द-विस्थापन भी है। इस विस्थापन ने स्त्रियों के संघर्ष को और जटिल बना दिया है। तीसरे खंड में इस पर विस्तार से प्रकाश डाला गया है।

लेखिका की शादी जब हुई थी, तब वे मात्र दस-बारह साल की थीं और पति भी छोटे ही थे। तब सास ने कितनी दबंगई और कट्टरता से उन्हें अनुशासन में रखा, उसका विस्तार से वर्णन किया है। पति जब पढ़-लिखकर आए, तो दोनों के बीच आपसी रिश्तों के विकसित होने देने में भी अवरोध पैदा किया, मगर दूसरी तरफ प्यार और स्नेह भी दिया। उनके व्यक्तित्व का तीसरा पहलू भी था जो कश्मीर से विस्थापित होकर जम्मू आने के बाद दिखा। तब लेखिका के पति और श्वसुर कहीं अलग-अलग पदस्थापित थे। अकेले सासू-माँ यानी भाभी जी ने ही पूरे परिवार को सँभाला। वे एक तरह से स्त्री-शक्ति की प्रतीक बन गईं। वे एक ओर पुराने संस्कारों से ग्रस्त थीं, तो दूसरी ओर उनके स्नेह और प्यार का दायरा बहुत व्यापक था। उसमें सभी धर्मों और समुदायों के गरीब लोग आते थे। उनके अन्दर संकीर्णता नहीं थी।

इस तरह, बिना आधुनिक बने एक पुराने संस्कारों वाली स्त्री कैसे नये मानवीय मूल्यों को ग्रहण करती है और स्त्री की एक नई छवि प्रस्तुत करती है—उस प्रक्रिया को लेखिका की सासू-माँ में देख सकते हैं। चन्द्रकान्ता को अपनी माँ को देखने का बहुत कम अवसर मिला था, जबकि बहन का जीवन बहुत त्रासद रहा था। इसलिए एक भारतीय स्त्री की बड़ी प्रतीक के रूप में वह अपनी सासू-माँ को ही देखती हैं। माँ के बारे में उन्होंने लिखा है कि वे लल्ल (लल्लेश्वरी) के गीत गाती थीं, हब्बा खातून को भी गाती थीं। यह कश्मीर की सांस्कृतिक विशेषता है जिसे समझा जाना चाहिए।

जो बातें इस पुस्तक में उभरकर आती हैं, उनसे मालूम होता है कि भारतीय समाज में स्त्रियाँ हाशिये पर रहकर भी केन्द्रीय भूमिका निभा रही हैं। चन्द्रकान्ता का हिन्दी कथाकारों में बहुत ऊँचा स्थान है और इस पुस्तक से उनका स्थान और भी ऊँचा होगा।

दानापानी : लीलाधर मंडलोई

लीलाधर मंडलोई को मैं एक कवि के रूप में जानता था। उनके गद्य की यह पुस्तक 'दानापानी' हमारे लिए प्रीतिकर आश्चर्य का विषय है। लेखक ने इसे डायरी कहा है, जो एक तरह से सही है। लेकिन यह उस प्रकार की डायरी नहीं है, जैसीकि आम तौर पर होती है। तिथि और समय देकर लिखी गई डायरी, जिसमें रोजमर्रा की घटनाएँ दर्ज होती हैं, यह उस प्रकार का रोजनामचा नहीं है। इसमें समय-समय पर उठने वाले उन मनोभावों को दर्ज किया गया है, जो कविता में नहीं व्यक्त हो पाए हैं। छह खंडों में बँटी इस पुस्तक का दायरा बहुत बड़ा है। 1987 के आसपास जब उनके साहित्यिक व्यक्तित्व का निर्माण हो रहा था, तब से लेकर अब तक की यात्रा को इसमें दर्ज किया गया है। 20वीं सदी के अन्तिम डेढ़ दशक और 21वीं सदी के आरम्भिक दशक के उनके जो अनुभव हैं, वह बहुत व्यापक हैं। इसमें उनका जीवन-संघर्ष, माँ, पिता, परिवार और सरकारी अधिकारी के रूप में उन्होंने जो कार्य किये हैं—वे सब दर्ज हैं। उन्होंने यात्राएँ भी की हैं, उनसे जुड़े अनुभवों को भी इसमें शामिल किया है। सोवियत संघ की यात्रा के दौरान उन्होंने जिन साहित्यिक कृतियों, कलाकृतियों और स्मारकों को देखा, उनका भी अच्छा वर्णन किया है। कई जगह भाषा अत्यन्त काव्यात्मक है। यह अज्ञेय की कृति 'भवंती' की याद दिलाती है। वह भी परम्परित अर्थ में डायरी नहीं है। उस परम्परा का विकास इसमें देख सकते हैं। अनुभूति के कणों और विचारों के स्फुलिंगों को एकत्र कर टाँकने का काम लेखक ने किया है। मैं खास तौर पर इसकी भाषा के बारे में टिप्पणी करूँगा। तुलसीदास ने कहा है : 'अरथ अमित अति आखर थोरे'। इसी प्रकार इसमें कम-से-कम शब्दों में बड़ी से बड़ी बात कही गई है। यह बहुत ही नपा-तुला, गठा हुआ गद्य है—कवि का गद्य है। मंडलोई की भाषा की इस क्षमता को देखकर अच्छा लगा। इसका एक अंश देखिए :

मेरे भीतर कोमल शब्दों की एक डायरी होगी जरूर
मेरी कविता में स्त्रियाँ बहुत हैं

मेरा मन स्त्री की तरह कोमल है
मुझसे सम्भव नहीं कठोरता
मैं नर्मगुदाज शब्दों से ढका हूँ।
अगर सूरज भी हूँ तो एकदम भोर का
और नमस्कार करता हूँ अभी भी झुककर
मैं न पूरी वर्णमाला याद रख पाता हूँ
न व्याकरण

हर बार लौटता हूँ और भूला हुआ याद आता है
ठोक-पीटकर जो गढ़ते हैं शब्द
मैं उनमें से नहीं हूँ
मेरे भीतर शब्द बच्चों की तरह बड़े होते हैं
अपना-अपना घर बनाते हैं
कुछ गुस्से में छोड़कर घर से बाहर निकल जाते हैं
मुझे उनकी शैतानियों से कोफ्त नहीं होती
मैं उन्हें करता हूँ प्यार
लौट आने के इन्तजार में मेरी दोस्ती
कुछ और नये बच्चों से हो जाती है
घर छोड़कर गए शब्द जब युवा होके लौटते हैं
मैं अपने सफेद बालों से उन्हें खेलते देख
एक सुरमई भाषा को बनते हुए देखता हूँ।

गौर करने की बात है कि यह एक बिलकुल नई विधा बन गई है। यह उस अर्थ में डायरी नहीं है, जैसी मलयज की डायरी है। वह एक परम्परागत डायरी है, जिसमें रोजमर्रा की घटनाएँ दर्ज हैं। यह उससे अलग एक कलाकृति है, साहित्य है। कहीं-कहीं तो यह बिलकुल कविता जैसी है। मैं इसके एक अंश 'पाठक की आँख' का उदाहरण देता हूँ :

कविता की पहली पंक्ति में शायद मन्दिर था।
कविता की दूसरी पक्ति में शायद ईश्वर था।
कविता की तीसरी पंक्ति में शायद मनुष्य था।
कविता की अन्तिम पंक्ति में रक्त था।
रक्त में डूबी पंक्ति शायद कविता थी।
शायद कविता में डूबा एक पाठक था।
पाठक की आँखों में शायद क्रोध था।

शायद घृणा।

शायद कवि।

यह एक कविता कोलाज ही तो है। इसे जिस तरह छह खंडों में बाँटा गया है और उसके अलग-अलग नाम दिये गए हैं, उससे भी कोलाज की पुष्टि होती है। इसके पहले खंड का नाम है : 'दीमक का घर' और अन्तिम खंड का : 'वक्त की बेतरतीब किताब में'। एक तरह से इस पूरी डायरी का नाम, मैं कह सकता हूँ, 'वक्त की बेतरतीब किताब' है।

अन्त में एक बात, पुस्तक का प्रकाशन बहुत ही सुरुचिपूर्ण ढंग से किया गया है।

शब्दों का सफर : अजीत वडनेरकर

इस किताब पर जब मेरा ध्यान गया तो मुझे याद आया, हिन्दी में एक जमाने में एक शब्द पर बरसों चर्चा होती थी। लोगों को याद दिलाना चाहिए कि 20वीं शताब्दी के आरम्भ में 'अनस्थिरता' शब्द का प्रयोग महावीर प्रसाद द्विवेदी ने कर दिया था और उस शब्द पर 6 साल बहस हुई, जिसमें सारा हिन्दी-जगत शामिल था। बालमुकुन्द गुप्त ने चुनौती दी कि महाराज, स्थिर का अस्थिर तो होता है लेकिन अनस्थिर नहीं होता है। अब लगता है, जब कोई शब्द स्वर से शुरू हो तो व्यंजन के शुरू होने से पहले 'अ' होगा, 'अन' नहीं होगा। अन्त में स्वयं आचार्य महावीर प्रसाद द्विवेदी ने बालमुकुन्द गुप्त की मृत्यु के बाद 1906 में लिखा कि बहस तो मैंने की लेकिन हिन्दी भाषा की जानकारी और गद्य लिखनेवाला बालमुकुन्द गुप्त जैसा नहीं हुआ। इस प्रकार एक-एक शब्द पर बहस होती थी।

बाद में किशोरी दास वाज़पेयी एक-एक शब्द पर विचार करते हुए व्याकरण लिखा करते थे। व्याकरण को जिस प्रकार मनुष्य की व्युत्पत्ति का पता नहीं लगता है कि कौन आदमी किस प्रकार के परिवार में पैदा हुआ है, उस परिवार का इतिहास क्या है, हजार साल पहले वह कौन थे, कहाँ से आकर बसे, क्या हो गए—उसी प्रकार शब्दों की व्युत्पत्ति का सफर बहुत लम्बा होता है। शताब्दियाँ लग जाती हैं इस सफर के पैदा होने में।

अजीत जी उदाहरण के लिए एक शब्द लेते हैं, जिसका हम लोग बहुत इस्तेमाल करते हैं : 'काफिर', जो कि कुफ्र से बना है। एक और शब्द बहुत इस्तेमाल होता है : 'फकीर'। यह शब्द कहाँ से आया? इसको इन्होंने जोड़ा 'फाका' से। फाकाकशी करनेवाले आदमी के दूर-दूर के इतिहास को बताया है कि जिसे हम फाका कहते हैं, उसी से फाका करनेवाला, भूखा रहनेवाला आदमी फाकाकशी कहा जाता है। 'फकीर' का बड़ा दिलचस्प इतिहास उन्होंने दिया है। इस तरह से लोगों ने ऐसे शब्दों को इतिहास में ढूँढ़ने की कोशिश की है।

संस्कृत के तत्सम, बोलचाल के तद्भव और जिनका उद्भव नहीं मिलता है, उन शब्दों को भी खोजने का प्रयास किया है। इन्होंने 'छ' शब्द लिया है। हम लोगों ने सुना होगा गीतों में, 'छम्मक-छल्लो' एक शब्द होता है। इससे एक शब्द बनाएँगे तो छैल-छबीला बनेगा। छैला-बिहारी होता है। ध्वनियों के आधार पर दो शब्दों को जोड़कर जो नये शब्द बनाये जाते हैं, उनका इतिहास दिया गया है इस किताब में। इन्होंने शब्दों के पाँच-छह वर्ग बनाये हैं। आखिरी हिस्से में इन्होंने पारिवारिक सम्बन्धों को लिया है। उन रिश्तों और सम्बन्धों में एक सम्बन्ध ले लिया है। 'पति' शब्द को हम लोग पति-पत्नी के रूप में ही जानते हैं, लेकिन यह पति आगे चल करके स्वामी का जगतपति होता है। अब यहाँ जोड़ करके उन्होंने कहा है कि पति अगर बादशाह है तो पत्नी उसके अन्दर प्रजा के रूप में हुई। दूसरा शब्द अब उन्होंने लिया : 'महिला'। महिला के बारे में हम लोग नहीं जानते। बंगला में महिला ज्यादा चलता है। महिला शब्द का सम्बन्ध 'मह' से है, महान से है और स्त्री की महत्ता इससे प्रतिपादित होती है। काली की पूजा होती है। स्त्री देश जहाँ हैं, वहाँ महिला के महत्त्व को स्वीकार करते हैं। वहाँ नारी 'स्त्रीइन' शब्दों की अपेक्षा 'महिला' शब्द का प्रयोग किया जाता है जो आदरार्थक होता है। इससे महिला का महत्त्व प्रकट होता है। यह महत्त्व कैसे प्रकट होता है, इसके लिए एक शब्द होता है : 'लोग-लुगाई'। कहते हैं, उसकी लुगाई है (पश्चिमी में)। अब 'लोग' तो ठीक है लेकिन 'लुगाई' कहाँ से बना तो इन्होंने बताया है कि लुगाई की व्युत्पत्ति जिस रूप में हुई थी, वह 'लोक' है मूलत:। नर-नारी की जगह लुगाई कहते हैं। यह 'लोक' बोली का ही एक शब्द है जो हिन्दी, राजस्थानी, ब्रज, अवधी और भोजपुरी आदि बोलियों में इस्तेमाल किया जाता है। इस लुगाई का पूरा इतिहास बताते हुए इन्होंने बताया कि जो नाते-रिश्ते परिवार में होते हैं, वे सभी शब्द लोक में प्रचलित होते हैं। असल में मनुष्य जाति का इतिहास खँगालते हुए किसी व्यक्ति का मूल स्रोत ढूँढ़ना बहुत मुश्किल है, उसी प्रकार शब्दों की व्युत्पत्ति का इतिहास भी बहुत लम्बा रहा है। इसे व्युत्पत्तिशास्त्र कहते हैं। शब्दों की व्युत्पत्ति करना बहुत मुश्किल काम है, जिसमें बड़े-बड़े विद्वान चूक जाते हैं। वडनेरकर जी ने बहुत महत्त्वपूर्ण काम किया है। इस पुस्तक के एक अंश के माध्यम से इसे समझते हैं।

'कबीरबानी' में जो फकीराना ठाठ देखने को मिलता है, वह फक्कड़पन फाकामस्ती से उपजता है। यूँ सभी निर्गुण संतों और सूफियों का यही मूलमंत्र भी रहा है कि माया-मोह को त्यागकर आत्मज्ञान की जोत जलाने से ही प्रभु मिलते हैं। यह राह वह यूँ ही नहीं चुनता।

पैगम्बर साहब के मुताबिक फकीरी पर उन्हें फक्र है। समूचे भारत में फकीर शब्द का मतलब साधु, संन्यासी, संत ही होता है। फकीर मूलत: ऐसे साधकों को कहते हैं, जिसने सांसारिक चोला त्यागकर आत्मज्ञान की राह पर कदम बढ़ा दिये

हैं। न्यूनतम आवश्यकताओं की पूर्ति वह माँगकर करता है। इसलिए फकीर को भी मंगतों की श्रेणी में रख दिया गया। कबीर के लिए फाका की व्यवस्था की गई है।

सामान्य व्यक्ति दो वक्त की रोटी के लिए आठ घंटे खटता है। बिना काम-धंधा किये दोनों वक्त मुफ्त की रोटी पर गुजर करना मँगताई है, मगर सिर्फ एक वक्त माँगकर खाना और एक वक्त निराहार रहना फाका है। फाका बना है अरबी के 'फाक:' से, जिसका अर्थ होता है : उपवास, अनशन, निराहार रहना आदि। अर्थ-संकोच के 'फाक:' का मतलब सिर्फ भूखों मरने तक सीमित हो गया। फाका की रिश्तेदारी भी फकीर से है जिसका उद्‍गम 'फक' से माना जाता है।

मेरे बचपन के दिन : तसलीमा नसरीन

मुकेश कुमार : 'मेरे बचपन के दिन' बंगलादेश की दुस्साहसी लेखिका तसलीमा नसरीन की आपबीती है। इस अधूरी आत्मकथा के जरिये हमारा साक्षात्कार उन हालात से होता है, जिन्होंने तसलीमा को बागी बनाया। पुरुष-प्रधान समाज और धर्मान्धता के खिलाफ झंडा उठाने के लिए उकसाया। पहले देखते हैं इस कृति के कुछ अंश :

> युद्ध छिड़ने वाला था। हर मोहल्ले में इसी की चर्चा होती थी। लोग घर के दहलान में, खुले मैदान में, गली के दहलान में, खुले मोड़, जहाँ भी इकट्ठा होते, इसी पर बहस करते। किसी के माथे पर, तो किसी की नाक के नीचे, तो किसी के खुले मुँह में, तो किसी के गालों पर, कानों पर, सिर पर आँखें ही नजर आती थीं। सभी की आँखें खुली रहती थीं। उनकी आँखों के सामने लोग भाग रहे थे—अँधेरे में, उजाले में। अपने बाल-बच्चों को गोद में और अपनी गठरी वगैरह को सिर पर लादे वे दौड़ते नजर आते थे। सब भाग रहे थे। लोग शहर छोड़कर गाँव की ओर भाग रहे थे।
>
> मेमनसिंह शहर छोड़कर विधोबावड़ा और फूलपुर और नन्दाई की ओर पलायन कर रहे थे। गिद्धों की चोचों से मृत देह की दुर्गंध आती थी। कबूतरों के बेचैन पंखों की फड़फड़ाहट में गोलियों की आवाज सुनाई पड़ती थी। लोग पैदल, रेलगाड़ियों से, नाव से भाग रहे थे। उनके पीछे पड़ा रह जाता था : खाली मकान, आँगन के पेड़-पौधे, जल चौकी, हँसिया, हँसुआ और काली बिल्ली।

अब हमारे साथ हैं सुप्रसिद्ध समालोचक डॉ. नामवर सिंह। उनसे चर्चा करते हैं तसलीमा नसरीन की रचना 'मेरे बचपन के दिन' की। नामवर जी, तसलीमा ने अपने बचपन के दिनों का बहुत ही बेबाक अन्दाज में यहाँ खुलासा किया है। इतनी हिम्मत दिखाई, इतना साहस दिखाया है। ऐसी कोई मिसाल आपको और कहीं दिखाई दी?

नामवर सिंह : मुकेश जी, बचपन के बारे में लिखनेवाले बड़े लेखक हुए हैं दुनिया में। टॉल्स्टॉय ने लिखा 'मेरा बचपन'। गोर्की ने लिखा। रवीन्द्रनाथ ठाकुर ने लिखा है। हिन्दी में मुझे नहीं याद आता कि बचपन के बारे में इतनी बड़ी किताब मुकम्मिल लिखी गई हो। इन तमाम किताबों में एक बात है कि सभी कालजयी हो गई हैं : रवीन्द्रनाथ की भी, टॉल्स्टॉय की भी।

मुकेश कुमार : इसे भी क्या आप क्लासिक मानेंगे?
नामवर सिंह : इस किताब को भी मैं उसी कोटि में रखता हूँ। यह बचपन के बारे में और ग्यारह साल की उम्र तक की कहानी है।

मुकेश कुमार : यहाँ पर बीच में एक हस्तक्षेप करूँगा। आपने कहा कि इस तरह कृतियाँ बहुत कम लिखी गई हैं लेकिन मैंने एक सवाल पूछा था आपसे, कि इतना दुस्साहस, इतना बेबाक वर्णन क्या किसी ने अपने बचपन पर किया है?
नामवर सिंह : उस तरह का बेबाक वर्णन गोर्की में है, रवीन्द्रनाथ में हो ही नहीं सकता था परन्तु टॉल्स्टॉय में बहुत ही जीवंत है। खास तौर से सूक्ष्म पर्यवेक्षण है और सर्वोच्च उनकी कृतियों में माना जाता है। उन्होंने बचपन के बारे में लिखा है, जवानी के बारे में भी लिखा है। तसलीमा अपनी जवानी के बारे में अगर लिखें तो फिर देखा जाएगा, तब टॉल्स्टॉय के साथ तुलना करेंगे। लेकिन हिन्दी में मुझे कोई किताब इस समय याद नहीं आ रही है।

आम तौर से लोगों को बचपन की यादें बड़ी सुनहरी लगती हैं और वे एक तरह से उन यादों को लेकर आत्ममुग्ध रहते हैं। उन यादों को लेकर लोगों में एक तरह का नास्टेल्जिया होता है। तसलीमा नसरीन की यह किताब इस तरह के रोमानी नजरिये से अलग है।

बेबाकी के बारे में यदि बात करें तो उन्होंने अपनी माँ, अपने बाप, नानी, भाइयों, चाचा, मामा—किसी को नहीं बख्शा। यहाँ तक कि, खुद को भी नहीं बख्शा है। तो एक ऐसी लड़की, जो अपनी कमजोरियों को लेकर, अपने पूरे खानदान को लेकर इतनी बेबाक टिप्पणियाँ कर सकती है, तो जब वह राजनेताओं के बारे में बात करती है तो उन पर भी उसकी टिप्पणियाँ उतनी ही बेबाक होती हैं; जैसे शेख मुजीब को लेकर उनकी टिप्पणियाँ उतनी ही बेबाक और दो टूक हैं। इतनी हिम्मत से लिखनेवाले कम हैं।

मुकेश कुमार : जिस तरह के हालात का इसमें वर्णन है—मतलब, एक तरफ कट्टर धर्मान्धिता है, अन्धविश्वास है, यौन-शोषण है, धार्मिक शोषण हैं; इस माहौल

में तसलीमा ही बन सकती थीं। जिसमें भी थोड़ी-सी चेतना है, थोड़ी-सी जागरूकता है, तो उसमें तसलीमा बनने की पूरी सम्भावना है?

नामवर सिंह : नाम के बारे में जरा एक बात कह दूँ कि इनका नाम तो है 'नसरीन'। जैसा खुद लिखा है। विचार तो इनका अपना नाम उषा शोभा पापड़ी रखने का था, लेकिन भाई अड़ गया और उसके कहने से इनका नाम तसलीमा नसरीन रखा गया। उनका पूरा नाम नसरीनजहाँ 'तसलीमा' था। बाद में स्कूल में इसे छोटा करके तसलीमा नसरीन कर दिया गया।

और एक बात बराबर इनके जेहन में थी कि जिस दिन वह पैदा हुई थीं, वह नवमी का दिन था यानी एक पवित्र दिन।

मुकेश कुमार : सारे रिश्तेदार उनसे उम्मीद करते हैं कि यह भी एक कोई संत-महात्मा टाइप का?

नामवर सिंह : इस नाते एक बात यह हुई कि नवमी के दिन पैदा होनेवाली लड़की के जेहन में, आगे चलकर जब वह मेडिकल डॉक्टर भी हो गई, तो मजहब और साइंस, दोनों के बीच टकराव पैदा हुआ। धार्मिक मान्यता यह है कि अल्लाह सब कुछ करते हैं। अल्लाह ने एक दिन आदम-हव्वा को धरती पर उठाकर फेंक नहीं दिया था, बल्कि वे धीरे-धीरे बन्दर से विकसित थे। मजहब और साइंस की यह लड़ाई उनके घर में भी थी, क्योंकि उनकी माँ तो बहुत मजहबी थीं, लेकिन बाप उतने नहीं थे, और यह इसलिए भी था कि वे एक डॉक्टर थे।

मुकेश कुमार : एक द्वन्द्व और इसमें है—स्त्री और पुरुष का, जहाँ कहा जाता था तसलीमा के बारे में कि वह पुरुषद्वेषी हैं। उनमें पुरुष बनने की ललक थी, चाह थी, जो वह आसपास के माहौल में देखती थीं। इस पर थोड़े-से अंश देख लेते हैं, इसके बाद आपसे टिप्पणी :

> 'लेकिन मुझे कौन लड़का बनाता? मेरी खुद की क्षमता नहीं थी कि मैं स्वयं को लड़का बना दूँ। मैं किससे प्रार्थना करूँगी? इनसान सिर्फ अल्लाह से ही प्रार्थना करता है। काश, अल्लाह के अलावा ऐसा कोई होता जिससे प्रार्थना की जाती! हिन्दुओं के 33 करोड़ देवताओं से प्रार्थना करूँ, मगर देवता मेरी प्रार्थना क्यों सुनेंगे? मैं तो हिन्दू नहीं हूँ। अल्लाह से मैंने बहुत बार माँगकर देखा है। अल्लाह देना बिलकुल नहीं जानते। अल्लाह वाला मामला बिलकुल फालतू है। किसी से प्रार्थना न करके मैंने अपनी इच्छा से खुद ही बात की। मैं मन-ही-मन बार-बार कहने लगी, या तो मर जाओ या फिर अचानक लड़का बन जाओ। पिताजी कहते थे, इच्छा करने से ही सब होता है। मैंने इसलिए हृदय की पूरी शक्ति से

अपनी इच्छा व्यक्त की। अपने अन्दर-बाहर, अपने पाप-पुण्य, अपनी समस्त शक्ति के साथ मैं मन-ही-मन यही कामना करने लगी।'

नामवर सिंह : बचपन से ही उनको बार-बार हर कदम पर अहसास कराया जाता था कि वह लड़की हैं। उन्होंने लिखा है कि लड़का पैदा होने पर अजान लगाई जाती थी और लड़की पैदा होने पर कोई अजान नहीं लगती थी। यह ही नहीं, बल्कि लड़का पैदा होने पर घर भर में खुशी होती थी और लड़की पैदा होने पर बकरी काटी जाती थी। तो लड़की का रुतबा छोटा है खानदान में। इसलिए उनके मन में हुआ कि मैं खुदा से कहूँ कि मुझको लड़का क्यों नहीं बनाया उन्होंने।

मुकेश कुमार : इसके अलावा तसलीमा का खुद का जो यौन-शोषण हुआ, उसने भी उनके मन में पुरुषों के खिलाफ गुस्सा पैदा किया।

नामवर सिंह : उन्होंने यह भी बताया कि लड़की को छोटा ही नहीं समझा जाता बल्कि लड़की जैसे हवस का शिकार होती है, इसमें शिकार करनेवाले कोई दूसरे यानी खानदान या परिवार के बाहर के लोग नहीं बल्कि खुद मामा या खुद चाचा जैसे लोग होते थे।

'साँप' नाम का अध्याय इसमें बहुत दिलचस्प अध्याय है। जब वह छोटी थीं तो खुद उनके चाचा उनके लिए साँप की तरह प्रकट होते हैं। तो लड़की होने का अभिशाप अपने अनुभवों से उन्होंने जाना और यदि वह स्त्रीवादी हुईं या वह स्त्री की मुक्ति की बात करती हैं, तो अपने अनुभवों के कारण करती हैं, न कि कोई किताब पढ़कर या पश्चिम की या अंग्रेजी की हवा लगने के कारण।

मुकेश कुमार : इसको पढ़कर स्वाभाविक और जायज भी लगता है। ऐसा नहीं लगता है कि वह किसी द्वेष से पीड़ित होकर विरोध करती हैं।

नामवर सिंह : इस मामले में मजहब औरत को और भी गुलाम बनाता है। औरत को ही गुलाम नहीं बनाता है, बल्कि मजहब के कारण पूरा का पूरा मुल्क बरबाद होता है।

मुकेश कुमार : बल्कि उन्होंने यह भी कहा है कि बंगलादेश के आजाद होने के बाद वह एक बार फिर पाकिस्तान बनने की राह पर चल पड़ा।

नामवर सिंह : जी, लिखा है कि शेख मुजीब जैसा आदमी बंगलादेश के कट्टरपंथियों के प्रति उदार होने के कारण स्वयं उनका पहला शिकार हो गया।

यहाँ मुखौटे बिकते हैं : प्रभात शुंगलू

हिन्दी माध्यम के युवा पत्रकार प्रभात शुंगलू की समय-समय पर लिखी गई वैचारिक टिप्पणियों का निबन्ध संग्रह है : 'यहाँ मुखौटे बिकते हैं'। प्रभात शुंगलू ने अंग्रेजी माध्यम से पत्रकारिता की शुरुआत की थी। शुंगलू ने सियासत, शख्सियत और समाज—तीन खंडों में विभाजित इस पुस्तक में पत्रकारिता के नमूने दिये हैं। उन्होंने एक भूमिका भी दी है जिसमें उन्होंने खुद का दृष्टिकोण व्यक्त किया है। जिसको साहसिकता कहते हैं, बिना लाग-लपेट के एक तेज-तर्रार पत्रकार ही ऐसी टिप्पणी कर सकता है। भूमिका में उन्होंने कहा है कि हिन्दी-इंग्लिश की मिली-जुली भाषा, जिसको कुछ लोग हिंगलिश कहते हैं, जैसा आजकल मीडिया में अंग्रेजी शब्दों का प्रयोग हिन्दी बोलचाल की भाषा में हो रहा है, वैसी ही बाजार की जो हिन्दी है, उसमें मिली-जुली खिचड़ी हिन्दी का प्रयोग किया जा रहा है, जबकि ऐसी भाषा का प्रयोग करते हुए उनके मन में कोई क्षमाबोध नहीं है। इसमें एक लेख 'अयोध्या' पर है। बाबरी मस्जिद और राम जन्मभूमि वाला जो आन्दोलन हुआ था, रिपोर्टिंग करते समय उस पर इन्होंने लिखा है, जिसका शीर्षक दिया है : 'यहाँ मुखौटे बिकते हैं'। हालाँकि राजनीति में तो सभी लोग मुखौटे लगाए हुए हैं।

पत्रकारिता में सबसे ज्यादा महत्त्वपूर्ण होता है शीर्षक। इसमें लेख हैं : 'हमाम में सब नंगे', 'मूर्तियों का सच' आदि। इन्होंने एक बड़े मुद्दे पर लेख लिखा है जिस पर अभी मुकदमा भी चल रहा है : 'इस सिस्टम में बार-बार मरेगी रुचिका'। रुचिका का मामला, जिस पर टीवी पर बहुत चर्चा हुई थी। ऐसी तमाम चीजों पर इन्होंने लिखा है।

एक बहुत ही दिलचस्प लेख है : 'इ का भइल लालू जी?' काफी दिनों बाद लालू रात के खाने पर पासवान जी से मिलने जाते हैं, उनके नाती को शुभकामना देने जाते हैं, जो इस लेख का सन्दर्भ बनता है।

शुंगलू जी ने जैसे भोजपुरी भाषा में शीर्षक दिये हैं, उसी प्रकार अंग्रेजी भाषा में भी शीर्षक दिये हैं : 'प्लीज, डोंट से नो'। एक बोलचाल की भाषा, जो

बाजार में सुनाई देती है। एक शीर्षक है : 'पप्पू पास हो गया, आपका क्या होगा जनाब-ए-आली?' आजकल जैसे बाजार की हिन्दी विज्ञापनों में चल रही है, उस भाषा में और बड़े साहस के साथ, बोल्ड ढंग से उन्होंने लिखा है।

उन्होंने अपनी भूमिका में लिखा है : 'यह किताब सियासत और समाज के मुखौटे के पीछे झाँकने की कोशिश है। जनतंत्र का चौथा स्तम्भ कहलाए जानेवाले मीडिया का हिस्सा हूँ, इसलिए कह सकता हूँ, एक मुखौटा मैंने भी ओढ़ा हुआ है। ये सभी लेख भले ही पिछले एक साल के कंटेम्परेरी खबरों और घटनाओं पर लेखक के विचार हों, पर समय गुजरते इनका महत्त्व कम होगा, यह मैं नहीं मानता। मेरा मानना है, इन लेखों की तासीर समय से परे है। इनकी महत्ता तभी कम होगी, जब ये समाज और सियासत सही मायने में अपना पुराना चोगा उतारकर नये भारत-निर्माण की नींव रखेंगे। मैं भी उस चेंज का हिस्सा बनना चाहता हूँ और खुले आसमान के तले नई बयार को साँसों में उतारना चाहता हूँ, ताकि मेरी चार साल की लाडली परी बड़ी होकर यह दोष न दे कि उसके बड़े पापा ने उसे विरासत में दूषित माहौल और दूषित हवा दी।'

शुंगलू जी ने अच्छी समझ के साथ सियासत पर लेख लिखा है। उन्होंने आज की राजनीति पर पैनी नजर रखते हुए उन सारी चीजों पर बड़े ही बेबाक ढंग से टिप्पणी की है। साहस बयान करनेवाली तेज-तर्रार भाषा है। विस्तार नहीं, फालतू चीजें नहीं, नपी-तुली चीजें कही हैं।

ये धुआँ-सा कहाँ से उठता है : परवेज़ अहमद

हिन्दी के चर्चित लेखक और पत्रकार परवेज़ अहमद के ये दो नाटक हैं : 'ये धुआँ-सा कहाँ से उठता है' और 'छोटी ड्योढ़ीवालियाँ'। पहले नाटक 'ये धुआँ-सा कहाँ से उठता है' में सोलह दृश्य हैं। मीर की मशहूर गजल है : 'ये धुआँ-सा कहाँ से उठता है'—इस गजल का एक मिसरा उन्होंने लिया है। दूसरा नाटक सत्रह दृश्यों का है। नाटक में अंक होते हैं, अंक के दृश्य होते हैं। इसमें केवल दृश्य हैं। कुल मिलाकर अलग-अलग सीन हैं। एक के बाद एक दृश्य आता है।

'ये धुआँ-सा कहाँ से उठता है' नाटक का विषय देश के बँटवारे से सम्बन्धित है। बँटवारे के समय बहुत-से लोग यहाँ से पाकिस्तान चले गए—खास तौर से मुसलमान। नाटक में मुख्यत: मालवा की पृष्ठभूमि चित्रित है। मालवा-उज्जैन से लोग कराची चले गए। एक आदमी जो कराची जाता है, उसे अपनी जन्मभूमि की याद बार-बार आती है। वहाँ उसकी आखिरी ख्वाहिश यही है कि उसका शरीर जब दफनाया जाए तो वहीं, जहाँ उसका खानदानी कब्रिस्तान है। बड़ी मार्मिक सूचना वह भेजता है।

भारत-पाक लड़ाई के पूर्व एक-दूसरे देश में आना-जाना आसान था। परन्तु लड़ाई के बाद सम्बन्ध खराब होते चले गए, यहाँ तक कि दोनों देशों के मध्य सर्विस भी बन्द हो गई। जब वह आदमी मर गया वहाँ, वह न आ सका। इस दर्द की कहानी है : 'ये धुआँ-सा कहाँ से उठता है'।

मीर की गजल है :

देख तू, दिल के जाँ से उठता है
ये धुआँ-सा कहाँ से उठता है

यों उठे आह उस गली से हम
जैसे कोई जहाँ से उठता है।

मीर के गजल का जो दर्द है, इससे वह अपनी जन्मभूमि की याद में चला जाता है। जीते वक्त आ नहीं सकता तो सोचता है, दफनाया मैं वहीं जाऊँ, जहाँ हमारे खानदान के और लोग थे। हिन्दी में विडम्बनापूर्ण स्थिति है कि हिन्दी साहित्य में मुस्लिमों के जीवन-संघर्ष के बारे में कम लोगों ने लिखा है। राही मासूम रज़ा ने लिखा है। प्राय: मुस्लिम लेखकों ने ही लिखा है। एक जमाना था जब प्रेमचंद के उपन्यासों में मुस्लिम-चरित्र आते थे। आजादी की लड़ाई में, उस जद्दोजहद में बीसवीं सदी में देखें तो आम तौर से उनके यहाँ आता है। जितने उपन्यास हैं, कोई-न-कोई मुस्लिम-चरित्र जरूर आता है। यह अब लगभग कम होता गया है।

हिन्दी में लिखे इस नाटक में उर्दू जबान की छौंक है, जो अच्छी लगती है।

दूसरा नाटक 'छोटी ड्योढ़ीवालियाँ' औरतों पर है। जागीरदार घराना है तो बड़ी ड्योढ़ी और छोटी ड्योढी, दोनों हैं। उसमें एक साहब थे। उनकी दो बीवियाँ थीं। एक बड़ी और दूसरी छोटी थी। वह छोटी नानी और बड़ी नानी के रूप में, दो औरतें हैं। खास तौर से बड़ी नानी छोटा बक्सा रखती है। उसका बड़ा दिल है। किसी को किसी चीज की जरूरत होती है तो वह अपना बक्सा खोलती है। उसमें से रुपये निकालकर देती है। लोग समझते हैं कि बहुत पूँजी है इसके पास। सोचते हैं, मरेगी तब इस बक्से को खोलने पर पता चलेगा कि कितना सोना रखा है। बड़े खानदान से आई थी।

आखिर में दिखाते हैं, जब ईद के सिलसिले में एक दृश्य आता है, वहाँ भीखमंगों की कतार लगी थी। अचानक देखा, बड़ी नानी मुँह छुपाए हुए बैठी है। जहाँ लोग दान दिया करते थे, बड़ी नानी वहाँ बैठी हुई है। तब लोगों को नानी की पूँजी के बारे में जानकारी हुई—कितना सोना है, कितनी चाँदी है। नानी इसी तरह से माँग करके पूँजी इकट्ठे करती थी।

जागीरदारी खत्म हो गई, उस गरीबी की स्थिति में भीख में मिली पूँजी को बक्से में ले जाकर रखती थी और बच्चों को खाने के लिए दिया करती थी। बहुत ही मार्मिक चित्रण है कि एक टूटते हुए जागीरदार घराने की क्या हालत होती है जो अब मुस्लिम घरानों की हो गई है।

नाटक में इत्तेफाक से हिन्दू चरित्र भी आते हैं। छोटे-छोटे बच्चों का सुन्दर चरित्र-चित्रण है। सबका जानदार किरदार है। वे मशीन के पुर्जे नहीं, बड़े सजीव लगते हैं। उनकी बातचीत, डायलॉग अच्छे हैं।

स्क्रीन पर सचमुच यह कितना कामयाब रहा होगा, मुझे इसकी जानकारी नहीं है लेकिन इसकी जबान, इसकी थीम जो लिया है नाटककार ने, बहुत अच्छी है।

'ये धुआँ-सा कहाँ से उठता है'—इसका एक टुकड़ा देखते हैं :

अमीन : मैं कराची जा तो रहा हूँ लेकिन मैं यह भी जानता हूँ कि दिल का मरीज हूँ...देखो...अगर खुदा-न-ख्वास्ता मुझे कुछ हो जाए तो हरगिज... हरगिज...वहाँ मत दफनाना...मैं हर कीमत पर कब्रिस्तान मौलाना साहेब में ही दफन होना चाहूँगा।

सबिर : कब्रिस्तान मौलाना साहेब में ही क्यों...? उज्जैन में और भी तो कब्रिस्तान हैं...?

अमीन : एक तो ये कि दादा वहाँ हैं...अब्बा वहाँ हैं, अम्मी भी वहीं हैं...खानदान के सभी बुजुर्गों की रूहें वही हैं...फिर उस जगह में बड़ी कशिश है : साधू-संतों की तपस्या के साए से ढका 'दत्त का अखाड़ा', दूसरी तरफ काले-भूरे पत्थरों से बना, साफ-सुथरा रामघाट। क्षिप्रा के कल-कल बहते पानी पर, जब सुबह की पहली किरन अपनी कश्ती उतारती है, तो लगता है कि जन्नत जमीन पर उतर आई हो...उसके अलावा सुरमई पत्थरों से बने कदीमी मन्दिरों के बीच, मौलाना साहेब की दरगाह का सफेद गुम्बद मुझे बेशकीमती अँगूठी में जड़े हीरे की तरह लगता है। मन्दिरों की सुरीली घंटियों के साथ गूँथी हुई...सुबह की अजान की आवाज, कानों में रस घोलती रूह की गहराइयों को छू जाती है...मेरा यही माहौल, मेरा शहर ही मेरी रूह है। मरने के बाद भी मैं उससे जुदा नहीं हो सकता...।

खास तौर से यह बयान जो लिया गया है—अमीन का है, जो कराची चला गया है। वहीं उसकी मौत हो जाती है। वह आ नहीं पाता है। नाटक में विभाजन का बड़ा ही मार्मिक प्रसंग है।

द्वितीयो नास्ति : हेमंत शर्मा

यह अद्भुत पुस्तक है। एक उक्ति प्रसिद्ध है : 'एको अहं द्वितीयो नास्ति'। 'एको अहं' नहीं चुना, इन्होंने 'द्वितीयो नास्ति' चुना है। और बहुत अच्छा लिखा है। काशी के पांडित्य परम्परा का ही कोई आदमी 'द्वितीयो नास्ति' नाम के पुस्तक का शीर्षक दे सकता है। भूमिका भी बहुत अच्छी लिखी है। दो आदमियों की कविताएँ शुरू में दी हैं। इससे इनकी रुचि का पता चलता है। एक तो नागार्जुन की है :

अमल धवल गिरि के शिखरों पर
बादल को घिरते देखा है।

नागार्जुन यात्री के रूप में तिब्बत जा चुके हैं और दूसरे हैं हरिवंश राय बच्चन। उनकी कविता की चार पंक्तियाँ भी दी हैं :

स्फटिक निर्मल और दर्पण स्वच्छ
है हिमखंड शीतल और समुज्ज्वल
तुम चमकते इस तरह हो चाँदनी जैसे जमी है
या गली चाँदी तुम्हारे रूप में ढाली गई है।

अगर यह उद्धृत न करते तो इन पंक्तियों की ओर मेरा भी ध्यान कभी नहीं गया था कि बच्चन जी ने भी लिखा है। उनकी गहरी रुचि संगीत में भी है और साहित्य में भी।...और 'गद्य कैसा होना चाहिए' पर बात करें तो यात्रा-वृत्तान्त का गद्य खास तौर पर यात्रा का गद्य होना चाहिए जो अपठनीय हुआ करता है लेकिन वह ललित गद्य भी हो तथा छोटे-छोटे वाक्यों में गठा हुआ हो। यह पूरी पुस्तक पठनीय है। इसका एक नमूना हम लोग देख लेते हैं :

कैलाश की मेरी यात्रा एक अन्तर्यात्रा थी
काशी से कैलाश तक के विस्तृत फलक

पर खुद की जड़ों को ढूँढ़ने की।
ढूँढ़ा भी। इससे पहले भी ऐसी तीन
कोशिशें काशी वालों ने ही की थी।

मेरे मुहल्ले के कबीर लिखते हैं :

मानसरोवर सुभर जल, हंसा केलि कराहिं।
मुक्ताफल मुक्ता चुगैं, अब उड़ि अनत न जाहिं।

महाकवि जयशंकर प्रसाद अपनी 'कामायनी' में कहते हैं :

मनु ने कुछ-कुछ मुसक्याकर कैलाश दिखलाया।
बोले, देखो यहाँ पर कोई भी नहीं पराया।

बाबू शिवप्रसाद गुप्त ने भी अपनी पुस्तक 'पृथ्वी-प्रदक्षिणा' में कैलाश के अलौकिक स्वरूप का जिक्र किया है :

यह प्रयास उस सिलसिले को आगे
बढ़ाने की कोशिश मात्र है।
इस किताब में कुछ कहा, कुछ अनकहा
है। कहीं-कहीं निःशब्द रहा हूँ—यह न
यात्रा-वृत्तान्त है, न संस्मरण। इस पुस्तक
में जितना मैं मौजूद हूँ, उतने आप भी
कैलाश और मानसरोवर के साथ।
हमने जिस नजर से देखा, कहाँ से
देखा? जितना देखा, क्या उतना व्यक्त
कर पाया? शायद नहीं।

सच कहूँ तो मानसरोवर की यह यात्रा
आज भी कहीं भीतर जारी है। ईश्वर
को देखने के लिए मरना होता है। जो
इस काया के साथ देखते हैं, सिद्ध होते
हैं। न हम सिद्ध थे, न मरे, फिर भी
अहसास किया। अगर इस अहसास का
आपको सहभागी बना पाया तो यह
मेरा पुण्य, नहीं बना पाया तो
असफलता मेरी।

कैलाश पर्वत एक अकेला नाम है जो इन्होंने दिया है क्योंकि एक-दूसरे के लिए इसी प्रकार की बनारस की यात्रा करनेवाले कृष्णाश्रय हैं। उनकी छोटी-सी भूमिका भी शुरू में दी है कि कैलाश का दरस-परस मानसरोवर के जल में स्नान-मज्जन तथा पान और तर्पण, ऐसा पहली बार हुआ है। क्या भाव है, क्या भाषा—ऐसी भाषा काशी में ही लिखी जा सकती है। वैसे इसका वर्णन स्कन्द पुराण के अन्तर्गत मानस खंड से लगाकर गगन गिल के आवाक तक अनेक बार पढ़ चुका हूँ। महात्मा का बखान भी किया है : 'लिख कागद कोरे डूबे सब अंग'।

इस तरह से डूबकर लिखा है। इसीलिए यह यात्रा-वृत्तान्त खाली नहीं है बल्कि जैसे रस ले करके उसको देखा है, उसी तन्मयता के साथ उसे लिखा है और गद्य तो अद्भुत लिखते हैं और इस पुस्तक में इतने सुन्दर चित्र हैं जो अन्यत्र दुर्लभ हैं। यह लगभग चित्रावली के रूप में है। एक ओर तो शब्द द्वारा निर्मित चित्र और दूसरी ओर स्वयं कलम द्वारा। चूँकि काशी भी शिव की नगरी है और कैलाश भी शिव का धाम है। यह जो आध्यात्मिक और सांस्कृतिक सम्बन्ध बनाता है—रम करके, रच करके, गद्य में 'द्वितीयो नास्ति' जैसी पुस्तक यात्रा-वृत्तान्त के रूप में अनूठी है।

[चित्र चीन की पृष्ठभूमि में है। कैसे यहाँ के लोगों को कठिनाइयों का सामना करना पड़ा और चीन जो दावा करता रहता है तो इसीलिए यह केवल प्रति-चित्रण ही नहीं है।]

अब देखना है और एक चुनौती भी है कि कौन आदमी स्वयं वहाँ जाने का साहस करे और अगर जाए भी तो ऐसा लिखकर दिखाए।

हाँ, केवल यह भावोच्छ्वास नहीं है बल्कि ज्ञान की भी बहुत सारी चीजें मालूम होती हैं। पहली बार हमें मालूम होती है, जो हम लोगों में किसी को भी मालूम नहीं है, न किसी ने बताया और न ही लिखा। इसीलिए बहुत आँख खोलकर, मन और बुद्धि को मुक्त भाव से रख करके जिस प्रकार उन्होंने लिखा है, प्रशंसनीय है। जैसा मैंने कहा कि यह चुनौती-भरा प्रश्न है कि कोई व्यक्ति सचमुच यात्रा करके जीवंत पुस्तक, जानदार लिख सके जो उपन्यास की तरह पढ़ी जा सके। यह बात इस पुस्तक के लिए भी है कि यह 'द्वितीयो नास्ति' है।

कहानी समय : कृष्णमोहन

कृष्णमोहन की 'कहानी समय' नाम की इस किताब में कुल चौंतीस कहानियों की विस्तृत चर्चा है। इनमें इक्कीस कहानियाँ नये लेखकों की हैं, जबकि तेरह कहानियाँ पुराने लेखकों की हैं—प्रेमचंद से लेकर मोहन राकेश, कृष्णा सोबती और कुछ बाद के लेखकों की। इस तरह से एक-एक कहानी पर गहराई से विचार करके लिखी गई हिन्दी में यह पहली पुस्तक है।

इसका पहला खंड नये लेखकों के बारे में है। इसमें उन्होंने नीलाक्षी सिंह पर लिखा है, कुणाल सिंह पर लिखा है, लेकिन सबसे ज्यादा चन्दन पांडेय पर लिखा है। चन्दन पांडेय उनके बहुत ही प्रिय कथाकार मालूम होते हैं। चन्दन की तीन कहानियाँ उन्होंने ली हैं और सबकी बहुत अच्छी समीक्षा की है। पर जिस एक कहानी की समीक्षा पर मैं विशेष रूप से ध्यान दिलाना चाहूँगा, वह है देश के विभाजन से जुड़ी हुई कहानी : 'नकार'। इस कहानी की चर्चा करते हुए जो उन्होंने दिखाया है, वह इस रूप में है कि बँटवारे के समय दो हिन्दू—कुसुम नाम की एक विवाहिता स्त्री और सागर नाम का एक नौजवान—यहाँ से भागकर पाकिस्तान चले गए और मुसलमान बन गए। कुसुम की छह साल की एक छोटी बेटी थी 'रागिनी', जो यहीं रह गई। करीब पचास वर्ष के बाद रागिनी अपनी माँ का पता लगाने के लिए पाकिस्तान जाती है। उसे सिर्फ इतना पता है कि धर्म बदलने के बाद उसकी माँ ने अपना नाम जुबैदा रख लिया था और अब वह रावलपिंडी में रहती है। वहाँ उसे एक नहीं, पाँच जुबैदाओं के बारे में पता चलता है। यह एक दिलचस्प कहानी है और कृष्णमोहन ने इसका जो विश्लेषण किया है, वह भी प्रभावशाली है :

'...कहानी जिस व्यक्तिगत खोज से शुरू हुई थी, वह आगे चलकर अप्रासंगिक हो जाती है' और वे वजहें उभरती हैं जिनके चलते कोई माँ सीमा-पार से मिलने आई बेटी को स्वीकार नहीं कर सकती। पहली जुबैदा को देखकर रागिनी कहती है : 'तो तुम हो, माँ? मैंने तुम्हें कहाँ नहीं ढूँढ़ा। खुद में, पिता में, पति में, अपरिचितों-अजनबियों में, सपनों में और यहाँ तक कि मातृभाषा में भी, पर तुम तो यहाँ छुपी बैठी थीं!'

उसके इनकार के बाद जब वह दूसरी जुबैदा से अपने आने का मकसद बताती है तो उसका जवाब है : 'तू समझ ले कि मुल्क की अधिकतर औरतें यह नहीं मानेंगी कि कभी उनका किसी और से कोई सम्बन्ध रहा है—हाथ छूने का भी सम्बन्ध। किसी काफिर के साथ तो हरगिज नहीं, भले ही वह मुझ जैसी बूढ़ी ही क्यों न हो।'

तीसरी जुबैदा का कहना है : 'देखो, मैं किसी रागिनी को नहीं जानती। हम खुद इतनी परेशानियों में हैं कि अब दूसरी कोई भी परेशानी हमें तोड़ देगी...। और सुनो, अपनों से बिछड़ने का दर्द लगभग सभी निगलते हैं, पर कोई उसके पीछे जी-जान से लग जाए तो बहादुरी नहीं इसमें कोई।'

यानी दर्द को सह लेने, उसे पचा जाने और अपनी शक्ति में बदल लेने में ही मनुष्य की सार्थकता है, अतीत के मोह में पड़े रहने में नहीं।

बँटवारे पर कई कहानियाँ लिखी गई हैं और उपन्यास भी लिखे गए हैं। मंटो की मशहूर कहानी 'टोबा टेक सिंह' है। कृष्णमोहन ने इसी पुस्तक के दूसरे खंड में 'टोबा टेक सिंह' पर भी लिखा है। इन दोनों आलेखों को एक साथ पढ़ने से पता चलता है कि मंटो ने किस तरह बँटवारे को देखा था और चन्दन पांडेय किस तरह उसे देखते हैं।

चन्दन पांडेय ने बँटवारे की उस त्रासदी को सीधे नहीं देखा है, कला की निगाह से देखने की कोशिश की है और इस तरह यह एक अद्‌भुत कहानी है जिसका बड़ी ही बारीकी से विश्लेषण किया है कृष्णमोहन ने।

जैसाकि पहले ही कहा गया था, पुस्तक का दूसरा खंड पुराने लेखकों के बारे में है। इसमें एक आलेख प्रेमचंद की कहानी 'कफन' पर भी है। प्रेमचंद पर और खास तौर से 'कफन' पर काफी कुछ लिखा गया है। बहुतों ने लिखा है। इधर दलित लेखकों ने इस कहानी को लेकर कुछ गम्भीर सवाल भी उठाए हैं। यह आरोप भी लगाया है कि प्रेमचंद ने घीसू और माधव के जरिये दलितों का अपमान किया है। कृष्णमोहन ने इस आरोप का खंडन करते हुए यह बताया है कि इस कहानी में घीसू-माधव को कहीं भी दलित के रूप में चित्रित ही नहीं किया गया है। कोई ऐसा प्रसंग ही नहीं है जिसमें जाति अथवा उससे जुड़े मसलों को केन्द्रित कर कोई टिप्पणी की गई हो। कहानी में दोनों को खेत-मजदूर के रूप में दिखाया गया है और प्रकारान्तर से मेहनतकशों की बदहाली पर टिप्पणी की गई है।

इस प्रकार यह दिखाया गया है कि वर्ण-व्यवस्था पर आधारित भारतीय समाज में भी वर्ग केवल अवधारणा नहीं है, बल्कि कई बार उसका यथार्थ व्यवस्था के प्रति गहरे विरोध और विद्रोह के साथ प्रकट होता है।

कृष्णमोहन ने विश्लेषण करके बताया है कि 'कफन' में मेहनतकश की बदहाली के माध्यम से कैसे इस नये यथार्थ को उद्‌घाटित किया गया है। यह बहुत अच्छी पहचान है। अब तक मैंने 'कफन' की ऐसी व्याख्या नहीं देखी थी।

इस नई पहचान के साथ कृष्णमोहन ने सैद्धान्तिक चर्चा छोड़कर, व्यावहारिक समीक्षा की भूमि का विस्तार किया है। कहानी की उनकी समझ बहुत अच्छी और गहरी है। आज के इस दौर में, जहाँ एक-एक कहानी पर जमकर, गहराई से विचार करने की परम्परा लगभग खत्म हो गई है, उन्होंने बहुत महत्त्वपूर्ण काम किया है। मेरा खयाल है कि यह पुस्तक दूसरों के लिए अगर मानक और मानदंड न भी बने, तो आईना जरूर बनेगी।

मेरी कथा-यात्रा : विद्यासागर नौटियाल

'मेरी कथा-यात्रा' में विद्यासागर नौटियाल की अब तक की समग्र कहानियाँ संकलित हैं। उसकी भूमिका का शीर्षक उन्होंने दिया है : 'जिन्दगी की यह किताब चौहत्तर पन्ने, चौवन कहानियाँ'; अर्थात् चौहत्तर वर्ष की उम्र और कुल चौवन कहानियाँ। लेकिन यह जिन्दगी की किताब है : अपनी जिन्दगी की भी, दूसरों की जिन्दगी की भी।

अपनी चर्चाओं और कहानियों में भी उन्होंने बनारस के दिनों का अक्सर जिक्र किया है। गौरतलब है कि उनके काशी-प्रवास ने ही एक नये कथाकार को जन्म दिया था। उन्हीं दिनों उनकी एक कहानी आई थी : 'भैंस का कट्या'। यह 1953 में 'कल्पना' में छपी थी और तब इसकी बहुत चर्चा हुई थी। प्रोफेसर रविशंकर की गोष्ठी में उन्होंने पहली बार इस कहानी का पाठ किया था। इस कहानी से ही उनकी पहचान बनी थी।

भैंस की विडम्बना यह है कि उसका बच्चा मादा हो तो पालने वाले खुश होते हैं क्योंकि बड़ी होकर वह दूध देती है, जबकि नर बच्चा एक तरह से बोझ होता है, वह कटने के लिए होता है क्योंकि भैंसे की लोग बलि चढ़ाते हैं। इसलिए पालक बहुत दुखी हो जाते हैं। या तो बचपन में ही उसे मार देते हैं अथवा पाल-पोसकर उसे बड़ा करते हैं और विजयदशमी या किसी त्योहार के दिन उसकी बलि चढ़ा देते हैं। यह कहानी इसी विषय पर है और इसके माध्यम से उन्होंने जीवन में कम होती जा रही करुणा को ही नहीं उभारा है, बल्कि समाज के मिथ्या संस्कारों और रूढ़ियों पर गहरी चोट भी की है। गौरतलब है कि इस विषय पर लिखी जानेवाली यह पहली कहानी है। आम तौर पर इसकी करुणा की ओर तो ध्यान दिया जाता है, लेकिन सामन्ती धारणा, धार्मिक अन्धविश्वास और रूढ़ियों पर जो प्रहार किया है, उस पर ध्यान नहीं दिया गया। इस कहानी की एक समीक्षा डॉ. विश्वनाथ त्रिपाठी ने की थी। इसकी विशेषता बताते हुए उन्होंने लिखा था कि छोटे-छोटे वाक्यों में कहानियाँ लिखनेवाला एक अनूठा कथाकार आया है।

नौटियाल जी सचमुच एक अनूठे कथाकार हैं। लेकिन उनकी चर्चा उतनी नहीं हुई, जितनी होनी चाहिए थी। इसका कारण शायद यह भी रहा हो कि वे साहित्य की राजनीति से दूर रहकर देश और समाज के लिए काम करते रहे। टिहरी रियासत में जनता की मुक्ति का जो आन्दोलन चला, उसमें उन्होंने सकलानी के साथ अग्रणी भूमिका निभाई। वे 'कॉमरेड नागेन्द्र : एक एक्टिविस्ट' के लेखक रहे हैं। कम्यूनिस्ट पार्टी के विधायक भी रहे। इसीलिए उनकी कहानियाँ जीवन के संघर्ष से निकली हुई अलग तरह की कहानियाँ हैं। उनका एक संग्रह 'टिहरी की कहानियाँ' नाम से आया था, जिसमें 1985 तक की कहानियाँ संकलित थीं।

नई कहानी का जो आन्दोलन चला, उसके चलते भी नौटियाल जी की उपेक्षा हुई। क्योंकि, वे इससे अलग रहे और छात्र राजनीति के बाद सीधे अपने को उत्तराखंड के जनान्दोलनों से जोड़ लिया और राजनीति में सक्रिय हो गए। परन्तु इस दौरान भी वे निरन्तर कहानियाँ लिखते रहे। बहुत बाद में, शायद 2001 में, उन्हें देहरादून में 'पहल सम्मान' दिया गया। उस समय तक उनकी जो कहानियाँ आ चुकी थीं, उनमें 'सोना' और 'फट जा पंचधार' जैसी कहानियाँ भी हैं, जिनमें सामाजिक कुप्रथाओं के पाटों में पिसती स्त्री की करुणा और संघर्ष का बहुत ही गहरा चित्रण हुआ है। 'सोना' कहानी का एक अंश देखिए :

> उसका पति लौट आया और इस बार भी कई हजार रुपये कमाकर लाया। सोना सिहर गई—सोना ने अपने मन की व्यथा पति से कह सुनाई।
>
> पति आगबबूला हो गया : 'तुझ अभागिन को सोना नहीं, राख देनी चाहिए थी। कहाँ से ले आए अभागिन को! मेरा दिवाला निकल गया है क्या, जो तू नाक पर खाली बुलाक रखेगी? लोग क्या कहेंगे—ठेकेदार की स्त्री, खाली नाक?—नाक की नथ घराने का वैभव बताती है।'
>
> उस रात सोना को नींद न आई।
>
> सुबकने लगी तो सास चिल्ला उठी : 'कुलटा, कुलच्छनी, इतने महीनों के बाद तो वह घर लौटा है और तू रो रही है? लड़के का तो कुछ खयाल रख ठकुराइन! मुझे अपना बेटा प्यारा है। उसके घर आने पर तू हँसने की बजाय रो रही है, तो कल सुबह अपने मायके चली जा। जिन्होंने जाया, वे तेरा जो चाहे करें।'
>
> सोना को होश आया और वह स्वयं डर गई। अन्धकार में हाथ जोड़कर उसने मन-ही-मन प्रार्थना की—भगवान, मेरा सुहाग अमर रहे।
>
> इससे पहले कि सोना का पति नथ को भारी बनाने के लिए उसे सोना की नाक से निकालकर सुनार के पास ले जाता, नथ स्वयं ही नाक तोड़कर जमीन पर आ गई।

'नाक सिलवा दो।' सास ने कहा और इस नथ को सुनार के पास

ले जाकर : 'एक तोला सोना बढ़वा दो।'

'अब यह दस तोले की हो जाएगी।' ससुर का स्वर था।

लड़की का नाम सोना था और सोने के कारण ही उसकी जिन्दगी दुखद हो गई थी। उसके जीवन में सोना नहीं था, मगर शरीर पर सोना था। इस तरह 'फट जा पंचधार' में पहाड़ के कुछ कबीलों में प्रचलित बहुपति विवाह की त्रासदी में फँसी एक स्त्री की कथा कही गई है।

विद्यासागर नौटियाल उपन्यासकार भी हैं। 'सूरज सबका है' उनका एक बड़ा उपन्यास है। राजनीति और समाज पर तो लिखा ही है, डायरी और आत्मकथा के माध्यम से अपने संघर्षों को भी दर्ज किया है। उनकी कई किताबें आ चुकी हैं लेकिन कथाकार के रूप में ही उन्हें अधिक जाना जाता है। उम्मीद है, इस संकलन के बाद लोग उनके लेखन की ताकत को, उनकी सर्जनात्मकता को पहचानने की कोशिश करेंगे।

जब उजाला हुआ : सोमनाथ जुत्शी

दरअसल हम लोग तो कश्मीरी कविता के अभ्यस्त रहे हैं। कश्मीरी कहानियों की चर्चा इसलिए कम हुई है कि वे कम लिखी गई हैं। वैसे हिन्दी में एक लम्बी परम्परा ललद्यय-ललेश्वरी की भी रही है।

सोमनाथ जुत्शी साहब प्रशासनिक सेवा में थे और उनका निधन हुए करीब चौदह वर्ष से ऊपर हो चुके हैं। इस वर्ष कश्मीरी से हिन्दी में अनूदित उनकी अठारह चुनी हुई कहानियों का संकलन 'जब उजाला हुआ' नाम से प्रकाशित हुआ है। इसका अनुवाद गौरीशंकर रैणा ने किया है। अनुवादक को इसलिए दाद देनी चाहिए क्योंकि कश्मीरी से हिन्दी में अनुवाद करना बड़ा ही कठिन काम है। भिन्न प्रकार की प्रकृति वाली भाषा है कश्मीरी। उन्होंने ऐसा अनुवाद किया है, लगता ही नहीं कि अनुवाद है। लम्बे-लम्बे वाक्यों की कविता देखी है हमने लेकिन उन्होंने छोटे-छोटे वाक्यों में अनुवाद किया है। ऐसा लगता है कि मौलिक हिन्दी की लिखी कहानी हो! यह रस अनुवादक के अनुवाद में मिलता है जिसके लिए अनुवादक बधाई का पात्र है।

इनकी तीन कहानियाँ जो मुझे पसन्द हैं, वे हैं : 'एक रात का मेहमान', 'छुक छटाँक-छटाँक' और 'गूँग महल'। ये तीनों कहानियाँ अलग-अलग मिजाज की हैं। 'एक रात का मेहमान' थोड़ी लम्बी कहानी है। जादुई यथार्थवाद की एक झलक इसमें है। सफिक दो सींग वाला एक आदमी है जिसकी हत्या होती है। उसे लोहे के छड़ से मारा गया है। उस मरे आदमी को दूसरा ढूँढ़ते हुए आता है, जो अपने को सफिक का रफ़ीक कहता है। एक जमील है, जो पहले ही मर चुका है। इसी मार्मिक दास्ताँ पर लिखी गई कहानी है : 'एक रात का मेहमान'। मेरा खयाल है कि हिन्दी में ऐसी कहानी मैंने नहीं देखी है। इस कहानी में जादुई यथार्थवाद है।

'छुक छटाँक-छटाँक' तीन-चार पेज की छोटी कहानी है जो बँटवारे से सम्बन्धित है। चलती हुई गाड़ी की आवाज पर यह कहानी लिखी गई है। लोग भाग रहे हैं, कोई नियम से चलने वाला नहीं है। इस कहानी में अपरिचयीकरण देखने को मिलता है।

अपरिचयीकरण से तात्पर्य है : नितान्त परिचित चीज को अपरिचित बना देना। यह जादुई यथार्थवाद का एक हिस्सा है, जो इस कहानी में मौजूद है।

तीसरी कहानी 'गूँग महल' है। इसमें दो चीजों का विरोध दिखाया गया है—बहुत शोर हो रहा है, राजा उस शोर से परेशान है। राजा घबराकर कहता है कि किसी तरह से इस शोर को बन्द किया जाए।

थोड़ी देर बाद उसका आदेश मानकर लोग कहते हैं कि कहीं शोर न सुनाई पड़े, तो बिलकुल मौत का सन्नाटा हो जाता है।

राजा ने सारी प्रजा को हटा दिया। सन्नाटा से फिर राजा घबरा जाता है। एक भी आदम जाति की आवाज का न सुनाई देना भी राजा को परेशान कर देता है। राजा कहता है कि यह तुम लोगों ने क्या किया?

राजा शान्ति चाहता था। जब शान्ति हो गई तो कहता है—कहाँ है प्रजा, बुलाओ।

उसका मंत्री कहता है—वह तो चली गई।

अन्त में राजा किसी जगह पर जाकर चिल्लाता है। तब देखता है, सारी प्रजा उमड़ती हुई चली आ रही है और वह बेहोश हो जाता है। राजा गिरा और उसकी मौत हो जाती है।

यहाँ हम देखते हैं कि शोर और नितान्त सन्नाटा, दोनों चीजें मनुष्य के लिए मृत्यु का लक्षण हैं। इस तरह की परिकल्पना ही अपने-आपमें अद्भुत है। यह जादुई यथार्थवाद की कहानियाँ कश्मीरी में लिखी गईं।

'गूँग महल' से कुछ पंक्तियाँ द्रष्टव्य हैं :

> राजा ने कहा : 'महामंत्री, हम अति प्रसन्न हैं। इस नगर में से शोर समाप्त करने का जो काम हमने आपको सौंपा था, वह आपने बहुत अच्छे से पूरा किया है। कल अच्छा दिन है। मुनादी करवा दीजिए कि कल सारी प्रजा नगर के बड़े मैदान में इकट्ठी हो। हम उन सबके सामने आपको और दोनों वैज्ञानिकों को पुरस्कृत करेंगे।'
>
> 'परन्तु प्रजा कहाँ है?' महामंत्री ने कहा।
>
> 'मतलब?' राजा ने गुस्से में महामंत्री को देखा।
>
> 'मतलब यह राजन, कि जब आज सुबह नगर में गया, तो देखा कि सारा नगर खाली हो गया है। एक-एक आदमी चला गया है, अपना सारा सामान लेकर। अब इस नगर में कोई इनसान नहीं है।'
>
> ''क्या?' राजा उठ खड़ा हुआ। 'ले आओ उन दोनों वैज्ञानिकों को। हम उन्हें मृत्युदंड देंगे। यदि सभी सीमाएँ बन्द हैं तो प्रजा कैसे भाग सकती है?'
>
> 'महाराज! अब हम राज करें तो किन पर?—इस उजाड़ नगर पर या उन जले हुए खेतों पर?' महामंत्री ने कहा।

अनुवादक ने छोटी-छोटी वाक्य-रचना और विन्यास किये हैं। 'छुक छटाँक-छटाँक' सीटी बजी, रेलगाड़ी चल पड़ी। गाड़ी के चलते ही 'छटाँक-छटाँक' की आवाज आने लगी। यात्री डर गए। ऐसी आवाज उन्होंने पहले कभी नहीं सुनी थी। शायद कोई पहिया टूट गया हो! डिब्बा बार-बार दाहिनी ओर झुक जाता था, जैसे पानी में कोई डोंगी डोल रही हो!

कृश्न चन्दर ने उर्दू में जो कहानियाँ लिखी हैं, उनमें प्रकृति यहाँ से वहाँ तक भरी हुई है। जो लोग कश्मीर के नहीं हैं, वे कश्मीर को वहाँ के प्राकृतिक दृश्य के लिए जानते हैं। यह अजीब बात है, 'जब उजाला हुआ' में कश्मीर का कहीं भी प्राकृतिक चित्रण नहीं है। कश्मीरियों के लिए प्रकृति महत्त्वपूर्ण नहीं है। वहाँ के रहनेवाले लोग, लोगों का जीवन ज्यादा महत्त्वपूर्ण है। पर्यटकों के लिए कश्मीर चिनार के पेड़ों की वजह से स्वर्ग होगा। इत्तेफाक से इस किताब में कहीं चिनार के पेड़ नहीं हैं। मुझे खुशी है कि इस किताब के आने से लोगों का ध्यान कश्मीरी कहानियों की ओर जाएगा। सोमनाथ जुत्शी में लोगों की दिलचस्पी होगी और लोग उनको पढ़ेंगे।

रात-दिन : विष्णु नागर

विष्णु नागर जितने अच्छे कवि हैं, उतने ही महत्त्वपूर्ण कथाकार और व्यंग्यकार भी। 'रात-दिन' (राजकमल, नई दिल्ली) उनका पाँचवाँ कहानी संग्रह है। जीवन की विडम्बनाओं और विद्रूपताओं को उजागर करने के लिए व्यंग्य की जो शैली उन्होंने चुनी है, उसका बहुत ही अनूठा प्रयोग उनकी कहानियों में देखने को मिलता है। बहुत महीन व्यंग्य है। उन्होंने कहानी में कुछ नये प्रयोग भी किये हैं। इस संग्रह में भी ऐसी कई कहानियाँ हैं। कुछ पशु-कथाएँ हैं। कछुआ और खरगोश की पंचतंत्र वाली कहानी। उन्होंने इन कहानियों को नये ढंग से कहने का प्रयत्न किया है। पुरानी कहानी में आज का अर्थ भरने की कोशिश की है। एक तरफ़ तो ऐसी पशु-कथाएँ हैं, दूसरी तरफ एक कहानी है : 'पापा, मैं गरीब बनूँगा'। आज के बच्चे न मालूम क्या-क्या बनना चाहते हैं। बड़े-बड़े पदों पर जाना चाहते हैं। उनके अभिभावक भी उनसे यही उम्मीद करते हैं और मेहमानों के सामने खड़ा करके बच्चों से पूछते हैं कि वह क्या बनना चाहता है। फिर गर्व से उनका बखान करते हैं। महत्त्वाकांक्षाओं के इस दौर में कोई करोड़पति होना चाहेगा, अफसर होना चाहेगा, लेकिन गरीब बनना नहीं चाहेगा। इस कहानी के माध्यम से उन्होंने आज के समाज पर गम्भीर टिप्पणी की है। पिता किस तरह पुत्र को अपनी महत्त्वाकांक्षाओं का संवाहक बनाना चाहता है, इस स्थिति पर, आज के समाज पर गहरा व्यंग्य किया है उन्होंने इस कहानी के माध्यम से। इसी प्रकार एक कहानी है : 'भगत सिंह बिल्डर'। भगत सिंह की बहुत चर्चा है—शहीद-ए-आजम, भगत सिंह। लेकिन आज के दौर में उनके नाम का किस-किस रूप में उपयोग हो रहा है—कैसा अध:पतन हुआ है आज के दौर में—उसकी ओर इशारा है। लेकिन सबसे दिलचस्प है संग्रह की अन्तिम कहानी : 'रो रे गांधी, रो'। आज गांधी कहाँ हैं, उनके साथ कैसा सुलूक हो रहा है—इस पर कड़ी टिप्पणी है इस कहानी में। सवाल-जवाब की शैली में केवल संवादों के माध्यम से विष्णु नागर ने गहरी चोट की है :

'—गांधी तुम कहाँ हो?

—कैसे हो?

—क्या अब भी तुम अपनी तसवीर की तरह मुस्कुरा रहे हो?
—रोना शुरू नहीं किया तुमने अभी तक?
—क्या अभी तुम्हारे शरीर पर लँगोटी बाकी है?
—नंगे तो नहीं हो गए?
—चश्मा तो है न?
—लाठी! अरे लाठी कोई छीन तो नहीं ले गया?
—किसी ने फिर से मार तो नहीं दिया तुम्हें?
—उपवास करते हो तुम?
—क्या खाने-पीने को मन होता है तुम्हारा?
—मरकर जिन्दा हो?
—लेकिन क्या यह अच्छा लगता है तुम्हें?
—व्यथा होती है तुम्हें?'

इस संग्रह में 'आत्मज्ञान' नाम से एक शृंखला है, जिसमें एक कहानी है : 'गधा'। गधे को एक दिन पता चला कि वह गधा है और उसको लेकर एक कहावत है कि वह न घर का है, न ही घाट का। फिर चूहे को एक दिन पता चलता है कि वह चूहा नहीं है, वह गणेश जी का वाहन है, इसको लेकर उसकी परीक्षा ली जाती है। इसी तरह एक दिन एक भेड़िए को पता चला कि वह शेर की खाल ओढ़ ले तो कुछ दिनों तक आदमी उसे शेर समझ लेगा। कहानीकार ने जानवरों से सम्बन्धित कुछ अतिप्रचलित कहावतों और कथाओं को लेकर, उनमें नया अर्थ भरने का प्रयत्न किया है और उनके माध्यम से आज के जीवन की विडम्बनाओं और विसंगतियों को उजागर किया है।

आज कविता और कहानी के बीच में दीवार खींच दी गई है। कवि अगर कहानी लिखने लगे तो उसे कुजात मान लिया जाता है। ऐसा माना जाता है कि वह कहानी की दुनिया में घुसपैठ कर रहा है। यह जो बँटवारा है, उसका शिकार जो लेखक हुए हैं, उनमें से एक विष्णु नागर भी हैं। लोग चाहते हैं कि वे कवि हैं तो कवि के रूप में बने रहें, कहानी न लिखें।

आम तौर से हमारे यहाँ ऐसा बँटवारा नहीं था। जयशंकर प्रसाद कवि भी थे और कहानीकार भी। उसी तरह श्रीकान्त वर्मा कवि-कथाकार, दोनों थे। निराला ने भी कविता के साथ-साथ कहानियाँ लिखीं। रघुवीर सहाय भी थे। तो कभी ऐसा कोई बँटवारा नहीं रहा। लेकिन आज चन्द कहानीकार अपना महत्त्व बढ़ाने के लिए या कहिए कि असुरक्षा की भावना के चलते ऐसा कर रहे हैं, जिसके शिकार अनेक लोग हुए हैं। समकालीनों में विष्णु नागर भी इसके शिकार हुए हैं, जबकि उन्होंने दोनों विधाओं में समर्थ रूप से अपनी पहचान बनाई है। उन्होंने कहानी का रूप-विधान भी बदला है और नये कथ्य भी दिये हैं। निश्चित रूप से कहानीकार के रूप में उनकी एक अलग पहचान है।

उसके हिस्से का जादू : प्रियदर्शन

प्रियदर्शन का कहानी संग्रह 'उसके हिस्से का जादू' पढ़कर मुझे एक सुखद अनुभव हुआ। अब तक मैं प्रियदर्शन को एक पत्रकार, एक मीडियाकर्मी के रूप में ही जानता था। जब यह संकलन मिला तो मैं एक साँस में सभी बारह कहानियाँ पढ़ गया। कहानियाँ आम तौर पर कथाकार के रूप में प्रसिद्ध लेखकों से बिलकुल अलग अपना विशिष्ट प्रभाव छोड़ती हैं। वैसे प्रियदर्शन की कहानियाँ भी छपती रही हैं। 'शीर्षक' कहानी 'हंस' में छपी थी और संकलन की पहली कहानी 'पेइंग गेस्ट' 'इंडिया टुडे' के युवा विशेषांक में। लेकिन एक साथ संग्रह की सभी कहानियों को पढ़ने के बाद मुझे लगा कि इस दौर के तथाकथित बहुप्रकाशित-बहुप्रशंसित कथाकारों से अलग प्रियदर्शन ने अपनी पहचान बनाई है। यह अलग पहचान मुख्य रूप से भाषा के स्तर पर बनाई है। इनकी भाषा एकदम पारदर्शी और तरल है, साथ ही कथा के चरित्रों के अनुरूप बहुत ही सटीक शब्दों और मुहावरों का प्रयोग करते हैं। मितव्ययिता भी देखने योग्य है। कहीं एक भी फालतू शब्द का प्रयोग नहीं है। संकलन की बारह कहानियों में पहली है : 'पेइंग गेस्ट'। हम इस पर चर्चा करेंगे। लेकिन पहले आखिरी कहानी 'माँ' को लेते हैं, जो एक तरह से कहानी नहीं है, संस्मरण है। माँ के बारे में लिखा मन को छू लेनेवाला संस्मरण। उनकी माँ का कैंसर से असमय निधन हो गया था। प्रियदर्शन ने इसमें संस्मरण की शैली में ही माँ को याद किया है। इसका गद्य बहुत ही महत्त्वपूर्ण है। इससे उनकी भाषा की ताकत को जाना जा सकता है। भाषा के नमूने के रूप में मैं 'माँ' का आरम्भिक अंश उद्धृत करना चाहूँगा :

> शायद हम सबके भीतर कई-कई दरवाजे होते हैं। हर दरवाजे के पीछे एक दुनिया होती है—हमारे गहरे अनुभवों की दुनिया, हमारी गोपन इच्छाओं की दुनिया, हमारे स्थगित लोकों और विस्मृत आलोकों की दुनिया। इनमें से कुछ दरवाजे सबके लिए खुल जाते हैं, कुछ बहुत कम लोगों के लिए और कुछ शायद किसी के लिए भी नहीं। कुछ ऐसे भी दरवाजे होते हैं जिनका

खुद हमें भी पता नहीं चलता। सहसा कोई पीड़ा आकर उन्हें प्रकाश में ला देती है। ये दरवाजे उस दुनिया के होते हैं, जहाँ निर्वासित स्वप्न जीते हैं, निजी इच्छाएँ सोती हैं।

लेकिन इन दरवाजों पर अक्सर हमारा वश नहीं चलता। कोई दबी हुई पीड़ा सिर उठाती है और एक दरवाजा खोल देती है। पीड़ा को भी बाहर की हवा चाहिए होती है ताकि उसका हरापन बना रहे।

मेरे भीतर एक दरवाजा बार-बार खुलने को होता है और बार-बार मैं उसे बन्द करना चाहता हूँ।

इस दरवाजे के भीतर की दुनिया में माँ है। वह बाहर की दुनिया छोड़ गई है। हालाँकि तब भी मुझे यकीन नहीं होता या मैं यकीन करना नहीं चाहता। इसीलिए वह दरवाजा खोलने से डरता हूँ। लगता है, भीतर पानी का एक रेला है जो मुझे बहाकर ले जाएगा।

कभी-कभी सोचता हूँ तो लगता है, माँ याद करने की चीज नहीं होती। वह हमेशा साथ होती है—एक आश्वस्ति-सी, वह इस दुनिया में हो या उस दुनिया में। याद करने से डर लगता है। मन कातर हो जाता है। अकेला और असहाय हो जाने का अहसास...।

प्रियदर्शन की कहानियों में विषय की विविधता प्रभावित करती है। प्राय: सभी कहानियाँ बिलकुल अलग-अलग विषय पर लिखी गई हैं। इनके माध्यम से बदलते हुए समाज में बदलते हुए मानवीय रिश्तों की पड़ताल की गई। संकलन की पहली कहानी 'पेइंग गेस्ट' में एक मिसेज मैठानी हैं जिन्होंने एक युवा और अकेली लड़की शालिनी को 'पेइंग गेस्ट' रखा है। मिसेज मैठानी ने किसी अभाव के कारण नहीं, बल्कि अपने अकेलेपन को दूर करने के लिए शालिनी को रखा है। दूसरी तरफ शालिनी भी उनमें अपनी माँ तलाशती है मगर ऊपरी तौर पर इसे स्वीकार नहीं करती। कथाकार ने इस जटिल रिश्ते को बहुत ही कलात्मक ढंग से प्रस्तुत किया है।

इसी तरह 'खोटा सिक्का' कहानी के जलील साहब हैं। कहानी शुरू होती है बच्चों के खेल से, जिसमें जलील साहब उपहास का पात्र बन जाते हैं, लेकिन धीरे-धीरे वह त्रासद की स्थिति सामने आती है, जब बदले हुए माहौल में एक मुसलमान कर्मचारी को लोग शक की नजर से देखते हैं। प्रियदर्शन ने इस बदले माहौल के बीच जलील साहब के चरित्र को जिस तरह से उभारकर दिखाया है, वह काबिले-तारीफ है। इसी तरह एक कहानी है : 'चलते-चलते'। राँची के दो युवा हैं, जो नाटक करना चाहते हैं। यह बिलकुल अलग तरह की प्रेमकथा है। 'लट्टू' में कस्बे से आकर महानगर में रहनेवाले व्यक्ति का अन्तर्द्वन्द्व है। प्राय: सभी कहानियों

में शहरों और कस्बों की छोटी-छोटी घटनाओं को लेकर ऐसे चरित्रों, स्थितियों और मार्मिक प्रसंगों को उकेरा गया है कि उनमें आज के जीवन की विसंगतियाँ ही सामने नहीं आती हैं, बल्कि विषम स्थितियों के बीच जीने का संघर्ष भी उभरकर आता है। प्राय: हर कहानी कोई-न-कोई मार्मिक सन्देश देती है। यही बात इन्हें औरों से अलग करती है।

छछिया भर छाछ : महेश कटारे

महेश कटारे प्रेमचंद की परम्परा के कथाकार हैं। उन्होंने गाँव की भाषा, परिवेश और सामुदायिक जीवन को बहुत ही गहराई से चित्रित किया है। वे लम्बे समय से लिख रहे हैं और जितना अच्छा लिखा है, उस हिसाब से उनकी चर्चा कम ही हुई है। 'छछिया भर छाछ' उनका पाँचवाँ कहानी संग्रह है। इस संग्रह में कुल तेरह कहानियाँ हैं। इन कहानियों के शीर्षकों से भी पता चलता है कि हर कहानी में वे कुछ खास बात कहना चाहते हैं। खड़ी बोली में स्थानीय भाषा का बहुत ही सृजनात्मक प्रयोग इन्होंने अपनी कहानियों में किया है। ऐसा प्रयोग तो कुछ अन्य कथाकारों ने भी किया है, लेकिन इनकी विशेषता यह है कि स्थानीयता के गहरे रंग के बावजूद, संवेदना के स्तर पर इनकी कहानियाँ व्यापक भारतीय समाज से जुड़ जाती हैं। यही प्रेमचंद की सच्ची परम्परा है।

ठेठ बुंदेलखंडी गाँवों में जो शब्द बोले जाते हैं और जो कहीं और सुनाई नहीं देते, उन शब्दों को साहित्य में स्थान दिलाकर महेश कटारे ने कहीं आगे बढ़कर एक तरह से उनकी रक्षा की है। उन्हें जीवन दिया है। अपनी बोली-बानी को बचाया है। शब्द केवल शब्द नहीं होते, उनके पीछे लम्बी संस्कृति होती है, परम्परा होती है। जीवन के अनुभव जुड़े होते हैं उनसे। इस तरह शब्दों को जुगाना दरअसल, क्षेत्र विशेष की संस्कृति और जीवन को जुगाना है। इस दृष्टि से संग्रह की शीर्षक कहानी 'छछिया भर छाछ' उल्लेखनीय है। इस कहानी को उनकी कथा-भाषा के नमूने के रूप में भी देखा जा सकता है।

यहाँ मैं खास तौर पर उनकी दो कहानियों की चर्चा करना चाहूँगा, वे हैं : 'आदिपाप' और 'तूर्यनाद'। दोनों कहानियों की पृष्ठभूमि अलग-अलग है। एक गाँव की कथा है, तो दूसरी छोटे शहर के रेलवे स्टेशन की। परन्तु, इनमें दिखाया गया है कि दलितों और स्त्रियों के साथ हमारे समाज का व्यवहार कैसा है। उनका कैसे शोषण होता है।

'आदिपाप' में रेलवे स्टेशन के पास की जिन्दगी है। वहाँ के खोमचे वालों, भिखमंगों, रेलवे पुलिस के जवानों और कुलियों की आपाधापी के बीच गाड़ियों का आना-जाना और इनसे जुड़े तरह-तरह के भ्रष्टाचार। इनका सबसे ज्यादा शिकार बनती हैं असमर्थ, असहाय और कई बार विक्षिप्त वे स्त्रियाँ, जो इन स्टेशनों के आसपास ही अपना जीवन बिताने को अभिशप्त होती हैं। कहानी में ऐसी दो स्त्रियाँ हैं—कैलसिया, जो विक्षिप्त थी और जिसे किसी ने गर्भवती कर दिया था और दूसरी सावित्री, जो पहले मजदूरी करती थी, लेकिन जहरीली शराब पीने से पति की मौत के बाद स्टेशन के भिखारियों में शामिल हो गई है। उसकी एक छोटी-सी बेटी भी है। प्रतिकार और बचाव का उसका एक अनूठा तरीका है जो एक त्रासदी की ओर इशारा करता है।

दोनों पाँव गँवाकर भी सम्मानपूर्ण जीवन जीने के लिए संघर्ष करनेवाला बिज्जू सावित्री को इस जिल्लत की जिन्दगी से निकालने का प्रयत्न करता है। वह इसके लिए अपने गाँव जाता है, पर जब वापस आता है तो सब कुछ लुट चुका है। शहर में कुछ विदेशी-मेहमान आए हैं, जिसके चलते स्टेशन के सभी भिखारियों को ट्रक में लादकर कहीं दूर छोड़ दिया गया है, उनमें सावित्री भी है।

दूसरी कहानी 'तूर्यनाद' का तो शीर्षक देखकर ही मैं घबरा गया था कि पंडित जी संस्कृत के शब्द का इस्तेमाल कर रहे हैं। लेकिन कहानी पढ़ने पर पता चला कि यह तुरही बजाने वाले एक व्यक्ति की कथा है। पन्नालाल धानुक हैं, गाँव में थोड़ी-सी जमीन है जिस पर उनका परिवार खेती करता है। तुरही बजाना उनका खानदानी पेशा है। उनके पिता हीरालाल भी बजाते थे। कहानी कहनेवाले पंडित जी भी छोटे किसान हैं। दोनों परिवारों में अगर वर्ण का भेद है, तो गरीबी से पैदा हुई एकता भी। इस तरह कहानी में वर्ग और वर्ण के द्वन्द्व को उभारा गया है। मगर इसका सबसे महत्त्वपूर्ण पक्ष है—पन्नालाल का प्रतिरोध। पन्नालाल को तुरही बजाने में इतनी ख्याति मिलती है कि उन्हें राष्ट्रपति भवन में महामहिम के सामने तुरही बजाने के लिए आमंत्रित किया जाता है। इस बात की जानकारी मिलने पर प्रदेश के मुख्यमंत्री भी उन्हें तुरही बजाने के लिए बुलाते हैं, जहाँ वे जाना नहीं चाहते। बड़े दबाव में वे मुख्यमंत्री के जलसे में तुरही बजाने जाते तो हैं, मगर खुशी की जगह मातमी धुन बजाने लगते हैं और इस प्रकार अपना प्रतिकार दर्ज करते हैं। यह कहानी इसलिए भी महत्त्वपूर्ण है कि दलितों के साथ होनेवाले सामाजिक अन्याय के अन्य कई पहलुओं को इसमें उभारा गया है।

इस प्रकार, इन दोनों कहानियों में महेश कटारे ने स्त्रियों और दलितों पर होनेवाले अत्याचार और उनके प्रतिकार को सजगता और पूरी विश्वसनीयता के साथ प्रस्तुत किया है। भाषा उनकी एक बड़ी शक्ति है। वे लोकभाषा के शब्दों और मुहावरों का प्रयोग अपनी कथा-भाषा में कोमलता लाने के लिए नहीं, बल्कि उसे और धारदार बनाने के लिए करते हैं।

जीनकाठी तथा अन्य कहानियाँ : एस.आर. हरनोट

एस.आर. हरनोट हिमाचल के ऐसे कथाकार हैं, जिन्होंने वहाँ की प्रकृति और पर्यावरण के साथ-साथ जीवन और संस्कृति को भी अपनी कहानियों में जगह दी है। पहाड़ का वातावरण जितना मनोहारी होता है, जीवन उतना ही कठिन। सैलानी की नजर से देखने पर वहाँ के जीवन-संघर्ष को नहीं समझा जा सकता है। हरनोट ने संस्कृति और परम्पराओं के बीच उस जीवन-संघर्ष को पकड़ने की कोशिश की है और उसके माध्यम से आनेवाले सामाजिक बदलावों की ओर भी संकेत किया है।

'जीनकाठी तथा अन्य कहानियाँ' उनका नवीनतम संग्रह है जिसमें 2001 से 2007 के बीच की उनकी नौ कहानियाँ संकलित हैं। इनमें शीर्षक कहानी 'जीनकाठी' एक लम्बी कहानी है, अट्ठाइस पृष्ठों की।

हिमाचल प्रदेश में 'बेड़ा' नाम की एक दलित जाति होती है। उनसे जुड़ा हुआ वहाँ एक त्योहार होता है : 'भुंडा' नाम का त्योहार, जिसके बारे में हम लोगों को जानकारी नहीं है। उस त्योहार में एक दलित को पहाड़ की चोटी से रस्सी के सहारे नीचे उतारा जाता है। उस एक दिन के लिए उसे यज्ञोपवीत धारण कराकर ब्राह्मण बना दिया जाता है। ईश्वर और देवता की तरह उसकी पूजा की जाती है और आशीर्वाद माँगा जाता है।

कहानी इस प्रकार है कि गाँव के सेवानिवृत्त तहसीलदार भगवान दत्त शर्मा ने इलाके में अपना प्रभाव जमाने और बढ़ाने के लिए काफी पहले बन्द हो चुके 'भुंडा' त्योहार को फिर से मनाने का निर्णय लिया और उस दलित परिवार को तलाशा, जिसे बहुत साल पहले गाँव से इसी त्योहार की असफलता के चलते भगा दिया गया था। तब रस्सी बीच में ही टूट गई थी और उस पर सवार 'बेड़ा' की मौत हो गई थी। शर्मा जी ने किसी तरह उसके वंशज सहजराम को इस त्योहार में 'भुंडा' बनने के लिए तैयार कर लिया।

लेखक ने 'जीनकाठी' के सहारे रस्सी पर चढ़ने का बहुत ही अच्छा वर्णन किया है :

अब 'जीनकाठी' लकड़ी टिकाकर रस्से पर बाँध दी। इसे सहजू ने स्वयं बनाया था। उसके दोनों तरफ रेत की बोरियाँ टिका दी गई थीं ताकि बराबर भार रहे। सहजू के लिए वह सचमुच की घोड़ी थी जिस पर सवार होकर उसे मौत का एक लम्बा और खतरनाक सफर तय करना था। गाँव का कलंक धोना था और लोगों के पुण्य का भागीदार बनना था—एक अछूत होकर नहीं बल्कि ब्राह्मण, देवता और भगवान बनकर। उसके मन में कई तरह के खयाल आने लगे थे। वह सोच रहा था कि उसकी यह दुर्लभ 'बेड़ा' जाति एक 'जीनकाठी' ही तो है जिसका इस्तेमाल अपनी स्वार्थपूर्ति और तमाम पुण्य के भागीदार बनने के लिए शर्मा या उस-जैसे तमाम उच्च वर्ग के लोग सदियों से करते आ रहे हैं। इसके एवज उस अछूत को क्या मिलेगा? सिर्फ कुछ क्षणों का ब्राह्मणत्व और देवत्व! वह जोर से हँसा और जीनकाठी पर बैठकर रस्से से नीचे सरक गया—हाथ में एक सफेद रूमाल को लहराता हुआ। उसे ऐसा लग रहा था, मानो वह आसमान से धरती पर उतर रहा हो! मध्य में पहुँचकर वह थोड़ा घबरा भी गया। एक बार जरा-सा सन्तुलन बिगड़ गया था, पर उसने अपने-आपको सँभाल लिया। अन्यथा इतनी ऊँचाई से गिरकर वह कहाँ बच पाता! देवता के वाद्य पूरे जोश और ताल में बज रहे थे। वातावरण पूरी तरह देवमय हो गया था, लेकिन उन वाद्यों के बीच एक पल के लिए सहजू की पत्नी की साँसें रुक गई थीं...।'

लेकिन धरती पर उतरने के पहले उसने गाँव में अपनी जमीन वापस पाने की शर्त रख दी, जिसे शर्मा जी को मान लेना पड़ा। बात वहीं खत्म नहीं हुई, कहानी के अन्त में मुख्यमंत्री ने शर्मा जी की पीठ जरूर थपथपाई मगर सहजराम को लोकसभा का उम्मीदवार बनाने का संकेत देकर उनकी महत्त्वाकांक्षा पर पानी भी फेर दिया।

हरनोट की भाषा सहज है और शिल्प के स्तर पर भी कोई नया प्रयोग नहीं दिखलाई देता, लेकिन अनुभव-संसार एकदम नया और अनूठा है। एक परम्परागत त्योहार के माध्यम से आज के हिमालयी जीवन और उसके रूढ़िग्रस्त समाज में दलितों की स्थिति का जो चित्रण इस कहानी में उन्होंने किया है, उसके लिए उन्हें अलग से याद किया जाना चाहिए।

चीलवाली कोठी : सारा राय

'चीलवाली कोठी' सारा राय का पहला उपन्यास है। इन्होंने अपने उपन्यास का केन्द्र जिस चीलवाली कोठी को बनाया है, इनके माँ-बाप, दोनों बनारस में इसी चीलवाली कोठी में रहते थे, जो नवाब की ड्योढ़ी कहलाती थी। इस कोठी के दरवाजे पर चीलें बनी हुई थीं, इसलिए 'चीलवाली कोठी' कहलाती है। उस कोठी की कई पीढ़ियों की दास्तान पृष्ठभूमि के रूप में उपन्यास के आरम्भ में वर्णित है। कोठी में रहनेवाले खानदान को राय कहा जाता था। यह अंग्रेजों की तरफ से मिला हुआ खिताब था। वही 'राय' कृष्णदास में भी दिखाई पड़ता है। सारा राय में भी वही 'राय' है, माँ के पक्ष से।

इस उपन्यास का जो कथानक है, जो ढाँचा है, वह बनारस की गलियों की तरह से है—अत्यन्त घुमावदार, पेचदार। कहीं से शुरू होती हैं, कहीं पर खत्म होती हैं, तो इतनी उलझी हुई आँतों की तरह से इनका ढाँचा है। उस ढाँचे के द्वारा तिलिस्मी दुनिया की सृष्टि की गई है। बनारस की यह बहुत बड़ी कामयाबी है कि पूरा उपन्यास एक तिलिस्म रचता है अपने कथानक में। एक ऐसे बनारस की दुनिया है, जो आम तौर से देखने पर सपाट मालूम होती है लेकिन उलझी हुई है। बहुत छोटी-सी कहानी है। एक लड़की, जो इसकी नायिका है, उसका नाम मिना है। लेकिन उसकी मछली की तरह आँखें हैं, इसलिए उसे लोग मीनाक्षी कहने लगते हैं। बहुत गरीब घर की लड़की। पीली आँखों वाला शराबी उसका बाप सम्बन्ध निभा नहीं सकता था, उसका पालन-पोषण कर नहीं सकता था तो वहाँ जो एक अन्नपूर्णा शिशु मन्दिर नाम का अनाथालय किसी सेठ ने खोल दिया था, उस लड़की को उसके बाप ने वहाँ ले जा करके बेच दिया और बदले में दो-ढाई सौ रुपये लेकर वहाँ से टला।

वह लड़की पढ़ने-लिखने में होनहार थी। इस कोठी में कामकाजी लड़की की जरूरत थी। लोगों ने मीनाक्षी का नाम सुझाया क्योंकि कोठी के लोगों को नौकरानी भी पढ़ी-लिखी चाहिए थी। अनाथालय से उस लड़की को चीलवाली कोठी पहुँचा दिया गया।

इस कोठी का सबसे छोटा लड़का जो था, वह भी शराब पीता था, जैसा रईस घर के लड़के हुआ करते हैं।

उसका नाम था विक्रमनारायण राय। इस विक्रम की नजर इस लड़की पर पड़ी और वह इसको प्यार करने लगा। यह तब की बात है जब कोठी की हालत खराब हो चुकी थी। लड़की बोली—अगर शादी करना चाहते हो तो सही है, वरना नहीं। लेकिन यह लड़का इसके साथ केवल खेलना चाहता था। क्योंकि उसका परिवार इजाजत नहीं देता कि घर की नौकरानी से वह शादी करे।

इस सब कहानी से वह लड़की सब समझ गई और सावधान हो गई। लेकिन एक दूसरे चक्कर में पड़ने के कारण अन्त में वह लड़का आत्महत्या कर लेता है। इस तरह से एक त्रासदी होती है और उस त्रासदी के बाद मीनाक्षी ने कोठी को छोड़ दिया।

मीनाक्षी ने पढ़ाई-लिखाई भी की थी। बी.ए. की परीक्षा दी थी। कोठी की मासी-माँ ने कहा, 'बेटी, तुम्हारे लिए यहाँ भविष्य नहीं है, तुम यहाँ से चली जाओ और इस ढहती हुई इमारत को छोड़ दो।'

और मीनाक्षी वहाँ से जाकर कहीं अध्यापक हो जाती है।

अस्सी के दशक में बनारस स्थित अनाथालय में मीनाक्षी अपने संदिग्ध अतीत को अस्वीकार करते हुए, पानी से जन्म लेने की कल्पना गढ़ती है। यहीं से उसकी पहचान की खोज शुरू होती है, जो चीलवाली कोठी पहुँचने तक जारी रहती है।

उसका सपना बँगला, गाड़ी, दूल्हा न होकर अपना जीवन चुन पाने की चाह है। कोठी में मासी-माँ, मेशो, एकान्ती विक्रम, असन्तुलित आदित्य, झक्की मुनिमा उसके जीवन में आते हैं। प्रेम-प्रसंग भी उजागर होता है, मगर त्रासद अन्त वाला।

इस उपन्यास की भाषा बहुत अच्छी है। गुलाबी उर्दू की छौंक है इसकी भाषा में। इसमें बनारसी बोली, बनारसी गीतों और भोजपुरी गीतों का पुट है।

इच्छाएँ : कुमार अम्बुज

कुमार अम्बुज के पहले कहानी संग्रह 'इच्छाएँ' को पढ़कर मुझे प्रीतिकर आश्चर्य हुआ। मैं अम्बुज की कविताओं का तो प्रशंसक रहा हूँ, लेकिन मुझे दूर-दूर तक यह खयाल नहीं था कि वे कहानी की दुनिया में भी कदम रखेंगे। कदम भी ऐसा कि कहानी की परिभाषा ही बदल दी है। इस संग्रह में लेखक की पन्द्रह छोटी-छोटी कहानियाँ संकलित हैं। इसके प्रारम्भ में कवितानुमा पंक्तियाँ लिखी हैं, जो दरअसल उनकी कहानी-कला का सूत्र हैं : 'इच्छाओं के प्रकाश में/ सब कुछ साफ दिखाई देता है/ वह भी/ जो नहीं है/ लेकिन होगा एक दिन।'

इस संग्रह में कई तरह की कहानियाँ हैं। कुछ ऐसी कहानियाँ भी जो बिलकुल कविता की तरह हैं। उनका जिक्र मैं करना चाहूँगा। एक कहानी माँ के बारे में है। शीर्षक है : 'माँ रसोई में रहती है'। बार-बार कहा जाता है कि रसोई में न रहे, लेकिन वह वहीं रहती है। आखिर क्या है रसोई में? रसोई ही उसकी जिन्दगी है। जिस तरह का परिवार है और जैसा उसका जीवन है, वह रसोई से अलग कुछ सोच भी नहीं सकती। इसी तरह एक कहानी है : 'पीतल का आदमी'। इसमें पीतल का बहुत ही व्यापक वर्णन है। हम तो सोच भी नहीं सकते कि पीतल को लेकर भी ऐसी कहानी बन सकती है। यह कहानी जातक कथानुमा भी नहीं है। कोई नीति-कथा भी नहीं। पूरी कहानी बस एक लिरिक की तरह है। ऐसी ही कहानियाँ हैं : 'खुशी' और 'बारिश'। बल्कि 'बारिश' में तो दो कविताएँ भी उद्धृत की गई हैं। वैसे ये सभी कहानियाँ कवित्वपूर्ण हैं। 'उस सुबह मैं कुछ होना चाहता था' के आरम्भ में सुबह का वर्णन भी किसी कविता से कम नहीं है।

बारीकी के साथ उस एक प्रात:काल का वर्णन करने के बाद वह सोचता है कि वह क्या होना चाहता है : 'नीम की टहनी, चिड़िया, हथेली?' लेकिन दोपहर में जब वह अपनी साइकिल उठाकर चल पड़ता है तब सोचता है : 'शायद उस सुबह मैं टहनी, हथेली या चिकने तने की बजाय एक स्वस्थ साइकिल होना चाहता था। मेरे जीवन, स्थिति और विचारों के लिए यही इच्छा सबसे वास्तविक थी।'

यह चमत्कृत करनेवाली कहानी है। लेकिन मैं विशेष रूप से इस संग्रह की पहली कहानी 'हकला' की चर्चा करना चाहूँगा। अम्बुज की कथा-भाषा और दृष्टि को समझने के लिए इस कहानी का एक अंश द्रष्टव्य है :

> और एक दिन मुझे यह भी लगा कि मैं हकला जरूर हूँ, लेकिन सचमुच हकलाता नहीं हूँ। जब उस दिन मैंने देखा कि वह आदमी, जिसे मैं बलशाली समझता था, जो साफ-शफ्फाफ शब्द बोलता था, जिसके शब्द तराशे हुए हीरों की तरह बिखरते थे और ललचाते थे, जिसे सुनना एक अनुभव था और जो अपनी वाणी में ईर्ष्या पैदा करता था, वह अचानक ही एक दूसरे आदमी को देखकर हकलाने लगा। मुझे उस रोज रात भर नींद नहीं आई। फिर आधी रात में मैं चिल्ला उठा : 'ओह! तो मैं हकला नहीं हूँ। सचमुच का हकला नहीं हूँ।' यह किसी रहस्य से पर्दा उठने जैसा था। सारी दुनिया मेरे लिए उस दिन से रोज बदल रही है। ध्यान से देखने-सुनने पर मुझे अब अनेक लोग ऐसे मिलते हैं जो सरपट बोलते दिखते हैं लेकिन उस बीच वे अनेक बार हकला रहे होते हैं।

इसमें कहानी का नायक कहता है :

'मैं हकला जरूर हूँ लेकिन हकलाता नहीं हूँ।' और यह भी कि कभी-कभी आदमी खुशी में हकलाता है, कभी दुख में हकलाने लगता है। यानी हकलाना केवल एक रोग नहीं है, यह विशेष मानसिक अवस्था भी है। इसके लिए 'स्पीच थैरैपी' की बात बेमानी है। यह एक मानवीय सामाजिक व्याधि है। कथाकार ने उसी सामाजिक व्याधि की ओर इशारा किया है। हमें नहीं लगता कि हकलाने पर ऐसी कोई गम्भीर कहानी इसके पहले लिखी गई है। हकलाने का जिक्र आते ही विनोद का भाव आ जाता है। कहानियों में भी उसका उसी रूप में प्रयोग होता रहा है। बल्कि नाटकों में तो हकलाहट का प्रयोग हास्य पैदा करने के लिए ही किया जाता है, परन्तु यहाँ इसके माध्यम से तीखी टिप्पणी की गई है।

छोटी-छोटी कहानियाँ हैं, मगर ये लघुकथाएँ नहीं हैं, जैसाकि कुछ लोग लिखते हैं। और सबसे महत्त्वपूर्ण है कि ये चित्रों में कही गई कहानियाँ हैं। किस्सागोई नहीं, बल्कि एक कैमरे की आँख है जो एक-एक बारीक दृश्य को देखती है। भाषा अम्बुज की इन कहानियों की सबसे बड़ी ताकत है जो हर दृश्य की बारीक से बारीक परतों को खोलती चली जाती है। आम तौर पर कहानीकार ऐसी भाषा का इस्तेमाल नहीं करते हैं। यह कवियों की ही होती है। भाषा की यह जो ताकत है, वह किसी कवि-कथाकार के पास ही हो सकती है, जो अम्बुज हैं।

नंगा : सृंजय

सृंजय की पहली प्रकाशित, चर्चित और विवादित कहानी 'कामरेड का कोट' एक ऐतिहासिक कहानी है। विशेष रूप से राजनीतिक दृष्टि के कारण। वामपंथी राजनीति करनेवाले लोग भी कितने पाखंडी होते हैं और आम जनता से कितने दूर होते हैं, यह वह बताती है। उसी समय उदयप्रकाश की कहानी आई थी : 'और अन्त में प्रार्थना'। वह आर.एस.एस. से सम्बन्धित लोगों को लेकर लिखी गई है। इस कहानी को लिखने के पीछे राजनीतिक कारण था। पन्द्रह वर्ष बाद उनका दूसरा कहानी संग्रह आया है : 'नंगा', जिसमें आठ कहानियाँ हैं। इसमें पहली कहानी जैसा ही तेवर है लेकिन उतनी बड़ी नहीं है। इसमें बदले हुए भारत की स्थिति की 'मूँछ' से लेकर 'बुद्धिभोजी' कहानी तक की लम्बी यात्रा है।

इस संग्रह की लगभग समस्त कहानियाँ 1991 से लेकर 1997 तक की हैं। इस वजह से इसका विस्तार सामंतवाद और पूँजीवाद की लड़ाई से ले करके भूमंडलीकरण तक के विस्तृत फलक पर फैला है। एक ही कहानी संग्रह में पूरी दुनिया को समेटा जाए, यह अपने-आपमें मिसाल तो रखता ही है। उक्त कहानी संग्रह में मुझे एक पहलू जो बहुत महत्त्वपूर्ण लगता है जो कि आजकल के कहानीकारों में कम पाया जाता है। वह है—साम्प्रदायिकता, उच्च वर्ग के पाखंड तथा ग्रामीण जीवन के अन्तर्विरोधों का अनुभव के आधार पर भाषा के साथ रेंज (विस्तार)।

कहानी संग्रह में, तो 'राजमार्ग' जैसी कहानी उस उपनिषद् युग के मिथिला नरेश के अष्टावक्र की कहानी है, जिसमें एक विशेष प्रकार की भाषा है। दूसरी ओर 'राजमार्ग' पर चलते हुए लोगों को अनुभव होता है कि कहीं कोई विशिष्ट जन न गुजरें। विशिष्ट जन के गुजरते समय राजमार्ग को बन्द कर दिया जाता है, जिसके कारण आम जनता को कितनी परेशानी, असुविधा होती है, इसका ध्यान नहीं रखा जाता। इस भाव की कहानी अष्टावक्र के माध्यम से अभिव्यक्त हुई है। इसमें व्यंग्य यह है कि अष्टावक्र जिसका विरोध करते थे, राजगुरु के पद पर स्वयं के आसीन होने के बाद उसी व्यवस्था को दोहराने लगते हैं।

'राजमार्ग' कहानी के माध्यम से वर्तमान समय के राजनेता व उच्चपदस्थ अष्टावक्रवादी हो गए। कथाकार की जो बड़ी ताकत है, वह है—व्यंग्य की ताकत। 'मूँछ' से लेकर प्रत्येक कहानी में एक बड़ा तीखा और सटीक डंक है। 'नंगे' कहानी में वह बात नहीं आ सकी बल्कि शीर्षक के आकर्षण के आधार पर सबसे कमजोर कहानी है। इस संग्रह में सबसे ताकतवर पहली कहानी 'मूँछ' है जिसमें ठाकुर अपनी मूँछों के कारण ही किसी छोटे-से बनिया के हाथ अपना पूरा-का-पूरा खेत बेच देता है। अन्त में अपनी मूँछ, जिसके कारण वह अड़ा हुआ था, उसी मूँछ को काटकर दे देता है। इस तरह से कहानी का नाटकीय अन्त होता है। यह बड़े सटीक ढंग से लिखी गई कहानी है। एक दूसरी कहानी है : 'हम मजहब', जो दंगे और फसाद की पृष्ठभूमि पर लिखी गई है। उसमें अल्पसंख्यक मुसलमान 'अब्बास' हैं जिनके पास चावल है और वे उसी चावल का व्यापार करते हैं। उनका पड़ोसी है 'मन्नान', जो कपड़े बेचने का काम करता है। दंगे के समय वह भूखों मर रहा है लेकिन दंगे में वह व्यापारी उसकी मदद नहीं करता है, जबकि दोनों एक ही मजहब के हैं। क्योंकि यहाँ मजहब से ज्यादा महत्त्वपूर्ण है हैसियत। एक बड़े आदमी में और एक छोटे आदमी में यहाँ भी और वहाँ भी फर्क होता है। बुनियादी बात मजहब नहीं बल्कि हैसियत होती है। इस भाव को न समझने के कारण अब्बास साहब फँस जाते हैं।

कहानीकार सृंजय जी की कला की खूबी 'बैल' नामक कहानी में भी मिलती है। कहानी तो छोटी है किन्तु प्लाट हरियाणा से ले करके कोयलरी प्रदेश तक है। कहानी में एक ही व्यक्ति की मन:स्थितियों का अन्तर दिखाया गया है। इस प्रकार यह कहानी काफी सधी हुई है।

कहानीकार ने सभी कहानियों को 1991 से 1997 के मध्य ही लिखा है जिसमें कुछ दैनिक अखबार के लिए लिखी गई कहानियाँ सामान्य स्तर की होने से कम प्रभावी हैं जबकि कुछ कहानी जोकि महत्त्वपूर्ण पत्रिकाओं में प्रकाशित हुईं, वे अपने स्तर के महत्त्वपूर्ण सन्दर्भों को अभिव्यक्त करने में पूरी तरह समर्थ हैं। ये सशक्त कहानियाँ ही कहानी संग्रह की सार्थकता सिद्ध करती हैं। 'समकालीन जनमत' में छपी एक कहानी उच्च स्तर की कहानी है।

कहानीकार के संग्रह की कुछ एक कहानी को छोड़कर लगभग सभी कहानियाँ अपने व्यंग्य और सन्दर्भ को अभिव्यक्त करने में सफल होती हैं। कुल मिलाकर एक सधे हुए कलाकार की कहानी-कला का जो कौशल है, वह 'नंगा' कहानी में दिखाई पड़ता है। सृंजय ने इस मामले में अपने गुणों का विकास किया है। अपनी पैनी नजर और रोचक, मनोरंजके कहानी-कला, तीखे व्यंग्य और जीवन के विभिन्न पहलुओं पर नजर डालने पर यह उच्च कोटि का कहानी संग्रह है। और बतौर कहानी संग्रह लेखक सृंजय एक उच्च स्तर के कथाकार ठहरते हैं। साहित्य के क्षेत्र में मेरे और पाठकों द्वारा इस कहानी संग्रह का स्वागत है।

दूसरी कहानी : अलका सरावगी

अलका सरावगी के दूसरे कहानी संग्रह 'दूसरी कहानी', जो अठारह कहानियों का संग्रह है, इसमें ऐसा लगता है कि दूसरे ढंग की कहन-शैली और एक नये ढंग से कहानी कहने की कला की तलाश जो कथाकार को थी, वह लगभग उन्होंने हासिल कर ली है। इसमें 'दूसरी कहानी' शीर्षक जो कहानी है, वह मानसिक रूप से अविकसित एक छोटे बच्चे की कहानी है। विषय बहुत भावुकतापूर्ण अथवा करुणा या दया उत्पन्न करनेवाला हो सकता है लेकिन जिस तरह से अलका इस कहानी को कहती हैं और स्वयं वह लड़का ही माँ की भावुकता को तोड़ता है, उसे दयालु नहीं होने देता और सीधे-सीधे वह सच का बयान करता है, यह काफी सन्तुलित है।

अलका स्वयं कहती हैं कि यदि तीन साल की उम्र वाली बात की जाए तो कहानी कुछ और बनेगी, नौ साल की उम्र के बच्चे को देखती हूँ तो कहानी कुछ और है और अब पन्द्रह साल की उम्र में उस बच्चे को देखती हूँ तो कहानी वही है। किस तरह से एक ही कहानी बार-बार बदलती जाती है, यह एक ऐसा सच है जो आम तौर पर 'चालू यथार्थवादी कहानीकार' हैं, उनमें यह अहसास नहीं होता।

कुछ कहानियाँ ऐसी हैं, जो निबन्धात्मक शैली लिये हैं, जैसे व्यक्ति-व्यंजक निबन्ध, ललित निबन्ध। आखिरी कहानी जो 'कन्फेशन' है, वह नितान्त निजी ढंग से व्यक्त है जिसमें स्कूल मैगजीन में एक कहानी दी गई जो पत्रकार ने अश्लील कहकर लौटा दी, जिसके बाद से कहानी टिप्पणियों के रूप में चलती है। इसमें कई कहानियाँ कहानी कहने की कला के बारे में ही हैं। उदाहरण के लिए एक कहानी लेते हैं : 'एक पेड़ की मौत'। इस कहानी में जगन्नाथ बाबू हैं। स्वयं कहानी कहते हैं। उनके बाप-दादा भी कहानी कहने की कला जानते थे। यह खानदानी कला थी उनकी—भाँति-भाँति से अपने से ज्यादा दूसरों की कहानी कहना। जिसके बारे में यहाँ कहानी लिखी गई है, वह स्वयं भी कहानी कहने की कला जानता है, और दूसरों को बैठाकर कहानी कहना उसका काम है। मूल कहानी जहाँ पर बनती है, वह 'एक पेड़ की मौत' है। मनुष्य की मौत की बात हम कहते हैं लेकिन पेड़ भी

मरते हैं। इस कहानी के आखिर में जगदीश चन्द्र बोस की किताब का एक लेख भी उद्धृत किया गया है। मनुष्य का पेड़-पौधों, चिड़ियों से, खास तौर पर कलकत्ता जैसे शहर में जीवन जीते हुए इतना नाता टूट गया है कि शहर से बाहर जाकर प्रकृति से रिश्ता कायम करके ये लोग अपने मनुष्य होने का अहसास करते हैं।

आम तौर पर लोग सामाजिक समस्याओं पर कहानियाँ लिखते हैं, अलका सरावगी की कहानियाँ सामाजिक से ज्यादा बुनियादी मानवीय समस्याओं पर केन्द्रित हैं। 'पार्टनर' एक छोटी-सी कहानी है। कलकत्ता से 300 कि.मी. दूर एक तालाब के पास निवास कर रही एक बड़ी उम्र की महिला की कहानी है यह, जिसकी शादी हो चुकी है। इस महिला का अपने से छोटी उम्र के एक लड़के से अचानक प्रेम-सम्बन्ध स्थापित हो जाता है।

पेड़ों, पौधों, चिड़ियों को पसन्द-नापसन्द करने के रिश्ते बनते हैं। लोग समझते हैं कि इस बड़ी उम्र की लड़की ने एक छोटी उम्र के लड़के को फँसा लिया है, एक तरह से प्यार उभर रहा है, लेकिन सचाई यह है कि दोनों 'पार्टनर' होते हैं। हम जिन्दगी में बहुत सारी चीजों के हिस्सेदार बनते हैं, यह जरूरी नहीं कि उसको प्यार का नाम दिया जाए। ऐसे बिन्दुओं के अलावा कई सामाजिक बिन्दुओं को लेकर भी कहानी लिखी गई है।

वर्तमान में स्त्री लेखिकाएँ आम तौर पर इसलिए प्रकाश में आई हैं कि वे स्त्री के ऊपर हो रहे अत्याचार और दमन के विरोध में लिखते हुए घोषित रूप से स्त्री-मुक्ति की लेखिकाएँ बन गई हैं। उस रूप में अलका सरावगी उन सारी लेखिकाओं से अलग हैं। स्त्री की कहानी घोषित रूप से नहीं कहतीं बल्कि मार्मिक रूप से कहती हैं, जाहिर है कि उसमें 'स्त्री' केन्द्र में होगी ही। दूसरी बात यह है कि वे अपनी कला के बारे में बहुत सतर्क हैं; भाषा, कथा-विन्यास के बारे में और साथ ही यथार्थ के सपाट रूप से बचते हुए लिखती हैं। 'दूसरे किले में औरत' कहानी 'फैंटेसी' या 'ड्रीम लैंड' का पुट लिये है। कहीं-कहीं पर कहानियाँ हमें उदयप्रकाश की भाषा और कहानी-कला से सामीप्य रखती हुई दिखाई देती हैं। उपन्यास-जगत में तो अलका जी ने अपनी अलग पहचान बनाई ही है, साथ ही 'दूसरी कहानी' संग्रह भी इधर के तमाम कहानी संग्रहों में अपनी अलग पहचान बनाता है।

दीवार में रास्ता : तेजेन्द्र शर्मा

हिन्दी भाषा का रचनाकार होते हुए भी तेजेन्द्र शर्मा का प्रभाव ब्रिटेन जैसे देश में भी व्यापक स्तर पर है। इस प्रभाव को इस बात से समझा जा सकता है कि इनकी पत्नी के नाम पर दिया जानेवाला 'इन्दु शर्मा अन्तर्राष्ट्रीय कथा सम्मान' हाउस ऑफ कॉमन्स में दिया जाता है।

इनकी कहानियों के शीर्षक भी बिलकुल अलग तरह के हैं। घर में रास्ता बनाने की बात सभी करते हैं पर ये 'दीवार में रास्ता' बनाने की बात करते हैं। जाहिर-सी बात है, दीवार में रास्ता तभी बनेगा जब हम दीवार को तोड़ेंगे। इस तरह के प्रयोग अद्‌भुत और नवीन हैं। इनकी कहानियाँ वृहत्तर मुक्त जीवन की कहानियाँ हैं। 'कल फिर आना', 'कल का समाचार', 'इम्तिहान', 'ये सन्नाटा कब टूटेगा' ऐसी ही कहानियाँ हैं। 'ये सन्नाटा कब टूटेगा' लिव इन रिलेशनशिप में रहनेवाले लोगों की कहानी है। इस कहानी में उन्होंने गांधी जी का भी जिक्र किया है। इस कहानी का एक हिस्सा देख लेते हैं :

> 'साल भर से सन्नाटा उसके लेखन पर छाया हुआ है। उसके भीतर की तड़प उसे कचोटती रहती है कि आखिरकार लिख क्यों नहीं पा रहा? उसके दिल में अब भी विषय जन्म लेते हैं। वह आज भी आम आदमी के दर्द को भीतर तक महसूस करता है। मगर उन विचारों को पन्नों पर व्यक्त क्यों नहीं कर पाता? उसके दिमाग में कहानियाँ जन्म लेती हैं, मगर शब्द कागज पर उतरने से इनकार कर देते हैं। शब्दों ने जैसे विद्रोह कर दिया है। यह हुआ कैसे? शब्द अचानक उसका साथ छोड़कर किसके साथ चले गए? वह दफ्तर में भी काम में मन नहीं लगा पाता। वहाँ कहानी के बारे में सोचता है और घर आकर दफ्तर के काम के बारे में। एक लड़कपन-सा शामिल हो गया है उसके व्यक्तित्व में। एक शरारती बच्चे की तरह, जो खेलते समय स्कूल के होमवर्क के बारे में सोचता है और स्कूल में हर वक्त खेल और शरारत उसके दिमाग में छाए रहते हैं। वह पिछले वर्ष के जीवन को एक दिन में जीकर खत्म कर

देना चाहता है। उसका बस चले तो इस पूरे वर्ष को अपने जीवन की स्लेट से मिटा दे। मगर जीवन में ऐसा कैसे हो सकता है?'

जीवन की छटपटाहट, बेचैनी, अजनबीपन को वह अपनी कहानियों में व्यक्त करते हैं। जाहिर है कि ये कहानियाँ उस वातावरण की कहानियाँ हैं जो भारतीय परिवेश में कम मिलकर पश्चिमी दुनिया में ही अधिक मिलेंगी। तेजेन्द्र की कहानियों में इसकी झलक मिलती है कि भारतीय या एशियाई मूल के लोग ब्रिटेन में या पश्चिमी देशों में, स्वयं को किस प्रकार से समायोजित करते हैं।

कुल मिलाकर इन्होंने नये स्वाद की कहानियाँ लिखी हैं। उनका गद्य साफ-सुथरी भाषा में लिखा गया है जो सहज रूप से आकर्षित कर लेता है। कहीं से भी इन कहानियों को पढ़ने से लगता है कि भाषा का ठाठ वही है जो एक हिन्दी-भाषी क्षेत्र के रचनाकार का होना चाहिए।

बॉस की पार्टी : संजय कुन्दन

संजय कुन्दन उन थोड़े से युवा रचनाकारों में हैं जो कविता और कहानी में समान रूप से सक्रिय हैं। उनकी कहानी की भाषा की सबसे बड़ी खूबी यह है कि उस पर कविता का प्रभाव नहीं है। बहुत ही सुन्दर और ताकतवर गद्य है जिसके भीतर व्यंग्य की एक पतली धारा है। आज के समय और समाज की विडम्बनाओं को उजागर करने के लिए उनके पास समर्थ कथा-भाषा है।

'बॉस की पार्टी' उनका पहला कहानी संग्रह है। इसी शीर्षक से एक कहानी है जिसमें आज के दफ्तरों में अधिकारियों के बीच फैली हुई चापलूसी की संस्कृति को उजागर करने के लिए कथाकार ने हँसी का एक माध्यम के रूप में उपयोग किया है। रघुवीर सहाय की प्रसिद्ध कविता है : 'हँसो हँसो जल्दी हँसो', तो रघुवीर सहाय ने इसे कविता के रूप में लिखा था। यहाँ कहानी है, जिसमें एक बॉस है और अन्य सभी अधिकारी उसके हाँ-में-हाँ मिलाने, जी-हुजूरी करने में लगे रहते हैं।

लेकिन कहानी का नायक देवेश थोड़ा अलग है। वह सबसे अधिक काम करता है, फिर भी उसे प्रमोशन नहीं मिलता। क्योंकि वह गम्भीर बना रहता है, केवल अपने काम से मतलब रखता है। बॉस की चाटुकारिता नहीं करता, उसके हँसने के साथ हँसना नहीं शुरू कर देता। प्रमोशन नहीं होने से निराश देवेश अपने को बदलना चाहता है। वह सब करना चाहता है, जो दूसरे अधिकारी करते हैं। सबसे पहले वह अपनी खोई हुई हँसी को वापस पाना चाहता है। इसके लिए आईने के सामने खड़ा होकर घंटों हँसने का अभ्यास करता है, मगर उसे हँसी आती ही नहीं है। फिर एक दिन वह बिन बुलाए ही अपने बॉस के जन्मदिन की पार्टी में चला जाता है, ताकि चापलूसों में उसकी भी गिनती हो सके। उसका बॉस उसे व्यंग्य में 'कवि जी' कहकर बुलाता था, लेकिन पार्टी में जब वह कविताएँ सुनाता है तो बॉस की मित्रमंडली खुश हो जाती है और इस तरह लगता है कि उसकी धाक जम गई। फिर जब पार्टी आगे बढ़ती है, तो वह अलग-अलग मंडली में जुटे लोगों के पास जाकर बातें करने और हँसने की कोशिश करता है। उसकी हँसी से लोग

भौचक रह जाते हैं, स्त्रियाँ तो डर जाती हैं और अन्ततः उसे एक कमरे में बन्द कर दिया जाता है।

पार्टी समाप्त होने के बाद उसे बाहर निकाला जाता है और बॉस का ड्राइवर उसे बसअड्डे तक छोड़ आता है। रास्ते में ड्राइवर से हो रही बातचीत का अंश देखिए :

'साहब, एक बात पूछूँ...?' ड्राइवर ने थोड़ा सकुचाते हुए कहा।

'पूछो।' देवेश बोला।

'आप जानबूझकर उस तरह कर रहे थे?'

'किस तरह?' देवेश हैरत में पड़ गया।

'आप कभी कुत्ते की तरह भौंकने लगते थे तो कभी सूअर की तरह गुर्राने लगते थे।'

'क्या! ऐसा मैंने कब किया?' देवेश जैसे आसमान से गिरा।

'उस समय जब सब लोग नाच रहे थे और एक आदमी टोपी से खेल दिखा रहा था।'

'मैं तो हँस रहा था।'

'नहीं, शुरू में तो लगा कि आप हँस रहे हैं, लेकिन फिर आपके मुँह से भयानक आवाज आने लगी। कुछ लोगों ने कहा कि आप नशे में ऐसा कर रहे हैं। फिर पता चला कि आपने तो पी भी नहीं है। आपके दफ्तर के एक आदमी ने कहा कि आप थोड़ा खिसके हुए हैं। लेकिन बत्रा साहब ने तो कुछ और ही कहा।'

'क्या कहा?' देवेश की उत्सुकता बढ़ी।

'वे तो यह कह रहे थे कि आप जानबूझकर ऐसा कर रहे हैं। आप उनकी पार्टी खराब करने के लिए आए थे, क्योंकि आप उनसे बदला लेना चाहते थे। उन्होंने आपका प्रमोशन नहीं किया, इसलिए।'

इस तरह संजय कुन्दन ने आज के दफ्तरों की कार्यशैली पर कितना बड़ा व्यंग्य किया है! इसके अलावा और भी कई कहानियाँ हैं। कुछ छोटी-छोटी चीजों को लेकर लिखी गई बड़ी कहानियाँ हैं। ऐसी ही एक कहानी है : 'ऑपरेशन माउस'।

आजकल कम्प्यूटर का माउस काफी लोकप्रिय हो गया है। इसका अर्थ मूस या चूहा भी है। कहानी में एक तरफ कम्प्यूटर है तो दूसरी तरफ एक चूहा, जो मिल नहीं रहा है। उसकी खोज जारी है और उसके माध्यम से मध्यवर्गीय जीवन की विडम्बनाओं को दिखाया गया है।

एक कहानी है : 'उम्मीदवार', जो बेरोज़गारी पर लिखी गई मार्मिक कहानी है।

संजय कुन्दन के पास कहानी कहने की कला है। ये आम तौर पर नैरेट कम करते हैं, बातचीत के जरिये कहानी को आगे बढ़ाते हैं। कहानी का सच संवादों में

व्यक्त होता है। इसके लिए जो भाषा चुनी गई है, वह बहुत ही सटीक है। जैसाकि शुरू में कहा गया, कविताई वाली भाषा यहाँ नहीं है, एक गहरा व्यंग्य है। आम तौर से अब तो ऐसा व्यंग्य लिखनेवाले कम ही मिलते हैं। बहुत ही महीन, बारीक, लेकिन डंक मारनेवाला व्यंग्य है, जो जीवन की सचाइयों को व्यक्त करने में सक्षम है।

ये कहानियाँ इसलिए भी कलात्मक हैं क्योंकि इनमें लेखक अपनी तरफ से बहुत कम बोलता है। खास बात यह है कि संग्रह में एक भी हल्की या कमजोर कहानी नहीं है। बस, एक है : 'केएनटी की कार', जो शायद इस संग्रह की सबसे लम्बी कहानी है। मुझे लगा कि यह कहानी थोड़ी खिंच गई है। हालाँकि इसमें भी कार को लेकर मध्यवर्ग की लालसा और दफ्तरों की जिन्दगी का बहुत ही सटीक चित्रण है।

कोठागोई : प्रभात रंजन

पहली बात जो मुझे अच्छी लगी, वह यह कि हिन्दी को एक नया शब्द मिला, वह है : 'कोठागोई'। कोठा होता था, कोठेवालियाँ होती थीं, पर 'कोठागोई' शब्द नया सुनने को मिला।

मैं पुस्तक के बारह अध्यायों को उपन्यास की तरह पढ़ता हूँ। और बहुत-से रोचक तथ्य भी हैं। कहीं भी कोई ऐसा क्षण नहीं है कि उफ करें। उत्सुकता बनी रहती है, कौतूहल बना रहता है। एक उपन्यास से अधिक तटस्थता इस पुस्तक को मिली है, यह पढ़कर तो मुझे आश्चर्य हुआ।

इन अध्यायों में कोठागोई, कोठावालियों पर, गायिकाओं पर, वैशाली की नगर-वधुओं पर लिखा गया है। परम्परा पुरानी है पर ये जो गायिकाएँ हैं, उन्हें सिर्फ देखा जाता है, पर इनकी कला पर ध्यान नहीं दिया जाता। उनकी कहानी जिस तरह से पिरोई गई है, उस पिरोने के सिलसिले में देखें तो पहली बात जो सामने आती है, वह यह कि कहने का जो उनका अन्दाज है, वह भिन्न किस्म का है।

शुरू में गुटका लिखी है। अन्त में कहते हैं कि रामनवमी के मेले पर अब यह आ रही है।

सवैया के गाने का एक गीत है :

जिन बाबुओं ने दिया रुपया है
वो हैं मेरे दिल के अन्दर
मैं हूँ हेमा मालिनी, वे मेरे धरमेन्दर।'

जिस प्रकार से तमाम गायिकाओं के बारे में लिखा है, अद्‌भुत है। आखिर भारतीय संगीत को जिन्दा रखने की यह परम्परा मुजफ्फरपुर शहर में मिल जाती है।

सबसे अच्छी बात यह है कि गद्य की पुस्तक होकर भी इसमें इकराने, गाने, कविताएँ, शायरी भरी पड़ी हैं।

मैं विचार कर रहा था कि सारी गायिकाओं की चर्चा तो हुई लेकिन उसी मुजफ्फरपुर में आचार्य जानकीवल्लभ शास्त्री जैसा कवि भी तो रहता है, लेकिन उसकी चर्चा का मौका भी अन्त में निकाल लिया गया है। और फिर अन्तिम परिणाम में उनको लोकदेवता कहा गया है।

इसके साथ एक शेर कहा है :

जो नामवर बड़े थे वो नाम सो गए,
कुछ पश्चिम में कातिल हुक्काम हो गए।
दागों से भरा दामन जिसका है यहाँ,
टोपी पहन के इमाम हो गए।

अपने किस्से के बारे में टिप्पणी करते हुए एक कविता लिखते हैं :

असल खुदाई, बाकी किस्सा,
अपनी गाँठें अपने वाँचें,
यही बचा है अपना वैसा।
गली-गली मातम है बसा,
ना है उन्नीसा, ना है बीसा।

तो इस तरह से गद्य-पद्य मिश्रित इसका एक किस्सा देखें :

यही होता है मुँहा-मुँही के किस्सों में। जीभ बड़ी इधर-उधर फिसल जाती है। थोड़ी-बहुत फिसली जरूर है मगर इतना है कि चतुर्भुज स्थान की अमर सभ्यता की अमिट कहानी का वैभव यहाँ मौजूद है। वह वैभव, जो कभी तिरहुत की शान थी। उन्नीसवीं शताब्दी में जब तिरहुत शिक्षा का, व्यापार का, आधुनिकता का, क्लबों का, बाजारों का केन्द्र था, कहते हैं कि उस जमाने में रातों में चतुर्भुज स्थान के चौराहे की गलियों में इतनी रोशनी रहती थी कि कब सुबह हो जाती, पता ही नहीं चलता था।

चतुर्भुज स्थान के फनकारों के आगे रोशनी उसे और रौशन बनाती थी। बताते हैं कि उस दौर में शहर की महिलाओं में विलायती स्नो पाउडर का चलन चतुर्भुज स्थान की गायिकाओं के बारे में सुन-सुन कर हुआ। बाहरी आबादी यहाँ अलग-अलग इलाकों से आधुनिकता की हवा लेकर आ रही थी और सारी हवाएँ चतुर्भुज स्थान में जाकर मिल जाती थीं। बाजार बढ़ता गया, रौनकें बढ़ती गईं, किस्से फैलते गए।

कोशिश यही थी कि हर इलाके का रंग किस्सों में आ जाए पर अब भी चतुर्भुज स्थान मौजूद है। लेकिन कहते हैं कि उसका फन, इसकी रंगत अब वह नहीं रही। यही तो रोना है कि अब वह नहीं रही। लेकिन यकीन मानिए, अब भी आप उसकी गलियों में भटकेंगे तो अनजान घूमती आँखें आपको न जाने कितने गुम किस्सों का पता देती जाएँगी।

अन्त में एक बार फिर जगत-नक्षत्र याद आ रहे हैं। यहाँ के किस्सों के वे शायर किरदार कहाँ से आए, कहाँ गए :

चार पहर दुनिया में डेरा
चार बाँस पर जाना है,
चार ही लोग बचे सब संगी।
बाकी भरम बहाना है।
कहे 'नक्षत्र' सुनो गुणवन्ती,
दुनिया संगतखाना है।

आगे की पंक्तियाँ हैं :

महफिल-महफिल जिसको पाया
तहा वही बना देता है।
जिसकी हँसी खुशी देती है,
एक दिन वही रुला देता है।
जीवन सब सिखला देता है।

एक कविता के विषय का सन्दर्भ देखें :

सुरों की सात गलियाँ
और अदब का चौराहा
यहाँ कहवन्त है, सुनवन्त है, अहा है।
यहीं वो धाम है, बिकता जहाँ मुरी नस सारा।
चतुर्भुज है हर चाहने वाला का दिलचाहा
सभी आते, सभी जाते—न कोई ऊँच,
न कोई नीच, न छोटा।

चित्रों के साथ-साथ जो वर्णन है, उसमें कितना आकर्षण भरा हुआ है! ऐसा वर्णन हिन्दी पुस्तकों में कम देखने को मिलता है।

हर शहर का इतिहास शाश्वत है। बनारस पर बहुत लिखा गया है। इलाहाबाद, लखनऊ पर भी लिखा गया है। लेकिन बिहार के शहरों पर इतना लिखा जाना चाहिए कि पाठकों तक पहुँचे। पर इस लेखन ने मुजफ्फरपुर को एक विशेष जगह पर रख दिया है। एक बात तो यह कि बाण गायिकाओं के प्रति जो दृष्टिकोण है, वह प्रशंसनीय है। इस पुस्तक को पढ़ने के बाद यह कई अवधारणाओं को बदलने में सफल होगी।

परिंदे का इन्तजार-सा कुछ : नीलाक्षी सिंह

अपने पहले ही संग्रह से जिन कुछ लेखकों ने अपनी विशिष्ट पहचान बनाई है, उनमें एक नीलाक्षी सिंह भी हैं। उनके कथा संग्रह की शीर्षक कहानी 'परिंदे का इन्तजार-सा कुछ' 42-43 पृष्ठों की लम्बी कहानी है। इस कहानी ने छपते ही सजग पाठकों का ध्यान आकृष्ट किया था। इसमें जो चीज सबसे पहले आकर्षित करती है, वह है भाषा। भाषा का तेवर, अन्दाज और भंगिमा, और नये ढंग का वाक्य-विन्यास। यह आख्यान नहीं है, कथानक बहुत धीमा है लेकिन पूरी कहानी दृश्यों में, चित्रों में, लोगों की हरकतों में भंगिमाओं और बोलचाल के अन्दाज से व्यक्त होती है। यह संवादों में लिखी हुई कहानी है।

बिहार का एक छोटा-सा शहर है। उसमें एक यूनिवर्सिटी है। यूनिवर्सिटी में सात विद्यार्थियों का एक ग्रुप है, जो अपने को 'नासमझ' कहता है। इस 'नासमझ' का किस्सा भी बहुत रोचक है। 'ग्रुप' में तीन लड़के हैं और चार लड़कियाँ। उनके नाम हैं—नसरीन, अतुल, शिरीष, मणि, अनन्या, ज्योति और हर्ष। इन सबके नाम रोमन में लिखे जाएँ, तो उनके पहले अक्षर से जो शब्द बनता है, वह है : 'नासमझ'। इसमें हिन्दू, मुसलमान, पुरुष और स्त्री, सभी हैं। जब अचानक बाबरी मस्जिद के टूटने की खबर मिलती है तो पूरे शहर में सनसनी फैल जाती है। उसी सनसनी में कहानी शुरू होती है। पहले शिरीष, फिर नसरीन के मुँह से कहानी कहलवाई जाती है और अन्त में दोनों के स्वर को मिलाकर शिरीष ही कहानी को समापन तक ले जाता है।

कायदे से यह प्रेम-कहानी है : शिरीष और नसरीन की प्रेम कहानी। और प्रेम भी अनूठा है, बल्कि मैं कहूँगा कि प्रेम जैसा कुछ है। वह कहती है : 'दोस्ती और इश्क के बीच की लकीर की कद्र करनी पड़ेगी, तुम्हें भी और हमें भी।' इसलिए यह ठीक-ठीक प्रेम-कहानी भी नहीं है, एक दोस्ती है, जिसमें गहरा लगाव है। और अन्त तक वे अपने द्वारा निर्धारित सीमा-रेखा का अतिक्रमण नहीं करते हैं। जब शहर में दंगा फैल जाता है तो इनके सामने एक नया संकट पैदा हो जाता है। नसरीन जहाँ रहती है, वह हिन्दू बहुल इलाका है। 'ग्रुप' के लोग उसे बचाने के लिए पहले एक

के घर ले जाते हैं, वहाँ उसे सुरक्षित न पाकर दूसरे के घर, तीसरे के घर ले जाते हैं। यह सिलसिला जारी रहता है। तभी शिरीष टिकट लेकर आता है कि वह नसरीन को अपने गाँव ले जाएगा। शायद शहर की अपेक्षा गाँव में वह सुरक्षित रहेगी। वह नसरीन को टिकट दे जाता है और बताता है कि 'चार बजे सुबह गाड़ी है, मैं लेने आऊँगा तुमको।' मगर उसके पहुँचने के पहले ही आधी रात को नसरीन कहीं जा चुकी होती है। वह कहाँ गई, किसी को पता नहीं। परिंदा उड़ चुका था। बस, केवल इन्तजार रह गया था। कहानी के अन्त का यह हिस्सा द्रष्टव्य है :

> मेरी आँखों से ढल-ढल बूँदें ढलीं। तुम्हारे बगैर देखो...नसर।
>
> ये सब सीख चुका हूँ : तुम्हारी बात भी करना, अपनी बात भी करना। सवाल-जवाबों का दौर, अब अकेला दोनों पारियाँ खेलता हूँ : 'क्या आधी रात में इस तरह जाना जरूरी था नसर?'
>
> 'हमेशा से ऐसा होता आया है, जिसे कुछ हासिल करना हो...जिसके सामने मकसद बड़ा हो...उसे आधी रात को ही निकलना होता है...उस समय जबकि उसकी दुनिया सबसे सुखी हो...।'
>
> 'क्या तुम्हारी राह देखी जाए? उड़ चुके परिंदों का इन्तजार सही है क्या?'

इस तरह यह मन को छूने के साथ-साथ मन को मथने वाली भी कहानी है। जैसाकि नसरीन कहती है—हमारे रास्ते में दो चीजें बाधक हैं : एक जेंडर और दूसरा मजहब। वह एक तो औरत है और दूसरी ओर मुसलमान। आजकल स्त्री-विमर्श पर खूब बहसें हो रही हैं और सेकुरलवाद की भी चर्चा हो रही है। परन्तु इस कहानी में, बिना किसी वैसी बहस के, उन सारे सवालों को सामने ला दिया गया है और यह भी दिखा दिया गया है कि जो 'नासमझ' हैं, वे समझदारों से ज्यादा समझदार हैं। यह एक तरह से समझदारों पर व्यंग्य भी है। इस कहानी में एक औरत की खुद्दारी और एक अल्पसंख्यक का स्वाभिमान जिस मुस्तैदी से व्यक्त हुआ है, वह गौरतलब है। आज जैसी साम्प्रदायिकता-विरोधी कहानियाँ लिखी जाती हैं, यह वैसी कहानी नहीं है, बल्कि हाशिये पर धकेल दिये गए समुदाय की खुद्दारी और स्वाभिमान को व्यक्त करनेवाली कहानी है। यही इस कथा का मुख्य स्वर है, जिस पर ध्यान जाना चाहिए।

छावनी में बेघर : अल्पना मिश्र

'छावनी में बेघर' अल्पना मिश्र का दूसरा कहानी संग्रह है। स्त्री-विमर्श के प्रचलित नारों और मुहावरों से अलग हटकर इन्होंने स्त्री की वास्तविक मुक्ति के लिए किये जानेवाले संघर्षों और उस दौरान उपस्थित होनेवाली विडम्बनाओं को सामने लाने का प्रयत्न किया है। इस संग्रह की पहली कहानी है : 'मुक्ति-प्रसंग'। यह एक तरह से पूरे संग्रह की मूल चेतना की ओर इशारा करती है। स्त्री मुक्ति की साँस लेना चाहती है, पर सवाल है कि किससे मुक्ति और कैसी मुक्ति? कहानी की नायिका के पति उससे ग्यारह साल बड़े हैं और वह उनमें पिता की छवि देखती है। उनका जिक्र प्राय: डॉक्टर साहब के नाम से आता है। नायिका मुक्ति के प्रसंग में सबसे पहले आर्थिक स्वावलंबन चाहती है। वह चाहती है कि खुद कुछ कामकाज करे, कमाए, ताकि मुक्ति का आधार बन सके। इसके लिए वह एक डिग्री कॉलेज में प्राध्यापिका हो जाती है और कष्ट उठाकर प्रतिदिन देहरादून से ऋषिकेश, जहाँ उसका कॉलेज है, पढ़ाने जाती है। पब्लिक बस की भीड़भाड़ में धक्का खाते हुए जाने और आने के सफर का, जिसमें कुल चार घंटे लगते हैं, बहुत ही अच्छा चित्रण किया गया है इस कहानी में।

इस सफर में जवानों से ज्यादा विकृत मस्तिष्क वाले बूढ़े मिलते हैं जो अपनी उम्र का खयाल किये बगैर युवतियों के प्रति आकृष्ट होने लगते हैं। ऐसे ही एक बूढ़े के बारे में इसमें विस्तार से बताया गया है कि कैसे वह उसके लिए जगह बनाता है, टिकट लाकर देता है और यह पूछना भी नहीं भूलता कि तुम्हारे लौटने का समय क्या है। एक और वृद्ध पतिदेव हैं, जिनको अच्छा नहीं लगता कि वह नौकरी करे। वह उसे आर्थिक रूप से अपने पर निर्भर बनाये रखना चाहते हैं। वे ब्लू फिल्में देखकर रति-प्रसंग की ऐसी कल्पना करते हैं जिसको जानकर घिन आती है, तो दूसरी तरफ बस में साथ जानेवाला वह बूढ़ा सहभागी है। इस बीच, मुक्ति कहीं नहीं है : न घर में, न बस में, न ही उस कॉलेज में, जहाँ वह पढ़ाती है। स्त्री जो होना चाहती है, बनना चाहती है, जैसे रहना चाहती है—वह होना, वह बनना,

वैसे रहना कितना कठिन है आज के समय में! इस तरह, 'मुक्ति-प्रसंग' स्त्री-मुक्ति की आकांक्षा को व्यक्त करनेवाली कहानी है।

संग्रह की अन्तिम कहानी है : 'छावनी में बेघर'। यह सैनिक परिवारों के जीवन पर बहुत अच्छी कहानी है। इसकी पृष्ठभूमि है—कारगिल युद्ध, जिसकी गौरवगाथा बहुत सुनाई गई है। लेकिन उसके अँधेरे पक्ष की ओर झाँकने की कोशिश नहीं हुई है। छावनी में सिपाही अपने परिवार के साथ रहते हैं, मगर युद्ध के समय जब उन्हें सीमा पर भेजा जाता है तो बताया जाता है कि उनका परिवार छावनी के अपने फ्लैट में नहीं रह सकता। क्योंकि वहाँ रहने के लिए दूसरी कम्पनियाँ आ रही हैं जिनके लिए जगह खाली करानी है। उन्हें नागरिक क्षेत्रों में किराए पर मकान लेने के लिए कहा जाता है। ऐसे में जब कोई सिपाही शहीद हो जाता है तो उसकी पत्नी को पैसे तो दे देते हैं, मगर न तो उसे कोई नौकरी देते हैं, न ही रहने के लिए घर। इस तरह वह छावनी में ही बेघर हो जाती है। एक तरफ वह अपना पति खो चुकी है, दूसरी तरफ रहने के लिए घर ढूँढ़ने को बेचैन है। कारगिल युद्ध के सिपाहियों की शहादत और वीरता की कथाओं के बीच उनके पारिवारिक जीवन की कठिनाइयों को सामने लानेवाली यह अनूठी कहानी है।

इसी तरह एक कहानी है : 'बेदखल', जो बम-विस्फोट की पृष्ठभूमि पर लिखी गई है। मुझे नहीं मालूम कि सरोजिनी नगर वाली घटना पर कोई और कहानी लिखी गई है। इसमें एक मुस्लिम पात्र हैं सिद्दीकी साहब। विस्फोट में उनका बेटा भी घायल हुआ है। इसके माध्यम से हिन्दू-मुस्लिम परिवारों के बीच के सम्बन्धों को लेकर यह बहुत ही मार्मिक क़हानी लिखी गई है। 'मिड डे मील' भी एक अच्छी कहानी है।

अल्पना के पास बहुत ही सशक्त कथा-भाषा है। वह हास्य और विनोद के प्रसंगों को भी बहुत जीवंत बनाकर प्रस्तुत करती हैं। महाविद्यालय में मौखिक परीक्षा के लिए एक बुजुर्ग प्राध्यापक आते हैं, उनके माध्यम से परिसर के भ्रष्टाचार और कामचोरी पर गहरी टिप्पणी की गई है। उनकी भाषा बहुत ही परिपक्व है। एक प्रतिष्ठित साहित्यिक-सांस्कृतिक परिवार की पृष्ठभूमि भी है। भाषा की शक्ति को कहानी के इस अंश में देखा जा सकता है :

> यही है वह प्यार, जो हम करते हैं एक-दूसरे से या शायद नहीं करते? कर नहीं पाते या कि करने के लिए विवश हो जाते हैं? या कि इस विवशता में उसके मूल तथ्य को भूल जाते हैं? क्या प्यार और पालतूपन एक ही चीज है या दो बिलकुल अलग-अलग चीजें? पालने वाले के लगाव और स्वत:स्फूर्त प्यार में वैसा ही अन्तर है, जैसा शादी और प्यार में। जैसे शादी में छिपा है पालतूपन और मोह।

तो क्या स्त्री एक पालतू जानवर है? और पालतूपन के मोह से उपजी है ईमानदारी?...ओह, उन्होंने अपना सिर पकड़ लिया।'

उनकी भाषा संस्कृतगर्भित नहीं है। काफी हद तक बोलचाल की भाषा है। इसमें एक प्रकार की विनोदवृत्ति भी है। लेकिन इसमें अपनी बोली की छौंक नहीं दी गई है। खड़ी बोली का ही ठेठ अन्दाज है। लेखिका ने परिपक्व शब्द का बार-बार प्रयोग किया है। मुक्ति के साथ परिपक्वता की आकांक्षा उल्लेखनीय है। विचार, भाषा और कथा-शिल्प—हर जगह परिपक्वता की यह चाहत इन्हें औरों से अलग करती है।

पिंक स्लिप डैडी : गीत चतुर्वेदी

गीत चतुर्वेदी के 2006 से लेकर 2009 तक दो संकलन आए हैं। उनमें से एक है : 'पिंक स्लिप डैडी'।

इसमें 2008 से 2009 तक की तीन कहानियाँ सम्मिलित हैं। इस संग्रह में संगृहीत तीन कहानियाँ हैं : 'गौमूत्र', 'सिमसिम' और 'पिंक स्लिप डैडी'। मैं खास तौर से 'सिमसिम' कहानी पर बात करना चाहता हूँ क्योंकि इस कहानी में गीत चतुर्वेदी का जो कवि-रूप है, वह उभरकर आता है। गीत चतुर्वेदी ने कहानी के रूप-विधान में, कहानी-विन्यास में नवीनता पैदा करने की कोशिश की है। इस कहानी 'सिमसिम' में लगभग चार चरित्र आते हैं और इसमें अध्याय कुल मिलाकर 23 उपखंडों में विभाजित है। पहले खंड का नाम है : 'मेरा नाम मैं है', दूसरा : 'बूढ़े की कहानी', तीसरा : 'बुढ़िया चुप है' और चौथा : 'दिलखुश'।

'मेरा नाम मैं है' में दस, 'दिलखुश' में पाँच, 'बुढ़िया चुप है' में दो अध्याय हैं तथा 'बूढ़े की कहानी' में छह अध्याय हैं। कायदे से 'बूढ़े की काहनी' में इनके कवि-रूप का ज्यादा प्रभाव है। इस कहानी का आधार इनकी एक कविता है। कोई सिन्धी पार्टीशन के समय आया है और वह बम्बई में चौपाटी के आसपास, जहाँ हाई-फाई लोग रहते हैं, एक छोटी लाइब्रेरी बनाता है। बूढ़े सिन्धी द्वारा बनाई गई इस लाइब्रेरी को सिन्धु कहा है इन्होंने और इस पर इनकी तीन-चार पेज की लम्बी कविता है जिसे आधार बनाकर लिखी गई है : 'बूढ़े की कहानी'। अब उस जगह उस लाइब्रेरी पर मॉल बन गया था। पूरी की पूरी कहानी में इसका वर्णन किया है। सिन्धु लाइब्रेरी पर कविता भी इन्होंने लिखी है।

उस कविता में कुल मिला करके जो वर्णन है विस्तार से, एक तो कथा-भाषा है, सिनरी के रूप में है, जैसे फिल्म की स्क्रिप्ट लिखी जाती है। एक काम यह उन्होंने किया है। दूसरा काम यह कि प्रत्येक अध्याय के आरम्भ में उन्होंने कुछ लेखकों के उद्धरण दिये हैं, जिससे इनके अध्ययन के स्तर का पता चलता है। उन्होंने उद्धरण लिये हैं : गार्शिया मार्केजका, ओर्हान पामुक, ओंतर्ग्रास,

इतालो काल्विनो, खलील इब्राहिम, सैम्यूअल बेकेट, जे.एम. कोइटसी, वी.एस. नायपॉल आदि के।

एक उद्धरण, फिर अध्याय शुरू होता है। उन्होंने सटीक उद्धरण लिये हैं। उद्धरण से ही होती हुई कहानी शुरू होती है। हिन्दी में उन्होंने निर्मल वर्मा का उद्धरण दिया है। भारतीय भाषाओं में अनंत मूर्ति का उद्धरण लिया है। उनके कथा साहित्य और कविता में कोई दीवार नहीं है। जिस अन्दाज में कविता लिखते हैं, उसी अन्दाज में कहानी रचते-लिखते हैं। कथ्य के माध्यम से उन्होंने दिखाना चाहा है कि एक कोसमोपोलिटन बम्बई जैसा शहर है। पुरानी चीजों को ढहा करके कैसे नई चीजें बन रही हैं, उस जीवन का आभास देने के लिए लिखते हैं और मुख्य रूप से मानते हैं कि इन कहानियों में कई हिस्से तो कविता के हैं। उन्होंने स्वयं यह स्वीकार किया है कि बीसवीं सदी की सबसे अच्छी कविता गद्य में लिखी गई है। इसका एक अंश देखते हैं :

> बरसों से वहाँ चल रही लाइब्रेरी महज कुछ घंटों में राख, ईंट, मिट्टी, पत्थर, टूटी खपरैलों में तब्दील हो गई। अब वहाँ जले हुए कागजों की गंध थी, नाक में खुजली करते मलबे की धूल महक रही थी। वॉव ग्रुप वहाँ एक शॉपिंग मॉल खड़ा कर रहा था। वही शॉपिंग मॉल, जिसका एक्सपांशन वह बहुत तेजी से कर रहा था। वह ग्रुप, जिसके पास एक बहुत ही यंग एंड डायनामिक लीडरशिप है और जो लगातार एक यंग नेशन बना रहा है। पाँच-मंजिला ऊँचे एक शॉपिंग मॉल पर पार्किंग की अनूठी व्यवस्था होनी थी और जिसमें कंडोम से लेकर कार तक बिकनी थी और जिसके टैरेस पर यंग राउंड द क्लॉक डिस्कोथेक खुलना था।

प्राय: इनके गद्य में और कहानियों में दूसरी साहित्यिक कृतियों की अनुगूंज सुनाई पड़ती है। केवल उद्धरण ही नहीं देते हैं बल्कि उन कविता, कहानियों, कथाओं की अनुगूँज सुनाई पड़ती है। वे अनेक स्तरों पर सीधी-सीधी कथा नहीं कहते। ऐसा लगता है कि एक कैमरे से शॉट लेते चले जा रहे हैं और अन्त में एडिट करके फिल्म की तरह प्रस्तुत कर देते हैं। निश्चित रूप से इनकी कहानियाँ आख्यानमूलक नहीं हैं बल्कि उन्होंने अलग-अलग दृश्यों-चित्रों को संगृहीत करके लिखा है। यह नई तकनीक है और इस दृष्टि से यह आकर्षक और उल्लेखनीय है।

सातवीं औरत का घर : नीला प्रसाद

नीला जी की पुस्तक से अभी तक मैं केवल तीन कहानियाँ पढ़ सका हूँ। इनकी पहली कहानी, दूसरी, तीसरी, 'सातवीं औरत का घर'। दूसरी कहानी जिसका जिक्र किसी ने नहीं किया, 'एक मस्जिद समानान्तर' बहुत महत्त्वपूर्ण कहानी है। बाबरी मस्जिद पर बहुत लिखा गया है और बहुत खराब लिखा गया है। बाबरी मस्जिद के बहाने एक कहानी लिखी जा सकती है और वह भी स्त्री की भूमिका पर क्योंकि बाबरी मस्जिद तो श्रद्धालुओं की कहानी मानी जाती थी। स्त्री कभी उसके सन्दर्भ में आई हो, ऐसा तो पहले मैंने नहीं देखा। तीसरी कहानी है, 'आखिरी मुलाकात के इन्तज़ार में', जो सबसे छोटी कहानी है। पहली दोनों कहानियाँ सन् 2006 की हैं, यह कहानी 2009 की है। जिस स्त्री-विमर्श की बात की जा रही है, पहली कहानी उसके अन्दर नहीं है। कहानी घर की है भई! 'साझा होता घर' कहानी जब खत्म होती है तो बच्ची बीच में खड़ी है, वह बच्ची के साथ की कहानी है। यह वाक्य बहुत महत्त्वपूर्ण है कि 'बिटिया अब भी दोनों के बीच खड़ी है। दोनों को अपने एक-एक हाथ से पकड़े खड़ी है।'

सारे स्त्री-विमर्श में पुरुष और स्त्री के सम्बन्धों पर विचार-विमर्श किया जाता है। यह जो बेटी है, वह बहुत महत्त्वपूर्ण है और वही जोड़ने का काम करती है, और वह दोनों के साझे की सम्पत्ति है। उसको निकाल दीजिए तो स्त्री-विमर्श पर बाकी जो लिखा जा रहा है, जिस तरह का विमर्श कर रहे हैं लोग, उसमें जीवन की सचाई इस रूप में आ जाती है।

बार-बार संस्कृत में कहा गया है कि 'गृहिणी गृह उच्चते।' बहुत पुराना शब्द है। घरनी को घर कहते हैं। सवाल घर को बचाने का है, केवल स्त्री के स्वाभिमान का सवाल नहीं है। यह अहंकार की टक्कर नहीं है, मामला घर का है और बार-बार उसमें बल दिया गया है कि 'सातवीं औरत का घर' महत्त्वपूर्ण है। पिता का घर छोड़कर गई लेकिन पति का घर रच नहीं पाई। स्त्री का कोई घर नहीं होता।

इसलिए हम लोग जो सारे बहस में लगे हैं, जैसेकि दोनों मुद्दई—सच बात यह है कि 'घर' जहाँ लिया है, वह टूट गया है। घर जो टूट रहा है, उसकी बात कही गई है। इसलिए सारी बहस हम लोग कहाँ लिये जा रहे हैं! स्त्री-विमर्श से अलग है यह। इसलिए कि इस कहानी की सोच अलग है। यह 'घर' एक तरह का पूरा समाज है, उस समाज की चिन्ता है और सामूहिक-सम्मिलित चिन्ता है। इसलिए मैं चाहता हूँ, इस किताब को स्त्री-विमर्श के खाँचे में न डाला जाए, यह उससे अलग है। इसमें एक विशेष प्रकार का मंत्र है।

दूसरी महत्त्वपूर्ण चीज है इसकी भाषा। और यह आम जनता के बीच की नहीं, मध्यवर्ग की कहानी है। आज का जो मध्यवर्ग है, वह इसमें सहज रूप में चित्रित है। यह कथा-साहित्य में दुर्लभ गद्य है। ठोक-बजा करके एक-एक शब्द और वाक्य जिस तरह से रचे जाते हैं, उस भाषा में यह कहानी नहीं कही गई है। वाक्य-विन्यास बहुत ही सधे हुए आते हैं एवं सूक्तियाँ भरी पड़ी हैं। कहानी शुरू होती है : 'पहले दिल में घर बसाओ, फिर ईंटों को खड़खड़ाना। घर एक सपना होता है। घर एक सपना हो सकता है पर सपना घर नहीं हो सकता।' इस तरह के वाक्य-विन्यासों से युक्त है इसकी भाषा और मुहावरों की भरमार है।

'एक मस्जिद समानान्तर'—इस कहानी में किसी पात्र का नाम नहीं है—'वह', 'वह' और 'दोस्त'। तीन ही आदमी हैं। एक दोस्त है। दो 'वे' हैं। कहीं नाम नहीं लिया गया है। उनकी भाषा बताती है उनके बारे में। अनूठी कहानी है। मैं नहीं जानता कि बाबरी मस्जिद के ध्वंस पर ऐसी कोई कहानी लिखी गई है। साम्प्रदायिकता के खिलाफ लिखी हुई कहानियाँ जब आप पढ़ेंगे तो देखेंगे कि यह पोलिटिकल कहानी है। लेकिन प्यार की कहानी, प्रेम की कहानी के बीच में हमारे भगवाधारी लिख ही नहीं सकते। जो शाखा में हैं, नहीं लिख सकते हैं। अत्यन्त लालित्यपूर्ण ढंग से इस कहानी को प्रस्तुत किया गया है।

डेस्कटॉप : रीता सिन्हा

दरअसल मैंने 'जनसत्ता' समाचार-पत्र में रीता सिन्हा की पहली कहानी पढ़ी थी जो 'छँटनी' नाम से प्रकाशित हुई थी। नये ढंग की कहानी थी। आजकल हमारी हिन्दी संस्कृति में अंग्रेजी जिस तरह से छाई हुई है, वैसे ही इन्होंने भी अपनी कहानी में अंग्रेजी के शब्दों का धड़ल्ले से प्रयोग किया है। यह वही हिंगलिश भाषा है। कहानी संग्रह का नाम है : 'डेस्कटॉप'। दरअसल यह डेस्कटॉप मस्तिष्क का 'डेस्क्टॉप' है। कहानीकार डेस्कटॉप में पड़ी फाइलों को खोलकर कहानी कहती हैं। कहानी पढ़ते हुए पहली बात जो मुझे लगी, वह यह कि कहानी में प्लॉट नहीं है कहीं। केवल बातचीत-संवादों के जरिये वह प्लॉट खुलता चला जाता है। कहीं भी कहानी कहना, जिसे नैरेशन कहते हैं, नहीं है। इधर-उधर की सूचनाएँ बहुत हैं। दो-तीन लोगों की बातचीत ही कहानी है, घटना कोई नहीं है, प्लॉट नहीं है, बातचीत है, केवल संवाद है। इनकी सारी कहानियों में आम तौर से यही चीज मैंने देखी है। इनकी दो बड़ी कहानियाँ हैं : 'मुक्ति' और 'बिरनी, कीड़ा और पहाड़ी हवा'। 'छँटनी' छोटी कहानी है। परन्तु इसमें किसी एक व्यक्ति को रखकर उसकी त्रासदी को विस्तार से दिखाया है। छँटनी के कारण लोगों के संकट से सम्बन्धित सूचनाएँ ज्यादा हैं। 'छँटनी' कहानी में एक आदमी की छँटनी हो जाती है तो परिवार वाले उसे सँभालते हैं। कहानीकार एक जगह टिक कर बात नहीं करती है, चलते-चलते बात करती है। कहानी की झलक देती है। बस का इन्तजार करते हुए दो आदमी बात करते हैं, उससे कहानी आगे निकलती है कि वह बात किन लोगों के बारे में हो सकती है। वह, जिसकी छँटनी हो चुकी है, खुद उसके घर का बड़ा भाई। वह कैसे परिवार को सँभालता है, तो इशारे तो होते हैं। लेकिन कुल मिलाकर लगता है, कहानी कहने का अन्दाज जो है, जैसा मैंने कहा, लोगों के बातचीत के जरिये कहानी आगे बढ़ती है, घटनाएँ नहीं हैं और ट्रेजिक स्थितियों को भी आज के मूड के हिसाब से चलताऊ ढंग से पेश किया है। कहीं-कहीं महीन व्यंग्य है। भाषा बहुत अच्छी है। हर कहानी के पीछे एक चोट होती है। आज के बाजारीकरण के दौर में, भूमंडलीकरण के दौर

में रिश्ते कितने बदले हैं। आपसी मानव सम्बन्धों पर क्या असर पड़ा है, इन चीजों पर रोशनी डालना कहानीकार का मुख्य उद्देश्य मालूम पड़ता है। साथ ही, कहानी के केन्द्र में स्त्री है। उनकी कहानी का एक हिस्सा देख सकते हैं :

> बच्चे चले गए, तो मिसेज मल्होत्रा ने धीरे से उठने की कोशिश की, लेकिन बच्चों की बातों की गूँज कमरे में, वहाँ आती हवाओं में, बालकनी में, थरथराते पर्दे में, गमले में लगे छोटे-छोटे फलों में, हर जगह थी।
>
> 'मम्मा का यह कैसा रूप था! इट वाज सो डिसगस्टिंग, अनवियरेबुल।'
>
> 'अगर अंकल की छँटनी नहीं होती तो, मम्मा का यह रूप...! विक्की मम्मा भी ऐसा कर सकती हैं, आई कुडंट बिलीव।'
>
> मिसेज मल्होत्रा को लगा कि उनके कानों के पास आकर कोई जोर-जोर से घंटियाँ बजा रहा है या फिर ढेर सारी लाल चींटियाँ वहाँ रेंग रही हैं, जो धीरे-धीरे उनके भीतर उतर रही हैं, उन्हें अनचाही टीस देते हुए। उन्होंने अपने घुटनों में अपना मुँह छिपाया, तो आँखों से बहती आँसुओं की धार उनके कपड़ों को भिगोने लगी। काफी देर तक उसी मुद्रा में अकेली बैठी वे फफक-फफककर रोती रहीं और खिड़की से आती धूप का एक छोटा-सा टुकड़ा उनके सिर को बार-बार सहलाता रहा।

अत: हम देखते हैं कि मिसेज मल्होत्रा का जो चरित्र है, वह जिस संकट की घड़ी में हैं, उससे उस करुण स्थिति का अन्दाजा लगता है जो चित्रित है। जिस प्रकार यह पहला कहानी संग्रह है, इसमें सम्भावनाएँ निश्चित रूप से हैं। लिखते-लिखते यह सम्भव है कि कहानीकार चालू मुहावरों और अंग्रेजियत से बचकर कहानी लिखे, जो इनकी कहानियों में ज्यादा है। कहानीकार ठेठ हिन्दी कहानी लिखे तो ज्यादा अच्छा है।

कस्तूरीगंध तथा अन्य कहानियाँ : पूनम सिंह

'कस्तूरीगंध' कहानी के नाम पर कहानी संग्रह का नाम रखा है। पूरी कहानी का स्थल है दिल्ली। अपनी सहेली से वह मिलने जाती है। पूर्व-परिचित दो सहेलियों की बातचीत पर कहानी है। लेखिका अपनी ओर से कथा नहीं कहती है। बातचीत से ही सारी कथा बन जाती है। कहीं भी यह प्रयास नहीं किया जाता कि लेखिका कहानी कह रही है। दो स्त्रियों की बातचीत के प्रसंग में विद्रोह दिखाई देता है। बड़े जोर-शोर से स्त्री-विमर्श चल रहा है। विद्रोह का स्वर सुनाई पड़ रहा है। अधिकतर जगहों में भाषणबाजी और सिद्धान्त ज्यादा होते हैं, परन्तु यहाँ ऐसा नहीं है।

प्रज्ञा और सुमन दो पुरानी सहेलियाँ थीं। प्रज्ञा दिल्ली आ गई थी और सुमन मुजफ्फरपुर से उससे मिलने गई। दोनों में बातचीत होती है। उच्चवर्गीय प्रज्ञा ने अपने घर से विद्रोह करके एक दलि१त पुरुष से प्रेम-विवाह कर लिया था। प्रज्ञा बहुत सम्पन्न सामन्ती परिवार से थी। स्त्री होने के कारण प्रज्ञा ने सामन्ती जुल्मों को देखा भी था और झेला भी था। सुमन और प्रज्ञा की बातचीत के आधार पर ही पूरी की पूरी कहानी कही गई है। कला की दृष्टि से यह बहुत उल्लेखनीय है कि पूरी कहानी बातचीत के आधार पर कह दी गई है। उसमें आज की पूरी सामाजिक स्थिति, जैसे हिन्दू-मुस्लिम सम्बन्ध प्रसंगवश आ जाता है। खास बात है कि इस विद्रोह में अहम भूमिका स्त्रियाँ निभाती हैं। स्त्री सामाजिक रूढ़ियों को तोड़ने का काम करती है—चाहे वह मजहबी हो, चाहे पारिवारिक सम्बन्ध को बनाए रखने वाली मान्यता हो। सीधी-सादी कहानी है और किसी चीज की परवाह किये बिना स्त्री उस साहस का परिचय देती है, जिसके लिए स्त्री के मन में न तो मिथ्या अभिमान है, न गर्व बल्कि वह एक सहज भाव से कहती है। इसके अलावा कोई रास्ता था ही नहीं। वह कहती है, घर से विद्रोह करके उसे कोई अफसोस नहीं है। इससे यह भी मालूम होता है कि कोई भी सामाजिक परिवर्तन होगा या विद्रोह होगा, तो उसकी शुरुआत घर से होगी। मतलब पहल स्त्रियाँ करेंगी, तब जाकर कोई सामाजिक परिवर्तन होगा।

इस कहानी की भाषा के नमूने कुछ इस प्रकार हैं, दिल्ली के बारे में है। शुरू होता है कि 'मुझे पैरों के नीचे समतल जमीन चाहिए, औंधा लटका आसमान नहीं।' कहती है कि 'वैसे भी दिल्ली की जमीन पर मुझे हमेशा औंधा लटका हुआ आसमान ही नजर आता है। इस पर चलते ही मेरा दिल जोर-जोर से धड़कने लगता है।' और एक जगह कहती है कि 'उसके नंगे पाँव को धूप में तारकोल की पिघली सड़क पर चलने का अद्‌भुत शौक है। छालों से भरे उसके पाँव, लेकिन फिर भी वह क्या कर सकती है', इसलिए वह कहती है कि 'नाहक जले पाँव को अँजुलियों में भरकर रोने का उसे शौक नहीं।' इस कहानी का अन्तिम अंश सुना जाए जिसका पूरा-का-पूरा सम्बन्ध कस्तूरीगंध से है कि इस पूरी प्रक्रिया को उसने 'कस्तूरीगंध' कहा है :

> मेरी चेतना कस्तूरीगंध के दिव्यलोक में भटक रही थी। उसकी अनुभूतियों का स्पंदन मेरे भीतर तक एक थ्रिल पैदा कर गया था। मैं सोचने लगी, जिसने प्रेम को कस्तूरीगंध की तरह महसूसा है, उसे सामाजिक रिश्तों की मांसल गंध कैसे रुचिकर लगेगी? तभी तो प्रज्ञा मरी-सड़ी मछलियों के दुर्गंध से बेचैन हो जाती है।
>
> 'तुम कुछ सोच में पड़ गई हो, सुमन?'
>
> 'नहीं प्रज्ञा, मैं देख रही हूँ, अन्धकार के गरजते महासागर को चुनौती देती तुम किस तरह लहरों पर तैरती चली जा रही हो—तुम्हें न डूबने की चिन्ता है, न किनारे तक पहुँचने की उत्कंठा। तुम एक अटूट प्रवाह हो जीवन का, जिसकी गति कभी अवरुद्ध नहीं हो सकती।'
>
> 'सच...?' उगते सूरज की गुलाबी धूप-सी वह खिलखिला उठी।
>
> मैंने उठते हुए कहा, 'अब मैं चलूँगी प्रज्ञा, लेकिन जाने से पहले अपनी माँ की आशंका को तुम्हारे सामने प्रायश्चित्त की तरह स्वीकारना चाहती हूँ कि मैंने दीपंकर को तुम्हारी जिन्दगी का एक 'रिएक्शनरी डिसिजन' समझा था, वह मेरी गलती थी। आज वह भ्रम दूर हो गया। उससे नहीं मिलने का बहुत अफसोस है मुझे। दीपंकर से कहना—मैंने उसे आकाश के विस्तार-सा महसूस किया है, तुम्हारी साँसों की कस्तूरीगंध में।'

कस्तूरीगंध मृग की नाभि का प्रतीक है। जिस प्रकार मृग की नाभि मृग के पास होती है, पर उसे इसका बोध नहीं होता, ठीक उसी तरह विद्रोह भी स्त्री-पुरुष के भीतर होता है, यह बाहर से नहीं आता है।